Die Überwachung
einer US-amerikanischen Aktiengesellschaft
durch institutionelle Anleger

Frankfurter wirtschaftsrechtliche Studien

Herausgegeben von
Theodor Baums, Friedrich Kübler, Hans-Joachim Mertens,
Eckard Rehbinder, Gunther Teubner

Band 43

PETER LANG
Frankfurt am Main · Berlin · Bern · Bruxelles · New York · Oxford · Wien

Konstantinos N. Kyriakakis

Die Überwachung einer US-amerikanischen Aktiengesellschaft durch institutionelle Anleger

PETER LANG
Europäischer Verlag der Wissenschaften

Die Deutsche Bibliothek - CIP-Einheitsaufnahme

Kyriakakis, Konstantinos N. :

Die Überwachung einer US-amerikanischen Aktiengesellschaft durch institutionelle Anleger / Kontantinos N. Kyriakakis. - Frankfurt am Main ; Berlin ; Bern ; Bruxelles ; New York ; Oxford ; Wien : Lang, 2002
(Frankfurter wirtschaftsrechtliche Studien ; Bd. 43)
Zugl.: Osnabrück, Univ., Diss., 2000 u.d.T.: Kyriakakis, Konstantinos: Die Überwachung des Managements einer US-amerikanischen Aktiengesellschaft durch institutionelle Anleger
ISBN 3-631-38636-2

D 700
ISSN 0723-0427
ISBN 3-631-38636-2

www.peterlang.de

Meinen Eltern

Dankwort

Die vorliegende Arbeit wurde als Dissertation zur Erlangung des Doktorgrades vom Fachbereich Rechtswissenschaften der Universität Osnabrück im Wintersemester 2000/2001 angenommen.

Ich bedanke mich ganz herzlich beim Herrn Prof. Dr. Dr. h.c. Theodor Baums, der die Verfassung der Arbeit sehr freundlich betreut hat und mir jegliche Unterstützung zur Verfügung gestellt hat. Ebenfalls bedanke ich mich bei Frau Prof. Dr. Renate Käppler, die als Zweitgutachterin mir sehr nützliche Hinweise gegeben hat. Großen Dank schulde ich auch Herrn Prof. Dr. Hans-Bernd Schäfer, der mich bei meinen ersten Schritten in der ökonomischen Analyse des Rechts in Hamburg geleitet und mir die Gelegenheit gegeben hat, an sehr nützlichen Tätigkeiten des hamburgischen Instituts für Recht und Ökonomie teilzunehmen.

Vielen Freunden, die das Manuskript sprachlich korrigiert und verbessert haben, und sonstige technische Hilfe geleistet haben, danke ich: Jan Burmeister, Jens Scherpe, Susanne Schlenker, Sebastian Zack, Wolfgang Wurmnest, Philip Rühland, Frank Seidel, Angeliki Papadaki. Jan Kleinheisterkamp hat sich um viel mehr als nur die Sprache gekümmert.

Die vorliegende Arbeit wäre bestimmt nicht dieselbe geworden, wenn das hamburgische Max-Planck-Institut für ausländisches und internationales Privatrecht mir nicht die Möglichkeit gegeben hätte, seine mustergültige und umfangreiche Bibliothek langjährig benutzen zu dürfen. Dem Institut und seinen hilfsbereiten Mitarbeitern schulde ich daher großen Dank.

Mein Aufenthalt in Deutschland wurde wesentlich durch das dreijährige Stipendium erleichtert, das mir von der griechischen staatlichen Stipendienstiftung (I.K.Y.) gegeben wurde.

Schließlich danke ich meiner Familie, Nikos, Lilian, Irini und Teresa, für ihre volle finanzielle und moralische Unterstützung.

Kostas N. Kyriakakis

INHALTSVERZEICHNIS

ABKÜRZUNGSVERZEICHNIS

a.A.	andere Ansicht
Aufl.	Auflage
BoD	Board of Directors
CEO	Chief Executive Officer
CFR	Code of Federal Regulations
CalPERS	California Public Employees' Retirement System
DGCL	Delaware General Corporation Law
d.h.	Das heißt
DOL	Department of Labor
einschl.	einschließlich
ERISA	Employee Retirement Income Security Act
ESOP	Employee Stock Ownership Pension
FSA	Financial Services Acts
ggf.	gegebenenfalls
i.d.R.	in der Regel
i.d.S.	in dem Sinne
i.V.	in Verbindung
IAA	Investments Advisory Act
ICA	Investments Company Act
id.	Idem
IRC	Internal Revenue Code
L.J.	Law Journal
L.R.	Law Review
mwN	mit weiteren Nachweisen
o.g.	oben genanntes
S & P	Standard & Poor Index
S.	Seite
SA	Securities Act von 1933
SEA	Securities Exchange Act von 1934
SEC	Securities and Exchange Commission
u.a.	unter anderem
USC	United States Code Annotated
u.U.	unter Umständen
vgl.	vergleiche
WSJE	Wall Street Journal Europe
z.B.	zum Beispiel
Zust.	Zustimmend
Gem.	gemäß

NYIL	New York Insurance Law
Mrd	Milliarde
Mill., Mio.	Million
F.Supp.	Federal Supplement
D.Ch.C.	Delaware Chancery Court
Fed.Sec.L.Rep.	Federal Security Law Reporter
CCH	Commercial Clearing House
m.V.	mit Verweis
unverf.	Unveröffentlicht
CII	Council of institutional investors
Fed.Reg.	Federal Regulation
NYSE	New York Stock Exchange
AMEX	American Stock Exchange
Nasdaq	National Association Securities Dealers
SWIB	State Wisconsin Investment Board
LBO	Leveraged Buy-Outs
u.a.	unter anderem
West's Annot.Cal.Gov.Code.	West's Annotated California Government Code

EINLEITUNG

Gegenstand der Arbeit

Die vorliegende Arbeit beschäftigt sich mit dem Verhältnis zwei wirtschaftlicher Phänomene. Beim ersten handelt es sich um die Entstehung **großer Aktiengesellschaften**, die von professionellen Geschäftsführern, den *Managern*, geleitet werden, denen aber außenstehende Investoren das benötigte Kapital zur Verfügung stellen. Das Problem besteht hierbei darin, inwieweit die Manager das Kapital entsprechend den Erwartungen der Kapitalgeber verwenden und ihnen eine angemessene Vergütung sicherstellen werden[1]. Dieses Problem stellt sich insbesondere, wenn die Kapitalgeber so zahlreich und verstreut sind, dass sie kaum Interesse haben, für eine enge Überwachung der Manager zu sorgen.

Das zweite Phänomen, das sich erst im Laufe der letzten Zeit herausgebildet hat, besteht im Auftreten **institutioneller Anleger**. Es handelt sich hierbei um Finanzintermediäre, die sich zwischen Kapitalnutzern (den Unternehmen) und Kapitalgebern einschalten, indem sie das von den letzteren zur Verfügung gestellte Kapital verwalten und anlegen.

Das Auftreten institutioneller Anleger ist kein zufälliges Phänomen, sondern auf die mit ihrer Existenz zusammenhängenden **Vorteile** zurückzuführen[2]. Zunächst ermöglichen sie eine Kostendegression. Da die Investitionen mehrerer Kapitalgeber zusammenverwaltet werden, werden die Kosten unter ihnen geteilt, und fallen daher für jeden Investor geringer aus, als wenn jede Investition einzeln abgewickelt würde. Aus dem gleichen Grund sind *Streuungsvorteile* kostengünstiger zu erzielen. Die Anleger profitieren von der Anlagenstreuung in einem Ausmaß, das sie allein mit den gleichen Kosten nicht erreichen könnten. Drittens ermöglicht die Investitionsbündelung den einzelnen Anlegern, von illiquiden Anlagen zu profitieren, ohne dafür auf die gewünschte Liquidität verzichten zu müssen. Die institutionellen Anleger erwerben illiquide bzw. langfristige Investitionen, die individuellen Anleger erhalten dagegen liquide, jederzeit veräußerbare Forderungen gegen die institutionellen Anleger.

Die Zunahme der institutionellen Anleger ist Zeichen fortgeschrittener Entwicklung des wirtschaftlichen Systems und insbesondere des Kapitalmarktes[3]. Sie stellt die Folge eines dauernden Prozesses dar, der zu immer höherer **Spezialisierung der Anlageverwaltung** führt. Dieser Prozess wurde von Professor *Clark*

---

1 BERLE/MEANS (1932).

2 Ausführlich dazu siehe CLARK (1975) 1603, 1607. Zur jüngeren Entwicklung siehe BLOMMESTEIN (1997) 29, 34.

3 LOSS/SELIGMAN ((1988) 14 ff.) stufen das Wachstum der institutionellen Anleger in die bedeutendsten Entwiklungen des Kapitalmarktes ein.

anschaulich geschildert[4]. In der ersten Phase sind Kapitalbeteiligung und unternehmerische Führung auf eine einzige Person, den Unternehmer, konzentriert. Nach und nach werden beide Funktionen voneinander getrennt und von unterschiedlichen Personen übernommen: Professionell ausgebildete Manager treffen nunmehr die unternehmerischen Entscheidungen, während die Investoren das notwendige Kapital zur Verfügung stellen, ohne sich mit der Geschäftsführung zu befassen. Diese zweite Phase ist von der Entstehung großer, börsennotierter Kapitalgesellschaften mit Streubesitz gekennzeichnet. In der dritten Phase wird die Kapitalanlage ihrerseits aufgespaltet. Die Entscheidung darüber, ob überhaupt und in welchem Ausmaß Kapital angelegt werden soll, wird von der Entscheidung getrennt, in welche Wertgegenstände zu investieren ist. Der Kapitaleigentümer trifft die erste Entscheidung und trägt immer noch das Investitionsrisiko; die zweite Entscheidung wird dagegen von spezialisierten Investmentmanagern getroffen. In diesem Zeitpunkt erscheinen zum ersten Mal die institutionellen Anleger in der Form von Kapitalanlagegesellschaften, welche die einzelnen Anlagen ansammeln, bündeln und kollektiv investieren. In der vierten (und bisher letzten) Phase wird die Kapitalbesitzfunktion noch weiter spezialisiert: Die Kapitaleigentümer tragen zwar immer noch das Investitionsrisiko, Investitionshöhe und -zeitpunkt werden aber von anderen bestimmt. Diese Phase fällt mit der Entstehung des Pensionsfondssystems zusammen.

Das Auftreten institutioneller Anleger hatte bedeutende **Auswirkungen**. Sie betreffen zum einen den Kapitalmarkt[5]. Zunächst tragen die institutionellen Anleger zur Erhöhung der Sparrate bei, was wiederum das Kapitalangebot vergrößert und die Finanzierungsmöglichkeiten über den Aktienmarkt entsprechend ausweitet[6]. Sie bedürfen weiterhin eines entwickelten, tiefen und breiten Kapitalmarktes, um ihre Beteiligungen kostengünstig und schnell verwalten zu können[7]. Sie tragen damit zur weiteren Verfeinerung und Vertiefung des Kapitalmarktes und zur Verringerung der entsprechenden Transaktionskosten bei, sofern sie ausreichend anspruchsvoll und fähig (*sophisticated*) sind, Neuerungen sowohl zu assimilieren als auch auf sie zu drängen[8].

Auf der anderen Seite bringen die institutionellen Anleger das Verhältnis zwischen Aktionären und Managern einer Aktiengesellschaft ins Schwanken, da sie dem bisher geltenden Paradigma des typischen individuellen Aktionärs entgegen-

---

4 CLARK (1981) 561, 562 ff.

5 Dazu ausführlich POTERBA/SAMWICK (1995); DAVIS (1995) 158-179; BAUM/STILES (1965) 58-63; BLOMMESTEIN (1998) 41, 46 ff.

6 DAVIS (1995) 38; BLOMMESTEIN (1997) 41.

7 BLOMMESTEIN (1997) 40; DAVIS (1995) 165.

8 Beispielweise ist die zunehmende *securitization* sowie Entwicklung von derivativen Finanzprodukten teilweise auf das Auftreten institutioneller Anleger zurückzuführen: siehe DAVIS (1995) 164.

stehen. Früher ging man von einem eher kleinen, unerfahrenen und passiven individuellen Aktionär aus. Heute muss man daneben mit einem ganz anderen Aktionärstypus angesichts der Zunahme der institutionellen Anleger rechnen. Gerade weil die institutionellen Anleger von diesem Bild abweichen, indem sie höhere Aktienbeteiligungen erwerben und in der Regel sachkundiger als die individuellen Aktionäre sind, drängt sich die Frage auf, wie sie sich als Aktionäre verhalten und insbesondere ob und in welchem Ausmaß sie zur Managementüberwachung beitragen werden. Die Beantwortung dieser Frage im Rahmen der US-amerikanischen Situation ist Gegenstand der vorliegenden Arbeit[9]. Dieser Wahl liegt die Tatsache zugrunde, dass die Tätigkeit der institutionellen Anleger bei der Überwachung des Managements in den USA im Vergleich zu anderen Ländern am weitesten entwickelt ist. Dem ist hinzuzufügen, dass eine beachtliche wissenschaftliche, sowohl juristische als auch ökonomische Literatur dieses Phänomen dokumentiert, analysiert und dem Forscher somit umfangreiches Material zur Verfügung stellt.

Bedeutung dieser Arbeit für den deutschen Leser

Dem deutschen Leser ist freilich Vorsicht davor geboten, die aus der Betrachtung der U.S.-amerikanischen Situation gezogenen Schlussfolgerungen auf eine andere Rechts- und Wirtschaftsordnung (und insbesondere die deutsche) zu übertragen. Dies hat seinen Grund in den wesentlichen **Unterschieden zwischen den deutschen und den U.S.- amerikanischen institutionellen Anlegern**[10]. Zunächst ist der Aktien und Kapitalmarkt als Finanzierungsmechanismus hierzulande wesentlich weniger entwickelt als in den USA. Dies erklärt die zentrale Rolle der Banken als Kapitalgeber. Auf der anderen Seite ist das System der Altersvorsorgefinanzierung unterschiedlich[11]. In Deutschland besteht ein gesetzliches Rentenversicherungssystem, wobei die Beiträge nicht angesammelt und investiert, sondern direkt den jeweils Berechtigten ausgezahlt werden (*pay-as-you-go System, Generationenvertrag*)[12]. Selbst wenn Pensionskassen errichtet werden, ist die vollstän-

---

[9] Eine Vielzahl von Arbeiten hat den Einfluss der institutionellen Anleger in anderen Ländern untersucht: siehe die Beiträge im Sammelwerk BAUMS/BUXBAUM/HOPT (Hrsg.) (1994) und zu Großbritannien: PARKINSON (1993) 166 ff., STAPLEDON (1996); BOROS (1995); FACCIO/LASFER (2000); zu Kanada: DANIELS/WAITZER (1994), CRÊTE/ROUSSEAU (1997); ROUSSEAU (1996), MOTNGOMERY (1996), MACINTOSH (1994), MACINTOSH (1995); zu Israel: KAMAR (1995); zu Spanien: PONCHERO (1999); zu Italien: PERNA (1998), BIANCHI/ENRIQUES (1999); allgemein: PAEFGEN (1992); zur Schweiz: ANDERSON/HERTIG (1992); zu Australien BOROS (1995; STAPLEDON (1996); RAMSAY/BLAIR (1993); RAMSAY ET AL. (2000); STAPLEDON (1998).

[10] KÜBLER (1991) 97, 98 ff.

[11] NÜRK (1998) 179, 180.

[12] DAVIS (1995) 66.

dige Abdeckung der Verpflichtungen durch Kapital nicht immer zwingend[13]. Und selbst wenn dies der Fall ist, werden die Ausstattungsmittel in sehr begrenztem Umfang in Aktien investiert[14], so dass viel weniger Kapital über das Altersvorsorgesystem in den Aktienmarkt fließt[15]. Aufgrund dessen fällt das Gewicht der deutschen institutionellen Anleger im Aktien- bzw. Kapitalmarkt auf jeden Fall anders und eher geringer aus[16]. In den USA beruht dagegen die Altersvorsorge auf Pensionsfonds, wobei die Beiträge in einen Fonds eingezahlt und anschließend investiert werden. Aus diesem Grund und angesichts des Umfanges der Altersvorsorgebeiträge nehmen die Pensionsfonds einen wesentlichen Platz unter den U.S.-amerikanischen institutionellen Anlegern ein[17]. Solche Unterschiede legen die Vermutung nahe, dass auch das Verhalten der institutionellen Anleger bezüglich der Managementdisziplinierung in den beiden Ländern unterschiedlich ist[18].

Trotz dieser Unterschiede ist die amerikanische Situation für einen deutschen bzw. europäischen Beobachter jedoch aufgrund der nachfolgenden Gründe von Interesse.

Zunächst einmal werden immer mehr europäische, darunter auch deutsche Unternehmen im **amerikanischen Wirtschaftsraum und Kapitalmarkt** tätig. Sie übernehmen bzw. fusionieren mit amerikanischen Unternehmen, sie werben um Kapital oder sie lassen ihre Aktien an amerikanischen Börsen notieren[19]. In all diesen Fällen kommen die europäischen Unternehmen mit den amerikanischen Kapitalgebern und insbesondere mit den institutionellen Anlegern in Kontakt, müssen sie überzeugen und ihren Anforderungen nachkommen, um das angestrebte Ziel zu erreichen[20]. Die institutionellen Anleger müssen etwa überzeugt

---

13 Die Pensionszusagen werden nämlich als Reserven auf die Unternehmensbilanz aufgeschrieben, und bleiben somit unter der Kontrolle des Managements: siehe KALFASS (1988) 775, 788.

14 NÜRK (1998) 179, 192.

15 NÜRK (1998) 179, 181; DAVIS (1995) 54, 161: Während das Vermögen der Pensionsfonds in den USA 60% des Bruttosozialproduktes entspricht und zu 46% in Aktien investiert wird, entspricht das Vermögen der deutschen Pensionsfonds nur 3% des Bruttosozialproduktes und wird nur zu 18% in Aktien investiert.

16 Vgl. NÜRK (1998) 179, 180: die US-institutionellen Anleger halten 44,5%, während die deutschen nur 30,3% des gesamten inländischen Aktienmarktes.

17 BUXBAUM (1991a) 1, 7 ff. Diese Bedeutung wird weiter zunehmen, wenn sich auch die staatliche Sozialversicherung auf Pensionsfonds umstellt. Zu diesen Vorschlägen siehe Carola Caps, "*Rente aus Kapital*", FAZ 9.2.1999, S.17.

18 Zum Einfluss der institutionellen Anleger auf die Managementüberwachung in Deutschland siehe FRAUNE (1996); BAUMS/FRAUNE (1995) 97 ff.

19 Zu Gründen und Ausmaß dieser Entwicklung siehe HERTIG (2000) 265, 271 und COFFEE (1999) 641, 678.

20 ROSEN/SEIFERT (1998) 267 ff. 275 ff., DAVIS (1995) 177; GORDON (1999) 15 ff. weist darauf hin, dass US-amerikanische institutionelle Anleger in die Aktionärsstruktur der neuen Gesell-

werden, der Verschmelzung eines amerikanischen mit einem deutschen Unternehmen zuzustimmen (vgl. den Fall der Fusion von *Daimler-Benz* mit *Chrysler*), neuemittierte Aktien zu zeichnen usw.[21].

Selbst wenn die europäischen Unternehmen nicht in den USA tätig werden, so kommen die amerikanischen institutionellen Anleger jedenfalls nach Europa, um in europäische Unternehmen zu investieren[22]. Die US-amerikanischen institutionellen Anleger wollen durch die internationale Investitionsdiversifizierung das nationale Risiko verringern und profitieren dabei von der Lockerung der rechtlichen Hindernisse und vom Wachstum der europäischen Aktien- und Kapitalmärkte, das auf folgende Umstände zurückzuführen ist[23]: Zum einen brachten die Bemühungen um die Erfüllung der Konvergenzkriterien zur Einführung der Euro viele europäische Regierungen dazu, staatliche Unternehmen zu privatisieren, um die staatlichen Defizite mit dem Verkaufserlös zu senken[24]. Zum anderen werden immer mehr Unternehmen durch die verbesserte rechtliche und technische Infrastruktur der Kapitalmärkte dazu veranlasst und vom globalen Wettbewerb sogar gezwungen, die Finanzierungsmöglichkeiten des Kapitalmarktes zu nutzen[25]. Die US-amerikanischen institutionellen Anleger sind gut positioniert, um der so entstandenen Kapitalnachfrage nachzukommen, weil sie große Kapitalmengen bereits angesammelt haben und aus rechtlicher Sicht relativ frei sind, ihr Kapital auch auf ausländischen Märkten anzulegen. Auch aufgrund dieser Entwicklung haben sich die europäischen Geschäftsführungen und die Gesetzgebung mit den Einstellungen und Anforderungen der US-institutionellen Anleger auseinander zu setzen, um gute Beziehungen zu den wichtigen Kapitalgebern zu unterhal-

---

schaft infolge der Verschmelzung von *Daimler-Benz AG* mit *Chrysler Corp.* eingedrungen seien, was einen für deutsche Verhältnisse neuen Aktionärsaktivismus auslösen könne.

21 Zu diesem Fall siehe BAUMS (1999b).

22 BLOMMESTEIN (1998) 41, 43 ff.; HERTIG (2000) 265, 268; KÜBLER (1991) 97, 105; ROSEN/SEIFERT (1998) 269 ff.; JEFFERS (1998) 107, 111: Infolge der Steigerung des durchschnittlichen Nettoerwerbs von Aktien europäischer Unternehmen durch US-amerikanische institutionelle Anleger von $ 3 Mill. vor 1990 auf $ 57 Mill. 1995 ist ihre Beteiligung auf europäischen Aktienmärkten erheblich gewachsen. Beispielsweise halten US-Anleger 40% des Kapitalisierungswertes der Pariser Börse (WSJE 11.11.1998 S.1, 6; BAUDRU/KECHIDI (1998) 93). CalPERS, der größte amerikanische öffentliche Pensionsfonds, investiert 20% seines Portfolios in ausländischen und 6% (d.h. $1,2 Mrd.) in Aktien deutscher Unternehmen. 8,7% aller deutschen Aktien werden von ausländischen institutionellen Anlegern gehalten. Höhere Beteiligungen ausländischer institutioneller Anleger sind in folgenden Unternehmen zu verzeichnen: Hoechst (50%), Bayer (48%), Veba (44%), Deutsche Bank (43%), Commerzbank (42%), Siemens (40%): siehe ANDRÉ (1998) 69, 76, 104 Fn.174.

23 BRANCATO (1997) 140; JEFFERS (1998) 107, 108.

24 Zur Privatisierung europäischer Unternehmen siehe GORDON (1998c); FANTO (1998); BRANCATO (1997) 141; HERTIG (2000) 265, 2667; JEFFERS (1998) 107, 108.

25 COFFEE (1999) 48 ff.

ten[26].Schließlich ist eine Annäherung **der europäischen institutionellen Anleger** an die amerikanischen zu verzeichnen. Zunächst einmal werden neue Typen institutioneller Anleger demnächst in Europa entstehen bzw. wachsen. Dies ist zunächst bei den Kapitalanlagegesellschaften der Fall, die von der Förderung der Aktienkultur profitieren[27]. Aus demographischen Gründen ist früher oder später auch mit der Entstehung von Pensionsfonds zu rechnen[28]. Denn aufgrund der demographischen Entwicklung steigen die Ausgaben für die Alterssicherung überproportional im Verhältnis zum Volkseinkommen, so dass das Umlageverfahren den Anforderungen nicht mehr nachkommen, und die Ergänzung durch kapitalausgestattete Pensionsfonds unvermeidbar wird. Außerdem hat man mit einem gewissen Rückgang der traditionellen europäischen institutionellen Anleger zu rechnen. Große Beteiligungen der Banken an Industrieunternehmen werden voraussichtlich sinken. Auch die Kreditfinanzierung durch Banken wird von der rasanten Entwicklung des europäischen Aktienmarktes in Frage gestellt. Insgesamt scheinen die europäischen und amerikanischen Unternehmensfinanzierungssysteme entgegen der Annahme einer evolutionsverhindernden Pfandabhängigkeit (*path dependency*)[29] allmählich zu konvergieren[30]. Ebenso ist abzusehen, dass die vorherrschenden institutionellen Anleger in Europa denen in den USA entsprechen werden. Dies wird womöglich auch dazu führen, dass die europäischen in-

---

26 BAUMS (1996a) 4; BUXBAUM (1991a) 1, 21. RUMPF (1994) 89; ARNOLD (1999) 391 ff.. Ausführlich zum Einsatz der US-amerikanischen institutionellen Anleger in Deutschland siehe ANDRÉ (1998) 69 ff. Das kalifornische Pensionsfonds CalPERS stellte *Corporate Governance* Richtlinien für jedes Land auf, wo sie investiert hat; auch International Herald Tribune 22.3.1999, S.14 *"U.S. Corporate-Performance Gadfly Looks Abroad"*; BRANCATO (1997) 127 ff. Zur Vorhersage, dass die Rolle der US-amerikanischen institutionellen Anleger in Deutschland zunehmen wird, siehe PAEFGEN (1992) 327, 354. Zum Einfluss der US-amerikanischen institutionellen Anleger in Frankreich siehe FANTO (1995) 1 ff.; BISSARA (1998) 5 ff.; Thomas Kamm *"An American Raider In Paris Challenges Old World Dynasty"*, WSJE 11.11.1998 S.1, 6; BAUDRU/KECHIDI (1998) 93, 95; JEFFERS (1998) 107, 114, 116. Zur wachsenden Bedeutung der Stimmrechtswahrnehmung für die institutionellen Anleger und die Wettbewerbsfähigkeit der internationalen Finanzplätze siehe DAVIS (1999) 383, 384. Vgl. auch die vom *International Corporate Governance Network* aufgestellten Grundsätze in Bezug auf die Stimmrechtswahrnehmung durch ausländische Investoren: in DAVIS (1999)383, 386.

27 Zum Wachstum der Kapitalanlagegesellschaften in Deutschland und zur Auswirkung auf die Überwachung des Managements siehe ESCHER-WEINGART (1999) 246.

28 KAISER (1990) 43; KÜBLER (1991) 97, 105; BRANCATO (1997) 139. Zur bisherigen Entwicklung siehe COFFEE (1999) 641, 671. Zu Deutschland siehe den Bericht des Arbeitskreises "Betriebliche Pensionsfonds" (1998). In Frankreich lässt das Gesetz Nr. 97-277 vom 25.3.1997 bereits die Errichtung von kapitalausgestatteten Pensionsfonds; siehe JEFFERS (1998) 107, 115; GUYON (1997) 14 ff.; COURET (1997) 241 ff.

29 So BEBCHUK/ROE (1999) 127 ff.

30 Einschränkend zustimmend siehe BAUMS (1996a) 10 ff.; BLOMMESTEIN (1998) 41, 50; HERTIG (2000) 265, 276 ff.

stitutionellen Anleger einer ähnlichen Vorgehensweise auch im Bereich der Interaktion mit den Managern der Beteiligungsunternehmen folgen werden[31].

Aus diesen Gründen dürfte die gegenwärtige amerikanische Situation eine zuverlässige Prognose der künftigen europäischen Lage liefern. Vor diesem Hintergrund ist diese Arbeit auch für einen europäischen Leser von Interesse, dem sie ein Bild der US-amerikanischen Situation zu präsentieren versucht.

Gang der Arbeit

Im **ersten Teil** wird der Interessenkonflikt zwischen Managern und Aktionären erörtert. Im ersten Paragraf werden die Gründe und Auswirkungen dieses Problems dargestellt und wird die Notwendigkeit des Schutzes der Aktionäre begründet. Im zweiten Paragraf werden mögliche Schutzmechanismen dargestellt. Es wird gezeigt, dass sowohl die Marktmechanismen als auch die internen Schutzmechanismen teilweise versagen.

Im **zweiten Teil** wird auf die Frage eingegangen, inwieweit die institutionellen Anleger zu einer Lösung des Interessenkonfliktes beitragen könnten, indem sie die Wirksamkeit der Schutzmechanismen verstärken. Zunächst (§ 3) werden die verschiedenen institutionellen Anleger, ihre bedeutenden Merkmale sowie die Daten zu ihrer Beteiligung aufgeführt. Anschließend werden sowohl die ökonomischen (§ 4) als auch die juristischen (§ 5) Faktoren erörtert, welche die Einsatzwahrscheinlichkeit entscheidend beeinflussen.

Im **dritten Teil** wird der bisher festgestellte Einsatz der institutionellen Anleger in seinen Formen, Gründen und Auswirkungen erörtert. Im ersten (§ 6) Paragraf werden die Einsatzkriterien und -mittel angeführt, in einem nachfolgenden (§ 7) Paragraf die von den institutionellen Anlegern verfolgten Themen dargestellt, und in einem abschließenden (§ 8) Paragraf wird der Einsatz der institutionellen Anleger anhand der Auswirkungen auf verschiedene Beteiligte bewertet.

---

31 Dazu siehe DAVIS/LANNOO (1997). Vgl. zu dem Fall *Christian Strenger* (ehemaliger Vorstandsvorsitzender des DWS): Sara Callan, *"Fund Manager Gives Cozy Germany AG a Jolt of Activism"*, WSJE 10.3.1999, S.1, 9 und ANDRÉ (1998) 69, 103 Fn. 177. Herr *Strenger* stand mit bedeutenden US-amerikanischen institutionellen Anlegern während seiner Amtszeit in Verbindung, um Ideen über den Aktionärsaktivismus auszutauschen. Vgl. auch zum zunehmenden Interesse europäischer institutioneller Anleger an *Corporate Governance*-Beratung: WSJE 29.3.1999, S.26, *"New Service Rates Governance Criteria"*.

1. Teil - Das Problem des Interessenkonfliktes zwischen Management und Aktionären und die möglichen Lösungsansätze

Ziel dieses Teiles ist aufzuzeigen, worin der Beitrag der institutionellen Anleger zur Lösung für das Problem des Interessengegensatzes zwischen dem Management einer Aktiengesellschaft und deren Eigenkapitalgebern bestehen kann. Im ersten Paragraph werden die Gründe und Folgen dieses Problems ausgeführt und im zweiten Paragraph die vorhandenen Lösungsansätze und deren Defizite dargestellt.

§ 1. Der Interessenkonflikt zwischen Management und Aktionären

I. Das Verhältnis zwischen Management und Aktionären

A. Die Aktionäre als Kapitalgeber

a) Unternehmen entstehen erst dann, wenn die Transaktionskosten, die mit der Nutzung des Marktes verbunden sind, zu hoch werden[1]. Dann wird die Allokation der Ressourcen innerhalb einer zentralisierten Struktur organisiert und erfolgt nicht mehr durch den Preismechanismus und unmittelbare Austauschverträge zwischen den Ressourceneigentümern, sondern über eine zentrale Koordinierungsmacht, das Management. Das **Wesen des Unternehmens** besteht nämlich darin, dass das Management eigenständig zu entscheiden hat, zu welchem Zweck und in welchem Verhältnis die Ressourcen miteinander kombiniert werden sollen. Voraussetzung dafür ist jedoch, dass die Eigentümer der Produktionsfaktoren dem Management die Befugnis einräumen, über die Ressourcen innerhalb der vereinbarten Grenzen zu verfügen. Daher wird das Unternehmen in der mikroökonomischen Theorie als ein Netzwerk von Verträgen (*nexus of contracts*) angesehen, weil es auf den einzelnen Verträgen zwischen dem Management und dem jeweiligen Ressourceneigentümer beruht[2].

b) Bereits bei Unternehmensgründung ist das Management auf **Kapital,** nämlich einen Bestand an Zahlungsmitteln, angewiesen, um die Ansprüche der Beteiligten, die eine sofortige Entlohnung verlangen, begleichen zu können. Das benötigte Kapital könnte zwar theoretisch vollständig von externen Kapitalgebern ausgeliehen werden. Dies scheidet aber in der Praxis aus, weil die Fremdkapitalgeber eine prohibitiv hohe Gegenleistung zum Ausgleich des eingegangenen Risikos verlangen würden. Dies liegt zum einen daran, dass der Unternehmer übermäßig risikoreiche Investitionsprojekte verfolgen würde, wenn er dabei kein eige-

---

1 COASE (1937) 386, 390 ff.

2 JENSEN/MECKLING (1976) 306, 310; FISCHEL (1982) 1259, 1261; EASTERBROOK/FISCHEL (1991) 12; HANSMANN (1996) 18 ff. Überblick über die verschiedenen Theorien des Unternehmens siehe HART (1989) 1757 ff.

nes Verlustrisiko einginge[3]. Zum anderen würden eventuelle Verluste die Fremdkapitalgeber bei vollständiger Fremdkapitalisierung unmittelbar treffen. Im Ergebnis ist das Unternehmen deshalb auf ein anderes Mittel angewiesen, um das von den übrigen Unternehmensbeteiligten eingegangene Risiko zu mindern und seine Finanzierungskosten zu verringern.

c) Diese Funktion übernehmen die Aktionäre, indem sie dem Unternehmen **Eigenkapital** unter den folgenden Bedingungen zur Verfügung stellen[4]. Der Kapitalgeber verzichtet zunächst auf ein Kündigungsrecht und eine Zurückzahlung vor der Unternehmensauflösung. Insofern bleibt das Eigenkapital während der ganzen Unternehmensdauer gebunden. Zweitens verzichtet der Kapitalgeber auf Auszahlungen aus dem Unternehmenseinkommen, solange die Unternehmensaktiva die Verbindlichkeiten gegenüber den Fremdkapitalgebern und den anderen Gläubigern nicht übersteigen. Insofern unterliegt das Eigenkapital dem Residualrisiko, denn falls die Unternehmenseinkünfte unter den gesamten Verbindlichkeiten liegen, werden die anderen Unternehmensgläubiger vor den Eigenkapitalgebern bevorzugt[5].

d) Das Eigenkapital dient insofern als **Garantie** für die Unternehmensverbindlichkeiten und ermöglicht dem Unternehmer, Verträge unter spezifischeren und daher günstigeren Bedingungen mit den anderen Kapitalgebern abzuschließen[6]. Durch die Ausgabe von Beteiligungen mit unterschiedlicher Risikoexposition kann das Unternehmen Anleger mit verschiedenen Risikopräferenzen sowie -fähigkeiten ansprechen[7]. Schließlich werden durch die Verteilung des Residualrisikos der entsprechenden Anlegergruppe auch starke Anreize vermittelt, sich für die Überwachung der verschiedenen Unternehmensbeteiligten einzusetzen[8]. Insofern wird das Problem der Überwachung innerhalb einer kooperativen Zusammenarbeit gemildert, wobei allerdings jeder Beteiligte zum Trittbrettfahren zu Lasten der anderen neigt.

e) Das Eigenkapital wird bei kleinen Unternehmen tatsächlich vom Unternehmer selbst aufgebracht. Je mehr das Unternehmen und der Kapitalbedarf aber wachsen, desto schwerer fällt es einer einzigen Person auch aus Risikostreuungsgründen, das ganze benötigte Kapital aufzubringen[9]. Sobald die Grenze der Selbstfinanzierung überschritten wird, ist der Unternehmer auf die **Beteiligung**

3 POSNER (1985) 368; JENSEN/MECKLING (1976) 306, 334.

4 EASTERBROOK/FISCHEL (1991) 10.

5 FAMA/JENSEN (1983) 301, 302.

6 SCOTT (1998) 26; FAMA/JENSEN(1983) 327, 330.

7 BAUMOL (1967) 96; POSNER (1985) 373.

8 EASTERBROOK/FISCHEL (1991) 45; ALCHIAN/DEMSETZ (1972) 777, 782.

9 BAUMOL (1967) 95: *"The market mechanism will ultimately force even an unwilling businessman to share his ownership with others."*

außenstehender Kapitalgeber angewiesen. Gerade um die Beteiligung solcher Anleger zu gewinnen, ist eine juristische Unternehmensstruktur, die *Aktiengesellschaft bzw. corporation,* mit den folgenden Eigenmerkmalen entwickelt worden[10].

Zunächst ist die **Haftung** des Eigenkapitalgebers für die Unternehmensverbindlichkeiten in dem Sinne beschränkt, dass sie über seinen Kapitaleinsatz hinaus nicht besteht. Aufgrund dessen dürfen die Unternehmensgläubiger auf das persönliche Vermögen der Eigenkapitalgeber nicht zurückgreifen, falls das ursprüngliche Eigenkapital für die vollständige Deckung der Verbindlichkeiten nicht ausreicht. Dadurch wird zwar das Investitionsrisiko nicht ausgeschlossen, aber auf das eingesetzte Kapital beschränkt[11].

Die beschränkte Haftung ermöglicht weiter die **freie Veräußerbarkeit** der Eigenkapitalbeteiligung. Der Eigenkapitalgeber ist nämlich frei, seine Beteiligung an einen Dritten jederzeit und ohne vorherige Genehmigung der Unternehmensleitung bzw. der übrigen Aktionäre zu veräußern. Bei unbeschränkter Haftung wäre dies nicht möglich, weil das Investitionsrisiko nicht nur vom Unternehmen, sondern auch von der Solvenz der einzelnen Aktionäre abhängig wäre, weil die eventuelle Insolvenz des einen die Haftung der anderen erhöhen würde. Dies würde zum einen erhebliche Transaktionskosten verursachen, weil der Erwerbsinteressent die Vermögenslage jedes anderen Aktionärs vorab zu untersuchen hätte. Zum anderen würden die anderen Aktionäre die Veräußerung von ihrer Zustimmung abhängig machen, um einer Risikoerhöhung wegen Einstiegs eines insolventen Aktionärs vorzubeugen. Bei beschränkter Haftung bleiben solche Transaktionskosten aus, weil die Vermögenslage des einzelnen Aktionärs für die Haftung der anderen irrelevant ist. Weitere Transaktionskosten werden eingespart, wenn die Anteile verbrieft sind und ihre Veräußerung formfrei erfolgt, und organisierte Aktienmärkte den kostengünstigen und schnellen Zusammenkunft von Ver- und Kaufinteressenten und die schnelle Ermittlung eines objektiven Kaufpreises ermöglichen.

Die freie Veräußerbarkeit begünstigt wiederum auf folgende Weise die Beteiligung außenstehender Kapitalgeber. Sie erlaubt zunächst dem Anleger, ohne Rücksicht auf seine künftigen Liquiditätsbedürfnisse zu investieren. Da er seine Vermögensstruktur seinen persönlichen Bedürfnissen anpassen kann, indem er die Aktienbeteiligung jederzeit durch die Veräußerung in liquide Mittel verwandeln kann, kann er trotz einer ungewissen zukünftigen Entwicklung immer noch in Aktien investieren. Sodann erweitert die freie Veräußerbarkeit die Investitions-

---

10 MANNE (1967) 259 ff.; EASTERBROOK/FISCHEL (1991) 11; FAMA/JENSEN (1983) 327 ff.; POSNER (1985) 369 ff. In den Worten von CLARK (1981) 561, 563 stellt diese Entwicklung die zweite Phase des kapitalistischen Systems dar.

11 ANDERSON (1978) 738, 787. Zur ökonomischen Funktion der beschränkten Haftung siehe ADAMS (1991).

horizonte des Aktionärs und somit des Unternehmens. Der Aktionär kann selbst von langfristigen, über seinen eigenen Zeithorizont hinaus erstreckenden Projekten profitieren, indem er seinen Anteil um einen den gegenwärtigen Wert der künftigen Einkünfte wiedergebenden Preis veräußert[12].

Beschränkte Haftung und freie Veräußerbarkeit ermöglichen schließlich die **Beteiligungsstreuung**. Die freie Veräußerbarkeit verringert die Transaktionskosten, die mit dem Erwerb mehrerer Beteiligungen verbunden sind[13]. Dank der beschränkten Haftung steigt das gesamte Investitionsrisiko mit der Anzahl der im Portfolio einbezogenen Aktien nicht an, sondern bleibt immerhin klar abgegrenzt. Der Anleger braucht nicht die Entwicklung jedes Beteiligungsunternehmens eng zu verfolgen, um sein ganzes Vermögen vor der Insolvenz zu schützen. Ganz im Gegenteil trägt die Diversifizierung zur Verringerung des Investitionsrisikos bei, weil sie zur Eliminierung des firmenspezifischen Risikos führt[14]. Dadurch werden die Risikotoleranz des Anlegers erhöht und die Kapitalkosten des Unternehmens verringert[15].

f) Erst nach der Beteiligung außenstehender Eigenkapitalgeber werden die beiden unternehmerischen Funktionen, nämlich Risikotragung und Geschäftsführung, als getrennte Bereiche behandelt. Einerseits beschränkt sich der Manager auf die Leitung der Produktionsfaktoren, andererseits übernehmen die Eigenkapitalgeber die Aufbringung des Risikokapitals und die Verringerung der Kapitalkosten durch Diversifizierung. Diese Funktionen waren auch zuvor konzeptionell unterschiedlich, allerdings auf eine einzige Person beschränkt.

Diese Funktionenteilung weist erhebliche Vorteile auf[16]. Zum einen wird die Möglichkeit eröffnet, Austauschtransaktionen zwischen Besitzern von unterschiedlichen Qualitäten durchzuführen. Personen, die Kapital, aber keine Geschäftsführungsfähigkeiten besitzen, haben nun mehr die Möglichkeit, vom Talent der Manager zu profitieren. Umgekehrt erhalten die Personen, die über Ideen und Leitungsqualitäten verfügen, die Möglichkeit, sie durch das von den Aktionären aufgebrachte Kapital zu verwirklichen. Wie bei jeder freiwilligen Austauschtransaktion ist auch beim Austausch von Kapital und Führungstalent mit Effizienzerhöhung zu rechnen[17]. Zum anderen ist eine weitere Effizienzsteigerung auf die

---

12 FAMA/JENSEN (1983) 327, 331.

13 EASTERBROOK/FISCHEL (1991) 40 ff.

14 Zur Risikominderung durch Beteiligungsstreuung siehe unten Seite 29 ff.

15 SCOTT (1998) 27; FAMA/JENSEN (1983) 327, 329. Die Verringerung der Kapitalkosten durch Diversifizierung erklärt auch, warum Kapitalgeber und nicht andere Unternehmensbeteiligten, wie etwa die Arbeitnehmer, das Residualrisiko übernehmen; siehe HANSMANN (1996) 57.

16 EASTERBROOK/FISCHEL (1991) 11; FAMA/JENSEN(1983) 327, 330; POSNER (1985) 384; CLARK (1981) 561, 568; RIDDER-ABB (1980) 70 ff.; DEMSETZ (1983) 375, 383.

17 ANDERSON (1978) 738, 744, 749.

Spezialisierungseffekte zurückzuführen. Sofern sich jeder Beteiligte auf eine einzige Funktion beschränkt und spezialisiert, wird die Ausführungsqualität entsprechend erhöht.

B. Die Aktionärserwartungen

a) Die Tatsache, dass die Aktionäre Eigenkapital zur Verfügung stellen, ohne einen Anspruch auf eine bestimmte Gegenleistung zu erhalten, bedeutet jedoch nicht, dass sie keine Erwartungen in Bezug auf die Verwendung des Eigenkapitals haben. Das Verhältnis zwischen Aktionären und Management wird von der ökonomischen Theorie als ein **Auftragsverhältnis** (*agency*) angesehen, bei dem der Aktionär der Auftraggeber und der Manager der Agent ist[18]. Diese Bezeichnung mag zwar dem juristischen Begriff von Auftrag und der rechtlichen Konstruktion der Aktiengesellschaft nicht entsprechen[19], hat aber einen einfachen und trotzdem aufschlussreichen Sinn: Der Investitionsentscheidung liegt die Erwartung zugrunde, dass der Manager das Eigenkapital benutzen wird, um den Aktionären eine angemessene Vergütung sicherzustellen. Im folgenden gilt es zu analysieren, worin die Aktionärserwartungen genau bestehen[20].

b) Die Eigenkapitalbeteiligung ist als eine Investition zu verstehen, nämlich als eine Einzahlung im Zeitpunkt 0 mit der Erwartung von Auszahlungen in späteren Zeitpunkten. Damit eine Investition überhaupt sinnvoll ist, müssen die künftig erwarteten Auszahlungen nicht nur den ursprünglichen Einsatz, sondern auch die **Kapitalkosten** decken[21]. Diese setzen sich wiederum aus der Entschädigung für den Verzicht auf den sofortigen Kapitalkonsum und für das einzugehende Risiko zusammen. Als Risiko ist weiter die Probabilitätsverteilung zu verstehen, die angibt, mit welcher Wahrscheinlichkeit der in der Zukunft tatsächlich erzielte Ertrag von dem erwarteten mittleren Ertrag abweicht. Daraus ergibt sich, dass, je risikoreicher die Investition ist, desto höher der erwartete Zahlungsstrom sein muss, um die Kapitalkosten zu decken. Das Investitionsrisiko besteht wiederum aus zwei Komponenten: Zum einen aus dem firmenspezifischen bzw. unsystematischen Risiko, das mit den unternehmensspezifischen Eigenmerkmalen zusammenhängt; zum anderen aus dem marktbezogenen bzw. systematischen Risiko (auch ß-Faktor genannten), welches für das Ausmaß der Volatilität der Aktienrendite in Verhältnis zur Volatilität des Marktportfolios steht.

---

[18] JENSEN/MECKLING (1976) 306, 327.

[19] CLARK (1985) 55, 56 ff.

[20] HU (1991) 1273, 1280.

[21] RAPPAPORT (1995) 58 ff.; MÜLBERT (1997) 129, 133 ff.; BUSSE VON COLBE (1997) 271, 278 ff.; WERDER (1998) 69, 71 ff.

Um zu ermitteln, inwieweit eine Investition überhaupt sinnvoll ist, muss der rationale Anleger wie folgt vorgehen. Zuerst müssen die künftig erwarteten Zahlungsströme bereits *ex ante* ermittelt werden. Anschließend müssen diese mit den Kapitalkosten diskontiert werden. Hierzu ist zunächst der risikolose Zinssatz, der den sichersten Staatsanleihen üblicherweise entspricht, heranzuziehen. Weiter muss der Risikozinssatz zugrunde gelegt werden, um dem einzugehenden Risiko Rechnung zu tragen. Schließlich ist der so ermittelte risikoadjustierte Gegenwartswert der künftigen Zahlungsströme mit dem Investitionseinsatz zu vergleichen. Die Investition ist nur dann vorzunehmen, wenn der ermittelte Ertragsgegenwartswert den Einsatz übersteigt.

c) Während im allgemeinen das gesamte **Investitionsrisiko** zur Diskontierung herangezogen werden muss, ist dies nicht bei einem diversifizierten Aktionär der Fall. Bildet er ein Portfolio aus Anteilen an mehreren Unternehmen, die zwar den gleichen erwarteten Ertrag, aber unterschiedliche oder sogar negativ miteinander korrelierende firmenspezifische Risikobestandteile aufweisen, wird das firmenspezifische Risiko des einzelnen Unternehmens eliminiert, bleibt aber der erwartete Ertrag immerhin derselbe. Das Portfolio wird nur vom marktbezogenen Risiko belastet, das aus dem Durchschnitt der einzelnen Marktrisiken jeweiligen Unternehmens besteht; nur dieses Risiko ist für die Diskontierung maßgeblich[22]. Insofern ist für die Auswahl des geeigneten Risikodiskontierungssatzes entscheidend, inwieweit ein rationaler Anleger seine Investitionen diversifiziert.

Wie bereits erörtert, ermöglichen sowohl die freie Veräußerbarkeit der Aktienanteile als auch die beschränkte Haftung eine kostengünstige und risikoniedrige Diversifizierung[23]. Auch Vermögenseinschränkungen sind hierbei kein unüberwindbares Hindernis. Selbst Kleinanleger können von den Diversifizierungsvorteilen profitieren, indem sie über Kapitalanlagegesellschaften investieren, die u.a. auch Diversifizierungsleistungen anbieten. Insoweit muss man von Aktionären absehen, die trotz alledem undiversifiziert bleiben. Diese Tatsache spricht dafür, dass sie weniger risikoscheu (oder ungebildet) sind, da sie auf ein eliminierbares Risiko eingehen[24].

Rationale Anleger können nicht nur diversifizieren; sie sind gewissermaßen dazu auch gezwungen, denn der Aktienpreis entspricht tendenziell nur dem marktbezogenen Risiko[25]. Angenommen, auch das firmenspezifische Risiko wäre im Aktienpreis verarbeitet. Dann wäre der Aktienpreis niedriger, als wenn nur das marktbezogene Risiko maßgeblich wäre. Dies würde Anleger dazu bewegen, solche unterbewerteten Aktien aufzukaufen, sie in ein diversifiziertes Portfolio auf-

---

22 Zur Diversifizierung siehe u.a. GILSON/BLACK (1995) 81 ff.; LANGBEIN/POSNER (1976) 1, 9.

23 Siehe oben S. 28.

24 EASTERBROOK/FISCHEL (1991) 30; BOOTH (1998) 429, 468.

25 BOOTH (1998) 429, 444; GILSON/BLACK (1995) 92.

zunehmen, um das firmenspezifische Risiko zu eliminieren und dadurch einen Gewinn zu erzielen. Dadurch würde der Aktienpreis tendenziell ein höheres, nur dem marktbezogenen Risiko entsprechendes Gleichgewicht erreichen. Im Ergebnis würde ein undiversifizierter Anleger ein zusätzliches, unkompensiertes Risiko auf sich nehmen.

Aus all diesen Gründen ist damit zu rechnen, dass ein rationaler Aktionär seine Aktienbeteiligungen tatsächlich diversifizieren und einen nur dem marktbezogenen Risiko entsprechenden Ertrag erwarten wird[26]. Der gesamte **Diskontierungssatz** bzw. die Eigenkapitalkosten (k_{EK}) sind daher der folgenden Formel zu entnehmen[27]:

$$k_{EK} = i_R + ß\,(r_m - i_R)$$

wobei i_R für den risikolosen Zinssatz, ß für die Volatilität des gegebenen Unternehmens im Vergleich zum Aktienmarkt (auch marktbezogenes bzw. systematisches Risiko), und r_m für den Risikozinssatz eines maßgeblichen Aktienportfolios steht.

d) Angesichts des Voranstehenden nimmt der dem Management vom Eigenkapitalgeber erteilte “**Auftrag**” folgenden konkreten Inhalt an[29]: Zunächst sind nur aber alle solche Investitionsvorhaben zu verwirklichen, deren erwartete Rendite mindestens den durchschnittlichen Eigenkapitalkosten des Gesamtunternehmens entspricht. Falls all diese Projekte gleichzeitig nicht umgesetzt werden können, sind jene vorzuziehen, die den größten Gesamtertrag einbringen. Insoweit muss jede größere Maßnahme einer Unternehmensleitung in der Planungsphase daraufhin geprüft werden, ob sie voraussichtlich den Eigenkapitalwert erhöht. Anschließend muss die Rendite bei einem auf mehreren Geschäftsfeldern tätigen Unternehmen nach den einzelnen Sparten ermittelt werden, wobei ein an das Risiko der einzelnen Sparten angepasster Diskontierungszinssatz Verwendung findet[30]. Geschäftsbereiche, deren erwartete Rendite unter den durchschnittlichen Eigenkapitalkosten des Gesamtunternehmens liegen, sind aufzugeben oder zu veräußern. Freie liquide Mittel, die nicht in profitable Investitionen investiert werden können, sind an die Aktionäre auszukehren, um sie profitabel zu investieren. Schließlich darf das Management keine Kosten aufwenden, um allein das firmenspezifische Risiko einzuschränken, weil die Aktionäre dies über den Aktienmarkt erreichen können[31].

---

[26] HU (1990) 277; NOTE (1979) 1238; GOTTLISCH (1996) 25 ff.; VAN HORNE (1995) 224.

[27] VON COLBE (1997) 271, 279, 284 ff.

[28] VON COLBE (1997) 271, 279, 284 ff.

[29] MÜLBERT (1997) 129, 132; HU (1991) 1273, 1287.

[30] VAN HORNE (1995) 250 ff.

[31] HU (1991) 1273, 1283, 1309.

II. Der Interessenkonflikt zwischen Managern und Aktionären

Angesichts der Ergebnisse des vorangehenden Abschnittes sind die Erwartungen der Eigenkapitalgeber darauf ausgerichtet, dass das Management alle und nur jene Investitionen verfolgt, die einen positiven, dem systematischen Unternehmensrisiko entsprechenden Ertrag einbringen können. Dass dieser Auftrag nicht immer erfolgreich ausgeführt wird, kann an mehreren Gründen liegen. Die Manager können etwa ein Fehler begehen oder einfach kein Glück haben, wenn eine sorgfältig geplante und ausgeführte Investition schließlich scheitert. Problematischer ist jedoch die Neigung der Manager, aufgrund von Interessenkonflikten von den Aktionärserwartungen systematisch abzusehen.

A. Formen

Als Interessenkonflikt ist die Situation zu verstehen, in der mehrere Personen um knappe Ressourcen konkurrieren, so dass die Förderung der Interessen des einen die Verletzung der Interessen des anderen mit sich bringt[32]. Ausgehend von der menschlichen Eigennützigkeit, wonach jeder seine eigenen Interessen denen anderer vorzieht, ist beim Vorliegen eines Interessenkonfliktes mit dem nachträglichen Opportunismus (*moral hazard*) der Akteure zu rechnen[33]. Auf das Verhältnis zwischen Aktionären und Management übertragen bedeutet dies, dass die Manager das Eigenkapital nach seiner Investition nicht entsprechend den Aktionärserwartungen, sondern zur Förderung ihrer eigenen Interessen benutzen werden. Im weiteren werden die Ursachen und Folgen dieses Konfliktes ausgeführt.

1. Internalisierungsasymmetrie

Zunächst stellen die Manager nur teilweise die auf die Aktionärsinteressen entstehenden Auswirkungen ihrer Handlungen in Rechnung, weil sie als Aktionäre kaum bzw. nur geringfügig beteiligt sind[34]. Dies bedeutet zwar nicht, dass sich die Manager kaum für die Ergebnisse ihrer Handlungen interessieren. Doch weil sie nicht das gleiche Verhältnis zum Unternehmen wie die Aktionäre haben, sind die Auswirkungen auf ihre persönliche Nutzenfunktion andere[35]. Diese „Internalisierungsasymmetrie" wirkt sich in doppelter Hinsicht auf das Managementverhalten aus.

a) Zum einen werden sich die Manager nur suboptimal für die Förderung der Aktionärsinteressen einsetzen. Sie werden nämlich nur insoweit persönliche Anstrengungen dazu aufwenden, als ihnen ein persönlicher Grenznutzen zuwächst,

---

[32] ANDERSON (1978) 738, 740.

[33] JENSEN/MECKLING (1976) 305, 308; WILLIAMSON (1964) 55; ANDERSON (1978) 738, 758, 774.

[34] EISENEBERG (1989) 1461, 1493.

[35] JENSEN/MECKLING (1976) 506, 312 ff.; DEMSETZ (1983) 375, 381.

denn sie ziehen den aus ihren Bemühungen entstandenen Nutzen nur teilweise in Betracht. Im Ergebnis werden sie Investitionsprojekte entweder unterlassen, obwohl sie den Aktionären einen positiven Ertrag einbringen könnten, oder aber nicht alle erforderlichen Anstrengungen unternehmen (sog. *shirking*)[36]. Wie dem nachfolgenden Zitat zu entnehmen ist, werden die Manager wegen der Internalisierungsasymmetrie unflexibel, reagieren erst später auf externe Signale und schöpfen die Investitionsmöglichkeiten nicht vollständig und rechtzeitig aus.

> (I)n the absence of vigorous competition in the product market and where the separation of ownership from control is substantial, there is no compelling reason to assume that the firm is operated so as to maximize profit. On the contrary, such behavior would appear to require an unusual variety of rationality- and one not widely found in human affairs- namely, a complete detachment of individual interests from occupational decision making....[38]

b) Zum anderen können die Manager eventuell der Versuchung erliegen, Handlungen zu unternehmen, die ihnen zwar Nutzen einbringen, den Aktionären aber Schaden zufügen[39]. Dazu gehören zum einen krasse Fälle von Aneignung der Unternehmensressourcen, wobei die Manager Geschäftschancen des Unternehmens für sich nutzen, oder sich die Unternehmensressourcen schlicht aneignen. Zum anderen können die Unternehmensressourcen auf weniger auffällige Weise zur Befriedigung persönlicher Bedürfnisse verwendet werden, wenn Unternehmensanlagen zu persönlichen Zwecken benutzt werden (sog. Konsum am Arbeitsplatz). Wie *Demsetz* und *Jensen/Meckling* dargelegt haben, würden die Manager selbst bei vollständiger Internalisierung Unternehmensressourcen am Arbeitsplatz konsumieren, das Konsumausmaß sich aber in optimalen Grenzen halten. Bei unvollständiger Internalisierung entfallen gerade die Anreize für eine optimale Verwendung der Unternehmensressourcen für persönliche Zwecke[40].

c) Eine besonders häufige Ausprägung des Interessenkonfliktes wegen Internalisierungsasymmetrie ist der **Widerstand gegen den Verlust der Führungsposition**[41]. Die Manager neigen nämlich systematisch dazu, ihren Platz behalten zu wollen, selbst wenn ein Personenwechsel für die Aktionäre sinnvoller wäre. Nicht nur treten sie nicht freiwillig zurück, wenn sie der Managementsaufgabe nicht mehr gewachsen sind, sondern sie entziehen sich auch sonstigem externem Druck, der ihre Arbeitssicherheit und ihre Unabhängigkeit in Frage stellen könnte.

---

36 DEMSETZ (1983) 375, 380.

37 GORDON (1961) 328.

38 GORDON (1961) 328.

39 JENSEN/MECKLING (1976) 305, 312.

40 DEMSETZ (1983) 375, 381.

41 Dieser Interessenkonflikt wird als *positional conflict* bezeichnet: EISENBERG (1989) 1461, 1471; GOTTLISCH (1996) 40; SHLEIFER/VISHNY (1997) 737, 747: *"Poor managers who resist being replaced might be the costliest manifestation of the agency problem"*.

Dies gilt etwa bei Verschmelzung mit anderen Unternehmen, bei denen die Führungspositionen neu verteilt werden müssen[42]. Der Widerstand des Managements lässt nur den Weg eines feindlichen und kostenaufwendigen Übernahmeangebots offen, um das gleiche Ergebnis zu erreichen. Selbst in diesem Fall kann der Widerstand den Zusammenschluss zum Scheitern bringen, wenn das Management Abwehrmaßnahmen einsetzen darf[43].

2. Risikoneigungsasymmetrie

a) Wie bereits erörtert, können die Aktionäre durch die Diversifizierung das firmenspezifische Risiko minimieren und haben infolgedessen nur das systematische Risiko zu tragen. Daher sind sie bereit, jede Investition zu akzeptieren, deren erwarteter Ertrag die dem systematischen Risiko entsprechenden Kapitalkosten deckt. Dies gilt für die Manager allerdings nicht, weil ein größerer Teil ihres „Vermögens" an das Unternehmen gebunden ist und sie nicht über dieselbe Diversifizierungsmöglichkeit verfügen. Dies gilt ohnehin für das firmenspezifische Humankapital, nämlich all jene Fähigkeiten, die auf das konkrete Unternehmen zugeschnitten sind und verloren gehen, falls das Verhältnis zum Unternehmen beendet wird und die nur schwer oder gar nicht auf andere Unternehmen anwendbar bzw. übertragbar sind. Auch das Geldkapital in Form von Entlohnung ist an das Unternehmen in größerem Umfang gebunden als es bei den Aktionären der Fall ist[44]. Im Ergebnis und im Gegensatz zu den Aktionären sind die Manager dem gesamten Unternehmensrisiko ausgesetzt.

b) Die unterschiedliche Risikoexposition beeinflusst das **Investitionsverhalten der Manager** folgendermaßen: Auf der einen Seite ziehen sie auch das firmenspezifische Risiko bei der Bewertung der Investitionsprojekte heran, sie benutzen nämlich einen höheren Diskontierungssatz. Dies führt dazu, dass einige Investitionen abgelehnt werden, obwohl sie den Interessen diversifizierter Aktionäre entsprechen. Auf der anderen Seite ist mit Anstrengungen durch die Manager zu rechnen, das firmenspezifische Risiko auf eine für die Aktionäre negative Weise einzuschränken. Dies ist etwa der Fall beim Konglomerataufbau: Die Manager streben eine Risikoeinschränkung durch Diversifizierung auf der Unternehmensebene an. Sie neigen nämlich systematisch dazu, in das Unternehmen Aktivitäten

---

[42] BEBCHUK (1985) 1693, 1704: "*In a world of perfect loyal managers, we could use acquisitions and would have no reason to create alternative acquisition methods.*"

[43] Siehe unten S. 88.

[44] Ausführlich zur Risikoasymmetrie siehe COFFEE (1986) 1, 17 ff.; HU (1990) 277, 319; BAUMOL (1967) 90; NOTE (1979) 1238, 1241; GOTTLISCH (1996) 35 ff.; BOOTH (1998) 429, 436.

einzuschließen, die eine unterschiedliche Risikovarianz aufweisen[45]. Dies ist aber für die Aktionäre neutral, sofern ihnen die Diversifizierung über den Aktienmarkt zur Verfügung steht. Außerdem ist es beim Konglomeratesaufbau unwahrscheinlich, mit Effizienzsteigerung wegen Synergieeffekten zu rechnen, insbesondere wenn die zusammengebrachten Aktivitäten keine gemeinsamen Anknüpfungspunkte aufweisen, welche die gemeinsame Nutzung von Produktionsmöglichkeiten ermöglichen würden. Ganz im Gegenteil bringt der Konglomerataufbau Effizienzverluste mit sich[46]. Denn unterschiedliche Unternehmensaktivitäten werden von einem ausschließlich zentralen Management weniger effizient geleitet, als wenn sich eine Managementmannschaft auf eine einzige Art von Aktivitäten beschränkte[47].

3. Ausgabepräferenzenasymmetrie

a) Eine weitere Quelle von Interessenkonflikten besteht in der unterschiedlichen Nutzenfunktion. Die Aktionäre sind nur über das Investitionsverhältnis mit dem Unternehmen verbunden und daher nur an den finanziellen Ergebnissen interessiert[48]. Die Manager sind dagegen nur in geringem Maße als Investoren beteiligt, verbringen aber einen größeren Teil ihres Lebens im Unternehmen. Dieses wird daher zum Mittel für die Verwirklichung ihrer persönlichen Bedürfnisse, die von den Aktionären nicht geteilt werden. Dies gilt etwa für das Streben nach persönlicher Macht, großem Einfluss auch außerhalb des Unternehmens, Status und sozialem Ansehen, Selbstbestätigung durch Kontrolle über umfangreiche materielle und personelle Ressourcen[49]. Überdies sind die Manager auch psychologisch mit dem Unternehmen verbunden und identifizieren sich mit ihm [51].

b) Wegen der unterschiedlichen Beteiligungen am Unternehmen sind die Manager dazu geneigt, Unternehmensressourcen zu verwenden, um ihre eigene Nutzenfunktion zu maximieren, selbst wenn den Aktionären möglicherweise kein Nutzen, sondern Schaden dadurch entsteht[52]. Dies gilt etwa für die systematische Neigung, die **Unternehmensgröße** zu maximieren. Die Größe bringt den Mana-

---

45 COFFEE (1986) 1, 20 ff.; NOTE (1979) 1238, 1243; GOTTLISCH (1996) 72 ff.; BOOTH (1998) 429, 451; MARRIS (1964) 119 ff.; KOCH (2000).

46 NOTE (1979) 1238, 1244.

47 Zu empirischen Studien siehe GILSON/BLACK (1995) 351; MORCK/SHLEIFER/VISHNY (1990) 31 ff.

48 DEMSETZ (1983) 375, 381.

49 GORDON (1961) 305 ff.; WILLIAMSON (1964) 32.

50 GORDON (1961) 308; MARRIS (1964) 50.

51 GORDON (1961) 308; MARRIS (1964) 50.

52 GOTTSCHLICH (1996) 30; WILLIAMSON (1964) 33.

gern wesentliche, sowohl materielle als auch psychologische Vorteile ein, die von den Aktionären nicht geteilt werden. Zunächst fühlen sich die Manager vor dem Konkurs besser geschützt. Zweitens wird häufig die Managemententlohnung von der Größe positiv beeinflusst. Sodann erhalten die Manager eine größere psychologische Genugtuung und Selbstbestätigung, wenn sie ein großes statt eines kleinen Unternehmens leiten. Denn jene verfügen über umfangreichere menschliche und materielle Ressourcen und genießen daher größeren Respekt und soziales Ansehen[53].

Das Streben nach Unternehmensgröße nimmt insbesondere folgende Formen an. Die Manager neigen zunächst dazu, den Umsatz statt die Gewinne als Leitungs- und Erfolgsmaßstab zugrunde zu legen und zu maximieren[54]. Da aber nur die risikodiskontierten Gewinne für den Aktionärsertrag maßgeblich sind, steht die unbedingte Umsatzmaximierung mit den Aktionärsinteressen nicht im Einklang. Des weiteren neigen die Manager systematisch dazu, den Gewinnüberschuss zu behalten, statt ihn den Aktionären als Dividende auszuschütten, um die Möglichkeit zur weiteren Unternehmensvergrößerung zu behalten, ohne auf den Kapitalmarkt und die damit zusammenhängende Kontrolle angewiesen zu sein[55]. Dies gilt selbst dann, wenn der Überschuss innerhalb des Unternehmens nicht produktiv, d.h. die Kapitalkosten deckend verwendet werden kann, weil entsprechende Investitionsmöglichkeiten fehlen. Dadurch werden die Aktionärserwartungen verletzt, weil der Aktienwert nur durch produktive Kapitalverwendung erhöht wird. Weil die Manager Wert auf die Unternehmensgröße an sich legen, neigen sie systematisch dazu, gegen die Desinvestierung und Unternehmensschrumpfung zu reagieren. Dies gilt auch dann, wenn die betroffenen Aktivitäten keinen positiven Ertrag, etwa aufgrund von Überkapazitäten, mehr einbringen und daher zum Aktionärswert daher nichts mehr beitragen[56].

B. Folgen

a) Sofern die vorangehend geschilderten Interessengegensätze und deren Auswirkungen den Aktionären bewusst sind, werden sie ihre Bereitschaft, Kapital aufzubringen, daran anpassen[57]. Sie werden nämlich ihrer Investitionsentscheidung einen zusätzlichen Risikozinssatz zugrundelegen, um den Auswirkungen der Interessenkonflikte Rechnung zu tragen. Anders formuliert sind die Aktionäre bereit,

---

[53] MARRIS (1964) 101 ff.

[54] MARRIS (1964) 64 ff.; BAUMOL (1967) 47, 49: "*Sales have become an end in and of themselves.*".

[55] COFFEE (1986) 1, 21; BRUDNEY (1980) 85, 95 ff.

[56] JENSEN (1993) 831, 839, 848; GOTTLISCH (1996) 74; GORDON (1961) 309.

[57] JENSEN/MECKLING (1976) 305, 313; CLARK (1986) 156-157; KNOBLING (1996) 45 ff.

für den gleichen Anteil von erwarteten Auszahlungen nur einen geringeren Betrag zu bezahlen[58]. Insofern werden die Folgen des Interessenkonfliktes schließlich von den Managern getragen, zumal sie weniger Eigenkapital anziehen und die vorhandenen Produktionsmöglichkeiten nicht ausschöpfen können. Ein Anhaltspunkt dafür bieten empirische Untersuchungen, die ein positives Verhältnis zwischen der Beteiligungsbereitschaft der Anleger und der Wirksamkeit des Anlegerschutzes belegen[59].

Der Interessenkonflikt könnte theoretisch womöglich noch extremere Folgen auslösen und die Organisationsform der Aktiengesellschaft, deren Eigenkapital externe Finanziers aufbringen, in Frage stellen. Zum einen könnten die außenstehenden Investoren ihre Beteiligung als Aktionäre gänzlich verweigern. In diesem Fall würden Leitung und Residualrisiko wieder auf dieselbe Person beschränkt, wodurch das Problem des Interessenkonfliktes zwar gelöst, die aus der Trennung und Spezialisierung entstehenden Vorteile aber verloren gehen würden[60]. Den Verfall der Publikumsgesellschaft könnten andererseits auch aktive Investoren auslösen. Sie sollen die Leitungsdefizite und ihre Auswirkungen erkennen, die Aktienmehrheit übernehmen und die Trennung zwischen Kontrolle und Eigenkapital aufheben[61].

b) Über die Auswirkungen auf die unmittelbaren Beteiligten hinaus entstehen **negative Externalitäten** zu Lasten der Allgemeinheit. Der Interessenkonflikt belastet das Verhältnis zwischen Management und Aktionären und führt dazu, dass der Austausch zwischen ihnen kostspieliger und daher weniger häufig stattfindet[62]. Austausch ist aber effizient, weil er die Ressourcen zum bestmöglichen Gebrauch leitet. Unter der Prämisse, dass alle von einer effizienten Ressourcenverteilung und von der Ausschöpfung der positiven Produktionsmöglichkeiten profitieren, muss der Interessenkonflikt auch als für die Allgemeinheit schädlich betrachtet werden[63]. Aus all diesen Gründen ist es geboten, die Aktionärsinteressen vor dem Managementopportunismus zu schützen.

---

58 Ein rationaler Anleger macht von den erwarteten Auszahlungen einen Abschlag, um der Wahrscheinlichkeit Rechnung zu tragen, dass sich die Manager einen Teil der Gewinne wegen des Interessenkonfliktes aneignen werden.

59 Vgl. LAPORTA et al. (1997) 1131 ff.; LAPORTA et al. (1998) 1113 ff.; MACEY (1998) 903, 911. Eine Studie hat ergeben, dass Investoren für Unternehmen mit guter Corporate Governance zwischen 11% and 16% mehr zu zahlen bereit sind: siehe SCHNEIDER/STRENGER (2000) 106, 107.

60 FAMA/JENSEN(1983) 327, 332.

61 JENSEN (1989) 61 ff.

62 ANDERSON (1978) 738, 747.

63 Vgl. SCOTT (1998) 30: "*The largest beneficiary of efficient Corporate Governance is the nation as a whole, since the improvements in management performance and associated reduction in*

III. Zwischenergebnisse und Ausblick

Im ersten Abschnitt ist dargelegt worden, dass ein Interessenkonflikt zwischen Managern und Aktionären besteht und dass die Aktionäre deshalb eines entsprechenden Schutzes bedürfen. Zunächst sind die Gründe dargestellt worden, die zur Trennung zwischen Geschäftsführung und Kapitalaufbringung, führen. Das Unternehmen ist auf Eigenkapital angewiesen, um seinen Gläubigern Sicherheit zu bieten und dadurch seine Finanzierungskosten zu verringern. Das Unternehmenswachstum macht es den Unternehmensgründern allerdings zunehmend allmählich schwierig, den Kapitalbedarf zu decken. Sie sind dann auf die Gewinnung außenstehender Anleger zur Ansammlung des benötigten Kapitals angewiesen. Gerade um diese Investoren zur Beteiligung zu bewegen, ist die Aktiengesellschaft als juristische Form des nach Kapital suchenden Unternehmens entstanden. Sie beschränkt das Anlagerisiko auf das eingebrachte Kapital (beschränkte Haftung) und bietet den Anlegern leichte Handelbarkeit und kostengünstige Liquidierungsmöglichkeiten in Verbindung mit organisierten Aktienmärkten an. Der Prozess der Kapitalsammlung mündet allmählich darin, dass sich die Manager, selbst wenn sie ursprünglich Gründer und Alleinaktionäre waren, nunmehr auf die Geschäftsführung beschränken, während das Eigenkapital überwiegend von Anlegern zur Verfügung gestellt wird.

Diese Aufgabenteilung bringt zwar wesentliche Vorteile mit sich. Durch die entsprechende Spezialisierung wird die Ausführungsqualität erhöht und die Finanzierungskosten werden verringert. Auf der anderen Seite tauchen jedoch neue Probleme auf, weil die Interessen beider Beteiligten, der Manager und der Aktionäre, nicht immer miteinander im Einklang stehen. Die Aktionärsinteressen sind auf die risikoentsprechende Vergütung ihrer Anlage gerichtet. Maßgeblich für sie ist jedoch das marktbezogene, nicht das firmenspezifische Risiko, sofern sie durch entsprechende Anlagediversifizierung das firmenspezifische Aktienrisiko minimieren können. Die Manager sind dagegen nicht ausschließlich an den finanziellen Unternehmensergebnissen interessiert, und wenn überhaupt, dann nicht auf die gleiche Weise wie die Aktionäre. Zunächst internalisieren sie die Unternehmensergebnisse nicht in gleichem Umfang und auf die gleiche Weise wie die Aktionäre und weisen daher weniger Anreize auf, sich für die Maximierung des Aktienertrages einzusetzen. Anschließend sind die Manager nicht wie die Aktionäre diversifiziert, weil sich zumindest ein Teil ihres gesamten Kapitals, nämlich das Humankapital, wegen seiner engen Verknüpfung mit dem Unternehmen, nicht diversifizieren lässt. Insofern gehen sie auf das gesamte Unternehmensrisiko ein und sind daher risikoscheuer als die Aktionäre: Sie neigen dazu, weniger Investitionsprojekte zu verfolgen als die diversifizierten Aktionäre. Sodann ziehen die Manager

---

cost of capital in the economy aid it in domestic productivity and international competitiveness."

auch andere, von den Aktionären nicht geteilte Vorteile. Sie identifizieren sich mit dem Unternehmen und benutzen es als Mittel zur Selbstverwirklichung. Sie profitieren von materiellen Vorteilen, die den Aktionären nicht zugute kommen. Aufgrund dessen neigen sie dazu, die Unternehmensgröße zu maximieren, selbst wenn dies den Aktionärsinteressen widerspricht.

Wegen des geschilderten Interessenkonfliktes besteht die Gefahr, dass die Aktionärsinteressen von den Managern systematisch missachtet werden. Dies hätte weitere negative Auswirkungen. Die Aktionäre wären nämlich nicht bereit, ihr Kapital überhaupt zur Verfügung zu stellen bzw. erwarten eine höhere Rendite. Dies käme einer Verteuerung der Finanzierungskosten gleich, was schließlich bedeutete, dass die Investitionsmöglichkeiten weniger genutzt würden als in Abwesenheit von Interessenkonflikten, weil das zur Verfügung stehende Kapital weniger wird. Aus diesen Gründen ist es geboten, den Aktionären einen angemessenen Schutz ihrer Interessen vor Managementopportunismus zu gewähren, um ihre Anlagebereitschaft zu verstärken bzw. zu bewahren.

§ 2. MECHANISMEN ZUM SCHUTZ DER AKTIONÄRSINTERESSEN

Zum Aktionärsschutz vor opportunistischem Managerverhalten stehen mehrere Mechanismen zur Verfügung, die den Aktionären einen angemessen Ertrag auf ihren Kapitaleinsatz sicherstellen sollen[64]. Die gesamten Schutzmechanismen bilden den Bereich von *Corporate Governance* im weiteren Sinn und lassen sich in zwei spezifischere Grundkategorien einteilen[65]: zum einen in die Marktmechanismen, in deren Rahmen die Disziplinierung durch die Interaktion zwischen den Akteuren auf verschiedenen Märkten eingreift; und zum anderen in interne Schutzmechanismen (*Corporate Governance* im engeren Sinn), in deren Rahmen die Disziplinierung durch die Geltendmachung von Beherrschungsrechten gegen die Manager erfolgt.

I. Marktmechanismen

A. Die Schutzwirkung der Marktmechanismen

a) Eine zentrale Stellung unter den Marktmechanismen nimmt der **Aktienmarkt als Preismechanismus** ein. Darunter ist jener Markt zu verstehen, auf dem die Aktien gehandelt und bewertet werden. Nach den Ansätzen sowohl der Preiseffizienz als auch der rationalen Erwartungen (*rational expectations hypothesis*) spiegelt der Aktienpreis alle, zumindest die vorhandenen, Informationen über die künftigen Zahlungen an die Aktionäre wider[66]. Ebenso schlägt sich opportunistisches Managerverhalten im Aktienpreis nieder und drückt ihn nach unten. Diese Preisanpassung mag zwar an sich allein die Aktionäre unzulänglich schützen[67], löst jedoch weitere Disziplinierungseffekte auf den folgenden Märkten aus.

b) Die Aktienpreissenkung verteuert zunächst die **Finanzierungskosten** des Unternehmens und macht es ihm schwieriger, Kapital auf dem Aktienmarkt zu sammeln[68]. Dies gilt ohnehin für die Finanzierung durch Aktienausgabe im Rahmen einer Kapitalerhöhung. Da der Ausgabepreis mit dem aktuellen Aktienpreis zusammenhängt, erhöht das opportunistische Managerverhalten die Eigenkapitalkosten des Unternehmens[69]. Die Manager werden dadurch sanktioniert,

---

64 SHLEIFER/VISHNY (1997) 737: "*Corporate Governance deals with the ways in which suppliers of finance to corporation assure themselves of getting a return on their investment.*"; LAPORTA et al. (1998) 1113, 1114 : „*These rights give investors the power to extract from managers the returns on their investment*".

65 Überblick über die verschiedenen Begriffe von *Corporate Governance* siehe in PRIGGE (1999) 148 ff.

66 GILSON/KRAAKMAN (1984) *passim*.

67 EISENBERG (1989) 1461, 1515.

68 EISENBERG (1989) 1461, 1459.

69 STOUT (1988) 613, 653.

weil sie über weniger Kapital verfügen, um ihre Vorhaben zu verwirklichen. Die Verteuerung der Eigenkapitalkosten beeinflusst auch die sonstigen Finanzierungskosten. Dies gilt etwa für die Fremdfinanzierung, sofern die Kosten des Fremdkapitals auch mit der Höhe des Eigenkapitals zusammenhängen[70].

c) Der Preismechanismus setzt weiter den **Markt für die Unternehmenskontrolle** in Gang[71]. Die vom opportunistischen Verhalten ausgelöste Preissenkung bewegt Investoren dazu, die Unternehmenskontrolle anzustreben, um Wertpotential durch Aufhebung des opportunistischen Verhaltens zu erschließen. Falls das amtierende Management der Kontrollübertragung nicht zustimmt, wird auf ein feindliches Übernahmeangebot zurückgegriffen: Der potentielle Übernehmer unterbreitet den Aktionären ein Angebot zum Kauf ihrer Aktien; falls eine Aktionärsmehrheit das Angebot angenommen hat, erwirbt der Bieter die Kontrolle trotz des Managerwiderstandes. Dadurch wirkt das feindliche Angebot auf das Management des übernommenen Unternehmens sowohl *ex ante* disziplinierend als auch *ex post* bestrafend. Vorbeugend wird das Management das opportunistische Verhalten unterlassen, um die negativen Auswirkungen auf den Aktienpreis zu vermeiden und somit die Übernahmewahrscheinlichkeit zu minimieren. Falls dies nicht geschieht, wird das Management durch seine Ablösung bestraft. Von der Kontrollübertragung profitieren auch die Aktionäre des übernommenen Unternehmens mittelbar, sofern sie durch den Übernahmepreis zumindest einen Teil des von Interessenkonflikten entlasteten Unternehmenswertes erhalten.

Im Hinblick auf die bisherige Erfahrung hat der Markt für die Unternehmenskontrolle zur Bekämpfung folgender **Formen von Interessenkonflikten** tatsächlich beigetragen. Sofern die Manager des übernommenen Unternehmens infolge der feindlichen Übernahme in der Regel abgelöst werden, wird der sog. Stellungskonflikt (*positional conflict*) gemildert, wobei die ineffizienten Manager nicht freiwillig zurücktreten[72]. Zugleich wird die Durchführung von effizienten Transaktionen zwischen Unternehmen ermöglicht, die sonst wegen Unstimmigkeiten zwischen den führenden Managern über die Verteilung der Führungsposten ausbleiben würden. Weiter wird die Risikoasymmetrie zwischen Managern und Aktionären vermindert[73]. Gerade um die Wahrscheinlichkeit einer Übernahme zu minimieren, sind die Manager darauf angewiesen, den Aktienwert möglichst zu erhöhen. Zu diesem Zweck werden sie auch risikoreichere Projekte durchführen, welche sie aufgrund ihrer stärkeren Risikoscheu unterlassen hätten. Schließlich wird auch der Neigung der Manager zur Größenmaximierung Halt geboten: So-

---

[70] KNOBLING (1996) 53; a.A. STOUT (1988) 613, 648.

[71] Grundlegend bereits MANNE (1965) 110, 112. Vgl. auch ANDERSON (1978) 738, 786; EISENBERG (1989) 1461, 1497; EASTERBROOK (1984) 540, 564.

[72] ROMANO (1990) 3, 9.

[73] COFFEE (1986) 1, 60.

wohl Konglomerate wurden infolge von Übernahmen zerschlagen und auf den Kernbereich konzentriert[74] als auch wegen Überkapazitäten unprofitable Geschäftsfelder aufgegeben[75]. Auch dem sog. *free cash flow*-Problem, nämlich der systematischen Neigung der Manager, den Gewinnüberschuss zu behalten und intern, selbst in Ermangelung profitabler Projekte, wieder zu investieren, wurde begegnet, weil Unternehmen mit hohen liquiden Mitteln, aber ohne profitable Investitionsprojekte überdurchschnittlich zu Übernahmeopfern wurden[76]. Insgesamt trug der Markt für die Unternehmenskontrolle zur in den 1980er Jahren vollzogenen Restrukturierung und Neuausrichtung der US-amerikanischen Wirtschaft sehr positiv bei.

d) Der Preismechanismus trägt weiter zur Entstehung aktionärsfreundlichen Rechts im Rahmen des **Marktes für das Gesellschaftsrecht** bei. Das Gesellschaftsrecht ist in den USA Sache der einzelnen Bundesstaaten. Diese konkurrieren miteinander und versuchen, möglichst viele Niederlassungen anzuziehen und von den daraus entstehenden Vorteilen zu profitieren. Ausgehend vom Zusammenhang zwischen dem vom jeweiligen Gesellschaftsrecht gewährleisteten Aktionärsschutz und dem Aktienwert investieren die Aktionäre mehr in jene Unternehmen, die einem aktionärsfreundlichen Recht unterliegen. Sofern die Manager auf die Ansammlung von möglichst viel Eigenkapital angewiesen sind, werden sie sich für ein aktionärsfreundliches Gesellschaftsrecht entscheiden. Die Bundesstaaten werden wiederum ein solches Recht anbieten, um möglichst viele Niederlassungen anzuziehen. Unter diesen Bedingungen führt der Wettbewerb zum besten Gesellschaftsrecht; es findet ein Wettlauf nach oben statt (*race to the top*)[77]. Diese Auffassung ist zwar höchst umstritten[78], mehrere, sowohl empirische[79] als auch theoretische[80], Anhaltspunkte sprechen jedoch für ihre Richtigkeit.

e) Zum Aktionärsschutz trägt auch der **Markt für Produkte** bei. Auf diesem Markt konkurrieren die Unternehmen mit ihren Produkten bzw. Leistungen um Kunden und Einnahmen. In diesem Wettbewerb bestehen jene Unternehmen, die

---

74 JENSEN (1986) 323, 328.

75 JENSEN (1993) 831, 851.

76 JENSEN (1986) 323, 328; JENSEN (1988) 21, 28.

77 WINTER (1977) 251, 256 ff.

78 CARY (1974) 663 ff.

79 DODD/LEFTWICH (1980); ROMANO (1985) 225 ff.; DAINES (2000): Die in *Delaware* niedergelassenen Unternehmen weisen einen höheren *Tobin's Q* Unternehmenswert als vergleichbare Unternehmen auf, die in anderen Bundesstaaten ansässig sind. Unternehmen, die Aktien ausgeben und an der Börse zum ersten mal notieren lassen und daher den Verkaufspreis maximieren wollen, wählen als Niederlassungsstaat zum größten Teil (um 64% in 1996) *Delaware* aus.

80 Zur Diskussion siehe EASTERBROOK (1984) 540, 549; WINTER (1977) 251, 257, 259; EASTERBROOK/FISCHEL (1991) 212 ff. Vgl. aber a.A. von KAMAR (1998) 1908, 1919 ff.

Produkte mit dem besten Verhältnis von Qualität und Preis anbieten[81]. Die Disziplinierungsfunktion dieses Marktmechanismus beruht auf der Annahme, dass das opportunistische Managementverhalten die Produktqualität bzw. die Produktionskosten negativ beeinflusst, so dass das Unternehmen im Wettbewerb benachteiligt und gegebenenfalls in die Insolvenz gerät[82]. Obwohl die Manager im allgemeinen am Unternehmensüberleben und sogar an der Unternehmensvergrößerung interessiert sind, beeinflussen bestimmte Formen von Interessenkonflikten die Unternehmensperformance tatsächlich negativ. Dies gilt etwa für die übermäßige Diversifizierung auf verschiedene Geschäftsbereiche, wobei das Management den unterschiedlichen Herausforderungen schwerlich nachkommen kann; für die Aufbewahrung von liquiden Geldmitteln und ihr Investieren in unprofitable Projekte; für die Internalisierung- und Anreizasymmetrie, welche die Manager unflexibel in Bezug auf die Anpassung an neue Umstände und die Ausnutzung neuer Investitionsmöglichkeiten macht. Im Hinblick auf die negativen Auswirkungen dieser Methoden auf die Unternehmenssolvenz werden die Manager ihr Verhalten mehr auf die Aktionärsinteressen ausrichten, um die Sanktionen des Marktes für Produkte zu vermeiden.

f) Disziplinierungsfunktion erfüllt schließlich der **Managermarkt.** Auf diesem Markt wird als Produkt die Managementleistung angeboten. Disziplinierend wirkt dieser Markt, wenn die Manager wegen ihres früheren opportunistischen Verhaltens sanktioniert werden. Sie haben nämlich weniger Aussicht, ihre Stellung beizubehalten bzw. eine neue Stellung mit den gleichen Vorteilen in Zukunft zu finden. Zugleich wird die *ex post* Vergütung an die vergangene Leistung derart angepasst, dass der Manager mit Wohlstandseinbußen für Abweichung vom optimalen Verhaltensmaßstab rechnen muss[83]. Die Vergegenwärtigung dieser künftigen Sanktionen soll sich bereits *ex ante* auf das Managerverhalten disziplinierend auswirken.

B. Das Versagen der Marktmechanismen

Aus dem Voranstehenden geht hervor, dass die Marktmechanismen ein Minimum an Verantwortlichkeit gegenüber den Aktionären sicherstellen. Die Wirksamkeit der Marktmechanismen ist jedoch unzureichend, weil sie in den folgenden Konstellationen versagen.

a) Bei starken **Interessenkonflikten** werden die Manager von den Marktsanktionen nicht abgeschreckt, weil der von ihnen angestrebte Nutzen höher ist. Beispielweise besagt die Disziplinierungswirkung des Aktiemarktes, dass die Mana-

---

[81] FAMA/JENSEN (1983) 327.

[82] VAGTS (1983) 231, 238.

[83] FAMA (1980) 288, 297 ff.

ger keine opportunistischen, Preissenkungen auslösenden Maßnahmen treffen werden. Dieser Annahme widerspricht jedoch die Tatsache, dass derartige Entscheidungen immer wieder trotz der eindeutig negativen Reaktionen des Aktienmarktes von den Managern getroffen werden. Dies ist etwa der Fall beim Einsetzen von Abwehrmaßnahmen gegen feindliche Übernahmen als auch bei der Übernahme anderer Unternehmen. Dieses Phänomen deutet darauf hin, dass die von den Managern angestrebten privaten Vorteile die durch den Aktienmarkt ausgelösten Sanktionen mehr als übersteigen, so dass die Disziplinierungswirkung ausbleibt[84].

Aus dem gleichen Grund versagt auch der **Markt für Gesellschaftsrecht.** Sind die Manager von starken Interessenkonflikten befangen, werden sie auf die Verabschiedung von Regelungen drängen, die ihren Interessen entsprechen. Sie werden dabei von den negativen Preisreaktionen des Aktienmarktes nicht abgeschreckt, sofern ihre persönlichen Interessen mehr wert sind. Die Bundesstaaten werden wiederum diesen Aufforderungen nachkommen, um die Niederlassungen beizubehalten bzw. neue zu gewinnen. Ein Beispiel für dieses Marktversagen bietet die Tatsache, dass das Recht der Bundesstaaten dem Management große Bewegungsfreiheit beim Einsetzen von Abwehrmaßnahmen gegen feindliche Übernahmen einräumt, was als ein eindeutiges Zeichen für ein *race to the bottom* angesehen wird[85].

b) Sodann versagen die Marktmechanismen, wenn die Manager in der Lage sind, entweder das freie Funktionieren dieser Mechanismen zu ihrem Gunsten zu beeinflussen oder sich der Disziplinierungswirkung zu entziehen.

Beim **Markt für die Unternehmenskontrolle** verfügen die Manager über weitgehende Möglichkeiten, eine feindliche Übernahme abzuwehren. Zum einen haben sowohl der Bundesgesetzgeber[86] als auch die einzelnen Bundesstaaten[87] Regelungen erlassen, die dem Bieter bzw. Übernehmer kostspielige Pflichten auferlegten. Zum anderen hat die Rechtsprechung dem amtierenden Management beim Einsatz von Abwehrmaßnahmen einen weitgehenden Ermessensspielraum

---

84 MORK/SHLEIFER/VISHNY (1990) 31; WEISS/WHITE (1987) 551, 603 Fn. 214.

85 CARY (1974) 663, 673 ff.; BEBCHUK/FERRELL (1999) 1168 ff.; WINTER (1977) 251, 272; EASTERBROOK/FISCHEL (1991) 281, 223; EISENBERG (1989) 1461, 1512-3.

86 Siehe §§ 14(d), § 14(e), 13(d) Securities Exchange Act.

87 Nachdem die Rechtsprechung die Verfassungsmäßigkeit der bundesstaatlichen Übernahmegesetze bestätigte (*Edgar v. Mite Corp.*, 457 U.S. 624 (1982); *CTS v. Dynamics Corp. of America*, 481 U.S. 69 (1987)) verabschiedeten die Bundesstaaten verschiedene Gesetze, die eine feindliche Übernahme erschweren: siehe LUETTMANN (1992) 85 ff.. Dazu gehören *control share acquisition statutes*, wonach die Übernahme von der Zustimmung der Aktionärsmehrheit abhängig ist, und *business combination statutes, fair price statutes,* welche nachträgliche Transaktionen für eine gewisse Zeitspanne nach der feindlichen Übernahme mehreren Einschränkungen unterwerfen.

zuerkannt[88]. Im Ergebnis ist es mittlerweile sehr schwierig geworden, eine Übernahme wider den Willen des amtierenden Managements erfolgreich durchzuführen.

Die Manager können sich weiter der Disziplinierungswirkung des **Kapitalmarktes** entziehen, indem sie andere Finanzierungsformen nutzen. In der Tat lässt sich feststellen, dass die Finanzierung durch Aktienausgabe eine nur untergeordnete Rolle im Vergleich zu anderen Finanzierungsmöglichkeiten und insbesondere zur internen Finanzierung spielt[89]. Verfügt das Unternehmen über liquide Mittel und darf das Management den Bilanzgewinn nach Belieben behalten und zur Finanzierung der Investitionsprojekte verwenden, entzieht es sich der Disziplinierungsfunktion des Kapitalmarktes[90]. Gerade um diese Funktion zu verstärken, wird vorgeschlagen, das Managerermessen über die Gewinnverwendung einzuschränken, indem man die Ausschüttung einer Mindestgröße von Gewinn als Dividende anordnet[91].

c) Schließlich versagen die Marktmechanismen, wenn die **Marktstruktur** nicht günstig ist, weil etwa keine Wettbewerbsbedingungen herrschen oder das Funktionieren der Marktmechanismen mit hohen Transaktionskosten verbunden ist.

Das Marktversagen wegen ungeeigneter Marktbedingungen ist beim **Markt für Produkte** am deutlichsten, wenn entweder eine Monopolsituation vorhanden ist oder das Unternehmen über umfangreiche liquide Geldmittel verfügt, die ihm die zumindest vorläufige Überwindung von Liquiditätsproblemen ermöglicht. Im Ergebnis greift die Disziplinierungswirkung dieses Marktmechanismus erst spät

---

[88] Zwar wurde ursprünglich eingeräumt, dass sich die Manager beim Einsetzen von Abwehrmaßnahmen in einem starken Interessenkonflikt befinden und deswegen von der Immunität der *business judgement rule* nicht profitieren. Sie tragen aufgrund dessen die Last nachzuweisen, dass die Abwehr angesichts der Gefahr, die die Übernahme für die Anteilseigner und das Zielunternehmen darstellt, gerechtfertigt und verhältnismäßig ist (*Unocal Corp. v. Mesa Petroleum Co.*, 493 A.2d 946 (Del. 1985); *City Capital Associate v. Interco*, 551 A.2d 787 (Del.Ch.); *Grand Metropolitan, PLC v. Pillsbury Co.*, 558 A.2d 1049 (Del.Ch. 1988)). Überblick siehe in GORDON (1991a) 1931, 1991 ff. und LUETTMANN (1992) 109 ff. Allerdings wurde die Strenge dieses Grundsatzes im Laufe der Zeit so weit gelockert, dass die Manager inzwischen fast völlig frei sind, einfach nein zu sagen und eine feindliche Übernahme nach Belieben zu stoppen (*Paramount Communications, Inc. v. Time Inc.*, 571 A.2d 1140 (Del. Supreme Court 1989): siehe GORDON (1991a) 1931, 1943; BEBCHUK/ FERRELL (1999) 1168, 1186.

[89] STOUT (1988) 613, 645 ff.

[90] STIGLITZ (1985) 133, 139; KNOBLING (1996) 73.

[91] EASTERBROOK (1984) 650, 654.

(wenn überhaupt) ein, wenn nämlich weitgehende Effizienzverluste bereits eingetreten sind[92].

Aufgrund von hohen Transaktionskosten ist die Wirkung auch des **Marktes für Unternehmenskontrolle** begrenzt[93]. Der Bieter muss zumindest die Aktienmehrheit erwerben und dazu einen über den gegenwärtigen Preis hinausgehenden Zuschlag bezahlen (in der Regel 30-40%). Insofern wären die größten Unternehmen von der Reichweite ausgenommen, wenn dem Bieter keine Finanzierungsquelle zur Verfügung stünden. Früher wurde die Finanzierung durch Ausgabe von Schuldverschreibungen niedriger Bonität (sog. *junk bonds*) genutzt. Nach Zusammenbruch des entsprechenden Marktes[94] bezahlen die Bieter immer häufiger einen Teil des Angebotspreises nicht in bar, sondern in Aktien des erwerbenden Unternehmens. Dadurch wird die Finanzierung einer großen Übernahme zwar möglich, bleibt die feindliche Übernahme allerdings immerhin eine kostspielige Transaktion und kann insofern nur den gravierendsten Abweichungen vom Ziel der Gewinnmaximierung begegnen[95].

Auch die Struktur des **Arbeitsmarktes** begünstigt eine Disziplinierungsfunktion nicht immer. Die Wirkung dieses Marktes setzt voraus, dass der betreffende Manager einen langen Zeithorizont hat, was in der Endphase der beruflichen Laufbahn nicht gegeben ist[96]. Dann entfallen die Vergegenwärtigung künftiger Reputationssanktionen und die entsprechende Anreize[97]. Der auf den externen Arbeitsmarkt bezogene Zeithorizont setzt überdies eine gewisse Mobilität der Arbeitskraft voraus, welche bei stark firmenspezifischem Humankapital ebenso wenig gegeben ist. Zum anderen setzt die Disziplinierungswirkung des Managermarktes voraus, dass die Entscheidung über die Manageranstellung von Personen getroffen wird, die sich auf die Aktionärsinteressen ausrichten. Dies gilt für beide Formen des Managerarbeitsmarktes nicht, wenn die Zuständigkeit anderen Managern obliegt. Im internen Markt sollen sich die Manager zwar gegenseitig überwachen, sofern der Nutzen des einen von den Bemühungen der anderen abhängt. Der Beurteilungsmaßstab ist jedoch mit den Aktionärsinteressen nicht unbedingt gleichzusetzen. Zumindest in Fällen starker Interessenkonflikte erfolgt die Leistungsbeurteilung eher nach den Managerinteressen. Dasselbe gilt auch für den externen Markt, wobei außenstehende Manager angestellt werden. Auch hier werden Manager, die sich in der Vergangenheit opportunistisch gegenüber den Akti-

92 JENSEN (1993) 831 ff.

93 SHLEIFER/VISHNY (1997) 737, 756; STIGLITZ (1985) 133, 137; WINTER (1977) 251, 268.

94 GRUNDFEST (1991) 857, 861; SHLEIFER/VISHNY (1997) 756.

95 MATHIS (1992) 73; MORK/SHLEIFER/VISHNY (1989) 842 ff.

96 VAGTS (1983) 231, 237.

97 MATHIS (1992) 55.

onären verhalten haben, nicht unbedingt sanktioniert, wenn die Anstellungsentscheidung von anderen Managern getroffen wird.

II. Interne Schutzmechanismen

Aufgrund des zuvor geschilderten Marktversagens bleibt eine Absicherung struktureller Art als letzte Möglichkeit vollständigen Aktionärsschutzes[98]. Hiermit tritt die *Corporate Governance* im engeren Sinne und die Strukturierung der Entscheidungs- und Machtverhältnisse innerhalb des Unternehmens in den Vordergrund. Ziel dieser Ausgestaltung ist, den Aktionären die Möglichkeit einzuräumen, das opportunistische Managerverhalten entweder von vornherein zu verhindern oder nachträglich zu sanktionieren und dadurch auch *ex ante* abzuschrecken. Im Gegensatz zu den Marktmechanismen können sich die Aktionäre auf das Funktionieren von Märkten hierbei nicht verlassen; sie sind vielmehr auf die eigene Wahrnehmung der Schutzmittel angewiesen[99]. Gerade aus diesem Grund hängt die Wirksamkeit der strukturellen Disziplinierungsmechanismen wesentlich davon ab, inwieweit die Aktionäre diese Mechanismen tatsächlich wahrnehmen werden[100]. Von einer Wahrnehmung kann annahmegemäß ausgegangen werden, wenn man von den tatsächlichen Anreizen absieht, welche die Aktionäre zur Geltendmachung der Disziplinierungsmechanismen bewegen. Im nachfolgenden Abschnitt wird diese Ausgangsposition einer Prüfung unterzogen, nachdem folgende Feststellungen zugrundegelegt werden.

Zunächst ist Einsicht in die tatsächliche **Aktionärstruktur** zu nehmen, woraus sich das typische Modell einer Aktiengesellschaft mit Streubesitz ergibt. Diese Beteiligungsstruktur ist das Ergebnis einer ökonomischen Evolution[101]: Je mehr die Finanzierungsbedürfnisse des Unternehmens wachsen, desto schwieriger wird es selbst für einen vermögenden Anleger, eine bedeutende Beteiligung zu halten. Außerdem neigen die Anleger dazu, ihre Beteiligungen zu streuen, um das firmenspezifische Risiko zu minimieren[102]. Im Ergebnis besteht die Aktienbesitzstruktur aus mehreren Aktionären, von denen jeder nur einen Bruchteil des gesamten Aktienkapitals und der damit einhergehenden Aktionärsrechte besitzt. Ob-

---

98 WILLIAMSON (1991) 274. Vgl. jedoch a.A. FISCHEL (1982) 1259, 1264.

99 SCOTT (1998) 26: "*A set of provisions that enable the stockholders by exercising voting power to compel those in operating control of the firm to respect their interests.*"

100 KNOBLING (1996) 50, 58 ff.

101 ROE (1994) 3.

102 Siehe oben S.29.

gleich Abweichungen von diesem Modell nicht auszuschließen sind, entspricht es einem typischen Durchschnitt[103].

Weiter ist die Tatsache zu berücksichtigen, dass die Geltendmachung der Schutzmechanismen **kostspielig** ist. Zum einen müssen Informationskosten aufgewendet werden, um herauszufinden, ob überhaupt und wie die Disziplinierungsmechanismen zu nutzen sind. Insbesondere sind Informationen über die Aktivitäten der Manager und ihre Auswirkungen auf die Aktionärsinteressen, über die anzustrebenden Ziele, die alternativen Methoden zur Erreichung der Ziele und die Konsequenzen aus jeder einzelnen davon zu erwerben und zu verarbeiten[104]. Zum anderen sind Ausübungskosten aufzuwenden, um die Schutzmechanismen überhaupt in Gang zu setzen.

Nach Berücksichtigung dieser Umstände ist mit einer Wahrnehmung der Schutzmechanismen durch die Aktionäre kaum zu rechnen. Im folgenden gilt es, die Ursachen dieser Passivität und ihre Auswirkungen auf die Wirksamkeit der Disziplinierungsmechanismen zu erkunden.

A. Ursachen der Aktionärspassivität

1. Kosten-Nutzen-Kalkül des einzelnen Aktionärs

Ausgehend von der Maxime der menschlichen Rationalität und Eigennützigkeit, wonach jeder seine eigene Utilität maximieren will, ist mit einer Nutzung der Disziplinierungsmechanismen durch die einzelnen Aktionäre nur dann zu rechnen, wenn der erwartete Nettonutzen positiv ausfällt[105]. Die Geltendmachung der Schutzmechanismen ist insofern nur dann sinnvoll, wenn sie einen Werterhöhungs-, bzw. Werterhaltungspotential in dem Sinne aufweist, dass sie überhaupt einen Nutzen einbringen kann. Diese Bedingung scheint *in abstracto* gegeben zu sein, weil durch die Wahrnehmung der Schutzmechanismen dem opportunistischen Managerverhalten und dem daraus entstehenden Einkommensverlust vorgebeugt werden kann. Gilt dies auch für die Gesamtheit der Aktionäre, so trifft es nicht unbedingt auf jeden einzelnen Aktionär zu, weil er seinem Kosten-Nutzen-Kalkül nicht den gesamten, auf alle Aktionäre entfallenden Nutzen

---

103 Die Streuung des Aktienbesitzes wurde zum ersten mal von BERLE/MEANS (1932) 47 ff. festgestellt. Vgl. aktuellere Angaben in LOSS/SELIGMAN (1988) 14 ff. Etwas andere Ansicht in DEMSETZ (1983) 375, 387 ff. Die Streuungstendenz ist steigend. Während 44% der 200 größten Aktiengesellschaften in 1929 Streubesitz aufwiesen, stieg der Anteil auf 84,5% in 1963. Auch heute beläuft sich der Anteil der amerikanischen Aktiengesellschaften mit Streubesitz auf 80%. Der Aktienstreubesitz ist jedoch kein allgemeines Phänomen. Aus der Studie von LAPORTA et al. (1999: 471, 496) ergibt sich, dass nur 24% der größten Unternehmen weltweit Streubesitzstruktur haben.

104 Vgl. DOWNS (1957) 202, 208-9; MANNE (1964) 1427, 1440; GOTTLISCH (1996) 84 ff.

105 ROCK (1993) 445, 463; KNOBLING (1996) 61; DOWNS (1957) 210; UTSET (1995) 72, 82 ff.

zugrunde legen kann. Es ist insofern auf den individuellen, dem einzelnen Aktionär entstehenden Nutzen abzustellen, um zu ermitteln, ob die Geltendmachung der Schutzmechanismen für ihn sinnvoll ist. Der erwartete individuelle Nutzen wird wiederum von zwei Faktoren beeinflusst: der Beteiligungshöhe und dem Einflusspotential.

Die **Beteiligungshöhe** bestimmt den Anteil, mit dem der Aktionär an den Unternehmensergebnissen teilhat. Sofern die Geltendmachung der Schutzmechanismen den Aktionärsertrag erhöhen kann, richtet sich die Teilnahme des einzelnen Aktionärs an dieser Verbesserung nach seiner Beteiligungshöhe. Je höher diese ist, desto höher ist der erwartete, auf den einzelnen Aktionär entfallende Nutzen und desto näher liegt es, dass die mit der Geltendmachung der Schutzmechanismen verbundenen Kosten kompensiert werden[106].

Die Beteiligungshöhe wird wiederum von der Gruppengröße mitbestimmt[107]. Normalerweise liegt es nah, dass die Mitglieder einer großen Gruppe jeweils über einen relativ kleinen Anteil an den Unternehmensergebnissen teilnehmen. Dies setzt aber voraus, dass die Anteile gleichmäßig (also pro Kopf) an die verschiedenen Gruppemitglieder verteilt werden. Dies ist nicht aber unbedingt der Fall in einer Aktiengesellschaft, wo der Anteil jedes Aktionärs nicht gleich ist, sondern nach dem Kapitalprinzip von der Höhe seiner Einlagen abhängt. Demzufolge ist es möglich, dass ein Aktionär über einen hohen Anteil verfügt, obwohl die Gesamtanzahl der Anteilseigner ebenso hoch ist.

Könnte der Aktionär das angestrebte Ergebnis allein bewirken, dann wäre allein seine Beteiligungshöhe für den Kostenaufwand entscheidend. Ist dies aber nicht der Fall, weil auch die Mitwirkung anderer Aktionäre für die Herbeiführung des angestrebten Ergebnisses notwendig ist, dann kann der Aktionär nicht den ganzen erwarteten Nutzen in seine Rechnung vollständig einbeziehen. Dies liegt daran, dass sich die anderen Aktionäre möglicherweise nicht für das erwartete Ergebnis entscheiden, so dass sich die auf dieses Ergebnis basierende Kosten-Nutzen-Prognose *ex post* als falsch erweist. In diesem Fall läuft der Aktionär Gefahr, mehr Kosten aufzuwenden, als es aufgrund des späteren Ergebnisses gerechtfertigt wäre. Daher muss der rational entscheidende Aktionär den erwarteten Nutzen um sein **Einflusspotential** mindern[108]. Darunter ist die Wahrscheinlichkeit zu verstehen, dass der einzelne Aktionär den Entscheidungsausgang beeinflussen kann. Je höher dieses Potential liegt, desto weniger muss der erwartete Nutzen diskontiert werden, und desto wahrscheinlicher ist es, dass dieser Nutzen die Kosten bereits *ex ante* übersteigt.

---

[106] KNOBLING (1996) 62.

[107] OLSON (1971) 28.

[108] DOWNS (1957) 238.

Wendet man die vorangehenden Grundsätze auf die Publikumsgesellschaft an, ergibt sich, dass es für den typischen Streubesitzaktionär kaum sinnvoll ist, Kosten für den Gebrauch der Schutzmechanismen aufzuwenden. Bereits die Beteiligungshöhe des Einzelaktionärs ist gering, so dass auch der erwartete Nutzen entsprechend gering sein wird. Dieser Nutzen sinkt noch dramatischer, wenn man das Einflusspotential in Betracht zieht. Sofern die Geltendmachung der Schutzmechanismen durch einen Mehrheitsbeschluss beschlossen wird[109] und die Entscheidungsrechte den Aktionären nach ihrem Kapitaleinsatz verteilt werden, dann ist das Einflusspotential des einzelnen Aktionärs verschwindend gering. Nach Diskontierung des erwarteten, auf die Beteiligungshöhe entfallenden Nutzens um das Einflusspotential ist es kaum wahrscheinlich, dass die Kosten geringer als der diskontierte Nutzen sind. Im Ergebnis lohnt es sich für den einzelnen Aktionär, an der Geltendmachung der Schutzmechanismen gar nicht mitzuwirken, selbst wenn der gesamte Nutzen für die Aktionäre als Gesamtgruppe positiv wäre, sondern einfach passiv zu bleiben[110].

2. Das Problem des Kollektivhandelns

Die Aktionärspassivität kann wegen weiterer Gegebenheiten verstärkt werden.

a. Das Trittbrettfahrerproblem

Unter dem Trittbrettfahrerproblem ist die Situation zu verstehen, dass der einzelne Aktionär seine Teilnahme an der Geltendmachung der Schutzmechanismen unterlässt, um von den Bemühungen der anderen Aktionäre zu profitieren, selbst wenn sein individuelles Kosten-Nutzen-Kalkül positiv ausfällt. Dafür sind folgende Bedingungen erforderlich: Zunächst muss es für mehrere Aktionäre gleichermaßen rational sein, den Kostenaufwand zu übernehmen, und müssen diese in der Lage sein, das erwünschte Ergebnis herbeizuführen. Weiter muss es sich bei den positiven Ergebnissen um ein sog. öffentliches Gut (*public good*) handeln, von dessen Genuss nämlich diejenige nicht auszuschließen sind, die zu seiner Herstellung nicht mitgewirkt haben[111]. Für den einzelnen Aktionär ist es unter diesen Bedingungen rational, passiv zu bleiben. Er erspart seine eigenen Kosten, profitiert aber von den Bemühungen der anderen als Trittbrettfahrer[112]. Verhalten

---

[109] Dies gilt jedoch nicht für alle Schutzmechanismen. Beispielsweise kann die Aktionärsklage (*derivative suit*) nach dem U.S.-amerikanischen und die Anfechtungsklage nach dem deutschen Recht (§ 243 AktG) von einem einzigen Aktionär erhoben werden. Wie es noch zu zeigen, ist jedoch diese Möglichkeit aus der Sicht der rationalen Passivität nicht unproblematisch.

[110] DOWNS (1957) 244-5; CLARK (1986) 390 ff.; GOTTLISCH (1996) 85.

[111] OLSON (1971) 14.

[112] OLSON (1971) 16, 21; CLARK (1986) 392; DOWNS (1957) 241.

sich aber alle Aktionäre ebenso, dann bleibt eine Ausübung der Schutzmechanismen aus. Das Trittbrettfahrerproblem wird überwunden, wenn ein Aktionär eine so hohe Beteiligung besitzt, dass die positiven Ergebnisse der Überwachung ohne seine Mitwirkung nicht erreicht werden können[113]. Eine positive Rolle spielen auch die sog. selektiven Anreize (*selective incentives*), wodurch einige Aktionäre eigene Vorteile aus der Managementüberwachung ziehen[114].

b. Das Gefangenendilemma

Die zweite pathologische Situation kollektiven Handelns ist das Gefangenendilemma. Hierbei lohnt es sich zwar für keinen Aktionär aufgrund seiner Beteiligungsgröße und seines Einflusspotentials individuell, den Kostenaufwand zu übernehmen. Eine Kooperation zwischen mehreren Aktionären könnte aber die kostengünstige Herbeiführung des erwünschten Ergebnisses ermöglichen[115].

a) Eine derartige Kooperation kommt aber nicht zustande, wenn sich die Aktionäre in einem sog. **Gefangenendilemma** befinden[116]. Es handelt sich hierbei um eine Spielsituation, wobei die Spieler mit zwei Möglichkeiten konfrontiert sind: entweder zu kooperieren oder zu „defektieren". Die höchste Auszahlung für beide Spieler tritt bei Kooperation ein. Wenn aber jeder seine Wahl treffen muss, ohne zu wissen, wie sich der andere verhalten wird, und wenn keine Sanktion gegen denjenigen, der seine Kooperation unterlässt, verhängt werden kann, dann ist das Defektieren für jeden Spieler rational. Dies liegt daran, dass das Defektieren bei jeder Entscheidung des Gegenspielers die individuell rationalste und daher ständig dominante Strategie ist. Bei Defektieren des Gegenspielers gewinnt man zwar nichts, erspart aber die Kooperationskosten. Bei Kooperation des Gegenspielers erspart man die eigenen Kooperationskosten, profitiert aber zugleich vom Kooperationseinsatz des anderen. Der Kooperationszug wäre nur dann die rational richtige Entscheidung, wenn man fest mit der Kooperation des Gegenspielers zu rechnen hat. Ist dies aber nicht der Fall, und geht man davon aus, dass auch der Gegenspieler defektieren wird, ist das Defektieren für jede Person individuell die sinnvollste Entscheidung, obwohl jeder durch wechselseitige Kooperation besser gestellt wäre[117].

Ein solches Gefangenendilemma ist auch in der Aktiengesellschaft zu erkennen. Man braucht nur den einen Spieler durch den einzelnen Aktionär, der sich zwischen Kooperation zur Geltendmachung der Schutzmechanismen und Passi-

---

113 OLSON (1971) 22, 29.

114 OLSON (1971) 51; TAYLOR (1987) 12.

115 KNOBLING (1996) 66.

116 AXELROD (1985) 7; TAYLOR (1987) 13 ff.

117 GOTTLISCH (1996) 86 ff.

vität zu entscheiden hat, und den Gegenspieler durch die Gesamtgruppe der anderen Aktionäre zu ersetzen. Auch hierbei ist das Defektieren für den einzelnen Aktionär individuell am vorteilhaftesten, weil er mit der Kooperation der übrigen Aktionäre nicht rechnen kann.

b) Trotz des Gefangenendilemmas kann Kooperation in den zwei folgenden Konstellationen entstehen.

Die Kooperationsentstehung wird zunächst gefördert, wenn die Spieler die Möglichkeit haben, sich bereits vor dem Spielablauf kostengünstig in **Verbindung** zu setzen. Selbst wenn kein verbindliches Abkommen zustande kommt, können die Spieler wenigstens zusätzliche Informationen austauschen, welche die Entscheidungsgrundlage im Vergleich zu einem schweigsamen Entscheid verändern[118]. Zum einen können die Beteiligten durch Gespräche die Struktur des Spiels besser verstehen und eventuell zur Erkenntnis kommen, dass es sich hierbei um kein Gefangenendilemma handelt. Zum anderen werden durch die Kommunikation die Erwartungen über das Verhalten der anderen Spieler spezifiert und Kenntnisse der jeweiligen Kostenfaktoren jedes Beteiligten erlangt, was die Kooperationswahrscheinlichkeit der anderen spezifiziert. Die Kommunikationsmöglichkeit hängt wiederum entscheidend mit der Anzahl der Mitglieder zusammen. Je größer die maßgebliche Gruppe und je zahlreicher die Gruppenmitglieder sind, desto schwieriger und kostspieliger ist der Kontaktaufbau[119].

Zweitens ist die Überwindung des Gefangenendilemmas wahrscheinlich, wenn das Spiel zu einem **iterierten Gefangenendilemma** wird, weil die Spieler über eine unbestimmte Anzahl von Durchgängen interagieren werden[120]. In diesem Fall ist mit jener dominanten Strategie zu rechnen, wonach jeder Spieler im ersten Zug kooperiert und dann tut, was der Gegenspieler im vorausgegangenen Zug gemacht hat (sog. *Tit-for-Tat* Strategie). Dies setzt voraus, dass das Gewicht des jeweils nächsten Zuges relativ zum gegenwärtigen hinreichend groß ist (nämlich der Zeitdiskontparameter hinreichend groß ist) und die Zukunft damit wichtig wird. Unter dieser Bedingung wird die Versuchung, im ersten Zug zu defektieren, mehr als kompensiert durch den langfristigen Nachteil, in der Zukunft anstatt der Belohnung wegen Kooperation die Bestrafung wegen Defektierens des Gegenspielers zu erhalten. Die Entstehung von Kooperation setzt jedoch voraus, dass die Spieler sich in den späteren Interaktionen wiedererkennen können und die früheren Handlungen in Erinnerung rufen können[121].

---

118 BOHNET (1997) 34 ff.; BAIRD/GERTNER (1995) 40.

119 OLSON (1971) 46.

120 AXELROD (1985) 51 ff.

121 BOHNET (1997) 34.

c) Angesichts der voranstehenden Grundsätze scheint das Zustandekommen einer Kooperation zwischen den **Kleinaktionären** unwahrscheinlich. Zum einen sind die Kleinaktionäre so zahlreich, dass eine Kommunikation miteinander erhebliche Kosten erfordern würde. Sowohl das Trittbrettfahrerproblem als auch das Gefangenendilemma würden sich bereits bei der Entscheidung abspielen, wer die Initiative zur Kontaktaufnahme ergreifen sollte. Zum anderen sind die Kleinaktionäre schwer identifizierbar, selbst wenn sie wiederholte Spieler sind. Im Ergebnis würde ein konstruktives Verhalten wie das der *Tit-for-Tat* Lösung schwer auftreten.

3. Abwanderung

a) Unter Abwanderung ist die Möglichkeit zu verstehen, die Mitgliedschaft und mithin auch die Verbindung mit der Leitung der Organisation aufzugeben[122]. In einer Aktiengesellschaft wird die Abwanderung dadurch in Gang gesetzt, dass der Aktionär seinen Anteil veräußert. Die Abwanderung steht dem konstruktiven Widerspruch gegenüber, nämlich "jede(m) wie immer geartete(m) Versuch, einen ungünstigen Zustand zu verändern, anstatt ihm auszuweichen...."[123]. In der Aktiengesellschaft besteht der Widerspruch in der Geltendmachung der Disziplinierungsmechanismen, um das Management zur Behebung bzw. Unterlassung opportunistischen Verhaltens zu zwingen.

b) Die Abwanderungsmöglichkeit könnte die **Passivitätsneigung** der Aktionäre verschärfen[124]. Dies ist ohne weiteres der Fall, wenn sich der aktiver Einsatz bereits aus einer Kosten-Nutzen-Perspektive ungünstig erweist. Aber selbst im günstigen Fall könnte sich der Aktionär zur Abwanderung entschließen, weil sie gewisse Vorteile gegenüber dem aktiven Einsatz aufweist. Zunächst einmal ist sie kostengünstiger als der Widerspruch. Tatsache ist jedoch, dass auch die Abwanderung einen gewissen Kostenaufwand erfordert. Insbesondere muss der Aktionär Informationskosten aufwenden, um die Notwendigkeit einer Abwanderung zu erkennen. Allerdings sind die Informationskosten bei der Abwanderung geringer als beim Widerspruch, weil keine Kosten für die Ermittlung der optimalen Reaktion aufzuwenden sind. Schließlich sind die Ausübungskosten erheblich geringer. Während der aktive Einsatz die Geltendmachung von Schutzmechanismen erfordert, hat der Aktionär bei der Abwanderung nur seinen Anteil zu veräußern, was auf einem organisierten Börsenmarkt sehr geringe Transaktionskosten mit sich

[122] Grundlegend HIRSCHMAN (1974). Zur Anwendung auf dem Gebiet der *Corporate Governance* siehe LOWENSTEIN (1998); LIVINGSTON (1958) 60-67.

[123] HIRSCHMAN (1972) 25. Vgl. LOWENSTEIN (1998) 3.

[124] KNOBLING (1996) 61.

bringt[125]. Der zweite Vorteil der Abwanderung besteht in ihrer sofortigen Wirksamkeit. Sie bewirkt nämlich sofort das gewünschte Ergebnis, und zwar unabhängig vom Verhalten der anderen Mitglieder, so dass sie von den Pathologien des Kollektivhandelns nicht belastet wird.

Auf der anderen Seite hat die Abwanderung beschränkte **Effektivität**. Sie allein macht eine Situation nicht wieder gut, sondern begrenzt höchstens den Verlust. Ausgehend von Kapitalmarkteffizienz kann der abwandernde Aktionär um einen Preis, der das bereits eingetretene opportunistische Verhalten widerspiegelt, seine Anteile veräußern. Nur wenn er über vertrauliche Informationen verfügt, die auf eine künftige negative Entwicklung hindeuten, bringt die Abwanderung keinen Verlust mit sich.

c) Die Entscheidung zwischen Abwanderung und Einsatz hängt schließlich von einem **Nutzenvergleich** ab. Der Aktionär vergleicht den aus der Abwanderung mit dem aus dem aktiven Einsatz entstehenden Nutzen[126]. Während der erste in der Begrenzung des weiteren Verlustes besteht, liegt der letztere in der erwarteten, auf die Beteiligung entfallenden und um das Einflusspotential des Aktionärs diskontierten Verbesserung der Unternehmensergebnissen. Berücksichtigt man aber, dass das Einflusspotential des Kleinaktionärs und somit auch die Wahrscheinlichkeit einer erfolgreichen Durchsetzung sehr gering sind, lohnt sich die Abwanderung für den Kleinaktionär in der Regel mehr als die Nutzung der Disziplinierungsmechanismen.

B. Auswirkungen der Aktionärspassivität auf die Wirksamkeit der Schutzmechanismen

Aus dem vorangehenden Abschnitt geht hervor, dass die Aktionäre in einer Publikumsgesellschaft in der Regel passiv bleiben, selbst wenn sich das Management opportunistisch verhält. Im nachfolgenden Abschnitt sind die Auswirkungen dieser Passivität auf die Wirksamkeit der verschiedenen internen Schutzmechanismen zu ermitteln. Es wird gezeigt, dass diese Mechanismen versagen, wenn die Aktionäre passiv bleiben und die Schutzmöglichkeiten nicht aktiv wahrnehmen.

1. Abstimmungsmechanismus

a) Der einfachste und wirksamste Schutz vor dem Manageropportunismus besteht darin, konfliktträchtige Managerhandlungen von der vorherigen Aktionärszustimmung abhängig zu machen. Dadurch können die Aktionäre opportunisti-

---

[125] Bei nicht börsennotierten Aktien ist jedoch die Veräußerung mit hohen Transaktions- und Liquiditätskosten belastet.

[126] Vgl. HIRSCHMAN (1972) 34, 32.

sche Managerentscheidungen von vornherein stoppen und die Enttäuschung ihrer grundlegenden Investitionserwartungen somit verhindern[127]. Maßgeblich ist hierbei die Erwartung, dass das systematische Unternehmensrisiko unverändert bleibt und dass die ausgewählten Investitionsprojekte einen diesem Risiko entsprechenden Ertrag einbringen[128]. Der Abstimmungsmechanismus bewirkt somit Anlegerschutz und beschränkt sich auf die Fälle, in denen die Markt- und Vertragsschutzmechanismen versagen[129].

Aufgrund der mit dem Abstimmungsmechanismus zusammenhängenden **Kosten** muss der Umfang der Aktionärszuständigkeiten jedoch begrenzt bleiben. Eine übermäßige Ausdehnung würde auch Effizienzverluste über die rein logistischen Kosten hinaus mit sich bringen. Sie entstehen zum einen, wenn das Management eine Entscheidung wegen des Spezialisierungs- und Kenntnisvorsprunges effizienter und richtiger treffen kann als die Aktionäre; zum anderen, wenn der Erwerb von Spezialisierungsfähigkeiten wegen der übermäßigen Aktionärseinschaltung von vornherein erschwert würde. Insofern müssen die Entscheidungszuständigkeiten so verteilt werden, dass sich jede Gruppe auf einen Bereich spezialisiert, in dem sie bessere Vorteile aufweist. Demnach müssten Entscheidungen, welche eine hohe Geschäftsführungssachkunde erfordern, eher dem Management vorbehalten sein[130]. Andererseits müssten den Aktionären jene Entscheidungen zustehen, die konfliktträchtig sind, die maßgeblichen Aktionärserwartungen grundlegend enttäuschen können, Investitionsfähigkeiten erfordern, selten auftauchen und sich in einer größeren Zeitspanne abwickeln. Ein vernünftiger Kosten-Nutzen-Ausgleich ist leicht zu erreichen, sofern sich die beiden Kriterien wesentlich überschneiden. Entscheidungen, die nach dem Nutzenkriterium der Aktionärszuständigkeit zu unterwerfen sind, verursachen in der Regel keine erheblichen Kosten[131].

Überdies stieß die praktische Umsetzung der Grundsätze auf Schwierigkeiten. Dies ist insbesondere der Fall bei Entscheidungen, die über die bereits bekannten gesetzlich geregelten Zuständigkeiten hinausgehen, der Aktionärszustimmung aber nach den angesetzten Maßstäben unterworfen werden müssten. Weil diese Entscheidungen bei der ursprünglichen Zuständigkeitsverteilung unberücksichtigt

---

[127] MÜLBERT (1995) 119; BAUMS (1998) 545, 547 ff.; BAUMS (1999a) 109, 110 ff.

[128] GILSON/BLACK (1995) 718; EISENBERG (1976) 13.

[129] GILSON/BLACK (1995) 720-1.

[130] EISENBERG (1976) 13 ff.

[131] Die Aktionäre sind u.a. zuständig, die Mitglieder des *Board of Directors* zu wählen und abzuberufen, und grundlegenden Transaktionen (wie z.B. einer Verschmelzung, der Änderung der *articles of incorporations,* der Auflösung der Gesellschaft, dem Verkauf des Gesellschaftsvermögens, einer Kapitalerhöhung, konfliktträchtigen Transaktionen zwischen der Gesellschaft und dem Management) zuzustimmen. Siehe THOMAS (1999) 999, 1001; EASTERBROOK/FISCHEL (1991) 79.

geblieben sind, taucht die Notwendigkeit einer nachträglichen Anpassung auf. Sofern diese von den Managern wegen des Interessenkonfliktes nicht vorgenommen wird, müssten unabhängige Dritten wie etwa die Gerichte oder der Gesetzgeber eingreifen. Die erwünschte Anpassung kann freilich ausbleiben, wenn der Markt für Gesellschaftsrecht aus den bereits erwähnten Gründen versagt[132]. Trotz dieser gelegentlichen Diskrepanz zwischen der Zuständigkeitsverteilung *de lege ferenda* und *de lege lata* vermag der Abstimmungsmechanismus einen grundsätzlichen, jedoch keinen vollständigen Schutz der Aktionärsinteressen zu gewährleisten.

b) Die **Wirksamkeit des Abstimmungsmechanismus** setzt jedoch voraus, dass sich die einzelnen Aktionäre über die anstehenden Beschlussvorschläge informieren und ihre Stimmrechte dementsprechend wahrnehmen. Damit ist jedoch kaum zu rechnen, legt man eine Gesellschaft mit Streubesitz zugrunde. Sofern die Beteiligung jedes Aktionärs und der entsprechende Einfluss am Abstimmungsausgang sehr gering sind, hat der Aktionär kaum Anreize, sich über die Gegenstände der Tagesordnung überhaupt zu informieren und seine Stimmrechte entsprechend auszuüben. Im Ergebnis setzen sich die vom Management vorgelegten Abstimmungsvorschläge durch, selbst wenn sie den Aktionärsinteressen widersprechen[133]. Um die Wirksamkeit des Abstimmungsmechanismus zu erhöhen, wurde die Verringerung sowohl der Abstimmungs- als auch der Informationskosten durch legislative Maßnahmen angestrebt. Zur Verringerung der Abstimmungskosten wird den Aktionären die Möglichkeit eingeräumt, ihre Stimmrechte durch Vollmachtserteilung auszuüben, ohne auf die Hauptversammlung auftreten zu müssen[134]. Die Verringerung der Informationskosten wird weiter durch die obligatorische Informationsverbreitung durch das Management anlässlich einer Abstimmung erreicht[135]. Obwohl eine gewisse Kostenverringerung dadurch tatsächlich erfolgt, bleiben erhebliche Kosten und insbesondere die Informationsver-

---

[132] Siehe oben S.43. Als ein Versagen des Marktes für Gesellschaftsrecht wird auch die *equal dignity, independent legal significance*-doctrine des *Delaware*-Rechts angesehen. Im Gegensatz zu der Regelung anderer Bundesstaaten sind verschiedene Transaktionsformen nach dieser Doktrin gleichwertig und richten sich nach ihrem eigenen Status, soweit sie auf eigenständigen Rechtsvorschriften basieren (*Hariton v. Arco Electronics*, 41 Del.Ch. 74, 188 A.2d 123 (1963); *Orzek v. Engelhard*, 41 Del.Ch. 365-367, 195 A.2d 377-378). Im Ergebnis bleiben Fusionstransaktionen zustimmungsfrei, obwohl sie die gleichen Ergebnisse wie die typische Verschmelzung mit sich bringen (Kritische Betrachtung in EISENBERG (1976) 215 ff.; Überblick in MERKT (1991) 568 ff.). Diese Entwicklung wird als ein Beweis dafür angesehen, dass das *Delaware* Recht tatsächlich zu aktionärsfeindlichem Recht führt: so CARY (1974) 663, 679; vgl. jedoch a.A. GILSON/BLACK (1995) 714 ff.

[133] Grundlegend BERLE/MEANS (1932) 86; BAUMS (1999a) 109, 111.

[134] Rule 14a-4 Securities Exchange Act. Die Kosten der Abstimmung werden weiter durch vom Recht vorgesehene Möglichkeit verringert, elektronisch und insbesondere per Internet die Stimmrechte auszuüben (DGCL $ 212): siehe KLAUSNER/ELFENBEIN (1999) 353, 361.

[135] Rule 14a-3 und Schedule 14A Securities Exchange Act.

arbeitungskosten, so dass die Aktionärspassivität schließlich nicht überwunden wird.

Der **empirische Beweis** bestätigt die Annahme der Aktionärspassivität. Eine vollständige Bestätigung setzt zwar voraus, dass man die genauen Auswirkungen eines gegebenen Managervorschlages auf die Aktionärsinteressen ermitteln könnte, was jedoch nicht immer selbstverständlich ist. In einigen Fällen ist aber die Diskrepanz zu den Aktionärsinteressen so augenfällig, dass die Zustimmung durch die Aktionäre nur auf Verhaltenspathologien zurückzuführen ist. Dies ist zum einen bei den Vorschlägen auf nachträgliche Abschaffung bzw. Umverteilung der Stimmrechte (*dual class recapitalization*) der Fall. Infolge eines solchen Beschlusses werden die Stimmrechte der außenstehenden Aktionäre abgeschafft und wechseln zum kontrollierenden Aktionär über. Obwohl diese Transaktion die Immunisierung der Manager sowohl gegenüber dem internen Abstimmungsmechanismus als auch gegenüber dem externen Markt für Unternehmenskontrolle zur Folge hat, erteilen die Aktionäre dennoch ihre Zustimmung, was durch die Aktionärspassivität erklärt wird[136]. Dasselbe gilt für die im Zuge eines Aktionärsbeschlusses erfolgende Einführung von Abwehrmaßnahmen gegen feindliche Übernahmen. Auch diese Vorschläge werden von den Aktionären angenommen, obwohl sie dem Management ermöglichen, der disziplinierenden Funktion einer feindlichen Übernahme auszuweichen[137].

2. Überwachungsorgan (*Board of Directors*)

a) Um die logistischen Kosten des Abstimmungsmechanismus zu verringern und eine ständige, schnelle und gründliche Überwachung andererseits sicherzustellen, ist ein Organ, das *Board of Directors*, entstanden, welchem die ständige Managerüberwachung von den Aktionären anvertraut worden ist[138]. Die Mitglieder dieses Organs werden von den Aktionären gewählt, damit sie auf die Aktionärsinteressen achten. Das Überwachungsorgan dürfte nicht die Geschäftsführung übernehmen, sondern müsste sich auf die Überwachung von wichtigen Investitionsvorhaben beschränken[139]. Es muss nämlich überprüfen, wieweit diese Projekte einen positiven Ertrag einbringen können[140]. Selbst in diesen Fällen dürfte aber das Überwachungsorgan die kritischen Entscheidungen nicht selbst initiieren, sondern lediglich in den vom Management vorgelegten Vorschlägen Beschluss fassen, die Er-

---

[136] GORDON (1988) 1, 43 ff.

[137] BRICKLEY/LEASE/SMITH (1988).

[138] Vgl. zum entsprechenden Organ nach dem deutschen Recht, dem Aufsichtsrat, BAUMS (1995) 11 ff.

[139] EISENBERG (1976) 165 ff.

[140] WILLIAMSON (1991) 274.

gebnisse nachträglich messen und dementsprechend die Belohnungen vergeben[141]. Überdies muss es die gesamte Managerleistung beurteilen und entsprechende Personalentscheidungen treffen. Die gesetzliche Regelung entspricht diesem Modell. Das *Board of Directors* war ursprünglich als ein Geschäftsführungsorgan konzipiert, im Laufe der Zeit wurde aber die Geschäftsführung *stricto senso* auf die Manager (*officers*) übertragen, während sich das *Board of Directors* praktisch auf die Überwachung beschränkte. Dies wurde auch von der späteren Gesetzgebung ausdrücklich anerkannt[142].

b) Obwohl das Überwachungsorgan einen effektiven Schutz der Aktionärsinteressen leisten könnte, wird seine Wirksamkeit von der **Aktionärspassivität** beeinträchtigt. Dies ist auf den ersten Blick nicht selbstverständlich, weil dieses Organ nicht aus den Aktionären, sondern aus viel weniger zahlreichen Mitgliedern zusammengesetzt wird, so dass sich die Aktionärspassivität auf dessen Funktionieren nicht unmittelbar überträgt. Das optimale Funktionieren des Überwachungsorgan setzt allerdings voraus, dass sich seine Mitglieder auf die Aktionärsinteressen ausrichten und mit Sanktionen zu rechnen haben, falls sie den Aktionärserwartungen nicht gerecht werden. Die wirksamste Sanktion besteht wiederum in der Abwahl der unfähigen bzw. opportunistischen Mitglieder. Sind aber die Aktionäre passiv, bleiben diese Sanktionsdrohung und die zusammenhängenden Anreize aus. Wie es *Roth* zum Aufsichtsrat zutreffend bemerkte: "*Wo sich das Aktionärsmitspracherecht ganz allgemein in der Krise befindet, funktioniert auch die Wahl des Aufsichtsrates nicht als echte Herrschaftsausübung seitens des Aktionärs*"[143]. Die Aktionäre werden nämlich nicht überprüfen, ob die Kandidaten für das *Board of Directors* überhaupt geeignet sind, ihre Aufgabe zu erfüllen. Sie werden ihre vergangene Leistung nicht beurteilen und nicht gegen ihre Wiederwahl stimmen, falls sie ihrer Aufgabe nicht gerecht worden sind. Überdies öffnet die Aktionärspassivität dem Management Tür und Tor, das Funktionieren des Überwachungsorgans zu beherrschen und seine Disziplinierungsfunktion zu neutralisieren. Das Management wird nämlich die Führung des *Board of Directors* übernehmen und jene Personen zu Kandidaten auswählen, die ihm gegenüber von vornherein positiv eingestellt sind. Und selbst wenn dies nicht von Anfang an der Fall ist, kann sich allmählich eine gegenseitige Abhängigkeit infolge von auf unbeobachtbaren Seitenzahlungen aufgebauten Koalitionen entwickeln[144].

[141] FAMA/JENSEN (1983) 301, 307 ff.; FAMA (1980) 288, 297 ff.

[142] Vgl. § 142(a) DGCL: "*The business and affairs of every corporation organized under this chapter shall be managed by or under the direction of a board of directors....*". Zu dieser Entwicklung siehe GOLLNICK (1997) 150 ff.

[143] ROTH (1972) 195.

[144] MATHIS (1992) 39 ff.

Im Ergebnis muss das Überwachungsorgan als Schutzmechanismus versagen, was empirische belegt ist[145]. Das *Board of Directors* mag zwar eine gewisse Disziplinierung ausüben, indem es die Manager nach Auftreten schlechter Ergebnisse entlässt[146]. Nach allgemeiner Einschätzung kommt jedoch diese Reaktion in der Regel zu spät, wenn die falsche Richtung bereits eingeschlagen, und die Wiedergutmachung kostspielig ist[147]. Die zahlreichen berichteten Fälle machen deutlich, dass die Direktoren trotz sich häufender negativer Signale immer noch passiv geblieben sind[148]. Und wenn ein aktiverer Einsatz sich abzeichnet, begrenzt er sich höchstens auf die Beurteilung vergangener Leistungen, erstreckt sich jedoch nicht auf die Mitbestimmung der künftigen Unternehmenspolitik. Das *Board of Directors* wird von den Managern beherrscht und insofern davon abgehalten, seiner Überwachungsfunktion gerecht zu werden. Aus dem selben Grund identifizieren sich die Direktoren nicht mit den Aktionären, sondern betrachten sie misstrauisch als Außenstehende[149].

3. Zivilhaftung und Aktionärsklage

a) Die von den Managern geschuldeten Treuepflichten und die entsprechende Zivilhaftung sollen den Aktionären ermöglichen, das Management wegen opportunistischer Handlungen zu sanktionieren[150]. Die Vergegenwärtigung der künftigen Sanktionen hat zugleich eine Vorbeugungs- bzw. Abschreckungsfunktion. Im Vergleich zu sonstigen Mechanismen eignet sich die Zivilhaftung für Handlungen, die sich *ex ante* nicht leicht voraussehen und in die Satzung kostengünstig aufnehmen lassen. Dadurch werden Transaktionskosten erspart, sofern die Notwendigkeit, von vornherein einen vollständigen Schutz vertraglich zu gestalten, entfällt[151].

b) Die Zivilhaftung könnte theoretisch alle Managerhandlungen erfassen, die vom optimalen Verhaltensmaßstab abweichen. Diese Ausdehnung würde jedoch mehr **Kosten** verursachen als Nutzen einbringen. Zunächst besteht die Gefahr einer Überabschreckung, weswegen die Manager Entscheidungen womöglich unterlassen, die den Aktionärsinteressen zwar entsprechen, deren Haftungsrisiko a-

---

[145] GILSON/KRAAKMAN (1991) 863, 872-5; JENSEN (1993) 831-880; LUTTER (1995) 287 ff.; SHLEIFER/VISHNY (1997) 751; CLARK (1986) 106 ff., 108 ff.

[146] WEISBACH (1988).

[147] MORK/SHLEIFER/VISHNY (1989) 842 ff.

[148] POUND (1995) 92-95.

[149] COX (1993) 1233, 1237

[150] MACINTOSH (1993) 425, 433.

[151] MACINTOSH (1993) 425, 428; ALLEN (1998) 307, 317.

ber hoch ist[152]. Diese Gefahr hat die folgenden Gründe. Zum einen wird befürchtet, dass die Gerichte falsche Entscheidungen treffen und die Manager zu Unrecht verurteilen werden[153]. Die Fehlerwahrscheinlichkeit verschärft wiederum die Risikoasymmetrie zwischen Aktionären und Management. Wie bereits mehrmals erwähnt, sind die Manager dem Unternehmensrisiko in größerem Umfang als die Aktionäre ausgesetzt und daher risikoscheuer[154]. Die strikte Zivilhaftung würde ihnen ein zusätzliches firmenspezifisches Risiko aufbürden und sie entgegen den Aktionärsinteressen noch risikoscheuer machen[155]. Eine weitgehende Anwendung der Zivilhaftung würde schließlich die Spezialisierungseffekte und die klare Aufgabenverteilung innerhalb des Unternehmens in Frage stellen. Könnten nämlich die Aktionäre die Zweckmäßigkeit von Geschäftsentscheidungen im nachhinein bestreiten, wären die Manager davon abgehalten, ihren Spezialisierungsvorsprung überhaupt zu entwickeln und frei anzuwenden. Dies würde den Aktionären selbst schaden, sofern die Effizienzvorteile der Aktiengesellschaft gerade auf die Aufgabenverteilung und Spezialisierung zurückzuführen ist[156].

c) Die Kosten-Nutzen-Abwägung spricht für eine eher mäßige Anwendung der Zivilhaftung auf nur solche Fälle, in denen die Enttäuschung der Aktionärserwartungen eindeutig und absichtlich ist[157]. Dem entspricht weitgehend die **juristische Regelung**, die den Managern zwei grundsätzliche Pflichten auferlegt.

Die **Sorgfaltspflicht** (*duty of loyalty*) gebietet den Managern, jene Umsicht bei der Geschäftsführung anzuwenden, die eine vernünftige und durchschnittlich begabte Person unter den gleichen *ex ante* bekannten Umständen an den Tag legen würde. Die Managerhaftung würde daher jedes mal ausgelöst werden, wenn nicht alle Informationen und Anstrengungen, die *ex ante* angesichts des Verlustrisikos sinnvoll waren, für die erfolgreiche Investitionsauswahl und -durchführung unternommen würden[158]. Gerade weil aber ein so strenger Haftungsmaßstab die bereits erwähnten Kosten verursachen würde, ist der Eintritt der Haftung wegen Verletzung der Sorgfaltspflicht durch die sog. *business judgement rule* (BJR) wesentlich begrenzt worden. Diese von der Rechtsprechung entwickelte Regel schließt die Zivilhaftung für Verluste bzw. missglückte Investitionsprojekte aus, wenn folgen-

---

152 FRANKEL (1984b) 705, 707.

153 MERKT (1991) 400; FRANKEL (1984b) 705, 714.

154 Siehe oben S.34.

155 *Eugene D. Gagliardi Jr v. Trifoods Intern., Inc.*, Del.Ch. 683 A.2d 1049, 1052 (1996); *Joy v. North*, 692 F.2d 880 (2d Circ., 1982); FISCHEL/BRADLEY (1986) 261, 268 ff.; ALLEN (1998) 307 ff.; EASTERBROOK/FISCHEL (1991) 93.

156 MERKT (1991) 393.

157 MACINTOSH (1993) 425, 428; FISCHEL/BRADLEY (1986) 261, 264-5.

158 MERKT (1991) 392 ff., 395 ff.; ALLEN (1998) 307, 316, 327; EASTERBROOK/FISCHEL (1991) 108.

de Voraussetzungen gegeben sind: Erstens muss der Manager bzw. Direktor unabhängig, unparteiisch und von Interessenkonflikten unbefangen sein; er darf insbesondere kein persönliches finanzielles Interesse an der Geschäftsentscheidung haben. Zweitens muss er sich über alle entscheidungsrelevanten Umstände informiert haben[159]. Und drittens muss er in nachvollziehbarer Weise davon ausgegangen sein, dass die Entscheidung nach seiner persönlichen und zugleich objektiv rationalen Überzeugung im besten Interesse der Gesellschaft liegt, und er muss in gutem Glauben für die Aktionärsinteressen gehandelt haben. Die Haftungsfreistellung entfällt nur dann, wenn der Sachverhalt so eindeutig gegen die Richtigkeit der Entscheidung sprach, dass niemand es in gutem Glauben unternommen hätte[160]. Unter diesen Bedingungen ist mit der Haftungsbejahung eher selten zu rechnen[161].

Die **Loyalitätspflicht** (*duty of loyalty*) verbietet den Managern, ihre eigenen vor die Aktionärsinteressen zu stellen, falls ein solcher Konflikt auftaucht. In diesem Fall greift die BJR nicht ein, sondern wird die Managerentscheidung auch inhaltlich dahin überprüft, wieweit die Aktionärsinteressen von der bestrittenen Entscheidung tatsächlich verletzt wurden[162]. Die Loyalitätspflicht stimmt mit den allgemeinen Aktionärserwartungen überein. Die Aktionäre investieren in Unternehmen mit der Erwartung, dass die Manager das Eigenkapital nur in solchen Projekten benutzen werden, wobei die gutgläubige Erwartung auf einen positiven Ertrag gerichtet ist. Ist dies von vornherein nicht der Fall, weil ein Interessenkonflikt vorliegt, dann wird der ursprüngliche Auftrag ohnehin verletzt.

---

159 American Law Institute (1994) § 4.01(c)(2). Diese Bedingung ist allerdings umstritten. Einige Urteile begründeten die Haftungsbejahung ausdrücklich mit dem mangelnden Informationsstand der Manager: *Smith v. Van Gorkom*, 488 A.2d 858ff.; *Hanson Trust PLC v. M.L.SCM Acqusition Inc.*, 781 F.2d 264 (2d Circ. 1986). Diese Rechtsprechung ist jedoch auf Kritik mit dem Hinweis darauf gestoßen, dass sie den Zweck der BJR verkenne und Haftungsrisiko und -unsicherheit zu Lasten auch der Aktionäre unangemessen erhöhe. Dieser Vorwurf ist jedoch zu relativieren, wenn man bedenkt, dass es sich hierbei um Endphasenkonstellationen (sog. *last period problems*) handelte, in denen die Manager gerade wegen des bevorstehenden Ausstei-gens von den Marktmechanismen nicht mehr diszipliniert werden: EASTERBROOK/FISCHEL (1991) 107; MERKT (1991) 405; ALLEN (1998) 307, 325.

160 *Saxe v. Brady*, 184 A.2d 602 (Del.Ch., 1962).

161 Die Anzahl von Fällen, in denen die Manager wegen Verletzung der Sorgfaltspflicht verurteilt wurden, ist auffällig gering. Die Sachverhalte der Fälle, in denen die Haftung bejaht wurde, weisen auf Investitionsprojekte hin, deren Erfolgsaussicht bereits von vornherein für einen gutgläubigen und rationalen Menschen offensichtlich gleich null waren. Es handelte sich nämlich um *non-win propositions*, die keine rationale Erwartung auf einen Erfolg zuließen. Vgl. *Litwin v. Allen*, 25 N.Y.S.2d 667 (App.Div. 1940); *Joy v. North*, 692 F.2d 880 (2d Circ. 1982). In diesem Fall grenzt das Verschulden an Vorsatz, und die verletzte Pflicht eher an die Loyalitäts-, denn an die Sorgfaltspflicht. Insofern steht die Haftungsbejahung mit den Aktionärsinteressen und -erwartungen völlig im Einklang: so BOOTH (1998) 429, 465; ALLEN (1998) 307, 320.

162 MERKT (1991) 410 ff.

Im Ergebnis greift die Zivilhaftung nur in krassen Fällen ein, in denen die Manager eher vorsätzlich gegen die Aktionärsinteressen handeln. Dieses Ergebnis stimmt mit der Schlussfolgerung zur Wirksamkeit des Marktschutzes überein. Wie oben erwähnt[163], versagt der marktliche Schutz gerade in Fällen vorsätzlichen opportunistischen Verhaltens, so dass dann ein struktureller Schutz erforderlich ist[164]. Über diese Fälle hinaus vermag die Zivilhaftung dem Manageropportunismus nur begrenzt zu begegnen. Die meisten Fälle opportunistischen Verhaltens, die in § 1 ausgeführt wurden, fallen nicht unter den für die Zivilhaftung entscheidenden Begriff. Beispielweise ist es schwer vorstellbar, dass auch die Neigung der Manager zum *empire building* oder zur übermäßigen Gewinnbehaltung, welche in der Tat auf einen ständigen latenten Interessenkonflikt zurückzuführen sind, aufgrund der Loyalitätspflicht in Frage gestellt werden könnte. Dasselbe gilt für die Überprüfung von Abwehrmaßnahmen gegen feindliche Übernahmen. Die Rechtsprechung hat zwar das Bestehen eines starken Interessenkonfliktes hierin anerkannt, sich aber geweigert, die BJR völlig aufzugeben, sondern sie lediglich an besondere Bedingungen geknüpft[165].

d) Wie bei allen anderen Schutzmechanismen wird die Wirksamkeit auch der Zivilhaftung von der **Aktionärspassivität** beeinträchtigt. Dies wäre ohnehin der Fall, wenn die Wahrnehmung der Aktionärsklage von einem Aktionärsmehrheitsbeschluss abhinge. Dann wäre die Klageerhebung wegen der Aktionärspassivität ebenso wenig wirksam wie der Abstimmungsmechanismus. Darauf hat das amerikanische Recht in zweierlei Weise reagiert. Zum einen steht die Klageerhebung jedem einzelnen Aktionär offen (*derivative suit*). Dadurch wird dem Problem des Kollektivhandelns ausgewichen, sofern der Kläger auf die Zusammenarbeit mit den übrigen Aktionären verzichten kann. Zum anderen werden die Prozess- bzw. Anwaltskosten dem Kläger-Aktionär im Fall des Sieges gemäß der sog. *common fund*-Doktrine zurückerstattet[166]. Dadurch wird dem Trittbrettfahrer-Problem Rechnung getragen. Da nämlich die Klageerhebung als eine Überwachungsform allen Aktionären zugute kommt, müsste zwar der Kläger die ganzen Kosten aufwenden, würde aber nur im Verhältnis zu seinem Anteil davon profitieren. Im Ergebnis würde sich die Klageerhebung höchstens nur für Großaktionäre lohnen. Durch die Rückerstattungsregel erfolgt dagegen eine anteilsmäßige Verteilung der Kosten, so dass auch Kleinaktionäre an der Klageerhebung Interesse haben[167]. Auch die Möglichkeit, ein Erfolgshonorar mit dem vertretenden Anwalt zu vereinbaren, entlastet weiterhin den Aktionär von den Prozesskosten gänzlich. Aus

---

163 Siehe oben S.43.

164 EASTERBROOK/FISCHEL (1991) 103.

165 Siehe oben Fn. 88.

166 CLARK (1986) 659.

167 CLARK (1986) 396 ff.

all dem könnte man darauf schließen, dass die Aktionärsklage von der Aktionärspassivität am wenigsten betroffen sei und daher die beste Kontrollmöglichkeit darstelle[168]. Dagegen kann man zuerst einwenden, dass der Anwendungsbereich der Aktionärsklage, wie bereits gezeigt, sehr begrenzt ist. Da sie nur die krassesten Missbrauchsfälle erfasst, kann sie nicht als ein Mittel zur umfassenden Managerkontrolle dienen[169]. Überdies kann die Tatsache, dass der Kläger nicht wegen seiner geringen Beteiligung alle Folgen auf sich nimmt, das Funktionieren der Aktionärsklage folgendermaßen negativ beeinflussen.

Zunächst kann die unvollständige Internalisierung zur **ineffizienten Nichtausübung** führen. Dies liegt daran, dass der Kläger nicht völlig sicher sein kann, dass er den Prozess gewinnen und seine Kosten zurückerstattet bekommen wird. Bei einer geringen Beteiligung und daher bei einem geringen erwarteten Nutzen kann selbst eine kleine Niederlagewahrscheinlichkeit die Klageerhebung ungünstig erscheinen lassen. Dies verstärkt sich, wenn der Kläger auch die Kosten des Angeklagten zu tragen hat. Dies ist der Fall, wenn der Kläger eine Kostensicherheit (*security for expenses*) hinterlegen muss, aus der die der Gesellschaft entstandenen Kosten zu begleichen sind[170]. Diese Möglichkeit könnte ihn von der Klageerhebung abhalten, selbst wenn die Klage im Interesse der Aktionäre liegen würde. Die gesetzlich vorgeschriebene Sicherheit kann gerade bei einem niedrigen Streitwert das finanzielle Interesse, das der klagewillige Aktionär an der Klage hat, übersteigen.

Die unvollständige Internalisierung kann andererseits zur **ineffizienten Wahrnehmung** der Aktionärsklage führen. Wie zutreffend bemerkt worden ist, ist wegen der geringen Beteiligung der Anreiz der Kleinaktionäre, den Unternehmensinteressen unbedingte Priorität vor persönlichen Motiven einzuräumen, zwangsläufig vermindert. Und wenn die zu erwartenden Anwaltshonorare die Verfahrenskosten übersteigen, dann wird gegen die *business judgement rule* im Wege der *derivative suit* erfahrungsgemäß ohne Rücksicht darauf, vorgegangen, ob die Klage tatsächlich im Interesse der Gesellschaft liegt[171]. Zur Bewältigung dieses Problems ist ein auf einer Voranfrage (*demand*) basierendes Vorverfahren eingeführt worden, das sicherstellen soll, dass nur Klagen mit einem Mindestmaß an Stichhaltigkeit vor Gericht kommen können. Ohne auf Einzelheiten einzugehen[172], ist festzuhalten, dass die Klageerhebung wegen dieser Anforderungen wesentlich erschwert wird und dass das Management über mehrere Möglichkeiten verfügt, um die inhaltliche Überprüfung auch von stichhaltigen Klagen zu verhin-

[168] Vgl. SCOTT (1983) 927, 940 ff.

[169] CLARK (1986) 397.

[170] CLARK (1986) 652; MERKT (1991) 499.

[171] MERKT (1991) 400.

[172] ULMER (1999) 290, 311 ff.; MERKT (1991) 485 ff.

dern[173]. Im Ergebnis wird die praktische Anwendung und die Disziplinierungswirksamkeit der Zivilhaftung auch wegen der prozessualen Durchsetzungsprobleme auf die schwersten Missbrauchsfälle beschränkt.

4. Entlohnung

a) Die **Entlohnung,** nämlich die den Managern zufließenden finanziellen Vorteile, muss in erster Linie die Opportunitätskosten der Manager decken. Sie könnte aber auch zur Bekämpfung des Interessenkonfliktes beitragen, indem sie den Managern entsprechende Anreize vermittelt und ihren Wohlstand mit dem der Aktionäre verbindet[174]. Die dadurch erreichte Disziplinierung soll sowohl vorbeugend als auch nachträglich wirken[175]. Wegen der nachträglichen Abrechnung und Anpassung an die vergangene Leistung werden die künftigen Kosten bzw. Sanktionen vergegenwärtigt und bereits von vornherein in Rechnung getragen.

b) Damit die Entlohnung eine Disziplinierungsfunktion erfüllen kann, muss zunächst der zugrundeliegende Maßstab die Auswirkungen auf die Aktionärsinteressen widerspiegeln und insofern performanceabhängig sein. Dafür ist der Aktienwert geeigneter als bilanzielle Maßstäbe[176] (wie Umsatz bzw. Gewinnüberschuss), weil er dem erwarteten, risiko- und zeitadjustierten Wert künftiger Auszahlungen entspricht und daher den Eigenkapitalkosten Rechnung trägt. Dadurch wird auch die Disziplinierungsfunktion des Aktienmarktes verstärkt[177]. Der Entlohnungsmaßstab muss weiterhin objektiv feststellbar sein und den marginalen Beitrag der entlohnten Leistung messen. Aufgrund dessen muss die Entwicklung des Aktienpreises des betreffenden Unternehmens im Vergleich zu einem relevanten Index zugrundegelegt werden, um exogene und allgemeine Einflüsse auszunehmen, welche die Preisentwicklung beeinflussen, nicht aber auf die Leistung der Manager zurückzuführen sind. Schließlich muss die Entlohnung zur Schließung der Risikoasymmetrie zwischen Aktionären und Managern beitragen. Aufgrund dessen ist sowohl eine fixe Entlohnung in bar als auch die Einräumung von unübertragbaren Aktien (*restricted stock*) abzulehnen, weil die erste den Manager in die Stellung eines Gläubigers und die zweite in die Stellung eines undiversifizierten Aktionärs versetzt. Risikooptimal ist dagegen die Einräumung von Aktienoptionen: Der Manager erhält das Recht, Aktien zu einem vorbestimmten Preis zu kaufen, falls bestimmte Aktienpreisziele erreicht worden sind. Wie jeder Optionsberechtigte ist der Manager dazu motiviert, die Volatilität und die Auszahlun-

[173] SCOTT (1983) 927, 943.

[174] KÜHNBERGER/KEßLER (1999) 453, 454.

[175] FAMA (1980) 288, 297 ff.

[176] VAGTS (1983) 231, 241; KÜHNBERGER/KEßLER (1999) 453, 454; REHNERT (1985) 1147, 1168.

[177] VAGTS (1983) 231, 243; MATHIS (1992) 24.

genstreuung zu erhöhen, um von der Aktienpreiserhöhung zu profitieren, und trägt dabei sowohl das Verlustrisiko als auch die Gewinnchance[178].

c) Obwohl selbst eine optimal strukturierte Entlohnung den Manageropportunismus nicht vollständig abschafft, kann sie in folgender Hinsicht **positiv auf den Interessenkonflikt einwirken**. Zunächst trägt sie zur Milderung des Stellungskonfliktes bei, indem sie eine sog. *Adverse*-Selektion vor der Manageranstellung in Gang setzt und unfähige Manager nach der Anstellung bestraft. Sodann richtet sie die Ausgabepräferenzen des Managers auf die der Aktionäre aus, indem sie die aktienbezogenen Vorteile erhöht und eine Präferenzengemeinsamkeit aufbaut. Schließlich trägt sie zur Entschärfung der Risikoasymmetrie bei, indem sie die Risikobereitschaft der Manager verstärkt.

d) Die Disziplinierungswirksamkeit der Entlohnung wird jedoch von der **Aktionärspassivität** beeinträchtigt. Damit die Entlohnung überhaupt eine Disziplinierungsfunktion erfüllt, muss sie von einem Organ bestimmt werden, welches von Aktionärsinteressen geprägt ist[179]. Ist aber das *Board of Directors* wegen der Aktionärspassivität, wie bereits erwähnt, nur gering auf die Aktionärsinteressen ausgerichtet und wird vielmehr vom Management beherrscht, dann wird die Entlohnung eher den Managerinteressen entsprechen[180].

Diese Annahme wird in der Tat bestätigt. Mehrere Anhaltspunkte weisen zunächst darauf hin, dass die Entlohnungshöhe Übermaße angenommen hat[181]. Weiter entspricht die Vergütungsstruktur kaum den Aktionärsinteressen. Sie ist wenig variabel und performanceabhängig. Und selbst wenn dies der Fall ist, spiegeln die maßgeblichen Kriterien wenig die Aktionärsinteressen wider. Die Vergütungshöhe hängt etwa mit der Größe und dem absoluten Unternehmenswachstum positiv zusammen, nicht aber mit dem Aktienertrag. Dadurch wird das Streben der Manager nach Umsatz- und Größenmaximierung entgegen den Aktionärsinteressen noch mehr verstärkt[182]. Wenn Aktienoptionen überhaupt genutzt werden, sind ihre Ausübungsbedingungen derart gestaltet, dass die Manager trotz schlechter Performance profitieren können[183]: So werden etwa die Performanceziele von vornherein niedrig festgelegt oder sogar nachträglich nach unten gelo-

---

[178] REHNERT (1985) 1147, 1175, 1179; KÜHNBERGER/KEßLER (1999) 453, 455.

[179] KNOBLING (1996) 51.

[180] EISENBERG (1989) 1461, 1491; KREINBERG (1995) 138, 169; YABLON (1992) 1867, 1873. Vgl. WENGER/KNOLL (1999) 582.

[181] KREINBERG (1995) 138, 143; YABLON (1992) 1867, 1870.

[182] VAGTS (1983) 231, 249.

[183] Zu Beispielen siehe KREINBERG (1995) 138, 147 ff.

ckert (*repricing*)[184]. Im Ergebnis erfüllt die Entlohnung die ihr zukommende Disziplinierungsfunktion nicht.

III. Zwischenergebnisse und Ausblick

In diesem Abschnitt ist untersucht worden, welche Mechanismen zum Schutz der Aktionärsinteressen vor dem Opportunismus des Managements entwickelt worden sind.

Die verschiedenen Marktmechanismen (Markt für Unternehmenskontrolle, für Produkte, für Managerleistungen, für Gesellschaftsrecht, Aktien- und Kapitalmarkt) gewährleisten zwar einen gewissen, jedoch keinen vollständigen Schutz. Eine wesentliche Rolle spielt dabei der Aktien- und Kapitalmarkt. Damit das Unternehmen Zugang zu kostengünstiger Finanzierung haben kann, ist es darauf angewiesen, die Aktionärsinteressen zu berücksichtigen, sofern sich das opportunistische Verhalten auf den Aktienpreis negativ auswirkt. Die Marktmechanismen erweisen sich jedoch dann als unwirksam, wenn starke Interessenkonflikte auftauchen. Dann versagt der Schutz, weil die Manager das Funktionieren zu stören versuchen (wie etwa durch den Einsatz von Abwehrmaßnahmen gegen feindliche Übernahmen), die Marktbedingungen unvollständig sind oder die vom Markt verhängte Sanktion kleiner ist als der von den Managern angestrebte Nutzen.

Wegen der Unwirksamkeit des Marktschutzes in den vorgenannten Situationen sind interne, **strukturelle Schutzmechanismen** entstanden, die den Aktionären einen Schutz durch Einräumung von Beherrschungsrechten gewährleisten. Aufgrund dieser Mechanismen können die Aktionäre sowohl den Entscheidungsprozess bereits von vornherein beeinflussen und somit opportunistischem Verhalten *ex ante* vorbeugen als auch den Managern Sanktionen *ex post* zufügen.

Die Wirksamkeit der strukturellen Disziplinierungsmechanismen setzt jedoch voraus, dass sie von den Aktionären tatsächlich wahrgenommen werden. Dies ist jedoch nicht der Fall in einer **Aktiengesellschaft mit Streubesitz**. Darunter versteht man die Konstellation, dass weder das Management noch ein Aktionär einen wesentlichen Aktienanteil besitzen. Auch diese Situation ist das Ergebnis des Kapitalsammlungsprozesses: Je größer das Unternehmen und seine Kapitalbedürfnisse wachsen, desto schwieriger fällt es einem einzigen Aktionär, einen nennenswerten Teil des Kapitals zur Verfügung zu stellen. Ausserdem neigen die Aktionäre dazu, ihre Aktienbeteiligungen unter mehrere Unternehmen zu streuen, um damit das firmenspezifische und unvergütete Risiko zu minimieren. Im Ergebnis verfügt jeder Aktionär über einen nur geringfügigen Aktienanteil am jeweiligen Unternehmen.

---

[184] EISENBERG (1989) 1461, 1492.

Je kleiner der Aktienanteil jedoch ist, desto geringer sind die Anreize des Aktionärs, die **Disziplinierungsmöglichkeiten wahrzunehmen**. Gerade weil die Geltendmachung dieser Möglichkeiten kostspielig ist, erweist sie sich nur dann als sinnvoll, wenn der dem Aktionär entstehende Nutzen die Kosten übersteigt. Je kleiner der Anteil und damit auch sein Wert sind, desto geringer ist auch der erwartete Nutzen und desto weniger wahrscheinlich ist, dass die Kosten gedeckt werden. Ausserdem ist bei einer Aktiengesellschaft mit Streubesitz genauso unwahrscheinlich, dass die Aktionäre miteinander Kontakt aufnehmen werden, um ihre Überwachungstätigkeit zu koordinieren und die Kosten zu teilen. Im Ergebnis bleiben die Aktionäre passiv, selbst wenn Anhaltspunkte für Managementopportunismus vorhanden sind. Im extremsten Fall entscheiden sie sich für das Verlassen der Gesellschaft.

Das Ergebnis der wegen des Streubesitzes entstandenen Aktionärspassivität ist, dass die **Wirksamkeit der Disziplinierungsmechanismen**, die auf der aktiven Nutzung durch die Aktionäre beruhen, unvollständig bleibt. Der Abstimmungsmechanismus etwa ermöglicht den Aktionären, konfliktträchtige Entscheidungen, die ihre Erwartungen und Interessen grundlegend und überraschend enttäuschen können, zu kontrollieren und nur solchen zuzustimmen, die mit ihren Interessen im Einklang stehen. Wegen der Aktionärspassivität versagt jedoch dieser Schutzmechanismus, weil sich die Aktionäre über die Beschlussgegenstände nicht informieren und auch Entscheidungen zustimmen, die allein den Interessen des Managements förderlich sind. Die Aktionärspassivität führt zum Versagen auch des Überwachungsorgans (*Board of Directors*). Dieses Organ ist geschaffen worden, um eine kostengünstige und ständige Überwachung im Vergleich zum Abstimmungsmechanismus zu gewährleisten. Voraussetzung für eine wirksame Kontrolle ist jedoch, dass die Mitglieder dieses Organs an den Aktionärsinteressen ausgerichtet sind, was wiederum eine aktive und interessierte Beteiligung der Aktionäre an der Mitgliederwahl erfordert. Steuerungsfunktion kann auch die Managemententlohnung erfüllen, wenn sie so ausgestaltet ist, dass sie den Managern Anreize setzt und ihr Verhalten an den Aktionärsinteressen ausrichtet. Diese Funktion bleibt jedoch in der Realität aus, wenn das für die Entlohnungsbestimmung zuständige Organ nicht auf die Aktionärsinteressen ausgerichtet ist. Eine nachträgliche Disziplinierung leistet schließlich die Zivilhaftung: Sie ermöglicht den Aktionären, Fälle opportunistischen Verhaltens, die von den anderen Disziplinierungsmechanismen nicht erfasst werden konnten, nachträglich zu sanktionieren und zugleich in Zukunft abzuschrecken. Der Anwendungsbereich der Zivilhaftung ist bereits aus Kostengründen begrenzt; die Aktionärspassivität und die restriktive juristische Regelung begrenzen noch weiter die Wirksamkeit dieses Schutzmechanismus.

Aufgrund des Versagens sowohl der markteigenen als auch der internen Schutzmechanismen bleibt die im Wege dieser Mechanismen angestrebte Minderung des Managementopportunismus aus. Die Aktionärspassivität führt zu einer Trennung zwischen Eigentum und Kontrolle in dem Sinne[185], dass die Manager die Kontrolle über das Geschehen besitzen, obwohl diese Kontrolle den Aktionären nach dem Gesetz zusteht. Im Ergebnis sind die Manager immer noch frei, ihre eigenen Interessen zu Lasten derjenigen der Aktionäre zu fördern. Bei der Suche nach einer Lösung dieses Problems könnte man verschiedene Wege gehen. Der eine bestünde darin, die Minderung der Ausübungskosten der Schutzmechanismen durch entsprechende Ausgestaltung der juristischen Regeln anzustreben, um deren Nutzung attraktiver zu machen. Diese Lösung hat jedoch ihre Grenze darin, dass sich bestimmte Kosten nicht weiter reduzieren lassen. Eine andere Möglichkeit wäre es zu erforschen, inwieweit die Wirksamkeit einer Kontrolle durch die Aktionäre unter Bedingungen konzentrierterer Aktionärsstruktur verstärkt würde. Diese Möglichkeit bietet sich gerade wegen des Auftretens der institutionellen Anleger an. Im weiteren Verlauf dieser Arbeit gilt es daher zu untersuchen, inwieweit eine engere Überwachung durch die institutionellen Anleger zu erwarten ist, wie diese Überwachung aussehen wird und welche ihre Auswirkungen sein werden.

---

[185] BERLE/MEANS (1932) 84 ff.

2. TEIL- DIE FÜR DIE ÜBERWACHUNGSBEREITSCHAFT DER INSTITUTIONELLEN ANLEGER ENTSCHEIDENDEN FAKTOREN

Aus dem vorangegangenen Paragraph geht hervor, dass die verschiedenen Kontrollmechanismen in einer Publikumsgesellschaft mit Streubesitz aufgrund der rationalen Passivität und des Problems des Kollektivhandelns kaum einen wirksamen Schutz der Aktionärsinteressen gewährleisten können. Mit einem anderen Ergebnis wäre zu rechnen, wenn die Beteiligungsstruktur derart ausgestaltet wäre, dass auch eine Gruppe von Großaktionären neben den Kleinaktionären vorhanden wäre. Großaktionäre gibt es und gab es zwar immer. Da sie aber nur in vereinzelten Unternehmen vorhanden sind, vermögen sie nicht, einen allgemeinen Lösungsansatz für den Interessenkonflikt anzubieten. Gefragt ist vielmehr ein Aktionärstypus, der in den meisten Gesellschaften gleichförmig vertreten ist. Dem entsprechen womöglich die **institutionellen Anleger**. Darunter versteht man jene Finanzinstitutionen, die bei der Kapitalanlage vermitteln[1]. Sie spezialisieren sich darauf, von anderen Wirtschaftssubjekten Kapital entgegenzunehmen und dies gebündelt für das Eingehen von Finanzierungsbeziehungen zu verwenden. Gerade wegen dieser Eigenmerkmale darf man erwarten, dass diese Anleger höhere Beteiligungen als die einzelnen individuellen Aktionäre halten und daher mehr motiviert sein werden, sich für die Managementüberwachung einzusetzen.

Dieser Teil ist der Analyse von Faktoren gewidmet, welche die Einsatzbereitschaft der institutionellen Anleger beeinflussen. In zwei aufeinanderfolgenden Paragraphen werden jeweils sowohl die ökonomischen als auch die juristischen Faktoren untersucht. Zuvor sollen jedoch der rechtliche Rahmen und die entscheidenden Beteiligungsdaten dargestellt werden.

---

1 CLARK (1975) 1603, 1605; FRAUNE (1996) 5; KNOBLING (1996) 14. Überblick über die verschiedenen Begriffsbestimmungen siehe in KAISER (1990) 10 ff.

§ 3. DARSTELLUNG DES RECHTLICHEN RAHMENS UND DER BETEILIGUNGSDATEN DER INSTITUTIONELLEN ANLEGER

I. Rechtlicher Rahmen

In diesem Abschnitt werden die wichtigsten Regeln angeführt, welche das Funktionieren des jeweiligen institutionellen Anlegers bestimmen. Es wird insbesondere auf die Verwaltungsstruktur, die Anlagemöglichkeiten und auf die Geltendmachung der Stimmrechte abgestellt werden.

A. Pensionsfonds (*pension funds*)

1. Fondsarten

Die Pensionsfonds dienen der Altersvorsorge, indem sie einen Kapitalfonds aus den eingezahlten Beiträgen aufbauen und investieren, und den Begünstigten aus den erwirtschaften Erträgen Rentenleistungen gewährleisten[2].

a) Die öffentlichen Pensionsfonds werden von öffentlichrechtlichen Einrichtungen (z.B. Regierungen der Bundesstaaten) errichtet, und begünstigen die Beschäftigten des entsprechenden öffentlichen Sektors[3]. Die privaten Pensionsfonds werden dagegen von einem (*single employer*) oder mehreren (*multiemployer*) privaten Unternehmen errichtet, und betreffen die entsprechenden Arbeitnehmer[4].

Die Errichtung geht entweder auf freiwillige Initiative des Unternehmens oder auf kollektive Verhandlungen zwischen dem Unternehmen und der entsprechenden Gewerkschaft zurück. Das Unternehmen ist zwar grundsätzlich frei, sich für die Errichtung zu entscheiden, nach der Rechtsprechung aber verpflichtet, darüber mit den Gewerkschaften zu verhandeln[5]. Jedenfalls gilt nur das Unternehmen als Fondsträger und ist daher für die Fondsausgestaltung und -verwaltung ausschließlich zuständig. Die Gewerkschaftsfonds (*union pension funds*) sind ebenfalls das

---

2 Ausführlich zu Pensionsfonds aus internationaler und ökonomischer Perspektive siehe DAVIS (1995).

3 ROMANO (1993) 795, 800; STABILE (1998) 62, 63. Die bekanntesten öffentlichen Pensionsfonds sind California Public Employee Retirement System (CalPERS), New York Retirement Funds, State of Wisconsin Investment Board.

4 Zu privaten Pensionsfonds: DAVIS (1995) 231-244; WALD/KENTY (1991) 30 ff.; DOETSCH (1986); GORDON (1997) 1519, 1521, 1541-1550; STEENBOCK (1999) 61 ff.; CONISON (1993) 3 ff.

5 *Inland Steel Corp. v. National Labor Relations Board*, 170 F.2d 247 (7th Circ. 1947); BAUM/STILES (1965) 33; HARBRECHT (1964) 39.

Ergebnis kollektiver Verhandlung. Allerdings nehmen sowohl die Gewerkschaften als auch der Arbeitgeber an der Fondsverwaltung teil[6].

Die Pensionsfonds unterscheiden sich weiter nach der Art der Festlegung der Vorsorgeleistungen. Bei den **leistungsbestimmten Pensionsplänen** (*defined benefit plans*) verpflichtet sich der Errichter des Fonds, Vorsorgeleistungen zu zahlen, deren Höhe aufgrund einer festgelegten Berechnungsformel von vornherein bestimmt bzw. bestimmbar ist und sich nach Lohn, Dauer des Arbeitsverhältnisses und sonstigen Maßstäben richtet[7]. Überdies ist der Errichter verpflichtet, zwecks Vorfinanzierung der Pensionsverpflichtungen durch Einzahlung von Beiträgen einen Kapitalfonds zu bilden und seine Mittel zu investieren (*funding*). Dadurch befreit er sich allerdings nicht vom Investitionsrisiko, weil die Forderungsfälligkeit von der Unternehmenssolvenz bzw. vom Investitionserfolg unabhängig ist. Selbst wenn nämlich der Fondserlös nicht für die Forderungserfüllung ausreicht, bleibt der Errichter trotzdem zur Zahlung verpflichtet. Ebenso gehört dem Errichter der eventuelle Überschuss, falls dieser das Pensionsvermögen übersteigt.

Bei den **beiträgebestimmten Pensionsplänen** (*defined contribution plans*) sind dagegen nicht die Vorsorgeleistungen, sondern die einzuzahlenden Beiträge bestimmt[8]. Der Errichter verpflichtet sich lediglich, einen ausgesonderten Fonds zu errichten, in den die Versorgungsbeiträge einzuzahlen und den individuellen Rentenkonten der Berechtigten zuzuordnen sind[9]. Die Höhe der Auszahlungen richtet sich ausschließlich nach dem Anlageertrag des Pensionsfonds. Insofern wird das Anlagerisiko von den Begünstigten getragen[10]. Von den beiträgebestimmten Fonds sind die *employement stock ownership plans* (ESOP) hervorzuheben[11]. Außer der Altersvorsorge zielen sie zugleich auf die Eigentumsbeteiligung der Arbeitnehmer am Trägerunternehmen ab und unterliegen insofern einem besonderen Rechtsstatus.

---

6 Labor Management Relations Act of 1947, 29 USC § 186 (1994); siehe SCHWABS/THOMAS (1998) 1018, 1076.

7 LANGBEIN/FISCHEL (1988) 1105, 1112; BLAIR (1995) 156 ff.

8 29 USC § 1002(34); GORDON (1997) 1519, 1546 ; STABILE (1998) 62, 66. Der größte private beiträgebstimmte Pensionsfonds ist *Teachers Insurance and Annuity Association* und *College Retirement Equity Fund* (TIAA-CREF).

9 IRC § 414(i). Als Beitragsmaßstab kommen ein Teil der Gewinne oder des Lohnes in Betracht. Demnach unterscheidet man zwischen *profit sharing* (die Beiträge entsprechen Teil des Jahresgewinnes), *money purchase* (Teil des Lohnes), *stock bonus* (Beiträge in Form von Aktien des errichtenden Unternehmens) und *401(k) Fonds* (Die Beiträge sind Teil des Lohnes, der als Ausstattungsmittel behalten wird).

10 IRC § 401(a).

11 29 USC § 1107 (d)(6), IRC § 4975(e)(7).

2. Verwaltungsstruktur

a) Die privaten Pensionsfonds richten sich nach dem *Employee Retirement Income Security Income Act* von 1974 (ERISA)[12]. Demnach muss der Pensionsfonds als eine rechtlich selbstständige und mit eigenem Vermögen und Rechtsfähigkeit ausgestattete **Treuhand** (*trust*) für Rechnung der gedeckten Arbeitnehmer (*beneficiaries*) errichtet werden[13]. Die allgemeine Verwaltung obliegt den *named fiduciaries*, nämlich Personen, die als solche bereits im Gründungsdokument benannt oder nach einem bestimmten Verfahren identifiziert sind[14]. Die spezifische Vermögensverwaltung übernehmen jedoch Treuhänder (*trustees*), die von den *named fiduciaries* bestellt werden[15]. Sie sind berechtigt, das Fondsvermögen nach eigenem Ermessen zu verwalten, es sei denn, dass sie an Weisungen durch die *named fiduciaries* gebunden sind, oder dass bestimmte außenstehende Investmentverwalter (wie Kapitalanlagegesellschaften, Versicherungsunternehmen, registrierte Anlageberater) mit spezifischen Anlageverwaltungsaufgaben betraut worden sind[16]. Sowohl die *named fiduciaries* als auch die *trustees* dürfen am Management des Trägerunternehmens angehören[17].

Sodann ist es zulässig und in bestimmten Fällen sogar zwingend, auch die Begünstigten bei der Anlageverwaltung einzuschalten. Damit etwa ein ESOP i.S. von IRC § 4974(e)(7) von den Steuervorteilen gem. IRC § 401(a) profitieren darf, müssen die Begünstigten zumindest 25% der Vermögenswerte steuern, indem sie zwischen drei allgemeinen Anlageoptionen auswählen können[18].

b) Die **öffentlichen** Pensionsfonds richten sich nicht nach dem ERISA, sondern nach den entsprechenden Gesetzen der Bundesstaaten, in denen sie ansässig sind[19]. Allerdings ist ihre Verwaltungsstruktur ähnlich, da auch diese als Treuhand ausgestaltet sind[20]. Ihre Besonderheit im Vergleich zu den privaten Fonds liegt

---

12 29 USC §1001-1461.

13 29 USC § 1103(a); CONISON (1993) 2, 236.

14 29 USC § 1102(a). Zur Zuständigkeitsverteilung innerhalb des Pensionsfonds siehe CONISON (1993) 219 ff.

15 29 USC § 1103(a), 1105(c)(3).

16 29 USC §§ 1003(38), 1102(a)(2), (c)(3), 1103(a)(2).

17 29 USC § 1103(a), 1108(C)(3).

18 29 USC § 1103(a), IRC § 401(28)(B).

19 Siehe California Education Code § 22250 (West 1994); West's Annotated California Government Code § 21428 (West 1995); New York Retirement & Social Security Law §§ 177(9)(b), 422 (McKinney); Wisconsin Statutes Annotated § 40.01-40.96.

20 Vgl. West's Annotated California Government Code § 20120 (für CalPERS) : "*The management and control of the system is vested in the board*"; § 201711: "*Exclusive control of administration and investment is made by the board*"; New York Retirement & Social Security Law §§ 11, 13: Der *Comptroller* ist der Verwalter und Treuhänder des Pensionsfonds.

jedoch darin, dass im Treuhänderrat gelegentlich sowohl politische Personen als auch die Begünstigten vertreten sind. Beispielweise wird die Hälfte der Treuhänderratsmitglieder von CalPERS von den Pensionierten bzw. Arbeitnehmern gewählt[21].

3. Anlageregeln

a) Soweit die Vorsorgeleistungen Verbindlichkeiten des Trägerunternehmens sind, könnten sie als dessen laufende Ausgaben angesehen werden. Insofern könnte der Errichter Beiträge nur in Höhe der laufenden Kosten zahlen (*pay as you go*). Diese Ausstattungsmethode weist jedoch den wesentlichen Nachteil auf, dass die Erfüllung der Verbindlichkeiten von der Solvenz des Trägerunternehmens abhängt.

Gerade um das unternehmensspezifische Risiko zu verringern und eine höhere Sicherheit zu erreichen, wird dem Errichter die Pflicht auferlegt, die Vorsorgeverbindlichkeiten bereits während der Anwartschaftszeit vorzufinanzieren, indem er Deckungsmittel beiseitelegt und aussondert (*funding*). Die beiträgebestimmten Pläne sind ohnehin finanziert, weil die Leistungen von den tatsächlich eingezahlten Beiträgen abhängen. Gemäß dem ERISA müssen aber auch die leistungsbestimmten Pläne durch Deckungsmittel ausgestattet werden[22]. Vorfinanziert sind auch die öffentlichen Pensionsfonds[23].

b) Die angesammelten Deckungsmittel müssen im Hinblick auf die zukünftigen Leistungsverpflichtungen investiert werden. Die Treuhänder der privaten Pensionsfonds verfügen dabei über weitgehendes Ermessen[24], unterliegen jedoch folgenden **treuhänderischen Pflichten**[25]: Sie müssen nämlich

- mit dem alleinigen Ziel handeln, die Gewährung der Vorsorgeleistungen an die Begünstigten und die Deckung angemessener Verwaltungskosten sicherzustellen (*exclusive benefit rule*).
- mit der Achtsamkeit, Umsicht, den Fähigkeiten und nach den Umständen gebotener Sorgfalt verfahren, die ein einsichtig handelnder Mensch in der gleichen Situation und vertraut mit den in Rede stehenden Angelegenheiten angewandt hätte (*prudent man rule*).
- die Kapitalanlagen streuen, um das Risiko größerer Verluste zu minimieren, es sei denn, dies ist im Einzelfall eindeutig unklug (*diversification rule*).

---

[21] West's Annotated California Government Code § 20090.

[22] 29 USC §§ 1083 ff.

[23] West's Annotated California Government Code § 20200 (CalPERS).

[24] 29 USC § 1103(a).

[25] 29 USC § 1104(a)(1)(A); siehe STABILE (1998) 62, 70 ff.

- in Übereinstimmung mit dem Gründungsdokument und anderen dem Plan zugrundeliegenden Rechtsakten handeln, soweit diese mit dem Gesetz vereinbar sind (*legality rule*).

Außer diesen allgemeinen Regeln gelten **besondere Einschränkungen** für den Erwerb von Aktien des Trägerunternehmens[26]. Dieser Erwerb ist grundsätzlich verboten und nur unter den folgenden Voraussetzungen gestattet. Zunächst muss es sich um qualifizierte Wertpapiere handeln (*qualified securities*), nämlich entweder um Aktien oder handelbare Schuldverschreibungen. Anschließend muss der Erwerb frei von Kommissionsgebühren sein und um einen angemessenen Preis erfolgen. Schließlich ist zwischen den leistungs- und den beiträgebestimmten Fonds zu unterscheiden. Die ersten dürfen Aktien des Trägerunternehmens unter der Bedingung erwerben, dass der Fondsanteil 25% des stimmberechtigten Kapitals des Trägerunternehmens und 10% des Fondsvermögens nicht übersteigt. Darüber hinaus muss mindestens 50% des Stammkapitals des Trägerunternehmens von unabhängigen Aktionären gehalten werden. Die beiträgebestimmten Fonds (und insb. die ESOPs) sind zwar von diesen Einschränkungen, nicht aber von den treuhänderischen Pflichten ausgenommen.

c) Ähnliche Grundsätze gelten auch für die **öffentlichen Pensionsfonds**, da die entsprechenden bundesstaatlichen Gesetze wesentlich der *prudent man* Regel des ERISA folgen[27]. Allerdings richten sich die Anlagen einiger öffentlicher Fonds nach einer sog. gesetzlichen Liste (*legal list*), die sowohl qualitative als auch quantitative Anlageeinschränkungen vorschreibt. Beispielweise dürfen die öffentlichen Pensionsfonds des Staates *New York* nicht mehr als 15% der gesamten Mittel pro Jahr, und nicht mehr als 70% der Mittel insgesamt in Aktien investieren. Höchstens 2% des gesamten Vermögens darf in Aktien eines einzigen Unternehmens investiert werden, und ihre Beteiligung am jeweiligen Beteiligungsunternehmen darf 5% des Eigenkapitals nicht übersteigen[28].

d) Die Ausübung der auf die im Pensionsfonds befindlichen Aktien entfallenden **Stimmrechte** obliegt in erster Linie den Treuhändern bzw. besonderen Ausschüssen[29], es sei denn, dass außenstehende Investmentmanager mit der Verwaltung der betreffenden Aktien beauftragt sind und die Stimmrechtswahrnehmung vom Auftragsgegenstand nicht ausdrücklich ausgenommen worden ist[30].

---

[26] 29 USC §§ 1104, 1106, 1107, 1108. Siehe CONISON (1993) 275, 289 ff.; STABILE (1998) 61, 67 ff.

[27] Vgl. West's Ann.Cal.Gov.Code §§ 20205.8, 20205.6 (für CalPERS).

[28] New York Retirement & Social Security Law § 177(2) (McKinney).

[29] Vgl. die Möglichkeit für CalPERS, einen Angestellten mit der Stimmrechtswahrnehmung und Beratung zu beauftragen: West's Ann.Cal.Gov.Code § 20209 .

[30] DOL Avon Letter von Feb. 23, 1988; siehe WALD/KENTY (1991) 159.

Von diesen allgemeinen Grundsätzen ist nur eine Ausnahme bekannt[31]. Der Genuss von Steuervorteilen gem. § 401(a) IRC hängt u.a. davon ab, dass die Treuhänder von den Begünstigten Weisungen darüber einholen müssen, wie die Stimmrechte zu bestimmten Hauptversammlungsbeschlüssen des Trägerunternehmens auszuüben sind (*passing through*)[32]. Dies gilt sowohl für die privaten beiträgebestimmten Fonds, die mehr als 10% des Fondsvermögens in das Trägeunternehmen investiert haben, als auch für die Aktien, die den individuellen, einzelnen Arbeitgeberrentenkonten im Rahmen eines ESOP zugeteilt worden sind[33]. Von dieser Möglichkeit machen die Treuhänder der beiträgebestimmten Pensionsfonds auch über die gesetzlich vorgeschriebenen Fälle hinaus (z.B. für die noch nicht den einzelnen individuellen Konten zugeteilten Aktien im Rahmen eines E-SOP) freiwillig Gebrauch[34].

B. Versicherungsunternehmen

1. Verwaltungsstruktur

Versicherungsunternehmen sind Finanzunternehmen, die Schutz vor bestimmten Risiken leisten. Sie sammeln und investieren die von den Versicherten gezahlter Prämien und verpflichten sich gegen Entgelt, ein wirtschaftliches Risiko der Art zu übernehmen, dass sie bei Eintritt eines von vornherein ungewissen Schadensfalles oder eines sonstigen Ereignisses im menschlichen Leben eine vermögenswerte Leistung erbringen[35].

In den USA gehört die Regulierung der Versicherungsunternehmen in die Zuständigkeit der Bundesstaaten. Da die größten Versicherungsunternehmen im Staat von *New York* ansässig sind, wird die Untersuchung auf das Recht dieses Staates beschränkt. Vorgesehen ist die Rechtsform einer Aktiengesellschaft (*stock corporation*)[36]. Die Verwaltung obliegt dem *Board of Directors*, das aber *officers* anstellt und sie mit der Durchführung des Tagesgeschäftes beauftragt. Besonderheit im Vergleich zu normalen *corporations* ist die vom Gesetz vorgesehene Möglichkeit, die Lebensversicherungsnehmer bei der Wahl des *Board of Direc-*

---

[31] CONISON (1993) 300.

[32] Eine gleiche Pflicht ist im ERISA nicht verankert (vgl. *Newton v. Van Otterloo*, 756 F.Supp. 1121, 1126). Allerdings werden Stimmrechtsweisungen bei den Fondsteilnehmern i.d.R. freiwillig eingeholt: vgl. STABILE (1998) 62, 69-70.

[33] IRC § 401(a)(22) (für beiträgebestimmte Fonds), IRC § 409(e) (für ESOPS).

[34] *Central Trust Bank, N.A. v. American Avents Corp.*, 771 F.Supp. 874; KLAUSNER/ ELFENBEIN (1999) 353, 365.

[35] SEC Study (1971) 505 ff.

[36] N.Y. Insurance Law § 1201 (27 McKinney).

tors einzuschalten[37]. Für die Lebensversicherungsgesellschaften ist es auch zwingend, dass das *Board of Directors* zu 1/3 aus unabhängigen Direktoren besteht[38].

2. Anlageregeln

a) Die Notwendigkeit für ein Versicherungsunternehmen, Anlagen zu tätigen, ergibt sich schon aus der gesetzlichen Pflicht, Rücklagen zu bilden. Die Sachversicherungsunternehmen müssen Verlustrücklagen (*loss or claim reserves*) bilden, die dem gesamten erwarteten Betrag, der den Versicherungsnehmern wegen Schadenseintrittes bezahlt werden muss, entsprechen[39]. Auch die Lebensversicherungsunternehmen müssen Deckungsrücklagen bilden[40].

b) Die Anlagepolitik wird von den **zuständigen Organen** bestimmt und ausgeführt. Bei einer *corporation* sind das *Board of Directors* und die *officers* dafür zuständig. In der Regel wird aber ein besonderer Ausschuss (*Finance Committee*) ermächtigt, die allgemeinen Anlagerichtlinien festzusetzen, die dann von den Angestellten umgesetzt werden. Die Anlagestrategie richtet sich nach den jeweiligen versicherten Risiken. Sachrisiken erfordern liquide und meistens kurzfristige Anlagen, da der Risikoeintritt eher unvorsehbar ist. Dagegen können Lebensversicherungen auch von langfristigeren Anlagen bedient werden, da die zugrundeliegenden Risiken berechenbarer sind[41].

c) Die Möglichkeit, die Versicherungsprämien **in Aktien zu investieren**, war in den USA traditionell sehr begrenzt. Infolge von Skandalen, die vom *Pujo*-Ausschuss 1905 aufgedeckt wurden, waren die Aktienanlagen bis 1951 völlig ausgeschlossen[42]. Seitdem wurde das Verbot allmählich gelockert. Zu beachten ist allerdings, dass die gesetzlichen Möglichkeiten in der Regel kaum ausgeschöpft werden, da die intern geltenden Anlagerichtlinien noch restriktiver sind[43].

Nach der gegenwärtig geltenden Regelung ist zwischen gebundenem und ungebundenem Kapital zu unterscheiden[44]. Das gebundene Kapital entspricht entweder dem gesetzlichen Mindesteigenkapital oder dem Mindestüberschuss

---

37 N.Y. Insurance Law § 4212 (27 McKinney).

38 N.Y. Insurance Law § 1202 (27 McKinney).

39 N.Y. Insurance Law § 1303 (27 McKinney).

40 N.Y. Insurance Law § 1304 (27 McKinney).

41 BLOMMESTEIN (1997) 73, 71.

42 ROE (1994) 60-78; KAMMEN/TOPPETA (1990) 391; APPLEMAN (1945) Bd. 19, § 10354, S.169 ff.; ERWAY (1963) 665 ff.

43 SEC Study (1971) 823.

44 ERWAY (1963) 607 ff.

(*minimum surplus*)[45], je nachdem, welches höher ist, und muss ausschließlich in staatliche Schuldverschreibungen investiert werden[46]. Das ungebundene Kapital darf in Aktien im folgenden Umfang investiert werden[47]: Die *Lebensversicherungen* dürfen Aktien amerikanischer Gesellschaften erwerben, vorausgesetzt, dass die einzelne Beteiligung an der jeweiligen Gesellschaft 2% der zulässigen Aktiva[48] und die gesamten Aktienbeteiligungen 20% der gesamten Aktiva des Versicherungsunternehmens nicht übersteigen. Überdies müssen die Direktoren auf die Aktienanlagen die Treu und Sorgfalt anwenden, die ein vernünftiger Mensch in einer gleichen Position und unter den gleichen Umständen beachtet hätte[49]. Die *Sach- bzw. Haftungsversicherungen* dürfen in börsennotierte Aktien erst dann investieren, wenn die anderen Investitionen zumindest 50% der gesamten Deckungsrücklagen für noch nicht endgültig behaltene Prämien und Verluste entsprechen. Überdies dürfen die einzelnen Beteiligungen 1% der gesamten Aktiva und die gesamten Aktienbeteiligungen 10% der zulässigen Aktiva des Versicherungsunternehmens nicht übersteigen.

C. Kapitalanlagegesellschaften (*mutual funds*)

1. Verwaltungsstruktur

Die Kapitalanlagegesellschaften (KAG) vermitteln bei der Kapitalanlage: Sie sammeln und investieren kollektiv das von den einzelnen Anlegern aufgebrachte Kapital und lassen die Anleger an den Anlageergebnissen proportional zu ihrer Beteiligung teilnehmen[50].

a) In den USA werden die KAG vom *Investment Company Act* (ICA) von 1940 bundesweit geregelt[51]. Von den verschiedenen zulässigen Organisationsformen wird im folgenden nur die Aktiengesellschaft (*corporation*) behandelt, da sie die verbreitetste Form ist. Hauptverwaltungsorgan ist das *Board of Directors*, das mindestens zu 60% aus unabhängigen Direktoren bestehen muss[52]. Ihm obliegt die Geschäftsführung, darunter auch die Fest- und Umsetzung der Anlagepolitik.

---

45 Mindestüberschuss ist der Teil der zugelassenen Aktiva (ohne das Mindesteigenkapital), der die Verbindlichkeiten übersteigt; siehe N.Y. Insurance Law § 107(a)(30).

46 N.Y. Insurance Law § 1402.

47 N.Y. Insurance Law §§ 1402, 1403, § 1404 (8) i.V.m. § 1403(c), § 1407, 1405 (c).

48 N.Y. Insurance Law § 1301(2). Zulässig sind die Aktiva die zur Beurteilung der finanziellen Solvenz des Versicherungsunternehmens zugerechnet werden.

49 N.Y. Insurance Law § 1405 (c).

50 Allgemein zu KAAG siehe BLOMMESTEIN (1997) 93 ff.; aus der deutschen Literatur siehe STECK (2000).

51 15 USC § 80(a).

52 15 USC § 80(a)-10(a).

Seine Alleinzuständigkeit lässt sich nur durch im Registrierungsbericht festgelegte Grenzen einschränken[53]. Fakultativ ist die Errichtung eines Beratungsausschusses, dessen Aufgabe sich auf die Erteilung von unverbindlichen Ratschlägen zur Anlagepolitik beschränkt[54]. In der Regel werden jedoch außenstehende Berater (*investment advisors*) mit der Anlageverwaltung beauftragt[55].

Die Anleger haben den Rechtsstatuts des Aktionärs und verfügen über Stimmrechte im Verhältnis zum angelegten Kapital[56]. Sie wählen die Mitglieder des *Board of Directors*, bestätigen den Anstellungsvertrag des Anlageberaters und erteilen ihre Zustimmung zu wesentlichen Änderungen der Anlagepolitik[57]. Schließlich sind die Aktionäre bei den *Open-end*-KAG berechtigt, jederzeit die Einlösung ihrer Anteile von der KAG zu verlangen[58].

2. Anlageregeln

Die KAG ist grundsätzlich frei, jede beliebige Anlagepolitik zu verfolgen und ihr Kapital in jegliche Anlageinstrumente zu investieren[59]. Dies gilt auch für Anlagen in stimmberechtigte börsennotierte[60] Aktien jedes Unternehmens und in jeder beliebigen Höhe. Indirekte Einschränkungen ergeben sich jedoch aus der einer KAG auferlegten Pflicht, sich registrieren zu lassen. Die Registrierung erfolgt durch die Einreichung eines Prospektes bei der *Securities and Exchange Commission* (SEC). In diesem Prospekt ist zunächst die zu verfolgende Anlagepolitik gem. ICA § 8 offen zu legen[61]. Davon darf ohne vorherige Zustimmung der Aktionärsmehrheit nicht abgewichen werden. Insbesondere ist der Schwerpunkt auf einen bestimmten Wirtschaftszweig, die Portfolioumschichtungsrate (*turnover*) sowie jede für grundsätzlich gehaltene Anlagepolitik anzugeben. Auf diese Weise kann sich die KAG selbst beschränken, wenn Beteiligungseinschränkungen im Registrierungsprospekt festgelegt sind. Des weiteren hat die KAG anzugeben, ob sie di-

---

53 15 USC § 80(a)-§ 13.

54 15 USC § 80(a)-2(a).

55 15 USC § 80(a)-2(20).

56 15 USC § 80(a)-18(i).

57 15 USC § 80(a)-13.

58 15 USC § 80(a)-5 (a).

59 15 USC § 80(a)-12 *a contrario*; FRANKEL (1980) Kapitel XXI, § 5, S.231.

60 Eine *open-end* KAAG darf höchstens 10% ihres Vermögens in illiquide Vermögenswerte investieren. Darunter fallen auch *sog. restricted securities*, also Aktien von nicht börsennotierten Gesellschaften: siehe Guidelines for Preparation of Form N-8B-1, Item 4(g), IC-7221 (1972); FRANKEL (1980) Kapitel XXI. § 5, 237.

61 15 USC § 80(a)-8(b); FRANKEL (1980) Kapitel XX. § 3, 92 ff., § 8, 472.

versifiziert ist[62]. Diese Qualifizierung setzt voraus, dass drei Viertel des Anlagevermögens nur in liquide Anlagen investiert sind[63]. Davon sind Aktienbeteiligungen ausgeschlossen, die entweder 10% der stimmrechtsberechtigten Aktien des Beteiligungsunternehmens oder 5% des gesamten Anlagevermögens der KAG übersteigen[64]. Auch das restliche Viertel des Anlagevermögens unterliegt indirekten Beteiligungseinschränkungen. Das Unternehmen, an dem die KAG um mehr als 5% des Aktienkapitals beteiligt ist, gilt als von ihr angeschlossen bzw. angegliedert (*affiliate*), was bestimmte Transaktionsbeschränkungen mit sich bringt[65].

Ähnliche Einschränkungen entstehen aus dem Steuerrecht. Damit die KAG von der Steuerbefreiung gem. Subchapter M des *Internal Revenue Code* profitieren kann, so dass die Kapitalerträge erst bei der Ausschüttung an die Endanleger besteuert werden, darf zumindest die Hälfte des Anlagekapitals keine Beteiligung enthalten, die 5% des gesamten Anlagevermögens und 10% des Eigenkapitals des Beteiligungsunternehmens übersteigt[66].

D. Banken

1. Eigene Beteiligungen

a. Entwicklung und Organisationsformen

In den USA wurde die Entstehung großer bundesweiter Banken aufgrund von **Regionalbeschränkungen** erschwert. Seit dem 19. Jahrhundert war es einer Bank untersagt, Zweigstellen überhaupt zu eröffnen (*unit banking*). Allmählich wurden erst die bundesstaats- (*statewide branching*), und später (1994) auch die bundesweite Eröffnung von Zweigstellen bzw. Tochtergesellschaften (*interstate branching* bzw. *banking*) gestattet[67].

---

62 15 USC § 80(a)-8(b). Die Registrierung ist unentbehrlich, wenn die KAAG ihre Anteile bei den Anlegern öffentlich plazieren will: vgl. 15 USC § 80(a)-7(a).

63 15 USC § 80(a)-5(b).

64 Vgl. ähnliche Einschränkungen gem. Art. 22 abs. 1 Richtlinie 85/611 EWG des Rates vom 20.12.1985 zur Koordinierung der Rechts- und Verwaltungsvorschriften betreffend bestimmte Organismen für gemeinsame Anlagen in Wertpapieren (Amtsblatt der Europäischen Gemeinschaften Nr. L375/3 vom 31.12.1985), wonach ein Organismus für gemeinsame Anlagen in Wertpapieren höchstens 5% seines Sondervermögens in Wertpapieren ein und desselben Emittenten anlegen darf.

65 15 USC § 80(a)-2(a)(3), § 17. Vgl. BLAIR (1995) 154; ROE (1994) 105; GILSON/KRAAKMAN (1993) 985, 1001.

66 IRC § 851(b)(4). Vgl. BLAIR (1995) 153; ROE (1994) 108.

67 BAUMS (1992a) 9-10; ROE (1994) 54-59, 94.

Die Entwicklung des amerikanischen Bankwesens wurde weiter durch die **Trennung zwischen Bank- und sonstigem Finanzgeschäft** geprägt. Demnach wurden die Finanzleistungen zwischen Einlagen- und Kreditgeschäft einerseits und sonstigen Leistungen andererseits aufgeteilt und mussten von organisatorisch von einander getrennten Institutionen betätigt werden. Insbesondere durften die Banken bzw. die Bankkonzerngesellschaften keine Wertpapierhandelsleistungen (*Underwriting* und Wertpapierhandel für eigene Rechnung) tätigen[68]. Umgekehrt durften die Wertpapierinstitute keine Einlagen entgegennehmen. Diese Trennung wurde jedoch im Laufe der Zeit durch die Rechtsprechung wesentlich gelockert[69], und durch den *Financial Services Act* (FSA) von 1999 weitgehend aufgehoben[70]. Nach der gegenwärtig geltenden Regelung stehen folgende Organisationsformen zur Durchführung des Bankgeschäftes zur Verfügung.

Die **Nationalbanken** richten sich nach dem *National Bank Act* und werden vom *Comptroller of the Currency* beaufsichtigt[71]. Sie können Mitglieder sowohl des *Federal Reserve System* (FRS) als auch der *Federal Deposit Insurance Company* (FDIC) sein und werden von den entsprechenden Aufsichtsbehörden beaufsichtigt. Gemäß dem *Glass-Stegal Act* durften die Nationalbanken weder eigenständig noch über Tochtergesellschaften andere Aktivitäten übernehmen, die über das *stricto senso* Bankgeschäft und die damit eng verbundenen Tätigkeiten hinausgehen. Nach der Novellierung von 1999 dürfen die Nationalbanken über Tochtergesellschaften auch Finanzaktivitäten i.S. von § 103(c) des FSA übernehmen. Ausgenommen bleiben jedoch das Versicherungs- und das Immobiliengeschäft und die Verwaltung der Anlagen von Versicherungsunternehmen[72].

Die **Bundesstaatsbanken** (*state banks*) richten sich nach dem Recht des jeweiligen Bundesstaates, in dem sie sich niedergelassen haben. Weiter können sie wahlweise sowohl am *FRS* als auch am Einlagesicherungssystem der *FDIC* teilnehmen. Die Befugnisse der Bundesstaatsbanken, die am FRS nicht teilnehmen, können von denen der Nationalbanken je nach dem maßgeblichen Bundesstaatsrecht erheblich abweichen. Infolge der Verabschiedung des *Federal Deposit Insurance Corporation Improvement Act* (FDICIA) in 1991 wurden aber diese Unterschiede wesentlich aufgehoben, sofern die Befugnisse der am Einlagesicherungssystem gem. FDICIA angehörenden Bundesstaatsbanken (also 98% davon) an diejenige der Nationalbanken angeglichen wurden[73].

---

68 Vgl. Glass-Steagall Act von 1933 kodifiziert in 12 USC §§ 16, 20, 21, 33, 1843.

69 Überblick in BAUMS (1992a) 16-19.

70 Financial Services Act of 1999, H.R. 10, 106th Congress. Kommentierung und Gesetzestext siehe in BLOOMENTHAL/WOLFF (1999b) 1251 ff., 1303 ff.

71 12 USC §§ 1 ff.

72 FSA § 121(a)(2)(a)(4), 12 USC § 25A (neue Fassung, 1999).

73 FELSENFELD (1996) 31, 146.

Die **Bankkonzerngesellschaften** (*bank holding companies*) sind Gesellschaften, die zumindest eine Bank als Tochtergesellschaft kontrollieren. Sie richten sich nach dem *Bank Holding Company Act*[74], und werden vom *Board of Directors* des FRS beaufsichtigt. Infolge der Novellierung von 1999 können die Bankkonzerne unter bestimmten Bedingungen auch als Finanzkonzerngesellschaften qualifiziert werden und dann auch Finanzaktivitäten, die ihnen zuvor untersagt waren[75], eigenständig bzw. durch Tochtergesellschaften tätigen. Zu den bereits zugelassenen Aktivitäten gehören[76]: das Versicherungsgeschäft, die Anlageberatung (einschl. der Anlageberatung und -verwaltung für eine KAG), das Wertpapierhandelsgeschäft, und die Anlageverwaltung für ein Versicherungsunternehmen.

b. Anlageregeln

a) Einer **Nationalbank** ist es grundsätzlich verboten, Transaktionen mit Wertpapieren auf eigene Rechnung zu tätigen und Wertpapiere auf eigene Rechnung zu erwerben, es sei denn, dies ist für die ordentliche Ausführung des Bankgeschäftes unentbehrlich und von den durch den *Comptroller of the Currency* erlassenen Rechtsverordnungen gestattet[77]. Die diesbezügliche Verordnung gestattet das Anlegen in Wertpapiere unter bestimmten Voraussetzungen; darunter fallen die Stammaktien jedoch nicht[78]. Dieses Verbot erfasst auch das mittelbare Eigentum an Aktien über eine Tochtergesellschaft[79].

Vom Aktienerwerbsverbot waren die dem FRS nicht angehörenden **Bundesstaatsbanken** ausgenommen. Die maßgebliche Regelung des jeweiligen Bundesstaates gestattete die Anlage in Aktien in verschiedenem Ausmaß[80]. Infolge der Verabschiedung des FDICIA wurden aber diese Möglichkeiten abgeschafft, da die Anlagebefugnisse der dem FDIC angehörenden Bundesstaatsbanken denen der Nationalbanken angeglichen wurden. Im Ergebnis gilt das Aktienerwerbsverbot praktisch für alle US-amerikanischen Banken.

---

74 12 USC § 1840 ff. Eingehend siehe SCHULZ-HENNIG (1980).

75 12 USC § 1844.

76 FSA § 103(a) "§ 6(c)".

77 12 USC § 24 (Seventh). Dasselbe Verbot gilt auch für die Bundesstaatsbanken, die dem *Federal Reserve System* angehören: 12 USC § 335. Ausführlich zu Aktienbeteiligungen der Banken siehe MACAULAY (1990) 510 ff.; NORTON/WHITLEY (1983) 4-10 ff.

78 Vgl. 12 CFR Part 1. Auch dieses Verbot wird auf den *Glass-Steagall Act* v. 16.6.1933 gestützt, obschon es auch früher zumindest implizit in Geltung war. Zur Entstehungsgeschichte siehe BAUMS (1992a) 28-32.

79 17 CFR § 2(d)(2).

80 So das Recht u.a. von Kalifornien, Massachussetts und New York: siehe FELSENFELD (1996) 144 ff.

b) Auch für die **Bankkonzerngesellschaften** gilt dasselbe Aktienerwerbsverbot[81], allerdings nur teilweise, da es ihnen gestattet ist, Aktienbeteiligungen bis auf 5% des stimmberechtigten Kapitals einer Gesellschaft zu erwerben[82]. Auf keinen Fall dürfen sie aber die Kontrolle über ein Industrieunternehmen erlangen, wovon ausgegangen wird, wenn sie zumindest 25 % des stimmberechtigten Aktienkapitals besitzen bzw. kontrollieren[83].

Der Aktienerwerb durch Bankkonzerngesellschaften wird mittelbar auch von der **Mindesteigenkapitalregelung** beeinflusst[84]. Regelungsziel ist es, die Forderungen der Bank gegen Dritte abzusichern, so dass eventuelle Verluste durch das Eigenkapital gedeckt werden können, und dadurch die Fähigkeit der Bank, ihren eigenen Verbindlichkeiten gegenüber ihren Gläubigern, insbesondere ihren Kunden, nachkommen zu können, nicht beeinträchtigt wird. Die Bankforderungen werden nach ihrer Bonität abgewogen und entsprechend zur Bildung des gesamten maßgeblichen Forderungsportfolios herangezogen. Die Aktienbeteiligungen werden dem maßgeblichen Eigenkapital nicht zugerechnet, sondern gelten als Forderungen, die in Höhe ihres vollständigen Wertes durch Eigenkapital abgesichert werden müssen. Aufgrund dessen bringen die Aktienbeteiligungen Eigenkapitalkosten mit sich, was vom Aktienerwerb abhalten kann.

Bei der Aktienverwaltung spielen die Bankkonzerne auch als **Finanzkonzerngesellschaften** eine Rolle. Sie dürfen die Anlagen einer Versicherungsgesellschaft für deren Rechnung verwalten und dabei auch Aktienbeteiligungen erwerben, vorausgesetzt, dass diese Anlagen im Rahmen der ordentlichen Geschäftstätigkeit der Versicherungsgesellschaft getätigt werden (*ordinary course of business*), und sich die Bankkonzerngesellschaft in die Geschäftsführung des Beteiligungsunternehmens nicht einmischt[85]. Ebenso kann die Finanzkonzerngesellschaft vorübergehend Aktienbeteiligungen für Rechnung von konzernangehörigen Wertpapierhandelunternehmen halten, die diese wiederum im Rahmen von *underwritting* bzw. *market making* halten (*merchant banking*)[86].

---

81 12 USC § 1843(a)(1).

82 12 USC § 1843 (c)(6). SCHULZ-HENNIG (1980) 191. Andere Ausnahmen siehe in BAUMS (1992a) 41-43; POLLARD/ELLIS/DALY (1992) 14-104 ff.

83 12 USC § 1843(a)(1) i.V. mit § 1841(a)(2)(A).

84 12 CFR pt. 225, App. A.I. (Umsetzung des Baseler Abkommens vom Dezember 1987); vgl. Banking Law (1981, 1999) 86-34 ff.

85 12 USC § 1845, Section 6(c)(3)(I) (neue Fassung, 1999).

86 FSA § 103(a) "§ 6(c)(3)(H)".

2. Treuhänderische Beteiligungen

a. Verwaltungsstruktur

Über das Einlagen- und Kreditgeschäft hinaus übernehmen die Banken die treuhänderische Vermögensverwaltung (*bank trusts*)[87]. Im Rahmen eines *trust* wird die Bank (nämlich entweder deren personell und organisatorisch selbstständige Abteilung oder eine für diesen Zweck gegründete Tochtergesellschaft) zum treuhänderischen Eigentümer von Vermögensgegenständen, die für Rechnung und im Interesse eines anderen, des Begünstigten (*beneficiary*) zu verwalten sind. Je nach dem Inhalt der Vereinbarung wird die Bank mit verschiedenen Aufgaben beauftragt: von einfacher Abwicklung der bereits existierenden Anlagen über diskretionäre Anlageverwaltung bis hin zur Wahrnehmung der damit einhergehenden Rechte.

b. Anlageregeln

a) Das Anlegen der einzelnen individuellen Treuhandkontos kann auch kollektiv über einen gemeinsamen Fonds durchgeführt werden[88]. Die Beteiligungsmöglichkeiten richten sich nach dem zugrundeliegenden Vertrag und dem Recht des Bundesstaates, in dem die Bank niedergelassen ist. In einigen Staaten gilt eine sog. gesetzliche Liste (*legal list*), welche die zulässigen Anlagemöglichkeiten abschließend vorschreibt und den Aktienerwerb ggf. ausschließt[89]. Solche Listen sind jedoch in der Regel lediglich dispositiv, so dass Abweichungen aufgrund des Vertrages vereinbart werden können[90].

b) In Ermangelung einer gesetzlichen Liste ist das Gewohnheitsrecht maßgebend, wonach der Treuhänder der sog. ***prudent man rule*** zu folgen hat[91]. Demnach ist das Treuhandvermögen mit der Sorgfalt eines ordentlichen Menschen und ausschließlich im Interesse des Begünstigten zu verwalten und angemessen zu diversifizieren. Dementsprechend kommen sämtliche Anlagemöglichkeiten in Betracht, sofern ihre Auswahl und Durchführung nach den vorliegenden Umständen den Treuepflichten genügt. In Bezug auf Aktienanlagen darf jedoch die Beteili-

---

87 Zum Treuhandgeschäft der Banken siehe u.a. NORTON/WHITLEY (1983) 4-18 ff. Das Anbieten von Treuhandleistungen setzt Genehmigung des *Comptroller of the Currency* voraus: 12 USC § 92a(a); 12 CFR § 9.2; BAUMS (1992a) 86-101; SEC Study (1971) 411 ff. Die Zulässigkeit der Übernahme des Trustgeschäfts durch Bankkonzerngesellschaften beruht auf Section 4(c)(8) des Bank Holding Company Act und der auf dieser Grundlage vom *Board of Governors* erlassenen Verordnung Y Section 225.4(a); siehe SCHULZ-HENNIG (1980) 194.

88 12 CFR § 9.10; SEC Study (1971) 439 ff.

89 Banking Law (1981, 1984) 96-76.2; SKOTT/FRATCHER (1988) Bd.3, § 227.11, S. 471.

90 SKOTT/FRATCHER (1988) Bd.3, § 227.14, 486 ff.

91 RESTATEMENT OF TRUSTS, SECOND, § 227.

gung an einer Gesellschaft 10% des Treuhandvermögens nicht übersteigen[92]. Aus den Treuepflichten wird auch das Verbot abgeleitet, keine Aktien der verwaltenden Bank für das Treuhandvermögen zu erwerben. Falls solche Aktien bereits bei der Verwaltungsübernahme im Treuhandvermögen enthalten sind, müssen sie unverzüglich veräußert werden[93].

c) Die Zuständigkeit für die Stimmrechtsausübung wird vom zugrundeliegenden Vertrag festgelegt, wobei mehrere Möglichkeiten denkbar sind: Die Bank kann ausschließlich oder gar nicht zuständig sein, oder sie muss im Einklang mit zuvor eingeholten Weisungen abstimmen[94]. In der Regel sieht der Treuhandvertrag die Zuständigkeit der Bank vor, wovon man selbst bei Schweigen des Vertrages ausgehen muss[95]. Dies gilt allerdings für die Stimmrechte aus Aktien der Bank nicht. Diese dürfen nur von einer dritten, unabhängigen Person wahrgenommen werden, falls eine solche als Treuhänder eingeschaltet worden ist[96]. Ist die Ausübung des Stimmrechts dem Begünstigten vorbehalten worden, während die Bank als Aktionär eingetragen ist, muss sie entweder dem Begünstigten die Möglichkeit zur Abstimmung einräumen oder die Stimmrechte nach den Weisungen des Begünstigten ausüben. Sie ist dazu sowohl nach dem zugrunde liegenden Vertrag als auch unter den Bedingungen der Rule 14b-1 SEA verpflichtet.

3. Aktienverwahrung

a) In Bezug auf Aktienbeteiligungen spielen die Banken eine Rolle auch als Verwahrer (*custodian*) von Aktien[97]. Die zur Verwahrung hintergelegten Aktien gehen ins Eigentum der Bank über, so dass diese als Aktionär ins Aktienbuch der Gesellschaft eingetragen ist. Jedoch bleibt der eigentliche Eigentümer (*beneficiary*) gegenüber der Bank in Bezug auf die Wahrnehmung der aus den hinterlegten Aktien entstehenden Rechte entscheidungsberechtigt. Die Aktienverwahrung werden die Banken demnächst auch im Rahmen ihrer Tätigkeit als Wertpapierbroker übernehmen. Nach der teilweisen Aufhebung des *Glass- Steagal Acts* dürfen die Banken nunmehr auch Wertpapierbrokertochtergesellschaften bzw. -abteilungen besitzen und Aktien in sog. *street name* Depots für die Rechnung ihrer Kunden halten[98].

---

[92] Verordnung des *Comptrollers of the Currency*: 12 CFR § 9.18 (b)(9)(i).

[93] SKOTT/FRATCHER (1988) Bd. IIA, §170.15, 368 ff.

[94] SEC STUDY (1971) 427.

[95] WILLIAMS (1988) 281, 295.

[96] 12 USC § 61(2), (3).

[97] Zur Bedeutung und Verbreitung der Aktienverwahrungsdepots siehe BROWN (1988) 683, 687 ff.

[98] FSA § 103(c).

b) Als eingetragener Aktionär ist nur die Bank gegenüber der Gesellschaft zur Stimmrechtsausübung berechtigt. Im Innenverhältnis zwischen Bank und Kunden ist jedoch letzterer der Entscheidungsberechtigte, es sei denn, dass eine andere Vereinbarung getroffen worden ist. Es muss daher ein Verfahren eingerichtet werden, wodurch die Möglichkeit der Abstimmung mit dem Depotkunden sichergestellt wird. Die Bank ist tatsächlich sowohl in ihrer Eigenschaft als Broker als auch als Aktienverwahrer verpflichtet, die Gesellschaft über die Anzahl der eigentlichen Aktionäre zu unterrichten, den Kunden die erhaltenen Abstimmungsunterlagen weiterzuleiten, von ihnen Abstimmungsanweisungen einzuholen und dementsprechend die Stimmrechte wahrzunehmen[99]. Der Bank kommt eine Rolle für die eigenständige Stimmrechtsausübung nur dann zu, wenn die eigentlichen Aktionäre keine Anweisungen erteilt haben. Hierbei ist zwischen der Bank als Wertpapierbroker und als einfachem Aktienverwahrer zu unterscheiden. Für die an der *New Yorker* Börse registrierten Wertpapierbroker sind die Regeln der *New Yorker* Börse maßgeblich, wonach der Broker die Stimmrechte nach eigenem Ermessen wahrzunehmen hat, es sei denn, es handelt sich um umstrittene (*contested*) bzw. grundlegende Tagesordnungspunkte[100]. Zu den letzteren gehören Fusionen und sonstige Themen, welche die Rechte und Vorteile der Aktionäre wesentlich beeinflussen können. Zur Rolle der Bank als einfachem Verwahrer sind keine gesetzlichen Regeln vorhanden, so dass die Bank generell zur Stimmrechtsausübung nach eigenem Ermessen handeln darf, falls keine Weisungen von den Kunden erteilt worden sind.

II. Beteiligungsdaten

Bisher ist festgestellt worden, dass die institutionellen Anleger tatsächlich, wenn auch in verschiedenem Umfang, die Möglichkeit haben, Aktienbeteiligungen zu erwerben. Es bleibt noch auf die Frage einzugehen, in welchem Umfang diese Möglichkeit in der Tat genutzt wird. Zu den folgenden empirischen Daten ist vorwegzunehmen, dass der Anteil der institutionellen Anleger am Aktienmarkt mit deren Vermögensentwicklung in enger Verbindung steht. Seit den letzten 50 Jahren lässt sich ein nachhaltiges Wachstum des Vermögens dieser Investoren verzeichnen, das sich auf ihr Gewicht im Aktienmarkt positiv auswirkt.

A. Vermögensentwicklung

Das von den institutionellen Anlegern verwaltete Vermögen ist im Laufe der Zeit (insb. seit 1950) erheblich gewachsen. In Tabelle 1 kann man sowohl die absolute

---

[99] SEA Rules 14a-13, 14b-1, 14b-2.

[100] Rule 452 N.Y. Stock Exchange Guide; siehe ARANOW/EINHORN (1957) 212 ff.

als auch die relative (im Verhältnis zum gesamten Bruttosozialprodukt) Vermögensentwicklung betrachten.

Tabelle 1: Entwicklung des gesamten Vermögens aller institutionellen Anleger

Jahr	Vermögen	Anteil am Bruttosozialprodukt (%)
1950	$ 107 Mrd.	
1970	672	
1980	1.900	
1990	6.400	123,8
1991		137,2
1992		141,3
1994	9.100	149,9
1995	10.200	166,6
1996		181,0
1997		202,5

Quelle: BRANCATO (1997) 19 ff.; OECD, Financial Market Trends, Nr.72, Febr. 1999, S.149, 150.

Anschließend ist der Tabelle 2 zu entnehmen, dass das institutionelle Vermögen mit großem Tempo wächst[101]. Hält dieses Tempo an, ist mit einem weiteren Wachstum auch in der Zukunft zu rechnen[102].

Tabelle 2: Wachstumstempo des Vermögens aller institutionellen Anleger

Jahr	Wachstumstempo (%)
1980-1985	14,9
1986-1990	10,8
1990-1993	13,3
1994	2,1
1995	9,7

Quelle: BRANCATO (1997) 20.

Der Tabelle 3 lässt sich ferner entnehmen, dass auch die Lage der einzelnen institutionellen Anleger sich im Laufe der Zeit verändert hat. Insbesondere ist eine Zunahme der Bedeutung der Pensionsfonds zu verzeichnen[103]. Auch innerhalb der Pensionsfonds verschiebt sich der Schwerpunkt allmählich von den leistungs- hin zu den **beiträgebestimmten Fonds**[104]. Zwei Umstände sind dafür verantwortlich[105]: Den Arbeitgebern wurde es wegen der ihnen auferlegten Ausstattungs-

[101] Vgl. BAUM/STILES (1965) 32: Von 1936 bis 1962 war das Vermögen der KAAG um 17.000 % und der Pensionsfonds um 7.000 % gewachsen.

[102] Siehe jedoch die Bedenken von COFFEE ((1997) 1970, 1987) in Bezug auf die Auswirkung der demographischen Entwicklung auf das Vermögen der Pensionsfonds.

[103] Bereits HARBRECHT ((1964) 139) hatte diese Entwicklung vorhergesagt.

[104] GORDON (1997) 1519, 1547; STABILE (1998) 62, 68; COFFEY ((1997) 1970, 1987; BERLINSKI/WESTERN (1998) 109, 121; DRUCKER (1991) 106, 112. Der Anteil der beiträgebestimmten Pensionsfonds am gesamten Pensionsfondsvermögen stieg von 30 % in 1983 auf 42,4 % in 1993: SAMETZ (1995) 97, 102; BAUDRU/KECHIDI (1998) 93, 101

[105] SAMETZ (1995) 97, 105; DAVIS (1998) 364, 375.

pflicht immer schwerer, leistungsbestimmte Fonds zu errichten. Überdies wurden die Arbeitnehmer zunehmend flexibler und halten nicht mehr während ihrer ganzen Laufbahn an einem einzigen Unternehmen fest. Aufgrund dessen ist es schwieriger, Leistungen für außenstehende Arbeitnehmer zu verwalten. Diese Entwicklung ist bereits festzuhalten, weil sie wichtige Implikationen für das Überwachungsverhalten der Pensionsfonds hat. Zu erinnern ist an dieser Stelle, dass die Begünstigten von beiträgebestimmten Pensionsfonds die Möglichkeit haben müssen, das Anlegen eines Teils des Fondsvermögens zu steuern[106]. Die Begünstigten neigen jedoch dazu, wenig in Aktien und, wenn überhaupt, ins Trägerunternehmen übermäßig zu investieren[107]. Darüber hinaus sind die Stimmrechte bei den beiträgebestimmten Pensionsfonds weniger konzentriert, da die Treuhänder von den Begünstigten Abstimmungsweisungen einholen müssen[108]. Andererseits wird die Tatsache positiv gesehen, dass die beiträgebestimmten Pensionsfonds in der Regel nicht vom Trägerunternehmen, sondern von außenstehenden KAG verwaltet werden[109].

Tabelle 3: Anteil je Institution im Verhältnis zum gesamten institutionellen Vermögen

	Anteil (%)			
Institutionstypus	**1970**	**1980**	**1990**	**1994**
Pensionsfonds	31,7	45,5	49,4	48,1
öffentliche	9,0	10,4	11,7	12,5
private	22,8	35,1	37,7	35,6
Versicherungen	33,5	27,5	21,0	18,4
Bank (Treuhand)	27,8	18,1	12,0	12,4
KAG	7,1	6,3	15,3	19,0
Gesamt	100	100	100	100

Quelle: The Brancato Report on Institutional Investment in: SAMETZ (1995) 97, 100.

B. Aktienbeteiligungen

Eine weitere kennzeichnende Entwicklung besteht darin, dass die U.S.-institutionellen Anleger in großem und zunehmendem Umfang in Aktien investieren. Der

106 Siehe oben Seite 73.

107 Während das gesamte Vermögen der beiträgebestimmten Fonds um 12,4% gegenüber sonstigen Pensionsfonds von 1983 bis 1993 wuchs, stieg das in Aktien investierte Vermögen nur um 1,1%; siehe SAMETZ (1995) 97, 102 (Tabelle 6). Weiter ist durchschnittlich 30% des Fondsvermögens in Aktien des Trägerunternehmens investiert: STABILE (1998) 61, 82. Vgl. a.A. in BAUDRU/KECHIDI (1998) 93, 100 mit Hinweis darauf, dass das Vermögen der beiträgebestimmten Pensionsfonds von externen Investmentverwaltern verwaltet werden, die den Begünstigten aggressive, risikoreiche und hoch profitable Anlagestrategie wegen des Wettbewerbsdruckes anbieten.

108 Siehe oben S. 75.

109 SAMETZ (1995) 97, 107; ROE (1994) 144.

Tabelle 4 ist zu entnehmen, dass in Aktien mehr als in anderen Anlageinstrumente angelegt wird.

Tabelle 4: Verhältnis der Aktienbeteiligungen zu gesamten Anlagen

Anlageart	1990	1991	1992	1993	1994	1995	1996
Obligationen	45	43	44	43	43	40	38
Kredite	16	14	13	11	12	11	10
Aktien	*23*	*27*	*28*	*31*	*31*	*36*	*40*
Sonstiges	16	16	16	15	15	13	12
Gesamt	100	100	100	100	100	100	100

Quelle: OECD (1999) Financial Market Trends, No.72, February 1999.

Insbesondere die **Pensionsfonds** investieren mehr als die anderen institutionellen Anleger in Aktien (Vgl. Tabellen 4 und 5).

Tabelle 5: Aktienbeteiligungen von Pensionsfonds von 1970 bis 1990.

Jahr	**Anteil am gesamtem Vermögen (%)**
1970	45
1975	42
1980	41
1985	43
1990	46

Quelle: DAVIES (1995) 138.

1. Gewicht am gesamten Aktienmarkt

Das zunehmende Investieren in Aktien seitens der institutionellen Anleger führt dazu, dass ihre Beteiligung am gesamten Aktienmarkt zu Lasten der individuellen Anleger an Bedeutung gewinnt. Aufgrund dessen spricht man von Institutionalisierung des Aktienmarktes in dem Sinne, dass die institutionellen Anleger immer mehr die individuellen Anleger als Aktionäre ablösen (vgl. *Tabelle 6*)[110]. Wie der Tabelle 6 zu entnehmen ist, betrug der Anteil der institutionellen Aktienbeteiligungen am gesamten Aktienmarkt 51,5%. Des weiteren lässt sich feststellen, dass der Anteil der Pensionsfonds und der KAG mit größerem Tempo wächst. Unter den Pensionsfonds besitzen zwar die privaten Pensionsfonds den größten gesamten Anteil, die Beteiligungen der öffentlichen Pensionsfonds sind jedoch derart konzentriert, dass die größten Pensionsfonds zu den öffentlichen gehören[111].

[110] CRÊTE/ROUSSEAU (1997) 865, 865.

[111] Die vier größten Pensionsfonds sowie die 14 von den 20 größten sind öffentlich: siehe BLACK (1990) 520, 570.

Tabelle 6: Anteil der Beteiligung der institutionellen Anleger am gesamten Aktienmarkt[112]

Institutionstypus	**Anteil am gesamten Aktienmarkt (%)**				
	1981	1986	1990	1994	1981-90 (%)
Pensionsfonds	18,5	21,8	28,2	29,6	
Öffentliche	3	5,1	8,3	9,1	5,3
Private	15,5	16,7	19,9	20,5	4,4
Versicherungen	5,7	4,8	6,9	2,5	1,2
Bank (Treuhand)	10,1	10,1	19,9	6,4	4,4
KAG	5,7	4,8	6,9	11,7	1,2
Gesamt	38,0	44,8	53,3	51,5	15,3

Quelle: BLACK (1992a) 827.

Eine gleiche Schlussfolgerung lässt sich der Tabelle 7 entnehmen, wo die Beteiligungen der institutionellen Anleger am gesamten Kapitalisierungswert der New Yorker Börse aufgelistet sind. Da in der Regel die etabliertesten Unternehmen an der New Yorker Börse notiert sind, muss man aufgrund des Vergleichs zwischen Tabellen 6 und 7 davon ausgehen, dass die institutionellen Anleger an den größeren Unternehmen mehr beteiligt sind als an den kleineren.

Tabelle 7: Anteilsbesitz der institutionellen Anleger an der Kapitalisierung der New Yorker Börse

Institutionstypus	**1980**		**1988**		**Wachstumstempo**
	Wert[113]	Anteil	Wert	Anteil	1980-88 (%)
Pensionsfonds					
öffentliche	44	3,6	224	9,1	405
private	224	18,0	511	20,8	129
Versicherungen	79	6,3	164	6,7	108
Bank (Treuhand)	173	13,9	252	10,2	46
KAG	42	3,4	188	7,6	342
Gesamt		45,2		54,4	

Quelle: New York Stock Exchange, Institutional Investor Fact Book 1990, appendix A1-A6, B(1990), abgedrückt in BLACK (1990) 520, 570.

2. Beteiligung an einzelnen Unternehmen

Die Institutionalisierung des Aktienmarktes spiegelt sich auch darin wieder, dass das Gewicht der institutionellen Anleger an einzelnen Unternehmen sehr gewachsen ist. Tabelle 8 lässt sich sowohl entnehmen, dass ein großer Teil, häufig sogar eine Mehrheit des Eigenkapitals eines Unternehmens, von institutionellen Anlegern gehalten wird, als auch, dass die Beteiligungen der institutionellen Anleger an den größten Unternehmen zu bestehen pflegen[114]. Dies liegt daran, dass

112 Vgl. SAMETZ (1995) 97, 99 Table 2: Anteil der institutionellen Anleger am außenstehenden Aktienkapital (Quelle: BRANCATO Report on institutional Investment 1995 Vol.2 Ed.1 Tabel 11 S.42.) 1950 6,1%, 1960 12,6%, 1970 19,4%, 1980 33,1%, 1990 50,5%, 1994 51,5%.

113 Wert in $ Mrd.

114 Vgl. bereits HARBRECHT (1964) 92, 124; BAUM/STILES (1965) 53: 1964 entfielen 14,5% des institutionellen Vermögens auf die 5 größten Unternehmen, 70,6% auf die 171 größten.

die Aktien der großen Unternehmen eine höhere Handelsliquidität aufweisen, worauf die institutionellen Anleger angewiesen sind[115].

Tabelle 8: Anteilsbesitz an Unternehmen.

Unternehmen nach Kapitalisierungswert	Beteiligungsanteil der institutionellen Anleger (%)
1-50	50,1
51-100	59,2
101-250	54,7
251-500	51,1
501-750	47,5
751-1.000	44,6
1000	50,6

Quelle: BRANCATO C., GAUGCHAN, The Growth of Institutional Investors in U.S. Capital Markets (Nov. 1988).

3. Beteiligungskonzentration

Schließlich ist von Interesse zu wissen, in welcher Höhe die Aktienbeteiligungen an den jeweiligen Unternehmen auf einzelne institutionelle Anleger entfallen.

a) Geht man von der großen Anzahl der institutionellen Anleger sowie von der weit reichenden Beteiligungsstreuung aus[116], sollte man darauf schließen, dass die jeweilige Beteiligung einzelner institutioneller Anleger an einem Unternehmen eher gering ausfällt. Beispielweise wird berichtet, dass 1985 8779 institutionelle Anleger an den 25 größten U.S. Unternehmen beteiligt waren, was einem Durchschnitt von 351 institutionellen Anlegern je Unternehmen entsprach. 1990 ist die gesamte Anzahl auf 13.524 institutionelle Anleger und der Durchschnitt auf 541 institutionelle Anleger je Unternehmen gestiegen[117]. Legt man weiter die Tatsache zugrunde, dass die gesamte Beteiligung der institutionellen Anleger an den 50 größten Unternehmen etwa 51% beträgt (vgl. Tabelle 8), kommt man zum Ergebnis, dass sich die Beteiligung jedes einzelnen institutionellen Anlegers auf weniger als 0.1% belaufen muss.

b) Dieses pauschale Ergebnis lässt jedoch die zunehmende **Konzentration** außer Acht, die unter den institutionellen Anlegern zu verzeichnen ist[118]. Sie besteht darin, dass eine kleine Anzahl von institutionellen Anlegern über den größten Teil des gesamten institutionellen Vermögens verfügt. Beispielweise halten nur die 6 größten KAG 46%, die 15 größten 70% des gesamten Vermögens der

---

[115] GOMPERS/METRICK (1998) *passim*, 20.

[116] Die größten institutionellen Anleger halten mehrere Hunderte bzw. Tausende von Aktienbeteiligungen in ihrem Portfolio: Fidelity (eine KAG) hält Anteile an 2300, Cal.STRS (ein öff.Pensionsfonds) an 3500 Unternehmen: siehe COFFEE (1997) 1970, 1975.

[117] COFFEE (1994) 837, 854.

[118] Frühere Daten siehe in FARRAR/GIRTON (1981) 369, 372 ff.; LOSS/SELIGMAN (1988) 18.

KAG[119]. Die 20 größten Pensionsfonds hielten 1993 $ 862 Mrd. , was 42,4% des Vermögens der 200 größten Pensionsfonds entspricht. Die 100 größten institutionellen Anleger hielten 1996 36,7% des gesamten Aktienkapitales , im Vergleich zu 51,0% für alle institutionellen Anleger, was einer Konzentration von 70% entspricht[120]. Diese Konzentrationstendenz schlägt sich wiederum in der Beteiligungsstruktur der einzelnen Unternehmen nieder. Wie sich Tabelle 9 entnehmen lässt, ist eine relativ kleine Gruppe von institutionellen Anlegern in der Lage, eine große Beteiligung zu kontrollieren. Die 5 größten institutionellen Anleger kontrollieren 1994 11,2% des stimmberechtigten Kapitals der 25 größten Unternehmen , die 10 größten 16,1%, die 20 größten 22,5%, und die 25 größten 24,8%.[121] Diese Tendenz ist steigend. Jüngere Untersuchungen ergeben, dass der Anteil der 5 größten institutionellen Anleger am Aktienkapital der größten Unternehmen im Zeitraum von 1980 bis 1996 von etwa 10% auf über 20% gestiegen ist[122].

Tabelle 9: Durchschnittlicher Anteil der größten institutionellen Anleger je Unternehmen (1990)

Anzahl von institutionellen Anlegern	Beteiligungsanteil (%)
5 größte	10,58
10	15,21
20	21,23

Quelle: COFFEE (1994) 837, 852.

c) Die Konzentration lässt sich auch daran erkennen, dass jeder institutionelle Anleger einen überdurchschnittlich hohen Anteil seines Vermögens in wenige Unternehmen investiert. Aus Daten des Jahres 1981 ergibt sich, dass 19,6% des gesamten Vermögens einer Banktreuhandabteilung in ein einziges Unternehmen investiert war, während die Hälfte des gesamten Vermögens aus 8 Beteiligungen bestand[123]. Diese Daten legen nahe, dass die institutionellen Anleger einige überdurchschnittlich hohen Beteiligungen halten.

III. Zwischenergebnisse

In diesem Abschnitt sind die grundlegenden rechtlichen und statistischen Umstände dargestellt worden, auf denen die nachfolgenden Ausführungen zu Wahrscheinlichkeit und Form eines aktiven Einsatzes der institutionellen Anleger aufbauen werden.

---

119 SAMETZ (1995) 97, 103.

120 GOMPERS/METRICK (1998) 8.

121 HAWLEY (1995) 415, 421.

122 GOMPERS/METRICK (1998) 22 und Figure 4.

123 FARRAR/GIRTON (1981) 369, 374.

Im ersten Teil dieses Abschnitts ist die für die einzelnen institutionellen Anleger maßgebliche **Rechtslage** erörtert worden. In erster Linie sollte überprüft werden, in welchem Ausmaß die institutionellen Anleger überhaupt berechtigt sind, ihre Aktiva in Aktien zu investieren. Aus der Untersuchung lassen sich zwei Ergebnisse festhalten: Während die Pensionsfonds und die KAG grundsätzlich frei sind, Aktien zu erwerben, unterliegen die Banken und die Versicherungsgesellschaften strengen Beschränkungen. Die Banken spielen jedoch eine wichtige Rolle bei der Aktienbeteiligungsverwaltung in ihrer Eigenschaft sowohl als Verwahrer von Aktiendepots als auch als Treuhandverwalter.

In Bezug auf die **interne Organisation** der institutionellen Anleger ist der Frage nachgegangen worden, wie die Verhältnisse zwischen Verwaltern und Begünstigten strukturiert sind. Auch hierbei ergeben sich zwei Konstellationen: In einigen Fällen werden die Verwalter von Dritten und somit nicht von den Begünstigten selbst ausgewählt. Dies gilt insbesondere bei den Pensionsfonds, bei denen die Verwalter-Treuhänder grundsätzlich vom Management des Errichterunternehmens bzw. von der entsprechenden Bundesstaatsregierung angestellt werden. Auch bei den Versicherungsunternehmen dürfen die Versicherungsnehmer in der Regel an der Auswahl der Verwalter nicht mitwirken. In anderen Fällen beteiligen sich die Begünstigten direkter an der Auswahl der Verwalter. Dies gilt etwa bei den KAG, bei denen die Verwalter von den Anlegern gewählt werden. Bei den Banken als Treuhändern ist die Lage gemischt: Die Bank wird zwar vom Treugeber bestimmt, die Begünstigten haben jedoch anschließend kein Recht auf Abberufung bzw. Entlassung des Treuhänders. Im Rahmen der Verwaltungsstruktur ist auch die den institutionellen Anlegern generell zur Verfügung stehende Möglichkeit zu beachten, außenstehende Verwalter mit der Investmentverwaltung zu beauftragen.

Es sind anschließend die Regelungen erörtert worden, die für die Geltendmachung der auf die Aktienbeteiligungen entfallenden Stimmrechte maßgeblich sind. Hierbei ist darauf hinzuweisen, dass die Stimmrechtsausübung in der Regel den institutionellen Verwaltern obliegt, so dass eine gewisse Zentralisierung erfolgt. Dies ist insofern von Bedeutung, als die Kosten dank Skaleneinsparungen verringert werden und die Stimmrechtsausübung aufgrund dessen wahrscheinlich intensiver erfolgen wird.

Im zweiten Teil dieses Abschnitts sind die wichtigsten **statistischen Daten** zum Beteiligungsausmaß der institutionellen Anleger ausgeführt worden. Daraus ergibt sich, dass das gesamte Vermögen der institutionellen Anleger in den letzten Jahrzehnten erheblich gewachsen ist. Dieser Tendenz folgt auch die Vergrößerung ihrer Position im Aktienmarkt. Fast 50 % aller Aktien werden von ihnen gehalten. Entsprechend hoch ist der Anteil der institutionellen Anleger an den einzelnen Unternehmen, und hängt sogar mit der Unternehmensgröße positiv zusammen. Die Beteiligungshöhe der einzelnen institutionellen Anleger ist jedoch gering. Die

Aktienanteile sind aber unter den institutionellen Anlegern derart konzentriert, dass eine kleine Gruppe von ihnen eine hohe gesamte Beteiligung besitzt. Von den einzelnen institutionellen Anlegern sind die Pensionsfonds hervorzuheben. Sie besitzen den höchsten Aktienanteil und weisen die höchste Aktieninvestierungsrate auf.

In den zwei nachfolgenden Abschnitten werden die soeben dargelegten Umstände für die Beantwortung der Frage herangezogen, inwieweit ein Einsatz durch die institutionellen Anleger bei der Disziplinierung des Managements wahrscheinlicher stattfinden wird als durch die individuellen Aktionäre. Dabei wird den relevanten ökonomischen und juristischen Faktoren nachgegangen.

Diese Entwicklung, nämlich dass die institutionellen Anleger in großem und zunehmendem Umfang als Aktionäre beteiligt werden, wird von vielen dahingehend interpretiert, dass eine Gruppe geschlossen auftretender Anteilseigner durchaus in der Lage sei, auf die Entscheidungsfindung in der modernen Publikumsgesellschaft durch intensivere Geltendmachung der Schutzmechanismen Einfluss zu nehmen. Dadurch sollen die Trennung von Eigentum und Verfügung zumindest teilweise relativiert und das opportunistische Managementverhalten gedämpft werden[124]. Beispielweise äußert *Black* die Erwartung : "*A large shareholder will do more than a small shareholder. Similarly, a group of large shareholders will do more than one shareholder alone*".[125] Auf der anderen Seite mahnt jedoch *Charkam:* "*It is quite wrong to suppose that anyone concerned with institutional investment wakes up the morning with corporate governance in his mind as the determining issue in choice of manager, portefeuille strategy, or stocks*"[126].

Welche von den obigen Meinungen tatsächlich zutrifft hängt wesentlich davon ab, wieweit die Faktoren, die für das Überwachungsverhalten eines Aktionärs entscheidend sind, bei den institutionellen Anlegern positiver ausgestaltet sind als bei den individuellen Aktionären. Diese Frage ist Gegenstand der nachfolgenden Paragraphen. Zunächst wird auf die Faktoren eingegangen, welche den ökonomischen Sinn des Überwachungseinsatzes bestimmen. Anschließend wird untersucht, wie sich die juristischen Regeln zu den ökonomischen Faktoren verhalten.

---

[124] KNOBLING (1996) 90.

[125] BLACK (1992) 225, 227.

[126] CHARKHAM (1994) 206.

§ 4. ÖKONOMISCHE FAKTOREN

Wie in § 2 dargelegt[1] scheidet eine Überwachung durch die individuellen Aktionäre aus, weil die daraus entstehenden Kosten den erwarteten Nutzen übersteigen (Problem der *rationalen Passivität*) und die Aktionäre miteinander nicht kooperieren, um die Kosten zu teilen und das Einflusspotential zu erhöhen (Problem des *kollektiven Handelns*). In diesem Paragraf gilt es zu untersuchen, inwieweit diese Probleme auch die Überwachung durch die institutionellen Anleger erschweren. Anschließend wird einem zusätzlichen Problem nachgegangen, das nur bei den institutionellen Anlegern zu treffen ist, nämlich dem Problem des Interessenkonfliktes zwischen den Verwaltern und den Begünstigten der institutionellen Anleger.

I. Rationale Passivität

Nach dem Ansatz der ökonomischen Rationalität ist von einem Überwachungseinsatz eines Aktionärs nur insofern auszugehen, als der erwartete Nutzen die aufzuwendenden Kosten übersteigt[2]. Der erwartete Nutzen hängt weiter von der geschätzten Erhöhung des Unternehmenswertes und der Wahrscheinlichkeit ab, dass der Überwachungseinsatz tatsächlich zu diesem Ergebnis führen wird[3]. Für den einzelnen Aktionär ist allerdings nicht der gesamte erwartete, sondern nur der auf ihn entfallende Nutzen maßgeblich, der wiederum von seiner Beteiligungshöhe abhängt. Daraus ergibt sich also, dass die Einsatzwahrscheinlichkeit um so höher ist, je geringer die Kosten und je höher der erwartete gesamte Nutzen, die Beteiligungshöhe und die Durchsetzungsmöglichkeit sind. Gerade weil die Beteiligungshöhe der individuellen Aktionäre in den großen Publikumsgesellschaften geringfügig ist, lohnt sich für sie der Einsatz nicht und sie bleiben immer passiv, selbst wenn das Management die Aktionärsinteressen missachtet.

Auch für die institutionellen Anleger gilt insofern nichts anderes. Die grundsätzliche Rationalitätsbedingung muss auch bei ihnen erfüllt sein, damit ein Überwachungseinsatz überhaupt in Frage kommt[4]. Angesichts ihrer besonderen Eigentümlichkeiten ist aber die Hoffnung berechtigt, dass ihr Einsatz diese Prüfung eher bestehen wird. Nunmehr soll die Geltung dieser Annahme untersucht werden, indem man den einzelnen Faktoren, von denen die ökonomische Zweckmäßigkeit der Aktionärsüberwachung abhängt, nachgeht.

---

1 Siehe oben § 2.II.A.1.

2 CRÊTE/ROUSSEAU (1997) 863, 897.

3 ROCK (1993) 445, 453 ff.

4 GARTEN (1992) 585, 641; POZEN (1994) 140, 141 ff.

A. Kosten-Nutzen-Rechnung

1. Beteiligungshöhe

Eine ganz wesentliche Determinante für die Wahrscheinlichkeit unternehmensspezifischen Aktivismus dürfte die Größe des Anteils sein, den ein institutioneller Anleger an einem Unternehmen hält. Mit steigender Anteilshöhe nimmt auch die Teilhabe am produzierten öffentlichen Gut der Managementdisziplinierung zu, und es erhöht sich die Wahrscheinlichkeit, dass der erwartete Nutzen die Kosten übersteigt und die rationale Passivität überwunden wird[5]. Gerade die Tatsache, dass die institutionellen Anleger höhere **Beteiligungen** am Aktienkapital der einzelnen Unternehmen als die individuellen Anleger halten, lässt die Erwartung zu, dass sie sich aktiver für die Managementdisziplinierung einsetzen werden[6].

a) Es wird immer wieder auf das spektakuläre Wachstum der institutionellen Anleger als **gesamter Aktionärsgruppe** hingewiesen, um die hohe Wahrscheinlichkeit eines eventuellen Überwachungseinsatzes darauf zu stützen. Wie bereits erwähnt, beträgt die gesamte Beteiligung der institutionellen Anleger am Aktienmarkt 54,3 % gegenüber 48% für die individuellen Anleger[7].

Da aber die institutionellen Anleger nicht als gesamte Gruppe, sondern als einzelne Aktionäre und in einzelnen Unternehmen handeln, ist die **Beteiligungshöhe** jedes einzelnen institutionellen Anlegers im jeweiligen Unternehmen entscheidender[8]. Aus den statistischen Daten ergibt sich, dass die fünf ersten institutionellen Anleger Beteiligungen mit etwa jeweils 5%, die ersten 25 Beteiligungen mit Höhe von etwa jeweils 1% halten, während sich die übrigen mit Beteiligungen unter 1% begnügen[9].

Noch entscheidender als die relative Beteiligungshöhe ist allerdings der **Beteiligungswert**, dem der gegebene Anteil entspricht[10]. Nach diesem Wert richtet sich der pekuniäre Nutzen, der auf den einzelnen Aktionär entfällt und der die Überwachungskosten übersteigen muss. Gewiss ist, dass der Beteiligungswert positiv mit der Beteiligungshöhe zusammenhängt. Allerdings kann auch eine Beteiligung von relativ geringer Höhe einen hohen Wert aufweisen, wenn der gesamte Unter-

---

5 GOTTSCHLICH (1996) 272.

6 Vgl. u.a. LEE (1996) 66; BLACK (1992) 19, 20; SHORT/KEASEY (1997) 29; STAPLEDON (1996) 255; BLACK/COFFEE (1994) 1997, 2063; PRIGGE/STEENBOCK (1999) 14.

7 Siehe oben § 3.II.B.

8 Vgl. COFFEE (1997) 1970, 1976; POUND (1993) 1003, 1041.

9 Vgl. COFFEE (1997) 1970, 1975: die Mehrheit der institutionellen Anleger beschränkt sich auf höchstens 1% des stimmberechtigten Kapitals des jeweiligen Beteiligungsunternehmens.

10 POUND (1993) 1003, 1041-3; CRÊTE/ROUSSEAU (1997) 863, 899.

nehmenswert sehr hoch[11]. Dies ist genau der Fall bei den institutionellen Anlegern: Sie halten zwar Beteiligungen von relativ geringer Höhe, allerdings mit großem Wert, da sie sich auf die größten Unternehmen konzentriert haben[12].

Im Ergebnis lässt sich feststellen, dass die institutionellen Anleger den individuellen Aktionären in zweierlei Hinsicht in Bezug auf die Überwachungsbereitschaft im Vorteil sind. Sie halten Beteiligungen, die sowohl relativ höher als auch von größerem Wert sind. Es fragt sich allerdings, weswegen sie nicht über noch höhere Beteiligungen verfügen, was ihnen ihr gesamtes Vermögen erlauben würde. Ein sofort ins Auge fallender Grund liegt im hohen Diversifikationsumfang. Sie verwalten zwar ein sehr großes gesamtes Vermögen, vermeiden allerdings, ihre Beteiligungen zu konzentrieren und somit höhere Beteiligungen zu halten[13]. Die eigentliche Frage lautet daher, warum die institutionellen Anleger ihre Beteiligungen so weit streuen. Hier wird nur den rein ökonomischen Ansätzen nachgegangen. Juristische und sonstige Gründe werden an anderer Stelle erörtert.

b) Die Finanztheorie besagt, dass die angemessene Anlagediversifikation das unsystematische bzw. **firmenspezifische Risiko** verringert[15]. Das Risiko jeder Aktie setzt sich aus zwei Bestandteilen zusammen: dem systematischen Risiko, das mit der Entwicklung des gesamten Aktienmarktes zusammenhängt, und dem unsystematischen oder firmenspezifischen, das auf die Eigentümlichkeiten des gegebenen Unternehmens zurückzuführen ist. Besteht ein Portfolio aus Aktien mit unterschiedlichem unsystematischem Risiko, tendieren die einzelnen firmenspezifischen Risikobestandteile dazu, sich gegenseitig zu eliminieren, so dass nur das systematische Risiko verbleibt. Die Wegstreuung des unsystematischen Risikos ist von erheblicher Bedeutung, nicht nur weil das Portfolio von zusätzlichen RisiKen entlastet wird, sondern vor allem weil das unsystematische Risiko durch höhere Verzinsung wegen der vorhandenen Eliminierungsmöglichkeit nicht ausgeglichen wird[17].

Es ist unumstritten, dass die Verringerung des unsystematischen Risikos ein wesentlicher Beweggrund dafür ist, dass die institutionellen Anleger (wie jeder

---

11 Der Kapitalisierungswert besteht aus dem Börsenpreis einer Aktien multipliziert um die Anzahl der ausgegebenen Aktien.

12 Siehe oben § 3.II.B.2 Tabelle 8.

13 Nach Angaben von SMITH ((1997) 1, 19) halten 19% der Pensionsfonds über 1000 und 25% zwischen 250 und 1000 Unternehmen in ihrem Portfolio.

14 Siehe oben § 1.I.B.

15 Siehe oben § 1.I.B.

16 POZEN (1994) 140, 149.

17 Siehe oben § 1.I.B.

rationale Anleger) ihre Anlagen unter mehreren Unternehmen streuen[18]. Umstritten ist nur, inwieweit der zu beobachtende Streuungsumfang tatsächlich vom Risikoverringerungsziel geboten ist. Einerseits wird behauptet, dass nur eine extreme Diversifikation eine völlige Risikoentlastung bewirken kann und dass eine selbst geringfügige Abweichung von der vollständigen Diversifikation erhebliche Risiken übrig lasse[19]. Die Abweichung von der vollständigen Diversifikation würde insbesondere jene institutionellen Anleger, deren Kunden auf eine absolute Sicherheit angewiesen sind, dazu zwingen, das wegen der geringeren Diversifikation übriggebliebene finanzielle Risiko durch zusätzliche Versicherung auszugleichen[20]. Andererseits wird ein auch geringerer Diversifikationsumfang als ausreichend betrachtet, um das gleiche Ausmaß von Risikoverringerung zu erreichen, so dass der zu beobachtende Diversifikationsumfang auf andere Gründe zurückzuführen sei[21]. Letztere Meinung belegt auch der empirische Beweis, wonach Kapitalanlagegesellschaften mit konzentriertem Portfolio (rund 20 Beteiligungen) wesentlich besser abschneiden als die breiter diversifizierten Kapitalanlagegesellschaften[22].

c) Sodann führt man die weitgehende Streuung der institutionellen Beteiligungen auf **Liquiditätsbedürfnisse** zurück[23]. Unter Liquidität versteht man die Fähigkeit, auf einem Sekundärmarkt jederzeit unterschiedlich große Positionen von Wertpapieren unverzüglich und ohne nennenswerten Auf- oder Abschlag von aktuellen Kursniveau handeln zu können. Das Liquiditätsausmaß hängt in erster Linie mit der allgemeinen Entwicklung des Aktienmarktes, nämlich mit dessen Tiefe, der Akteuranzahl und der allgemeinen Handelsinfrastruktur zusammen. Darüber hinaus gilt im allgemeinen, dass, je höher die Beteiligung, desto niedriger ihre Liquidität ist, weil große Anteile an der Börse nur unter Inkaufnahme eines nicht trivialen Sofortigkeitsabschlags schnell zu verkaufen sind[24]. Es ist nämlich in der Regel schwieriger, Käufer für eine hohe Beteiligung zu finden, was möglicherweise den Preis nach unten drückt. Selbst aber in diesem Fall ist ein Anleger auf

---

18 POZEN (1994) 140, 149.

19 LANGBEIN/POSNER (1976) 1, 11.

20 SMITH (1997) 1, 21 ff.

21 BLACK (1990) 520, 568; STATMAN (1987) (ein ausreichend diversifiziertes Portfolio kann auf 30 bis 40 Aktien beschränkt sein); EVANS/ARCHER (1968) (10 Beteiligungen reichen für eine angemessene Diversifizierung aus); CHARKHAM (1994) 285. Vgl. COFFEE (1993) 91, der eine Diversifizierungsobergrenze vorschlägt, um die institutionellen Anleger zum Halten höherer Beteiligungen zu zwingen. Zum formellen Beweis, dass die optimale Risikoverringerung den Überwachungseinsatz nicht ausschließt, siehe ADMATI/PFLEIDERER/ZECHNER (1994) 1097 ff.

22 WSJE 21.12.1999, S.22: "*Focused Funds Challenge Basic Tenet of Diversification*".

23 Insbesondere COFFEE (1993) 60 ff.; POZEN (1994) 140, 149; a.A. BLACK (1992a) 811, 874 ff.

24 Als Sofortigkeitsabschlag ist die Differenz zwischen dem gegenwärtigen Gleichgewichtskurs und dem Kurs zu dem Kontrahenten sofort zum Abschluss bereit sind, zu verstehen.

Liquidität nur insofern angewiesen, als er nicht in der Lage ist, den Veräußerungszeitpunkt von vornherein genau zu bestimmen und somit die Veräußerung schrittweise durchzuführen. Dies kann an den folgenden Umständen liegen.

d) Zunächst ist der Anleger insbesondere dann auf Liquidität angewiesen, wenn er kurzfristigen Mittelabflüssen wegen überraschender Fälligkeit seiner Verbindlichkeiten in kurzer Zeit nachkommen muss[25]. Das Liquiditätsbedürfnis der institutionellen Anleger hängt insofern von der Struktur ihrer Verbindlichkeiten ab.

Einige institutionelle Anleger sind kaum auf sofortige Liquidität angewiesen, sofern ihre Verbindlichkeiten langfristig und vorsehbar sind. Dies gilt etwa für die *Pensionsfonds* und die *Lebensversicherungsunternehmen*[26]. Beide sind imstande, den Fälligkeitszeitpunkt ihrer Verbindlichkeiten aufgrund statistischer Berechnungen vorauszusehen und ihre Beteiligungsstruktur entsprechend auszugestalten. Bei den Pensionsfonds spielt die Liquidität eine gewisse Rolle höchstens dann, wenn mehr Mittel in Form von Renten in der Entsparungsphase ausbezahlt werden müssen als in Form neuer Beiträge hineinfließen[27]. Ein niedriges Bedürfnis nach Liquidität weisen auch die treuhänderischen Beteiligungen der Banken auf, weil die Begünstigten die Auszahlung des Treuhandvermögens nicht jederzeit, sondern erst nach gewissem Zeitablauf fordern können. Sofern die Verbindlichkeiten in all diesen Fällen nicht jederzeit einlösbar sind, sondern sich prognostizieren lassen, verbietet sich der Aufbau hoher Beteiligungen nicht von vornherein.

Etwas anderes gilt für die *Kapitalanlagegesellschaften*. Sofern sie zur sofortigen Einlösung der Anteile auf Verlangen des Anlegers verpflichtet sind (offene Anlagefonds, *open-end mutual funds*), müssen sie zumindest auf einen Teil ihrer Aktiva sofort Zugriff haben können, um den eventuellen Forderungen nachkommen zu können[28]. Dies ist allerdings nicht immer nötig. Solange sich die Eintritte und Austritte in einen Fonds in etwa die Waage halten resp. prognostizierbar entwickeln, ist dies weitgehend unproblematisch. Das Liquiditätsbedürfnis ist erst dann scharf, wenn nettomäßig Vermögen aus einem Fonds abgezogen wird, so dass die Fondsleitung gezwungen ist, einen Teil des investierten Kapitals zu verflüssigen. Dies ist insbesondere dann der Fall, wenn die Anleger wegen einer

---

25 BAUM/STILES (1965) 42 ff.

26 BLACK (1992a) 811, 874; MACINTOSH (1995-6) 145, 164 ff.

27 GOTTSCHLICH (1996) 270; ROE (1994) 143.

28 CRÊTE/ROUSSEAU (1997) 863, 940; SAMETZ (1995) 97, 107 weist allerdings auf die Möglichkeit der Kapitalanlagegesellschaften, den Rückzahlungsanforderungen durch Verschiebungen innerhalb der von ihnen verwalteten Investmentfonds flexibel nachzukommen. In diese Richtung auch BAUDRU/KECHIDI (1998) 93, 100 mit dem Hinweis auf die Beteiligung von Fidelity in Alcatel, Frankreich, die insgesamt 10% beträgt, sich jedoch aus den Beteiligungen 28 Teilsfonds zusammen, von denen jede 0,122% zusammensetzt.

allgemeinen nachteiligen Entwicklung des Aktienmarktes ihr Kapital in sicherere Investmentarten anlegen wollen[29]. Ein ähnliches Liquiditätsbedürfnis weisen auch die Banken in Bezug auf die eigenen Beteiligungen auf, weil ihre Kunden die Einlagenzurückzahlung jederzeit verlangen dürfen.

e) Das Liquiditätsbedürfnis kann weiter auf die **aktive Investitionsverwaltung** zurückgeführt werden. Darunter ist jene Investitionsstrategie zu verstehen, in deren Rahmen der Anleger schlecht abschneidende durch mehr versprechende Aktien ablöst. Der Aufbau hoher Beteiligungen erschwert die Verfolgung dieser Strategie, da hohe Beteiligungen schwerer zu veräußern und somit durch andere zu ersetzen sind. Die aktive Investitionsstrategie wird insbesondere von jenen institutionellen Anlegern praktiziert, die wegen Wettbewerbdrucks auf hohe Performance angewiesen sind. Darunter fallen vor allem die *Kapitalanlagegesellschaften.* Um hinter ihren Konkurrenten nicht zurückzubleiben, sind sie gezwungen, ihre Beteiligung an einem Unternehmen schnell zu liquidieren, falls sich die Kursperformance ungünstig entwickelt. Da die hohen Beteiligungen die Veräußerungsfähigkeit beeinträchtigen und die Wettbewerbsaussichten benachteiligen, müssen sie vermieden werden[30].

f) Die vorangehenden Ansätze mögen zwar das Bedürfnis der institutionellen Anleger nach Liquidität überzeugend erklären, greifen aber insofern zu kurz, als sie von einem unbedingt negativen Zusammenhang zwischen Liquidität und Beteiligungshöhe ausgehen. Eine umfassendere Betrachtung der Liquidität muss auch andere Faktoren und vor allem den **gesamten Entwicklungsgrad des relevanten Marktes** in Betracht ziehen. In einem entwickelten, vertieften Markt soll es möglich sein, selbst über hohe Beteiligungen ohne nachteilige Folgen zu verfügen. Für die Markttiefe spielt auch die konkrete Beteiligungsstruktur des fraglichen Unternehmens eine bedeutende Rolle. Gesellschaften mit großem Kapitalisierungswert und großer Anzahl ausgegebener Aktien (*free float*) erlauben einen liquiden Markt und die Veräußerung selbst hoher Beteiligungen ohne nachteilige Preisauswirkungen[31]. Sofern die institutionellen Anleger gerade wegen der angebotenen Liquidität vorwiegend an solchen Unternehmen investieren, könnten sie höhere Beteiligungen ohne Liquiditätsverluste aufbauen, sofern dies mit der Risikoverringerung im Einklang steht.

---

29 GOTTSCHLICH (1996) 270.

30 GOTTSCHLICH (1996) 270.

31 MACINTOSCH (1995-6) 145, 166; MAUG (1998) 65 ff. Vgl. GOMPERS/METRICH (1998) 21, 31: *"Institutionalization itself has increased the desirability of large shareholdings and that trends towards such concentrated positions are more likely to continue".*

2. Nutzen

Angesichts der aufzuwendenden Kosten wäre der Überwachungseinsatz sinnlos, wenn den institutionellen Anlegern kein eindeutiger Nutzen daraus zuwüchse[32]. Hierbei ist zwischen finanziellem und sonstigem Nutzen zu unterscheiden.

a. Finanzieller Nutzen

Ein Aktionär profitiert von seiner Aktienbeteiligung entweder über die Erhöhung des Aktienpreises oder über die Dividendenauszahlung[33]. Sofern der Aktienpreis auch die künftig erwarteten Dividendenauszahlungen wiedergibt, wird im folgenden nur untersucht, inwieweit der Einsatz der institutionellen Anleger zur Erhöhung des Aktienpreises führt.

a) Theoretisch muss man mit einer positiven Auswirkung der Aktionärsüberwachung auf den Unternehmenswert und den entsprechenden Aktienpreis rechnen. Ausgehend von der Effizienz des Aktienmarktes kapitalisiert der Aktienpreis anhand der vorhandenen Informationen die künftigen Zahlungsströme, die den Aktionären zufließen werden. Damit der Einsatz durch die institutionellen Anleger eine Aktienpreiserhöhung bewirkt, muss er die Erwartung erwecken bzw. verstärken, dass die Aktienerträge vergrößert werden. Insofern wird er als eine neue Information angesehen, die vom Aktienmarkt bewertet wird und zur entsprechenden Preisbildung führt.

Das Werterhöhungspotential besteht in zwei Einsatzformen[34]. Im ersten Fall werden die Einflussmittel wahr genommen, um einer opportunistischen bzw. missbräuchlichen Managementhandlung entgegenzuwirken und den entsprechenden Schaden abzuwenden (*narrow-scoped monitoring*). Diese Konstellation ist insbesondere in Gesellschaften anzutreffen, wo es einen Mehrheitsaktionär gibt und dieser sich die Unternehmensressourcen zu Lasten der Minderheitsaktionäre aneignen will[35]. Im zweiten Fall soll der Einsatz der institutionellen Anleger die Unternehmensperformance aktiv fördern und maximieren (*wide-scoped monitoring*). Hierbei soll entweder firmenspezifischen Problemen begegnet oder eine Verbesserung der allgemeinen Kontrollstrukturen angestrebt werden, welche die Verantwortlichkeit des Managements gegenüber den Aktionärsinteressen verstärken soll. Dies kann unter eine allgemeine Investitionsstrategie fallen, in deren Rahmen die institutionellen Anleger eine Beteiligung an einer in Krise befindlichen Gesellschaft mit der Absicht kaufen, den Unternehmenswert durch aktive

---

32 GARTEN (1992) 585, 648; SEC (1971) 2843.

33 Sog. Irrelevantstheorem.

34 KAMAR (1995) 636, 642 ff.

35 MACINTOSH (1995-6) 145, 171.

Nutzung der Kontrollrechte zu erhöhen und von der Differenz zwischen Kauf- und Verkaufspreis zu profitieren[36]. Im Gegensatz zu der traditionellen Investitionsstrategie, wonach die Anleger den Aktienpreis als gegeben betrachten und lediglich versuchen, seine Entwicklung vorherzusagen, wollen die Anleger den Aktienpreis durch ihren Einsatz aktiv beeinflussen. Obgleich mit einer Werterhöhung in beiden Fällen gerechnet werden kann, soll der erwartete Nutzen in der ersten Konstellation zumindest eindeutiger sein als in der zweiten[37]. Während die Abwendung einer missbräuchlichen Entscheidung ein festes Ergebnis einbringt (unter der Bedingung, dass der Einsatz tatsächlich zu diesem Ergebnis führt), ist die Performanceverbesserung unsicherer, da sie von mehreren, auch exogenen Faktoren abhängt.

Über die theoretischen Überlegungen hinaus stellt sich die Frage, inwieweit der Aktionärseinsatz tatsächlich zur Werterhöhung führen kann. Den institutionellen Anlegern ist das Werterhöhungspotential des Überwachungseinsatzes während der Übernahmeschlachten bewusst geworden. Damals wurde immer wieder festgestellt, dass sich die Einführung von Abwehrmaßnahmen negativ auf den Aktienkurs auswirkte[38]. Die naheliegende Folgerung war, dass dieser Wertverlust durch gezielten Einsatz verhindert werden konnte. Das Werterhöhungspotential bestätigten auch empirische Studien, die einen positiven Beitrag des Einsatzes der institutionellen Anleger zum Unternehmenswert herausfanden[39]. All das bedeutet zwar nicht, dass sich jeder Einsatz ohne weiteres lohnt, was eine Frage der konkreten Umstände, und vor allem des anstehenden Problems ist. Allein aber die Möglichkeit, einen Nutzen erreichen zu können, bedeutet, dass die Kosten-Nutzen-Prüfung unter Umständen bestanden werden kann[40].

---

36 RAMSAY et al. (2000) 110, 126, 130.

37 KAMAR (1995) 636, 647. Vgl. auch CRÊTE/ROUSSEAU (1997) 863, 908.

38 BRANCATO (1989) 6, 17.

39 Überblick in KOPPES/REILLY (1995) 414 , 416. Als kennzeichnend für das Werterhöhungspotential des Aktionärsaktivismus wird der Fall von *Honeywell Inc.* erwähnt. Dort setzten sich die institutionellen Anleger durch eine Abstimmungsauseinandersetzung mit Erfolg gegen Managementbeschlußvorschläge ein. Ihr Erfolg führte zur überdurchschnittlichen Erhöhung des Aktienkurses: siehe VAN NUYS (1996) 101 ff. Gleiche positive Ergebnisse sind bei dem Einsatz der institutionellen Anleger gegen die Fusion zwischen *Volvo* und *Renault* festzustellen: siehe BRUNER (1991) 125 ff. Auch die empirische Untersuchung von NESBITT ((1994) 75 ff.) gelingt zum Ergebnis, dass sich die Performance von Unternehmen infolge des Einsatzes von CalPERS wesentlich erholte und besser als ein vergleichbarer Index abschnitt. Der jährliche Überertrag betrug 7,1%, was einem Gewinn von $ 2,9 Mio. je Beteiligung entsprach. Diese und andere empirischen Studien werden unten § 8.V ausführlicher dargestellt.

40 Davon sind selbst die institutionellen Anleger überzeugt worden: siehe CalPERS, *Why corporate governance*, II.

b) Selbst wenn der erwartete Nutzen, absolut betrachtet, einen gewissen Aktivismus rechtfertigen könnte, fällt jedoch das Ergebnis möglicherweise anders aus, wenn man den **Wettbewerb** zwischen den institutionellen Anlegern in Betracht zieht[41]. Sofern die institutionellen Anleger miteinander im Wettbewerb stehen (dies soll vor allem bei den Kapitalanlagegesellschaften gelten), wird die Investmentperformance jedes einzelnen mit der seiner Wettbewerber verglichen. Dies kann auf folgende Weise die Einsatzbereitschaft der institutionellen Anleger beeinflussen.

> Der Wettbewerbsfaktor kann erheblich gegen den Aktivismus wirken, sofern die daraus entstandenen Vorteile ein kollektives Gut sind, wovon nicht nur der aktive institutionelle Anleger, sondern auch die am gleichen Unternehmen beteiligten Wettbewerber profitieren. Von den Früchten der Managementdisziplinierung profitieren nämlich alle Aktionäre, und zwar unabhängig davon, ob sie sich an ihr beteiligen oder nicht. Engagiert sich ein einzelner Institutioneller für die Verbesserung der Performance eines Beteiligungsunternehmens, so muss er damit rechnen, dass auch seine Wettbewerber in den Genuss der resultierenden Wertsteigerungen gelangen. Da diese keine Überwachungskosten zu tragen haben, fällt ihr Leistungsausweis verglichen mit dem aktivistischen Investor günstiger aus".

Im Ergebnis gewinnt der Initiator keinen Vorteil gegenüber seinen Wettbewerbern, es sei denn, er ist am betreffenden Unternehmen vergleichsweise stärker beteiligt[42]. Die Einbeziehung des Wettbewerbsfaktors führt dazu, dass der Einsatz ausbleibt, obwohl er aus einer individuellen Kosten-Nutzen-Perspektive durchaus sinnvoll wäre. Eine Ausnahme davon gilt, wenn der Initiator die Kenntnis des nachfolgenden Aktivismus nutzt, um seine Beteiligungsstruktur entsprechend zu gestalten. Er kann nämlich seine Beteiligung in Kenntnis des Aktivismus ausbauen, um von der entstehenden Werterhöhung in größerem Umfang als seine Wettbewerber zu profitieren[43].

b. Politischer Nutzen

Außer dem finanziellen Nutzen profitieren einige institutionelle Anleger von **politischen Gewinnen.** Dies gilt für jene zuständigen Verwalter der institutionellen Anleger, die politisch aktive Personen sind, was vor allem bei den öffentlichen Pensionsfonds der Fall ist. Durch die Überwachungstätigkeit treten sie in der Öffentlichkeit als Kontrolleure des Kapitals auf und wollen die Unterstützung der öffentlichen Meinung gewinnen[44]. Dass der politische Gewinn als eine Art von

---

[41] CRÊTE/ROUSSEAU (1997) 863, 926.

[42] RAMSAY et al. (2000) 110, 131; MACINTOSH (1995-6) 145, 158; FISCH (1994) 1009, 1020 ff.

[43] ADMATI/PFLEIDERER/ZECHNER (1994) 1097, 1125.

[44] CONARD (1988) 117, 147; CONLEY/O'BARR (1992) 823, 843.

selektivem Anreiz zu aktivem Einsatz bewegen könnte, ist allerdings nicht unbedenklich. Ein politisch motivierter Einsatz ist aus ökonomischer Sicht möglicherweise nicht sinnvoll und könnte insofern den Begünstigteninteressen schaden[45].

3. Einflusspotential

Der rationale Wähler muss den erwarteten, auf seine Beteiligung entfallenden Nutzen um sein Einflusspotential am Beschlussfassungsausgang diskontieren. Dadurch soll der Wahrscheinlichkeit Rechnung getragen werden, dass der Beschlussausgang dem angestrebten Ziel entspricht und der erwartete Nutzen tatsächlich eintreten wird[46].

a) Will der Aktionär die Beschlussfassung und im allgemeinen die Entscheidungsfindung durch seine **Stimmrechtskraft** beeinflussen, entspricht sein Einflusspotential und der entsprechende Diskontierungssatz seinem Stimmrechtsanteil. Dabei gilt: Je geringer der Stimmrechtsanteil im Verhältnis zur gesamten Stimmenanzahl ist, desto geringer ist das Einflusspotential und desto kleiner muss der in Rechnung getragene erwartete Nutzen sein. Angesichts dieses Grundsatzes und der üblichen Beteiligungshöhe der institutionellen Anleger (1%-3%) scheint ihr aktiver Überwachungseinsatz zweifelhaft. Selbst wenn die Stimmrechte nach dem Kapitaleinsatz verteilt werden, bleibt ihr Einflusspotential zu gering. Sie müssen daher den erwarteten Nutzen so stark diskontieren, dass er den Kostenaufwand wahrscheinlich kaum übersteigt. Dieses Ergebnis wird um so mehr verschärft, als die institutionellen Anleger für die Ausübung ihrer Stimmrechte nicht unbedingt zuständig sind.

Viele institutionelle Anleger beauftragen **außenstehende Investmentmanager** auch mit der Stimmrechtswahrnehmung. In diesem Fall kann der institutionelle Anleger nicht die gesamte Stimmenanzahl kontrollieren, die auf seine nominale Beteiligung entfällt[47], sondern muss den erwarteten Nutzen um das Stimmrechtspotential diskontieren, über das er allein verfügt. Dies verringert die Wahrscheinlichkeit noch mehr, dass der Überwachungseinsatz sinnvoll ist, als wenn das gesamte Stimmrechtspotential vom institutionellen Anleger kontrolliert würde.

Alle institutionellen Anleger sind für die Ausübung von durchschnittlich 66,38% ihrer gesamten Stimmrechte zuständig. Die öffentlichen Pensionsfonds sind für 98,87%, die Versicherungsgesellschaften für 87,5%, die privaten Pensionsfonds für 80,38%, die Banken für 70,82% und die Kapitalanlagegesellschaften

---

45 COFFEE (1997) 1970, 1978.

46 Siehe oben § 2.II.A.1.

47 Vgl. COFFEE (1997) 1970, 1976.

für die Ausübung von 31,73% ihrer gesamten Stimmrechte allein zuständig[48]. Daraus lässt sich schließen, dass die öffentlichen Pensionsfonds im Vergleich zu den übrigen institutionellen Anlegern einen wichtigen Vorteil aufweisen, weil sie für die Ausübung fast aller ihrer Stimmrechte zuständig sind.

Eine weitere Verwässerung des Stimmrechtspotentials wird dann ausgelöst, wenn der institutionelle Anleger **Weisungen über die Stimmrechtswahrnehmung** von den Begünstigten einholen muss. Dies ist der Fall bei den privaten beiträgebestimmten Pensionsfonds (*defined contribution*) und eventuell bei den treuhänderischen Beteiligungen der Banken[49].

b) Sofern das Einflusspotential der institutionellen Anleger über ihre Stimmrechtskraft hinaus geht, muss man den Diskontierungsfaktor entsprechend verringern und mit einer höheren Einsatzwahrscheinlichkeit rechnen.

Zunächst steigt die Einflussmöglichkeit der institutionellen Anleger um so mehr, als sie mit der **Unterstützung anderer Aktionäre** bzw. institutioneller Anleger rechnen dürfen. Dies hängt wiederum damit zusammen, inwieweit die anderen Aktionäre bereit sind, die Initiativen der führenden institutionellen Anleger zu unterstützen[50]. Da es sich hierbei um eine Kooperationsform handelt, sei auf die entsprechende Stelle verwiesen[51].

Anschließend beschränkt sich die Einflussmöglichkeit der institutionellen Anleger nicht nur auf ihre Stimmrechtskraft und den formellen Entscheidungsprozess, sondern erstreckt sich auf **informelle Einsatzmittel**[52]. Dadurch sind sie imstande, das Management unter Druck zu setzen, indem sie einen Öffentlichkeitseffekt auslösen und seine Reputation in Frage stellen. Manchmal reicht sogar die Äußerung einer gewissen Opposition aus, damit das Management auf die Unzufriedenheit der Aktionäre und die Notwendigkeit einer Änderung aufmerksam gemacht wird. Dies gilt um so mehr, als das Management vielfach auf ein gutes Verhältnis mit den institutionellen Anlegern angewiesen ist[53]. Es muss gute Beziehungen mit ihnen pflegen, um mit ihrer Unterstützung bei einer Kapitalerhöhung oder einem feindlichen Übernahmeangebot rechnen zu können. Insofern würde die Meinung der institutionellen Anleger auch dann berücksichtigt werden, wenn ihre Stimmrechtsmacht für die Herbeiführung von verbindlichen Ergebnissen nicht ausreicht.

---

48 HAWLEY (1995) 412, 422.

49 Siehe oben § 3.I.A.

50 GOTTSCHLICH (1996) 276.

51 Siehe oben § 2.II.A.2.

52 Siehe unten § 6.III.A.

53 SHORT/KEASEY (1997) 30; DAVIES (1993) 69, 89; MACINTOSH (1995-6) 145, 174.

c) Aus dem Voranstehenden lässt sich schließen, dass der Einflusspotentialfaktor an der Stimmrechtskraft gemessen eher gering ausfällt und die Einsatzbereitschaft nicht besonders fördert. Allerdings ist ein Einsatz nicht völlig auszuschließen, sofern die institutionellen Anleger auf sonstige Mitwirkungsmittel zurückgreifen können, die den individuellen Aktionären nicht zur Verfügung stehen. Insofern weisen sie gegenüber den individuellen Aktionären auch aus dieser Sicht einen Vorteil auf.

4. Kosten

a. Finanzielle Kosten

a) Kostenaufwand erfordert zunächst die Entscheidung darüber, ob ein Überwachungseinsatz überhaupt notwendig ist. Durch **Informationsbeschaffung und -verarbeitung** muss herausgefunden werden, inwieweit die vom Management verfolgte Unternehmensstrategie mit der Anteilswertmaximierung im Einklang steht und die getroffenen Investitionsentscheidungen zur Mehrung des Aktionärsvermögens beitragen oder nicht[54]. Diese Überprüfung darf sich nicht auf Beschlussvorschläge im Rahmen der Hauptversammlung beschränken, sondern muss sich auf sonstige Managementhandlungen selbst außerhalb der Hauptversammlung erstrecken, welche die Entwicklung des Aktionärsvermögens in besonderer Weise beeinflussen. Unter Prüfung ist schließlich die allgemeine Leistung und Fähigkeit des amtierenden Managements zu stellen.

Lässt sich ein Widerspruch zwischen Managementhandlungen und Aktionärsinteressen feststellen, sind weitere Kosten aufzuwenden, um die Aktionärsunzufriedenheit zum Ausdruck zu bringen und den Missstand aufzuheben[55]. Der Kostenumfang hängt vom jeweiligen Einsatzmittel ab und wird näher bei der Darstellung der jeweiligen Einsatzarten angesprochen[56].

Der Kostenumfang hängt schließlich von der **Natur des hier untersuchten Problems** ab. Es liegt nämlich nahe, dass die Kosten geringer ausfallen, wenn es sich um die Bekämpfung einer missbräuchlichen Managemententscheidung handelt als um die aktive Verfolgung einer Performanceverbesserung[57]. Zunächst einmal sind die Informationskosten im ersten Fall geringer. Die institutionellen Anleger brauchen nur den Missbrauch aufzudecken - was bei Transaktionen zwischen dem Management bzw. dem Mehrheitsaktionär und der Gesellschaft einfacher ist - und daraufhin der problematischen Transaktion entgegenzuwirken. Da-

---

54 GOTTSCHLICH (1996) 277; STAPLEDON (1996) 261.

55 CRÊTE/ROUSSEAU (1997) 863, 897.

56 Siehe unten § 6.III.

57 KAMAR (1995) 636, 645 ff.

durch werden die kritischen Transaktionen, bei denen die Aufmerksamkeit der institutionellen Anleger angebracht ist, sowie die entsprechenden Informationskosten reduziert. Bei Initiativen zur Performanceverbesserung müssen dagegen zusätzliche Informations- und Einsatzkosten aufgewendet werden, um den richtigen Gang herauszufinden und umzusetzen. Insbesondere müssen firmenspezifische Informationen gesammelt werden, um die konkreten Performanceprobleme und die entsprechende Lösung herauszufinden.

b) Die institutionellen Anleger sind immer mit Überwachungskosten konfrontiert. Angesichts der Tatsache, dass sie höhere Beteiligungen halten und sich die absolute Höhe des Kostenaufwandes mit der Höhe des Anteilsbesitzes nicht ändert, liegt es bei ihnen näher, dass die Kosten vom erwarteten Nutzen gedeckt werden können[58]. Mehrere Anhaltspunkte sprechen weiter dafür, dass die Überwachungskosten für sie geringer als für die individuellen Aktionäre ausfallen.

In Bezug auf die **Informationskosten** profitieren die institutionellen Anleger zunächst von ihrer Professionalität. Aufgrund des großen Umfanges der anzulegenden Gelder sind für institutionelle Anleger sowohl professionelle Portfoliomanager als auch intensive und umfangreiche Informationssammlung und –auswertung ökonomisch sinnvoll. Damit besitzen sie erweiterte Möglichkeiten, Missstände in Unternehmungsleitungen aufzuspüren und eventuelle Gegenmaßnahmen zu ergreifen[59].

Weiter profitieren die institutionellen Anleger vielfach von **Skaleneinsparungen**. Einerseits können sie die im Rahmen der Investitionstätigkeit erlangten Informationen auch beim Überwachungseinsatz benutzen. Beim Treffen sinnvoller Anlageentscheidungen erlangen und verarbeiten sie firmenspezifische Informationen, welche etwas über die Erforderlichkeit eines Überwachungseinsatzes aussagen[60]. Dies ist allerdings nicht der Fall, wenn Anlageentscheidungen auch ohne eine detaillierte Aktienanalyse möglich sind, nämlich dann, wenn sich die Anleger für eine passive Indexierungsstrategie entscheiden oder wenn einzelne Instrumente der modernen Kapitalmarkttheorie zum Einsatz gelangen. Die Skaleneinsparungen sind auch dann gering, wenn die zu einer sinnvollen Kontrolle der Unternehmensleitung notwendigen Informationen über diejenigen Daten hinausgehen sollen, die für Entscheidung über Halten, Kaufen oder Verkaufen von Aktien benötigt werden. So gilt es z.B. auch nach den Ursachen der Performanceentwicklung und nach möglichen Maßnahmen zur Performanceverbesserung zu forschen.

---

58 GOTTSCHLICH (1996) 278.

59 RUMPF (1994) 85.

60 BAUMS (1993) 95; GOTTSCHLICH (1996) 275.

Andererseits können die institutionellen Anleger die Informationen, die wegen des Einsatzes in einem Beteiligungsunternehmen erlangt werden, auch in Zusammenhang mit anderen Gesellschaften benutzen[61]. Sind sie beispielweise in einem Unternehmen mit einem Beschlussvorschlag konfrontiert, können sie die dadurch gewonnene Sachkunde auch auf andere Unternehmen anwenden, ohne zusätzliche Kosten aufwenden zu müssen. Dies setzt allerdings voraus, dass zum einen die Informationen übertragbar sind, weil auch die zugrundeliegenden Situationen entsprechend vergleichbar sind (was in der Regel bei generellen Problemtatbeständen zutreffen wird) und zum anderen, dass die institutionellen Anleger an mehreren Unternehmen tatsächlich beteiligt sind.

Die institutionellen Anleger profitieren schließlich von den Kostendegressionen, welche die **kollektiven Organisationen** ermöglichen[62]. Derartige Organisationen überprüfen die Beschlussvorschläge im Rahmen der Hauptversammlung, und erteilen Stimmrechtswahrnehmungsanweisungen. Die institutionellen Anleger haben dafür zwar Gebühren zu zahlen, profitieren aber von den Spezialisierungs- und Skaleneinsparungen, die sich daraus ergeben, dass mehrere Kunden an den Herstellungskosten teilnehmen[63].

Kostenvorteile kommen den institutionellen Anlegern auch bei ihrer **Einsatztätigkeit** zugute. Erstens kann der Einsatz in einem Unternehmen abschreckende Signalwirkung auf andere Unternehmensleitungen entfalten. Eine problematische Handlung wird wahrscheinlicher von vornherein eher unterlassen, wenn man mit einer Reaktion angesichts des Präzedenzfalles zu rechnen hat[64]. Dadurch werden die Einsatzkosten insofern verringert, als die institutionellen Anleger den gleichen Einsatz nicht in allen Beteiligungsunternehmen wiederholen müssen. Kostenverringerung erfolgt weiter dadurch, dass die institutionellen Anleger auf informelle und daher kostengünstigere Einsatzmittel zurückgreifen können, um ihre Opposition auszudrücken und auf Änderung zu drängen. Im Rahmen der Investitionstätigkeit kommen sie mit dem Management regelmäßig in Kontakt und können ihre Meinung kostengünstiger übermitteln. Und aufgrund ihrer allgemeinen Machtstellung verfügen sie über eine starke Verhandlungsposition, um das Management zum Einlenken zu bringen, ohne auf juristische Mittel zurückgreifen zu müssen. Im Ergebnis sind die Überwachungskosten für die institutionellen Anleger zwar nicht auf Null reduziert, scheinen aber für sie niedriger als für die individuellen Aktionäre zu sein.

---

61 GOTTSCHLICH (1996) 279.

62 Siehe unten § 6.II.B.

63 BARNARD (1990) 37, 83; GOTTSCHLICH (1996) 280; BLACK (1998) 459,461.

64 Vgl. BLACK/COFFEE (1994) 1997, 2051; GOTTSCHLICH (1996) 274; BLACK (1992a) 811, 839.

b. Interessenkonflikte

Weitere Kosten entstehen daraus, dass der Überwachungseinsatz einer anderen Beziehung des institutionellen Anlegers zum Beteiligungsunternehmen möglicherweise schadet. In diesem Fall liegt ein Interessenkonflikt vor, weil verschiedene Interessen miteinander derart kollidieren, dass die Förderung des einen zu Lasten des anderen erfolgt.

a) Eine wichtige Quelle von Interessenkonflikten besteht in den verschiedenen **Geschäftsbeziehungen,** welche die institutionellen Anleger möglicherweise mit den Beteiligungsunternehmen pflegen[65]. Außer den Pensionsfonds streben alle institutionellen Anleger solche Geschäftsbeziehungen mit den Beteiligungsunternehmen an: Die Banken bieten Kredit- bzw. Wertpapierdienstleistungen an und verwalten die betrieblichen Pensionsfonds. Die Versicherungsunternehmen verkaufen Versicherungs- sowie Investmentleistungen, die Kapitalanlagegesellschaften verwalten die privaten Betriebskassen oder sind von Banken abhängig und von den entsprechenden Interessenkonflikten betroffen usw.[66]. Sofern diese Geschäftsbeziehungen eine wichtige Einkommensquelle darstellen, sind die institutionellen Anleger auf ihre Aufrechterhaltung angewiesen. Der Überwachungseinsatz würde die Fortsetzung bzw. die Aufnahme solcher Beziehungen in Gefahr bringen, da er ein Spannungsverhältnis hervorruft, dem Management Kosten zufügt und von ihm negativ aufgenommen wird. Dieses Risiko gilt außerdem nicht nur bei Unternehmen, in denen Geschäftsbeziehung gegenwärtig vorhanden sind. Der Ruf des aktiv handelnden institutionellen Anlegers schreckt auch andere Unternehmen davon ab, Geschäftsbeziehungen mit dem aktivistischen institutionellen Anleger aufzunehmen[67]. Die daraus entstehenden Kosten zwingen die betroffenen institutionellen Anlegern schließlich zur Passivität, selbst wenn der Überwachungseinsatz abgesehen von den Interessenkonflikten durchaus sinnvoll wäre[68].

b) Weitere Quelle von Interessenkonflikten kann ein anderes neben der Aktienbeteiligung bestehendes **Rechtsverhältnis** zum Unternehmen sein. Der institutionelle Anleger kann beispielweise über Schuldverschreibungen oder Bankkredite als Fremdkapitalgeber beteiligt sein. Sofern die Interessen aus den verschie-

---

65 Ausführlichen Überblick siehe in BLACK (1990) 520, 596 ff.; BLACK/COFFEE (1994) 1997, 2059; COFFEE (1993) 63; SHORT/KEASEY (1997) 35. CRÊTE/ROUSSEAU (1997) 863, 929; MACINTOSH (1995-6) 145, 160. Vgl. allerdings SAMETZ (1995) 97, 106, nach dem die Kapitalanlagegesellschaften am wenigsten Interessenkonflikten ausgesetzt seien.

66 Aus einer empirischen Untersuchung von FARRAR/GIRTON (1981) 369, 376 ff. ergibt sich, dass die Beteiligungshöhe mit der Intensität der Geschäftsbeziehungen positiv zusammenhängt.

67 BAUMS (1993) 97.

68 GOTTSCHLICH (1996) 302.

denen Anlagebeteiligungen miteinander kollidieren, kann der institutionelle Anleger von der Überwachungstätigkeit absehen.

c) Selbst beim Nichtvorhandensein von Geschäfts- oder anderen Anlagebeziehungen bleiben die institutionellen Anleger immer noch Racheakten seitens der Manager ausgesetzt. Sofern sie eine aktive Investmentverwaltung verfolgen, sind sie auf **Informationen** angewiesen, um ihr Portfolio erfolgreich verwalten zu können. Eine wichtige Informationenquelle ist das Management der Beteiligungsunternehmen, das vertrauliche Informationen gelegentlich informell zur Verfügung stellt. Es liegt nahe, dass diese Informationsquelle für die institutionellen Anleger verloren geht, falls sie sich aktiv gegen das Management einsetzen. Dadurch werden die betroffenen institutionellen Anleger gegenüber ihren Wettbewerbern benachteiligt[69].

d) Liegen derartige Interessenkonflikte vor, ist mit einem Überwachungseinsatz nur insofern zu rechnen, als der Disziplinierungsnutzen die aufgrund der Interessenkonflikte entstehenden Kosten übersteigt[70]. Auf jeden Fall dürfte die Überwachungsbereitschaft bei von Interessenkonflikten geprägten institutionellen Anlegern schwächer sein. Dies lässt sich durch empirische Untersuchungen bestätigen. Mehrere Studien haben das Abstimmungsverhalten verschiedener Gruppen von institutionellen Anlegern miteinander verglichen und sind zur Feststellung gelangt, dass die von Interessenkonflikten geprägten institutionellen Anleger tatsächlich weniger kritisch gegenüber dem amtierenden Management abstimmen[71].

c. Politische Kosten

Als Kosten müssen schließlich die möglichen negativen politischen Reaktionen auf den Überwachungseinsatz der institutionellen Anleger betrachtet werden, falls deren Handlungsspielraum dadurch begrenzt wird. Obwohl alle institutionellen Anleger dem politischen Einfluss unterliegen, sind einige davon besonders betroffen. Dies gilt vor allem für die öffentlichen Pensionsfonds, da die Verwaltungs-

---

69 BLACK (1990) 520, 602; COFFEE (1993) 66; CONARD (1988) 117, 146; MACINTOSH (1995-6) 145, 160.

70 Vgl. STAPLEDON (1996) 264; COFFEE (1993) 64; BLACK (1992a) 811, 883. Zur formellen Ausführung siehe JARROW/LEACH (1991) 533 ff.

71 Insbesondere Banken und Versicherungsgesellschaften unterstützen deutlich mehr als die Pensionsfonds das amtierende Management bei Abstimmungsauseinandersetzungen: siehe VAN NUYS (1993) 101, 122; BRICKLEY/LEASE/SMITH (1988) 267, 276-7; PAYNE/MILLER/GLEZEN (1996) 75 ff.; BRICKLEY/LEASE/SMITH (1994) 5, 21.

mitglieder teilweise von Politikern des entsprechenden Bundesstaates nominiert werden und daher direkt politischen Sanktionen unterworfen sind[72].

a) Aus mehreren **Gründen** ist mit negativen politischen Reaktionen auf einen aktiven Einsatz durch die institutionellen Anleger zu rechnen. Zunächst liegt es nah, dass eine verstärkte Einmischung der institutionellen Anleger in die Unternehmenspolitik auf Misstrauen der öffentlichen Meinung stoßen wird, weil die letzte die übermäßige Einflussnahme durch Finanzkonglomerate auf die Unternehmenspolitik und somit das Leben von Arbeitnehmern und Kunden befürchtet. Sofern die politischen Organe den Erwartungen und Einstellungen der herrschenden öffentlichen Meinung nachzukommen versuchen, ist mit einer negativen politischen Reaktion zu rechnen[73].

Ferner ist zu erwarten, dass die **Manager** die politischen Organe gegen die institutionellen Anleger mobilisieren werden. Die Manager sind vom Wachstum der institutionellen Anleger am meisten betroffen, weil ihre Bewegungsfreiheit infolge der Einflusszunahme der institutionellen Anleger eingeschränkt wird. Steigt der Druck seitens der institutionellen Anleger, werden die Manager auf die Einschränkung ihres Handlungsspielraums drängen. Die Manager sind eine homogene und gut organisierte Gruppe, die den gesetzgeberischen Prozess beeinflussen kann. Dies hat sich beim Kampf gegen die feindlichen Übernahmen deutlich gezeigt, wobei ihnen die Verabschiedung gesetzlicher Abwehrmaßnahmen gelang[74]. Dazu verhilft ihnen auch die Möglichkeit, die politischen Entscheidungsträger durch entsprechende Verwendung der Unternehmensressourcen (etwa durch die Androhung, Betriebsanlagen in andere Bundesstaaten zu verlegen) für sich zu gewinnen[75].

Die politischen Verantwortlichen werden schließlich auch dann dem aktiven Einsatz der institutionellen Anleger entgegenwirken, wenn sie andere **Unternehmensbeteiligte** dadurch begünstigen wollen[76]. Insbesondere wollen die Politiker die Arbeitnehmer vor einer starken Durchsetzung des *shareholder value*-Ansatzes schützen. Indem die Stellung der institutionellen Anleger durch eine restriktive juristische Regelung geschwächt wird, fließen indirekte Vorteile (beispielweise in Form höherer Arbeitsplatzsicherheit) den Arbeitnehmern zu, was die staatlichen

---

[72] BLACK (1990) 520, 599; ROCK (1993) 445, 471; HAWLEY (1995) 415, 423. z.B. besteht der Verwaltungsrat von CalPERS aus 12 Mitgliedern. Die Hälfte davon wird von Begünstigten gewählt, die andere Hälfte von politischen Organen der lokalen Regierung von Kalifornien bestellt oder *ex officio* besetzt: West's Ann.Cal.Gov.Code § 20090.

[73] ROE (1994) 28-33.

[74] ROE (1994) 147-166.

[75] GRUNDFEST (1990) 89, 92.

[76] GRUNDFEST (1990) 89, 101.

Aufgaben entsprechend entlastet. Dass die Politik nicht das Interesse der Begünstigten der institutionellen Anleger als deren oberstes Ziel ansieht, zeigt sich besonders an der an die institutionellen Anleger (vor allem die öffentlichen Pensionsfonds) gerichtete Aufforderung, auch soziale Belange in ihre Investitionskriterien einzubeziehen (sog. *economically targeted investments*)[77]. Dementsprechend sollen Investitionen getätigt werden, die bestimmte soziale Ziele verfolgen, selbst wenn kein angemessener Anlageertrag daraus zu erwarten ist. Die Ressourcen der Pensionsfonds wurden auch genutzt, um Haushaltslücken der Bundesstaaten zu schließen[78]. Kennzeichnend ist dabei der Fall der Stadt New York, welche die öffentlichen Pensionsfonds des Staates zur Zeichnung seiner eigenen Schuldverschreibungen zwang, um sich dem Konkurs zu entziehen.

b) Angesichts der vorausgehenden Anhaltspunkte liegt es nahe, dass der Einsatz der institutionellen Anleger negative politische Gegenreaktionen auslösen wird[79]. Denkbar ist zunächst, dass die Tätigkeit der institutionellen Anleger einer noch **restriktiveren Regulierung** unterworfen wird. Diese Befürchtung scheint angesichts der Tatsache nicht übertrieben, dass die bereits restriktive Regulierung gerade auf das politische Misstrauen gegenüber den institutionellen Anlegern zurückgeführt wird, und dazu dient, deren Einfluss zu begrenzen. Es ist daher eine Verschärfung dieser Regelung nicht auszuschließen, falls die Tätigkeit der institutionellen Anleger die politisch akzeptablen Grenzen überschreitet.

In anderen Fällen haben die politischen Gegenreaktionen eine ***ad hoc* Form** angenommen. In einem Fall wurde ein öffentlicher Pensionsfonds veranlasst, das Management bei Kontrollkämpfen zu unterstützen[80]. In zwei Fällen versuchten politische Verantwortliche, die Zusammensetzung der Verwaltungsorgane von

---

77 ROMANO (1993) 795, 801 ff.; HAWLEY (1995) 415, 426. Die Vermutung, dass die unter politischem Einfluss stehenden institutionellen Anleger unrentable Investitionen verfolgen, hat sich darin bestätigt, dass ein negatives Verhältnis zwischen den Investitionserträgen und dem Anteil von politisch bestellten Verwaltungsmitgliedern besteht: ROMANO (1993) 795, 827 ff.

78 ROMANO (1993) 795, 802; DRUCKER (1976) 121.

79 Bereits NOTE (1969) 69, 80) erwähnt den Fall, in dem ein Senator die KAG zur Unterstützung des amtierenden Managements bei einer Abstimmungsauseinandersetzung mit der Androhung bewegte, dass er auf Einführung restriktiver Regelung anderenfalls drängen würde. Vgl. ROE [(1994) *passim,* insb. 54-146; GRUNDFEST (1990) 89, 96, 102; COFFEE (1993) 65; VANECHO (1992) 376, 412-4. Zur Lage in Großbritannien vgl. STAPLEDON (1996) 270; BLACK/COFFEE (1994) 1997, 2066-8. Zu Kanada siehe MACINTOSH (1995-6) 144, 169.

80 Nach Druckausübung durch Manager von *General Motors* forderte der Gouverneur von *Wisconsin* den entsprechenden Pensionsfonds auf, einen auf der Hauptversammlung von *General Motors* vorgelegten kritischen Aktionärsantrag zurückzunehmen (DAVIS/ THOMPSON (1994) 143, 162). Mehrere Beispiele siehe in MONKS/MINOW (1995) 136 ff.

öffentlichen Pensionsfonds zu beeinflussen[81]. Als Grund hierfür wurde die Unzufriedenheit der Politiker mit der kritischen Vorgehensweise gegenüber dem Management genannt[82]. Infolge dieser schließlich gescheiterten Versuche gaben zwar die getroffenen institutionellen Anleger ihre Überwachungsstrategie nicht auf, milderten aber ihre Form wesentlich.

c) Zum Schluss sind die politischen Kosten nicht zu übersehen, jedoch auch nicht zu überbewerten[83]. Auch die institutionellen Anleger besitzen eine politische Macht und wissen sie für die Verstärkung der Aktionärsrechte einzusetzen. Dazu stand ihnen die Bundesregierung der 80er Jahre bei, die den Aktionärsinteressen gegenüber positiv eingestellt war. Das neue politische Gleichgewicht brachte seine ersten Früchte bei der Novellierung der Regelung der Vollmachtsvergabe (*proxy regulation*) und der Offenlegung der Managervergütung[84].

B. Abwanderung

Selbst wenn der Überwachungseinsatz aus der Sicht des Kosten-Nutzen-Kalküls sinnvoll wäre, könnte er trotzdem ausbleiben, wenn eine Abwanderungsmöglichkeit zur Verfügung stünde und höheren Nutzen verspräche. Im Zuge der Abwanderung wird die Beteiligung veräußert, so dass der Aktionär vom Managementverhalten nicht mehr betroffen wird (sog. *Wall Street Rule*)[85]. Die Abwanderungsmöglichkeit erschwert auch deswegen die Überwachungsbereitschaft, weil sie den Beteiligungszeithorizont verkürzt. Da die Überwachungsergebnisse nicht immer sofort, sondern erst nach gewissem Zeitablauf entstehen, ist die Einsatzbereitschaft um so geringer, je kürzer die Beteiligungsdauer ist. Kurzfristige Beteiligungen sind wiederum Zeichen aktiver Investitionsverwaltung, in deren Rahmen der Investor seine Beteiligung verkauft bzw. erwirbt, sobald er Informationen über künftige Preisentwicklungen erhält.

Die Abwanderung prägte traditionell die Strategie der institutionellen Anleger und wurde von ihnen als die einzige akzeptable Reaktion auf Managementprobleme angesehen[86]. Im allgemeinen gingen sie mit dem Management passiv um und veräußerten ihre Beteiligung, sobald sie mit ihm nicht mehr zufrieden wa-

---

[81] Der Gouverneur von Kalifornien, *Pete Wilson*, versuchte 1991 den Treuhänderrat von CalPERS durch von ihm kontrollierte Personen zu besetzen. Als Grund wird seine Unzufriedenheit mit dem aktiven Einsatz von CalPERS angegeben: siehe Business Week, 1.7.1991, S.27.

[82] ROMANO (1993) 795, 818.

[83] ROMANO (1993) 795, 819.

[84] DAVIS/THOMPSON (1994) 143, 165 ff.

[85] Siehe oben § 2.II.A.3.

[86] Vgl. etwa LIVINGSTON (1958) 156.

ren. In der Zwischenzeit sind aber neue Umstände eingetreten, aufgrund deren die Abwanderung ihre Attraktivität als Reaktionsmöglichkeit verloren hat.

1. Markttransparenz

a) Die konkrete Wahl zwischen Abwanderung und Überwachungseinsatz hängt von den konkreten Umständen und insbesondere von der informationellen Transparenz des relevanten Marktes ab. Damit die Abwanderung einen Nutzen bringt, muss der Aktionär dadurch zumindest den negativen Auswirkungen der Managementverhaltens auf den Börsenpreis ausweichen können. Gemäß dem Ansatz der Kapitalmarkteffizienz schlagen sich alle Umstände, welche den Aktienertrag beeinflussen, im Aktienpreis nieder. Die Abwanderung muss daher vor der Preiskorrektur erfolgen, was wiederum entsprechenden Informationsvorsprung voraussetzt[87]. Unter dieser Bedingung lohnt sich die Abwanderung ohnehin mehr als der Überwachungseinsatz, weil sie eine schnellere, kostengünstigere und sicherere Wirkung aufweist. Genießt der Aktionär dagegen keinen Informationsvorsprung, ist die Abwanderung problematischer, weil ein Verlust i.S. eines niedrigeren Aktienpreises bereits hingenommen werden muss. In diesem Fall wäre der Überwachungseinsatz möglicherweise sinnvoller, wenn er zur Wiedergutmachung führen könnte[88].

b) Unter dem Gesichtspunkt der Informationstransparenz soll die Abwanderungsmöglichkeit den institutionellen Anlegern heutzutage weniger zur Verfügung stehen als früher. Zum einen ist eine allgemeine Verstärkung der Markteffizienz zu verzeichnen. Zum anderen neigen die institutionellen Anleger dazu, sich an Unternehmen mit hohem Kapitalisierungswert zu beteiligen[89]. Da die Markttransparenz bei diesen Unternehmen stärker ist als in den kleineren Unternehmen, dürfte man mit einem häufigeren Zugriff auf den Überwachungseinsatz als auf die Abwanderung in solchen Unternehmen rechnen. Diese Annahme stimmt mit dem empirischen Befund überein: Die institutionellen Anleger neigen dazu, sich eher in großen als in kleinen und jungen Unternehmen einzusetzen, obwohl sie in beiden Fällen über gleich hohe Beteiligungen verfügen[90]. Der Grund liegt mögli-

---

[87] CONARD (1988) 117, 146; ROCK (1993) 445, 462; USEEM (1995) 29.

[88] Kennzeichnend hierfür ist die Opposition der institutionellen Anleger gegen die Fusion zwischen *Volvo* und *Renault*. Der Fusionsvorschlag löste einen Kurseinbruch aus. Da die institutionellen Anleger keinen Informationsvorsprung hatten, hätten sie einen Verlust hinnehmen müssen, wenn sie sich zur Abwanderung entschieden hätten. Aufgrund dessen blieben sie und setzten sich erfolgreich gegen die Fusion ein, was zur Steigerung des Aktienkurses führte. Im Ergebnis war die Opposition in diesem Fall sinnvoller als die Abwanderung: siehe BRUNER (1991) 125 ff.

[89] GOMPERS/METRICK (1998) 2

[90] KAHN/WINTON (1998) 99 ff.

cherweise darin, dass die Abwanderungsmöglichkeit in den großen Unternehmen wegen der erhöhten Markttransparenz weniger zur Verfügung steht.

2. Beteiligungshöhe

Eine weitere Einschränkung der Abwanderungsmöglichkeit wird in der Beteiligungshöhe gesehen. Die institutionellen Anleger sollen im Laufe der Zeit so sehr gewachsen sein, dass sie große Beteiligungen ansammeln müssen. Diese Beteiligungen seien wiederum schwerlich zu veräußern, ohne negative Auswirkungen auf den Preis freizusetzen[91]. Dies liegt zum einen daran, dass das Angebot höher als die Nachfrage sein kann, so dass zusätzliche Käufer erst nach weiterer Angebotspreissenkung angezogen werden können. Zum anderen vermutet der Markt bei der Veräußerung hoher Beteiligungen durch sachkundige Investoren (wie die institutionellen Anleger) negative, noch nicht öffentlich gemachten Informationen, was zu weiterem Preiseinbruch führt[92]. Im Ergebnis sollen die institutionellen Anleger in einigen Unternehmen gelegentlich derart gefangen sein, dass die Abwanderung ausgeschlossen ist, und der Widerspruchseinsatz als einzige Reaktion auf Managementprobleme übrigbleibt[93].

3. Indexierung

Sodann hat sich die Anlagestrategie der institutionellen Anleger im Laufe der Zeit gewandelt. Angesichts der empirisch und theoretisch belegten Schwierigkeit, die allgemeine Marktentwicklung durch aktives Investmentverwalten zu übertreffen, wird immer mehr eine passive Indexierung verfolgt[94]. Im Rahmen dieser Strategie verzichtet der Investor auf Portfolioumschichtungen und auf die Veräußerung selbst negativ abschneidender Aktien und beschränkt sich darauf, nach einem die gesamte Marktentwicklung möglichst genau wiedergebenden Aktienindex zu investieren[95]. Obwohl eine allgemeine Tendenz hin zur Indexierung zu verzeichnen

---

[91] HAWLEY (1995) 415, 419; CONARD (1988) 117, 145; GOTTSCHLICH (1996) 297; PAEFGEN (1992) 327, 344 ff.; RAMSAY et al. (2000) 110, 126; CRÊTE/ROUSSEAU (1997) 863, 882.

[92] ROCK (1993) 445, 484 Fn.154.

[93] CRÊTE/ROUSSEAU (1997) 863, 919; CONFERENCE (1967) 669, 674; TAYLOR (1990) 70, 71. Vgl. jedoch NOTE (1969) 69, 72; BLOMMESTEIN (1998) 41, 46: Moderne Techniken (wie z.B. *block trading*) ermöglichen die Veräußerung hoher Beteiligungen ohne negative Auswirkungen auf den Aktienpreis.

[94] BRANCATO (1997) 27; BRANCATO (1989) 32; CHARKHAM (1994) 208; GILSON/KRAAKMAN (1991) 863, 865; MONKS/MINOW (1995) 110.

[95] WSJE 12.3.1999, S.22; LOWENSTEIN (1991) 1, 12 ff.; Der mit Abstand verbreitetste Index ist der Standard & Poor's 500 Index (S&P 500), der aus den 500 größten US-amerikanischen Industrieunternehmen besteht. Zunehmend werden aber spezifischere Indices verwendet: siehe BRANCATO (1989) 38-9; HAWLEY (1995) 415, 419.

ist, verfolgen nicht alle institutionellen Anleger diese Strategie gleichermaßen. Der folgenden Tabelle kann man entnehmen, dass die öffentlichen Pensionsfonds am meisten ihre Beteiligungen indexieren[96].

Tabelle 10 : Indexierungsausmaß einzelner institutioneller Anleger[97]

Institutionstypus	Anteil indexierter Aktienbeteiligungen (%)
Pensionsfonds	
private	13,2
öffentliche	68,8
KAG	0
Fondsmanager	1,0
Banken	32,9
Versicherungen	4,2
Durchschnittlich	14,9

Quelle: BRANCATO (1997) 28.

Erläuterung: Anteil im Verhältnis zu gesamten Aktienbeteiligungen

b) Allein die Indexierung reicht zwar nicht aus, um die institutionellen Anleger zum Überwachungseinsatz zu bewegen. Entscheidender bleibt immer noch die bereits ausgeführte Kosten-Nutzen-Rechnung. Ist aber der Überwachungseinsatz aus ökonomischer Sicht sinnvoll, dann ist er bei Verfolgung einer passiven, indexbezogenen Anlagestrategie wahrscheinlicher. Die Indexierung schließt nämlich die Abwanderung als Reaktionsmöglichkeit von vornherein aus, so dass der Überwachungseinsatz der einzige Weg zur Reaktion auf Managementprobleme und zur Erhöhung des Beteiligungswertes bleibt[98].

Mit der zunehmenden Indexierung geht eine entsprechende Senkung der **Umschichtungsrate** (*turnover*) einher. Beim allgemeinen Rückgang der Umschichtungsrate aller institutionellen Anleger im Zeitraum 1993-5 sind jene institutionellen Anleger hervorzuheben, die ihre Beteiligungen am meisten indexieren[99]. Infolge der niedrigen Umschichtungsrate verlängert sich entsprechend die durchschnittliche Beteiligungsdauer. Die institutionellen Anleger behalten dauernd ein

---

96 USEEM (1995) 31; COFFEE (1994) 837, 860. Bei den 15 größten Pensionsfonds ist die Indexierungsrate von 56,3% in 1988 auf 62% in 1990 gestiegen: siehe CHARKHAM (1994) 236-7. Z.B. indexiert CalPERS 80% seiner Beteiligungen, TIAA-CREF 2/3 des gesamten Aktienportfolios, und *New York Common System Retirement Fund 73,5%:* siehe BLAIR (1995) 162, 167. Ähnlicher Wandel ist auch bei den englischen Pensionsfonds zu verzeichnen: siehe Callan Sara, *UK Pensions Funds Turn to Index Investing*, WSJE., 17.6.1999 S.24.

97 Vgl. frühere Daten (1988) in BRANCATO (1989) 86 (Exhibit 18).

98 COFFEE (1993) 60, 72, 83; VANECHO (1992) 376, 409; BLACK (1992a) 811, 873 ff., 379; BLACK/ COFFEE (1994) 1997, 2062.

99 Gleiches Ergebnis lässt sich der Umschichtungsrate in einzelnen Unternehmen entnehmen. BRANCATO ((1989) 69 (Exhibit 16)) stellt die Umschichtungsrate der institutionellen Anleger in den 50 größten Unternehmen im Zeitraum 1988-9 dar, woraus sich ein allgemeiner Rückgang der Umschichtungsrate ergibt.

Kernportfolio und werden somit zunehmend zu langfristigen Aktionären[100]. Dies soll sich wiederum auf die Überwachungsanreize positiv auswirken, sofern die institutionellen Anleger auch von den erst später entstehenden Überwachungsergebnissen profitieren können.

Auf der anderen Seite wird bezweifelt, ob die umfangreiche Indexierung einen intensiven Überwachungseinsatz in jedem einzelnen Unternehmen tatsächlich fördert[101]. Zunächst einmal sei fragwürdig, inwieweit sich die aktive Überwachung mit der Indexierungslogik überhaupt vertrage. Durch die Überwachung würden die dank der passiven Anlageverwaltung erlangten Kosteneinsparungen zunichte gemacht. Sodann sei fraglich, ob die Verbesserung eines einzelnen Unternehmens den Ertrag des gesamten Portfolios wesentlich beeinflussen könne. Soweit die einzelnen Beteiligungsunternehmen miteinander konkurrieren, entstehen Verbesserungen bei einzelnen zu Lasten der anderen, so dass der gesamte Portfoliowert unverändert bleibt, unnötige Überwachungskosten aber hingenommen werden müssen. Dieser Kostenaufwand würde zur Wettbewerbsbenachteiligung führen, da der Wettbewerb unter den indexierten institutionellen Anlegern sehr stark ist. Schließlich halten die indexierten institutionellen Anleger Tausende von Unternehmen in ihrem Portfolio, so dass die Anteilshöhe zwangsläufig gering ist[102]. Ebenso gering ist das mit der Anlageverwaltung beauftragte Personal, weil die Verwaltung der indexierten Beteiligungen keine fundamentale Forschung erfordert. Aufgrund der geringen Ressourcen ist es daher schwierig, die für einen Einsatz notwendigen Kenntnisse in jedem Unternehmen zu erlangen[103].

Nach einer vermittelnden Meinung sei die Investmentstrategie nicht für die Frage, ob Einsatz gezeigt wird, sondern lediglich für die **Art des Aktivismus** entscheidend[104]. Indexierte institutionelle Anleger weisen zwei wesentliche Merkmale auf: Zum einen sind sie an mehreren Unternehmen beteiligt, zum anderen treffen sie keine unternehmensspezifische Anlageentscheidungen. Angesichts der

---

[100] Zum Beispiel beläuft sich die durchschnittliche Beteiligungsdauer bei CalPERS auf zwischen 6 bis 10 Jahre: siehe BLAIR (1995) 167; LOWENSTEIN (1991) 1, 17; DRUCKER (1991) 106, 109. Während sich die Beteiligungsdauer der aktiv verwalteten Pensionsfonds auf 2,2 Jahre beläuft, beträgt diese der passiven Pensionsfonds, die den öffentlichen Pensionsfonds größtenteils entsprechen, 7,1 Jahre: siehe STEIN/FROOT/PERLOD (1992) 42, 52.

[101] SMITH (1997) 1, 39 Fn. 121; GILSON/KRAAKMAN (1991) 863, 866; PRIGGE/STEENBOCK (1999) 15; LORSCH (1991) 139, 140; BARNARD (1991) 1135, 1151; TAYLOR (1990) 70, 81; RAMSAY et al. (2000) 110, 126; VANECHO (1992) 376, 408.

[102] STAPLEDON (1996) 263.

[103] USEEM (1995) 61.

[104] DEL GUERCIO/HAWKINS (1999) 293, 298 ff.; USEEM (1995) 196; COFFEE (1993) 84; PRIGGE/STEENBOCK (1999) 15; GARTEN (1992) 585, 624; GILSON/KRAAKMAN (1991) 863, 866.

geringen Befassung mit einzelnen Unternehmen sind sie nicht in der Lage, sich für hoch unternehmensspezifische Fragen einzusetzen[105]. Im Gegenteil, sie sind aufgrund der weit reichenden Diversifikation gut positioniert, um von den sich anbietenden Skaleneinsparungen zu profitieren. Demnach werden sie dazu neigen, sowohl allgemeinere Lösungen anzustreben, die sich auf mehrere Unternehmen anwenden lassen, als auch Publizitätseffekte auslösende Einsatzmittel zu benutzen, um auch die vom Aktivismus nicht betroffenen Unternehmen zum Einlenken zu bringen[106].

Tabelle 11: Umschichtungsrate (*turnover*)[107]

Institutionstypus	Umschichtungsrate (%)		
	1993	1994	1995
Pensionsfonds			
private	33,2	19,9	24,8
öffentliche	13,3	20,9	20,7
KAG	48,2	50,5	42,3
Fondsmanager	56,7	55,7	59,2
Banken	24,3	29,5	25,3
Versicherungen	53,6	44,7	46,4
Durchschnitt	41,5	43,6	42,6

Quelle: BRANCATO (1997) 27.

Erläuterung: Der Umschichtungstempo entspricht dem Anteil des gesamten Aktienportfolios, der im Laufe eines Jahres umgesetzt wird.

Die den nicht indexierten institutionellen Anlegern immerhin zur Verfügung stehende Abwanderungsmöglichkeit soll zwar den Aktivismus als Reaktionsmöglichkeit nicht ohne weiteres ausschließen, seine Erscheinungsform aber beeinflussen. Da die aktiven institutionellen Anleger aufgrund ihrer Investitionstätigkeit über mehr unternehmensspezifische Kenntnisse verfügen, sind sie in der Lage, konkrete Managementprobleme zu erkennen und spezifische, auf die unternehmensspezifischen Umstände zugeschnittene Lösungen zu entwerfen. Dem Disziplinierungseinsatz kann der Beteiligungsausbau sogar vorausgehen, damit vor der Preisanpassung von den nachfolgenden positiven Auswirkungen profitiert werden kann. Insofern ist mit geringere Publizitätseffekte auslösenden Einsatzmitteln zu rechnen. Nach der Werterhöhung können die Gewinne durch Beteiligungsliquidierung verwirklicht werden[108].

---

[105] Zur Managerentlohnung vgl. THOMAS/MARTIN (1999) 1021, 1033.

[106] DEL GUERCIO/HAWKINS (1999) 293, 305.

[107] Vgl. frühere Daten in BRANCATO (1989) 35.

[108] DEL GUERCIO/HAWKINS (1999) 293, 330: Die Beteiligung indexierter öffentlicher Pensionsfonds (wie CalPERS, CalSTRS, CREF) bleiben vor und nach dem Einsatz unverändert. Dage-

Aus diesem Abschnitt lässt sich der allgemeine **Schluss** ziehen, dass der Überwachungseinsatz wegen des freiwilligen bzw. zwangsläufigen Verzichts auf die Abwanderungsmöglichkeit wahrscheinlicher ist, als wenn eine Abwanderung möglich wäre[109]. Auch in dieser Hinsicht ist mit einem Einsatz durch die institutionellen Anleger mehr zu rechnen als durch die individuellen Aktionäre.

II. Problem des Kollektivhandelns

Angesichts der geringfügigen Beteiligungshöhe und des entsprechend kleinen Einflusspotentials der einzelnen institutionellen Anleger erscheint es zweifelhaft, ob es sich bei ihnen um eine privilegierte Gruppe in dem Sinne handelt, dass einzelne von ihnen motiviert sind, sich für die Managementüberwachung einzusetzen[110]. Sie könnten jedoch eine sog. intermediäre Gruppe bilden, deren Mitglieder in der Lage sind, durch strategische Interaktionen eine Kooperation zu schließen. Folgende **Kooperationsformen** sind vorstellbar. Im Rahmen einer schwachen Kooperation setzen die institutionellen Anleger sich miteinander in Verbindung, um Informationen über die Lage eines Beteiligungsunternehmens und die Einsatznotwendigkeit auszutauschen, wodurch die Informationskosten verringert werden. Stärkere Kooperation findet statt, wenn die institutionellen Anleger sich auf eine gemeinsame Vorgehensweise einigen. Eine Variante besteht darin, dass der Initiator die Unterstützungszusage der anderen gewinnt. Dadurch erhöht sich sein Einflusspotential und die Erfolgswahrscheinlichkeit, weil er seinem eigenen Einflusspotential auch dieses der anderen zurechnen darf[111]. Am stärksten ist die Kooperation, wenn man sich auf die Teilung der Einsatzkosten geeinigt hat. Dadurch werden die Kosten pro Teilnehmer derart verringert, dass sich der Einsatz auch für jene lohnt, die sich allein aufgrund ihrer eigenen Beteiligung nicht einsetzen würden[112]. Durch die auf diese Weise erfolgte Kostenverringerung fördert die Kooperation die Einsatzwahrscheinlichkeit erheblich. Im fol-

---

gen baut das *State Wisconsin Investment Board*, ein aktiv verwalteter öffentlicher Pensionsfonds, seine Beteiligung am Zielunternehmen um 1,1% auf 2,3% vor dem Einsatz auf und um -1,8% auf 0,4% innerhalb des nachfolgenden Jahres ab. Vgl. auch BAUDRU/KECHIDI (1998) 93, 98 ff.: Die *defined benefits* Pensionsfonds, die eine konservativere, indexbezogene Investmentstrategie verfolgen, beschäftigen sich nur mit allgemeinen Themen, während die *defined contributions*, deren Aktiva von externen Beratern verwaltet werden und daher eine agressivere Strategie verfolgen (Erwerb höherer Beteiligungen an einzelne Unternehmen usw.) auf spezifischere und wirkungsvollere Maßnahmen (wie etwa Erwerb eigener Aktien, Konzentration auf den Kerngebiet) drängen.

109 CARY/EISENBERG (1995) 251.

110 COFFEE (1994) 837, 851.

111 COFFEE (1994) 837, 856; 869.

112 UTSET (1995) 71, 107.

genden wird auf die Faktoren eingegangen, die Kooperationsentstehung bei den institutionellen Anlegern beeinflussen.

A. Positive Faktoren

a) Wie bereits dargelegt, wird die Kooperation durch die Kommunikation erleichtert[113]. Kommunikation und Koordination sind wiederum um so einfacher und kostengünstiger, je weniger an Zahl die potentiellen Teilnehmer sind und je leichter ihre Identifizierung ist[114]. Diese Bedingungen sind bei den institutionellen Anlegern gegeben.

Infolge der zunehmenden **Konzentration** des institutionellen Aktienbesitzes ist eine relativ geringe Zahl von ihnen in der Lage, eine einflussreiche Beteiligung zu kontrollieren. Zu erinnern ist daran, dass die fünf größten institutionellen Anleger durchschnittlich 10,58%, die 10 größten 15,21% und die zwanzig größten 20% des stimmberechtigten Kapitals der 25 größten US-amerikanischen Unternehmen besitzen[115]. Obwohl die Teilnehmeranzahl möglichst gering sein und idealerweise höchstens vier Mitglieder betragen sollte, ist eine Kooperation zumindest zwischen den größten institutionellen Anlegern zwar nicht unproblematisch, jedoch erheblich leichter als zwischen Tausenden von individuellen Aktionären[116]. Insbesondere verringert das Konzentrationswachstum die Anzahl der Aktionäre, für die als Gesamtgruppe der Einsatz aus Kosten-Nutzen-Sicht sinnvoll ist, und erhöht die Wahrscheinlichkeit, dass strategische Interaktionen zwischen den Mitgliedern dieser Untergruppe stattfinden können[117].

Schließlich ist ein Netzwerk von Beziehungen und Kontakten im Rahmen von kollektiven Verbänden bereits vorhanden[118]. Diese Organisationen können zwischen den institutionellen Anlegern vermitteln und sie miteinander kostengünstig in Verbindung bringen. Auch im Rahmen ihrer Anlagetätigkeit sollen die institutionellen Anleger bereits in Kontakt gekommen sein und Kommunikationskanäle aufgebaut haben.

b) Andererseits ist die **Überwindung des Problems des Kollektivhandelns** bei Anwesenheit von institutionellen Anlegern wahrscheinlicher. Im Regelfall neigen zwar die Mitglieder einer Organisation dazu, ihre Teilnahme an der Her-

---

[113] Siehe oben § 2.II.A.2.

[114] OLSON (1971) 46.

[115] Siehe oben § 3.II.B.3.

[116] CONARD (1988) 117, 146; CRÊTE/ROUSSEAU (1997) 863, 927; MACINTOSH (1993) 371, 384; STAPLEDON (1996) 257; einschränkend COFFEE (1994) 837, 856.

[117] ROCK (1993) 445, 458.

[118] Allgemein OLSON (1971) 47; SHORT/KEASEY (1997) 32; DAVIS/THOMPSON (1994) 143, 164; siehe unten § 6.II.B.

stellung eines öffentlichen Gutes zu unterlassen, um von den Bemühungen der anderen durch Trittbrettfahren zu profitieren. Zwei Tatsachen sprechen für die Lösung dieses Problems, wenn institutionelle Anleger als Kooperationspartner in Frage kommen.

Einerseits können einige institutionelle Anleger von **exklusiven Vorteilen** aus dem Überwachungseinsatz profitieren. Dies ist in zwei Konstellationen der Fall. Zum einen werden politische Gewinne durch den Einsatz angestrebt, die ausschließlich bestimmten institutionellen Anlegern (und insbesondere den öffentlichen Pensionsfonds) zugute kommen[119]. Zum anderen wollen einige institutionelle Anleger, und vor allem diejenigen, die eine aktive Investitionsstrategie verfolgen, Gewinne aus der Investmentverwaltung in Verbindung mit dem Überwachungseinsatz erreichen. Sie werden nämlich ihre Beteiligungsstruktur im Hinblick auf den Aktivismus ausgestalten, um von den darauf folgenden Preisauswirkungen zu profitieren[120]. Die institutionellen Anleger, die von diesen exklusiven Vorteilen profitieren, haben entsprechende exklusive Anreize, um das Trittbrettfahren aufzugeben und zur Herstellung des öffentlichen Gutes beizutragen.

Andererseits ist eine Kooperation wahrscheinlich, wenn die potentiellen Kooperationspartner **wiederholte Spieler** in dem Sinne sind, dass sie sich immer wieder in der gleichen Situation befinden und jeder von ihnen aufeinanderfolgend auf die Unterstützung der anderen angewiesen ist. Dieser Umstand ermöglicht eine sog. *Tit-for-Tat*-Lösung des Gefangenendilemmas[121]. Jeder Akteur stellt seine Unterstützung zur Verfügung, um mit der anderen rechnen zu können, wenn er sie benötigt. Die institutionellen Anleger sind tatsächlich wiederholte und langfristige Spieler, weil sie sich als Aktionäre in mehreren Unternehmen wiedertreffen. Insofern ist mit einer Kooperation zwischen ihnen eher als zwischen individuellen Aktionären zu rechnen[122].

c) Im Ergebnis handelt es sich bei einer Aktiengesellschaft, deren Aktionärsstruktur auch eine Untergruppe von institutionellen Anlegern enthält, tatsächlich um eine sog. **intermediäre Gruppe**. Darunter ist eine Gruppe zu verstehen, von der zwar kein Mitglied das öffentliche Gut (hierbei die Managementüberwachung) allein zu leisten bereit ist, eine Untergruppe davon aber für strategische kooperative Interaktionen zur Herstellung des öffentlichen Gutes geeignet ist[123]. Dieses Eigenmerkmal kann zur Produzierung des öffentlichen Gutes trotz

---

119 Siehe oben S. 103

120 DELGUERCIO/HAWKINS (1999) 293, 330.

121 AXELROD (1982) *passim*.

122 SHORT/KEASEY (1997) 32 ff.; COFFEE (1990) 1495, 1543, 1546; DORALT (1998) 43 ff.

123 OLSON (1971) 43; TAYLOR (1987) 8, 10.

der Tatsache führen, dass kein einziges Mitglied über eine hinreichend hohe Beteiligung verfügt.

B. Negative Faktoren

a) Andererseits soll die Kooperation zwischen den institutionellen Anlegern von dem zwischen ihnen herrschenden **Wettbewerb** erschwert werden[124]. Da sie miteinander konkurrieren, und jeder die Performance des anderen übertreffen wolle, zögerten sie, anlagerelevante Informationen auszutauschen. Beispielweise wird befürchtet, dass, wenn ein institutioneller Anleger seine Unzufriedenheit mit dem Management bekannt macht, die anderen institutionellen Anleger ihre Beteiligung veräußern werden, bevor eine Kooperation überhaupt in Frage kommt[125]. Werden Informationen trotzdem geteilt, würden sie nicht ohne weiteres als glaubhaft betrachtet, weil jeder institutionelle Anleger mit dem Opportunismus der anderen zu rechnen habe. Ebenso sei kaum mit einer Unterstützung durch die anderen zu rechnen, wenn der Initiator durch die angestrebte Aktion einen Vorteil gegenüber seinen Wettbewerbern gewinnen könnte.

Diese Bedenken sollte man allerdings folgendermaßen relativieren. Zum einen stehen nicht alle institutionellen Anleger miteinander in Wettbewerb. Dies gilt beispielweise für die Pensionsfonds, deren Mitglieder nicht über die Freiheit verfügen, zu anderen Pensionsfonds zu wechseln. Zum anderen ist die Kooperation aus Wettbewerbsicht unbedenklich, wenn das opportunistische Managementverhalten bereits öffentlich bekannt und vom Kapitalmarkt inkorporiert worden ist. In diesem Fall lohnt es sich nicht, die Informationen für sich zu behalten, um durch entsprechenden Beteiligungshandel einen Wettbewerbsvorteil zu gewinnen[126]. Nicht zuletzt kann der Wettbewerbsfaktor die Kooperationsbereitschaft fördern. Sofern der Überwachungseinsatz Zugang zu investmentrelevanten Informationen eröffnet, werden sich die übrigen institutionellen Anleger an die Bemühungen des Initiatoren anschließen, um einer möglichen Wettbewerbsbenachteiligung vorzubeugen.

b) Schließlich erscheint die Kooperation auch aufgrund der möglichen **Meinungsverschiedenheiten** fraglich[127]. Mit Unstimmigkeiten ist besonders dann zu rechnen, wenn die Kooperation lange dauert und aus mehreren Beteiligten besteht. Dies verschärft sich insofern, als die verschiedenen institutionellen Anleger unterschiedliche Ziele verfolgen können. Unter diesen Umständen ist eine vollständige

---

124 UTSET (1995) 71, 98, 109; BLACK/COFFEE (1994) 1997, 2064; CHARKHAM/SIMPSON (1998) 171 ff.; RAMSAY et al. (2000) 110, 125.

125 BLACK/COFFEE (1994) 1997, 2062.

126 UTSET (1995) 71, 111.

127 STAPLEDON (1996) 257, 267.

Einstimmigkeit über die zu verfolgende Vorgehensweise schwer zu erreichen. Dies ist insbesondere dann der Fall, wenn der Einsatz nicht lediglich auf die Bekämpfung einer opportunistischen Handlung abzielt, sondern die Unternehmensperformance fördern soll[128]. Ein Beispiel hierfür ist der Einsatz der institutionellen Anleger in *Kmart Corp*. Dabei reagierten sie zwar gemeinsam gegen die vom Management vorgeschlagenen Transaktionen, es gelang ihnen aber nicht, sich auf die spätere firmenspezifische Vorgehensweise zu einigen[129].

Zum Schluss ist anzumerken, dass die Kooperation zwischen den institutionellen Anlegern zwar wahrscheinlicher als zwischen den individuellen Aktionären, nicht aber ohne weiteres selbstverständlich ist.

III. Verwaltungsstruktur

Erweist sich nun der Überwachungseinsatz im Lichte der Kosten-Nutzen-Rechnung als sinnvoll, müsste man bei rationalen Aktionären mit ihm rechnen. Die Erwartung sollte aber im Hinblick auf das Auseinanderfallen von Risikotragung und Entscheidungsbefugnis innerhalb der Organisationsstruktur der institutionellen Anleger abgeschwächt werden. Die Investmentverwaltung bzw. Stimmrechtsausübung steht den internen bzw. externen Verwaltern zu, die Ergebnisse werden aber von den Begünstigten getragen. Von einigen Autoren wird diese Tatsache als ein für die Einsatzwahrscheinlichkeit wesentlicher negativer Faktor angesehen:

> Es wäre nämlich ein Paradox, wenn das Kontrollproblem auf der Unternehmensebene, das hauptsächlich aus der Trennung von Eigentum und Kontrolle resultiert, durch eine Aktionärsgruppe (wie die institutionellen Anleger) gelindert werden sollte, deren definierendes Merkmal eben darin besteht, dass auch bei ihr ein Auftragsverhältnis zwischen denen besteht, die über die Anlagemittel disponieren, und jenen, die Anlagemittel beisteuern und/ oder das Wertrisiko tragen[130].

Im folgenden Abschnitt ist die Auswirkung der Organisationsstruktur der institutionellen Anleger auf die Wahrscheinlichkeit des Überwachungseinsatzes zu untersuchen. Dabei ist zwischen zwei Konstellationen zu unterscheiden, nämlich der Beziehung zwischen internen bzw. externen Verwaltern und Begünstigten.

---

[128] KAMAR (1995) 636, 645.

[129] SMITH (1996c) 1038, 1052.

[130] PRIGGE/STEENBOCK (1999) 6; CONARD (1988) 117, 137.

A. Beziehung zwischen internen Verwaltern und Begünstigten

Bei jedem institutionellen Anleger besteht ein Auftragsverhältnis zwischen den Verwaltern und den Begünstigten. Die ersten verwalten das von den Begünstigten bzw. für deren Rechnung zur Verfügung gestellte Kapital und treffen die entsprechenden Anlage- bzw. Stimmrechtswahrnehmungsentscheidungen, während die letzten von der Verwaltungstätigkeit in verschiedenen Formen profitieren[131]. Davon ausgehend stellt sich die Frage, mit welchen Anreizen die Verwalter konfrontiert sind, um eine wertmaximierende Überwachungstätigkeit zugunsten der Begünstigten vorzunehmen.

1. Verhältnis von Handlungs- und Vermögensrechten

Nach der mikroökonomischen Theorie und insbesondere der Theorie der Eigentumsrechte (*property rights*) beeinflusst die Allokation der Handlungs- und sonstiger Vermögens- und Eigentumsrechte an Sachen und Rechten auf verschiedene Rechtsinhaber das Verhalten der Eigentumssubjekte und die Nutzung der Eigentumsobjekte[132]. Demnach gilt im allgemeinen, dass die Kontroll- und Handlungsrechte dann am konsequentsten maximiert wahrgenommen werden, wenn die Verfügungs-, und Handlungsrechte einerseits und die Vermögensrechte andererseits auf ein einziges Wirtschaftssubjekt beschränkt sind. Legt man diese Grundsätze dem Verhältnis zwischen Verwaltern und Begünstigten im Rahmen der institutionellen Anleger zugrunde, ergibt sich folgendes[133]: Die Verwalter, d.h. die Subjekte, denen die Verfügungs- und Kontrollrechte an der Verwaltung des Anlagevermögens und der Wahrnehmung der Kontrollrechte zustehen, sind nur dann motiviert, die Verfügungs- und Kontrollrechte zur Maximierung des Anlagevermögens zu nutzen, wenn sie auch durch Vermögensrechte am Anlageergebnis beteiligt werden. Im Ergebnis läst sich darauf schließen, dass wenn die verbleibenden Vermögensrechte dem institutionellen Investor zustehen, eine aktive Portfoliomanagementstrategie näher liegt, als wenn Vermögensrechte Dritter verwaltet werden, die an dem Nutzen von Aktionärsaktivismus beteiligt sind.

Ein Zusammenfallen von Verfügungs- und Vermögensrechten in der Person des Verwalters ist im Fall der **leistungsbestimmten Pensionsfonds** zu erkennen. Bei diesen Pensionsfonds verpflichtet sich der Errichter, den Begünstigten von vornherein festgelegte Vorsorgeleistungen zu zahlen. Weil der Errichter zur Zahlung verpflichtet bleibt, selbst wenn das Fondsvermögen nicht ausreicht, wird er seinen Einfluss auf die Pensionsfondsverwaltung geltend machen, damit sämtliche Werterhöhungsmöglichkeiten ausgeschöpft werden und das Fondsvermögen den

---

[131] ROCK (1993) 445, 472.

[132] Überblick in PISTOR (2000) 64 ff.

[133] PISTOR (2000) 198 ff.

Vorsorgeverbindlichkeiten entspricht. Überdies kommt dem Errichter der Fondsüberschuss mehrfach zugute[134]. Zwar ist die Überschussaneignung an die Planauflösung angeknüpft, was mit erheblichen Steuerkosten belastet ist und daher selten in Betracht kommt. Selbst jedoch beim Fortbestehen des Fonds profitiert der Arbeitgeber von der Überausstattung vielfach. Zum einen darf er die Beitragszahlung vermindern oder sogar völlig unterlassen[135]. Dies ist auch für die öffentlichen Pensionsfonds wichtig, weil sie weniger auf Besteuerung zurückzugreifen haben. Zum anderen kann der Überschuss als Gewinn in die Bilanz übernommen werden, was das Jahresergebnis wesentlich positiv beeinflussen kann[136]. In diesem Maß stehen die Interessen des Trägerunternehmens und den Begünstigten im Einklang, und ist mit einer Nutzung der Kontrollmöglichkeiten im Sinne der Begünstigteninteressen zu rechnen[137].

Ebenso profitieren die Versicherungsunternehmen vom Anlageergebnis, sofern sie den Versicherungsnehmern bestimmte Geldverbindlichkeiten schulden, diese aber nicht am Anlageüberschuss teilhaben lassen müssen. Der Anlageüberschuss, also der Teil des Vermögens, der die den Versicherungsnehmern geschuldeten Verbindlichkeiten übersteigt, steht dann nämlich dem Versicherungsunternehmen zu, und dessen Verwalter sind daher motiviert, das Anlageergebnis zu maximieren. Dasselbe gilt für die eigene Beteiligungen der Banken.

Auf der anderen Seite liegt eine Trennung von Verfügungs- und Kontrollrechten einerseits und Vermögensrechten andererseits bei KAG, beiträgebestimmten Pensionsfonds und treuhänderischen Beteiligungen von Banken vor. Bei diesen institutionellen Anlegern stehen die Vermögensrechte an den Unternehmen den mittelbaren Anlegern zu, während den Kontrollrechte auf Verwaltern übertragen worden sind. Für diese lohnt es sich in der Regel nicht, die Kosten einer aktiveren Unternehmenspolitik, auf sich zu nehmen, da sie keinen Anspruch auf den entstehenden Nutzen haben und daher nicht aus eigenem Interesse motiviert sind, diesen Nutzen zu maximieren. Dies kann sie dazu führen, eine optimale und nutzenmaximierenden Wahrnehmung der Kontrollmöglichkeiten zu unterlassen.

---

134 STEENBOCK (1999) 168;CONISON (1993) 228 ff.

135 HARBRECHT (1964) 83; COFFEE (1994) 837, 859; REGAN (1989) 182.

136 CHARKHAM (1994) 290; SCHULTZ, *A Pension Windfall Lifts Bottom Lines at Big U.S. Firms*, WSJE, 15.1.1999, Seite 1, 13: Der Bilanzgewinn von *General Electrics* in 1998 beträgt vor Steuer $13.8 Mlr., wovon 8% ($1 Mlr.) dem Überschuss des Pensionsfonds entspricht.

137 PRIGGE/STEENBOCK (1999) 10.

2. Sonstige Faktoren

In den übrigen Fällen nehmen die Verwalter zwar am Investitionsüberschuss nicht unmittelbar teil, folgende Mechanismen könnten aber gleichwohl zur Interessenangleichung beitragen.

a) Zunächst kann der **Wettbewerbsdruck** die institutionellen Anleger dazu bewegen, die Investmentperformance durch Ausschöpfung aller vorhandenen Mittel (darunter auch der Überwachung) zu maximieren. Dies gilt insbesondere für die Kapitalanlagegesellschaften, soweit die Anleger die Performance der verschiedenen Anbieter leicht vergleichen und das eingesetzte Kapital jederzeit wieder aus dem Fonds herauslösen können, falls die Performance gegenüber den Wettbewerbern zurückbleibt[138].

b) Auch andere Mechanismen dienen der Ausrichtung der institutionellen Verwalter auf die Begünstigteninteressen[139]. In einigen Pensionsfonds (insbesondere den öffentlichen) nehmen die Begünstigten an der Fondsverwaltung unmittelbar teil oder wählen den Fondsverwalter[140]. Eine wichtige Rolle spielen auch die treuhänderischen Pflichten, denen die Verwalter unterliegen. Sofern sie die Wahrnehmung der Begünstigteninteressen anordnen, zwingen sie die Verwalter dazu, auch den Überwachungseinsatz als Wahrnehmungsmittel sorgfältig in Betracht zu ziehen[141].

3. Interessenkonflikte zwischen Verwaltern und Begünstigten

Der Überwachungseinsatz ist jedoch wenig vorstellbar, wenn ein direkter Interessenkonflikt zwischen Begünstigten und Verwaltern vorliegt. Darunter ist die Konstellation zu verstehen, dass die Verfolgung der Begünstigteninteressen besonders durch aktiven Überwachungseinsatz mit den eigenen Interessen des Verwalters kollidiert.

a. Ursachen der Interessenkonflikte

a) Interessenkonflikte sind insbesondere im Fall einer **personellen Verflechtung** zu erkennen. Der Verwalter des institutionellen Anlegers ist zugleich am Beteiligungsunternehmen als Manager beteiligt bzw. von dessen Managern abhängig. Dies kommt vor allem bei den privaten Pensionsfonds vor, wenn ein Teil des Fondsvermögens in Aktien des Trägerunternehmens investiert ist, während die Treuhänder vom Management bestellt worden sind bzw. dem Management ange-

---

[138] BLACK (1992a) 811, 851-2, 876-7.

[139] Vgl. aber FISCH (1994) 1009, 1029.

[140] So etwa bei CalPERS: siehe West's Ann.Cal.Gov.Code § 20090.

[141] Siehe unten S. §5.III.A.

hören. Es ist dabei kaum damit zu rechnen, dass sich die Treuhänder gegen das Management richten werden[142]. Selbst bei Beteiligungen an anderen Unternehmen werden die Manager die Treuhänder dazu drängen, keinen Überwachungseinsatz zu unternehmen. Dies gebietet eine ungeschriebene Regel gegenseitiger Gefälligkeit zwischen den Managern[143]. Verzichtet ein Arbeitgeber auf die Überwachung über ein Beteiligungsunternehmen, darf er mit der entsprechenden Passivität des anderen rechnen. Auch bei den treuhänderischen Beteiligungen der Banken sind personelle Verflechtungen möglich, wenn Teile des Treuhandvermögens in Aktien der Bank investiert sind oder wenn Manager des Beteiligungsunternehmens auch Bankdirektoren sind.

b) Interessenkonflikte tauchen auch dann auf, wenn die institutionellen Anleger andere Interessen am Beteiligungsunternehmen haben, die zu denjenigen der Begünstigten in Gegensatz stehen. Während die Begünstigten ausschließlich an der Maximierung des Beteiligungswertes interessiert sind, können die institutionellen Anleger **Geschäftsbeziehungen** haben, die wegen eines aktiven Überwachungseinsatzes in Frage gestellt werden könnten[144]. Wie bereits gesehen, belasten diese Geschäftsbeziehungen den Überwachungseinsatz mit Kosten, die selbst bei vollständiger Interessenidentität zwischen Begünstigten und Verwaltern in Rechnung gezogen werden. Stehen allerdings die Interessen nicht im Einklang, weil die Geschäftsbeziehungen nur den Verwaltern zugute kommen, ist der institutionelle Anleger mit besonderen Kosten aus dem Kontrolleinsatz konfrontiert, die ihm den Einsatz teuerer machen als in Abwesenheit solcher Geschäftsbeziehungen. Infolgedessen wird die kritische Wahrnehmung der Stimmrechte dann unterlassen, selbst wenn sie den Begünstigteninteressen an Maximierung des Beteiligungswertes entspräche.

Solchen Interessenkonflikten sind besonders die **treuhänderischen Beteiligungen** der Banken ausgesetzt. Die kommerzielle Bankabteilung hält Geschäftsbeziehungen mit den Unternehmen, an denen die Treuhandabteilung Beteiligungen für die Rechnung ihrer Kunden erwirbt und auf deren Hauptversammlung sie Stimmrechte wahrnimmt. Es besteht dabei die Gefahr, dass die Banktreuhänder ihr Verhalten an den Interessen der Bank, nicht aber an denen der Begünstigten ausrichten[145]. Die Interessenkonflikte der Bank können auch das Verhalten anderer institutioneller Anleger beeinflussen, die von der Bank abhängig sind. Dies ist der Fall bei Kapitalanlagegesellschaften (KAG), die einem Bankkonzern angehö-

---

[142] STABILE (1998) 61, 101.

[143] CONLEY/O'BARR (1992) 823, 843; CONARD (1988) 117, 143, 148; SAMETZ (1995) 97, 103; MONKS/MINOW (1995) 144.

[144] Siehe S. 109 ff.

[145] LYBECKER (1973) 977, 981.

ren[146]. Die Konzernleitung kann die Verwalter der KAG dahin gehend beeinflussen, die Stimmrechte der KAG auf eine für die Bankinteressen freundliche, für die Anlegerinteressen jedoch ungünstige Weise geltend zu machen.

c) Eine weitere Interessenkonfliktskonstellation besteht darin, dass die institutionellen Verwalter **politische Ziele** verfolgen, die mit den Begünstigteninteressen nicht unbedingt in Einklang stehen[147]. Derartigen Einflüssen sind besonders die Verwalter der öffentlichen Pensionsfonds ausgesetzt, sofern sie von politischen Organen (vor allem der Regierung des jeweiligen Bundesstaates) angestellt werden[148].

Für die politischen Entscheidungsträger ist die Sicherung der Altersrenten nur eines von mehreren sozialen, ökologischen und ethischen Anliegen, welche durch Zugriff auf das Fondsvermögen bedient werden können. Dadurch wollen die politischen Verantwortlichen die Unterstützung der Wähler gewinnen und ihre eigenen politischen Interessen fördern. Dies wirkt sich möglicherweise negativ auf die Überwachungsbereitschaft der Verwalter der öffentlichen Pensionsfonds aus. Zum einen kann ein Aktivismus politisch unerwünscht sein, wenn er Unternehmen betrifft, die für die lokale Wirtschaft von Bedeutung sind und dessen Folgen negative Reaktionen gegen die politischen Verantwortlichen auslösen können (etwa wenn die Arbeitslosenzahl infolge eines systematischen Aktivismus zunimmt). Zum anderen können die Manager die Stimmen der öffentlichen Pensionsfonds erkaufen, indem sie Investitionsprojekte betätigen, die den Interessen der politischen Entscheidungsträger entsprechen[149]. Auf der anderen Seite können die öffentlichen Pensionsfonds unter dem Einfluss von politischen Interessen aktiven Einsatz betreiben, der allerdings den Begünstigteninteressen nach Wertmaximierung nicht entspricht, etwa wenn die Kontrollausübung als Instrument zur Werbung um Wählerstimmen benutzt wird[150].

b. Maßnahmen zur Bekämpfung der Interessenkonflikte

a) In erster Linie könnte es verboten werden, das Treuhandvermögen in das Unternehmen zu investieren, an dem die Treuhänder als Manager bzw. Angestellte

---

[146] Dies ist seit der Novellierung von 1999 weitgehend zulässig: siehe oben § 3.I.D. Zur deutschen Lage vgl. BAUMS/KÖNIG (1997).

[147] ROMANO (1993) 795, 814 ff.; ROCK (1993) 445, 472.

[148] Vgl. West's Annotated California Government Code § 20090.

[149] GOTTSCHLICH (1996) 307.

[150] ROMANO (2000) 101; ROMANO (1993) 795, 822; GOTTSCHLICH (1996) 301. Vgl. jedoch die mit empirischen Daten begründete Gegenansicht von DEL GUERCIO/HAWKINS (1999) 293, 327 ff. und ROMANO ((1993) 795, 833 ff.

beteiligt sind[151]. Nach dem *common law* ist es in der Tat untersagt, das Treuhandvermögen in die Bank zu investieren, deren Abteilung für die Treuhandverwaltung zuständig ist[152]. Dagegen sind die privaten Pensionsfonds ausdrücklich berechtigt, Teile des Treuhandvermögens im Errichterunternehmen anzulegen[153]. Dabei gelten zwar die auf das Fondsvermögen (10%) und das Eigenkapital des Beteiligungsunternehmens (25%) bezogenen Grenzen, von denen aber die ESOPs und die beiträgebestimmten Fonds ausgenommen sind. Sie dürfen sogar das ganze Fondsvermögen ausschließlich in das Errichterunternehmen investieren. Diese Freiheit wird damit begründet, dass sie zur Motivierung der Arbeitnehmer beitrage[154]. Auf der anderen Seite wird sie aber in zweierlei Hinsicht kritisiert. Neben dem Interessenkonflikt müssen die Arbeitnehmer ein doppeltes Risiko hinnehmen: Bei Insolvenz des Trägerunternehmens verlieren sie sowohl ihren Arbeitsplatz als auch ihre Vorsorgeansprüche[155].

b) Sodann könnte untersagt werden, dass die Verwalter der institutionellen Anleger irgendwelche Abhängigkeitsbeziehungen bzw. personelle Verflechtungen haben, aus denen Konflikte mit den Begünstigteninteressen entstehen könnten[156]. Demnach dürften etwa die Verwalter der Pensionsfonds weder vom Trägerunternehmen bestellt werden noch seinem Management angehören. Bei den privaten Pensionsfonds würden dadurch die Interessenkonflikte wegen der gegenseitigen Zurückhaltung zwischen dem Management der verschiedenen Trägerunternehmen vermieden werden; bei den öffentlichen Pensionsfonds würde den politischen Einflüssen entgegengewirkt. Diese Lösung wäre auch für die Treuhandabteilungen der Banken positiv: Die Unabhängigkeit der Treuhänder von der Bank würde die Unbefangenheit gegenüber den Bankgeschäftsbeziehungen mit den Beteiligungsunternehmen sicherstellen. Dieser Lösung wird allerdings nicht im Allgemeinen gefolgt. Bei den privaten Pensionsfonds obliegt es dem Trägerunternehmen, die Treuhänder zu bestellen. Es ist sogar ausdrücklich gestattet, dass die Treuhänder zugleich am Trägerunternehmen beteiligt sind[158]. Daran ändert sich nichts, wenn ein Teil des Fondsvermögens in das Trägerunternehmen investiert worden ist. Diese Lösung mag zwar auf den ersten Blick überraschen, da sie dem Trägerunternehmen die Möglichkeit eröffnet, seine eigene Interessen zu Lasten

---

[151] STABILE (1998) 61, 111.

[152] SKOTT/FRACHTER (1988) Bd. 2A, § 170.15, S.368.

[153] STABILE (1998) 61, 67, 73, 79; HARBRECHT (1964) 69.

[154] STABILE (1998) 61, 73 ff.

[155] STEENBOCK (1999) 223; STABILE (1998) 61, 78 ff.

[156] STABILE (1998) 61, 106.

[158] 29 USC § 1108(c)(3).

derjenigen der begünstigten Arbeitnehmer zu bevorzugen[159]. Sie wird allerdings damit begründet, dass das Trägerunternehmen ein unmittelbares Interesse an der guten Verwaltung des Pensionsfondsvermögens habe[160].

Selbst wenn das Gesetz nicht die Unabhängigkeit der Treuhänder vom Trägerunternehmen anordnet, vollzieht sich ein solches Ergebnis parallel zu einer allgemeinen Entwicklung. Zu erinnern ist daran, dass die leistungsbestimmten Pensionspläne immer mehr von beiträgebestimmten Pensionsfonds abgelöst werden[161]. Die Trägerunternehmen neigen dazu, außenstehende KAG mit der Verwaltung dieser Fonds zu beauftragen. Angesichts dieser Entwicklung wird die Hoffnung geäußert, dass die KAG die Mitgliedschaftsrechte der Pensionsfonds unabhängiger und daher kritischer gegenüber den Portfoliounternehmen wahrnehmen werden[162].

c) Neben dem Verbot von personellen Verflechtungen wären die Interessenkonflikte auch dann eingedämmt, wenn die **Begünstigten die Zusammensetzung der Verwaltung** der institutionellen Anlegern (mit)bestimmen dürften[163]. Durch die entsprechende Kontrolle könnten die Begünstigten personelle Konsequenzen ziehen und entsprechende Sanktionen gegen die Verwalter verhängen. Diese Lösung wird nur eingeschränkt angewendet. Die Verwalter der Kapitalanlagegesellschaften werden tatsächlich von den mittelbaren Anleger-Aktionären gewählt[164]. Auch bei den Lebensversicherungsgesellschaften ist die Möglichkeit der Teilnahme der Versicherungsnehmer an der Verwaltungswahl vorgesehen[165]. Gelegentlich gilt dies auch für einige öffentlichen Pensionsfonds[166] und mittelbar auch für die sog. privaten *Taft-Hartley* Pensionsfonds, die von den Arbeitnehmern und den Gewerkschaften zusammen verwaltet werden[167].

d) Zur Bekämpfung von Interessenkonflikten wegen Geschäftsbeziehungen können Sicherheitsvorkehrungen getroffen werden, um die Verwalter der institutionellen Anleger vor Einflüssen aus Interessenkonflikten zu schützen. Dem ent-

---

159 STABILE (1998) 61, 100.

160 Dies soll vor allem bei den leistungsbestimmten Pensionsfonds gelten, wobei das Trägerunternehmen verpflichtet ist, bestimmte Vorsorgeleistungen unabhängig vom Vermögensstand des Pensionsfonds zu leisten: siehe CONISON (1993) 228; FISCHEL/LANGBEIN (1988) 105, 1126; STABILE (1998) 61, 109.

161 Siehe oben § 3.II.A.

162 SAMETZ (1995) 97 ff.

163 ROMANO (1993) 795, 840; ROE (1994) 271.

164 15 USC § 80(a)-ICA 13.

165 N.Y. Insurance Law § 4212 (27 McKinney).

166 West's Ann.Cal.Gov.Code § 20090.

167 29 USC § 186.

spricht etwa die Errichtung eines sog. ***chinese wall***, nämlich eines Gefüges von Vorkehrungen, die sicherstellen, dass die Angestellten einer Abteilung von den Interessen einer anderen Abteilung innerhalb desselben institutionellen Anlegers unbeeinflusst bleiben. Die Errichtung eines *chinese wall* kommt insbesondere bei den Banken in Betracht, um die Verwalter der Treuhandabteilung von den Geschäftsinteressen der kommerziellen Bankabteilungen unabhängig zu halten[168]. Insbesondere müssen die personellen Verflechtungen sowie die Kontaktmöglichkeiten zwischen den Beschäftigten der verschiedenen Abteilungen vermieden werden. Die Errichtung eines *chinese wall* ist zwar nicht gesetzlich zwingend[169], wird jedoch gängig praktiziert, um auch die Haftungsrisiken wegen Verstößen gegen das Insider-Handel-Verbot zu minimieren[170]. Ähnliche Vorkehrungen wären auch innerhalb eines Bankkonzerns nützlich, um die Unabhängigkeit zwischen den Bank- und sonstigen Finanztochtergesellschaften zu bewahren. Die zuständige Aufsichtsbehörde ist in der Tat ermächtigt, solche Maßnahmen anzuordnen[171].

e) Des weiteren könnte **die Stimmrechtswahrnehmung durch die Verwalter** eingeschränkt werden. Mehrere Möglichkeiten sind vorstellbar: Die Stimmrechtsausübung durch die Treuhänder könnte entweder generell oder zumindest für den Fall verboten werden, dass die Stimmrechte aus Beteiligungen stammen, an denen die Verwalter als Manager beteiligt sind. Diese Lösung wird im Bereich des Banktreuhandgeschäftes angewendet. Der Bank ist untersagt, die Stimmrechte aus dem Treuhandvermögen auf ihrer eigenen Hauptversammlung auszuüben[172]. Die Stimmrechte dürfen nur von unabhängigen Treuhändern ausgeübt werden. Eine Variante würde darin bestehen, dass die Stimmrechte nicht von den Treuhändern bzw. Verwaltern, sondern von den Begünstigten wahrgenommen werden sollen. Dies ist der Fall bei den beiträgebestimmten Pensionsfonds, in denen die Stimmrechte den Begünstigten bei wichtigen Entscheidungen weitergeleitet werden müssen[173]. Auch die Banken und die Wertpapierbroker sind als Verwahrer von Aktiendepots verpflichtet, Abstimmungsweisungen von den wirtschaftlichen Ei-

---

168 LYBECKER (1973) 977, 982 ff.; HERZEL/COLLING (1978) 73, 88 ff.

169 Vgl. den schließlich nicht angenommenen Verordnungsentwurf (1977) des *Comptrollers of the Currency*, wonach die Nationalbanken aufgefordert wurden, Maßnahmen zur Vorbeugung der Nutzung von Insider-Informationen durch die Treuhandabteilung zu treffen. In die gleiche Richtung vgl. Policy Statement, Board of Governors of the *Federal Reserve System:* dazu siehe HERZEL/COLLING (1978) 73, 100; BOGERT/BOGERT (1980) § 612, S.40.

170 Vgl. jedoch 12 CFR § 9.5(c), wonach die Banken Maßnahmen zur Vorbeugung von Interessenkonflikten bei der Treuhandverwaltung treffen müssen.

171 Zu Bankkonzerngesellschaften: § 114(b)(1) FSA; zu Nationalbanken § 114(a)(1) FSA.

172 Dieses Verbot gilt für die nationalen Banken: 12 USC § 61; SKOTT/FRACHTER (1988) Bd.2A, § 170.15, S.367.

173 Siehe oben § 3.I.A.1.

gentümern einzuholen und die Stimmrechte entsprechend wahrzunehmen[174]. Dadurch könnte zwar das Problem des Interessenkonfliktes gemildert werden[175], es tritt aber das Problem der rationalen Passivität wegen der Zersplitterung der Stimmrechte unter vielen Kleinaktionären wieder ein.

f) Zur Verstärkung der Verantwortlichkeit der Treuhänder gegenüber den Begünstigten würde auch die den Treuhändern auferlegte Pflicht beitragen, sowohl die allgemeine Abstimmungspolitik als auch die konkrete Wahrnehmung der Stimmrechte offen zu legen[176]. Dies würde die Verwalter unter Druck setzen, ihre Handlungen gegenüber den Begünstigten zu begründen, und würde sie mehr an den Begünstigteninteressen ausrichten. Zugleich stünden den Begünstigten Informationen zur Verfügung, um die Vereinbarkeit der inhaltlichen Entscheidung über das Abstimmungsverhalten mit den Begünstigteninteressen zu überprüfen und ihre Ansprüche wegen Verletzung der treuhänderischen Pflicht geltend zu machen. Dazu würde auch die Offenlegung der konfliktträchtigen Beziehungen zwischen den institutionellen Anlegern und den Beteiligungsunternehmen beitragen[177].

Die Offenlegung der Abstimmungspolitik wird jedoch nicht in großem Umfang angeordnet. Für die Treuhandabteilungen der Banken könnte die Aufstellung von Abstimmungsrichtlinien gemäß § 9.5, 12 CFR als obligatorisch angesehen werden. Nach dieser Vorschrift sind die Banken verpflichtet, die grundsätzliche Politik und Verfahren zu bestimmen und zu verfolgen, um ihre Tätigkeit im Einklang mit dem Gesetz und den treuhänderischen Pflichten durchzuführen[178]. Jedoch ist diese Vorschrift noch nicht dahingehend interpretiert worden, dass die Offenlegung der Abstimmungspolitik zwingend ist. Fraglich ist auch, ob die SEC den KAG eine Offenlegungspflicht im Verordnungswege auferlegen kann. Die SEC ist zwar gem. § 8(b) ICA ermächtigt, die Erstellung des Registrierungsprospekts durch Verordnungen spezifischer zu regeln. Daraus könnte man auf die Zuständigkeit der SEC auch in Bezug auf die Stimmrechtsausübung schließen. Dem wird jedoch entgegengehalten, dass sich die Zuständigkeit der SEC darauf beschränke, die gesetzlichen Vorschriften zu spezifizieren, nicht aber zu erweitern[179]. Höchstens könne die SEC § 8(b) ICA dahingehend auslegen, dass die KAG auch ihre Abstimmungspolitik im Registrierungsprospekt offen legen müssen. Ein frü-

---

174 SEA Rules 14a-13, 14b-1, 14b-2.

175 Siehe jedoch die Bedenken in STABILE (1998) 61, 102.

176 KAMAR (1995) 636, 675; CURZAN/PELESCH (1980) 670, 688; NOTE (1969) 69, 84; SOLOMON (1974) 761, 794.

177 LYBECKER (1973) 977, 983, 999.

178 12 CFR § 9.5.

179 FRANKEL (1980) XX., § 3, S.99-100.

herer Versuch, die KAG auf der Grundlage des § 14(a) SEA zur Offenlegung der Abstimmungspolitik zu zwingen, wurde jedoch aufgegeben[180].

Die Offenlegung der allgemeinen Abstimmungspolitik ist nur bei den privaten Pensionsfonds ausdrücklich bejaht worden. Das Arbeitsministerium legte die einschlägigen Vorschriften dahingehend aus, dass auch die Stimmrechtsausübung wesentlicher Bestandteil der allgemeinen Investmentpolitik sei[181]. Insofern müssen die Treuhänder des Pensionsfonds auch Richtlinien über die Stimmrechtsausübung in die allgemeine Investmentpolitik einbeziehen.

g) Schließlich wird dem Interessenkonflikt durch die **Haftung der Treuhänder** begegnet. Dies gilt für jene institutionellen Anleger (wie insbesondere die Pensionsfonds und die Banktreuhandabteilungen), die solchen Pflichten unterstehen. Darauf wird an einer späteren Stelle eingegangen[182].

B. Beziehung zwischen institutionellen Anlegern und externen Investmentverwaltern

1. Rechtstatsachen

a) Der Interessenkonflikt verschärft sich bzw. entsteht erst, wenn die institutionellen Anleger von der Möglichkeit Gebrauch machen, **externe Investmentverwalter** mit der Investmentverwaltung und der Stimmrechtswahrnehmung zu beauftragen, statt ihre Beteiligungen intern, d.h. durch eigenes Personal, zu verwalten[183].

---

[180] Proposed Rules Relating to Shareholder Communication, Shareholder Participation in the Corporate Electoral Process and Corporate Governance Generally, Release No. 34-14970, July 18, 1978, in Commerce Clearing House, Federal Securities Law Reporter, Nr.81,645, S.80, 575 ff. Nach der vorgeschlagenen Fassung von Rule 14a-3(b)(11) SEA müssten die KAG, die Investmentberater nach § 203 von Investment Advisers Act von 1905 und die Holdingsgesellschaften von Bank-, Versicherungs-, Wertpapiermaklerunternehmen ihren eigenen Anteilseignern auf ihrer Hauptversammlung den Verfahren und die Grundsätze der Abstimmungspolitik zu beschreiben. Insbesondere wäre es anzugeben, inwieweit die Einholung von Abstimmungsweisungen von den mittelbaren Begünstigten angestrebt wird, nach welchen Kriterien zwischen wichtigen, umstrittenen (*contested*) Abstimmungspunkten unterschieden wird, und in welchem Umfang für die Managementbeschlussvorschläge zu solchen Themen in der vergangenen Saison abgestimmt wurde. Dieser Vorschlag wurde allerdings später ohne überzeugende Begründung aufgegeben: siehe SEA Release No. 15385 (November 6, 1978), Shareholder Communication, Shareholder Participation in the Corporate Electoral Process and Corporate Governance Generally, Withdrawal of Proposal, in Commerce Clearing House, Federal Securities Law Reporter, Nr.81, 767, Seite 81,099.

[181] 29 CFR § 2509.94-2, S.317.

[182] STABILE (1998) 61, 93 ff.

[183] LOWENSTEIN (1991) 1, 24 ff.; COFFEE (1994) 837, 862 ff. Als externe Investmentverwalter kommen die Investmentberater (*investment advisors*) in Betracht, die auf die Investment-

In der folgenden Tabelle wird das intern verwaltete dem gesamten Vermögen jedes institutionellen Anlegers gegenübergestellt. Daraus ergibt sich, dass ein großer Teil des gesamten Vermögens von externen Investmentverwaltern verwaltet wird.

b) Ferner sollte man zwischen **Investmentverwaltung ohne oder mit Stimmrechtsausübung** differenzieren. Es ist nämlich möglich, dass der Investmentverwalter nur mit der reinen Verwaltung (d.h. Beteiligungskauf bzw. -veräußerung) beauftragt wird. Maßgeblich ist deshalb das sog. *effective voting control ratio*, nämlich das Verhältnis der vom institutionellen Anleger kontrollierten Stimmrechte zu seinen gesamten Aktienbeteiligungen. Der folgenden Tabelle lässt sich entnehmen, dass die externen Verwalter in unterschiedlichem Maße für die Ausübung der auf die Aktienbeteiligungen entfallenden Stimmrechte zuständig sind. Hervorzuheben ist, dass die öffentlichen Pensionsfonds das höchste Stimmrechtsausübungsverhältnis aufweisen, weil sie die Ausübung für fast alle auf ihre Beteiligung entfallenden Stimmrechte behalten.

Tabelle 12: Anteil intern verwalteter Aktiva

Institutionstypus	Gesamtvermögen (%)		Internverwaltetes Vermögen (%)	
	1993	**1994**	**1993**	**1994**
Pensionsfonds	49,2	47,4	21,2	20,2
private				
Treuhand	28,0	26,3	16,0	15,5
versicherte	9,1	8,4	0,0	0,0
öffentliche	12,2	12,6	5,3	4,7
KAG	18,1	18,6	25,8	24,5
Banken	12,3	11,9	18,1	19,4
Investmentberater	0,0	0,0	8,5	8,2
Stiftungen	2,1	2,1	0,4	0,4
Versicherungen	18,2	20,0	26,0	27,3
Gesamt	100,0	100,0	100,0	100,0

Quelle: BRANCATO (1997) S.26

2. Auswirkung auf Überwachungsanreize

Sofern die Vorteile aus einem Überwachungseinsatz nicht den externen Investmentverwaltern, sondern den Begünstigten bzw. der Institution zuwachsen, liegt zwar eine Agency-Beziehung auch hier vor[184]. Im allgemeinen haben die In-

verwaltung für die Rechnung anderer beschränkt sind. Sie werden vom *Investment Advisors Acts* reguliert (siehe 15 USC § 80(b)), beraten andere über Wertpapiertransaktionen, und dürfen unter besonderen Bedingungen die Anlagen anderer Personen verwalten. Die Investmentverwaltung für die Rechnung anderer übernehmen auch die Treuhandabteilungen der Banken und die Versicherungsunternehmen.

[184] DAVIS (1995) 152.

vestmentmanager aber ausreichende Anreize, um die Investitionserträge durch aktive Beteiligungsverwaltung zu maximieren. Sie sind dem Wettbewerbsdruck ausgesetzt und können ihre Kundschaft nur dann erweitern, wenn sie überdurchschnittliche Ergebnisse aufweisen[185]. Auf der anderen Seite wird aber bezweifelt, ob die externen Investmentverwalter von den gleichen Anreizen in Bezug auf den Überwachungseinsatz geprägt sind.

a) Erstens setzt der Wettbewerbsdruck die **Vergütung** der Investmentmanager unter Druck[186]. Die Vergütungshöhe richtet sich nach einem Bruchteil des gesamten Vermögens (in der Regel 0,7%), der die aus einem umfangreichen Überwachungseinsatz entstehenden Kosten möglicherweise nicht deckt. Der Investmentmanager steht insofern vor einem Dilemma: entweder eine höhere Vergütung zu verlangen bzw. die Überwachungskosten auf die Kunden zu verlagern (was zur Wettbewerbsbenachteiligung führt) oder die entsprechenden Kosten hinzunehmen (was eine geringere eigene Gewinnerwirtschaftung bedeutet). In beiden Fällen wird der Investmentmanager gegenüber seinen Konkurrenten benachteiligt.

b) Sodann besteht eine **Zeithorizontsasymmetrie** zwischen Investmentverwaltern und institutionellen Anlegern, weil die Investmentperformance in relativ kurzen, regelmäßigen Zeitabständen (in der Regel 3 Jahre) beurteilt wird. Dabei soll allerdings als allgemeine Regel gelten, dass je kurzfristiger die Leistung der Fondmanager beurteilt werden, sich desto schwieriger die Einflussnahme auf die Entscheidungsfindung gestaltet. Sind nämlich die Investmentmanager mit einem Managementproblem konfrontiert und entscheiden sie sich für Einsatz statt für Veräußerung, laufen sie Gefahr, kurzfristig niedrigere Erträge zu erzielen als durch eine sofortige Veräußerung, soweit die Kosten des Disziplinierungseinsatzes sofort anfallen, während die Vorteile erst langfristig wirksam werden. Dies richtet die Investmentverwalter tendenziell darauf aus, auf den Überwachungseinsatz zu verzichten, obwohl er auf lange Sicht möglicherweise profitabler als die Veräußerung wäre[187].

Darüber hinaus spielt eine entscheidende Rolle für die Anreize der Investmentverwalter auch die Frage, **wer für ihre Anstellung zuständig ist**[188]. Als allgemeine Regel gilt, dass der Investmentverwalter sein Verhalten an die Interessen des Anstellungszuständigen ausrichten wird, selbst wenn die Begünstigteninteres-

---

185 LOWENSTEIN (1994) 14, 23; CHARKHAM (1994) 212; BLACK (1992a) 811, 877.

186 DAVIES (1995) 153; CRÊTE/ROUSSEAU (1997) 863, 900; POZEN (1994) 140, 144; CONARD (1988) 117, 147; COFFEE (1994) 837, 856; 863.

187 COFFEE (1994) 837, 868; COFFEE (1993) 68; GOTTSCHLICH (1996) 300; CONARD (1988) 117, 143; GARTEN (1992) 585, 626.

188 PRIGGE/STEENBOCK (1999) 9 ff.; COFFEE (1994) 837, 862; GOTTSCHLICH (1996) 309; ROCK (1993) 445, 469; CONARD (1988) 117, 143.

sen dadurch vernachlässigt werden. Dies liegt daran, dass der Auswahlzuständige über Sanktionsmöglichkeiten gegenüber dem Investmentverwalter verfügt, indem er den letzteren von seiner Aufgabe entbindet und seine Wohlfahrt dadurch senkt. Aufgrund dessen wird der Investmentverwalter nur insofern Aktivismus betreiben, als er mit den Interessen des Auswahlzuständigen im Einklang steht. Dies wiederum bedeutet, dass die bereits geschilderten Interessenkonflikte in der Beziehung zwischen internen Verwaltern und Begünstigten auf das Verhältnis zwischen externen Verwaltern und Begünstigten übertragen werden. Beispielweise werden die externen Verwalter der privaten Pensionsfonds die Präferenzen der Treuhänder in Betracht ziehen, bevor sie sich zum Aktivismus entschließen. Da die Treuhänder aus den bereits ausgeführten Gründen dem Aktivismus gegenüber negativ eingestellt sind, ist mit einer ähnlichen Haltung der externen Investmentverwalter zu rechnen[189].

Tabelle 13: Verhältnis der Stimmrechtswahrnehmungszuständigkeit zum gesamten Vermögen

Institutionstypus	Stimmrechtsausübungszuständigkeit (%)
Pensionsfonds	
private	80,38
öffentliche	98,87
KAG	31,73
Banken	70,82
Investmentberater	49,7
Versicherungen	87,5
Durchschnitt	66,38

Quelle: Columbia Institutional Investor Project (1991) table 4.[190]

d) Schließlich wirkt auch die Tatsache abhaltend, dass die Performance jedes Investmentverwalters nicht nur absolut, sondern im Vergleich zu seinen **Wettbewerbern** bewertet wird[191]. Je besser der Investmentverwalter im Vergleich zu seinen Wettbewerbern abschneidet, desto wahrscheinlicher besteht er im Wettbewerb. Der Aktivismus mag zwar zur Maximierung des Beteiligungswertes beitragen, verleiht allerdings dem Aktivisten nicht ohne weiteres einen Wettbewerbsvorteil. Sind nämlich auch Konkurrenten am Zielunternehmen beteiligt, profitieren auch sie von den Bemühungen des Aktivisten. Diesem entsteht jedoch kein Wettbewerbsvorteil, sondern vielmehr ein Nachteil, weil er allein die Einsatzkos-

189 BLACK (1990) 520, 597. Vgl. S. 109 ff., 126 ff.

190 Vgl. ROMANO (1993) 795, 832 Fn.123; COFFEE (1994) 837, 856; 861.

191 FISCH (1994) 1009, 1020 ff.; CHARKHAM (1994) 288; ROCK (1993) 445, 473; PRIGGE/STEENBOCK (1999) 15; STAPLEDON (1996) 258. ROCK (1993) 445, 473.

ten trägt. Eine Ausnahme gilt nur für den Fall, dass er einen verhältnismäßig hohen Anteil am betreffenden Unternehmen hält[192].

Der Wettbewerb macht weiterhin die Investmentverwalter konservativ in Bezug auf die Investmentstrategie. Es ist schwierig, eine neue Investmentmethode gegenüber den Kunden zu rechtfertigen, wenn die Ergebnisse nicht offenbar erfolgreich sind. Aufgrund dessen neigen sie dazu, nur sichere, etablierte Methoden zu verfolgen, die auch von ihren Wettbewerbern verfolgt werden, so dass ein eventueller Misserfolg nicht ausschließlich sie betrifft. Da der Überwachungseinsatz als Investmentstrategie eine neue, noch ganz nicht etablierte Methode ist, wird er möglichst vermieden[193].

3. Mittel zur Interessenangleichung

a) In erster Linie kann die **Entlohnungsmethode** den Investmentverwaltern Anreize vermitteln, damit sie den Überwachungseinsatz als Mittel zur Erhöhung des Unternehmenswertes intensiver in Betracht ziehen[194]. Hierbei ist zwischen zwei Entlohnungsmethoden zu unterscheiden. Nach der am meisten verbreiteten Methode werden die Investmentmanager aufgrund des Gesamtwerts des anvertrauten Portfolios entlohnt (sog. *ad valorem fees*). Die Entlohnungshöhe richtet sich nach sog. Basispunkten, nämlich Bruchteilen eines Prozent des Gesamtsportfolios (z.B. 0,7% pro Jahr). Dadurch sind zwar die Investmentverwalter gewissermaßen motiviert, den Portfoliowert zu erhöhen, um eine höhere Vergütung zu gewinnen. Allerdings sind die Maximierungsanreize nicht sehr stark, weil kein Verlustrisiko getragen wird. Selbst beim Ausbleiben von Portfoliowerterhöhung behält der Investmentverwalter immerhin den Vergütungsanspruch. Darüber hinaus liegt dem Entlohnungssatz die Annahme zugrunde, dass sich die Investmentverwalter auf eine reine passive Verwaltung beschränken werden. Insofern deckt die erwartete Entlohnung die Überwachungskosten nicht.

Stärkere Maximierungsanreize könnten durch eine **performanceabhängige Entlohnungsmethode** vermittelt werden. Hierbei richtet sich die Vergütung nach dem Teil des Wertzuwachs des verwalteten Portfolios. Der Investmentverwalter trägt sowohl die Chance, die Vergütungshöhe durch entsprechenden Wertzuwachs zu maximieren, als auch das Risiko, keinen Anspruch auf Entlohnung zu haben, falls der Portfoliowert nicht gestiegen ist. Insofern ist er stark dazu motiviert, alle zur Verfügung stehenden Mittel (darunter auch den Überwachungseinsatz) zur Maximierung des Portfoliowertes zu ergreifen.

---

192 Vgl. S.101 ff.

193 COFFEE (1994) 837, 868; GARTEN (1992) 585, 627.

194 COFFEE (1993) 99; BLACK (1992a) 811, 877; BLACK/COFFEE (1994) 1997, 2057; POZEN (1994) 140, 144.

Ursprünglich war die performanceabhängige Entlohnung gesetzlich verboten, um die Anleger vor risikoreicher Portfolioverwaltung zu schützen[195]. Im Laufe der Zeit wurde aber das Verbot teilweise gelockert. Performanceabhängige Vergütungsvereinbarungen sind zwischen Investmentverwaltern und Kapitalanlagegesellschaften seit 1970 zulässig[196]. Gemäß der Rule 205-3 *Investment Advisors Act*[197] wurde die Zulässigkeit auf Vereinbarungen mit Anlegern erstreckt, deren Portfoliowert mindestens $ 750.000 beträgt[198].

Selbst eine leistungsabhängige Vergütung vermag allerdings nicht eine völlige Lösung des Anreizproblems zu erreichen[199]. Zunächst wird sie nicht erwartungsgemäß benutzt, selbst wenn sie überhaupt zulässig ist[200]. Die Investmentverwalter neigen aufgrund des Verlustrisikos dazu, eine auf den Portfoliowert bezogene Vergütung vorzuziehen. Weiter wird befürchtet, dass eine performanceabhängige Entlohnung als zu hoch angesehen wird, und somit die Haftung der Treuhänder auslöst[201].

Anschließend sind die durch eine performanceabhängige Vergütung vermittelten Anreize gering, wenn die Teilnahme am Wertzuwachs vom relativen Abschneiden im Vergleich zu einem **maßgeblichen Index** abhängt. Dies ist etwa zwingend der Fall bei den Kapitalanlagegesellschaften, wobei eine Prämie für den Investmentverwalter nur insofern entstehen kann, als die Portfolioperformance die eines maßgeblichen Index übertrifft[202]. Der Investmentverwalter hat in diesem Fall Anreiz zum Überwachungseinsatz nur in dem Maße, als sein Portfolio besser als der maßgebliche Index abschneidet. Ist aber das Beteiligungsunternehmen in diesem Index eingeschlossen, erhöht sich mit der Steigerung der Anteilswerte auch der Indexstand, nicht aber die Entlohnungshöhe. Nur wenn die Beteiligung des Investmentverwalters am betreffenden Unternehmen höher ist als das Gewicht

---

195 15 USC § 80(b)-3(a)(1).

196 15 USC § 80(b)- 3(b)(2)(A).

197 Erlassen gemäß § 205(e) IAA und getreten am 20.8.1998 in Kraft; siehe Adopting Release Nr. IA-1731.

198 IAA Rule 205-3, zuletzt am 28.8.1998 modifiziert.

199 Vgl. auch die Lage in Großbritannien. Obwohl die Möglichkeit einer performanceabhängigen Entlohnung dort uneingeschränkt ist, wird sie nur selten gebraucht: siehe BLACK/COFFEE (1994) 1997, 2058.

200 COFFEE (1994) 837, 904.

201 Gemäß 15 USC § 80(a)-36(b) haften die Direktoren einer KAG gegenüber den Aktionären, falls sie ihre treuhänderischen Pflichten bezüglich der Vergütung des Investmentverwalters verletzt haben.

202 15 USC § 80(b)-3(b)(2),(c).

dieses Unternehmens am maßgeblichen Index, kann mit einer Vergütungsprämie gerechnet werden[203].

Schließlich vermag auch eine leistungsabhängige Vergütung selbst bei optimalen Bedingungen die Anreize des Investmentverwalters mit den Interessen des institutionellen Anlegers nicht völlig in Übereinstimmung zu bringen. Dies lässt sich anhand des folgenden Beispiels schildern[204]. Angenommen, dass ein institutioneller Anleger eine Beteiligung in Höhe von 1% des stimmberechtigten Kapitals und $ 10 Mill. Wert hält und dass er eine Werterhöhung von 10% (d.h. um $ 1 Mill.) durch gezielten Disziplinierungseinsatz erreichen kann. Da sich die Entlohnung des Investmentverwalters nach 1% der Werterhöhung richtet, lohnt sich ein Kostenaufwand bis zu $10.000 für ihn, während ein Kostenaufwand von bis zu $1 Mill. für den institutionellen Anleger sinnvoll wäre. Der Überwachungseinsatz wird daher ausbleiben, wenn die Kosten über $10.000 liegen, obwohl ein höherer Aufwand für den institutionellen Anleger und seine Begünstigten durchaus sinnvoll wäre. Trotz der Anreizmechanismen liegt es aufgrund dessen nahe, dass die externen Investmentverwalter weniger als die internen motiviert sind, sich für die Überwachung der Beteiligungsunternehmen einzusetzen[205]. Insofern bietet das Ausmaß der Beauftragung von externen Investmentverwaltern einen Anhaltspunkt für die Einsatzwahrscheinlichkeit.

IV. Zwischenergebnisse

In diesem Abschnitt sind die ökonomischen Faktoren erörtert worden, die für die Wahrscheinlichkeit eines aktiven Disziplinierungseinsatzes durch die institutionellen Anleger von Bedeutung sind. Es wurde von den Faktoren ausgegangen, die für die Passivität der individuellen Aktionäre verantwortlich sind, und überprüft, inwieweit diese Faktoren für die institutionellen Anleger Merkmale aufweisen, die einen aktiveren Einsatz versprechen. Insgesamt ergibt sich, dass sich die institutionellen Anleger tatsächlich wahrscheinlicher einsetzen werden. Allerdings bleibt es unklar, wie intensiv dieser Einsatz erfolgen und wie er aussehen wird.

Hinsichtlich der Faktoren, die dafür mitbestimmend sind, inwieweit ein Einsatz aus der Sicht der einzelnen institutionellen Anleger sinnvoll ist, hat sich folgendes ergeben. Zunächst halten die institutionellen Anleger höhere Beteiligungen an den jeweiligen Unternehmen als die individuellen Aktionäre. Jedoch ist die Beteili-

---

[203] STAPLEDON (1996) 258-260; ROCK (1993) 445, 473; COFFEE (1993) 100; GOTTSCHLICH (1996) 300.

[204] BLACK/COFFEE (1994) 1997, 2057.

[205] Vgl. STAPLEDON (1996) 34-5; BLACK/COFFEE (1994) 1997, 2058: In Großbritannien seien die Versicherungsgesellschaften aktiver als andere institutionellen Anleger, was möglicherweise darauf zurückzuführen sei, dass sie ihr Portfolio größtenteils intern verwalten.

gungshöhe im Verhältnis zum gesamten Vermögen jedes institutionellen Anlegers aufgrund der weitgehenden Beteiligungsdiversifikation nicht sehr hoch. Legt man jedoch den Beteiligungswert dem Kosten-Nutzen-Kalkül zugrunde und zieht auch die Tatsache in Betracht, dass die institutionellen Anleger überwiegend an Unternehmen mit großem Kapitalisierungswert beteiligt sind, ist die Einsatzbereitschaft nicht von vornherein auszuschließen. Vorteile weisen die institutionellen Anleger auch in Bezug auf ihre Kostenstruktur auf: Sie sind in der Lage, von Skaleneinsparungen zu profitieren und ihre Informations- sowie Einsatzkosten zu verringern. Auf der anderen Seite sind jedoch einige institutionelle Anleger mit Kosten konfrontiert, von denen die individuellen Aktionäre nicht betroffen sind. Dazu zählen Kosten aufgrund der Geschäftsbeziehungen mit den Beteiligungsunternehmen, die durch den Aktivismus in Frage gestellt werden könnten, sowie Kosten aus politischen Gegenreaktionen. In Bezug auf das Einflusspotential, das die Wahrscheinlichkeit des erwarteten Nutzens beeinflusst, sind die institutionellen Anleger in der Lage, auch andere, über die Stimmrechtskraft hinausgehende Mittel einzusetzen, um das Management zu beeinflussen. Schließlich ist auch die Frage des aus dem Einsatz entstehenden Nutzens angesprochen worden. Es ist sowohl theoretisch begründet als auch empirisch belegt worden, dass der Einsatz den Aktionären monetären Nutzen bringen kann. Insgesamt fällt ein Kosten-Nutzen-Kalkül bei den institutionellen Anlegern auf jeden Fall positiver aus als bei den individuellen Aktionären.

Die institutionellen Anleger weisen sodann Vorteile im Vergleich zu individuellen Aktionären auch in Bezug auf die Kooperationsmöglichkeit auf. Die Tatsache, dass sie weniger zahlreich sind als die individuellen Aktionäre, senkt die Kommunikationskosten zwischen ihnen. Schließlich sind die institutionellen Anleger miteinander vertraute Spieler, was eine Lösung des Gefangenendilemmas ermöglicht, sofern jeder von ihnen auf die Unterstützung durch die anderen in späteren Situationen angewiesen ist.

Einen positiven Aspekt stellt zudem die Tatsache dar, dass eine **Abwanderungsmöglichkeit** den institutionellen Anlegern weniger zur Verfügung steht als den individuellen Aktionären. Dies ist die Folge sowohl der zunehmenden Beteiligungsindexierung als auch des Wachstums. Dies hat zur Folge, dass die institutionellen Anleger gezwungen sind, ihre Beteiligungen länger zu halten und nach anderen Mitteln zur Reaktion auf Managementprobleme zu suchen.

Problematischer erscheinen dagegen die **Auswirkungen der Verwaltungsstruktur** auf die Einsatzbereitschaft der institutionellen Anleger. Die Tatsache, dass die Interessen der Verwalter mit denen der Begünstigten nicht immer übereinstimmen, kann Interessenkonflikte entstehen lassen. Dies ist zum einen der Fall, wenn die Verwalter die Kosten bzw. den Nutzen aus dem Überwachungseinsatz nicht vollständig internalisieren. Zum anderen kann ein massiver Interessenkonflikt entstehen, wenn die Verwalter eigene Interessen am Beteiligungsunternehmen haben, die durch einen aktiven Einsatz gefährdet werden können. Die Situation kompliziert sich, wenn externe Investmentverwalter eingeschaltet sind. Aufgrund verschiedener Umstände sind sie noch weniger als die internen Verwalter bereit, sich für die Managementdisziplinierung einzusetzen.

§ 5. JURISTISCHE FAKTOREN

Nach Ansicht mehrerer Autoren sollen die juristischen Regeln eine noch wichtigere Rolle für die Überwachungsbereitschaft der institutionellen Anleger als die rein ökonomischen spielen. Dieser Gedankenlinie zufolge seien die institutionellen Anleger derart überreguliert und mit zusätzlichen Kosten belastet, dass die Kosten-Nutzen-Rechnung zwangsweise negativ ausfalle. Insofern seien die festzustellenden Tatsachen (geringe Beteiligungshöhe, umfangreiche Beteiligungsstreuung) nicht auf einen freien Systemwettbewerb, sondern auf bewusste legislatorische Eingriffe zurückzuführen[1].

Die Richtigkeit dieser Meinung wird in diesem Abschnitt geprüft. Dazu werden die Regeln vorgestellt, welche die Anreizstruktur der institutionellen Anleger beeinflussen könnten. Sie lassen sich in drei Gruppen einteilen, je nachdem, ob sie sich auf den Beteiligungsaufbau (I), die Kooperation zwischen den institutionellen Anlegern (II) oder den aktiven Einsatz (III) beziehen. Spezifische Regeln, die sich auf die einzelnen Einsatzmittel beziehen, werden im nächsten Abschnitt (§6) erörtert.

I. Beteiligungseinschränkungen

Wie bereits erörtert, ist die Beteiligungshöhe ein entscheidender Faktor für die Überwachungsbereitschaft eines Aktionärs[2]. Insofern entfalten die Regeln, die den Aufbau hoher Beteiligungen erschweren, einen deutlich negativen Einfluss auf die Überwachungsbereitschaft der institutionellen Anleger. Im folgenden wird untersucht, wieweit der Erwerb hoher Beteiligungen von der juristischen Regelung tatsächlich belastet ist. Es lässt sich zwischen direkten Einschränkungen (A), welche ein klares Erwerbsverbot bzw. eine klare Beteiligungseinschränkung vorschreiben, und indirekten Einschränkungen (B) unterscheiden, die den Beteiligungserwerb zwar nicht verbieten, aber mit zusätzlichen Kosten belasten.

A. Direkte Einschränkungen

Eine Reihe von Regeln begrenzen ausdrücklich und unmittelbar die Beteiligungshöhe. Je nach der Festlegungsart lässt sich zwischen auf das Kapital des Beteiligungsunternehmens und auf das Vermögen des institutionellen Anlegers bezogenen Einschränkungen unterscheiden[3]. Angesichts der negativen Auswirkung der-

---

1 Grundsätzlich BLACK (1990) 520, 530 ff.; ROE (1994) *passim.* Vgl. auch CONARD (1988) 117, 152 ff.; GRUNDFEST (1990) 89 ff.; a.A. COFFEE (1994) 837, 846; BLACK/COFFEE (1994) 1997, 2085; GARTEN (1992) 585, 613 ff.

2 Siehe oben § 4.I.A.1.

3 Die einzelnen Beteiligungseinschränkungen wurden bereits in § 3.I bei der Darstellung des rechtlichen Rahmens der einzelnen institutionellen Anleger aufgeführt. Zur Zusammenfassung:

artiger Einschränkungen auf die Überwachungsbereitschaft wirft sich die Frage nach deren **Rechtfertigung** auf.

a) Zur Begründung der Einschränkungen wird zunächst die Gewährleistung der **finanziellen Sicherheit** (*soundness*) der betroffenen institutionellen Anleger herangezogen[4]. Dies erfolgt auf folgende Weise. Indem die institutionellen Anleger bestimmte Beteiligungsgrenzen in den einzelnen Unternehmen zu beachten haben, sind sie gezwungen, eine gewisse Diversifikation zu verfolgen[5]. Dies ist im allgemeinen positiv und wünschenswert, weil die Diversifikation zur Verringerung des firmenspezifischen Risikos führt. Obwohl dieses Ziel in der Regel ohnehin verfolgt würde, will die restriktive Regelung mögliche Abweichungen verhindern und den mittelbaren Anlegern bzw. Kunden der institutionellen Anleger eine volle Sicherheit gewährleisten[6].

Sodann fällt es sowohl den Aufsichtsbehörden als auch den mittelbaren Anlegern aufgrund der Beteiligungseinschränkungen leichter, das finanzielle **Risiko des Finanzunternehmens einzuschätzen**[7]. Wäre der institutionelle Anleger frei, sich an einem Unternehmen in beliebiger Höhe zu beteiligen, müsste man die Auswirkung des Beteiligungsunternehmens auf dessen Risiko zusätzlich ermessen, um das gesamte Risiko feststellen zu können. Dies würde hohe Überprüfungskosten nicht zuletzt deswegen verursachen, weil die Überprüfung regelmäßig wiederholt werden müsste, um inzwischen eingetretenen Änderungen des Finanzrisikos Rechnung zu tragen. Durch die Festlegung von Beteiligungseinschränkungen werden Informations- und Überprüfungskosten eingespart, weil die Auswirkung der Beteiligungsunternehmen auf die Solvenz des Finanzunternehmens gering bleibt.

Die Lebens- und Sachversicherungen dürfen nicht über 20% bzw. 10% der gesamten Aktiva in Aktien investieren. Die einzelnen Aktienbeteiligungen dürfen nicht 2% bzw. 1% der zulässigen Aktiva übersteigen Die Aktienbeteiligungen der diversifizierten Kapitalanlagegesellschaften (KAG) dürfen 10% bzw. 5% des Aktienkapitals des Beteiligungsunternehmens und 5% des Anlagevermögens der KAG nicht übersteigen. Die Banken dürfen keine Aktienbeteiligungen erwerben und die Bankkonzerne und die Treuhandabteilungen dürfen Beteiligungen bis 5% des Aktienkapitals des Beteiligungsunternehmens bzw. 10% des Treuhandvermögens erwerben.

4 GRUNDFEST (1990) 89, 106.

5 CLARK (1976) 1, 47.

6 Insbesondere SMITH (1997) 1, 9 ff. weist zur Verteidigung der restriktiven Regelung nachdrücklich darauf hin, dass sich die Kunden der Finanzintermediäre (insbesondere der Versicherungsunternehmen und der Pensionsfonds) im Gegensatz zu Investoren eine möglichst hohe Sicherheit in Bezug auf die Solvenz des Finanzintermediäres wünschen. Die Beteiligungseinschränkungen sollten demnach minimale Risikoexpositionsstandards setzen, um die Solvenz der institutionellen Anleger sicherzustellen.

7 CLARK (1979) 787, 815; DERS. (1976) 1, 14, 16.

Überdies sprechen auch die **Liquiditätsbedürfnisse** der mittelbaren Anleger für die Einschränkung der Beteiligungsmöglichkeiten[8]. Sofern die institutionellen Anleger nicht mit absoluter Sicherheit voraussehen können, wann die mittelbaren Anleger die Rückzahlung des angelegten Kapitals verlangen werden, müssen sie ständig in der Lage sein, der Rückzahlungsforderung nachzukommen. Dies setzt wiederum voraus, dass die Aktiva in leicht liquidierbare Investitionen gebunden sind, damit sie zur Erfüllung der Rückzahlungsforderung verwendet werden können. Ausgehend davon, dass hohe Beteiligungen schwieriger zu liquidieren sind, wollen die auf das Eigenkapital des Beteiligungsunternehmens bezogenen Einschränkungen die Liquidität des institutionellen Anlegers sicherstellen.

b) Gegen die restriktive Beteiligungsregelung werden mehrere Einwände ins Feld geführt. Eine Argumentationsreihe stellt zunächst in Frage, inwieweit die restriktive Regelung zum **Sicherheitsziel** tatsächlich beiträgt. So wird kritisiert, dass das Vermögen des Beteiligungsunternehmens als Diversifikationsmaßstab völlig ungeeignet sei, weil sich das erforderliche Ausmaß der Streuung am Vermögen des Anlegers messen lasse. Demzufolge könne ein Anleger hinreichend diversifiziert sein, wenn die Beteiligung an seinem gesamten Vermögen gemessen gering sei, obwohl sie einen großen Teil des Kapitals des Beteiligungsunternehmens umfasse. Im Ergebnis sei die auf das Vermögen des Beteiligungsunternehmens bezogene Grenze für den Streuungsumfang irrelevant und störe unnötig die Einsatzbereitschaft der institutionellen Anleger[9]. Es wird daher sogar die Vermutung vertreten, die restriktive Regelung ziele geradezu darauf ab, das Einflusspotential der institutionellen Anleger zu begrenzen[10]. Hierfür spricht, dass viele der angesprochenen Regeln unter Einfluss eines verbreiteten Misstrauens gegenüber den institutionellen Anlegern eingeführt wurden[11].

Die Erreichung des Sicherheitszieles scheint auch deshalb fernzuliegen, weil ganz **pauschale Kriterien**, nicht aber die Grundzüge der modernen Portfoliotheorie den Beteiligungseinschränkungen zugrunde liegen[12]. Nach der Portfoliotheorie wird die Abschaffung des firmenspezifischen Risikos jeder Aktie nur dann

---

[8] BAUMS (1992b) 50; CLARK (1976) 1, 55 ff.; ROE (1994) 113.

[9] BAUMS (1992b) 8; MACINTOSCH (1994) 373, 417.

[10] Vgl. CLARK (1976) 1, 50: "*Similarly, a regulation like that prohibiting an institution from owning more than five percent of the outstanding voting securities of any one issuer is designed to prevent institutional dominance of portfolio companies rather than to ensure portfolio safety.*"; vgl. zu Banktreuhändern LYBECKER (1973) 977, 995.

[11] ROE (1994) *passim*, insb. 21-48; Vgl. auch CLARK (1979) 787, 835: "*Another reason is the fear ....that permitting holding company expansion may lead to financial conglomerates whose great size and power are by themselves anathema to American ethos (...). The United States is far from being a zaibatsu system.*"

[12] VITTAS (1998) 401, 404; BINES (1976) 721, 795.

erreicht, wenn die betroffenen Aktien unterschiedliche, miteinander negativ korrelierte firmenspezifische Risikobestandteile aufweisen. Sofern sich die Regelung nicht auf die konkreten Risikomerkmale der Portfoliounternehmen bezieht, besteht keinerlei Garantie, dass eine angemessene Diversifikation erreicht wird.

Schließlich wird die restriktive Beteiligungsregelung auch deswegen kritisiert, weil sie den institutionellen Anlegern die Möglichkeit nimmt, das Diversifikationsziel mit **anderen Zielen** abzuwägen. Bei einer weniger restriktiven Regelung würden die institutionellen Anleger auch andere Ziele verfolgen, die zwar einen geringeren Streuungsumfang erfordern, aber in bestimmten Fällen höhere Vorteile mit sich bringen. Dies ist etwa der Fall einer Investitionsstrategie, die darin besteht, auf Verbesserung der Performance eines Unternehmens zu drängen, indem man hohe Beteiligungen erwirbt und sich an der Überwachung der Geschäftsführung aktiv beteiligt (sog. *relational investing*).

Ferner würde eine größere Beteiligungsmöglichkeit insbesondere den Banken ermöglichen, Vorteile durch die Verbindung von Aktienbeteiligung und Kreditvergabe beim gleichen Unternehmen zu erreichen[13]. Als Kreditgeber sind die Banken dem nachträglichen opportunistischen Verhalten des Kreditnehmers (sog. *moral hazard problem*) ausgesetzt. Kann der Kreditvertrag einen vollständigen Schutz nicht gewährleisten, könnte die Kontrolle aufgrund einer einflussreichen Aktienbeteiligung die Lücke schließen (*split financing*). Insbesondere können die Kreditgeber dadurch den Interessenkonflikt zwischen Eigen- und Fremdkapitalgebern kontrollieren. Zugleich wird die Informationsasymmetrie verringert, soweit die Kreditgeber durch die Aktienbeteiligung mehr Informationen über die Solvenz des Kreditnehmers erhalten und den Kreditzins präziser berechnen können. Ohne diese Möglichkeit verlieren die Banken ein nützliches Kontrollmittel, was sich möglicherweise negativ auf ihre Anlagebereitschaft und die Finanzierungskosten auswirkt[14].

c) Unabhängig davon, ob die direkten Einschränkungen gerechtfertigt sind, ist festzuhalten, dass ihre Wirkung nicht ausschlaggebend zu sein scheint. In der Praxis erwerben jene institutionellen Anleger, die solchen Einschränkungen nicht unterliegen, keine höheren Beteiligungen. Auch die reglementierten institutionellen Anleger erreichen die festgesetzten Grenzen kaum. Schließlich zeigen ausländische Erfahrungen, dass institutionelle Anleger höhere Beteiligungen auch in je-

---

[13] BAUMS (1992b) 54, 78-80; MÜLBERT (1998) 445, 461; MACEY/MILLER (1995) 73, 77.

[14] PROWSE ((1990) 43 ff.) weist auf der Basis von Vergleichen zwischen den USA und Japan darauf hin, dass sich die eingeschränkte Möglichkeit der US-amerikanischen Banken, in Aktienkapital zu investieren, negativ (um von 4,8% bis 21%) auf die Kreditaufnahmemöglichkeit der Unternehmen auswirkt.

nen Ländern nicht erwerben, in denen ähnliche Beteiligungsgrenzen nicht gelten[15].

B. Mittelbare Einschränkungen

Als mittelbar ist eine Einschränkung einzustufen, wenn die Überschreitung der Beteiligungsgrenze zwar nicht verboten, aber mit kostspieligen juristischen Pflichten verbunden ist. Im nachfolgenden werden die wichtigsten dieser Einschränkungen angeführt und ihre Auswirkung auf die Beteiligungsbereitschaft der institutionellen Anleger erläutert.

1. Einschränkung wegen treuhänderischer Haftung

Der Erwerb hoher Beteiligungen könnte im Licht der treuhänderischen Pflichten bedenklich sein[16]. Solchen Pflichten unterliegen sowohl die Treuhänder des *common law* (darunter also auch die Treuhandabteilungen der Banken) als auch die Treuhänder der öffentlichen und privaten Pensionsfonds. Im folgenden gilt es, die Auswirkungen der Diversifikations- und Sorgfaltspflichten zu untersuchen.

a. Diversifikationspflicht

Die Diversifikationspflicht gebietet, die Treuhandwertgegenstände unter mehreren Investmentarten und Unternehmen ausreichend zu streuen, es sei denn, der Verzicht darauf erscheint eindeutig als sorgfältig. Diese Pflicht ist sowohl im *common law* der Treuhand als auch im ERISA und den einzelstaatlichen Pensionsfondsgesetzen verankert[17]. Infolgedessen sind sowohl die normalen (Bank)-Treuhänder als auch die Treuhänder der privaten und öffentlichen Pensionsfonds an diese Pflicht gebunden. Es ist leicht nachvollziehbar: Je strenger die Diversifikationspflicht ist, desto geringer darf die einzelne Beteiligung am jeweiligen Unternehmen ausfallen. Dies wiederum verhindert die Wahrscheinlichkeit einer aktiven Überwachung, die mit der Beteiligungshöhe zusammenhängt. Da die Streuungspflicht außerdem als eine eigenständige Pflicht im Verhältnis zu den anderen treuhänderischen Pflichten verstanden wird, kann sie selbst dann als verletzt gelten, wenn die Investitionen sorgfältig ausgewählt und durchgeführt worden sind[18].

---

15 Zu Banken in Großbritannien siehe BLACK/COFFEE (1994) 1997, 2074.

16 BLACK (1990) 520, 553 ff.

17 Zum *common law* siehe *Dickinson's Appeal* (152 Mass. 184, 25 N.E. 99, 1890); Restatement, Second, Trusts, § 227; SKOTT/FRATSCHER (1988) Bd.3, § 227, S.431 ff. NOTE (1972) 527 ff. Zum ERISA siehe 29 USCA § 1104 (a)(1)(C).

18 *Marshall v. Glass/Metall Association and Glaziers and Glassworkers Pension Plan*, 507 F.Supp. 378 (1980 D.C. Hawai).

b) Außer dem allgemeinen Grundsatz, dass die Diversifikation auf die Vermeidung hoher Verluste abzielen muss, liegt keine spezifische, zahlenmäßig festgelegte Regel vor, nach der sich der Treuhänder zu richten hat, sondern der gebotene Umfang hängt von den konkreten Umständen ab[19]. Angesichts dieser Unklarheit wird vertreten, dass nur eine extreme Streuung das Haftungsrisiko ausräumen könne und dass der bei den institutionellen Anlegern festzustellende Diversifikationsumfang auf die entsprechende Pflicht zurückzuführen sei[20]. Dieser Ansicht widerspricht jedoch die Rechtsprechung, die eine Pflichtverletzung nur in Extremfällen bejahte[21]. Insofern kann man nicht davon ausgehen, dass die Diversifikationspflicht die institutionellen Anleger wesentlich davon abhält, höhere als die bislang festgestellten Beteiligungen aufzubauen[22].

b. Sorgfaltspflicht (*Duty of Prudence*)

a) Der Treuhänder ist weiter verpflichtet, das Treuhandvermögen umsichtig zu verwalten und zu investieren[23]. Der Haftungsmaßstab richtet sich nach dem ver-

---

19 BINNES (1976) 721, 732.

20 ROE (1994) 138; BLACK (1990) 520, 553.

21 Siehe WALD/KENTY (1991) 180 ff.; GIBBS (1997) 905 ff. Rechtsprechung: *Dickinson Appelant*, 152 Mass. 184, 25 N.E. 91 (1880): Anlage von 22% des Treuhandvermögens in ein Unternehmen sei zulässig; erst eine weitere Beteiligung von 15% verletze die Diversifizierungspflicht); *Davis Appellant*, 183 Mass. 499, 67 N.E. 604 (1903): Anlage von 6,5/30 des Treuhandvermögens liege innerhalb der zulässigen Grenzen. Neuerdings *Sandoval v. Simmons*, 622 F.Supp. 1174 (1985): Anlagen von jeweils 18,5%, 11% und 14% des Treuhandvermögens in drei verschiedene Unternehmen entspricht ausreichender Diversifizierung. Die Verletzung der Diversifizierungspflicht anerkannten folgende Urteile: *Hamilton v. C.Nielsen*, 678 F.2d 709 (1982): das Treuhandvermögen war in nur zwei Unternehmen investiert; *Giw Ind. V. Trevor, Stewart, Burton & Jacobsen*, 895 F.2d 729 (1990): Anlegen von 70% des Treuhandvermögens in ein einziges Unternehmen; *Marshall v.Teamsters Local, 282 Pension Trust Fund*, 458 F.Supp. 986 (E.D.N.Y. 1978): Anlegen von 36% des gesamten Treuhandvermögens in ein Unternehmen; *Ford v. Damon* (unveröf.): Anlegen von 98% des Treuhandvermögens; *Donovan v. Guaranty National Bank* (unveröf.): das gesamte Treuhandvermögen wurde in eine einzige Investmentart angelegt; *Borck v. Citizens Bank of Clovis*, 841 F.2d 344 (10th Circ.): Anlegen von 82% des Treuhandvermögens; *Matter of Lincoln First Bank, NA*, 1919 W.L. 3492 3492 (N.Y. 1.Mai, 1997): 50 % des gesamten Treuhandvermögens und 70 % des Aktienportfolios wurde in ein einziges Unternehmen investiert.

22 STONE (1994) 2222, 2257; Beispielweise würde CalPERS der Diversifizierungspflicht selbst dann nachkommen, wenn ihr Portfolio, statt in rund 1.300 Unternehmen, in nur 500 angelegt wäre, so dass die einzelne Beteiligung je Unternehmen höher ausfallen würde.

23 Diese Regel wurde zum ersten Mal im berühmten Urteil *Harvard College v. Amory* (26 Mass. 9 Pick 461) aufgestellt und bleibt seitdem fester Bestandteil des *common law* der Treuhand. Ähnliche Regel ist in den Gesetzen der Bundesstaaten und im ERISA (29 USC § 1104(a)(1)(B): "*a fiduciary shall discharge his duties with respect to a plan with the care, skill, prudence, and dilligence under circumstances then prevailing that a prudent man acting in like*

nünftigen und besonnenen Menschen, der sich unter den gleichen Umständen befände (*prudent man rule*). Entscheidend ist jedoch die Einhaltung der geeigneten Verfahrensschritte, nicht das *ex post* Ergebnis[24]. Die *prudent man* Rule wurde als ein flexibler Verhaltensmaßstab konzipiert, um dem Treuhänder große Bewegungsfreiheit und die Möglichkeit zur Anpassung an neue Umstände einzuräumen. Im Laufe der Zeit wurde aber der Sorgfaltsmaßstab wesentlich verfestigt[25]. Zunächst wurde als hauptsächliche Aufgabe des Treuhänders die Erhaltung des Treuhandvermögens unterstellt. Dementsprechend müssten risikoreiche Investitionen als spekulativ und insofern *per se* als pflichtwidrig gelten[26]. Des weiteren wurde zur Beurteilung der Vereinbarkeit der einzelnen Investitionen mit den treuhänderischen Pflichten nicht auf den abstrakten vernünftigen Menschen, sondern auf die herrschende Investmentpraxis abgestellt, was innovative Investmentmethoden einschränkte. Überdies waren die einzelnen Investitionen getrennt und ohne Rücksicht auf die Leistung des gesamten Portfolios zu überprüfen[27]. Die Haftung könnte nämlich auch dann bejaht werden, wenn nur einzelne Investitionen scheiterten, das gesamte Portfolio aber ein zufriedenstellendes, die einzelnen Schäden ausgleichendes Ergebnis aufwies. Dies ergab sich aus der sog. *anti-netting* Regel, die dem Treuhänder verbietet, Gewinne aus anderen Investitionen zur Minderung des Schadensersatzes geltend zu machen[28].

b) Im Lichte der traditionellen, herrschenden Auslegung erscheint der **Aufbau hoher Beteiligungen** aus Haftungssicht problematisch, wenn sich der Treuhänder nicht ausschließlich auf sicherste Investitionen beschränkt, sondern ein leistungsorientiertes Portfolio durch Einmischung von Investitionen unterschiedlicher Ri-

---

capacity and familiar with such matters would use in conduct of an enterprise of a like character and with like skill.") zu finden. Vgl. LONGSTRETH (1986) 32 ff.

24 *Re Morgan Guaranty Trust Co. of New York*, 396 NYS 2d 78; *Stark v. United States Trust Company of N.Y.*, 445 F.Supp. 670 (S.D.N.Y. 1978); *Donovan v. Walton*, 609 F.Supp. 1221 (D.C. Fla. 1985); *Arakelian v. National Western Life Insurance Company*, 680 F.Supp. 400 (D.D.C. 1987); *Donovan Mazzola*, 716 F.2d 1226 (1983); *Katsaros v. Cody*, 744 F.2d 270 (1984).

25 Die traditionelle Auslegung befindet sich in RESTATEMENT OF TRUSTS, SECOND, § 227 und in SKOTT/FRATSCHER (1988) Bd. 3, § 227, S.431 ff. Überblick in LONGSTRETH (1986) 13 ff., 83 ff.; GORDON (1987) 52, 59 ff.; ROE (1994) 138 ff.; LANGBEIN/POSNER (1976) 1, 3, 24 ff.

26 So etwa die Aktienanlagen: *First Alabama Bank of Montgomery, N.A. v. Martin*, 425 So. 2d 415 (Ala.); *Re Newhoff*, 107 A.D.2d 417, 486 N.Y.S. 2d 156. BLAIR/HEGGESTAD (1978) 79, 84 ff.

27 *Re Bank of New York (Spitzer)*, 723 N.E.2d 700 (N.Y. 1974).

28 *Leigh v. Engle*, 727 F.2d 113 (7th Circ. 1984). LONGSTRETH (1986) 83 ff.; SKOTT/FRATSCHER (1988) Bd.3, § 213, S.298 ff.; Nur das Urteil *Matter Bank of New York*, 35 N.Y.2d 512, lässt offen, dass auch das gesamte Portfolio zur Haftungsbeurteilung zugrundegelegt werden könne.

sikointensität aufbauen will[29]. Er ist dann der Gefahr ausgesetzt, dass einzelne, risikoreiche Investitionen als Verstoß gegen die Sorgfaltspflicht angesehen werden, obwohl sie sorgfältig ausgewählt und durchgeführt wurden und einen positiven Ausgleichsbeitrag zum Portfolioaufbau leisteten. Will der Treuhänder trotzdem eine leistungsorientierte Investmentstrategie verfolgen und zugleich den möglichen Haftungsumfang minimieren, muss er sich mit dem Erwerb bruchteiliger Beteiligungen begnügen. Selbst wenn diese Investitionen seine Haftung in Gang setzten, bleibt der zu ersetzende Schaden begrenzt. Der empirische Befund bestätigt tatsächlich die Annahme, dass das Haftungsrisiko das Investmentverhalten hin zur stärkeren Risikoabneigung beeinflusst[30].

c) Die traditionelle Auslegung stößt längst auf Kritik, da sie die aus der **Portfoliotheorie** gewonnenen Einsichten übersehe[31]. Nach dieser Theorie sei stets zwischen zwei Begriffen zu unterscheiden, nämlich dem gesamten Portfolio und den einzelnen Investitionen. Das Portfolio besteht zwar aus den einzelnen Investitionen, deckt sich aber mit ihnen nicht, weil es eigene Risiko- und Renditemerkmale aufweist. Die Aufgabe des Investmentverwalters besteht darin, die gewünschte Portfolioeigenschaften zu erreichen, indem er geeignete Investitionen miteinander mischt. Zunächst hat er das firmenspezifische Risiko der einzelnen Investitionen wegzudiversifizieren, indem er sich miteinander negativ variierende Investitionen auswählt. Anschließend hat er das gewünschte Portfoliorisiko durch die Einmischung von Investitionen zu erreichen, deren durchschnittliches Beta-Risiko dem gewünschten gesamten Risiko entspricht.

Die Anwendung der Portfoliotheorie verschiebt den Schwerpunkt des Haftungsmaßstabes[32]. Legt man das gesamte Portofolio zugrunde, üben selbst die risikoreichen und nachträglich gescheiterten einzelnen Investitionen keinen Einfluss auf die Haftung aus, wenn sie mit dem gesamten Portfolio im Einklang stehen und dieses sorgfältig im Hinblick auf die Risikopräferenzen des Investors aufgebaut worden ist. Insofern hätte auch der Treuhänder freiere Hand, höhere Beteiligungen ohne Furcht vor eventueller Haftung wegen nachträglich gescheiterter einzelner Investitionen zu erwerben. Erfreulich ist es, dass sich Gesetz und Rechtsprechung allmählich der Portfoliotheorie annähern[33]. Bereits 1970 wurden

---

29 Kritisch zu Auswirkungen der traditionellen Meinung auf die Investmentverwaltung siehe ROE (1994) 142; LONGSTRETH (1986) 17; BLAIR/HEGGESTAD (1978) 79, 90; NOTE (1972) 527, 532.

30 Nach einer empirischen Untersuchung von DEL GUERCIO ((1996) 31-62) verhalten sich die institutionellen Anleger, die der *prudent man Rule* unterliegen, am ehesten risikoscheu bei der Investmentverwaltung.

31 LANGBEIN/POSNER (1976) 1, 6 ff.; NOTE (1970) 603 ff.; NOTE (1975) 960 ff.; BINES (1976) 721 ff.; GORDON (1987) 52 ff.; BLAIR/HEGGESTAD (1978) 79, 90.

32 LONGSTRETH (1986) 110 ff.

33 Vgl. *Donovan v. Walton*, 609 F.Supp. 1221 (D.C. Fla. 1985).

die Grundzüge der modernen Portfoliotheorie zur Auslegung der Sorgfaltspflicht gemäß dem ERISA herangezogen[34]. Auch das dritte *Restatement of Trusts* distanzierte sich von der traditionellen Auslegung und folgte ausdrücklich der Portfoliotheorie[35]. Je mehr sich dieser Wandel durchsetzt und in der juristischen Praxis verankert, werden die mit der Sorgfaltspflicht zusammenhängenden Kosten wegen des Aufbaus hoher Beteiligungen ausgeräumt.

d) Der Aufbau strategischer Beteiligungen könnte auch insofern aus Haftungssicht bedenklich sein, wenn die Treuepflicht gebietet, die Investitionsmethoden der anderer Treuhänder zu imitieren. Dies gibt zumindest der Wortlaut der entsprechenden Vorschrift von ERISA zu bedenken, soweit er die von anderen, in ähnlicher Situation befindlichen Personen angewendete Umsicht als Haftungsmaßstab zugrunde legt[36]. Wird dieses Gebot dahingehend ausgelegt, dass der Treuhänder den von der Mehrheit der Treuhänder verfolgten Investitionsmethoden folgen muss, wäre der Erwerb hoher Beteiligungen aus Haftungssicht tatsächlich bedenklich, weil diese Investitionsstrategie nicht verbreitet ist[37]. Diese Sorgen scheinen jedoch überzogen zu sein[38]. Das Gesetz geht nicht von den anderen Treuhändern aus, sondern legt einen objektiven Maßstab, den vernünftigen und umsichtigen Treuhänder, zugrunde; es verweist nicht auf die konkreten Investitionsstrategien der anderen Treuhänder, sondern auf das Verfahren, das ein umsichtiger Treuhänder benutzen würde, um den Investitionserfolg sicherzustellen. Dementsprechend muss der Treuhänder den verbreiteten Investitionsstrategien nicht folgen, sondern darf eine neue Strategie verfolgen, sofern er sie sorgfältig geplant und durchgeführt hat. Das Ausmaß der Neuerung mag zwar die erforderliche Sorgfalt erhöhen. Der Treuhänder hat nämlich nachzuweisen, dass die neue Strategie im Lichte der gegebenen Umstände sorgfältig genug ist und einen Gewinn bringen kann, und dass er sie sorgfältig ausgeführt hat[39]. Er hat überdies darzulegen, dass er über die hinreichende Sachkunde verfügt und überhaupt in der Lage ist, die neue Strategie erfolgreich durchzuführen[40]. Unter diesen Bedingun-

---

34 Vgl. 29 CFR § 2550.404a-1(b).

35 RESTATEMENT OF TRUSTS, Third, 1991, § 227. Siehe HALLBACH (1992) 1151 ff.; BOGERT/BOGERT (1998); HASKELL (1990) 87, 106.

36 29 USC § 1104(a)(1)(B): "*.....a fiduciary shall discharge his duties ....with the care, skill, prudence, and diligence under circumstances then prevailing that a prudent man acting in like capacity and familiar with such matters would use in the conduct of an enterprise of a like character...*".

37 ROE (1994) 139-141.

38 STONE (1994) 2222, 2244 ff.

39 STONE (1994) 2222, 2253.

40 STONE (1994) 2222, 2254.

gen verbietet die Sorgfaltspflicht den institutionellen Anlegern nicht von vornherein, hohe bzw. strategische Beteiligungen zu erwerben[41].

2. Offenlegungspflicht gem. Section 13(d) des *Securities Exchange Act*

a) Gemäß Section 13(d) und der entsprechenden Rule 13d-1(a) Securities Exchange Act (SEA) löst der Erwerb von mindestens 5% der stimmberechtigten Aktien einer börsenotierten Gesellschaft die Pflicht aus, den Erwerb innerhalb von zehn Tagen zu melden[42]. Dazu muss der Erwerber ein umfassendes Protokoll an die Gesellschaft und die Aufsicht der Börse, an der die Aktien notiert sind, absenden, sowie eine Kopie bei der SEC einreichen[43].

Die Einhaltung der vorgesehenen Pflichten ist mit **Kosten** verbunden, die beim Erwerb einer Beteiligung über 5% berücksichtigt werden müssen. Zunächst können die logistischen Kosten für einen institutionellen Anleger mit Hunderten bzw. Tausenden von Unternehmen in seinem Portfolio belastend sein, insbesondere wenn die Beteiligungen häufig umgesetzt werden und die maßgebliche Grenze mehrmals über- bzw. unterschritten wird. Vor allem ist aber das Risiko, gegen Rechtsvorschriften zu verstoßen, hoch. Gem. Rule 13(d)-1(a) muss der Erwerber auch seine Absicht zur Kontrolle des Beteiligungsunternehmens angeben. Es kann ihm eine Diskrepanz zwischen Offenlegung und tatsächlichen Handlungen vorgeworfen werden, wenn sein nachträgliches Verhalten von seiner ursprünglichen Offenlegung abweicht[44]. Die Sanktionen können schwerfallend sein: Außer dem Stimmrechtsverbot kommen auch die Verurteilung zur Beteiligungsveräußerung, zur Herausgabe der Gewinne aus Handel der Beteiligung über die kritische Schwelle[45] oder das Verbot weiterer Zukäufe in Betracht[46]. Die Gefahr ist auch hoch, dass die Manager die Klagemöglichkeit als Drohung benutzen, um die institutionellen Anleger vom Überwachungseinsatz abzuschrecken[47]. Die genannten

---

[41] Auch das letzte, dritte, *Restatement of trust* anerkannte ausdrücklich, dass auch aktive Investitionsstrategien (darunter auch das *relational investing*) als sorgfältige Investitionsstrategien in Frage kommen können: siehe *Restatement of Trusts, Third*, § 227, comment h, General notes to comments e-h; KOPPES/REILLY (1995) 414, 435.

[42] BALL (1991) 175 ff.; BLACK (1992c) 225, 226 ff.; VANECKO (1992) 376 ff.; GILSON/KRAAKMAN (1991) 863, 896; MACEY/NETTER (1987) 131 ff.; BLOOMENTHAL/WOLFF (1999a) § 25:4 ff.; FRENCHMAN (1993) 170 ff.

[43] SEA Rule 13(d)-1(a).

[44] *SEC v. Amster & Co.*, 762 F.Supp. 604, 615-7; BRIGGS (1994) 99, 132; MACEY/NETTER (1987) 131, 152-3; BLACK (1990) 520, 542.

[45] *SEC v. First City Fin. Corp.*, 890 F.2d 1215 (D.Ch.Cir. 1989).

[46] SEA Rule 13d-(e)(2); MACEY/NETTER (1987) 131, 151.

[47] Zur Klageerhebungsbefugnis der Gesellschaft siehe MOORE (1981) 532 ff.

Kosten verhindern zwar an sich den Erwerb einer über 5%-Beteiligung nicht, können aber zusammen mit den anderen Kosten den Ausschlag gegen die Überschreitung der 5%-Schwelle geben.

b) Ausnahmen von § 13(d) gelten in zwei Fällen: Erstens, wenn der Erwerber keine Kontrollabsicht hat und seine Beteiligung auf bis zu 20% beschränkt[48]. Zweitens, wenn er institutioneller Anleger ist und der Beteiligungserwerb einer rein passiven Investition dient[49]. Unter diesen Voraussetzungen darf der Erwerber das einfachere *Schedule 13G* innerhalb von zehn Tagen nach dem Erwerb bzw. 45 nach Ablauf des entsprechenden Jahres einreichen[50]. In diesem Bericht müssen lediglich die Identität des Erwerbers und die gehaltene Beteiligung angegeben werden. Angesichts der mit § 13(d) zusammenhängenden Kosten würde sich ein institutioneller Anleger, der lediglich die Absicht hat, seine Aktionärsrechte kritisch gegenüber dem Management wahrzunehmen, nicht aber die Kontrolle zu erlangen, für die schwächere Meldepflicht entscheiden, wenn die Anwendungsbedingungen erfüllt sind. Unklar ist aber, ob die Überwachungsabsicht der Bedingung einer **passiven Anlage** entspricht.

Ursprünglich zielte das Gesetz nur darauf ab, Transparenz hinsichtlich der Übernahmeabsichten sicherzustellen und die Zielunternehmen vor überraschenden Übernahmeangeboten zu schützen. Insofern wurden von der strengeren Meldepflicht nur die Übernahmeabsicht *stricto senso*, nicht aber andere, mildere Kontrollformen erfasst. In der Zwischenzeit wurde aber das Gesetzesziel von der Rechtsprechung auch darauf erstreckt, die Informationseffizienz des Kapitalmarktes zu erhöhen und den Anlegern umfangreiche Informationen über jegliche Kontrollabsichten des Erwerbers zur Verfügung zu stellen[51]. Demnach müssten nicht nur feindliche Übernahmen, sondern auch mildere Kontrollformen dem Anwendungsbereich unterworfen werden.

Der gesetzliche Wortlaut erlaubt eine so breite **Auslegung des Kontrollbegriffes**, dass fast jede Form des Überwachungseinsatzes umfasst sein kann[52].

---

48 SEA Rule 13(d)-1(c).

49 SEA Rule 13(d)-1(b).

50 Schedule 13D, Item 4.

51 *SEC v. Amster & Co*, 762 F.Supp. 604, 609 (S.D.N.Y. 1991); *GAF Corp. v. Milstein*, 453 F.2d 709, 717: "*Otherwise investors cannot assess the potential for changes in corporate control and adequately evaluate the company's worth.*". Siehe COMMENT (1971) 853, 862: "*Post acquisition disclosure was viewed as providing a basis for market re-evaluation of the corporation*"; BALL (1991) 175, 191.

52 Vgl. Section 13(d), Rule 13b-2 : "*The term control means the possession, direct or indirect of the management and policies of a person, whether through the ownership of voting securities, by contract or otherwise*"; Regulation 13D, Item 4; Rule 13d-1(b)(i) : "*Not with the purpose nor with the effect of changing or influencing the control of the issuer.*"; siehe BLACK (1990)

Die Kontrollabsicht beschränkt sich nicht darauf, dass der Aktionär die Mehrheit oder einen erheblichen Anteil der stimmberechtigten Aktien infolge eines Übernahmeangebots erwerben will. Auch die Absicht, die Stimmrechte lediglich zu nutzen, um das Management und die Geschäftsführung zu beeinflussen, kann als Kontrolle betrachtet werden. Dies ist etwa der Fall, wenn der Aktionär die Zusammensetzung des *Board of Directors*, die Unternehmenspolitik u.ä. verändern bzw. beeinflussen will (vgl. Schedule 13D, Item 4). Auch die Rechtsprechung folgt einer breiten Auslegung des Kontrollbegriffs und bestätigte mehrmals, dass die Meldepflichten gem. § 13d-1 auch dann ausgelöst werden, wenn der Erwerber die Unternehmenspolitik durch Nutzung seiner Rechte lediglich beeinflussen will, ohne die Aktienmehrheit erwerben zu wollen[53].

Daher scheint auch die Absicht, sich lediglich aktiv für die **Überwachung des Managements** einzusetzen, unter den Kontrollbegriff i.S. von § 13(d)-1 zu fallen. Der institutionelle Anleger, der eine aktive Überwachung beabsichtigt, muss die Kosten von 13(d) hinnehmen, es sei denn, er hält seine Beteiligung unter 5%, verzichtet dadurch aber auf ein höheres Einflusspotential. Diese Situation wird als Missstand betrachtet und stößt auf Kritik. Die SEC und der Gesetzgeber wurden vielfach aufgerufen, den Kontrollbegriff ausschließlich auf die Übernahmeabsicht zu beschränken, um die Überwachungsbereitschaft der institutionellen Anleger von unnötigen Kosten zu entlasten[54]. Demnach sollte von Kontrollabsicht sowohl die Unterbreitung von Aktionärsanträgen, als auch die Gegenabstimmung und das Streben nach einer minoritären Vertretung im *Board of Directors* ausgenommen werden.

520, 545; BLACK (1992c) 225, 230; a.A. GILSON/KRAAKMAN (1991) 899, 900; BRIGGS (1994) 99, 122; JENNINGS/MARSH/COFFEE (1992) 674; COFFEE (1994) 837, 879.

[53] LI (1997) 851, 868; SMITH (1996b) 145, 211: "*Involvement in corporate governance extensive enough such that it appears that its passive investment intent has changed*"; *Chromalloy American Corp. v. Sun Chemical Corp.*, 611 F.2d 240, 246 (1979): "*The desire to influence substantially the policies, management and actions amounts to a purpose to control.*"; *Azurite Corp. v. Amster & Co.*, 52 F.3d 15 (2d Circ 1995); *K-N Energy, Inc. v. Gulf Interstate Comp.*, 607 F.Supp. 756 (D.C. Colo. 1983): Unter Kontrolle falle jeder Versuch, die Führungszusammensetzung und Geschäftspolitik des Unternehmens zu beeinflussen; *Dan River, Inc. v. Unitex LTD.*, 624 F.2d 1216 (1980): Jedes Ziel, das über die reine Anlage hinaus gehe, falle unter § 13(d)). Andere Ansicht VANECKO (1992) 376, 398 mit Hinweis auf *Transcon Lines v. A.G. Becker Inc.*, 470 F.Supp. 356, 376 (1979): "*Only the purpose to improve an unimaginative management without actually seeking control acquisition; Plan or proposal that could result to change in the issuer's management or business without having the purpose of acquiring control of the issuer; making suggestions and attempting to influence the management to adopt policies that will improve performance*".

[54] BALL (1991) 175, 197; BLACK (1992c) 225, 231; COFFEE (1994) 837, 882, 893, 894; MACINTOSH (1993) 371, 410.

Die SEC kam im Rahmen der jüngsten **Novellierung der Rule 13(d)** diesen Aufrufen nach. Sie weigerte sich zwar, die institutionellen Anleger vom Anwendungsbereich der Rule 13(d) von vornherein auszunehmen, stellte jedoch klar, dass eine lediglich auf aktiver Stimmrechtswahrnehmung beruhende Überwachung nicht ohne weiteres unter den Kontrollbegriff von § 13(d) falle[55]. Die Anwendung von Rule 13d-1 sei eine Frage der spezifischen Umstände, besondere Bedeutung sei jedoch dem *Einsatzgegenstand* beizumessen. Kontrollabsicht liege vor, wenn das unmittelbare Ergebnis eine Kontrolländerung sei, nicht aber, wenn der Aktionär lediglich die Entscheidungsstrukturen seiner Beteiligungsunternehmen im Rahmen einer allgemeinen Politik verbessern (*good corporate governance*) oder die Durchführung von feindlichen Übernahmen durch die Abschaffung von Abwehrmaßnahmen im allgemeinen erleichtern wolle, wenn keine Übernahme bevorstehe. Von Bedeutung sei anschließend die *Einsatzart*. Die Kontrollabsicht sei eher dann zu bejahen, wenn der Aktionär allein die Initiative ergreife und intensive Oppositionsmittel gebrauche (wie etwa einen Abstimmungskampf), als wenn er lediglich die Initiative eines anderen abstimmend unterstütze oder mildere Oppositionsmethoden ergreife (etwa wenn er lediglich seine Abstimmungsabsichten offen legt). Diese Interpretation der SEC erhöht die Rechtssicherheit und gibt den institutionellen Anlegern freie Hand, die 5%-Beteiligungsschwelle zu überschreiten und eine im angegebenen Sinne aktive Überwachung zu betreiben, ohne die mit den Offenlegungspflichten zusammenhängenden Kosten tragen zu müssen.

3. Gewinnherausgabepflicht (*Swing Profit Forfeiture*)

Gemäß Section 16(b) SEA ist der Besitzer von mehr als 10% einer Gattung des Aktienkapitals verpflichtet, den Gewinn aus Transaktionen, die innerhalb von sechs Monaten vollzogen sind, der Gesellschaft herauszugeben[56]. Darüber hinaus muss er alle Transaktionen monatlich melden. Diese Vorschrift strebt die Bekämpfung des Insiderhandels an und ergänzt das aus § 10(b) abgeleitete allgemeine Verbot. Im Gegensatz zu diesem wird sie jedoch unabhängig vom tatsächlichen Besitz vertraulicher Informationen ausgelöst. Diese Vorschrift wirkt auf jene institutionellen Anleger abschreckend, die ihre Beteiligungen häufig umschichten, weil sie etwa auf hohe Liquidität angewiesen sind. Insofern werden sie ihre Beteiligung unter die 10%- Schwelle halten[57].

---

[55] 17 CFR Part 240; Release No.34-39538 Seite 21 ff.

[56] Ausnahmen von dieser Pflicht sind in Rule 16b-1 für Kapital- und Holdingsgesellschaften unter bestimmten Bedingungen vorgesehen.

[57] BLACK (1990) 520, 545.

4. Abwehrmaßnahmen gegen feindliche Übernahmen

a) Bei der **Giftpille** (*poison pill*) tritt ein genehmigtes Kapital in Kraft, falls ein aussenstehender Dritter einen festgesetzten Anteil von Aktien ohne vorherige Genehmigung des amtierenden Managements erwirbt[58]. In diesem Fall ist das amtierende Management berechtigt, das Kapital zu erhöhen und die Jungaktien den alten Aktionären mit sehr hohen Rabatten einzuräumen und die neuen Aktionäre auszuschließen. Infolgedessen wird der Wert der Beteiligung des feindlichen Erwerbers stark reduziert, was einer unmittelbaren Werteinbuße gleichsteht. Insofern wird ein Investor davon abgehalten, die auslösende Schwelle zu übersteigen. Im Lichte des Vorangegangenen scheint es wahrscheinlich, dass die auslösende Schwelle die oberste Beteiligungsgrenze darstellt, die für einen institutionellen Anleger in Betracht kommt. In der Regel beläuft sie sich auf 20%, nicht selten auf 10% des Aktienkapitals, und die Tendenz geht zu noch geringeren Beteiligungsquoten.

b) Abschreckende Wirkung auf den Beteiligungserwerb entfalten auch die Abwehrmaßnahmen, die vom **Gesetzgeber der einzelnen Staaten** verabschiedet wurden[59]. Hierbei kommen hauptsächlich zwei Varianten in Frage: Einerseits darf derjenige, der eine Beteiligung über eine bestimmte Schwelle ohne vorherige Zustimmung des amtierenden Managements erworben hat, die auf diesen Aktien entfallenden Stimmrechte nur nach vorheriger Zustimmung der Mehrheit der übrigen Aktionäre ausüben (*control share acquisition statutes*). Andererseits ist derjenige, der eine Beteiligung von mehr als 20% erwirbt, verpflichtet, den übrigen Aktionären ein Pflichtangebot zu unterbreiten und ihre Aktien für einen angemessenen Preis zu kaufen.

5. Kontrollhaftung

Die institutionellen Anleger sollen auch deswegen den Aufbau höherer Beteiligungen vermeiden, weil sie dadurch möglicherweise in einen Kontrollbesitz geraten würden, was mit kostspieligen Pflichten verbunden ist[60].

---

[58] MYERS (1997) 778-790; MACINTOSH (1993) 371, 406; BLACK (1990) 520, 550.

[59] BLACK (1990) 520, 556.

[60] BLACK (1990) 520, 548 ff.; BLACK (1992c) 225, 228; zum kanadischen Recht siehe MACINTOSH (1993) 373, 388 ff. Vgl. auch Art. 25 Abs.1 Richtlinie 85/611 EWG des Rates vom 20.12.1985 zur Koordinierung der Rechts- und Verwaltungsvorschriften betreffend bestimmte Organismen für gemeinsame Anlagen in Wertpapieren (Amtsblatt der Europäischen Gemeinschaften Nr. L375/3 vom 31.12.1985), wonach eine Investmentgesellschaft oder eine Verwaltungsgesellschaft für keine der von ihr verwalteten Investmentfonds durch den Erwerb stimmberechtigter Aktien die Möglichkeit eines nennenswerten Einflusses auf die Geschäftsführung eines Emittenten erlangen darf.

a) Eine Reihe von Vorschriften machen den Kontrollbesitzer für die durch den Emittenten begangene **Verletzung von wertpapierrechtlichen Pflichten** sekundär verantwortlich (sog. *presumptive liability clauses*). Insbesondere haftet der Kontrollbesitzer gem. § 15 *Securities Act* (SA) und §20(a) SEA unter den gleichen Bedingungen und im gleichen Umfang wie der Emittent für falsche bzw. irreführende Angaben des Registrierungsberichtes (§ 11 SA), des Emissionsprospekts (§12 SA) oder der nachträglichen Offenlegungen (§ 18 SEA).

Der Kontrollbesitzer ist weiter bei der **Veräußerung seiner Beteiligung** an der kontrollierten Gesellschaft eingeschränkt. Er darf seine Beteiligung nur nach Einhaltung der allgemeinen Emissionspflichten (nämlich Registrierung und Prospekterstellung gem. §§ 5 ff. SA) veräußern (sog. *issuer-control clause*). Dies ergibt sich aus dem Zusammenspiel mehrerer Vorschriften. Nach § 5 SA sind der *underwriter* und der *dealer* neben dem Emittenten den strengen Emissionsoffenlegungs- und -haftungspflichten unterworfen. Als *underwriter* gilt weiterhin nach § 2(11) derjenige, der bei der Plazierung (*distribution*) von Wertpapieren nicht nur direkt für den Emittenten, sondern auch für denjenigen vermittelt, der die Kontrolle über das emittierende Unternehmen innehat. Aufgrund dessen sind die Emissionsanforderungen einzuhalten, wenn der Kontrollbesitzer einen *underwriter* beauftragt. Außer den rein logistischen Kosten ist der Kontrollbesitzer auch einem erheblichen Rechtsrisiko wegen der Haftung für falsche bzw. irreführende Angaben der Emissionsdokumente ausgesetzt. Der Kontrollbesitzer könnte zwar auf einen *underwriter* verzichten, dies ist aber aus mehreren Gründen nicht unproblematisch. Zum einen ist die Veräußerung eines großen Aktienpakets ohne die Vermittlung eines *underwriters* bei den vorliegenden Kapitalmarktumständen schwer vorstellbar[61]. Zum anderen wird der Begriff des *underwriter* so weit verstanden, dass jeder, der eine große Aktienmenge kauft, als *underwriter* vermutet wird und die Anwendung der Publizitätspflichten auslöst[62]. Einen Ausweg bietet die private Plazierung gem. Rule 144 SA, bei der die Publizitätspflichten nicht einzuhalten sind. Dieser Weg steht aber nicht uneingeschränkt zur Verfügung. Die Veräußerung einer Beteiligung in Höhe von 1% innerhalb von 3 Monaten wird als eine öffentliche Plazierung angesehen und schließt die Anwendung der Ausnahmeregel der Rule 144(e)(1) SA aus. Alles in allem kann die Liquidität wegen der Emissionskosten und Rechtsrisiken erheblich eingeschränkt werden, was besonders jenen institutionellen Anlegern schwer fallen wird, die auf eine unproblematische Veräußerbarkeit angewiesen sind[63].

---

[61] SOMMER (1966) 560, 584.

[62] CONARD (1992) 539, 559, 560, 562.

[63] CONARD (1992) 539, 548; MACINTOSH (1993) 371, 389 ff.

Aus dem Voranstehenden ergibt sich, dass der Kontrollbesitz tatsächlich mit hohen Rechtsrisiken und Kosten verbunden ist. Dies ist zu begrüßen, weil verschiedenen Missbräuchen bzw. Umgehungsversuchen dadurch begegnet wird[64]. Es wäre nämlich ohne die Heranziehung des Kontrollbesitzers nur zu einfach, der Einhaltung von verbindlichen Normen durch kontrollierenden Einfluss auszuweichen[65]. Die Kontrollhaftung wird jene Investoren nicht abschrecken, welche die Kontrolle aktiv zu nutzen beabsichtigen. Wird aber der Anwendungsbereich zu weit erstreckt, dann besteht die Gefahr, dass reine Investoren wegen der schwerwiegenden Pflichten vom Beteiligungserwerb abgehalten werden. Dies ist etwa der Fall bei institutionellen Anlegern, die an der aktiven Kontrollausübung in der Regel nicht interessiert sind[66]. Für sie lassen sich die Kosten der kontrollbezogenen Pflichten durch entsprechende Vorteile nicht ausgleichen. Überdies besteht die Gefahr, dass die Kontrollhaftung auch die fiduziarische Haftung der Treuhänder der Pensionsfonds gegenüber deren Begünstigten auslöst[67]. Aus diesen Gründen liegt es auf der Hand, dass die institutionellen Anleger den Kontrollbesitz auf jeden Fall zu vermeiden versuchen, indem sie ihre Beteiligung möglichst unter der kritischen Grenze halten werden[68]. Im folgenden gilt es, diese entscheidende Beteiligungsschwelle herauszufinden.

b) Der Gesetzgeber hat den **Kontrollbegriff** nicht definiert, die SEC aber eine Definition in ihren Verordnungen vorgenommen. Demnach gilt als Kontrolle "*the possession, direct or indirect of the power to direct or cause the direction of the management and policies of a person, whether through the ownership of voting securities, by contract, or otherwise*"[69]. Daraus werden folgende Kontrollmerkmale abgeleitet: Zum einen reicht für den Kontrolltatbestand lediglich die *Kontrollmöglichkeit* aus, eine tatsächliche Kontrollausübung ist dagegen nicht erforderlich[70]. Zum anderen muss die Kontrolle in der *Einflussnahme auf das Management*, nicht aber unbedingt in der Managementübernahme bestehen. Die Kontrolle wird ausgeübt, wenn der Aktionär entweder direkt an der Geschäftsführung teilnimmt, oder indirekt die Zusammensetzung des Managements durch die Wahl

---

64 SOMMER (1966) 560, 562: "*The situation of a "controlling person" may be perilous- and expensive.*"

65 CONARD (1992) 539, 546, 557.

66 ENSTAM/KAMEN (1968) 289, 291.

67 COFFEE (1994) 837, 898.

68 SEC Study (1971) 2543.

69 Rule 405 SA, Rule 12b-2 SA. Die in diesen Vorschriften enthaltene Definition ist zwar nicht direkt auf §§ 15, 2(11) SA und 20(a) SEA anwendbar, die Rechtsprechung und die SEC haben sie aber auch bei der Anwendung dieser Vorschriften herangezogen: siehe CONARD (1992) 539, 559.

70 COFFEE (1994) 837, 898.

der Mitglieder des *Board of Directors* bestimmen kann[71]. Im letzten Fall werden seine Anweisungen vom Management befolgt, weil die Amtsinhaber mit negativen Folgen (insbesondere mit ihrer Ablösung) zu rechnen haben, wenn sie von den Anweisungen absehen. Darin unterscheidet sich der Kontrollbesitzer von dem lediglich einflussreichen Aktionär, dessen Anweisungen zwar Rechnung getragen, nicht aber schlechthin gefolgt wird[72].

Der Kontrollbesitz kann auf verschiedenen **Mitteln** beruhen, wie etwa den stimmberechtigten Aktien, einem bindenden Vertrag und sonstigen Mitteln[73]. Die Arbeit beschränkt sich im folgenden auf die Stimmrechtsmacht, denn nur sie kommt bei institutionellen Anlegern in Frage. Da grundlegende Entscheidungen von den Aktionären beschlossen werden, liegt auf der Hand, dass die Kontrolle ohnehin bei demjenigen liegt, der über die Mehrheit der stimmberechtigten Aktien verfügt[74]. Jeden anderen Aktionär aber vom Kontrollbesitz von vornherein auszuschließen, würde zu kurz greifen[75].

Es trifft zwar zu, dass ein **Minderheitsaktionär** den Beschlussfassungsausgang in aller Regel nicht bestimmen kann. Allerdings kann die Wahrscheinlichkeit hierzu immerhin so hoch sein, dass sie von den Managern berücksichtigt wird und zur Einhaltung der Anweisungen des betreffenden Aktionärs führt. Es ist daher eine Frage der im konkreten Fall vorliegenden Umstände (*a factual question*)[76], inwieweit ein Minderheitsaktionär die Kontrolle tatsächlich besitzt. Man muss sich dabei vor allem nach der absoluten Beteiligungshöhe richten, aber auch die relative Höhe im Hinblick auf die *Beteiligungsstruktur* berücksichtigen. Denn es liegt nahe, dass die gleiche Beteiligung höheren Einfluss in einer Gesellschaft mit breit gestreutem Aktienbesitz, als in einer anderen mit hoch konzentriertem Aktienbesitz verschafft[77].

Stellt man nun auf die im **amerikanischen Kapitalmarkt** herrschenden Umstände ab, ergibt sich folgendes: Da die Aktionäre in der Regel wegen der weitgehenden Diversifikation und der entwickelten Eigenkapitalbasis nur bruchteilige Beteiligungen halten, muss man davon ausgehen, dass eine Beteiligung in der Höhe von 10% bereits einen wesentlichen Anhaltspunkt (*rebuttable presumption*)

---

71 CONARD (1992) 539, 550, 558; COFFEE (1994) 837, 898.

72 CONARD (1992) 539, 549; ENSTAM/KAMEN (1968) 289, 312.

73 ENSTAM/KAMEN (1968) 289, 315 ff.

74 SOMMER (1966) 560, 507.

75 LOSS (1988) 445.

76 SOMMER (1966) 560, 567.

77 Vgl. LOSS/SELIGMAN (1988) 1721 Fn. 37: "*Everything else being equal, the amount of stock required to give a particular person control decreases as the number of other holders increases and as the amount of stock usually represented at the annual meetings decreases.*"

für die Kontrolldichte bietet[78]. Allerdings darf man nicht von vornherein die Möglichkeit ausschließen, dass auch eine geringere Beteiligung den Kontrolltatbestand begründen kann, insbesondere wenn sie von anderen Umständen begleitet wird (etwa Geschäftsbeziehungen, Teilnahme an gesellschaftlichen Gremien usw.)[79]. Dies gibt zumindest die Praxis der SEC zu bedenken, da sie in ihren Auslegungsschreiben (sog. *no-action letters*) auch geringere als 10%-Beteiligungen nicht vom Kontrolltatbestand ausgenommen hat[80]. Aufgrund dessen wird den institutionellen Anlegern zur Vorsicht geraten, ihre Beteiligungen möglichst gering zu halten, um den Kontrollerwerb mit Sicherheit zu vermeiden.

c) Das aus Betrachtung des **Rechtsprechungsstandes** gewonnene Ergebnis ist nicht ganz eindeutig[81]. In einigen Fällen reicht für den entscheidenden Tatbestand die Kontrollmöglichkeit aus[82]. Diese Entscheidungen könnten tatsächlich zu bedenken geben, inwieweit der bloße Erwerb einer hohen Beteiligung aus der Sicht der Kontrollhaftung problematisch ist. Nach der herrschenden Meinung müsse aber der Kontrollbesitzer die Geschäftsführung tatsächlich steuern[83]. Eine im Vordringen befindliche Meinung verlangt, dass die Beteiligung des Kontrollbesitzers am haftungsbegründenden Tatbestand verschuldet ist (*culpable participation*)[84]. Da sich aber diese Rechtsprechung auf den Bereich der sekundären Haftung beschränkt, bleiben die Bedenken der institutionellen Anleger in Bezug auf die Liquiditätseinschränkungen bestehen. Insofern ist der Aufbau hoher Beteiligungen aus der Sicht des Kontrollbesitzes nicht gänzlich unbedenklich. Vielleicht gerade weil die entscheidende Grenze unklar ist, neigen die institutionellen Anleger auch aus diesem Grund dazu, ihre Beteiligungen maximal zu streuen und die Beteiligungshöhe möglichst gering zu halten, um das Haftungsrisiko zu minimieren[85].

---

78 ENSTAM/KAMEN (1968) 289, 315; SOMMER (1966) 560, 568, mit Argument aus § 16(a), die die Offenlegung von Beteiligungen von 10% vorsieht; LOSS/SELIGMAN (1988) 1704 m.w.H. auf die Rechtsprechung; ebenso WYMEERSCH (1999) 21, 50 zum Art. 25 Abs. 1 der Richtlinie 85/611 EWG des Rates vom 20.12.1985. Diese Vorschrift verbietet jedoch den Aktienerwerb bereits dann, wenn er zum nennenswerten Einfluss, nicht erst zur Kontrolle über das Management führt.

79 SOMMER (1966) 560, 568.

80 SOMMER (1966) 539, 561.

81 Umfassenden Überblick über die jüngere Rechtsprechung siehe in LOWENFELS/BROMBERG (1997) 1 ff.; CONARD (1992) 539, 566 ff.

82 *G.A. Thompson & Co. v. Partridge*, 636 F.2d 945 (5th Circ. 1981).

83 *Donohoe v. Consolidated Operating & Production Corp.* 982 F.2d 1130 (7th Circ. 1992); *Paracor Finance, Inc. v. General Electric Capital Corp.*, 79 F.3d 878 (9th Circ. 1996); *Kaplan v. Rose*, 49 F.3d 1363 (9th Circ. 1994).

84 *Rochez Bros. V. Rhoades*, 527 F.2d 880 (3d Circ. 1975); *Straub v. Vaisman & Co.*, 540 F.2d 591 (3d. Circ. 1976), *Sharp v. Coopers & Lybrand*, 649 F.2d 175 (3d Circ. 1981).

85 CONARD (1992) 539, 541, 547.

Zur Minderung des unnötigen Abschreckungseffektes ist es daher erforderlich, den Kontrollbegriff ausdrücklich auf den effektiven und aktiven Einfluss auf die Geschäftsführung zu beschränken und die bloße Einflussmöglichkeit davon auszunehmen[86].

C. Zwischenergebnisse

Aus dem Rückblick auf die juristische Regelung geht hervor, dass der Erwerb einer Beteiligung über 5%, wenn überhaupt zulässig, tatsächlich mit Rechtskosten belastet ist. Dies schließt zwar den Erwerb nicht von vornherein aus, macht ihn aber unwahrscheinlich, wenn der erwartete Nutzen keinen ausreichenden Ausgleich einbringt. Im Hinblick auf die Rechtstatsachen erscheint allerdings fraglich, inwieweit die juristischen Regeln tatsächlich den Ausschlag geben. Die institutionellen Anleger schöpfen die gegebenen Grenzen kaum aus. Nach einem Vergleich mit ausländischen Situationen leuchtet es darüber hinaus ein, dass, selbst wenn die Regelung nicht so streng ist, die Beteiligungen trotzdem nicht höher sind[87].

II. Kooperationshindernisse

Es ist bereits erwähnt worden, dass eine Kooperation zwischen institutionellen Anlegern wahrscheinlicher ist als eine zwischen individuellen Aktionären[88]. Voraussetzung dafür ist jedoch, dass das Zustandekommen der Kooperation nicht mit erheblichen Kosten belastet ist. Im folgenden werden die juristischen Regeln untersucht, die die Kooperation zwischen den institutionellen Anlegern mit Kosten belasten können.

A. Identifizierungshürde

Unabdingbare Vorraussetzung für die Erreichung einer Kooperation zwischen den institutionellen Anlegern ist, dass der die Kooperation anstrebende institutionelle Anleger in der Lage ist, die Identität der anderen, am betreffenden Unternehmen beteiligten institutionellen Anleger zu erfahren. Nach dem Gesellschaftsrecht der Bundesstaaten lauten zwar die Aktien auf Namen, so dass die Aktionärsidentität der Gesellschaft bekannt ist. Ein großer und zunehmend wachsender Teil von Aktien wird jedoch in sog. *nominee* bzw. *street name*Kontos gehalten[89]. Die Aktien

---

86 SOMMER (1966) 539, 575; MACINTOSH ((1993) 371, 394) plädiert sogar für eine vollständige Ausnahme der institutionellen Anleger zumindest von der Regelung der sekundären Distribution.

87 GARTEN (1992) 585, 615. Zu Kanada CRÊTE/ROUSSEAU (1997) 863, 918, 942. Zu Großbritannien STAPLEDON (1996) 20.

88 Siehe oben §4.II.A.

89 Zu dieser Entwicklung siehe BROWN (1988) 683, 687 ff.

sind nämlich in Aktiendepots bei Banken bzw. Wertpapierbrokern hintergelegt und werden *in margin* geführt: Transaktionen zwischen den Kunden desselben Vermittlers werden als Bucheintragungen abgewickelt, und Aktien werden erst dann an- bzw. verkauft, wenn die Depotaktien dem Kundenportfolio nicht entsprechen. Um diese kostengünstige Abwicklung zu erleichtern, wird nicht der eigentliche Eigentümer (*beneficiary*), sondern der Depotführer gegenüber der Gesellschaft als formeller Aktionär (*record owner*) eingetragen. Im Innenverhältnis zwischen Kunden und Bank bzw. Broker ist aber der eigentliche Aktionär zur Wahrnehmung der aus den Aktien entstehenden Rechte berechtigt. Im Ergbenis ist die Identität der eigentlichen Aktionäre weder der Gesellschaft noch Dritten, einschließlich der anderen Aktionäre, bekannt. Angesichts dieser Tatsachen ist ein institutioneller Anleger, der eine Kooperation zwischen den institutionellen Anlegern initiieren will, auf rechtliche Mittel angewiesen, die ihm die Möglichkeit zur Identifizierung der eigentlichen Aktionäre gewähren.

1. Einsicht in die Aktionärsliste nach dem Bundesstaatenrecht

a) Ein Aktionär hat nach dem maßgeblichen Bundesstaatenrecht Anspruch darauf, Einsicht in die Aktionärsliste zu erlangen[90]. Dazu hat er einen zulässigen und ausreichend bestimmten **Zweck** (*proper purpose*) darzutun, der mit seinen Interessen als Aktionär zusammenhängt. Aus der Rechtsprechung ergibt sich, dass die Absicht einer Kontaktaufnahme zwischen den Aktionären, um Fragen der Gesellschaftspolitik zu besprechen, der gesetzlichen Anforderung genügt. Insofern wäre ein institutioneller Anleger erfolgreich, wenn er sich auf die Kontaktaufnahme zur Kooperation zwischen den Aktionären beriefe[91].

b) Gegenstand der Einsicht ist die von der Gesellschaft geführte **Aktionärsliste**, die in erster Linie nur die eingetragenen, nicht aber die eigentlichen Aktionäre enthält. Hat die Gesellschaft bereits eine Liste der eigentlichen Aktionäre durch das Verfahren der Rule 14b-1(c) SEA erlangt, muss sie auch diese Liste auf Anfrage des Aktionärs zur Einsicht zur Verfügung stellen[92]. Sie ist aber auf keinen Fall verpflichtet, die Erlangung einer solchen Liste auf Verlangen des antragstellenden Aktionärs anzustreben[93]. Insofern ist die Information, die aufgrund des Bundesstaatsrechts erlangt werden kann, unzulänglich. Außerdem kann auch die Tatsache abhalten, dass der antragstellende Aktionär mit der Verweige-

---

[90] Zum *Delaware*-Recht siehe WELCH/TUREZYN (1996) 430 ff.; THOMAS (1996) 331 ff.

[91] THOMAS (1996) 331, 356.

[92] KLEIN (1997) 155, 174; THOMAS (1996) 331, 332, Fn.8; BROWN (1988) 683, 776 m.w.H. auf Urteile in Fn. 448; *Cenergy Corp. v. Bryson Oil & Gas P.L.C.*, 662 F.Supp. 1144; *Shamrock Associates v. Texas Am. Energy Corp.*, 517 A.2d 658 (Del. Ch. 1986).

[93] *RB Associates of N.J., L.P. v. Gilette Co.*, 693 F.Supp. 1266 (D.Mass. 1988). Vgl. aber anderes Ergebnis: *Sadler v. NCR Corp.*, 928 F.2d 48, 53 (2d Circ. 1991).

rung des amtierenden Managements zu rechnen haben wird und kostspielige rechtliche Schritten einleiten muss, um diesen Widerstand zu überwinden[94].

2. Offenlegungspflicht gemäß § 13(f) *Securities Exchange Act*

Eine umfassendere Möglichkeit, die Identität der an einem Unternehmen beteiligten institutionellen Anleger zu erfahren, bietet die Regelung des § 13(f) SEA, welche die institutionellen Anleger zur Offenlegung ihrer Aktienbeteiligungen verpflichtet[95].

a) Die Offenlegungspflicht trifft die **institutionellen Investmentmanager** (*institutional investment managers*). Darunter fallen zum einen juristische Personen, die für ihre eigene Rechnung in Wertpapiere investieren, und zum anderen jede (auch natürliche) Person, die für die Rechnung eines anderen investiert[96]. Weiter muss der Investmentmanager das Anlagekonto nach eigenem Ermessen verwalten, nämlich *de facto* bzw. *de jure* über die Befugnis verfügen, die zu ver- bzw. anzukaufenden Wertpapiere zu bestimmen[97]. Insofern ist es unerheblich, wer formeller bzw. eigentlicher Eigentümer der Aktien ist. Schließlich muss der gesamte Marktwert der verwalteten Aktienkonten zum Ende des letzten Abrechnungsjahres mindestens $100 Mio. betragen.

Im Hinblick auf die voranstehenden Bedingungen fallen alle in dieser Arbeit behandelten institutionellen Anleger unmittelbar unter die Offenlegungspflicht, wenn sie ihre Aktienbeteiligungen intern verwalten. Sind jedoch externe Investmentverwalter mit der Verwaltung beauftragt worden, fallen nur diese unter den Anwendungsbereich. Dies ist aber problematisch, wenn der institutionelle Anleger die Investmentverwaltung zwar in Auftrag gegeben, sich die Wahrnehmung der Stimmrechte jedoch vorbehalten hat. Der Kontaktinitiator erfährt durch die Offenlegung nur die Identität des Investmentverwalters, nicht aber die des für die Stimmrechtsausübung Zuständigen. Der Investmentverwalter hat zwar auch Angaben zur Stimmrechtsausübungszuständigkeit zu machen, nicht aber auch den Zuständigen anzugeben[98]. Der Kontaktinteressent muss daher weitere Anfragen

---

[94] Das DGCL § 220(c) sieht ein Eilverfahren vor, damit das Gericht unverzüglich über den Antrag entscheidet. Trotzdem dauert der Prozess durchschnittlich 43 Tage und die Kosten betragen von $10.000 bis auf $40.000 je nach der Stärke des Managementwiderstandes: siehe THOMAS (1996) 331, 349 ff.

[95] Vgl. auch SEA Rule 13(f)(1),(2) und Form 13F: siehe FRANKEL (1978) Bd.III, Ch.XIX, § 6, S.52 ff.

[96] SEA § 13(f)(5)(A).

[97] SEA § 3(a)(35).

[98] Form 13F, Item 8.

durchführen, um die Identität des für die Stimmrechtswahrnehmung Zuständigen zu erfahren.

b) Die erfassten institutionellen Investmentmanager sind verpflichtet, vierteljährlich bei der SEC einen Bericht einzureichen[99]. In diesem **Bericht** sind Angaben zur Gesellschaft, zur Aktiengattung, -anzahl und zum gesamten Marktwert jeder Aktienbeteiligung sowie zur Abstimmungsbefugnis zu machen[100]. Die SEC muss den Bericht dem Publikum zugänglich machen und die Informationen anschaulich darstellen[101], es sei denn, dass wichtige Gründe zur Geheimhaltung bestehen.

Im Hinblick auf die Offenlegungsanforderungen kann ein institutioneller Anleger grundsätzlich die Identität der an einem Unternehmen beteiligten institutionellen Anleger erfahren. Schwierigkeiten können jedoch zwei Umstände bereiten. Zum einen muss der Kontaktinteressent die Beteiligungen aller institutionellen Investmentverwalter durchsehen, um die Beteiligungsstruktur einer Gesellschaft zu rekonstruieren. Diesem Problem lässt sich allerdings begegnen, wenn die SEC, der gesetzlichen Aufforderung nachkommend, die einzelnen Offenlegungen entsprechend zusammenstellt, um die Beteiligungsstruktur der einzelnen Unternehmen wiederzugeben. Zum anderen kann auch problematisch sein, dass die Offenlegungen vierteljährlich -und zwar innerhalb von 45 Tagen nach Ende des Jahresviertels- durchgeführt werden müssen. Aufgrund dessen liegen vier Monate und 15 Tage zwischen zwei Offenlegungen, so dass die dazwischen eintretenden Beteiligungsänderungen unberücksichtigt bleiben, und die früheren Beteiligungsangaben unzutreffend sein können. Trotz dieser Probleme stellt die Offenlegung gemäß § 13(f) SEA eine handhabbare und kostengünstige Möglichkeit zur Identifizierung der institutionellen Anleger zur Verfügung.

B. Kommunikationshürde wegen der *Proxy*-Regelung

1. Die Rechtslage vor 1992

a) Nach dem Gesellschaftsrecht der Bundesstaaten kann man an die Aktionäre einer *corporation* herantreten und sie um die Abgabe einer Abstimmungsvollmacht (*proxy*) bitten[102]. Dadurch wird man ermächtigt, die Stimmrechte gemäß den Vollmachtsbedingungen wahrzunehmen. Diese Möglichkeit wird insbesondere vom amtierenden Management genutzt, um ein Quorum zu erreichen und

---

[99] SEA Rule 13f-1(a) und Form 13F.

[100] Form 13F, in Commerce Clearing House, Federal Securities Law Reporter, Bd.5, § 32,321, S. 22,263.

[101] SEA § 13(f)(3).

[102] DGCL § 212; eingehende Darstellung zur einschlägigen Regelung siehe in WIETHOELTER (1960) S. 247 ff.

die gültige Beschlussfassung sicherzustellen. Allerdings wurden im Laufe der Zeit immer wieder Missbräuche festgestellt. Die Aktionäre wurden zur Vollmachtsabgabe veranlaßt, ohne zuvor über den Abstimmungsinhalt aufgeklärt zu werden. Zur Bekämpfung dieser Probleme ermächtigte der Bundesgesetzgeber die SEC mit § 14 SEA, das Werben um Abstimmungsvollmachten im Verordnungswege zum Schutz der Anleger zu regeln.

b) Zentraltatbestand der entsprechenden Regelung (*Proxy*-Regelung) ist die *solicitation*, nämlich die Werbung um die Erteilung einer Stimmrechtsvollmacht[103]. Derjenige, der um die Erteilung wirbt, ist verpflichtet, dem angesprochenen Aktionär einen umfassenden Informationsbericht (*proxy statement*) gleichzeitig mit der *solicitation* auszuhändigen[104], den vorläufigen Bericht zehn Tage vor der *solicitation* und den endgültigen gleichzeitig mit dem Beginn der *solicitation* bei der SEC einzureichen[105]. Sind diese Anforderungen nicht eingehalten worden, haftet der Schuldige zivil-, verwaltungs- und strafrechtlich[106].

Sofern sich die *solicitation* mit der Aushändigung des Vollmachtsformulars deckt, ergibt sich kein Problem. In einigen Fällen wurde aber versucht, den Bitteempfänger durch informelle Mittel zur Vollmachtsabgabe zu bewegen, bevor ein Vollmachtsformular und der entsprechende Informationsbericht eingereicht worden waren. Dadurch sollte Zeit gewonnen und der Bitteempfänger womöglich zur Abgabe gedrängt werden[107].

c) Zur Beseitigung dieses Missstandes haben Gesetzgeber und Rechtsprechung den Begriff ***solicitation*** derart umformuliert, um auch die informelle Werbung *vor* Aushändigung des schriftlichen Vollmachtsformulars zu erfassen[108]. Demnach gilt als *solicitation* nicht nur die Aushändigung des Vollmachtsformulars, sondern auch jede Kontaktaufnahme, die bei objektiver Betrachtungsweise geeignet er-

---

[103] BLOOMENTHAL/WOLFF (1999a) § 24:48.

[104] SEA Rule 14a-3(a).

[105] SEA Rule 14a-6(a), (b).

[106] Nach dem Urteil *J.I.Case Co. v. Borak*, 377 U.S. 426 (1946) ist das Gericht berechtigt, jede für die Wiedergutmachung erforderliche Sanktion (wie etwa einstweilige Verfügung, Wiederholung der Hauptversammlung, Schadensersatz usw.) auszusprechen: siehe BLOOMENTHAL/WOLFF (1999a) §§ 24:64 ff.; RUOFF (1999) 264.

[107] ROSENBAUM (1991) 163, 172.

[108] Dieser Grundsatz wurde zum ersten Mal im Urteil *SEC v. Okin*, 132 F.2d 784 ausgedrückt (: "*The powers of the commission extend to any other writings which are part of a continuous plan ending in solicitation and which prepare the way for its success. Were it not so, an easy way would be open to circumvent the statute; one need only spread the misinformation adequately before beginning to solicit, and the Commission would be powerless to protect shareholders"*), und anschließend vom Gesetzgeber übernommen. Zur Entwicklung siehe HORNSTEIN (1993) 1129, 1137

scheint, den Empfänger zur Erteilung oder Nichterteilung einer Stimmrechtsvollmacht oder zum Widerruf einer solchen zu bewegen[109].

Angesichts dieses Wortlautes könnte jede Kontaktaufnahme zwischen den Aktionären als *solicitation* angesehen werden, selbst wenn sie sich ausschließlich auf **Meinungs- bzw. Informationsaustausch** beschränken wollte. Die Rechtsprechung legt die entsprechende Vorschrift zwar restriktiv aus und begrenzt den Anwendungsbereich der *Proxy*-Regelung. Demnach sei eine Kontaktaufnahme nicht als *solicitation* anzusehen, je früher sie vor der Hauptversammlung erfolge und ausschließlich darauf abziele, nur informellen Druck auf das Management auszuüben[110]. Ebenso wenig lasse sich eine Zusammenkunft mehrerer Aktionäre als *solicitation* einstufen, wenn ausschließlich ihre legitime Sorgen über die Führungsleistung ausgedrückt werden, oder wenn die in Kontakt stehenden Aktionäre bereits vor der Kontaktaufnahme die gleiche Meinung gebildet hatten[111]. Die Anwendung der Regelung sei weiter ausgeschlossen, wenn die Aktionäre ausschließlich ihre Meinungen äußern und austauschen, oder sich nach der Meinung und Absichten der anderen erkundigen wollen, ohne Einfluss auf die Meinungsbildung zu nehmen[112]. Keine *solicitation* sei schließlich eine Verständigung zwischen den Aktionären, die lediglich der Vorbereitung einer intensiveren Kommunikation diene und nicht unmittelbar auf die Erteilung einer Stimmrechtsvollmacht gerichtet sei[113].

Trotz dieser restriktiven Auslegung räumte die Rechtsprechung allerdings nicht alle **Unsicherheiten** aus. Zunächst blieb ungewiss, wann die Grenze des einfachen Informationsaustausches überschritten wird und eine *solicitation* stattfindet. Der Grundsatz blieb nämlich gelten, dass eine *solicitation* nicht allein deshalb ausgeschlossen sei, weil keine Abstimmungsvollmacht erbeten werde und auch

---

[109] SEA Rule 14a-1(l)(1)(iii): "*...or other communication to security holders under circumstances reasonably calculated to result in the procurement, withholding or revocation of a proxy.*"

[110] Überblick über die Rechtsprechung in SMITH (1996b) 145, 199; BALL (1991) 175, 186; RUOFF (1999) 215 ff. *Champion Parts Rebuilders, Inc. v. Cormier Corp.*, 661 F.Supp. 825, 851 (N.D. Ill. 1987). Adopting Release, 83, 358 & Note 29; *Brown v. Chicago, R.I. & P.R.R.*, 328 F.2d 122, 125 (7th Circ., 1964).

[111] VANECKO (1992) 392-3; BALL (1991) 175, 188; *Chris Craft Industries v. Independent Stockholders Committee*, 354 F.Supp. 895, 907 (D.Del. 1973); *Mobil Corp.* (Mar. 3, 1986), 1986 WL 67070; *Plant Industries, Inc. v. Bregman*, 490 F.Supl. 265 (1980); *Scott v. Multi-Amp. Corp.*, 386 F.Supp. 44 (D.N.J. 1974).

[112] *Smallwood v. Pearl Brewing Co.*, 489 F.2d 579 (5th Circuit).

[113] *Alaska Interstate Co. v. McMillan*, 402 F.Supp. 532, 580; *D-Z Inv. Co. v. Holloway*, Fed.Sec.L.Rep. !94,771; *Pantry Pride, Inc. v. Rooney*, 598 F.Supp. 891, 902; *Twentieth Century Fox Film Corp. v. Lewis*, 334 F.Supp. 1398, 1401; *Calumet Ind., Inc. v. MacClure et al*, 464 F.Supp. 19, 32 (1978).

keine Abstimmung unmittelbar bevorstehe[114]. Wie selbst die SEC einräumte: "*Almost any statement of views could be alleged to be a solicitation, and shareholders could be exposed to ligitation..... challenging (their) failure to comply with the proxy rules*"[115].

d) Diese Unsicherheit wirkte sich insbesondere auf die Kommunikationsbereitschaft der **institutionellen Anleger** negativ aus. Eine Kontaktaufnahme könnte als *solicitation* angesehen werden, selbst wenn sie sich auf Informationsaustausch und Koordinierung ihrer Handlung gegenüber dem Management beschränkte. In diesem Fall wären sie dem Vorwurf ausgesetzt, dass sie den Offenlegungs- und Einreichungspflichten nicht nachgekommen seien. Selbst die Einhaltung der Publizitätsvorschriften würde nicht alle Probleme beseitigen. Außer den Absendungs- und Druckkosten entstehen auch Rechtsrisiken, weil die Mitteilung im Rahmen einer *solicitation* die Haftung für irreführende bzw. falsche Angaben begründen könne. Insofern verfügt das Management über ein strategisches Mittel, um die institutionellen Anleger von aktivem Einsatz abzuschrecken[116]. Diese Situation beeinflusste sämtliche Einsatzformen der institutionellen Anleger negativ. Wollten sie eine formelle Handlung vornehmen (etwa einen *proxy fight* oder die Unterbreitung eines Beschlussvorschlages), konnten sie zuvor die Erfolgschancen durch informelle Umfragen nicht abschätzen. Wollte ein institutioneller Anleger die Einzelaktionäre gegen einen Beschlussvorschlag des Managements öffentlich einnehmen, musste er allen Aktionären Informationsdokumente aushändigen[117]. Schließlich wurde die Tätigkeit auch der kollektiven Organisationen erschwert. Wie noch zu sehen sein wird[118], erteilen diese Organisationen Ratschläge über abzustimmende Themen, ohne um die Abgabe einer Abstimmungsvollmacht zu werben. Selbst diese Tätigkeit könnte jedoch unter den Anwendungsbereich der Regelung fallen[119]. Im Ergebnis war es schwierig, gezielte Maßnahmen durchzuführen und geringfügige Verbesserungen zu erreichen, deren erwarteter Nutzen aber hinreichend groß war, um die diesbezüglichen Kosten zu decken[120].

---

[114] *Sargent v. Genesco, Inc.*, 492 F.2d 750, 767 (1974); *Smallwood v. Pearl Brewing Company*, 489 F.2d 579, 600 (1974); *ConAgra, Inc. v. Tyson Foods, Inc.*, 708 F.Supp. 257; a.A. ROSENBAUM (1991) 163, 171.

[115] SEC Adopting Release Nr.34-31326 in GOOMAN/OLSON (1996) E-9.

[116] POUND (1991) 241, 271.

[117] *Krauth v. Executive Telecard, Ltd.*, 870 F.Supp. 543, 547 (S.D.N.Y. 1994); GILSON/KRAAKMAN (1991) 863, 895.

[118] Siehe unten § 6.II.B.

[119] BLACK (1991) 49, 54-55; *Union Pacific R.R v. Chicago N.W. Ry*, 226 F.Supp. 400 (N.D. Ill. 1964); *Long Island Lighting Co. v. Barbash*, 779 F.2d 793, 796.

[120] POUND (1991) 241, 269 ff.; HORNSTEIN (1993) 1129, 1150.

2. Novellierung von 1992

Die SEC kam diesen Aufrufen tatsächlich nach und nahm 1992 eine umfassende Novellierung vor, um die Tätigkeit der institutionellen Anleger zu befördern. Es ist außerdem für den wachsenden politischen Einfluss der institutionellen Anleger kennzeichnend, dass diese Reform von ihnen (insbesondere von CalPERS) angeregt wurde[121].

a) Die Novellierung hat zwar den Begriff *solicitation* nicht neu formuliert, allerdings **bestimmte Kontaktaufnahmen** teilweise von der Regelung ausgenommen. Hat der Kontaktinitiator kein wesentliches ökonomisches Interesse (*material economic interest*) am abzustimmenden Thema und händigt er den umworbenen Aktionären weder bei der ersten Kontaktaufnahme noch später ein Vollmachtsformular aus, werden die Offenlegungs- bzw. Einreichungspflichten nicht ausgelöst, selbst wenn die Kontaktaufnahme dem Begriff *solicitation* i.S. von Rule 14a-a(1) SEA entspricht[122]. Nur wenn die Kontaktaufnahme schriftlich abgewickelt wird und der Initiator eine Beteiligung im Wert von mindestens $ 5 Mio. hält, muss die SEC innerhalb von drei Tagen benachrichtigt werden[123]. Von der gleichen Ausnahme wird auch die Kommunikation zwischen dem Aktionär und Personen, die ihm Rat bezüglich der Stimmrechtsausübung erteilen, erfasst[124]. Sofern die ausgenommenen Kontaktaufnahmen sonst eine *solicitation* darstellen, unterliegen sie nur der Haftungsregel für irreführende bzw. falsche Angaben. Von der gesamten Regelung wird unter bestimmten Bedingungen die öffentliche Mitteilung der Abstimmungsabsichten und der Gründe hierfür ausgenommen[125]. Diese Kontaktaufnahme kann überhaupt nicht als *solicitation* eingestuft werden, und unterliegt insofern auch nicht der Haftungsregel.

b) Die Änderung ist im **Vergleich zur vorherigen Regelung** sehr weit reichend. Vom Anwendungsbereich sind nicht nur die Grenzfälle ausgenommen

---

[121] Ausführlich zu den neuen Regeln: BRIGGS (1994) 99, 126 ff.; BLACK (1991) 49 ff; SHARARA/HOKE-WITHERSPOON (1993) 327 ff.; ROSENBLUM (1993) 13-1 ff.; SMITH (1996b) 145, 190 ff.; BLOOMENTHAL/WOLFF (1999a) § 37 ff.; FRENCHMAN (1993) 170 ff.; BERGER/BAGLEY-/LA ROSILIERE (1999) 3 ff.

[122] SEA Rule 14a-2(b)(1); BRIGGS (1994) 99, 130; Adopting Release, 83, 360-2. Dieses Interesse liegt vor, wenn der Initiator dem Management oder dem *Board of Directors* angehört (i,ii), als Kandidat bei einer Wahl auftritt (iv), sich gegen eine außerordentliche Transaktion ausspricht (v), die Kontrolle (vi) oder einen besonderen Vorteil anstrebt.

[123] SEA Rule 14a-6(g).

[124] Voraussetzung für die Ausnahme ist, dass die Anweisungen zur normalen Tätigkeit der Organisation zählen, die ratgebende Organisation kein persönliches Interesse am abzustimmenden Thema hat, und ausschließlich vom Empfänger vergütet wird: siehe Rule 14a-2(b)(3).

[125] SEA Rule 14a-1(l)(2)(iv). Die Kommunikation muss die Bedingungen von Rule 14a-2(b)(1) erfüllen, öffentlich und entweder zur Erfüllung treuhänderischer Pflichten gegenüber den Empfängern oder auf deren Aufforderung erfolgen.

worden, bei denen sich die Aktionäre lediglich auf Informationsaustausch beschränken, sondern auch jene Kontaktaufnahmen, die nach dem früheren Stand ohnehin unter den Anwendungsbereich fielen. Dies ist etwa der Fall, wenn der Kontaktinitiator die Abstimmungsentscheidung des Empfängers ausdrücklich und offen zu beeinflussen versucht, ohne aber eine Abstimmungsvollmacht auszuhändigen. Infolgedessen sind alle Hindernisse ausgeräumt, die einer freien Kommunikation zwischen den institutionellen Anlegern und den übrigen Aktionären entgegenstanden. Zugleich sind auch die Kosten einer oppositionellen Kampagne wesentlich gesunken: Während die Kosten einer Kontaktaufnahme nach dem früher geltenden Recht etwa $ 1 Mio. betrugen, belaufen sie sich nach der Novellierung auf nur $ 5.000 bis $ 10.000. Dadurch wird die Verhandlungsposition der institutionellen Anleger gegenüber dem Management erheblich verstärkt, weil sie sich sowohl leichter miteinander in Kontakt setzen als auch formelle wie informelle Einsatzmittel wirksamer gebrauchen können. Diese Erwartung ist zum Teil bereits bestätigt worden[126].

c) Dennoch wird die Novellierung auch in zwei Punkten **kritisiert**. Zum einen wird ihr vorgeworfen, dass sie nicht weit genug gegangen sei, und die institutionellen Anleger von der *Proxy*-Regelung nicht völlig ausgenommen seien. Angesichts ihrer hohen Sachkunde seien diese auf den Regelungsschutz nicht angewiesen. Insofern sollten sie als Empfänger von Bitten zur Vollmachtserteilung von der Anwendung der *Proxy*-Regelung vollständig ausgenommen werden[127]. Zum anderen wird beklagt, dass die Novellierung zu weit gegangen sei und die Stellung der institutionellen Anleger übermäßig verstärkt habe. Es sei nämlich zu befürchten, dass die Möglichkeit für geheime Absprachen zwischen den institutionellen Anlegern möglicherweise zu Missbräuchen führe[128].

---

[126] Die konkrete Auswirkung der Novellierung auf den Einsatz der institutionellen Anleger wird bei der Erörterung der einzelnen Einsatzmittel näher erörtert. Zur Nutzung der neuen Regelung durch die institutionellen Anleger siehe CHOI (2000) 231 ff.; ROSENBLUM (1993) 13-10; BLAIR (1995) 72; BERGER/BAGLEY/LA ROSILIERE (1999) 9 ff.; POZEN (1994) 140, 144; ADLER (1996) 133, 140; FRENCHMAN (1993) 170, 180.

[127] LOEWENSTEIN (1994) 783, 799; SHARARA/HOKE-WITHERSPOON (1993) 327, 335 m.w.H.; HORNSTEIN (1993) 1129, 1154; JOHNSON (1991) 46, 52. Eine ähnliche Ausnahme gilt für die private Platzierung von Wertpapieren, die von Anlegern mit erhöhter Sachkunde (i.d.R. institutionellen Anlegern) gezeichnet werden. Diese Transaktion löst die allgemeinen Offenlegungspflichten gem. § 5 SA nicht aus: siehe § 77d-4(2) SA.

[128] ROSENBAUM (1991) 163, 173; SHARARA/HOKE-WITHERSPOON (1993) 327, 356-7; FRENCHMAN (1993) 170, 184.

C. Zusammenarbeitshürde

a) Wie bereits ausgeführt, knüpfen mehrere Regeln kostspielige **Offenlegungs- und sonstige Pflichten** an den Erwerb einer bestimmten Beteiligung an[129]. Sofern diese Pflichten auch durch die Bildung einer Gruppe aus mehreren Aktionären ausgelöst werden, wird die Zusammenarbeit zwischen den institutionellen Anlegern entsprechend belastet[130].

Der Gruppentatbestand betrifft zunächst die Meldepflicht gemäß § 13(d) SEA, wonach eine Gruppe von mehreren Aktionären zur Beteiligungsoffenlegung verpflichtet ist, wenn die gesamte Gruppenbeteiligung 5% des Aktienkapitals übersteigt[131]. Der Gruppenbegriff i.S. von § 13(d) SEA ist für die Anwendung anderer Vorschriften relevant, wie der Übernahmeabwehrmaßnahmen (*poison pills*[132], *control share acquisitions statues*[133] und *cash-out statutes)*, für die Kontrollhaftung gem. § 15 SA[134] und § 20 SEA[135], und für die Gewinnherausgabepflicht gem. § 16(b) SEA[136]. Es liegt daher auf der Hand, dass je breiter der Gruppenbegriff auszulegen ist, desto kostspieliger die Zusammenarbeit zwischen den institutionellen Anlegern ist. Daher gilt es im folgenden, die für die Gruppenbildung maßgeblichen Bedingungen zu untersuchen[137].

Nach dem Gesetzeswortlaut von § 13(d) SEA setzt die **Gruppenbildung** voraus, dass sich die Aktionäre darauf einigen, gemeinsam in der Absicht zu handeln, Aktien zu erwerben, zu halten, oder zu veräußern. Die Offenlegungspflicht tritt sogar bereits mit der Einigung ein, also bevor die Zusammenarbeit tatsächlich stattfindet. Sind aber die Gruppenmitglieder institutionelle Anleger, wird die Offenlegungspflicht nicht ausgelöst, wenn der Beteiligungserwerb weder das Ziel noch das Ergebnis hat, die Kontrolle über das Unternehmen zu ändern oder zu beeinflussen[138]. Im Ergebnis besteht der entscheidende Tatbestand aus einer Abma-

---

129 Siehe oben S. 146 ff.

130 VANECKO (1992) 376 ff.; BALL (1991) 175 ff.; CONARD (1988) 117, 161; MYERS (1997) 753, 773-7; BLACK (1990) 520, 543; BLACK (1992c) 225, 228 ff.; CONARD (1992) 540, 562 ff., 570 ff.; LOSS/SELIGMAN (1988) 2179 ff.; BLOOMENTHAL/WOLFF (1999a) § 25.6; COFFEE (1994) 837, 877 ff.; GILSON/KRAAKMAN (1991) 863, 900.

131 SEA § 13(d) i.V. mit § 13(d)(3).

132 *Stahl v. Apple Bancorp, Inc.*, 1990 Fed.Sec.L.Rep. (CCH) § 95, 412.

133 *Atlantis Group, Inc. v. Alizac Partners*, 1991-2 Fed.Sec.L.Rep. (CCH) § 96, 445; *Breaud v. Amato,* 657 So. 2d 1343-4.

134 SA § 15: "*Every person, who,....., pursuant to or in a connection with an agreement or understanding with one or more other persons......*"

135 SOMMER (1966) 559, 576 ff.

136 BRIGGS (1994) 99, 120.

137 BALL (1991) 175, 191-194.

138 SEA § 13(d)(3), Rule 13d-5(2)(ii).

chung (*"agreed"*) zwischen den Gruppenmitgliedern über eine bestimmte gemeinsame Vorgehensweise in Bezug auf die Aktien des betroffenen Unternehmens (*"act together for the purpose of acquiring, holding or disposing of equity securities"*), um ein weiteres Ziel zu erreichen (*"purpose or effect of changing or influencing control of the issuer"*). Auf die letzte Bedingung wird an dieser Stelle nicht erneut eingegangen, da sie früher erörtert worden ist[139].

b) Nach dem Wortlaut von § 13(d)(3) SEA müssen sich die Aktionäre auf gemeinsamen Erwerb, Veräußerung oder Halten einer Beteiligung einigen. Insofern würde eine **Zusammenarbeit** zwischen den institutionellen Anlegern, die sich auf die in- bzw. formelle Wahrnehmung der Stimmrechtskraft beschränkte, nicht zur Gruppenbildung i.S.v. § 13 SEA führen[140]. Allerdings hat die Rechtsprechung entschieden und die SEC durch Verordnung daraufhin umgesetzt, dass eine lediglich auf die gemeinsame Ausübung der Stimmrechte bezogene Einigung für die Gruppenbildung ausreicht[141]. Diese Auslegung erschwert tatsächlich selbst jene Zusammenarbeit, die lediglich in einer koordinierten Ausübung der Stimmrechte besteht. Die Belastung ist um so größer, als der Begriff Stimmrechtsausübung (*voting of equity securities*) nicht nur die *stricto senso* Stimmrechtswahrnehmung, sondern auch weitere Tätigkeiten einschließen kann, die mit einem Hauptversammlungsbeschluss zusammenhängen (wie etwa Unterbreitung und Unterstützung eines Aktionärsvorschlages oder Ernennung von Kandidaten für das *Board of Directors*)[142]. Auch eine lediglich informelle Tätigkeit könnte die Gruppenbildung auslösen, weil der Gesetzeswortlaut weit genug formuliert ist (*agree to act together for the purpose of*..... holding ..... *of equity securities*)[143].

c) Schließlich ist für die Gruppenbildung eine **gewisse Einigung** zwischen den einzelnen Aktionären erforderlich (*agree*). Nach der Rechtsprechung reicht zwar eine auch informelle (etwa mündliche) Verständigung aus[144], es muss allerdings

---

[139] Siehe oben S. 151 ff.

[140] SEA § 13(d)(3):"....*purpose of acquiring, holding or disposing.*": siehe COFFEE (1994) 837, 877.

[141] *GAF Corp. v. Milstein*, 453 F.2d 709, 715 (2d Circ., 1971); SEA Rule 13d-5(b)(1) :"*When two or more persons agree to act together for the prupose of acquiring, holding, voting or disposing of equity securities*".

[142] COFFEE (1994) 837, 879.

[143] A.A. GILSON/KRAAKMAN (1991) 863, 898.

[144] Überblick über die Rechtsprechung siehe in BRIGGS (1994) 99, 112-117; MYERS (1997) 753; LOSS/SELIGMAN (1988) 2180. *Universal Container Corp. v. Horwitz*, Fed.Sec.L.Rep. (CCH) § 96, 161 (S.D.N.Y. 1977); *Wellman v. Dickinson*, 682 F.2d 355, 363 (1982): *"The concerted action need not expressly to be memorialized in writing"*; *SEC v. Savoy Indus.*, 587 F.2d 1149, 1163 (D.C.Cir. 1978); *Portsmuth Square, Inc. v. Shareholders Protective Comm.*, 770 F.2d 866, 870 (9th Circ. 1985); *Jacobs v. Pabst Brewing Co.*, 549 F.Supp. 1050, 1065 (D.Del. 1982).

ein festes Abkommen (*agreement*) tatsächlich getroffen worden sein[145], ohne allerdings juristisch verbindlich sein zu müssen[146]. Infolgedessen reichen weder einfache Informationsaustauschkontakte, noch die Tatsache, dass die Aktionäre miteinander in einer irgendwelchen Beziehung stehen, aus[147]. Demnach sind die Aktionäre frei, vorbereitende bzw. einleitende Diskussionen zu führen, um sich über die Unternehmenslage sowie über mögliche Einsatzpläne zu beraten, solange sie sich darauf noch nicht geeinigt haben[148]. Jeder Aktionär ist auch frei, seine Pläne den anderen mitzuteilen, um ihre Unterstützung zu gewinnen. Solange sie sich aber nicht zum gemeinsamen Einsatz entschlossen haben, liegt ein relevantes Abkommen noch nicht vor [149].

Ähnliche Grundsätze gelten für die Anwendung der **Kontrollhaftungsvorschriften**. Auch hierbei müssen die Gruppenmitglieder von einer gewissen Homogenität gekennzeichnet sein. Sie sollen nämlich gemeinsam handeln, um ein gemeinsames Ziel zu erreichen. Unter dieser Voraussetzung können Aktionäre, die nur Bruchteile des gesamten Kapitals halten, als Mitglieder einer kontrollierenden Gruppe angesehen werden und infolgedessen den entsprechenden Pflichten unterliegen[150].

---

[145] *Bath Industries, Inc. v. Blot*, 427 F.2d 97, 110; *Texasgulf, Inc. v. Canada Development*, 366 F.Supp. 374 (1973): "*Mere relationship is insufficient; some indication of concerted action is required.*"; *SEC v. Savoy Industries*, 587 F.2d 1149, 1164 (1978); *Wellman v. Dickinson*, 682 F.2d 355, 363 (1982): "*furtherance of a common objective*".

[146] *SEC v. Savoy Industries*, 587 F.2d 1149, 1164 (1978): "*The scope of section 13(d) was clearly to extend beyond agreements and contracts in the classical contractual "offer" and "acceptance" sense.*"

[147] *Bath Industries, Inc. v. Blot*, 427 F.2d 97, 110 (7th Circ. 1970): "*Section 13(d) does not proscribe informal discussions among existing shareholders concerning the performance of current management. Nor does it proscribe legitimitate cooperation among existing shareholders to assert their determination to take over control of management, absent an intention to acquire additional shares for the furtherance of such purpose*"; *Pantry Pride, Inc. v. Rooney*, 598 F.Supp. 891 (1984); *K-N Energy, Inc. v. Gulf Interstate Comp.*, 607 F.Supp. 756 (D.C. Colo. 1983); *Transcon Lines v. A.G. Becker Inc.*, 470 F.Supp. 356 (1979).

[148] *Calumet Indus., Inc. v. MacClure*, 464 F.Supp. 19, 31 (N.D. Ill. 1978); *Transcon Lines v. A.G. Becker Inc.*, 470 F.Supp. 356, 380 (S.D.N.Y. 1979).

[149] BLACK (1990) 520, 544 bezweifelt, inwieweit die Kontaktaufnahme lediglich zwecks Erkundigung nach den Unterstützungschancen vom Anwendungsbereich ausgenommen sei; vgl. aber *Pantry Pride, Inc. v. Rooney* 98 F.Supp. 891, 900 (1984): "*Furtherance of a common objective with respect to the stock under control; that an idea has been floated is not enough. Section 13(d) allows individuals broad freedom to discuss the possibilities of future agreements without falling under securities laws.*"

[150] SOMMER (1966) 559, 581; *SEC v. Micro-Moisture Controls, Inc.*, 148 F.Supp. 558 (S.D. N.Y. 1957), 167 F.Supp. 716 (S.D. N.Y. 1958), wobei Aktionäre mit nur 1,5 % des gesamten Kapitals als Mitglieder der Kontrollgruppe galten.

d) Aus dem Vorangegangenen lässt sich die Ansicht bestätigen, dass die Zusammenarbeit zwischen den institutionellen Anlegern aus der Sicht des Gruppentatbestandes tatsächlich problematisch ist[151]. Zwar wird nicht jede Kooperationsform erfasst, die stärkeren Formen führen allerdings schon mit hoher Wahrscheinlichkeit zur Gruppenbildung und lösen die entsprechenden Offenlegungspflichten aus. Das Rechtsrisiko ist um so größer, als den Managern die Möglichkeit zur Verfügung steht, die institutionellen Anleger durch Klageandrohungen abzuschrecken. Im Ergebnis erlegt die Gruppenbildung den institutionellen Anlegern zusätzliche Kosten auf und erschwert das Zustandekommen einer Kooperation[152].

III. Aktiver Einsatz

Im folgenden werden die juristischen Regeln erörtert, welche den aktiven Überwachungseinsatz der institutionellen Anleger beeinflussen können, indem sie die institutionellen Anleger dazu bewegen oder davon abhalten.

A. Treuhänderische Pflichten

Die treuhänderischen Pflichten könnten die institutionellen Anleger zum Überwachungseinsatz bewegen, wenn der Nicht-Einsatz wegen der Auslösung der treuhänderischen Haftung mit Kosten verbunden ist.

1. Grundlage

a) Wie oben bereits erörtert, machen die institutionellen Anleger ihre Stimmrechte bzw. ihr allgemeines Einflusspotential wegen Interessenkonflikten nicht geltend, obwohl es sich aus ökonomischer Sicht möglicherweise lohnen würde[153]. In diesem Fall wäre es *de lege ferenda* sinnvoll, eine Pflicht zur Stimmrechtswahrnehmung zumindest für den Fall vorzuschreiben, dass die Aktienbeteiligungen für die Rechnung dritter Begünstigten verwaltet werden. In diesem Sinne haben mehrere *Corporate Governance*-Gremien die institutionellen Anleger bereits aufgefordert,

---

[151] BLACK (1990) 520, 544; CONARD (1988) 117, 161; COFFEE (1994) 837, 880; FRENCHMAN (1993) 170, 187.

[152] Vgl. die Verordnung des australischen Wertpapieraufsichtsamtes (*law order* 98/649), wonach die institutionellen Anleger vom Anwendungsbereich des entsprechenden § 606 *Company Law* ausgenommen wurden: siehe RAMSAY et al. (2000) 110, 127. Ebenso beschränkt das Recht von Großbritannien (siehe Section 204, Company Law und City Code on Takeovers and Mergers, definition of „acting in concert") die Beteiligungsoffenlegungspflicht auf jene Absprachen zwischen den Aktionären, die ausschließlich auf Beteiligungserwerb abzielt: siehe DAVIES (1999) 331, 336.

[153] Siehe oben § 4.III.A.3.

bereits aufgefordert, von ihrem Stimmrechtspotential im Interesse der Begünstigten Gebrauch zu machen[154]. Zuvor wurde aber versucht, die Stimmrechtswahrnehmungspflicht auf verschiedene Theorien zu stützen.

Zur Begründung einer solchen Pflicht wurde zunächst die Theorie des **herrschenden Aktionärs** herangezogen. Demnach schulden der Aktionär bzw. die Aktionäre, die über eine kontrollierende Beteiligung verfügen, den anderen Aktionären treuhänderische Pflichten. Der herrschende Aktionär wäre nach dieser Theorie verpflichtet, sich für die Disziplinierung des Managements einzusetzen, indem er seine Stimmrechte entsprechend ausübt[155]. Dies sollte insbesondere dann gelten, wenn der institutionelle Anleger aus welchen Gründen auch immer auf Beteiligungsveräußerung verzichten muss[156]. Es ist allerdings fraglich, inwieweit eine solche Theorie die Disziplinierungspflicht der institutionellen Anleger begründen könnte. Zum einen lässt sich in der Regel höchstens eine negative Pflicht ableiten, die dem herrschenden Aktionär den Missbrauch seiner Macht zu Lasten der Minderheitsaktionäre verbietet[157]. Selbst wenn eine positive Pflicht begründet werden könnte, ist es zum anderen fraglich, inwieweit den institutionellen Anlegern im Hinblick auf die gegenwärtigen Beteiligungsgegebenheiten (zumindest in den USA) die Stellung eines herrschenden Aktionärs beigemessen werden könnte[158]. Schließlich, was noch wichtiger ist, würde eine derartige Pflicht gegenüber den individuellen Aktionären mit der Treuepflicht gegenüber den eigenen Begünstigten kollidieren. Denn die institutionellen Anleger sind in erster Linie ihren Begünstigten verpflichtet und müssen sich ausschließlich von deren Interesse leiten lassen[159].

---

[154] Vgl. Schlussbericht des *Hampel Committee on Corporate Governance* (Großbritannien, 1998), Nr. 2.14; Report Nr. 5.7: *"The right to vote is an important part of the asset represented by a share, and in our view an institution has a responsibility to the client to make considered use of it....We therefore strongly recommend institutional investors of all kinds, wherever practicable, to vote all the shares under their control, according to their own best judgment, unless a client has given contrary instructions;....But we do not favour a legal obligation to vote."* in SMERDON (1998) 226; CADBURY Report (1992) Nr.6.11-3: "*Institutional investors should make positive use of their voting rights*", Nr. 6.12: "*Voting rights can be regarded as an asset, and the use of those rights by institutional investors is a subject of legitimate interest to those on whose behalf they invest.*".

[155] BAUM/STILES (1965) 142 ff.; LIVINGSTON (1958) 246; NOTE (1969) 69, 75. Vgl. CURZAN/PELESCH (1980) 670, 695 mit Verweis auf das Urteil *Perleman v. Feldman*, 219 F.2d U.S. 952 (1955), das die treuhänderische Pflicht des kontrollierenden Aktionärs gegenüber den anderen Aktionären zum ersten Mal festsetzte.

[156] CONFERENCE (1967) 669, 675.

[157] SNEED (1960) 23, 50 ff.

[158] HARBRECHT (1964) 94; *Farmers Loan and Trust Co. v. New York and N.Ry Co.*, 150 N.Y. 410, 44 N.E. 1043, 34 L.R.A. 76 (1986)

[159] MANNE (1962) 399, 420; CONFERENCE (1967) 669, 680.

Weiter wurde die Theorie der **Stimmrechtstreuhand** (*voting trust*) herangezogen. Nach dieser Theorie muss der Treuhänder eines *voting trust* die darauf entfallenden Stimmrechte im Interesse der einzelnen Begünstigten wahrnehmen. Analog sollten die institutionellen Anleger als Verwalter einer Art von *voting trust* zu Gunsten der individuellen Aktionäre betrachtet und einer entsprechenden treuhänderischen Pflicht unterworfen werden[160].

Es könnte schließlich den institutionellen Anlegern *de lege ferenda* eine Pflicht auferlegt werden, nach der sie auf jeden Fall zur Wahrnehmung der Stimmrechte verpflichtet sind. Auch dieser Vorschlag ist auf allgemeine Ablehnung gestoßen[161]. Eine derartige Pflicht wäre zunächst unzulänglich, wenn ihre Durchsetzung nur auf die Stimmrechtsausübung abstellt, nicht aber überprüft, inwieweit die Stimmrechte auch informiert wahrgenommen worden sind. Überdies widerspräche die unbedingte Stimmrechtswahrnehmung möglicherweise den Interessen der Begünstigten der institutionellen Anleger, wenn sie zur Ressourcenverschwendung führen würde. Dies wäre der Fall, wenn die abzustimmenden Fragen keinen nennenswerten Einfluss auf den Beteiligungswert haben, so dass die Ausübungskosten höher sind.

Die vorangehenden Versuche haben keine gewichtige Resonanz gefunden und lassen sich nicht als Grundlage der *lex lata* betrachten. Vielmehr hat die treuhänderische Pflicht eine überzeugendere Begründung geliefert[162].

b) Die **treuhänderische Pflicht** gebietet dem Treuhänder, das Treuhandvermögen mit der Umsicht eines vernünftigen, sich in vergleichbaren Umständen befindenden Menschen zu verwalten, um die Interessen des Begünstigten zu fördern (*duty of care*)[163]. Der Treuhänder ist verpflichtet, zum einen das Treuhandvermögen überhaupt zu verwalten und nicht zu vernachlässigen, und zum anderen durch die sorgfältige Verwaltung die Interessen des Begünstigten wahrzunehmen, indem er alles unternimmt, was dem Begünstigten einen positiven Ertrag einbringen kann.

Die treuhänderische Pflicht bezieht sich auf das **Treuhandvermögen** (*plan assets*). Diesem sind wiederum nicht nur die einzelnen Wertgegenstände im engeren Sinne (nämlich etwa Aktien, Schuldverschreibungen, Grundeigentum usw.), sondern auch jedes begleitende Recht einzuordnen, welches für das Treuhandvermö-

---

[160] BAUM/STILES (1965) 160-2.

[161] DAVIES (1993) 69, 92; DAVIES (1999) 331, 340; KAMAR (1995) 636, 659; STAPLEDON (1996) 285; STAPLEDON (1998) 331, 354.

[162] SCHWAB/THOMAS (1998) 1018, 1081; CHARKHAM/SIMPSON (1999) 140 ff.

[163] *Harvard College v. Amory* (26 Mass. 9 Pick 461, 29 USC § 1104(a)(1)(B); RESTATEMENT OF TRUSTS (THIRD) (1991) § 227.

gen einen ökonomischen Wert hat[164]. Darunter fallen auch abgeleitete „Rechte" wie etwa das Recht, eine Klage zu erheben.

Inwieweit auch das **Stimmrecht Bestandteil des Treuhandvermögens** ist und sich dessen Ausübung nach der treuhänderischen Pflicht zu richten hat, hängt davon ab, ob es einen positiven ökonomischen Wert hat. Dies setzt wiederum voraus, dass die Stimmrechtsausübung zur Erhöhung bzw. Erhaltung des Treuhandvermögenswertes positiv beitragen kann. Dies muss bejahend beantwortet werden[165].

In einigen Fällen gehört die Stimmrechtsausübung eindeutig zur **Investmentverwaltung**. Dazu zählt die Abstimmung zu Hauptversammlungsbeschlüssen, die eine grundlegende Änderung der Beteiligungsnatur herbeiführen. Dies ist z.B. bei einer Verschmelzung der Fall, infolge deren zwei Gesellschaften miteinander fusionieren. Durch die entsprechende Abstimmung entscheidet der Aktionär im Grunde genommen darüber, ob er auch in eine andere Gesellschaft investieren will[166]. Ähnlich ist der Fall der Auflösung oder des Erwerbes eigener Aktien, die zur Investmentliquidierung führen.

Über diese Fälle hinaus muss man vom **generellen Einfluss** der Hauptversammlungsbeschlüsse auf den Investmentwert ausgehen. Dies ist im Hinblick auf die Rolle des Stimmrechts als Anlegerschutzmechanismus leicht nachvollziehbar. Wie bereits erörtert, soll der Aktionär das Investmentrisiko durch die Stimmrechtsausübung kontrollieren und seine Erwartungen vor nachträglicher Enttäuschung i.S. einer grundlegenden Änderung der Investmentbedingungen schützen[167]. Insofern ist das Stimmrecht eine unentbehrliche Ergänzung der mit dem Residualrisiko vergüteten Investition und nimmt als solche am Investmentwert mittelbar teil.

Auch **empirisch** lässt sich der ökonomische Wert des Stimmrechts bestätigen. Zum einen beeinflussen bestimmte Hauptversammlungsbeschlüsse den Börsenpreis unmittelbar. Dies ist etwa der Fall bei der Einführung von Übernahmeabwehrmaßnahmen, die zur Kurssenkung führen. Zum anderen haben Aktien mit Stimmrecht einen höheren Preis als Aktien ohne Stimmrecht, selbst wenn beide absolut gleiche Ansprüche auf den Residualertrag bzw. die Dividendenausschüttung begründen[168].

---

164 KLEVAN (1988) 229, 230.

165 CHARKHAM/SIMPSON (1999) 151 ff.

166 KLEVAN (1988) 229, 230.

167 Siehe oben § 2.II.B.1.

168 Überblick in GORDON (1988) 1 ff. Siehe auch ZINGALES (1994) 125 ff.; LEASE/ MIKELSON/MCCONNELL (1984) 458 ff.; LEVI (1982) 79 ff.

Aus alledem muss man schließen, dass das Stimmrecht tatsächlich einen ökonomischen Wert hat. Insofern muss es als Bestandteil des Treuhandvermögens angesehen werden und sich seine Ausübung nach der treuhänderischen Pflicht richten[169].

2. Anwendung auf die einzelnen institutionellen Anleger

Ob die einzelnen institutionellen Anleger die Stimmrechte nach der treuhänderischen Pflicht auszuüben haben, hängt davon ab, inwieweit sie ihren Begünstigten solche Pflichten überhaupt schulden[170].

a) Gemäß ERISA müssen die Treuhänder der **privaten Pensionsfonds** das Treuhandvermögen sorgfältig und ausschließlich im Interesse der Begünstigten verwalten[171]. Das Gesetz enthält allerdings keine spezifische Vorschrift über die Ausübung der Stimmrechte. Auch die vom US-Arbeitsministerium ursprünglich verabschiedete Ausführungsverordnung schwieg darüber, inwieweit die Stimmrechte Bestandteil des Treuhandvermögens seien[172]. Allmählich bildete sich allerdings die Ansicht, dass auch die Stimmrechtsausübung der treuhänderischen Pflicht zu unterwerfen sei. Dies begann mit einem vom Arbeitsministerium herausgegebenen Informationsschreiben von 1982, das die Treuhänder davor warnte, dem Umtausch von stimmberechtigten in stimmrechtslose Aktien zuzustimmen. In einem Urteil von 1983 wurden die Treuhänder zum Schadensersatz verurteilt, weil sie unwiderrufliche Abstimmungsvollmachten abgegeben, und somit dem Pensionsfonds einen wertvollen Bestandteil entnommen hatten[173]. Schließlich wurden mehrere Treuhänder verurteilt, weil sie die Stimmrechte nicht treu ausgeübt hatten[174]. Dem lag freilich die implizite Anerkennung zugrunde, dass das Stimmrecht Bestandteil des Fondsvermögens sei. Diese Entwicklung mündete in das sog. *Avon*- Auslegungsschreiben und die kodifizierende Verordnung von 1994, wo zum ersten Mal eindeutig zum Ausdruck gebracht wurde, dass auch das Stimmrecht Teil des Treuhandvermögens sei und daher sich seine Ausübung nach der treuhänderischen Pflicht zu richten habe. In diesem Auslegungsschreiben heißt:

---

169 SACHER (1988) 280, 283; CONARD (1988) 117, 151; zum Recht Großbritanniens siehe CHARKHAM/SIMPSON (1999) 144.

170 Allgemein zu treuhänderischen Pflichten der institutionellen Anleger siehe WEISS/BECKERMAN (1995) 2053, 2112.

171 29 USC § 1104.

172 29 CFR § 2510.3-101; SACHER (1988) 280, 283.

173 *Dimond v. Retirement Plan for Employees of Michael Baker Corp.*, 582 F.Supp. 892 (W.D.Pa. 1983) in WALD/KENTY (1991) 170; *Schoenholtz v. Doniger*, 628 F.Suppl. 1420 (S.D.N.Y. 1986).

174 *O'Neill v. Davis*, 721 F.Supp. 1013 (N.D. Ill. 1989).

> *The fiduciary act of managing plan assets that are shares of corporate stock includes the voting of proxies appartenant to those share of stocks*[175].

b) Die **öffentlichen Pensionsfonds** richten sich nicht nach dem ERISA. Insofern gelten die aus dem ERISA abgeleiteten Grundsätze nicht unmittelbar. Soweit aber auch die öffentlichen Pensionsfonds zunächst der *prudent man*-Regel nach dem Recht des entsprechenden Einzelstaates unterworfen sind, kann man von einer mittelbaren Geltung ausgehen[176].

c) In Bezug auf die *treuhänderischen Beteiligungen* der **Banken** richtet sich die Wahrnehmung der Stimmrechte in erster Linie nach dem zugrundeliegenden Treuhandvertrag. In Ermangelung einer vertraglichen Regelung ist das *common law* maßgeblich, wonach der Treuhänder der *prudent man*-Regel zu folgen haben. Nach dem *Uniform Trusts Act* von 1936 (§ 8) und dem *Uniform Trustees' Powers Act* von 1964[177] umfasst diese Pflicht auch die Stimmrechtsausübung[178]. Auch das letzte (Dritte) *Restatement of Trust* bestätigte ausdrücklich, dass sich die treuhänderische Pflicht über die Verwaltung der einzelnen Wertgegenstände im engeren Sinne hinaus auch auf das gesamte Bündel von Rechten und Privilegien der einzelnen Investitionen erstreckt und eine informierte Entscheidung über deren Geltendmachung gebietet[179]. Diese Ansicht wurde ausdrücklich für die Banken von den zuständigen Aufsichtsbehörden bestätigt[180].

In Bezug auf die *eigenen Beteiligungen* unterliegen die Banken nicht der treuhänderischen Pflicht, da sie diese Beteiligung nicht für ihre Kunden, sondern für sich selbst verwalten[181]. Die Manager der Bankgesellschaft schulden aber ihren Aktionären treuhänderische Sorgfalts- und Loyalitätspflichten in Bezug auf die Investmentverwaltung, die von der *prudent man*-Regel nicht wesentlich abweichen[182]. Sie müssen nämlich jenem Maßstab von Umsicht und Treue genügen,

---

175 *Avon Letter* kodifiziert in 29 CFR § 2509.94-2 (59 Fed.Reg. 38863, 29.Juin 1994). Von diesem Auslegungsschreiben inspiriert schreibt das französische Gesetz Nr. 97-277 vom 25.3.1977, Art. 13, vor, dass die Verwalter der Pensionsfonds die auf die Aktienbeteiligungen des Pensionsfonds entfallenden Stimmrechte wirkungsvoll (*effectivement*) ausüben müssen: siehe COURET (1997) 241, 243.

176 Vgl. West's Ann.Cal.Gov.Code §§ 20205.8, 20205.6 (für CalPERS); SOMMER (1990) 357, 364.

177 *Uniform Trustees' Powers Act,* § (3)(c)(13) abgedrückt in BOGERT/BOGERT (1980) § 551, S.11.

178 SKOTT/FRATSCHER (1988) Bd.3, § 193, S.143-4. Vgl. *Jennings v. Murdock,* 553 P.2d 846, 864: "*Voting stock is no different from the purchase or sale of assets, the invasion of principal or any other aspect of the administration of a trust.*"

179 RESTATEMENT (THIRD) OF TRUSTS, 1991, § 227 (1992) Reporter's Note comment d.

180 KLAUSNER/ ELFENBEIN (1999) 353, 365.

181 NORTON/WHITLEY (1983) 6-104.

182 NORTON/WHITLEY (1983) 6-85.

den ein umsichtiger, in den gleichen Umständen befindlichen Mensch, anlegen würde[183].

d) Die **Kapitalanlagegesellschaften** sind als Aktiengesellschaften eingerichtet und unterliegen dem Trustrecht insofern nicht unmittelbar. Allerdings schulden die Mitglieder des *Board of Directors* den Aktionären treuhänderische Pflichten, die sich an die *prudent man rule* anlehnen und eine sowohl sorgfältige als auch treue Verwaltung des Investmentfondsvermögens im Interesse der Aktionäre als mittelbarer Anleger gebieten[184]. Bisher ist jedoch die Anwendung der treuhänderischen Pflichten auf die Stimmrechtsausübung nicht ausdrücklich besagt worden[185]. Es besteht aber kein Grund, eine andere Lösung als bei den Pensionsfonds anzunehmen[186].

---

[183] 12 USC § 93(a).

[184] 15 USC § 80(a)-36: *"....breach of fiduciary duty involving personal misconduct...."*; FRANKEL (1978) Bd.II, Ch.VIII, § 22, S.61 ff.

[185] Nur informell ließ die *SEC division of investment management* offen, dass die treuhänderischen Pflichten gem. dem *Investment Company Act* von 1940 und dem *Investment Advisers Act* von 1940 auch die Stimmrechtswahrnehmung umfasse: siehe SOMMER (1990) 357, 365 Fn. 32; BUXBAUM (1991b) 1, 24 Fn.56; KLAUSNER/ELFENBEIN (1999) 353, 365 mit Verweis auf Institutional Shareholder Service, 1993, The ISS Proxy Voting Manual, S.1.29

[186] BLOMMESTEIN (1997) 65; CONARD (1988) 117, 150. Vgl. das israelische Gesetz über die Kapitalanlagegesellschaften (§ 77): siehe KAMAR (1995) 652; zum belgischen Recht siehe WYMEERSCH (1999) 21, 50; zum italienischen Recht vgl. Art. 40 *decreto legislativo* Nr. 58 vom 1.7.1998 (*Testo unico delle disposizioni in materia di indermediazione finanziaria*), wonach die KAG die auf die Aktienbeteiligungen entfallenden Stimmrechte im Interesse der mittelbarer Anleger wahrzunehmen haben: siehe MARCHETTI et al. (1999) 155, 180. Ebenso nach dem spanischen Gesetz Nr. 46/1984 vom 26.12.1984 über KAG, Art. 29 Abs. 1: siehe TAPIA (1999) 257, 277; zum französischen Recht siehe Art. 24 Gesetz v. 23.12.1988 und Art. 14, 15 Code Deontologie; siehe COURET (1997) 241, 242.Vgl. auch den am 19.5.1998 vom griechischen Wertpapieraufsichtsamt erlassenen Kodex betreffend die Pflichten der Verwalter von Kapitalanlagegesellschaften gegenüber ihren Kunden (Amtlicher Blatt der Griechischen Republik, Jahr 1998, Teil B615):

" Artikel 6 - Spezifizierung des dritten Grundsatzes

1. Die Kapitalanlagegesellschaften (KAG) bestimmen die Bedingungen, nach denen die auf in ihrem Besitz befindliche Aktien und sonstige Wertpapiere entfallenden Rechte auszuüben sind.

2. Die Aktionärsrechte der KAG, wie die Teilnahme an der Hauptversammlung, das Stimmrecht und die Anfechtung der Verwaltungsbeschlüsse, sind von den KAG frei und im Rahmen des geltenden Rechtes auszuüben. In diesem Rahmen ist der Abschluss von Vereinbarungen mit anderen Aktionären des Beteiligungsunternehmens in Bezug auf die Stimmrechtsausübung nicht auszuschließen, wenn dies dem Anlegerinteresse entspricht. Auf jeden Fall ist die missbräuchliche Geltendmachung der Minderheitsrechte zu vermeiden.

3. Die Stimmrechte sind nach dem Anlegerinteresse und unabhängig von den Interessen der Unternehmensgruppe, der die KAG angehört, auszuüben. Die KAG sollen jederzeit in der Lage sein, die Ausübung bzw. Nichtausübung der Stimmrechte zu begründen.

e) Bei den **Versicherungsunternehmen** ist zwischen dem Rechtsverhältnis der Manager zu den Aktionären und dem zu den Versicherungsnehmern zu unterscheiden. Gegenüber den *Aktionären* unterliegen die Manager gesellschaftsrechtlichen Treuepflichten gemäß dem maßgeblichen Bundesstaatenrecht. Sofern auch die Verwaltung der Aktienbeteiligungen zur Geschäftsführung gehört, richten sich auch diese und die Wahrnehmung der entsprechenden Stimmrechte nach den diesbezüglichen Treuepflichten[187].

Die Stellung der *Versicherungsnehmer* ist komplizierter. Diese sind in erster Linie Gläubiger und haben kein unmittelbares Recht auf das Vermögen der Versicherungsgesellschaft, weil die bezahlten Prämien der Versicherungsgesellschaft gehören[188]. Überdies hängen ihre Forderungen nicht vom Stand des Versicherungsvermögens ab. Aufgrund dessen schulden die Manager den Versicherungsnehmern im allgemeinen keine Treuepflichten in Bezug auf die Investmentverwaltung. Andererseits haben einige alte Urteile die Frage nach den Rechten der Versicherungsnehmer dahingehend beantwortet, dass auch diese Anspruch auf eine gesetzmäßige Investmentverwaltung haben[189]. Das Versicherungsvermögen ist in der Tat für die Versicherungsnehmerinteressen nicht ohne Bedeutung. Wie bei den leistungsbestimmten Pensionsfonds spielt dieses Vermögen eine Deckungsrolle: Je höher es ist, desto wahrscheinlicher ist die Erfüllung der Ansprüche der Versicherungsnehmer[190]. Aufgrund dessen müsste die Treuepflichtbindung zumindest in Bezug auf das regulierte Vermögen anders sein. Die gesetzliche Regulierung will durch die pflichtige Bildung von Deckungsrücklagen und die Anlagebeschränkungen sicherstellen[191], dass das Versicherungsvermögen aus-

---

4. Es wird den KAG empfohlen, an der Hauptversammlung der Beteiligungsunternehmen teilzunehmen und die Stimmrechte auszuüben, insbesondere wenn die Stimmrechte der KAG 4% der ausgegebenen Aktien des Beteiligungsunternehmens zum Stichtag des Hauptversammlungstermins übersteigen. Im jährlichen Bericht der KAG ist anzugeben, inwieweit sie an den Hauptversammlungen teilgenommen und die Stimmrechte geltend gemacht haben."

187 SOMMER (1990) 357, 366.

188 APPLEMAN (1982) Bd. 19A § 10721, S.195.

189 *Pink v. Title Guarantee & Trustee Co.*, 298 N.Y.S. 544, 554 (1937) :"*The holders of these policies and guaranties had the right to expect and presume that insurance and mortgage corporations would invest their capital and funds in securities enumarated in this section, and not others.*"; *American Trust Co. v. California W. States Life Ins. Co.*, 98 P.2d 497, 510 (1940) Nr. 7, 8: "*A life insurance company is something more than an ordinary business corporation, and its policy holders are not ordinary creditors. The directors of such a corporation cannot say that they owe fiduciary duties only to the corporate entity as such. The statutes of this state and the states generally contain the most positive assertion of duties owed to policyholders, and declare in unmistakable terms the public policy of this state to protect them from any such abuses by those entrusted with the management of the companies.*"

190 Zu Pensionsfonds siehe oben § 3.I.A.

191 Siehe oben § 3.I.B.

reicht, um die Versicherungsansprüche zu erfüllen[192]. Aus diesem allgemeinen Gesetzesziel ergibt sich, dass das gesetzlich regulierte Versicherungsvermögen im Interesse der Versicherungsnehmer zu verwalten ist[193]. In diesem Maße schulden die Manager den Versicherungsnehmern Treuepflichten in Bezug auf die Investmentverwaltung. Dafür spricht auch die Vorschrift, die den Managern gebietet, die Aktienanlagen nach der *prudent man*-Regel zu verwalten[194]. Obwohl die betreffende Vorschrift die Begünstigten der Treuepflichten nicht nennt, muss man gerade wegen des allgemeinen Regelungszieles davon ausgehen, dass die Versicherungsnehmer Gläubiger einer Treuepflicht[195].

3. Einzelne Pflichten

Sofern die Stimmrechte nach Maßgabe treuhänderischer Pflichten auszuüben sind, lassen sich folgende spezifischere Pflichten ableiten.

a. Pflicht zur sorgfältigen Stimmrechtsausübung

a) Zunächst muss der Treuhänder überhaupt die **Möglichkeit** erhalten, die Stimmrechte wahrzunehmen. Dies ist von besonderer Bedeutung, wenn die Aktien zur Verwahrung hinterlegt worden sind, so dass eine Bank oder ein Wertpapierbroker als Aktionär eingetragen ist. Dann muss sich der Treuhänder vergewissern, dass er für die von ihm verwalteten Aktien die Abstimmungsmöglichkeit erhält, indem er die Abstimmungsunterlagen vom eingetragenen Aktionär weiterleiten lässt[196].

b) Ferner muss der Treuhänder sorgfältig die Entscheidung treffen, ob die Stimmrechte überhaupt auszuüben sind. Die treuhänderische Pflicht gebietet zwar grundsätzlich die **Abstimmung**[197], allerdings nicht in jedem Fall. Wichtig ist, dass der Treuhänder die Notwendigkeit der Abstimmung überprüft und sich in die La-

---

192 *Pink v. Title Guarantee & Trustee Co.*, 298 N.Y.S. 544, 554 (1937): "*As already noted, the raison d'être for section 16 of the Insurance Law was to protect policy holders and beneficiaries, and its enactement was evoced by dire expertise.*"; APPLEMAN (1945) Bd. 18, § 10016 m.V. auf ähnliche Urteile.

193 Vgl. *Intern-Southern Life Ins. Co. v. Omer,* 28 S.W. (2d) 931, 935: "*A portion of the premiums paid is used to establish a reserve fund for the satisfaction and payment of the policies. Each policyholder has a property right in that reserve.*"; *United States Life Ins. Co. v. Spinks,* 96 S.W. 889 ff. (1906).

194 N.Y. Insurance Law § 1405 (c) (27 MacKinney).

195 So auch im australischen Recht STAPLEDON (1998) 331, 354; a.A. zum belgischen Recht WYMEERSCH (1999) 21, 50.

196 Diesen Grundsatz stellte das Arbeitsministerium in Bezug auf die privaten Pensionsfonds im sog. *Institutional Investors Services, Inc.*-Schreiben von 23.1.1990 auf: siehe WALD/KENTY (1991) 159.

197 SKOTT/FRATSCHER (1988) Bd.3, § 193.1 S.147.

ge versetzt, eine informierte Entscheidung zu treffen[198]. Entscheidend ist, ob die zur Abstimmung stehenden Tagesordnungspunkte Einfluss auf den Wert des Unternehmens und insofern auch des Treuhandvermögens entfalten können, so dass sich der Kostenaufwand lohnt[199]. Dabei hat sich der Treuhänder von Anhaltspunkten leiten zu lassen, welche das Einflusspotential des fraglichen Beschlusses andeuten. Dies ist vor allem der Fall, wenn dem Beschlussvorschlag Interessenkonflikte seitens des Managements zugrunde liegen[200]. Wenn aber die Abstimmungskosten angesichts der Möglichkeit einer Vollmachtserteilung sehr gering sind, muss man von einer ständigen Abstimmungspflicht ausgehen[201]. Dies ist auch deswegen wichtig, weil die ständige Abstimmung der eventuellen Enthaltung eine größere Aussagekraft verleiht.

c) Ist die Abstimmung geboten, muss der Treuhänder daraufhin über die genaue **Abstimmungsform** entscheiden. Insbesondere hat er zwischen der persönlichen Teilnahme an der Hauptversammlung und der Abstimmung durch Abgabe einer Stimmrechtsvollmacht (*proxy*) zu wählen. Die persönliche Teilnahme an der Hauptversammlung wäre geboten, wenn der Treuhänder durch die Vollmachtsabgabe nicht zu allen Tagesordnungspunkten abstimmen und nicht alle erforderlichen Informationen erhalten könnte. Sofern aber die Vollmachtsurkunde die Abstimmungsmöglichkeit für alle Tagesordnungspunkte zwingend einräumen muss und alle wesentlichen Informationen durch ein entsprechendes Informationsschreiben (*proxy statement*) vermittelt werden müssen[202], steht eine Vollmachtsabgabe der persönlichen Teilnahme an der Hauptversammlung fast gleich. Im Hinblick darauf billigen sowohl das Gewohnheitsrecht als auch das spezifische Recht der Pensionsfonds die Abstimmung durch Vollmachtsabgabe grundsätz-

---

[198] *Duty of real and genuine consideration*: siehe STAPLEDON (1998) 331, 346.

[199] Zu privaten Pensionsfonds siehe 29 CFR § 2509.94-2, Seite 317 (1998): *"Require the responsible fiduciary to vote proxies on issues that may affect the value of the plan's investment"*: siehe KLEVAN (1988) 229, 233. Vgl. § 77 des israelischen Gesetzes über die KAG, wonach die KAG die auf die Aktienbeteiligunen entfallenden Stimmrechte entsprechend den Aktionärsinteressen wahrzunehmen haben: siehe KAMAR (1995) 636, 652.

[200] KAMAR (1995) 636, 659.

[201] 29 CFR § 2509.94-2, S.317. Gegen das Bestehen dieser Pflicht ist jedoch angeführt worden, dass sie gegen den Grundsatz sowohl der freien Ausübung der Stimmrechte durch die Aktionäre, als auch der gleichen Behandlung der Aktionäre verstoße: siehe zur einschlägigen Vorschrift des französischen Gesetzes über die Pensionsfonds GUYON (1997) 14, 17. Diese Ansicht verkennt jedoch die Tatsache, dass die institutionellen Anleger Vermögen für die Rechnung anderer verwalten. Die treuhänderische Pflicht will sie nicht lediglich dazu zwingen, nicht anders als ein rationaler individueller Aktionär, sondern genau wie ein solcher zu handeln. Wegen dieses Eigenmerkmales soll auch die Gleichbehandlung aller Aktionäre, die sich in gleichen Umständen befinden, nicht als verletzt angesehen werden.

[202] SEA Rules 14a-4 (*proxy*), 14a-3, Schedule 14a (*proxy statement*).

lich[203]. Wichtig ist allerdings, dass der Treuhänder durch die *Proxy*-Abgabe seine eigene Abstimmungsentscheidung trifft, und dem Bevollmächtigten durch Abgabe einer Blankovollmacht (*proxy in blank*) nicht die Ermächtigung erteilt, für seine Rechnung den Abstimmungsinhalt zu bestimmen.

d) Der Treuhänder muss daraufhin den **Abstimmungsinhalt** sorgfältig und treu bestimmen[204]. Die beste Abstimmungsentscheidung wäre freilich jene, die nach Berücksichtigung aller relevanten Informationen getroffen werden und zur Maximierung des Treuhandvermögens führen würde. Da aber diese Entscheidung auch die kostspieligste ist, muss der Treuhänder Informations- und sonstige Kosten bis in die Höhe aufwenden, die vom erwarteten Nutzen gerechtfertigt werden kann[205]. Der Treuhänder muss zunächst die allgemeine Auswirkung des fraglichen Beschlusses einschätzen, sie auf die treuhänderische Beteiligung zurückführen, und schließlich um sein Einflusspotential diskontieren. Dieser erwartete Nutzen stellt die oberste Kostengrenze dar[206]. Überdies ist der Treuhänder nicht ohne weiteres verpflichtet, die Stimmrechte gegen die Managementbeschlussvorschläge auszuüben, sondern nur, wenn es sich für die Begünstigteninteressen als nützlich erweist. Unter den gleichen Bedingungen ist er verpflichtet, für die von anderen Aktionären unterbreiteten Vorschläge abzustimmen[207]. Im allgemeinen gibt es keine *per se* schlechte Abstimmungsentscheidung, sondern jede muss im Lichte der gegebenen Umstände beurteilt werden.

e) Soweit nicht anders vorgesehen, sind die Treuhänder für die Stimmrechtsausübung ausschließlich zuständig. Sie sind nicht nur berechtigt, sondern auch verpflichtet, ihre Entscheidung unabhängig von den durch die Begünstigten erteilten **Weisungen** zu treffen[208]. In einigen Fällen sind jedoch die Treuhänder für die Stimmrechtsausübung nicht alleine zuständig, sondern müssen (insbesondere bei den beitragsbestimmten privaten Pensionsfonds und den ESOPs) bzw. dürfen zu-

---

[203] Zum Pensionsfondsrecht siehe Interpretive Bulletin 29 CFR § 2509.94-2, S.317: "*....the voting of proxies....*". Zum *common law* siehe SKOTT/FRATSCHER (1988) Bd.3, § 193.3, S.200; BOGERT/BOGERT (1980) § 556, S.148 ff.; Uniform Trust Act von 1937 (§ 8), Executive Committee of the Trust Division of the American Bank Association (1973).

[204] Vgl. *Uniform Trusts Act* § 8: "*... but the trustee is to be liable for any loss resulting to the beneficiaries from a failure to use reasonable care in deciding how to vote the stock and in voting it*".

[205] Vgl. 29 CFR § 2509.94-2, S.317: "*Thus the fiduciary should consider whether the plan's vote, either by itself or together with the votes of other shareholders, is expected to have an effect on the value of the plan's investment that will outweigh the cost of voting.*". Siehe MALONEY (1988) 259, 262.

[206] Siehe oben § 2II.A.1.

[207] KAMAR (1995) 636, 659.

[208] *Jennings v. Murdock,* 553 P.2d 846, 864.

vor Weisungen von den Begünstigten einholen (*passing through*)[209]. Auch bei den Treuhandverwaltung durch Banken kann der Errichter die Abstimmungszuständigkeit dem Begünstigten bzw. einem anderen vorbehalten. Dann ist der Treuhänder verpflichtet, die Stimmrechte entsprechend den eingeholten Weisungen wahrzunehmen bzw. dem Abstimmungsberechtigten eine direkte Abstimmungsmöglichkeit einzuräumen[210].

Obwohl die Stimmrechtsweiterleitung dem Interessenkonflikt zwischen Treuhändern und Begünstigten begegnen kann[211], ist sie nicht unproblematisch, wenn die Begünstigten nicht gänzlich frei sind, Stimmrechtsweisungen entsprechend ihren Interessen zu erteilen. Dies ist etwa der Fall bei den ESOPS, nämlich denjenigen privaten Pensionsfonds, die überwiegend in Aktien des Trägerunternehmens investieren. Die Tatsache, dass die Begünstigten zugleich Arbeitnehmer des Träger- und Beteiligungsunternehmens sind, stellt ihre Unbefangenheit in Frage. Zum einen können sie vom Management unter Druck gesetzt bzw. manipuliert werden, um ihre Stimmrechte im Sinne der Managerinteressen wahrzunehmen. Zum anderen mögen sie ihre Rechte zu Gunsten des Managements ausüben, um ihre Interessen an der Sicherstellung des Arbeitsplatzes zu bewahren. Im Ergebnis ist es nicht sicher, dass die Begünstigteninteressen durch die Stimmrechtsweiterleitung tatsächlich bedient werden. Diesem Problem lässt sich auf zwei Ebenen begegnen[212].

Zunächst wird die **Zulässigkeit der Errichtung eines ESOP** gemäß der treuhänderischen Haftung des Managements gegenüber den Aktionären überprüft. Insbesondere wird überprüft, inwieweit die Errichtung des ESOP der Abwehr gegen eine feindliche Übernahme dient. Während die Errichtung vor der feindlichen Übernahme in der Regel nach der *business judgment rule* gebilligt wird, gilt dies nicht für die Errichtung nach der Abgabe eines Übernahmeangebots. In diesem Fall

---

209 Siehe oben § 3.I.A.2.

210 SKOTT/FRATSCHER (1988) Bd.3, § 193.1, S.148.

211 Es ist vorgeschlagen, allerdings nicht umgesetzt worden, dass die Treuhänder einer generellen Stimmrechtsweiterleitungspflicht unterliegen, falls sie mit Interessenkonflikten konfrontiert seien: siehe CURZAN/PELESH (1980) 670, 694.

212 CONISON (1993) 306 ff.; STABILE (1998) 61, 90. Vgl. auch die empirische Studie von BHAGAT/JEFFERIS (1991) 193 ff., woraus ergibt sich, dass die Präsenz eines ESOP die Wahrscheinlichkeit erhöht, dass die Manager die Einführung von Abwehrmaßnahmen anstreben werden. Vgl. auch den *proxy-fight* in Union Bank of Switzerland 1994. Die Mehrheit der Namensaktien haltenden Arbeitnehmer stimmte einem vom Management vorgelegten Beschlussvorschlag zur Umwandlung der Namens- in Inhaberaktien zu, obwohl die Namensaktionäre dadurch eindeutig geschädigt wurden. Dieses auf den ersten Blick irrationales Verhalten wird sowohl auf den vom Management ausgeübten Druck als auch auf die Furcht der Arbeitnehmer vor der infolge eines Kontrollwechsels Gefährdung der Arbeitsplatzsicherheit zurückgeführt: siehe LODERER/ZGRAGGEN (1999) 91 ff.

ist die strengere *business judgment rule* maßgeblich, deren Wirkung voraussetzt, dass die aus der bevorstehenden Übernahme entstehende Drohung plausibel dargetan wird. Sind diese Bedingungen nicht gegeben, wird die Errichtung des ESOP nach seinen Auswirkungen auf die Aktionärsinteressen geprüft (*entire fairness test*). Die Rechtsprechung ist hierbei jedoch nicht einheitlich und hat die Errichtung von ESOPS gebilligt, obwohl das Abwehrziel eindeutig war[213].

Ist die Errichtung als zulässig angenommen worden, wird die **Unbefangenheit der Stimmrechtsweisungen** geprüft. Der Treuhänder ist zwar grundsätzlich an die von den Begünstigten erteilten Anweisungen gebunden, von der treuhänderischen Pflicht allerdings nicht gänzlich befreit[214]. Seine Aufgabe besteht zunächst darin, für die ordentliche Abstimmungsabwicklung zu sorgen (*election monitor*). Er muss nämlich sicherstellen, dass die Begünstigten tatsächlich alle relevanten, objektiven und präzisen Informationen erhalten, um die Entscheidung sachgerecht treffen zu können[215]. Anschließend muss der Treuhänder den Inhalt der Weisungen überprüfen. Die Begünstigten werden bei der Weisungserteilung als *named fiduciaries* angesehen; die Treuhänder sind jedoch an die Weisungen seitens der *named fiduciaries* gemäß § 403(a)(1) ERISA nur insofern gebunden, als die Weisungen mit den treuhänderischen Pflichten im Einklang stehen. Aufgrund dessen muss der Treuhänder sorgfältig überprüfen, ob die Weisung dem Begünstigteninteresse entspricht und frei von Managementdruck erfolgt ist. Ergibt sich das Gegenteil, muss er von der Weisung absehen und seine eigene unbefangene Entscheidung durchsetzen[216]. Dasselbe gilt, wenn die Begünstigten die Weisungserteilung unterlassen haben[217]. Die Treuhänder sind in diesem Fall nicht an Satzungsbestimmungen gebunden, die ihnen eine bestimmte Handlungsweise (etwa immer für die Managementvorschläge zu entscheiden) unabhängig von gegebenen Umständen vorschreiben. Unter den voranstehenden Bedingungen fällt die Abstimmungszuständigkeit wieder an die Treuhänder zurück. Dadurch tauchen die üblichen, auf den personellen und geschäftlichen Verflechtungen beruhenden

---

[213] *Shamrock Holdings, Inc. v. Polaroid Corp.*, 559 A.2d 257 (Del.Ch. 1989); vgl. Urteile, die die Errichtung als treuwidrig erklärten: *NCR Corp. v. American Telephone & Telegraph Co.*, 761 F.Supp. 475 (S.D.Ohio 1991); *Buckhorn, Inc. v. Ropak Corp.*, 656 F.Supp. 209 (S.D.Ohio 1987).

[214] Pension and Welfare Benefits Administration Letter from Robert A.G. Monks to John Welch (April 30, 1984) in WALD/KENTY (1991) 158; STABILE (1998) 61, 97 ff.; BLACKISTON/RAPPAPORT (1989) 85, 117 ff.

[215] *Shoen v. AMERCO*, 885 F.Supp. 1332, 1350 (D.Nev. 1994).

[216] *Central Trust Bank, N.A. v. American Avents Corp.*, 771 F.Supp. 875; *Danaher Corporation v. Chicago Pneumatic Tool Comp.*, 635 F.Supp. 246 (S.D. NY 1986); DOL Letter re: Profit Sharing Retirement Income Plan for the Employees of Carter Hawley Hale Stores, Inc. (1984); DOL Letter in *re Polaroid Corp. Stock Equity Plan* (1989).

[217] Arg. ex 29 USC § 1103(a)(1); *Reich v. Nationsbank*, 19 Employee Benefits Cas. 1.

Interessenkonflikte wieder auf; die Stimmrechtsausübung wird allerdings mehr kontrolliert, als wenn die Begünstigten, die keiner treuhänderischen Haftung unterliegen, ausschließlich zuständig wären.

b. Treuhänderische Pflichten und externe Investmentmanager

Wie bereits erwähnt, ist es grundsätzlich zulässig, externe Investmentmanager mit der Investmentverwaltung zu beauftragen. Schweigt der zugrundeliegende Vertrag, dann obliegt die Stimmrechtswahrnehmung ausschließlich dem Investmentmanager. Es ist bereits oben ausgeführt worden, dass die Investmentmanager nicht ohnehin genug Anreize haben, die Stimmrechte sachgerecht wahrzunehmen[218]. Aus den allgemeinen treuhänderischen Pflichten sind jedoch folgende Grundsätze abgeleitet worden, die zur Milderung dieses Problems beitragen könnten.

a) Zunächst unterliegen auch die Investmentmanager der allgemeinen **treuhänderischen Pflicht** gegenüber den Begünstigten[219]. Gemäß § 3(21)(A) ERISA[220] gilt als Treuhänder (*fiduciary*) und unterliegt den entsprechenden Pflichten von § 404 ERISA[221] derjenige, der nach eigenem Ermessen (*dicretionary authority or discretionary control*) beim Management des Pensionsfonds (*management of plan, management or disposition of assets*), bei der Investmentverwaltung (*administration of the plan*) oder -beratung (*renders investment advice*) tätig ist[222]. Da der externe Investmentverwalter Teile des Treuhandvermögens verwaltet und investiert, fällt auch er unter den Treuhänderbegriff und ist an dieselben treuhänderischen Pflichten gebunden.

Das gleiche gilt auch bei den *Kapitalanlagegesellschaften*, bei denen die Investmentberater (*investment advisors*) den Aktionären unmittelbar für Verletzung der treuhänderischen Pflichten durch persönliches Missverhalten (*personal misconduct*) haften[223]. Demnach sind sie verpflichtet, die Anlegerinteressen sorgfältig (*care*) und treu (*loyalty*) wahrzunehmen und so zu handeln, wie eine umsichtige Person unter den gleichen Umständen gehandelt hätte (*prudent man rule*)[224]. Grundlage sind sowohl das Gesetz als auch der zugrundeliegende Vertrag, durch dessen Abschluss der Investmentberater die Treuhändereigenschaft erhält[225].

---

[218] Siehe oben §4.III.B.

[219] Zur gleichen Lösung im australischen Recht siehe STAPLEDON (1998) 331, 348. Zum gesetzlichen Begriff des Investmentmanagers siehe 29 USC § 1002(38).

[220] 29 USC § 1002(21)(A).

[221] 29 USC § 1104.

[222] AMERICAN BAR ASSOCIATION (1979) 189, 199.

[223] NUTT (1971) 168, 192.

[224] FRANKEL (1978) Bd. II, Ch.. XV, § 3, S.656 ff.

[225] 15 USC § 80(a)-36(a)(1); FRANKEL (1978) Bd. II, Ch.XII, § 1, S.343 ff.

Auch die Stimmrechtswahrnehmung richtet sich nach den Geboten von Treue und Sorgfalt und muss sorgfältig und ausschließlich im Interesse der KAG und deren Aktionär vorgenommen werden[226]. Überdies sind die Investmentberater verpflichtet, die KAG auf wesentliche Änderungen der Abstimmungspolitik aufmerksam zu machen[227] und eventuelle Interessenkonflikte zu offenbaren[228].

b) Sodann sind die Treuhänder bzw. die Direktoren einer KAG dazu verpflichtet, den Vertrag mit dem externen Investmentmanager zu Gunsten der Begünstigten bzw. Aktionäre auch in Bezug auf die Stimmrechtswahrnehmung auszugestalten[229]. Dementsprechend haben die Treuhänder zunächst den Investmentverwalter sorgfältig auszuwählen und sich von vornherein darüber zu vergewissern, dass der Investmentverwalter überhaupt in der Lage ist, seine Aufgabe zu erfüllen. Zu diesem Zweck müssen sie vor dem Vertragsabschluss bei den Investmentverwaltern nach Informationen fragen, die für die Beurteilung der Vertragsbedingungen wichtig sein können, wie etwa nach Interessenkonflikten[230]. Um die Verantwortlichkeit der Treuhänder in diesem Bereich zu verstärken, wird vorgeschlagen, dass die Investmentmanager ihre Preise nach der reinen Investmentverwaltung und der Stimmrechtswahrnehmung aufschlüsseln müssen[231]. Dadurch soll für den Treuhänder durchsichtiger werden, inwieweit die von dem betreffenden Investmentverwalter angebotenen Leistungen für die sorgfältige Berücksichtigung der Begünstigteninteressen ausreichen. Falls dies nicht der Fall ist, wird sich der Treuhänder im Lichte der treuhänderischen Pflicht gezwungen sehen, entweder sich die Stimmrechtswahrnehmung vorzubehalten, oder einen anderen Investmentmanager damit zu beauftragen.

Ferner müssen die Treuhänder den Investmentverwalter verpflichten, eine bestimmte Abstimmungspolitik zu verfolgen. Bei einem privaten Pensionsfonds ist der Investmentmanager verpflichtet, das Treuhandvermögen und die dazugehörigen Rechte im Einklang mit den dem Pensionsplan zugrundeliegenden **Satzungsurkunden** zu verwalten ("*...documents and instruments governing the plan...*"), es sei denn, der Inhalt dieser Urkunde ist mit den gesetzlichen Vorschriften nicht vereinbar[232]. Die Satzungsurkunden enthalten in der Regel die allgemeinen Grundsätze der Investmentstrategie. Das Arbeitsministerium hat jedoch die entsprechenden Vorschriften dahingehend ausgelegt, dass auch die Stimmrechtsau-

---

226 SCOTT/FRATCHER (1988) Bd.III, §193-1, S.147.

227 FRANKEL (1978) Bd. II, Ch. XV, § 7, S.682.

228 FRANKEL (1978) Bd.II, Ch.VIII, § 22, S.66; *Moses v. Burgin*, 445 F.2d 369 (1st Circ.)

229 FRANKEL (1978) Bd.II, Ch.VIII, § 22, S.65 ff.

230 15 USC § 80(a)-15(c); FRANKEL (1978) Bd.II, Ch.VIII, § 26, S.90.

231 COFFEE (1993) 90.

232 29 USC § 1004(a)(1)(D).

sübung wesentlicher Bestandteil der allgemeinen Investmentpolitik sei[233]. Insofern müssen die Treuhänder des Pensionsfonds auch Richtlinien über die Stimmrechtsausübung in die Urkunden einbeziehen und den Abschluss des Vertrages mit dem externen Investmentverwalter an die Einhaltung dieser Richtlinien knüpfen.

c) Schließlich sind die Treuhänder verpflichtet, die einzelnen **Investmentmanager zu überwachen**[234]. Dem Investmentmanager steht zwar die alleinige Stimmrechtswahrnehmung zu, falls der zugrundeliegende Vertrag nicht anders vorsieht. Der Treuhänder muss jedoch regelmäßig überprüfen, inwieweit die Behaltung des Investmentmanagers den Aktionärs- bzw. Begünstigteninteressen entspricht[235]. Aufgrund dessen muss er sowohl die Investmentperformance des Verwalters als auch das allgemeine Abstimmungsverfahren und die einzelnen Stimmrechtswahrnehmungen anhand einer entsprechenden Dokumentation überprüfen[236]. Ergibt sich aus dieser Überprüfung, dass der Investmentverwalter seinen Pflichten nicht nachkommt, muss der Treuhänder eingreifen, um entweder einer Treuepflichtverletzung möglichst vorzubeugen[237] oder zumindest daraus Konsequenzen zu ziehen, indem er etwa den Investmentverwalter nachträglich entlässt.

c. Aktiver Einsatz und treuhänderische Pflichten

i. Pflicht zu aktivem Einsatz?

Die treuhänderische Pflicht ist bisher nur auf die sog. *passive* Stimmrechtsausübung angewendet worden, die sich auf die Stellungnahme zu vom Management vorgelegten Beschlüssen beschränkt. Es fragt sich nun, inwieweit die treuhänderische Pflicht dem Treuhänder gebietet, sein Stimmrechts- bzw. Einflusspotential *aktiv*, nämlich unabhängig von Managementvorschlägen und eventuell außerhalb

---

[233] 29 CFR § 2509.94-2, S.317.

[234] Zum australischen Recht siehe STAPLEDON (1998) 331, 350.

[235] Committee of Conference on E.R.I.S.A (1986) 38; vgl. 29 USC §1105(c)(2)(A)(iii); WALD/KENTY (1991) 187.

[236] 29 CFR § 2509.94-2, Seite 316-7; vgl. 29 CFR § 2509.75-8, Fr-17: "*At reasonable intervals the performance of trustees and other fiduciaries should be reviewed by the appointing fiduciary in such manner as may be reasonably expected to ensure that their performance has been in compliance with the terms of the plan and statutory standards, and satisfys the needs of the plan.*" . Zu Kapitalanlagegesellschaften siehe: 15 USC § 80(a)-15(c); FRANKEL (1978) Bd.II, Ch.VIII, §22, S.65 ff., 73; Bd.II, Ch. VIII, § 26, S. 90, 65; NUTT (1971) 168, 222. Zum *common law* siehe: SKOTT/FRATSCHER (1988) Bd.3, § 225.1, S.416 ff.; BOGERT/BOGERT (1980) § 587, S.384 ff.

[237] Überdies haftet der Treuhänder, wenn er die Verletzung der Treupflichten durch den Investmentmanager nicht verhindert hat, obwohl er es konnte: 29 USC § 1105(a).

der Hauptversammlung, zu gebrauchen, um Managementopportunismus zu begegnen und eine Ertragsverbesserung hervorzurufen. Darunter würde etwa die Druckausübung zur Ablösung eines ineffizienten Managements, die Unterbreitung eigener Beschlussvorschläge, die Erhebung von Aktionärsklagen, die Aufnahme informeller Kontakte mit dem Management und ähnliches fallen.

Nach *common law* ist ein Treuhänder sowohl berechtigt als auch verpflichtet, sich für die Erhaltung des Treuhandvermögens einzusetzen und dazu Ressourcen aufzuwenden[238]. Er ist auch verpflichtet, Reparaturen vorzunehmen, um den Treuhandgegenstand in seine ursprüngliche Lage zu versetzen und ihm zur Verwirklichung des Treuhandzieles zu verhelfen[239]. Gehört etwa eine Wohnung zum Treuhandvermögen, muss der Treuhänder die benötigten Reparaturen vornehmen, um deren Substanz aufrechtzuerhalten. Dagegen ist der Treuhänder nicht verpflichtet, Verbesserungen vorzunehmen, solange der Treuhandgegenstand in seiner gegenwärtigen Lage ein angemessenes (*reasonable*) Einkommen einzubringen vermag[240].

Im Investmentbereich ist der Treuhänder verpflichtet, die Leistung der einzelnen Beteiligungen regelmäßig zu überprüfen und diejenigen zu veräußern, die den Bedingungen einer vernünftigen Investition nicht mehr entsprechen[241]. Diese Pflicht gilt insbesondere bei einer aktiven Investitionsstrategie, in deren Rahmen der Treuhänder die Entwicklung des Marktes zu übertreffen versucht, oder sein Portfolio auf wenige Unternehmen konzentriert. Dagegen sollte diese Pflicht bei den passiven Investitionsstrategien und insbesondere bei den indexierten Beteiligungen nach einer Ansicht im Hinblick auf die moderne Portfoliotheorie lockerer sein[242]. Dies wird darauf gestützt, dass die negativen Ergebnisse einzelner Beteiligungen durch die positiven anderer Beteiligungen ausgeglichen werden, und dass der Verkauf der einzelnen Investitionen nur Transaktionskosten verursacht. Das US-Arbeitsministerium hat jedoch dazu ausgeführt, dass die treuhänderische Pflicht bei den privaten Pensionsfonds die Einrichtung eines **Überprüfungsverfahrens** (*screening*) gebietet, dessen Gegenstand die Aufdeckung von unbefriedigend abschneidenden Beteiligungsunternehmen sein müsse[243]. Diese Pflicht

---

[238] SKOTT/FRATSCHER (1988) Bd.3, § 188.1, S.52.

[239] BOGERT/BOGERT (1980) § 600, S.506 ff.

[240] SKOTT/FRATCHER (1988) Bd.3, § 188.2; BOGERT/BOGERT (1980) § 601, S.522 ff.

[241] KOPPES/REILLY (1995) 414, 431 ff.; *Public Service Co. of Col. V. Chase Manhattan Bank*, 577 F.Supp. 92 (S.D.N.Y. 1983); *Buccino v. Continental Assurance Co.*, 578 F.Supp. 1518, 1521 (S.D.N.Y. 1983); *Pension Benefit Guar. Corp. v. Greene*, 570 F.Supp. 1483 (W.D. Pa. 1983); *Morissey v. Curran*, 567 F.2d 546 (2d. Cir. 1977).

[242] LANGBEIN/POSNER (1976) 1, 26.

[243] Siehe Einleitung zur Auslegungsverordnung über die Treuepflichten in Bezug auf die Investmentverwaltung: "*It should be noted that index funds typically include a "screen" or "filter"*

betrifft insbesondere indexierte Pensionsfonds, und ihre Konsequenz müsste die Veräußerung der unzufriedenstellenden Investitionen sein. Falls aber die Veräußerung nicht möglich oder nicht erwünscht sei, müsse der Treuhänder durch aktiven Einsatz eine Verbesserung der Beteiligungsunternehmen anstreben, um der treuhänderischen Pflicht gleichwertig nachzukommen[244].

Denkt man allerdings die Folgen der treuhänderischen Pflicht konsequent zu Ende, müsste man die Pflicht zu einem aktiven Einsatz auch dann bejahen, wenn die Beteiligungsveräußerung möglich wäre. Der Treuhänder ist verpflichtet, das Vermögen sorgfältig zu verwalten und jene Handlungsweise vorzuziehen, die dem Treuhandvermögen den größten Nutzen einbringt. Ergibt sich aus der *ex ante* Betrachtung und der umsichtigen Analyse der relevanten Umstände, dass der aktive Einsatz einen höheren Ertrag als die Veräußerung einbringen kann, dann *muss* sich der Treuhänder für den Einsatz entscheiden[245].

ii. Vereinbarkeit des aktiven Einsatzes mit der treuhänderischen Pflicht

In Bezug auf das Verhältnis zwischen aktivem Einsatz und treuhänderischer Pflicht hat sich auch die umgekehrte Frage gestellt, nämlich die, inwieweit sie überhaupt miteinander vereinbar sind. Die treuhänderische Pflicht verbietet nämlich dem Treuhänder, übermäßige Kosten aufzuwenden[246] oder ein Unternehmen aktiv zu verwalten. Einige Autoren haben daher die Frage aufgeworfen, inwieweit ein aktiver Einsatz im Hinblick auf die aufzuwenden Kosten mit der treuhänderischen Pflicht überhaupt im Einklang stehen kann[247].

Das Arbeitsministerium räumte diese Sorgen im entsprechenden Auslegungsschreiben aus[248]. Die grundsätzliche Vereinbarkeit des aktiven Einsatzes mit der treuhänderischen Pflicht wurde bestätigt, aber an bestimmte Bedingungen angeknüpft. In erster Linie müsse eine vernünftige *ex ante* Erwartung darüber (*reasonable expectation*) vorliegen, dass die aktive Überwachung angesichts der erforderlichen Kosten überhaupt zur Erhöhung des Beteiligungswertes führen kön-

---

process by which portfolio investment for any such fund may be changed to reflect significant, adverse financial developments affecting any potential or existing portfolio company, notwithstanding the continued inclusion of the company in the index against which the fund is measured.", 44. Federal Regulation 37, 224 (1979); LONGSTRETH (1986) 35.

244 KOPPES/REILLY (1995) 414 ff.; CONFERENCE (1967) 669, 675. Vgl. STONE (1994) 2222, 2244.

245 KAMAR (1995) 636, 674; CHARKHAM/SIMPSON (1999) 142. Vgl. MANNE ((1962) 399, 421.

246 29 USC § 1104(a)(1)(ii): "*...for the exclusive purpose of ....(ii) defraying reasonable expenses of administering the plan...* ".

247 BLACK (1990) 520, 554; ENSTAM/KAMEN (1968) 289, 301.

248 29 CFR § 2509.94-2 (59 Fed.Reg. 38863, 29.Juin 1994) S.318. Siehe STONE (1994) 2222, 2243. Vgl. auch zum belgischen Recht WYMEERSCH (1999) 21, 50.

ne. Diese Erwartung beziehe sich sowohl auf die Erfolgswahrscheinlichkeit als auch auf die Auswirkungsmöglichkeit des konkreten Einsatzgegenstandes und sei insbesondere dann zu bejahen, wenn entweder eine gewisse Schwierigkeit bei der Veräußerung der problematischen Beteiligung bestehe oder eine langfristige Anlagepolitik verfolgt werde. Das Auslegungsschreiben erwähnt darüber hinaus, allerdings nicht abschließend, die Einsatzgegenstände[249] und die Durchsetzungsmittel[250], die dem Sorgfaltsmaßstab *prima facie* entsprechen. Im Ergebnis muss man von einer grundsätzlichen Vereinbarkeit des aktiven Einsatzes mit der treuhänderischen Pflicht ausgehen[251], was die Einsatzbereitschaft der institutionellen Anleger zwar nicht ohne weiteres beflügelt, aber zumindest von Rechtsunsicherheit entlastet. Allerdings muss der Treuhänder stets darauf achten, dass der konkrete Einsatz angesichts der vorliegenden Umstände die Kosten-Nutzen-Prüfung besteht.

Um den Einklang des Einsatzes der institutionellen Anleger mit den treuhänderischen Pflichten weiter zu verstärken wird ferner vorgeschlagen, interne Überprüfungsverfahren innerhalb des jeweiligen institutionellen Anlegers einzurichten. Dieser Vorschlag geht von der Feststellung aus, dass der Einsatz der institutionellen Anleger in einigen Fällen keinen positiven Beitrag zum Unternehmenswert und folglich auch zum Beteiligungswert leistet, so dass die Begünstigteninteressen angesichts der Einsatzkosten geschädigt werden. Durch das Überprüfungsverfahren soll ein sog. *feed back* Mechanismus in Gang gesetzt werden, so dass die Weiterverfolgung nur von früheren positiven Ergebnissen oder vom wissenschaftlichen Beweis abhängig gemacht wird. Insbesondere sollten die Ergebnisse (sowohl der Erfolg als auch die Auswirkungen auf den Beteiligungswert) des Einsatzes sowohl den obersten Verantwortlichen innerhalb der institutionellen Anleger als auch den Begünstigten mitgeteilt werden. Wahlweise könnte auch das gesamte Corporate Governance Verfahren der jeweiligen institutionellen Anleger von aussenstehenden unabhängigen Wirtschaftsprüfern in Bezug auf seine wirtschaftliche Stichhaltigkeit und seine regelmäßige Überprüfung zertifiert werden[252].

---

249 "*Independence and expertise of candidates for the corporation's board of directors, apropriateness of executive compensation, corporation's policy regarding mergers and acquisitions, the extent of debt financing and capitalization, nature of long term business plans, corporations investment in training to develop its work force, other workplace practices and financial and non-financial measures of corporate performance.*"

250 "*correspondence, meetings with corporate-management as well as exercising the legal rights of a shareholder.*"

251 STONE (1994) 2222, 2241-4.

252 ROMANO (2000) 90 ff.

d. Interessenkonflikte zwischen Treuhändern und Begünstigten

Es ist bereits ausgeführt worden, dass die Interessenkonflikte wegen personeller Verflechtung eine negative Rolle für die Überwachungsbereitschaft der institutionellen Anleger spielen[253]. Dies ist insbesondere bei den privaten Pensionsfonds der Fall, bei denen die Manager des errichtenden Unternehmens die Treuhänder bestellen und deren Abstimmungsentscheidung zu ihrem Gunsten steuern wollen. Diesem Problem wird auf zwei Weisen begegnet.

Zunächst ist die **Unabhängigkeit der Treuhänder** gegenüber dem Management sicherzustellen[254]. Sind ausschließlich die Treuhänder für die Fondsverwaltung zuständig, dann verfügen sie auch über die Stimmrechtsausübung und müssen (und dürfen) Anweisungen des Managements nicht folgen. In der Fondssatzung kann zwar die Bindung der Treuhänder an Anweisungen des Managements vorgesehen werden. Dann sind die Treuhänder grundsätzlich zur Umsetzung der Anweisungen verpflichtet, es sei denn, die Anweisungen verstießen gegen Gesetzvorschriften oder die treuhänderischen Pflichten. Ähnliches gilt auch für den Fall, dass externe Investmentmanager mit der Investmentverwaltung beauftragt worden sind. Allein der Investmentmanager ist für die Ausübung der entsprechenden Stimmrechte zuständig, es sei denn, der Treuhänder hat diese Zuständigkeit ausdrücklich behalten[255]. Durch diese Vorkehrungen wird zwar eine gewisse formelle Unabhängigkeit der Abstimmungsentscheidung sichergestellt. Allerdings fällt es dem Treuhänder wegen sonstiger Abhängigkeiten schwer, von den informellen Anweisungen des Managements abzusehen.

Weiter wird dem Interessenkonflikt durch die Loyalitätspflicht begegnet (*duty of loyalty*). Sie gebietet dem Treuhänder, das Fondsvermögen *ausschließlich im Interesse der Begünstigten* zu verwalten[256]. Im folgenden wird untersucht, wie diese Pflicht auf Konflikte zwischen Begünstigten und Managements- bzw. anderen sozialen Interessen angewendet wird.

i. Konflikt zwischen Management- und Begünstigteninteressen

Eine umfangreiche Rechtsprechung hat sich intensiv mit der Frage beschäftigt, wie die Treuhänder eines privaten Pensionsfonds auf ein feindliches, gegen das Trägerunternehmen gerichtetes **Übernahmeangebot** zu reagieren haben, insbesondere wenn sie mit Interessenkonflikten wegen personeller Verflechtung kon-

---

253 Siehe oben §4.III.A.3.

254 LEVAN (1988) 229, 233 ff.

255 9 CFR § 2509.94-2, S.316.

256 STABILE (1998) 61, 93 ff.; 29 USC § 1104(a)(1): "*A fiduciary shall discharge his duties with respect to a plan solely in the interest of the participants and beneficiaries and- (A) for the exclusive purpose of: (i) providing benefits to participants and their beneficiaries.*"

frontiert sind[257]. Die daraus abgeleiteten Grundsätze sind nunmehr aufzuführen, weil sie auch für das Abstimmungs- und Überwachungsverhalten der Treuhänder von Bedeutung sind.

a) Zunächst wird die **Vereinbarkeit des Aktienerwerbes** anlässlich des Übernahmeangebotes mit der treuhänderischen Pflicht geprüft. Nach dem Gesetz ist es zwar unter bestimmten Voraussetzung zulässig, Aktien des Trägerunternehmens zu erwerben[258], allein deswegen entzieht sich aber der Aktienerwerb den Treuepflichten nicht[259]. Insbesondere wenn der Verdacht besteht, dass der Erwerb der Abwehr gegen eine feindliche Übernahme dient, muss er erhöhten Sorgfaltsanforderungen gerecht werden. Dies erfordert wiederum, dass der Erwerb nach unbefangener, intensiver und besonders sorgfältiger Untersuchung und ausschließlich im Interesse der Begünstigten erfolgt ist[260].

b) Weiter wird darauf eingegangen, wie der Treuhänder auf das **Übernahmeangebot** reagieren muss, wenn der Pensionsfonds bereits über eine Beteiligung am Trägerunternehmen verfügt.

Zunächst ist die Frage aufzuwerfen, ob der Treuhänder von seinem Amt **zurücktreten** muss, falls er in einem Interessenkonflikt befangen ist. Dies ist insbesondere der Fall, wenn er zugleich dem Management des Trägerunternehmens angehört. Die Rechtsprechung erkennt zwar an, dass der Interessenkonflikt in diesem Fall sehr stark ist, sieht darin aber nicht *per se* eine Verletzung der Loyalitätspflicht. Lediglich wünschenswert, nicht aber zwangsläufig wäre es, dass der Treuhänder von seinem Amt zurücktritt[261].

Bei der Entscheidung über die **Angebotsannahme** muss sich der Treuhänder ausschließlich vom Interesse der Begünstigten an der Sicherstellung der Vorsorgeleistung und der Maximierung des Pensionsfondsvermögens leiten lassen. Andere Interessen, wie z.B. der Erhalt von Arbeitsplätzen, müssen dagegen außer Acht bleiben[262]. Aufgrund dessen ist die Erwägung nicht zulässig, dass der Übernahmeerfolg zur Entlassung von Arbeitnehmern, zur Zerschlagung des Trägerun-

---

[257] Überblick bei CAPPUCCIO (1982) 1692 ff.; CONISON (1993) 247 ff.; STABILE (1998) 61, 93 ff.

[258] Siehe oben § 3.I.A.3.

[259] *Leigh v. Engle,* 727 F.2d 113 (1984). Nach *Donovan v. Bierwirth* (680 F.2d 263, 1982) seien jedoch die Treuhänder verpflichtet, sich in einen Interessenkonflikt nicht zu versetzen, indem sie eine Beteiligung am Trägerunternehmen erwerben.

[260] *Eaves v. Penn,* 587 F.2d 453 (1978); *Leigh v. Engle,* 727 F.2d 113, 132 (1984); *Donovan v. Bierwirth,* 583 F.Supp. 563 (1981).

[261] *Leigh v. Engle,* 727 F.2d 113, 132 (1984); *Donovan v. Bierwirth,* 680 F.2d 263 (1982); *Martin v. Feilen,* 965 F.2d 660, (8th Circ. 1992).

[262] *Central Trust Co. N.A. v. American Avents Corp. v. Adamczyk,* 771 F.Supp. 871 (S.D. Ohio 1989); *Danaher Corporation v. Chicago Pneumatic Tool Comp.,* 635 F.Supp. 246 (S.D. NY 1986).

ternehmens oder sogar zur Auflösung des Pensionsfonds führen werde[263]. Solange aber das Interesse der Begünstigten sachgerecht wahrgenommen wird, sind nebensächliche Vorteile zu Gunsten Dritter (wie etwa des amtierenden Managements) nicht von vornherein auszuschließen[264].

Weiterhin ist der Treuhänder nicht ohne weiteres verpflichtet, das Angebot anzunehmen. Er muss zwar im Interesse der Begünstigten und zur Maximierung des Treuhandvermögens handeln, und insofern die Angebotsprämie annehmen. Ergibt sich allerdings aus der Abwägung des Angebotspreises mit dem inneren Unternehmenswert, dass der letztere höher ist und dass er mit hinreichend hoher Wahrscheinlichkeit verwirklicht werden kann, darf das Angebot abgelehnt werden[265]. Lässt sich diese Entscheidung schlüssig begründen, wird ihre inhaltliche Richtigkeit von den Gerichten nicht weiter überprüft.

Ist aber der Treuhänder mit einem starken Interessenkonflikt konfrontiert, muss er einem stärkeren Sorgfaltsmaßstab genügen. Er muss nämlich **Verfahrensvorkehrungen** treffen, welche die Überwindung des Interessenskonfliktes belegen. Insbesondere muss die Entscheidung (vor allem die Ablehnung eines prämienreichen Angebots) nach einer gründlichen, unbefangenen und unabhängigen Untersuchung getroffen werden (*intensive and scrupulous independent investigation*)[266].

ii. Konflikt zwischen Begünstigteninteressen und sozialen Belangen

a) Weiter hat sich auch die Frage gestellt, inwieweit die Treuhänder berechtigt sind, auch soziale Belange neben bzw. zu Lasten der Begünstigteninteressen zu verfolgen. Diese Frage ist mit besonderer Schärfe im Bereich der sog. sozialen Investitionen der Pensionsfonds diskutiert worden[267]. Auch hierbei sind die Treuhänder in einen Interessenkonflikt verwickelt, wenn sie ein eigenes Interesse an der Verfolgung von sozialen Interessen haben. Dies ist insbesondere der Fall bei den öffentlichen Pensionsfonds, deren Verwalter das Pensionsfondsvermögen möglicherweise für politische Zwecke benutzen möchten[268]. Über die sozialen

---

[263] Vgl. a.A. FISCHEL/LANGBEIN (1988) 105, 1138.

[264] *Donovan v. Bierwirth,* 680 F.2d 263 (1982).

[265] Joint Department of Labor/Department of Treasury Statement of Pension Investment (Jan., 31, 1989) in STABILE (1998) 61, 94.

[266] *Donovan v. Bierwirth,* 680 F.2d 263 (1982); *Donovan v. Cunningham,* 716 F.2d. 1455 (1983); *Newton v. Van Otterloo,* 756 F.Supp. 1121 (N.D.Ind 1991).

[267] Zum Begriff und juristische Beurteilung siehe RAVIKOFF/CURZAN (1980) 518 ff.; HUTCHINSON/COLE (1980) 1340 ff.; LANGBEIN/POSNER (1980) 72 ff.; LANOFF (1980) 518 ff.

[268] Zu Beispielen von sozialen Investitionen siehe ROMANO (1993) 795, 801 ff. Vgl. auch BRANCATO (1989) 28 ff.

Investitionen hinaus könnten unter politischem Druck auch die Kontrollrechte für soziale Zwecke geltend gemacht werden[269]. Im folgenden wird überprüft, inwieweit die Heranziehung sozialer Interessen mit den treuhänderischen Pflichten nach dem ERISA vereinbar ist.

Die **Loyalitätspflicht** (*duty of loyalty*) verbietet nicht nur dem Treuhänder, seine eigenen Interessen denen der Begünstigten vorzuziehen (*self dealing*), sondern gebietet ihm, das Treuhandvermögen und die dazu gehörenden Rechte ausschließlich im Interesse der Begünstigten zu verwalten und die Interessen jedes anderen außer Acht zu lassen[270]. Die Einbeziehung sozialer Überlegungen wäre trotzdem mit der Loyalitätspflicht vereinbar, wenn man die Bedingung "*im Interesse der Begünstigten*" weit verstehen dürfte.

Es ist zunächst denkbar, auch die Interessen der Begünstigten als **Arbeitnehmer** dem treuhänderischen Maßstab zugrunde zu legen. Demnach dürfte der Treuhänder das Vermögen und die damit einhergehenden Rechte zur Förderung der Arbeitnehmerinteressen der Begünstigten benutzen. Das Gesetz gebietet jedoch die Treuhandverwaltung ausschließlich im Interesse der Teilnehmer am Altersvorsorgeprogramm (*participants*). Nach der gesetzlichen und daher verbindlichen Definition fallen darunter zwar die Arbeitnehmer, jedoch nur in ihrer Eigenschaft als potentielle Berechtigte von Altersvorsorgeleistungen[271]. Außerdem würde eine Verwendung des Treuhandvermögens zu Gunsten der Arbeitnehmer den Interessen der bereits im Ruhestand befindlichen Berechtigten schaden. Die letzteren profitieren nur von den Vorsorgeleistungen, nicht aber von etwaigen den Arbeitnehmern zufließenden Vorteilen. Das Gesetz hat diesen Konflikt zu Gunsten der Pensionierten gelöst, indem es das Interesse der Berechtigten als ausschließlichen Sorgfalts- und Loyalitätsmaßstab hervorgehoben hat.

Im übrigen könnte man vertreten, dass eine sozial geprägte Verwaltung mit der Loyalitätspflicht im Einklang stehe, wenn die Begünstigten davon zwar nicht direkt, jedoch als Mitglieder einer allgemeineren Gruppe profitierten. Dem entspräche etwa die Verbesserung der allgemeinen sozialen, kulturellen und natürlichen Umwelt. Da es sich auch hierbei um Vorteile handle, die den Pensionierten zufließen, könnte die Treuhandverwaltung als gesetzmäßig betrachtet werden. Auch dieses Argument hält aber der Kritik nicht stand. Das Gesetz lässt als einzigen Zweck zu, den Begünstigten bzw. Teilnehmern Vorteile zu gewährleisten ("*...for the exclusive purpose of providing benefits to partcipants and their bene-*

---

269 ROMANO (1993) 795, 815 ff.

270 29 USC § 1104(a): "*...A fiduciary shall discharge his duties with respect to a plan solely in the interest of the participants and beneficiaries.....*".

271 29 USC §1002(7): "*....who is or may become eligible to receive a benefit of any type from an employee benefit plan...*".

ficiaries.... "). Der Begriff *Vorteil (benefits)* wird zwar nicht näher definiert, so dass man auch Vorteile im weiteren Sinne unterstellen könnte. Aber sowohl der Verweis auf die Teilnehmer als Empfänger von Vorteilen, die ausschließlich in ihrer Eigenschaft als Vorsorgeleistungsberechtigte angesehen werden, als auch die gesamte Gesetzeskonstruktion, -entstehungsgeschichte und der Zweck des Gesetzes lassen als Vorteile nur die Altersvorsorgeleistungen zu[272]. Es handelt sich nämlich um ein Gesetz, dessen Verabschiedung veranlasst wurde aus den zahlreichen Missbräuchen, deretwegen die Arbeitnehmer keine Altersvorsorgeleistungen erhalten konnten, und das gerade darauf abzielt, das *Alterseinkommen* der Arbeitnehmer sicherzustellen (*Employee Retirement Income Security Act*)[273]. Verwendungen des Fondsvermögens zuzulassen, die den Begünstigten nur indirekte Vorteile einbringen, würde dem Gesetzeszweck direkt entgegenlaufen und die finanzielle Sicherheit und Solvenz des Pensionsfonds in Frage stellen[274].

Zusammenfassend lässt sich die Schlussfolgerung ziehen, dass es dem Treuhänder nicht gestattet ist, durch Berücksichtigung anderer als der Begünstigteninteressen an Altersvorsorgeleistungen auf die wertmaximierende Geltendmachung der Kontrollrechte zu verzichten. Abweichungen davon kann die Penionsfondssatzung nicht einführen. Die **Satzung** kann zwar die gesetzliche Regelung verbindlich für die Treuhänder ergänzen. Die letzteren sind aber an die Satzungsvorschriften, die gegen die gesetzliche Regelung verstoßen, nicht gebunden. Insofern wäre eine von der Satzung angeordnete sozial geprägte Investmentpolitik, die über die oben geschilderten Grenzen hinausginge, gesetzwidrig[275].

iii. Konsequenzen für die Wahrnehmung der Kontrollmittel

Die voranstehend erläuterte Grundsätze lassen sich *mutatis mutandis* auch auf die **Wahrnehmung der Kontrollmittel** anwenden[276]. Der Treuhänder ist nach der

---

272 HUTCHINSON/COLE (1980) 1340, 1371; a.A. RAVIKOFF/CURZAN (1980) 518, 532, 545.

273 Vgl. 29 USC § 1001, *Congressional findings and declaration of policy, "...anticipated retirement benefits....soundness and stability of the plans"*. Zur Entstehungsgeschichte siehe HUTCHINSON/COLE (1980) 1340, 1363 ff.; *Dade v. North American Philips Corp.,* C.A.3. (N.J.) 1995, 68 F.3d 1558: "*Congress' chief purpose in enacting ERISA is to ensure that workers receive promised pension benefits upon retirement.*"

274 HUTCHINSON/COLE (1980) 1340, 1367; BLAKINGER (1975) 1109, 1122. Nur wenn die Investition eine unabdingbare Voraussetzung für die Sicherstellung der finanziellen Solvenz des Pensionsfonds ist, lässt sie sich mit den treuhänderischen Pflichten vereinbaren: *Withers v. Teachers' Retirement System,* 447 F.Supp. 1248 (S.D.N.Y. 1978).

275 HUTCHINSON/COLE (1980) 1340, 1370; a.A. RAVIKOFF/CURZAN (1980) 518, 534, 544. Die im Text vertretene Auslegung wurde neulich von einem Auslegungsschreiben des Arbeitsministeriums (DOL) bestätigt: siehe 29 CFR § 2509.94-1.

276 STABILE (1998) 61, 94; LOWENSTEIN (1983) 244, 254; MALONEY (1988) 259, 262.

Treuepflicht daran gebunden, die Mitgliedschaftsrechte ausschließlich im Interesse der Begünstigten geltend zu machen, wenn er in einen Interessenkonflikt verwickelt ist. Dies gilt zunächst für den Fall, dass der Treuhänder aufgrund von personellen Verflechtungen unter Druck seitens des Managements steht. Man stelle sich den Fall vor, dass das Management des Trägerunternehmens von einem aussenstehenden Dritten herausgefordert wird (etwa durch einen *proxy fight* oder einen Aktionärsantrag). Sofern der Treuhänder in einen Interessenkonflikt verwickelt ist, muss er ebenfalls der im Rahmen der Übernahmeangebote etablierten strikten Anforderung einer unbefangenen und objektiven Untersuchung nachkommen, bevor er eine Entscheidung trifft[277], und sich ausschließlich vom Interesse der Begünstigten leiten lassen[278].

Die Ausrichtung nach den Begünstigteninteressen gilt auch für den Fall uneingeschränkt, dass die Wahrnehmung der Mitgliedschaftsrechte Auswirkungen auf soziale Interessen auslösen könnte. Auch hierbei muss sich der Treuhänder ausschließlich vom Interesse der Begünstigten als künftiger bzw. gegenwärtiger Berechtigter von Vorsorgeleistungen leiten lassen und darf seinen Einfluss auf die Geschäftsführung nur geltend machen, um den Beteiligungswert zu maximieren. Abweichungen von diesem Grundsatz sind durch Erwägung sozialer Anliegen nicht zulässig[279]. Nur wenn den finanziellen Interessen der Begünstigten nicht geschadet oder sie sogar gefördert werden, ist die Einbeziehung sozialer Überlegungen mit der treuhänderischen Pflicht nicht unvereinbar[280].

---

277 *Leigh v. Engle,* 727 F.2d 113 (1984); *O'Neill v. Davis,* 721 F.Supp. 1013 (N.D.Ill 1989); *Newton v. Van Otterloo,* 756 F.Supp. 1121 (N.D.Ind 1991); *Shoen v. Amerco*, 885 F.Supp. 1332.

278 Vgl. 29 CFR § 2509.94-2, S.317: "*The named fiduciary must carry out this responsibility solely in the interest of the participants and beneficiaries and without regard to its relationships to the plan sponsor.*"

279 Vgl. 29 CFR § 2509.94-2, S.316: "*....in voting proxies the responsible fiduciary consider those factors that may affect the value of the plan's investment and not subordinate the interests of the participants and beneficiaries in their retirement income to unrelated objectives.*". Siehe MALONEY (1988) 259, 263. Vgl. a.A. SCOTT/FRATCHER (1988) § 227.17, S.431 ff. Vgl. auch das *Statement of Policies for Voting Shares of Stock Held in Trust Accounts*, angenommen von *Trust Division von American Bankers Association* (1973): "*Corporate annual meetings will likely contain more and more items dealing with these matters and trust institutions are urged to reevaluate their policies and procedures for voting to give appropriate attention to such matters.*"

280 HUTCHINSON/COLE (1980) 1340, 1387: "*As a practical matter, a plan fiduciary may be able to justify most of his votes on social issues with the explanation that the socially responsible course of conduct was in the best interests of the corporation and therefore protective of the financial health of the retirement fund.*"

4. Sanktionen wegen Verletzung der treuhänderischen Pflichten

a. Zivilhaftung

a) Grundlage der Zivilhaftung sind die verschiedenen Vorschriften, die die Treuepflichten vorschreiben. Bei den *privaten Pensionsfonds* haftet der Treuhänder für Verletzung der Treuepflicht gemäß § 409 ERISA[281]. Die Zivilhaftungsansprüche dürfen die Begünstigten, die Teilnehmer, die anderen Treuhänder und das Arbeitsministerium (*Secretary of Labor*) gemäß § 502(a)(2)[282] geltend machen, die aus der Haftung entstehenden Vorteile kommen aber dem Pensionsfonds zunutze. Bei den *Kapitalanlagegesellschaften* gibt es eine doppelte Haftungsgrundlage. Gemäß §3 6(a) ICA[283] haften alle an der Verwaltung einer KAG beteiligten Personen für ein persönliches Missverhalten (*personal misconduct*), während die *directors* und *officers* gemäß dem für die jeweilige KAG maßgeblichen Bundesstaatsgesellschaftsrecht haften. Die Zivilhaftungsansprüche werden zwar von den Aktionären, jedoch derivativ im Interesse und für die Rechnung der Gesellschaft geltend gemacht[284]. Bei den *treuhänderischen Bankbeteiligungen* haftet der Bank-Treuhänder für Treuepflichtenbruch nach *common law* bzw. der spezifischen Gesetzesvorschrift des maßgeblichen Bundesstaatenrechts. Anspruchsberechtigt sind die jeweiligen Begünstigten[285]. Bei den *Versicherungsunternehmen* haften die Manager gegenüber den Aktionären nach dem maßgeblichen Gesellschaftsrecht[286]. Gegenüber den Lebensversicherungsnehmern kann als Haftungsgrundlage §1405(c) N.Y. Insurance Law herangezogen werden[287].

b) Die Haftungsgrundlage spielt eine Rolle für den **Haftungsmaßstab**, nämlich die Bedingungen, unter denen ein Treubruch die Haftung auslöst. Handelt es sich um rein treuhänderische Pflichten, ist der Haftungsmaßstab streng, da ein mit Verschulden begangener Treuebruch in der Regel ausreicht. Dies ist der Fall bei den Pensionsfonds und den treuhänderischen Bankbeteiligungen[288]. Allerdings wird die Meinung vertreten, dass eine gutgläubige Anwendung von zuvor bestimmten Abstimmungsrichtlinien die Haftung ausschließt, selbst wenn das Ver-

---

281 29 USC § 1109.

282 29 USC § 1132(a)(2).

283 15 USC § 80(a)-35(a).

284 FRANKEL (1980) Bd.IV, Ch.XXXIV, § 9.1, S.554 ff.

285 SKOTT/FRATSCHER (1988) Bd.3, § 201, S.219.

286 APPLEMAN (1945) Bd. 18, § 10012, S.38 ff.

287 Siehe oben S. 176.

288 Zu Banken vgl. § 8 Uniform Trusts Act: "*... but the trustee is to be liable for any loss resulting to the beneficiaries from a failure to use reasonable care in deciding how to vote the stock and in voting it.*"

halten an sich schuldhaft ist[289]. In diesem Fall geht das Gericht auf die Richtigkeit des Abstimmungsinhalts nicht ein, sofern der Treuhänder seine Entscheidung informiert und unbefangen getroffen hat[290]. Nur wenn der Treuhänder sein Ermessen missbraucht hat, wird seine Haftung ausgelöst[291]. Handelt es sich andererseits um treuhänderische Pflichten gesellschaftsrechtlicher Natur, ist die *business judgement rule* maßgeblich. Nach dieser Regel ist die Haftung selbst bei Vorliegen eines Treuebruchs ausgeschlossen, es sei denn, der Treuhänder ist in einen Interessenkonflikt verwickelt. Obwohl die Anwendung dieser Regel wegen der finanziellen Unternehmensnatur bei den KAGen und den Versicherungsunternehmen strenger ist[292], bleibt die Zivilhaftung in Abwesenheit von Interessenkonflikten eher unwahrscheinlich[293]. Dasselbe gilt für die Geltendmachung von Ansprüchen gem. § 36(a) ICA, wonach die Treuepflichtverletzung durch persönliches Missverhalten (*personal misconduct*), d.h. stärkere Formen von Verschulden, begangen werden muss[294].

c) Die Haftung wegen Treupflichtverletzung löst zwar **Schadensersatzansprüche** aus[295], jedoch stößt deren Geltendmachung in Bezug auf die Stimmrechtsausübung auf Schwierigkeiten. Besonders problematisch ist es, das kausale Verhältnis zwischen dem Schadenseintritt und der treuwidrigen Stimmrechtswahrnehmung zu beweisen. Es mag sein, dass die Treuhänder die Stimmrechte treuwidrig wahrgenommen haben bzw. die treupflichtkonforme Wahrnehmung unterlassen haben, und dass den Begünstigten aus dem Abstimmungsergebnis ein Schaden etwa in Form einer Minderung des Aktienbeteiligungswertes entstanden ist. Solange jedoch die Stimmrechtskraft des betreffenden institutionellen Anlegers nicht ausreichte, um das Abstimmungsergebnis zu bestimmen, was im Hinblick auf die gegebenen Beteiligungsdaten nahe liegt, ist das kausale Verhältnis

---

289 WILLIAMS (1988) 281, 294 m.V. auf Urteile: *In Re New England Merchants National Bank of Boston* (unveröf., 1982), *In re Petition of State Street Bank and the Trust Company,* (unveröf., 1982).

290 *Jennings v. Murdock,* 553 P.2d 846, 869: "*Whether the bank's conclusions as to the financial position of the paper were right or wrong is immaterial. The important point is that it took steps to make an informed and independent decision as what course was best for the paper and therefore for each trust beneficiary. It thereby fulfilled both the spirit and the letter of its fiduciary obligation*".

291 SKOTT/FRATSCHER (1988) Bd.3, § 193.1, S.147; *Jennings v. Murdock,* 553 P.2d 846 (1976).

292 *Van Schaick v. Aron,* 10 N.Y.S.2d 550 (1939).

293 FRANKEL (1978) Bd.II, Ch.VIII, § 22, S.62; NUTT (1971) 168, 206.

294 Gem. 29 USC § 1109 (ERISA) müssen die Treuhänder den aus der Treupflichtverletzung entstandenen Schaden ersetzen und die Gewinne herausgeben, die durch treuwidrigen Gebrauch des Fondsvermögens erzielt worden sind. Zu KAG siehe FRANKEL (1978) Bd.II, Ch.XII, § 4, S.356 ff.

295 FRANKEL (1980) Bd.IV, Ch.XXXIV, § 15, S.580 ff.

zwischen dem treuwidrigen Verhalten und dem Abstimmungsergebnis fraglich[296]. Anderes könnte nur in dem Fall gelten, in dem das Abstimmungsergebnis so knapp wäre, dass die Beteiligung des institutionellen Anlegers den Ausschlag geben könnte. In diesem Fall läge ein ursächlicher Zusammenhang in der Tat vor, da der Schaden bei einer treupflichtkonformen Stimmrechtswahrnehmung ausbleiben würde. Allerdings soll das Verschulden geringer sein, sofern der Treuhänder *ex ante* nicht wusste, dass seine Abstimmung ausschlaggebend war und er daher nicht verpflichtet gewesen war, Kosten zur entsprechenden Informationserlangung aufzuwenden[297].

d) Über den Schadenersatz hinaus können andere **Haftungsansprüche** geltend gemacht werden, ohne einen ursächlichen Zusammenhang zwischen Schaden und Stimmrechtswahrnehmung beweisen zu müssen[298]. Die Anspruchsart unterscheidet sich je nach Haftungsgrundlage, im allgemeinen verfügt jedoch das Gericht über die Zuständigkeit, alle zur Beseitigung bzw. Vorbeugung des Treubruches erforderlichen Maßnahmen anzuordnen. Hierzu gehören etwa die Entlassung des Treuhänders, die Anordnung zur Unterlassung des treupflichtigen Verhaltens bzw. zur Beachtung der Treupflichten usw.[299]. Ist die Abstimmungsweise bereits im Treuhandvertrag bestimmt worden, kann die Vertragserfüllung gefordert werden (*specific enforcement*)[300]. Wird nach vernünftiger Wahrscheinlichkeit erwartet, dass der Treuhänder einen Treubruch durch sein Abstimmungsverhalten begehen wird, kann eine Anordnung zur Unterlassung erlassen werden[301].

b. Verwaltungsrechtliche Sanktionen

Gerade weil die Zivilhaftung eine schwache Grundlage für die Durchsetzung der Treuepflichten anbietet, kommt der staatlichen Beaufsichtigung besondere Bedeutung zu. Die verschiedenen Behörden, denen die Beaufsichtigung der einzelnen institutionellen Anleger obliegt[302], sind zuständig, Ermittlungen bzw. Durch-

---

296 CONARD (1988) 117, 151; STAPLEDON (1998) 331, 346. Nach 29 USC § 1109 (ERISA) kann jedoch der Treubruch mit Ablösung des Treuhänders sanktioniert werden, was Schaden nicht unbedingt erfordert.

297 Siehe oben S.180 ff.

298 *Leigh v. Engle*, 727 F.2d 113 (7th Cir. 1984).

299 Zu KAG siehe FRANKEL (1980) Bd.IV, Ch.XXXIV, § 15, S.580 ff. Zum *common law* siehe SKOTT/FRATSCHER (1988) Bd.3, § 199, S.203. Zu privaten Pensionsfonds siehe CONISON (1993) 263, WALD/KENTY (1991) 233 ff.

300 SKOTT/FRATSCHER (1988) Bd.3, § 193.1, S.148, 204.

301 SKOTT/FRATSCHER (1988) Bd.3, § 193.1, S.147, 205: *Cushman v. Commissioner of Internal Revenue*, 153 F.2d 510 (2d Circ. 1946); *Day v. First City Natl. Bank of Houston*, 654 S.W.2d 794.

302 Die privaten Pensionsfonds werden von der entsprechenden Abteilung des Bundesarbeitsministeriums (29 USC §§ 1024, 1132), die KAG von der SEC (15 USC § 80(a)-37), die

suchungen durchzuführen, um die Beachtung der Treupflichten zu überprüfen[303]. Zu diesem Zweck erhalten sie auch Informationen von den institutionellen Anlegern[304]. Falls Gesetzverstöße aufgedeckt werden, verfügen die Aufsichtsbehörden über verschiedene Sanktionsmöglichkeiten. Sie können etwa Zivilklage auf Schadensersatz erheben, die Verhängung einer Geldstrafe beantragen[305], eine Anordnung zur Unterlassung bzw. zu jeder anderen für die Beseitigung dieser bzw. zur Vorbeugung einer weiteren Treupflichtverletzung erforderlichen Maßnahme auch im Rahmen der einstweiligen Verfügung beantragen[306]. Im Gegensatz zu einer Zivilklage setzt die gerichtliche Anordnung den Beweis aller Bedingungen der Zivilhaftung nicht voraus[307]. Im Ergebnis verfügen die Aufsichtsbehörden über mannigfaltige Mittel, um die institutionellen Anleger zu einer intensiveren Wahrnehmung der Stimmrechte auf der Grundlage der Treuepflichten zu bewegen[308].

5. Zwischenergebnis

a) Die treuhänderische Pflicht könnte *theoretisch* einen positiven Einfluss auf die Einsatzbereitschaft der institutionellen Anleger haben. Indem sie die Kosten der Passivität erhöht, kann sie die Einsatzwahrscheinlichkeit erhöhen. Denn die Treuhänder würden die Stimmrechte sorgfältig ausüben und sich für die Disziplinie-

---

Versicherungsunternehmen vom *Superidentat* beim New York Insurance Department (KAMEN/TOPPETA (1991) 32 ff.) und die treuhänderische Verwaltung durch die Banken vom *Comptroller of the Currency (*12 USC § 92a) beaufsichtigt.

303 Zu privaten Pensionsfonds: 29 USC § 1134(a) (ERISA), zu KAG: 15 USC § 80(a)-42(A), zu Trustdepartments: 12 CFR § 9.11(d); NORTON/WHITLEY (1983) 4-22; BANKING LAW (1981, 1984) 96-76.1, zu Versicherungsunternehmen, N.Y. Insurance Law § 309(b)(3).

304 Die privaten Pensionsfonds müssen einen Jahresbericht, in dem die Fondsaktivitäten und -beteiligungen umfassend darzustellen sind, beim Arbeitsministerium einreichen: 29 USC § 1023; CONISON (1993) 194 ff.). Die Versicherungsgesellschaften sind verpflichtet, jährlich dem *superidendant* einen Bericht zu ihrer finanziellen Solvenz einzureichen: N.Y. Insurance Law § 307. In diesem Bericht sind die Aktiva einschl. der Aktienbeteiligungen und die Verbindlichkeiten anzugeben: N.Y. Insurance Law § 1301(a)(2). Da der *superidendant* u.a. auch dazu ermächtigt ist, Verordnungen zur Auslegung des Versicherungsgesetzes zu erlassen, könnte er auch die Form und den Inhalt des Jahresberichtes spezifizieren (N.Y. Insurance Law §§ 301, 307(a)(1), (2)) und die Versicherungsgesellschaften dazu zwingen, Angaben zur Wahrnehmung der Stimmrechte einzuschließen.

305 Zu privaten Pensionsfonds: 29 USC § 1132(a)(2) (ERISA), zu KAG: 15 USC § 80(a)-43(e)(1), zu Versicherungsgesellschaften: N.Y. Insurance Law § 109(c).

306 Zu privaten Pensionsfonds: 29 USC § 1132(a)(5); zu KAG: 15 USC § 80(a)-36(a); FRANKEL (1980) Bd.IV, Ch.XXXIII, § 10, S.477 ff.; zu Versicherungsgesellschaften: N.Y. Insurance Law § 327.

307 FRANKEL (1980) Bd.IV, Ch.XXXIII, § 10, S.473 ff.

308 Vgl. die vom Arbeitsministerium durchgeführten Ermittlungen, um die Vereinbarkeit der Abstimmungsmethoden der Pensionsfonds mit den treuhänderischen Pflichten zu überprüfen: siehe STAPLEDON (1998) 331, 354; BARCA (1998) 3, 18.

rung des Managements einsetzen, um eine eventuelle Haftung zu vermeiden. Allerdings wird wohl zutreffend bezweifelt, dass die Haftungsgefahr *praktisch* motivierend wirkt, da sie aus den bereits erwähnten Gründen eher gering ist[309].

b) Aufgrund dessen ist der eigentliche Beitrag der Treupflichten eher in einer **Mentalitätsänderung** und impliziten Verhaltensorientierung zu sehen[310]. Die Präzisierung der Treupflichten soll zum einen das Verhalten der institutionellen Anleger indirekt beeinflussen, indem sie die Verhaltensnormen ändert und einen neuen Maßstab für das "korrekte" Verhalten setzt. Zum anderen wird ein Reputationsmechanismus in Gang gesetzt. Ungeachtet möglicher juristischer Sanktionen kann die Verletzung der Treupflichten Reputationseffekte auslösen und die treuwidrigen institutionellen Anleger der öffentlichen Kritik aussetzen. Allein um den Vorwurf eines treuwidrigen Verhaltens zu vermeiden, nehmen die institutionellen Anleger ihre Stimmrechte zunehmend ernster wahr. Obwohl ihnen gelegentlich vorgeworfen wird, dass diese Wahrnehmung eher mechanisch erfolge[311], stellt die gegenwärtige Praxis zweifellos einen Fortschritt im Vergleich zur früheren Lage dar, als sie eher automatisch für das amtierende Management abstimmten. Nicht zuletzt ließ die Verdeutlichung der treuhänderischen Pflichten einen Markt für entsprechende Leistungen entstehen. Wie noch zu zeigen ist, sind mehrere Beratungsfirmen entstanden, um die institutionellen Anleger bei der treuhandkonformen Wahrnehmung der Mitgliedschaftsrechte zu unterstützen[312].

B. Insider-Handel-Haftung

1. Allgemeine Regelung

Aus der allgemeinen Haftungsvorschrift § 10(b) SEA ist das Insiderhandelverbot im amerikanischen Recht abgeleitet worden[313]. Demnach ist es verboten, auf der Grundlage von vertraulichen, dem Anlegerpublikum noch nicht offengelegten (*non-public*) materiellen Informationen Aktienkäufe oder -verkäufe zu tätigen. Dem Verbot sind nicht nur die Insider *stricto senso*, nämlich die geschäftsführenden Manager, die Mitglieder des *Board of Directors*, die kontrollierenden Aktionäre usw., sondern auch die sog. *tippees* unterworfen, denen von Insidern vertrauliche Informationen übermittelt worden sind, als auch die *outsider*, die sich Informationen gesetz- oder treuwidrig angeeignet haben (*misappropriation theo-*

---

[309] KAMAR (1995) 636, 656.

[310] EISENBERG (1999) 1253, 1283.

[311] CHARKHAM (1994) 232.

[312] Siehe unten § 6.III.B.

[313] Vgl. Rule 14e-3 SEA für Insiderhandel bei Übernahmeangeboten; LOSS/SELIGMAN (1988) 3548 ff.; HAUSMANINGER (1997); BLOOMENTHAL/WOLFF (1999a) § 19. Spezifisch zu institutionellen Anlegern siehe SEC STUDY (1971) 2537 ff.

ry). Bei Erfüllung der Anwendungsbedingungen muss die erfasste Person entweder auf die Transaktion verzichten oder die Informationen bekannt geben. Im folgenden gilt es, anhand einiger typischer Konstellationen zu untersuchen, inwiefern die Insiderhaftung den Einsatz der institutionellen Anleger erfassen und mit zusätzlichen Kosten belasten könnte[314].

a) In der ersten Konstellation nehmen die institutionellen Anleger **Kontakt mit dem Management** auf, um disziplinierenden Einfluss auszuüben[315]. Falls das Management dabei vertrauliche Informationen übermittelt, könnten die institutionellen Anleger als Sekundärinsider (*tippee*) bezeichnet werden.

Nach dem Leiturteil *Dirk v. SEC*[316] ist die Haftung des *tippee* von dieser des Primärinsiders abhängig und setzt folgendes voraus: Zuerst die Verletzung eines Treuverhältnisses durch den Primärinsider (*improper breach of duty*); zweitens die Weitergabe der Information durch den Primärinsider an den *tippee* mit dem Vorsatz, sich dadurch einen persönlichen Vorteil zu verschaffen; dieser Vorteil wird so weit verstanden, dass jede Übermittlung ohne Geschäftsgrund (*corporate purpose*) erfasst wird; drittens dass der Informationsempfänger wusste oder hätte wissen müssen, dass ihm die Insiderinformation zwecks Erlangung eines persönlichen Vorteils vom Primärinsider übermittelt wurde. Angesichts dieser Grundsätze scheint es unklar, ob der erforderliche Tatbestand bei den Kontakten der institutionellen Anleger mit dem Management erfüllt wird. Fraglich ist insbesondere, ob die Informationsübermittlung durch das Management einen Treubruch darstellt[317]. Die Aufnahme von informellen Kontakten mit den institutionellen Anlegern dient in der Regel nicht dem persönlichen Interesse der Manager, sondern (auch) dem Unternehmensinteresse an einem guten Verhältnis zu den wichtigsten Aktionären und Kapitalgebern.

Selbst wenn die Judikatur von *Dirk* nicht anwendbar ist, bleibt die Heranziehung der Grundsätze aus *Cady, Roberts* offen[318]. Danach greift das Insiderhandelverbot ein, wenn die fragliche Person aufgrund einer besonderen Beziehung (*special relationship*) zum Emittenten Zugang zu vertraulichen Informationen erlangt, die nur für einen zulässigen Grund zu benutzen sind. In diesem Fall gilt nämlich der Anleger als Insider und haftet originär.

b) In der zweiten Konstellation beziehen sich die institutionellen Anleger auf **öffentlichen Informationen** und ziehen daraus neue Erkenntnisse. Dies ist aus

---

[314] CRÊTE/ROUSSEAU (1997) 863, 943; CHARKHAM (1994) 293.

[315] Siehe unten § 6.IV.A.

[316] 463 U.S. 646 (1983).

[317] BLOOMENTHAL/WOLFF (1999a) § 19:19.

[318] 40 SEC 907-916, 62 Columbia Law Review 735 (1963).

der Sicht des Insiderhandelverbotes unbedenklich, weil es sich hierbei um keine vertraulichen Informationen handelt[319].

c) In der dritten Konstellation erwirbt der institutionelle Anleger die vertraulichen Informationen nicht *bei*, sondern ***durch*** **seinen Überwachungseinsatz**. Zu denken ist an Fälle, in denen die Ausnutzung von Ereignissen durch Aktienhandel angestrebt wird, die sich auf den Börsenpreis auswirken können, und die der institutionelle Anleger selbst herbeiführt. Die Möglichkeit, von diesen Ereignissen durch Aktienhandel zu profitieren, wäre ein wichtiger Anreiz, sie überhaupt zu verwirklichen.

Maßgeblich hierfür ist das Urteil *United States v. O'Hagan*, das die sog. *misappropriation*-Theorie aufstellte[320]. Demnach wird auch ein Außenstehender (*outsider*) von der Insiderhandelhaftung erfasst, der zwar kein *tippee ist*, die kritischen Informationen aber durch einen Treubruch gegenüber der Informationsquelle erlangt. Dies setzt voraus, dass die Informationen vom Emittenten unter der Bedingung von Geheimhaltung und Vertraulichkeit zugänglich gemacht wurden. Einfacher Informationsvorsprung reicht zur Auslösung der entsprechenden Pflichten nicht aus. Nach diesen Grundsätzen haften die institutionellen Anleger, wenn sie sich die fraglichen Informationen treuwidrig angeeignet und benutzt haben. Das gilt aber nicht, wenn sie selbst die kritischen Informationen erst geschaffen haben. Vorstellbar ist der Fall, dass der institutionelle Anleger angesichts einer von ihm selbst durchzuführenden Aktion (etwa Unterbreitung von Beschlussvorschlägen, Durchführung einer Abstimmungsauseinandersetzung gegen das amtierende Management usw.) Aktientransaktionen tätigt. In diesen Fällen handelt es sich um keine Insider-Informationen, und die entsprechende Haftung bleibt aus.

Im Lichte des Vorangegangenen scheint die Auslösung der Insiderhandelhaftung nur im Falle von Kontakten zwischen institutionellen Anlegern und Management wahrscheinlich.

2. *Deputization*-Theorie

a) Die Insiderhandel-Regelung kann eine weitere Einsatzform belasten, nämlich die Teilnahme der institutionellen Anleger am *Board of Directors*. Nach der sog.

---

319 *Dirks v. SEC*, 463 U.S. 658; LOSS/SELIGMAN (1988) 2557 Fn.246, 3607 m.w.H. : "*As long as the institutional managers base their investment decisions on their own analysis of facts which are publicly available, they are simply doing the job for which they were hired. But if they are able to obtain from the issuer, because of their economic power or for other reasons, information not available to those with whom they are trading in the public market, it raises serious questions of law and propriety.*".

320 117 Supreme Court 2199. Vgl. LOSS/SELIGMAN (Supp. 1999) 490 ff.

deputization-Theorie kann das Insiderwissen eines Direktors dem institutionellen Anleger, welchem er angehört, zugerechnet werden[321].

Zunächst erkannte das Urteil *Blau v. Lehman*[322] den Grundsatz der *deputization* Theorie an, ihre Spezifizierung wurde aber erst durch das Urteil *Feder v. Martin Marietta Corp.* vorgenommen[323]. Demnach setzt der Deputization-Tatbestand folgendes voraus: Zum einen muss der fragliche Direktor aufgrund seiner Stellung Zugang zu vertraulichen Informationen haben. Zum anderen muss er entweder über die selbständige Zuständigkeit für die Investmentverwaltung des institutionellen Anlegers verfügen, oder die Informationen den zuständigen Angestellten des institutionellen Anlegers übermitteln können.

Der Deputization-Tatbestand löst zunächst die Anwendung der Gewinnherausgabepflicht für Aktientransaktionen innerhalb von sechs Monaten gem. § 16(b) SEA aus, und zwar ohne dass ein kausales Verhältnis zwischen Insiderwissen und der fraglichen Transaktion bewiesen werden müsste. Der institutionelle Anleger kann insofern unter den Anwendungsbereich von § 16(b) selbst dann erfasst werden, wenn er nicht über eine 10%-Beteiligung verfügt. Auch die allgemeine Insiderhandel-Haftung gem. § 10(b) kommt in Betracht, wenn die tatsächliche Informationsübermittlung dargelegt werden kann. Alles in allem belastet die *Deputization* Möglichkeit die Beteiligung von Vertretern der institutionellen Anleger am *Board of Directors*. Dies erklärt möglicherweise, warum die institutionellen Anleger die Teilnahme ihrer Angestellten am *Board of Directors* traditionell nicht unterstützen[324] und warum sie ihre Beteiligung veräußern, falls ein Angestellter von ihnen ins *Board of Directors* gewählt wird[325]. Um diese Abschreckungseffekte zu entschärfen, wird vorgeschlagen, die Anwendung von § 16(b) von vornherein auszuschließen, wenn der institutionelle Anleger Vorkehrungen getroffen hat, um die Informationsübermittlung durch den Direktor zu verhindern (sog. *chinese wall safe harbor*)[326].

b) Alles in allem ist zwar theoretisch möglich, dass die institutionellen Anleger bei ihrer Disziplinierungstätigkeit unter den Anwendungsbereich des Insiderhandels fallen. Jedoch wird bestritten, dass diese Möglichkeit ihre Einsatzbereit-

---

321 LOSS/SELIGMAN (1988) 2389 ff.; GILSON/KRAAKMAN (1991) 863, 903.

322 368 U.S. 403 (Supreme Court).

323 406 F.2d 260 (2d Circ. 1969).

324 BAUM/STILES (1965) 37, 76; SEC STUDY (1971) 2548; CRÊTE/ROUSSEAU (1997) 863, 949; CONARD (1988) 114, 161; SOMMER (1990) 356, 379.

325 Dies ist geschehen, als der Fondsmanager von *Fidelity Investment* (einem der größter US-Investmentfonds), *Peter Lynch*, zum Direktor eines Beteiligungsunternehmens gewählt wurde.

326 COFFEE (1994) 837, 897. Vgl. § 78o(f) SEA zur Anwendung von *Chinese Wall* auf Wetpapiermaklern.

schaft tatsächlich negativ beeinflussen kann.[327] Erstens ist es möglich und wird sogar bereits praktiziert, dass die Manager die institutionellen Anleger vor der Übermittlung vertraulicher Informationen warnen, und nur nach ihrer Zustimmung die Informationen vermitteln[328]. Zweitens fällt der Abschreckungseffekt der Insiderregelung weniger schwer aus, wenn die institutionellen Anleger auf Liquidität nicht angewiesen sind[329]. In diesem Maß würde ihnen der vorläufige Liquiditätsverlust nicht so schwer fallen. Drittens wirkt das Insiderhandel-Verbot auf die Einsatzbereitschaft nicht negativ, wenn der Einsatz auf vergangenen und insofern nicht vertraulichen Informationen oder auf nicht firmenspezifischen Informationen (etwa die allgemeinen *Corporate Governance* Strukturen) beruht. In diesen Fällen sind die Verbotsbedingungen ohnehin nicht gegeben. Außerdem ist das Verbot in der Regel vorläufig und dauert nur, bis die fraglichen Informationen bekannt gemacht worden sind. Schließlich können die Insider-Haftungsrisiken durch den Aufbau einer sog. *chinese wall* verringert werden[330]. Darunter versteht man Vorkehrungen, welche die Übermittlung von vertraulichen Informationen zwischen verschiedenen Abteilungen eines institutionellen Anlegers verhindern sollen. Allerdings werden die institutionellen Anleger dadurch von der Anwendung der Insiderhandel-Haftung nicht gänzlich befreit und bleiben insofern dem entsprechenden Rechtsrisiko grundsätzlich ausgesetzt.

IV. Ergebnisse zu § 5

Im folgenden werden die Ergebnisse der zwei vorangehenden Abschnitte vorgestellt. Zuvor werden aber zwei weitere Faktoren erörtert, welche die Einsatzbereitschaft beeinflussen, aber weder ökonomischer noch juristischer Natur sind.

A. Mentalität der institutionellen Anleger

a) Unter Mentalität sind sämtliche Einstellungen zu verstehen, welche die Mitglieder einer Gruppe hinsichtlich ihrer Rolle und Aufgaben teilen und den jüngeren Mitgliedern überliefern. Aus empirischen Untersuchungen ergibt sich, dass die **Mentalität der institutionellen Anleger** durch zwei Merkmale geprägt ist: Zum einen sind sie eher i.d.S. konservativ, dass sie überlieferte Methoden verfolgen, ohne ihre Richtigkeit und Vereinbarkeit mit den aktuellen Umständen zu prüfen[331]. Dadurch wollen sie der erhöhten Verantwortung und Kritik ausweichen, die mit der Umsetzung neuer Methoden verbunden sind. Zum anderen verstehen

---

327 STAPLEDON (1996) 271 ff.; MACINTOSH (1993) 371, 395 ff.

328 Vgl. CADBURY Report (1992) Nr.6.14.

329 Siehe oben §4.I.B.2.

330 BLACK (1992a) 811, 868; RAMSAY et al. (2000) 110, 128.

331 O'BARR/CONLEY (1991) 823 ff.

sie ihre Aufgabe ausschließlich in der reinen Anlageverwaltung, nämlich in der Auswahl und Verwaltung gegebener Investitionen, nicht aber in der Fortentwicklung der Investitionsmethoden.

b) Die oben geschilderte Mentalität verträgt sich freilich wenig mit einem **aktiven Überwachungseinsatz** [332]. Die Mitglieder der institutionellen Anleger wurden für eine aktive Einsatztätigkeit nicht ausgebildet und fühlen sich dieser Aufgabe weder gewachsen noch dazu berechtigt[333]. Als Aktienhändler neigen sie instinktiv dazu, beim Auftreten von Managementproblemen der Wall-Street-Regel zu folgen statt sich aktiv einzusetzen. Darüber hinaus soll auch der durch einen aktiven Einsatz ausgelöste *Öffentlichkeitseffekt* abhaltend wirken. Gegen den aktiven Einsatz spricht auch die Tatsache, dass er die Belastungen erhöht. Ein größeres Gewicht in den Beteiligungsunternehmen würde höhere Verantwortung sowohl gegenüber ihren Begünstigten als auch den individuellen Aktionären mit sich bringen. Gerade zur Vermeidung dieses Ergebnisses sind freiwillig Vorkehrungen in den Satzungen vieler institutioneller Anleger dahingehend getroffen worden, sich durch Aktienerwerb keine Kontrolle über Gesellschaften zu verschaffen[334].

c) Eine Mentalität setzt eine gewisse **Pfadabhängigkeit** in Gang. Darunter ist die Tatsache zu verstehen, dass ein nicht optimaler Zustand bestehen bleibt, weil die Änderungskosten den -nutzen übersteigen. Insofern ist nicht ohne weiteres mit einer Verhaltensänderung seitens der institutionellen Anleger zu rechnen. Aus demselben Grund kann selbst eine Lockerung der juristischen Regelung, die als ein hauptsächliches Hindernis gegen die freie Entfaltung der institutionellen Anleger betrachtet wird, nicht gleich zum erwünschten Ergebnis führen[335].

d) Trotz ihrer Nachhaltigkeit entzieht sich die Mentalität nicht gänzlich einem **Wandel**, wenn sich die zugrundeliegenden Umstände verändern und eine Diskrepanz zwischen Mentalität und bestimmendem Umfeld entsteht. Es liegt nahe, dass eine derartige Diskrepanz tatsächlich entstanden ist. Als die Konservatismus- und Passivitätsmentalität herausgebildet wurden, war der Beteiligungsumfang und das entsprechende Einflusspotential der institutionellen Anleger gering und ermöglichten keine Einflussnahme. Da sich diese Umstände heutzutage wesentlich geändert haben, ist ein Mentalitätswandel zu erwarten[336]. Hierzu tragen sowohl

---

[332] CRÊTE/ROUSSEAU (1997) 863, 881; BLACK (1990) 520, 562-4.

[333] BLACK/COFFEE (1994) 1997, 2071; CONLEY/O'BARR ((1992) 823, 842) weisen allerdings auf Mentalitätsunterschiede zwischen den institutionellen Anlegern hin, wonach die öffentlichen Pensionsfonds weniger von Passivität und Konservatismus als die privaten Pensionsfonds geprägt sind.

[334] HARBRECHT (1964) 143; SEC STUDY (1971) 2552.

[335] ROE (1993) 1927, 1992.

[336] BLACK (1992a) 820, 886; MACINTOSH (1995-6) 145, 168.

die Entwicklung des Wissenstandes als auch die zunehmende Internationalisierung des Anlageverhaltens bei. Je mehr Anhaltspunkte darüber vorliegen, dass der aktive Einsatz eine Art profitabler Investmentverwaltung sein kann, desto wahrscheinlicher ist mit einer Verwurzelung in der Mentalität der institutionellen Anleger zu rechnen[337]. Des weiteren werden durch die Internationalisierung die Vorteile alternativer Anlagemethoden deutlich gemacht und die inländischen Wirtschaftssubjekte zur Nachahmung angeregt. So könnte man die eventuelle Aktivierung der US-institutionellen Anleger auf das entsprechende Vorbild deutscher bzw. japanischer institutioneller Anleger zurückführen[338].

B. Soziologische Faktoren

a) Berücksichtigt werden muss schließlich auch die soziale Bedeutung und der Druck, dem die Verwalter der institutionellen Anleger in Bezug auf die Vermögensmaximierung ausgesetzt sind. Dies trifft vor allem auf die Pensionsfonds zu. Die Rentabilität der Aktieninvestition spielt zwar für alle Aktionäre zweifellos eine wichtige Rolle, wenn erspartes Kapital unter Verzicht sofortigen Konsums angelegt wird. Eine niedrigere als die erwartete Rendite würde allerdings keine dramatischen Folgen auslösen, wenn nur ein Teil des gesamten Vermögens in Aktien investiert ist.

Die Situation liegt bei den Pensionsfonds freilich anders. Hierbei geht es nicht nur um die angemessene Vergütung des angelegten Kapitals, sondern um die **Sicherstellung eines Lebensstandards**, um die Erfüllung von Lebenserwartungen. Die Arbeitnehmer verlassen sich darauf, dass ihr Lebensstandard durch das Pensionsfonds-System auch im Ruhestand aufrechtzuerhalten ist. In dem Maß, in dem die Pensionsfonds als Aktionäre in die Wirtschaft investieren, sind sie auf die Leistung und die Verantwortlichkeit der Manager angewiesen. Sie müssen daher dafür sorgen, dass die Manager auf die Verwirklichung der Aktionärsinteressen hinwirken. Die Verfehlung dieser Aufgabe, die in einer Marktwirtschaft nur von Aktionären übernommen werden kann, würde das ganze System in Frage stellen. Dieses Verhältnis zwischen Managementverantwortlichkeit und Pensionssystem wurde von *Peter Drucker* bereits 1977 sehr anschaulich beschrieben:

> In einer Gesellschaft, in der alle wichtigen Aufgaben großen Institutionen anvertraut sind, wird das Management unausweichlich zum zentralen Organ mit einer zentralen gesellschaftlichen Funktion. Und der Pensions-Fonds-Sozialismus ist mehr als jede andere Gesellschaftsform auf die Fähigkeit und Leistung des Managements angewiesen[339].....Der Pensions-Fonds-

---

[337] Siehe oben §4.I.A.2.a.

[338] KNOBLING (1996) 202; ROE (1993) 1927, 1994.

[339] DRUCKER (1976) 155.

Sozialismus wird alle Manager ganz erheblich unter Druck setzen, damit sie endlich die verschiedenartigen innerbetrieblichen Beziehungen und ihre Probleme in Angriff nehmen[340].

C. Ergebnisse zu § 5

In diesem Abschnitt sind die juristischen Faktoren erörtert worden, welche die Einsatzbereitschaft der institutionellen Anleger beeinflussen können. Es ist insbesondere überprüft worden, inwieweit die Rechtsnormen zusätzliche Kosten verursachen, die sich in Verbindung mit den rein ökonomischen Faktoren auf die Anreize der institutionellen Anleger auswirken.

Zunächst wurde der Frage nachgegangen, inwieweit sich rechtliche Vorgaben auf die Höhe der von den institutionellen Anlegern erworbenen Beteiligungen auswirken. Eine einschränkende Auswirkung ist ohne weiteres bei den absoluten Erwerbseinschränkungen zu bejahen, die insbesondere für Banken und Versicherungsunternehmen gelten. Die Untersuchung hat sich hierbei auf die Rechtfertigung dieser restriktiven Regelung beschränkt[341]. Es hat sich gezeigt, dass der Schutz von legitimen Interessen, der durch diese Vorschriften angestrebt wird, durch eine flexiblere Regelung erreicht werden könnte. Anschließend sind Regeln behandelt worden, die einen indirekten Einfluss auf die Beteiligungshöhe ausüben, indem sie die Überschreitung einer bestimmten Grenze mit Kosten belegen[342]. Hierunter fallen die treuhänderischen Pflichten in Bezug auf die Investmentverwaltung, die Offenlegungspflicht gemäß § 13(d) SEA, die Haftung des Kontrollinhabers, die Abwehrmaßnahmen gegen feindliche Übernahmen, die Gewinnherausgabepflicht gem. § 16 SEA. Das Ergebnis ist, dass diese Regeln tatsächlich Bedenken gegen die Überschreitung einer Beteiligungsschwelle zumindest für den Fall zulassen, dass die rechtliche Lage nicht vollständig geklärt ist. Die Tatsache aber, dass die von den institutionellen Anlegern gehaltenen Beteiligungen viel niedriger sind als gesetzlich zugelassen, weist darauf hin, dass die institutionellen Anleger noch höhere Beteiligungen aufbauen könnten, ohne in den Anwendungsbereich dieser Regeln zu fallen, und dass die rechtlichen Vorgaben letztendlich nicht ausschlaggebend für die festzustellende Beteiligungshöhe sind.

Weiterhin wurde auf Regeln eingegangen, die für die **Kooperation** zwischen den institutionellen Anlegern von Bedeutung sind. Zunächst sollte überprüft werden, inwieweit die institutionellen Anleger in der Lage sind, die anderen am betreffenden Unternehmen beteiligten institutionellen Anleger zu ermitteln. Das Ergebnis ist, dass die gesetzlichen Regelungen den institutionellen Anlegern Möglichkeiten zur Verfügung stellen, sich kennen zu lernen und daher Kontakte

---

[340] DRUCKER (1976) 186.

[341] Siehe oben S. 142 ff.

[342] Siehe oben S. 146 ff.

miteinander aufnehmen zu können[343]. Anschließend ist überprüft worden, inwieweit die Kontakte im Rahmen einer Kooperation von gesetzlichen Regelungen betroffen sind. Vorbereitende Kontakte konnten früher unter den Anwendungsbereich der Wertpapierregelung fallen, was kostspielige Pflichten ausgelöst hätte. Diese Risiken wurden jedoch infolge der umfassenden Novellierung von 1992 ausgeräumt[344]. Was den Kooperationsabschluss andererseits betrifft, steht fest, dass zumindest stärkere Kooperationsformen als Gruppenbildung i.S. mehrerer Vorschriften angesehen werden kann, was verschiedene kostspielige Pflichten in Gang setzt[345].

Schließlich sind Regeln angesprochen worden, die den **aktiven Disziplinierungseinsatz** beeinflussen können. Eine positive Rolle könnte die treuhänderische Haftung spielen[346]. Es hat sich ergeben, dass die Treuepflicht den Verwaltern einiger institutioneller Anleger gebietet, die Kontrollmöglichkeiten und insbesondere die Stimmrechte im Interesse der Begünstigten zu nutzen. Dadurch sollte den Problemen, die aus der Verwaltungsstruktur der institutionellen Anleger entstehen, begegnet werden. Dem Problem der Passivität der Verwalter wegen unvollständiger Internalisierung wird durch die Pflicht begegnet, die Stimmrechte jedes Mal wahrzunehmen, wenn mit einem Nutzen für die Begünstigten zu rechnen ist. Dem Problem des Interessenkonfliktes wird durch die Pflicht begegnet, die Stimmrechte ausschließlich im Interesse der Begünstigten auszuüben. Die treuhänderische Haftung spielt zwar wegen der Durchsetzungsschwierigkeiten eine eher geringe praktische Rolle, ihre Bedeutung für eine Mentalitätsänderung und für Reputationseffekte ist jedoch nicht zu übersehen.

Eine eher negative Rolle für die Einsatzbereitschaft der institutionellen Anleger spielt schließlich das Insider-Handel-Verbot. Es ist insoweit überprüft worden, inwiefern der Disziplinierungseinsatz der institutionellen Anleger unter das Insider-Handel-Verbot fallen kann. Es hat sich ergeben, dass bestimmte Einsatzformen zwar in den Anwendungsbereich fallen können, der Einsatz mangels erheblicher Kosten wegen der Insider-Handel-Regelung jedoch nicht beeinträchtigt wird.

V. Ergebnisse zum zweiten Teil (§§ 3, 4, 5)

Der zweite Teil der vorliegenden Arbeit kann nunmehr mit den folgenden zusammenfassenden Schlussfolgerungen abgeschlossen werden.

---

343 Siehe oben S. 160 ff.

344 Siehe oben S. 163 ff.

345 Siehe oben S. 169 ff.

346 Siehe oben S. 172 ff.

a) Die eingangs aufgeworfene Frage, **ob** sich die institutionellen Anleger eher als die individuellen Aktionäre disziplinierend **einsetzen werden**, ist im Rückblick auf die einzelnen entscheidenden Faktoren positiv zu beantworten.

Im Hinblick auf die höheren institutionellen Beteiligungen fällt ein Kosten-Nutzen-Kalkül für die institutionellen günstiger aus als für individuelle Aktionäre. Dafür spricht auch die Tatsache, dass sie von Skaleneinsparungen profitieren können, die den individuellen Aktionären nicht zur Verfügung stehen. Weiter ist die Abwanderung (*exit*) bei ihnen weniger verfügbar, was die Einsatzwahrscheinlichkeit erhöht. Schließlich sollte die Kooperation zwischen ihnen aufgrund der sich wiederholenden Interaktion und der leichteren Kontaktmöglichkeiten wahrscheinlicher sein.

Im Vergleich zu den individuellen Aktionären sprechen nur die Verwaltungsstruktur und die darin verankerten Interessenkonflikte gegen eine Einsatzbereitschaft der institutionellen Anleger. Diesem Problem lässt sich allerdings durch die treuhänderischen Pflichten abhelfen. Im Ergebnis haben die institutionellen Anleger stärkere Anreize zum disziplinierenden Eingreifen als die individuellen Aktionäre. Dieses Ergebnis wird von den juristischen Regeln nicht negativ beeinflusst. Zwar erschwert die juristische Regelung z.T. die Einsatzbereitschaft der institutionellen Anleger. Dieser Effekt trifft allerdings die individuellen Aktionäre in gleichem Maße, weil die entscheidenden Regeln zwischen beiden Aktionärsgruppen nicht unterscheiden.

Schwieriger ist die Frage zu beantworten, inwieweit die institutionellen Anleger eine Überwachungstätigkeit überhaupt entwickeln werden. Ohne Kenntnis der konkreten Umstände kann eine Antwort hierauf nicht gegeben werden. Konkretere Vorhersagen kann man nur über folgende spezifischere Fragen wagen.

b) In Bezug auf die Frage, **welcher institutioneller Anleger** am ehesten eine Überwachungstätigkeit entwickeln wird, weisen die öffentlichen Pensionsfonds mehr Vorteile auf[347]. Dafür sprechen folgende Tatsachen: Die öffentlichen Pensionsfonds indexieren ihre Beteiligungen häufiger als die sonstigen institutionellen Anleger, so dass die Abwanderungsmöglichkeit bei ihnen eingeschränkter ist. Aus dem gleichen Grund ist die Beteiligungsdauer länger, was die Verfolgung einer langfristigen Strategie ermöglicht. Zugleich verwalten die öffentlichen Pensionsfonds ihre Beteiligungen häufiger als die anderen institutionellen Anleger intern, so dass Interessenkonflikte infolge Einschaltung externer Investmentmanager weniger scharf ausfallen. Die Interessenkonflikte sind bei den öffentlichen Pensionsfonds auch deswegen weniger gravierend, weil sie kaum Geschäftsbeziehungen mit den Beteiligungsunternehmen unterhalten. Aufgrund dessen ist eine Art von Überwachungskosten (nämlich der Verlust von Geschäftsbeziehungen) ausge-

---

[347] BLACK (1990) 520, 607; MONKS/MINOW (1995) 132.

räumt. Schließlich wirkt auch die Tatsache positiv, dass die Verwalter der Pensionsfonds sowohl politischem als auch sozialem Druck ausgesetzt sind, sich aktiv einzusetzen.

c) In Bezug auf die Frage, **wie der Einsatz der institutionellen Anleger aussehen wird,** lassen sich folgende Erkenntnisse gewinnen. Da die institutionellen Anleger weitgehend diversifizierte Portfolios aus mehreren Beteiligungen von geringer Höhe halten, ist mit einem aktiven firmenspezifischen Einsatz kaum zu rechnen. Firmenspezifischer Aktivismus sollte vielmehr die Form von Reaktionen auf konkrete Managementhandlungen annehmen. Im Gegensatz dazu ist ein aktiver allgemeiner Aktivismus zu erwarten, der auf Verbesserung in mehreren Unternehmen abzielt. Dadurch sollte sowohl der gesamte Portfoliowert erhöht als auch Skaleneinsparungen erreicht werden.

§ 6. EINSATZKRITERIEN UND –MITTEL

Gegenstand dieses Abschnitts ist, das Verfahren zu beschreiben, dem die institutionellen Anleger bei ihrem Überwachungseinsatz folgen. Zugleich sollen die Schlussfolgerungen der vorangegangenen Abschnitte darauf überprüft werden, ob überhaupt und wie die bereits ausgeführten ökonomischen bzw. juristischen Faktoren tatsächlich die Vorgehensweise der institutionellen Anleger beeinflussen.

Zur genaueren Abgrenzung wird der Begriff des **Überwachungseinsatzes** bzw. des Aktionärsaktivismus definiert. Darunter ist zu verstehen, wenn ein institutioneller Anleger verschiedene Mittel einsetzt, um entweder *Ad-hoc*-Problemen zu begegnen oder generelle strukturelle Änderungen herbeizuführen, die den Schutz der Aktionärsinteressen verstärken und den Managementopportunismus verringern sollen[1]. Im vorliegenden Abschnitt wird zunächst auf die Mittel, im nachfolgenden dann auf die Schwerpunkte des Einsatzes eingegangen.

Der Abschnitt beginnt mit einem allgemeinen Überblick über den Aktionärsaktivismus mit besonderer Berücksichtigung seiner zeitlichen Entwicklung. Anschließend werden die Kriterien aufgeführt, anhand derer sich die institutionellen Anleger zum Einsatz entschließen und die Zielunternehmen auswählen. Danach wird die Annahme überprüft, ob die institutionellen Anleger tatsächlich Koalitionen miteinander knüpfen. Der letzte Teil widmet sich den einzelnen Einsatzmitteln.

I. Allgemeiner Überblick über die Entwicklung des Aktionärsaktivismus

a) Obwohl die institutionellen Anleger bereits seit den 1960er Jahren auftraten, blieben sie eher **passiv**, selbst wenn eindeutige Anhaltspunkte für opportunistisches Managementverhalten gegeben waren[2]. Statt Widerspruch zu erheben, folgten sie der sog. *Wall Street Rule*, d.h. sie veräußerten ihre Beteiligung, sobald sie mit dem Management nicht mehr zufrieden waren.

Allmählich änderte sich jedoch diese Situation[3]. Die institutionellen Anleger begannen Mitte der 1980er Jahre (1984), **aktiver zu werden**. Verantwortlich hierfür war in erster Linie die Tatsache, dass das Wachstum der institutionellen Anle-

---

1 PRIGGE/STEENBOCK (1999) 4.

2 LIVINGSTON (1958) 151 ff.; GORDON (1961) S.vi; KNOBLING (1996) 134 ff.

3 Bereits KOTZ (1978) 120 ff.; BAVLY (1999) 120 ff.; HAWLEY/WILLIAMS/MILLER (1994) 26, 29 ff.; EISENBERG (1999) 1253, 1283 ff.; KNOBLING (1996) 199 ff.; BRANCATO (1989) 6, 19 ff.; BARNARD (1991) 1135, 1152 ff.

ger in der Zwischenzeit ein solches Ausmaß erreicht hatte, dass ihr Einsatz für eine reale, spürbare Einflussnahme damals sowohl möglich als auch ökonomisch sinnvoll wurde. Insbesondere der Kapitalzuwachs der öffentlichen Pensionsfonds, die, wie bereits erörtert, zu einem kritischen Einsatz mehrfach besser positioniert sind, war ausschlaggebend. Diese institutionellen Anleger übernahmen die Führung des Aktivismus und bewirkten eine Mentalitäts- und Ideologieänderung, die zur Legitimierung des Aktivismus führte[4]. Schließlich gab die Präzisierung der Treuepflichten in Bezug auf die Geltendmachung der Mitgliedschaftsrechte den Anstoß zu einer gewissen Mentalitätsänderung, die den Aktivismus innerhalb der Gemeinschaft der institutionellen Anleger sowohl legitimierte als auch von negativen Reputationseffekten entlastete.

Zum Durchbruch trugen jedoch vor allem die **Übernahmeschlachten** entscheidend bei[5]. Zunächst zwangen die Übernahmen und insbesondere die vom Management eingesetzte Abwehr die institutionellen Anleger zum ersten Mal dazu, sich dem Management entgegenzustellen, um den Markt für Unternehmenskontrolle aufrechtzuerhalten. Und nachdem die feindlichen Übernahmen zurückgegangen waren, sahen sich die institutionellen Anleger gezwungen, diesen externen Disziplinierungsmechanismus durch ihren eigenen Einsatz zu ersetzen[6]. Nach anderer, soziologisch geprägter Ansicht brachten die feindlichen Übernahmen das bisherige Gleichgewicht ins Schwanken und ließen positive, soziologische und politische Bedingungen für den Aktionärsaktivismus entstehen. Nach der allgemeinen soziologischen Theorie ist mit einer Änderung des Machtgleichgewichtes innerhalb einer Organisation zu rechnen, wenn eine Krise den bisherigen Status Quo und die Legitimität der herrschenden Gruppe in Frage stellt. Die feindlichen Übernahmen stellten zum einen die Allmacht der Manager zum ersten Mal ernsthaft in Frage. Zum anderen brachte die Einführung von Abwehrmaßnahmen ohne Rücksicht auf die Aktionärsinteressen die Interessenkonflikte zwischen Managern und Aktionären deutlich ans Licht[7]. Überdies war auch das damalige politische Klima insofern positiv, als die Regierung für die Investoreninteressen und das ungestörte Funktionieren des Marktes für die Unternehmenskontrolle stand. Schließlich war auch die öffentliche Meinung auf einen Aktionärsaktivismus positiv vorbereitet. Pressekommentare über exzessive Managemententlohnungen lösten negative Reaktionen in der öffentlichen Meinung gegen die Manager aus

---

4 Vgl. TAYLOR (1987) 24 zum Beitrag von sog. politischen Unternehmern (*political entrepreneurs*) zur Ideologieänderung und Kooperationsförderung.

5 EISENBERG (1999) 1253, 1286.

6 GILSON/KRAAKMAN (1991) 863, 871.

7 Beispielweise wird als die Mobilisierung von CalPERS und die Gründung des *Council of Institutional Investors* auf das Ereignis zurückgeführt, dass das Management von *Texaco* die Beteiligung eines potentiellen Übernehmers unter bevorzugten Bedingungen 1984 abkaufte (sog. *greenmail*): siehe BARNARD (1991) 1135, 1144.

und forderten eine strengere Überwachung. All diese Umstände verdichteten sich zu einem entscheidenden Moment und boten den institutionellen Anlegern eine günstige Gelegenheit, ihre Macht unter Beweis zu stellen[8].

b) Der Aktivismus der institutionellen Anleger ist kein statisches Phänomen, sondern unterliegt einer **ständigen Evolution**. Hervorzuheben sind vor allem zwei Entwicklungen. Zum einen wandelt er sich von reagierend zu aktiv. Anfänglich beschränkten sich die institutionellen Anleger ausschließlich darauf, auf Managementmaßnahmen zu reagieren. Später ergriffen sie aber häufiger eigene Initiativen. Zum anderen orientieren sie sich immer mehr an die Performance der Beteiligungsunternehmen und achten auf die Wertauswirkungen ihrer Aktionen. Der Aktivismus wird nämlich nicht lediglich als Ausdruck einer Opposition für sich, sondern als ein Mittel zur Beteiligungswerterhöhung verstanden.

Allerdings darf man sich nicht darüber hinwegtäuschen lassen, dass sich nicht alle institutionellen Anleger in gleicher Weise aktiv engagieren. Nur eine **relativ kleine Anzahl** von ihnen hat eine beachtliche Überwachungstätigkeit entwickelt[9]. Darüber hinaus stammen die aktiven institutionellen Anleger nicht aus allen Gruppen. In Übereinstimmung mit den Ergebnissen der vorangegangenen Abschnitte lässt sich feststellen, dass die öffentlichen Pensionsfonds mit Abstand viel aktiver als die sonstigen institutionellen Investoren sind[10]. Die aktivsten institutionellen Anleger sind CalPERS, TIAA-CREF, NYCERS, und das *State of Wisconsin Investment Board*[11].

II. Die Einsatzkriterien

Der Überwachungseinsatz setzt freilich eine kritische Situation voraus, in der die Manager gegen die Aktionärsinteressen handeln. Könnten die institutionellen Anleger das Managementverhalten direkt beobachten, würden sie idealerweise sofort dann eingreifen, wenn ein problematischer Fall auftritt. Allerdings ist dies nicht ohne weiteres möglich. Zum einen verbietet die herrschende Informationsasymmetrie eine ständige Beobachtung des Managementverhaltens. Zum anderen sind im Portfolio der größten institutionellen Anleger Tausende von Unternehmen enthalten, so dass eine tägliche Beobachtung der Beteiligungsunternehmen ausscheidet. Insofern sind die institutionellen Anleger auf indirekte Signale angewiesen, die auf eine problematische Situation möglichst früh und zuverlässig hinweisen können. Schließlich muss sich der Einsatz in dem Sinne lohnen, dass der akti-

---

8 Zur soziologischen Erklärung des Aktionärsaktivismus siehe DAVIS/THOMPSON (1994) 143 ff.

9 BLACK (1998) 459, 460.

10 CHARKHAM (1994) 211.

11 Überblick über die Überwachungstätigkeit der institutionellen Anleger in 1995 siehe in 27 Annual Institute of Securities Regulation 699 ff.

ve institutionelle Anleger am herbeigeführten Nutzen ausreichend teilhat und dass ein Erfolg wahrscheinlich ist. Dies erfordert den Gebrauch weiterer Kriterien, welche auf Sinn und Erfolgswahrscheinlichkeit des Einsatzes hinweisen können.

A. Kriterien zur Aufdeckung problematischer Situationen

1. Reaktion auf Managementbeschlussvorschläge

Eventuelle Interessenkonflikte tauchen bereits in der Hauptversammlung auf, wenn das Management Beschlüsse entgegen den Aktionärsinteressen vorschlägt. Zur Vorbeugung dagegen müssen die institutionellen Anleger zunächst wissen, wieweit sich die fraglichen Beschlüsse mit den Aktionärsinteressen vertragen. Diese Überprüfung kann zwar *ad hoc* erfolgen. Rationalitätsüberlegungen[12] brachten jedoch die institutionellen Anleger dazu, Abstimmungsrichtlinien zu erstellen, in denen die möglichen Beschlussvorschläge sowie die entsprechende Stellungnahme der institutionellen Anleger aufgeführt werden[13]. Einige Beschlussvorschläge werden strikt und ohne weiteres abgelehnt. Andere werden zwar kritisch betrachtet, allerdings nicht ohne weiteres, sondern nach Berücksichtigung der firmenspezifischen Einzelfallumstände abgelehnt[14].

2. Aktiver, performanceorientierter Einsatz

Die Abstimmungsrichtlinien eignen sich für einen Einsatz außerhalb der Hauptversammlung nicht, sondern ermöglichen höchstens eine gegen Managementvorschläge gerichtete Reaktion. In bestimmten Fällen ist aber ein aktiver Einsatz erforderlich, wenn die Beschlussvorschläge zwar unbedenklich sind, das Unternehmen aber mit Problemen konfrontiert ist. Gerade zur Aufdeckung dieser Probleme sind Kriterien entwickelt worden, anhand derer die einzelnen Beteiligungsunternehmen zu untersuchen sind und die auf die Notwendigkeit eines Einsatzes hinweisen[15].

a) Die erste Phase des systematischen Aktionärsaktivismus hatte **soziale Themen** zum Gegenstand. Dabei wurde das Unternehmen zur Einhaltung bestimmter sozialer Grundsätze von sozialen Organisationen aufgefordert. Die institutionellen

---

[12] Auch juristische Gründe spielen eine wichtige Rolle für die Erstellung der Abstimmungsrichtlinien: siehe § 5.III.A.3.b.

[13] Vgl. die sehr ausführlichen Abstimmungsrichtlinien von CalPERS und von TIAA-CREF.

[14] Zu Abstimmungsrichtlinien von Banktreuhandabteilungen siehe WILLIAMS (1988) 281, 292 ff.

[15] MILLSTEIN (1991) 89, 102 nennt dieses Modell *probabilisitic monitoring* im Vergleich zu *collegial monitoring*, im Rahmen dessen ein ständiger Kontakt zwischen Management und institutionellen Anlegern stattfindet, und zu *hierarchical monitoring*, wo die institutionellen Anleger die Unternehmenspolitik diktieren.

Anleger haben sich dem nicht angeschlossen[16], weil sie die Auswirkungen auf die Unternehmensperformance bezweifelten. Allerdings ist diese Phase für die weitere Tätigkeit der institutionellen Anleger von Bedeutung insofern, als die Bedeutung der Mitgliedschaftsrechte als Einflussmittel zum ersten Mal deutlich wurde.

b) In der ersten Phase ihrer eigenen aktiven Tätigkeit befassten sich die institutionellen Anleger damit, ob die Beteiligungsunternehmen bestimmte **strukturelle Maßstäbe** erfüllten. Es handelte sich vor allem um Übernahmeabwehrmaßnahmen und strukturelle Einrichtungen, die eine stärkere Kontrolle und Verantwortlichkeit des Managements sicherstellen sollten. Wenn diese Kriterien nicht erfüllt waren, wurden die Beteiligungsunternehmen zur Verbesserung aufgefordert. Die Nutzung ausschließlich von *Corporate Governance* Kriterien erwies sich allerdings insofern als kurzgreifend, als die tatsächliche Unternehmensleistung außer Acht gelassen wurde[17]. Dies führte unter Umstände zum Einsatz bei Unternehmen, deren Organisationsstruktur vielleicht nicht optimal, deren finanzielle Ergebnisse jedoch befriedigend waren. Dies spiegelte sich wiederum in den finanziellen Auswirkungen des institutionellen Einsatzes wider. Empirische Untersuchungen ergaben negative Auswirkungen auf den Unternehmenswert, solange keine Rücksicht auf die fundamentale Unternehmensperformance genommen wurde[18].

c) Aufgrund dessen schlossen die institutionellen Anleger allmählich auch **Performancekriterien** zur Aufdeckung ineffizient geleiteter Unternehmen mit ein[19]. Diese Entwicklung steht mit dem Rationalitätsansatz durchaus im Einklang. Wie bereits gesehen, lohnt sich ein Überwachungseinsatz um so mehr, je höher der erwartete Nutzen (*pay off*) auszufallen verspricht. Der letztere besteht wiederum entweder in der Herbeiführung einer Verbesserung oder in der Verhinderung bzw. Behebung eines Missstandes[20]. Dass die institutionellen Anleger jene Unternehmen für ihren Einsatz auswählen, die im Vergleich zur Konkurrenz schlecht abschneiden, bestätigt die Annahme, dass sie rational und zwecks Wertmaximierung handeln.

Zur Aufdeckung problematischer Situationen wird zunächst die **Entwicklung des Börsenkurses** genutzt. Dem liegt die Überzeugung zugrunde, dass der Börsenkurs alle über die künftige Unternehmensleistung vorhandenen Informationen widerspiegelt. Insofern muss die darauf beruhende Auswahl zuverlässiger erfolgen als eine, die lediglich auf bilanzbezogenen Daten beruht. Um allgemeine

---

16 BRANCATO (1997) 84.

17 BRANCATO (1997) 86.

18 SMITH (1996a) 227, 242; CARLETON/NELSON/WEISBACH (1998) 1335, 1356.

19 GRUNDFEST (1991) 857, 915 ff.; POUND (1993) 1003, 1057; USEEM (1995) 41, 65, ROMANO (2000) 12 ff.

20 Siehe oben § 4.I.A.2.

Auswirkungen auszuklammern, wird die Börsenkursentwicklung des Beteiligungsunternehmens einem entsprechenden Branchenindex gegenübergestellt[21]. Eine negative Abweichung legt nahe, dass das fragliche Unternehmen ineffizienter geleitet wird als vergleichbare Unternehmen. Dies ist wiederum ein Anhaltspunkt für das Vorliegen von Managementproblemen, zu deren Behebung der aktive Einsatz der institutionellen Anleger beitragen kann.

Darüber hinaus muss sichergestellt werden, dass die problematische Situation nicht auf eine lediglich konjunkturelle und daher vorübergehende Krise, sondern auf einen dauerhaften Missstand zurückzuführen ist. Aufgrund dessen muss die negative Performance über einen relativ langen Zeitraum hinaus (in der Regel fünf (5) Jahre) bestanden haben. Kennzeichnend für die Umsetzung der oben genannten Kriterien ist die Vorgehensweise von CalPERS. Unter den 1.017 Portfoliounternehmen werden diejenigen ausgewählt, deren Ertragsrate (*rate of return*) in einem fünfjährigen Zeitraum hinter dem S & P 500 Index zurückbleibt. Die durchschnittliche Abweichung beläuft sich auf -29,15%[22].

Als Auswahlkriterium (obwohl in untergeordneter Häufigkeit) kommt auch der sog. **Tobin's Q Faktor** in Betracht. Es handelt sich hierbei um das Verhältnis zwischen dem Wert der einzelnen Bestandteile des Unternehmens und dem Veräußerungswert des gesamten Unternehmens. Ein geringerer Wert des Unternehmens als Einheit als derjenige seiner Bestandteile ist Anhaltspunkt dafür, dass das Wertpotential nicht ausgeschöpft worden ist, was möglicherweise auf ein ineffizientes Management zurückzuführen ist.

d) Obwohl die finanziellen Kriterien auf kritische Probleme aufmerksam machen können, vermögen sie nicht, die langfristige Entwicklung wiederzuspiegeln und die Probleme frühzeitig aufzudecken[23]. Nach dem Kapitalmarkteffizienzansatz sollte zwar der Börsenkurs auch die künftige Entwicklung wiedergeben. Dies ist aber um so schwieriger, je weniger die relevanten Ereignisse kristallisiert und den Marktteilnehmern völlig ersichtlich gemacht worden sind.

Die institutionellen Anleger sind sich dieses Problems bewusst geworden und versuchen daher, ihre Einsatzkriterien auf grundlegende, für den **langfristigen Unternehmenserfolg** relevante Faktoren auszurichten. Die gefragten Kriterien (*intangibles, fundamentals*) sollen die Fähigkeit des Unternehmens widerspiegeln,

---

21 Die vom Überwachungseinsatz der öffentlichen Pensionsfonds betroffenen Unternehmen schneiden in den 5 Jahren vor dem Einsatz schlechter als der S & P 500 Index ab: siehe DEL GUERCIO/HAWKINS (1999) 293, 306; SMITH (1996a) 227, 232; HAWLEY/WILLIAMS/MILLER (1994) 26, 34, 36; USEEM (1996) 41 ff., 64 ff.

22 Vgl. THOMAS/MARTIN (1999) 1021, 1065: Aktionärsanträge zur Managerentlohnung werden in Unternehmen unterbreitet, deren Aktienertrag um 3,27% in drei Jahren und um 4,05% in 5 Jahren vor der Unterbreitung vom S & P 500-Index abweicht.

23 BRANCATO (1997) 48.

langfristig im Wettbewerb zu bestehen und mit den künftigen Entwicklungen Schritt zu halten. Hier unten fallen etwa die Qualität des Humankapitals, wie sie sich in den Arbeitsverhältnissen, in der Ausbildung der Arbeitnehmer wiederspiegelt, die innovative Forschung für die Entwicklung neuer Produkte usw.[24]. Zwei große institutionelle Anleger haben bereits derartige Kriterien in ihren Einsatzplan aufgenommen. TIAA-CREF machte bekannt, dass sie Rücksicht auch auf soziale Kriterien bei ihrer Investment- und Überwachungstätigkeit nehmen wird, die sich auf den langfristigen Unternehmenswert auswirken[25]. 1994 forderte das US-Arbeitsministerium die öffentlichen Pensionsfonds dazu auf, die Beteiligungsunternehmen auch in Bezug auf ihre Arbeitnehmerausbildung enger zu überwachen. Daraufhin kündigte CalPERS an, dass sie Wert auf die Qualität der Arbeitsverhältnisse bei ihrem Überwachungseinsatz legen werde. Dieser Neuorientierung lag eine Studie zugrunde, die eine positive Beziehung zwischen der Humankapitalqualität und dem langfristigen finanziellen Erfolg belegte. Es ist interessant zu bemerken, dass die institutionellen Anleger die sozialen Fragen hierbei wiederentdecken, die in den 70er Jahren bei den sozialorientierten Investoren im Vordergrund standen. Allerdings unterscheidet sich die gegenwärtige von der damaligen Diskussion dadurch, dass die soziale Verantwortlichkeit nicht als ein Zweck für sich, sondern wegen ihres Zusammenhangs mit dem langfristigen Unternehmenserfolg angestrebt wird.

B. Erfolgsorientierte Kriterien

Stellt sich aufgrund der oben aufgeführten Faktoren heraus, dass ein Überwachungseinsatz in einem Portfoliounternehmen nötig ist, muss im nächsten Schritt überprüft werden, ob er sich zum einen lohnt und ob er zum anderen Erfolg verspricht. Dazu werden folgende Kriterien genutzt.

a) In erster Linie spielt eine Rolle der **Beteiligungswert** des aktiv handelnden institutionellen Anlegers. Dies liegt an dem aus dem Überwachungseinsatz erwarteten Nutzen[26]. Je mehr die Beteiligung wert ist, desto größer soll die infolge des Überwachungseinsatzes erzielte Werterhöhung und desto wahrscheinlicher soll es sein, dass die Einsatzkosten gedeckt werden. Aufgrund dessen ist mit einem Aktivismus in den großen Unternehmen zu rechnen, weil die gleiche an-

---

24 Ausführlich dazu siehe BRANCATO (1997) 37-77. Vgl. auch DRUCKER (1991) 106, 114, der die Vorhersage wagt, dass sich die institutionellen Anleger künftig aufgrund von die fundamentale Unternehmenslage betreffenden *business audits* sowohl für die Investierung als auch für den Überwachungseinsatz entscheiden werden.

25 BRANCATO (1997) 67, 87 125, 126.

26 HAWLEY/WILLIAMS/MILLER (1994) 26, 31, 37; KARPOFFFF/MALATESTA/WALKING (1996) 365, 379; WAHAL (1996) 1, 8 und DEL GUERCIO/HAWKINS (1999) 293, 299 : durchschnittlicher Beteiligungswert beträgt $8 bis 86 Millionen und in Bezug auf öffentliche Pensionsfonds und Beschlussvorschläge $55,3 Mill. (SWIB), 34,2 (CalPERS), 24,8 (CALSTRS), 67,2 (CREF).

teilsmäßige Beteiligung in einem großen mehr wert ist als in einem kleinen Unternehmen.

b) Des weiteren ist auch die **Beteiligungshöhe** des die Überwachungsinitiative ergreifenden institutionellen Anlegern im fraglichen Unternehmen von entscheidender Bedeutung[27]. Eine hohe Beteiligung i.S. einer hohen Stimmrechtskraft verleiht stärkere Durchsetzungskraft und macht den Einsatzerfolg wahrscheinlicher. Dies beeinflusst wiederum die *ex-ante*-Kosten-Nutzen-Rechnung positiv, weil eine höhere Erfolgswahrscheinlichkeit wegen der geringeren Diskontierung mit einem höheren erwarteten Nutzen positiv zusammenhängt[28].

c) Wichtig ist ferner die **Beteiligungsstruktur** des Zielunternehmens. Der Initiator legt Wert darauf, dass auch andere institutionelle Anleger am fraglichen Unternehmen beteiligt sind[29]. Es ist nämlich aus bereits erörterten Gründen wahrscheinlicher, dass die Unterstützung dieser Aktionäre gewonnen werden kann[30].

d) Entscheidend ist schließlich **die Beteiligung des amtierenden Managements**[31]. Je höher sie ausfällt, desto weniger wahrscheinlich ist der Erfolg des Überwachungseinsatzes. In solchen Unternehmen werden die institutionellen Anleger auf die Managementprobleme in einer anderen Weise (etwa durch Veräußerung ihrer Beteiligung) reagieren.

III. Kooperation

Es wurde bereits gesagt, dass eine Kooperation zwischen den institutionellen Anlegern zwecks Managementdisziplinierung wahrscheinlicher ist als bei den individuellen Aktionären[32]. Im folgenden wird diese Annahme überprüft.

---

27 HAWLEY/WILLIAMS/MILLER (1994) 26, 37; WAHAL (1996) 1 ff.; DEL GUERCIO/HAWKINS (1999) 293, 299; SMITH (1996a) 227, 237: die durchschnittliche Beteiligung von CalPERS an den Unternehmen, in denen es sich in 1992 aktiv einsetzte, belief sich auf 1,12% im Vergleich zu 0,90% an den von Überwachungsaktionen ausgenommenen Portfoliounternehmen.

28 Siehe oben § 2.II.A.1.

29 ROMANO (2000) 15; DEL GUERCIO/HAWKINS (1999) 293, 329; CARLETON/NELSON/WEISBACH (1998) 1335, 1340; KARPOFF/MALATESTA/WALKING (1996) 365, 378 ff.; CHOI (2000) 231, 258; Hanson (Vorsitzender von CalPERS) in STEVENSON (1991) 74; SMITH (1996a) 227 ff.; HAWLEY/WILLIAMS/MILLER (1994) 26, 32, 39: In den Unternehmen, die von CalPERS getroffen wurden betrug die durchschnittliche gesamte Beteiligung der Aktionäre, die über 5% jeweils hielten, 18,03% im Vergleich zu nur 12,39% in den Unternehmen, die vom Einsatz ausgenommen wurden: SMITH (1996a) 227, 240; WAHAL (1996) 1, 4, 8: die inaktiven institutionellen Anleger besitzen durchschnittlich 51% des stimmberechtigten Kapitals.

30 Siehe unten § 6.III.A.

31 CARLETON/NELSON/WEISBACH (1998) 1335 ff.; HAWLEY/WILLIAMS/MILLER (1994) 26, 38: die durchschnittliche Beteiligung des Managements beläuft sich auf 5,70 %.

32 Siehe oben § 4.II.

A. Direkte Kooperation

a) Die Erwartung, dass die institutionellen Anleger miteinander *systematisch* kooperieren und gemeinsam handeln werden, hat sich bisher nicht bestätigt. Zumindest kommen **intensive Kooperationsformen**, bei denen sich die institutionellen Anleger von vornherein auf eine gemeinsame Stimmrechtsausübung oder sonstige Disziplinierungsaktionen einigen und die Einsatzkosten teilen, nicht in Betracht[33]. Dafür ist möglicherweise die juristische Regelung verantwortlich: Wie bereits ausgeführt, würde eine Verständigung zwischen mehreren institutionellen Anlegern unter den Anwendungsbereich von § 13(d) SEA fallen, was strenge Offenlegungspflichten auslösen würde[34]. Dazu trägt eventuell auch die Tatsache bei, dass die U.S.-amerikanischen institutionellen Anleger geographisch relativ weit verstreut sind[35]. In Großbritannien, wo sie an einem Ort häufig miteinander auch physisch in Kontakt kommen, ist eine Kooperationsbildung wahrscheinlicher[36]. Nicht zu übersehen sind schließlich die möglichen Meinungsverschiedenheiten, die auf den unterschiedlichen Hintergrund des jeweiligen institutionellen Anlegers zurückzuführen sind[37].

b) Schwächere Kooperationsformen sind jedoch häufiger. In Krisenfällen haben mehrere institutionelle Anleger gemeinsam und auf informelle Weise Druck ausgeübt[38]. Eine schwächere, aber immerhin wichtige Kooperationsform besteht darin, dass die institutionellen Anleger dazu neigen, die Initiativen der aktiven institutionellen zu unterstützen[39]. Wie bereits ausgeführt, werden jene Gesellschaften zum Einsatz ausgewählt, deren Beteiligungsstruktur einen hohen Anteil von institutionellen Anlegern aufweist. In diesen Gesellschaften ist es nämlich wahrscheinlicher, dass ein Aktionärsantrag eine hohe Zustimmung erlangt.

B. Indirekte Kooperation: Aktionärsgruppen bzw. Beratungsfirmen

a) Eine indirekte Kooperation entsteht durch die kollektiven Organisationen bzw. Beratungsunternehmen, welche die institutionellen Anleger bei ihrer Überwa-

---

33 COFFEE (1997) 1970, 1977; BLACK (1998) 459, 461.

34 Siehe oben § 5.II.C.

35 Zu bedenken ist insbesondere, dass die öffentlichen Pensionsfonds nicht auf einem einzigen Finanzplatz konzentriert sind, sondern in den jeweiligen Bundesstaaten ansässig sind.

36 SHORT/KEASY (1996) 33. Vgl. auch zu Kanada CRÊTE/ROUSSEAU (1997) 863, 927. Zur Koalitionsbildung in Großbritannien siehe STAPLEDON (1996) 126.

37 RAMSAY et al. (2000) 110, 125.

38 Z.B. haben mehrere institutionelle Anleger gemeinsam Druck gegen die Führungspolitik in *Kmart* ausgeübt und auf die Entlassung des CEO gedrängt: siehe SMITH (1996c) 1038, 1039.

39 Beispielweise gewinnen die von institutionellen Anlegern um 175% mehr Stimmen, als die von individuellen Aktionären vorgelegten Aktionärsanträge: siehe GILLAN/STARKS (2000) 275, 285.

chungstätigkeit unterstützen. Diese Einheiten sind erst dann entstanden, nachdem die institutionellen Anleger begonnen hatten, sich für die aktive Überwachung der Beteiligungsunternehmen zu interessieren. Ihre Tätigkeit besteht darin, den institutionellen Anlegern Informationen über kritische Ereignisse zu verschaffen (z.B. über die Tagesordnung des jeweiligen Beteiligungsunternehmens) und ihnen die geeigneteste Reaktion darauf anzuraten.

b) Diese Organisationen erhöhen zum einen die Wahrscheinlichkeit einer *direkten Kooperation,* indem sie die Kommunikationskosten durch Vermittlung zwischen kooperationsbereiten Institutionellen verringern. Darüber hinaus kommen die institutionellen Anleger über die kollektiven Organisationen zu einer **indirekten Kooperation**. Einerseits ist es wahrscheinlicher, dass sie dem gleichen Verhalten folgen, wenn sie dieselbe Informationen und Beratungen erhalten[40]. Andererseits findet eine indirekte Kostenteilung statt. Bezahlen mehrere Institutionelle für dieselben Informations- bzw. Beratungsleistungen, ist der Preis geringer, als wenn jeder allein die Informationen beschaffen müsste. Im Ergebnis erfolgt eine gemeinsame indirekte und günstige Finanzierung der entsprechenden Leistungen[41]. Schließlich unterstützen die Aktionärsgruppen die notwendige soziale Infrastruktur für die Homogenität und Kontinuität der Aktionärsbewegung. Sie dienen der Bildung einer gemeinsamen Agenda und stellen die langfristige Fortsetzung sicher, selbst wenn einzelne Mitglieder aussteigen[42].

c) Die wichtigsten Organisationen sind die folgenden[43]:

Die ***United Shareholders of America***[44] wurde von *T.Boone Pickens,* einem berühmten Aktionärsaktivisten, 1986 gegründet und 1993 aufgelöst. Ihr Ziel war, die Überwachungstätigkeit ihrer Mitglieder, 65.000 individueller Aktionäre, zu koordinieren und logistisch zu unterstützen. Außerdem verfolgte sie eine eigene Tätigkeit, indem sie schlecht abschneidende Unternehmen aufdeckte und daraufhin durch informelle bzw. formelle Einsatzmittel zur Einlenkung zu bringen versuchte.

Institutional Shareholders Services wurde von *Robert Monks,* einem ehemaligen Verantwortlichen im Arbeitsministerium, gegründet und bietet Informations-

---

[40] COFFEE (1997) 1970, 1987; BLACK (1998) 459, 461. Diese Annahme bestätigt der Befund von Bethel und Gillan, wonach der vom *Istitutional Investor Services* erteilte Ratschlag gegen einen Managementbeschlussvorschlag zu um 13,63%-20,56% weniger positiven Stimmen führt: siehe BETHEL/GILLAN (2000) 21.

[41] EISENBERG (1999) 1253, 1284; COFFEE (1993) 94; CARY/EISENBERG (1995) 251; BLACK (1998) 459, 461; DAVIES (1999) 331, 340.

[42] DAVIS/THOMPSON (1994) 143, 165.

[43] Überblick siehe in BRANCATO (1997) 82; CONARD (1988) 117, 141 ff.

[44] STRICKLAND/WILES/ZENNER (1996) 319 ff.; MONKS/MINOW (1995) 149.

und Beratungsleistungen zur Abstimmungspolitik der institutionellen Anleger an[45].

Das ***Investor Responsibility Research Center*** wurde 1972 gegründet, um die institutionellen Anleger zu den sozialen Themen, die damals im Vordergrund standen, zu beraten. Mittlerweile widmet es sich den *Corporate-Governance*-Themen und Übernahmeabwehrmaßnahmen und bietet sämtliche Leistungen zur Unterstützung der Abstimmungspolitik der institutionellen Anleger an.

Besondere Bedeutung kommt dem ***Council of Institutional Investors*** (CII) zu. Seine Gründung geht auf Initiative des Finanzministers von Kalifornien 1984 zurück. Anstoß gaben umstrittene Abwehrmaßnahmen gegen feindliche Übernahmen. Es sollte die institutionellen Anleger miteinander in Verbindung bringen und ihre Überwachungstätigkeit koordinieren. Seine Mitglieder sind hauptsächlich öffentliche Pensionsfonds (etwa 100), aber zunehmend sind auch private Pensionsfonds wie auch sonstige institutionelle Anleger beigetreten. Das CII berät seine Mitglieder über die anstehenden Beschlussvorschläge in Unternehmen und vertritt sie in Gesetzgebungsverfahren. Parallel dazu verfolgt es eine eigene, auf informellen Mitteln beruhende Überwachungstätigkeit[46]. Es will darüber hinaus ein Forum zur Kontaktaufnahme zwischen institutionellen Anlegern und Managern schaffen. In mehreren Fällen, insbesondere in kritischen Situationen, nutzten die Manager die Gelegenheit, ihre Vorhaben auf Tagungen des CII darzustellen und um die Unterstützung der institutionellen Anleger zu werben[47].

d) Die Entwicklung der Aktionärsgruppen ist von **juristischen Gegebenheiten** angestoßen bzw. erleichtert worden. Wie bereits ausgeführt, wurden die institutionellen Anleger und insbesondere die dem ERISA Act unterliegenden Pensionsfonds aufgerufen, ihre treuhänderischen Pflichten in Bezug auf die Stimmrechtsausübung sorgfältiger wahrzunehmen[48]. Die Beratungsfirmen stellen den institutionellen Anlegern die erforderlichen Informationen zur Verfügung, damit die Stimmrechte im Sinne der Begünstigteninteressen ausgeübt werden.

Die Tätigkeit der institutionellen Anleger wurde von der Lockerung der *proxy*-Regelung wesentlich erleichtert und vom Rechtsrisiko befreit[49]. Nach dem früher geltenden Recht konnte die Erteilung von Abstimmungsanweisungen als Werbung um die Erteilung einer Stimmrechtsvollmacht (*solicitation*) angesehen werden und

---

45 Beispielweise riet *Institutional Shareholder Services* den institutionellen Anlegern zur Annahme des Umtauschangebotes von *Vodafone AirTouch* für die Aktien der *Mannesmann AG.*: siehe WSJE 14-15.1.2000, S.8.

46 Beispielweise veröffentlicht auch das CII eine eigene Liste von unterdurchschnittlich abschneidenden Unternehmen.

47 BRANCATO (1997) 8.

48 Siehe oben § 5.III.A.

49 Siehe oben § 5.II.A.2.

somit die entsprechenden Offenlegungspflichten auslösen. Aufgrund dessen weigerte sich die SEC ständig, eine Ausnahmebestätigung für die Abstimmungsanweisungen von CII zu gewährleisten. Infolge der Novellierung von 1992 wurde dieses Rechtsrisiko abgeschafft, weil die Abstimmungsratschläge (*voting advice*) gem. Rule 14a-2(b)(2) SEA vom *solicitation* Begriff ausdrücklich ausgenommen sind.

C. Aktive Investmentfonds

Eine weitere indirekte Kooperationsform besteht in der Beteiligung an aktiven Investmentfonds (*relational funds*). Es handelt sich dabei um Investmentvehikel, die das sog. ***relational investing*** praktizieren[50]. Sie erwerben hohe und langfristige Beteiligungen an einer geringen Anzahl von Unternehmen und betreiben eine ständige Überwachung durch aktive Ausübung der Aktionärsrechte. In der Regel werden unterbewertete Unternehmen ausgesucht, die ein großes Wachstumspotential versprechen, aber eine unzufriedenstellende Performance aufweisen. Ziel ist, durch aktiven und ggf. sogar aggressiven Einsatz als Katalysator zu dienen, um eine Änderung der verfolgten Strategie, Desinvestitionen oder Einführung von Anreizsystemen herbeizuführen[51]. Davon sind insofern Kapitalanlagegesellschaften zu unterscheiden, die zwar strategische Beteiligungen an wenigen Unternehmen erwerben, jedoch keine aktive Überwachung betreiben[52]. Als *Relational Investing Funds* sind LENS[53], Allied Partners, Corporate Partners und Relational Investors in den USA, der Fonds HERMES[54] in Großbritannien, die Gruppe Visionen in der Schweiz bekannt[55]. Indem sich die institutionellen Anleger an solchen Investmentvehikeln beteiligen, tragen sie dadurch indirekt zur Verstärkung der Managementüberwachung bei[56]. Die Bildung solcher Anlagegesellschaften soll aber in den USA wegen rechtlicher Hindernisse problematisch sein[57].

---

50 AYRES/CRAMTON (1994) 1033, 1034; DOBRZYNSKI, Business Week, 15.März 1993, S.38 ff.; MONKS/MINOW (1995) 169.

51 WSJE 2.6.1999, S.15. MONKS/MINOW (1995) 169.

52 So die *Berkshire Hathaway* von *Waren Buffet;* siehe REINHOLZ REINHOLZ (1997) 186 ff.

53 BRANCATO (1997) 14.

54 LENS wurde neuerdings von HERMES übernommen: siehe ROSENBERG, WSJE 22.3.1999, S.14.

55 REINHOLZ (1997) 152 ff.

56 BLACK (1992a) 811, 845. CalPERS hat sich sowohl an HERMES (Financial Times, 26.4.1999, S.18), als auch an *Relational Investors* LLC (WSJE 29.3.1999, S.22) beteiligt. An *Hermes* ist auch der Pensionsfonds von *British Telecommunication* stark beteiligt.

57 GILSON/KRAAKMAN (1993) 985, 997 ff.

IV. Die Einsatzmittel

Hat der institutionelle Anleger das Zielunternehmen herausgefunden, stellt sich die Frage des geeigneten Einsatzmittels. Zur Verfügung stehen sowohl formelle als auch informelle Mittel[58]. In der ersten Phase aktiver Tätigkeit der institutionellen Anleger wurden hauptsächlich formelle Mittel eingesetzt. In der Zwischenzeit, besonders in der zweiten Hälfte der 90er Jahre, entwickelte sich aber der Einsatz in die Richtung einer informellen Tätigkeit hin[59]. Formelle Mittel werden erst dann gebraucht, wenn der informelle Einsatz keine zufriedenstellenden Ergebnisse erbringt.

A. Informelle Mittel

Unter informelle Mittel fällt jener Einsatz, der nicht auf juristischen Mechanismen beruht, sondern auf sonstige Methoden zurückgreift. Auf diese Weise können zwar keine verbindlichen Ergebnisse erzwungen werden, es wird aber mit hoher Wirksamkeit versucht, das amtierende Management durch Geltendmachung des Einflusspotentials ggf. zum Einlenken zu bringen[60].

1. Vertraulicher personeller Kontakt

Ein Großteil des informellen Einsatzes besteht in der Aufnahme persönlichen Kontaktes zwischen den institutionellen Anlegern und dem amtierenden Management[61].

a) Die Kontaktaufnahme dient in erster Linie der **Informationsvermittlung**, die wiederum entweder von einem umständespezifischen oder -unabhängigen Anlass angeregt wird. Die *umständeunabhängige* Informationsvermittlung unterstützt vor allem die Investmenttätigkeit der institutionellen Anleger. Es ist daher nicht verwunderlich, dass die Kapitalanlagefonds dabei die größte Nachfragegruppe bilden. Mehr überwachungsorientiert ist dagegen die *umständespezifische* Informationsvermittlung, die der Aufklärung *ad hoc* umstrittener Fragen dient. Wegweisend hierbei ist die Initiative von *CalPERS* und *NY Common Retirement Fund* 1991. Sie forderten das *Board of Directors* von *General Motors* auf, die für den Auswahl des neuen CEO maßgeblichen Kriterien offen zu legen[62]. Der zunehmende institutionelle Einfluss wirkt überdies in zweierlei Hinsicht auf die Informationsvermittlung ein.

---

[58] Überblick siehe in KINDLER/GERSTENHABER (1992) 9, 8.

[59] USEEM (1996) 26.

[60] POZEN (1994) 140, 146.

[61] Zum gegenwärtigen Stand siehe insbesondere BERENBEIM (1995) *passim*. Zur früheren Praxis vgl. LIVINGSTON (1958) 160 ff.; SEC Study (1971) 2751; KOTZ (1978) 127 ff.

[62] USEEM (1996) 22, 23, 72-76.

Zum einen wird sie immer **direkter** und wickelt sich unmittelbar zwischen institutionellen Anlegern und Management ab. Dadurch soll den unterschiedlichen Informationsbedürfnissen jedes einzelnen institutionellen Anlegers Rechnung getragen werden. Dies steht der früher gängigen Praxis entgegen, bei der die Informationen den institutionellen Anlegern über Aktienanalysten bzw. Wertpapierbroker übermittelt wurden. Allerdings spielen immer noch indirekte Vermittlungsmethoden eine wichtige Rolle. Hervorzuheben ist die Analystenversammlung, auf der das Management finanzielle Informationen bekannt gibt und für eventuelle Rückfragen der Wertpapieranalysten oder der institutionellen Anleger zur Verfügung steht. Eine ähnliche Funktion erfüllen die sog. *Road shows*, bei denen das Management eine bevorstehende Kapitalerhöhung vorstellt und bei den institutionellen Anlegern um Zeichnung wirbt.

Zum anderen hat sich die **Informationsqualität und -quantität** wesentlich verbessert. Dies ist auch auf die mittlerweile verbesserte Sachkunde und Fähigkeit der institutionellen Anleger zurückzuführen, komplexe Informationen zu verarbeiten. Im Ergebnis verringert die verbesserte Informationsvermittlung die Informationskosten der institutionellen Anleger und zu einem besseren Verhältnis mit dem Management beigetragen haben.

b) Im Rahmen der vertraulichen Kontakte bemühen sich die institutionellen Anleger anschließend darum, das amtierende Management zur Umsetzung **bestimmter Anforderungen** zu bringen[63]. Die mögliche Thematik ist hierbei sehr umfangreich und geht von allgemeinen bis hin zu *ad hoc* Themen und vom Widerstand gegen Managementmaßnahmen bis hin zur aktiven Förderung eigener Vorschläge. Die Kontaktinitiative wird von den institutionellen Anlegern ergriffen und beginnt mit dem Absenden eines Schreibens, durch das Management auf die problematische Situation aufmerksam gemacht wird[64]. Daraufhin folgen weitere Verhandlungen In der Regel wickelt sich das Verfahren geheim ab, nur ausnahmsweise wird das Schreiben zwecks Druckausübung veröffentlicht. Bevor die Verhandlung mit den geschäftsführenden Managern beginnt, werden die unabhängigen Direktoren angesprochen, weil sie objektiver und daher zugänglicher für Kritik sind[65]. Falls eine Einigung zustande kommt, wird ein informelles Abkommen geschlossen, das gelegentlich auch veröffentlicht wird.

---

[63] Diese Einsatzart wird von TIAA-CREF (CARLETON/NELSON/WEISBACH (1998) 1335, 1338-9), von CalPERS (POUND (1993) 1003, 1056; SOMMER (1990) 375) und anderen Pensionsfonds genutzt; STAPLEDON (1996) 120; POUND (1993) 1003, 1056.

[64] Vgl. den von CalPERS an CEO von *Westinghouse* abgesendeten Brief abgedrückt in HAWLEY/WILLIAMS/MILLER (1994) 26, 46.

[65] USEEM (1996) 22.

c) Andererseits wird in der Zwischenzeit wird die Kontaktinitiative zunehmend vom **Management** ergriffen[66]. Einerseits bemühen sich die Unternehmen darum, eine ständige Kommunikation mit den institutionellen Anlegern aufzubauen. Ziel dieser *Investor-Relations*-Tätigkeit ist es, die Beliebtheit der Aktien des betreffenden Unternehmens als Anlagemöglichkeit zu verstärken und sowohl neue Anleger als Aktionäre zu gewinnen als auch die vorhandenen Aktionäre zum Positionsausbau zu bewegen[67]. Auf der anderen Seite soll die Kontaktaufnahme dem Management bei der Bewältigung kritischer Situationen helfen, und zwar in zwei Fällen.

Zum einen wenn überraschend eine kritische Situation eingetreten ist, für deren Behebung das Management auf die Unterstützung der institutionellen Anleger angewiesen ist. Dies ist besonders der Fall einer feindlichen Übernahme oder sonstigen Herausforderung. Die Manager bemühen sich dann um die Unterstützung institutioneller Anleger, eventuell durch Einräumung von Zugeständnissen[68]. Beispiel hierfür ist das Übernahmeangebot auf *Chrysler Corp*. Das Management von *Chrysler* suchte Kontakt mit den institutionellen Anlegern, um ihnen seine langfristige Politik vorzustellen und sie zur Angebotsablehnung zu bewegen[69]. Diese Situationen können den Anfang einer engeren Interaktion zwischen Management und institutionellen Anlegern darstellen[70].

Zum anderen soll die Kontaktaufnahme die Durchführung einer umstrittenen Maßnahme vorbereiten. Hierbei sollen die eventuellen Reaktionen der institutionellen Anleger ermittelt werden, um eventueller Opposition vorzubeugen. Bleibt der Widerstand weiterhin bestehen, wird die Maßnahme in der Regel nicht weiter verfolgt[71]. Außerdem will das Management von den Investitionskenntnissen und -erfahrungen der institutionellen Anleger profitieren, um die Entscheidungsqualität zu verbessern.

d) Der hauptsächliche Vorteil des informellen Kontaktes liegt vor allem in dem **geringen Kostenaufwand**. Dies ist wiederum darauf zurückzuführen, dass der

---

[66] BRANCATO (1997) 164 ff.; POUND (1993) 1003, 1057; ADLER (1996) 133, 148.

[67] Zu *Investor Relations* siehe LINK, Die HV im Rahmen der Aktienmarketing und der Investor Relations, AG 1994, 364, BFuP 93, 105; BERENBEIM (1995) 39.

[68] USEEM (1996) 17, 185.

[69] Das Management von *Texaco* versprach CalPERS und NY Retirement System Mitsprache bei der Direktorenauswahl, um ihre Unterstützung gegen bei der Auseinandersetzung mit den Proxykampf von *Carl Icahn* sicherzustellen: siehe BRANCATO (1997) 6 ff. Das Management von *Lockheed* einigte sich darauf, drei von den institutionellen Anlegern ausgewählten Direktoren zu ernennen: siehe SOMMER (1990) 356, 373.

[70] SKOROWSKI/POUND (1993) 39 ff.: *Lockheed Corp.* etablierte anschließend an eine Abstimmungsauseinandersetzung eine engere und systematischere Kommunikation mit den institutionellen Anlegern und lud sie zur Mitwirkung bei der Kandidatenauswahl ein.

[71] MACINTOSH (1994) 371, 383; STAPLEDON (1996) 118 ff.

Kontakt ohne Einhaltung juristischer Formalitäten erfolgen kann und kein entsprechendes Rechtsrisiko (mit Einschränkung der Insider-Handel-Haftung[72]) mit sich bringt.

Außerdem ist die **Reichweite** der informellen Kontakte und die entsprechende Einflussmöglichkeit viel größer als die der formellen Einsatzmittel. Beispielweise dürfen die institutionellen Anleger über die formelle Stimmrechtsausübung nur auf einen sehr begrenzten Entscheidungsumfang Einfluss nehmen, während alle wichtigen Unternehmensfragen unabhängig von den Aktionärszuständigkeiten durch informelle Kontakte angesprochen werden können.

Überdies ist die **Erfolgswahrscheinlichkeit** höher, weil das Management eher bereit ist, den Aktionärsanforderungen Rechnung zu tragen. Gerade weil das Management auf die Interessen der institutionellen Anleger eingehen kann, ohne dabei in der Öffentlichkeit das Gesicht zu verlieren und sein Reputationskapital zu schädigen, sind die vom Management hinzunehmenden Kosten gering[73].

Sind dagegen die Interessenkonflikte stark, ist mit einem großen Widerstand seitens der Manager zu rechnen. In diesem Fall hängt die Durchsetzung der informellen Kontakte von der potentiellen Sanktionsmacht ab, auf welche die institutionellen Anleger zurückgreifen können. Daraus lassen sich Rückschlüsse auf das **Verhältnis zwischen informellen und formellen Einsatzmitteln** ableiten. Die letzteren ermöglichen die ersten, indem sie ihnen Überzeugungskraft verleihen. Die formellen Mittel werden erst dann eingesetzt, wenn die informellen versagt haben. Geschichtlich war allerdings die Reihenfolge umgekehrt. Ursprünglich wurden nur formelle Mittel eingesetzt. Etwa 1992 fangen die institutionellen Anleger an, zuerst informelle Mittel zu verwenden. Weil aber die Ergebnisse unzufriedenstellend waren, wechselten sie wieder zu härteren Methoden[74].

2. Öffentliche Kritik

Ein weiteres informelles Einsatzmittel besteht in der Herbeiführung von Öffentlichkeitseffekten. Dabei beschränken sich die institutionellen Anleger nicht ausschließlich auf vertrauliche Kontakte, sondern treten in der Öffentlichkeit auf, um das Management stärker unter Druck zu setzen.

a) Der öffentliche Auftritt kann zum einen **unternehmensspezifisch** sein, wenn die betroffenen Unternehmen ausdrücklich genannt werden. Hierzu gehört zunächst einmal der Fall, dass die institutionellen Anleger Management-

---

[72] Siehe oben § 5.III.B.

[73] HAWLEY/WILLIAMS/MILLER (1994) 26, 32.

[74] Vgl. CalPERS' *Guidelines* Nr.1100; *Principles* Nr.III: "*In 1991, the System tried a kindler, gentler approach...But the experiment was not a success...CalPERS will continue to file proposals, if only to assist its ongoing efforts to meet with a company's independent directors.*"

entscheidungen in Frage stellen und öffentlich Änderungen bzw. Verbesserungen fordern, ohne den Abstimmungsmechanismus zu benutzen[75]. Hierunter fällt auch die Veröffentlichung einer Liste von unterdurchschnittlich abschneidenden Unternehmen. Sie werden anhand der früher benannten Kriterien ausgewählt[76] und sowohl auf die Unzufriedenheit der institutionellen Anleger als auch auf ihre Absicht aufmerksam gemacht, bei fortbestehender Passivität des Managements stärkere Maßnahmen zu ergreifen. Ein ähnlicher, strukturorientierter Auftritt wurde von CalPERS praktiziert, als sie verschiedene Beteiligungsunternehmen nach der Qualität ihrer internen Kontroll- und Entscheidungsmechanismen einstufte und daraufhin die Ergebnisse bekannt gab[77].

Der öffentliche Auftritt kann zwar keine verbindlichen Ergebnisse bewirken, entbehrt jedoch nicht jeglicher **Wirksamkeit**. Sofern er dem Management Kosten zufügen kann, vermag er es zum Einlenken zu bringen. Das Sanktionspotential besteht wiederum darin, dass das Verhältnis des Managements zur Wirtschaftsgemeinschaft durch die öffentliche Kritik destabilisiert wird. Das betroffene Unternehmen wird negativ ausgezeichnet, sein Verhältnis zu Kapitalgebern gerät in eine Krise, und das Reputationskapital der Manager wird gefährdet[78]. Zugleich werden auch die internen Disziplinierungsmechanismen in Gang gesetzt. Die unabhängigen Direktoren werden auf eine problematische Situation aufmerksam und werden darauf reagieren, um ihr eigenes Reputationskapital zu bewahren[79].

b) Unternehmensübergreifend ist andererseits der Auftritt, wenn keine bestimmten Unternehmen angesprochen werden, sondern die institutionellen Anleger ihre Einstellungen veröffentlichen. Darunter fällt etwa die Veröffentlichung der eigenen Abstimmungsrichtlinien, welche die Beteiligungsunternehmen vorbeugend sensibilisieren sollen.

B. Formelle Einsatzmittel

1. Aktionärs- bzw. Sammelklage

a) Bisher haben die institutionellen Anleger kaum Aktionärsklagen (*derivative suits*) erhoben[80]. Eine größere Rolle könnten sie dagegen bei der Erhebung von Sammelklagen wegen Verstoßes gegen die Wertpapierregelung spielen[81].

---

75 POUND (1993) 1003, 1053 ff.

76 Siehe oben S.216 ff.

77 27 Annual Institute Securities Regulation (1995) 651, 679 ff., 699.

78 Vgl. BARCA (1998) 3, 17 zur Rolle der Wirtschaftspresse als Verstärker der Kritik der institutionellen Anleger.

79 BRATTON/MCCAHERY (1995) 1861, 1913.

80 Vgl. jedoch BERENBEIM (1995) 51: Aktionärsklage durch CalPERS gegen *Petroleum Occidental*.

Unter Sammelklage versteht man Klagen, die zwar von einem einzigen Kläger erhoben und geführt werden (sog. *leading plaintiff*), deren (positiver) Ausgang aber allen Personen mit gleichartigen Interessen zugute kommt. Im Bereich der Wertpapierregelung bedeutet dies, dass alle vom gleichen Verstoß betroffenen Aktionäre vom Klageausgang profitieren. Allerdings ist die Sammelklage aufgrund des zwischen dem führenden Kläger und den übrigen Aktionären bestehenden Interessenkonfliktes nicht unproblematisch. Es besteht nämlich die Gefahr, dass der erste (und vor allem dessen Anwalt) einem den Anlegerinteressen widersprechenden Vergleich zustimmt. Diese Gefahr verschärft sich wegen der *rationalen Apathie* der vertretenen Aktionäre. Wegen der Geringfügigkeit ihrer Beteiligung haben sie nur geringe Anreize zur Überwachung des prozessführenden Anwalts.

Eine bessere Überwachung könnten die **institutionellen Anleger** gewährleisten. Soweit ihre Beteiligungen hoch sind, ist auch ihr Interesse am Klageausgang größer als das der individuellen Aktionäre, und es ergäben sich stärkere Anreize zur Überwachung des prozessführenden Anwalts. Allerdings verhinderte die frühere Rechtslage, dass sie diese Rolle übernehmen. Die Gerichte neigten dazu, als führenden Kläger denjenigen zu ernennen, der als erster die Klage erhoben hatte. Da die institutionellen Anleger in der Regel erst spät von einem möglichen Verstoß erfuhren, scheiterten sie bei der Übernahme der Prozessführung.

Diesen Missstand will die Novellierung im Zuge des *Securities Ligitation Act von 1995* beheben, indem sie die Ernennung der institutionellen Anleger zum führenden Kläger erleichtert[82]. Die Klägerernennung wurde von der Klageerhebung unabhängig. Jeder betroffene Aktionär kann innerhalb einer bestimmten Frist nach der Klageerhebung seine Ernennung zum führenden Kläger beantragen. Maßgeblich ist die Eignung des Antragstellers, die Interessen der übrigen Betroffenen angemessen zu vertreten. Nach einer widerlegbaren Vermutung gilt als geeignetester derjenige, der das größte finanzielle Interesse am Klageausgang hat[83]. Da die institutionellen Anleger in der Regel über die höchsten Beteiligungen verfügen, muss mit ihrer Ernennung zum führenden Kläger gerechnet werden.

Trotz dieser Erleichterung haben die institutionellen Anleger die neue Möglichkeit nicht erwartungsgemäß genutzt. Nur in 8% der Klagen 1996 und in 5% 1997 haben die institutionellen Anleger ihre Ernennung zum führenden Kläger angestrebt[84]. Aber selbst wenn die Beteiligung der institutionellen Anleger an

---

81 WEISS/BECKERMAN (1995) 2053 ff.

82 *Private Securities Litigation Reform of 1995*, 109 Stat. 737. Dazu siehe LEVINE/PRITCHARD (1998) 1 ff.; BLOOMENTHAL/HOLME & OWEN (1998) 1007 ff.; BAETGE/WÖBKE (1999) 363, 370 ff.

83 SAE § 27(a)(3)(B)(iii)(I)(bb)-(cc); SEA SEA § 21D(a)(3)(B)(iii)(I)(bb)-(cc).

84 LEVIN/PRITCHARD (1998) 1 ff.

den Sammelklagen zunimmt, wird dies sich auf die *Corporate Governance* Problematik kaum auswirken, sofern sich der Sammelklagebereich ausschließlich auf Verstöße gegen die Wertpapierregelung beschränkt[85].

2. Abstimmungsauseinandersetzung (*Proxy Fight*)

a. Anwendungsbereich

Die Abstimmungsauseinandersetzung (*Proxy Fight*) findet statt, wenn ein Dritter in Konkurrenz zum amtierenden Management bei den Aktionären auftritt, ihnen seine eigenen Abstimmungsvorschläge unterbreitet und sie darum bittet, ihm Vollmacht zur Abstimmung seiner Vorschläge zu erteilen.[86]. Somit ermöglicht der *Proxy Fight* eine sowohl lediglich reaktive als auch aktive Einflussnahme auf jede unter die Hauptversammlungszuständigkeit fallende Entscheidung. Zum einen kann der *Proxy Fight* als *reines Oppositionsmittel* eingesetzt werden, wodurch der Herausforderer lediglich die Ablehnung eines Managementvorschlages anstrebt. Die Vollmacht erteilt hierbei die Ermächtigung, lediglich gegen die Managementvorschläge abzustimmen. Zum anderen kann er zur *Durchsetzung eigener Vorschläge* eingesetzt werden. Überwiegend wird der *Proxy Fight* zur Erlangung der Unternehmenskontrolle, also zur Ablösung des amtierenden *Board of Directors* durch die vom Opponenten ernannten Kandidaten, eingesetzt. Bis zum Aufkommen der feindlichen Übernahme war der *Proxy Fight* sogar das einzige Mittel zur feindlichen Erlangung der Unternehmenskontrolle.

b. Rechtlicher Rahmen

Damit jemand bei den Aktionären um die Erteilung einer Abstimmungsvollmacht auftreten kann, muss er bestimmte Pflichten einhalten. Dadurch soll der Aktionär, der Empfänger der Vollmachtabgabebitte, in die Lage versetzt werden, seine Entscheidung in Kenntnis aller relevanten Informationen zu treffen. Dem liegt die Betrachtung zugrunde, dass das Stimmrecht ein wertvolles Investitionsrecht (*valuable asset*) und seine Ausübung eine Investitionsentscheidung seien[87]. Dement-

---

85 Die institutionellen Anleger könnten eine positive Rolle auch bei der Aussonderung von unbegründeten Sammelklagen spielen. Beispielweise wurde eine Sammelklage gegen *Intel Corp.* auf Veranlassung von institutionellen Anlegen zurückgewiesen: siehe BERGER/BAGLEY/LA ROSILIERE (1999) 12.

86 Die Auseinandersetzung kann auch außerhalb der Hauptversammlung im Rahmen einer *action by written consent* stattfinden. In diesem Fall bittet der Initiator die anderen Aktionäre darum, seinem Beschlussvorschlag schriftlich zuzustimmen. Der Beschluss wird gefasst, wenn ihm die erforderliche Mehrheit zugestimmt hat: siehe KLAUSNER/ELFENBEIN (1999) 353, 364. Die wertpapierrechtliche Proxy-Regelung findet auch auf die *action by written consent* Anwendung.

87 SEC (Adopting) Release No.34-31326, E-11.

sprechend muss auch die Bitte um Erteilung einer Abstimmungsvollmacht dem allgemeinen Grundsatz jedes öffentlichen Angebotes im Bereich des Kapitalmarktes unterworfen werden. Dem Anleger-Aktionär müssen alle relevanten Informationen unterbreitet werden, bevor er seine Entscheidung trifft. Aufgrund dessen ist derjenige, der um die Vollmachterteilung wirbt, verpflichtet, dem Aktionär einen Informationsbericht (*proxy statement*) und ein Vollmachtformular (*proxy form*) auszuhändigen. Diese Unterlagen müssen alle gesetzlich festgeschriebenen Informationen und Angaben zu den Abstimmungsvorschlägen enthalten[88] und dürfen keine unrichtigen bzw. irreführenden Angaben enthalten.

Der Zeitpunkt der Pflichtenerfüllung liegt jedoch nicht zur Disposition des Ersuchenden. Entscheidender **Tatbestand** ist die *solicitation*, d.h. die Werbung um Vollmachterteilung. Darunter fallen sämtliche Bemühungen, den Aktionär zur Vollmachterteilung zu bewegen[89]. Die *solicitation* als Oberbegriff ist stets von der Aushändigung des Vollmachtformulars zu unterscheiden. Beide Tatbestände können, müssen aber nicht zusammenfallen. Die Offenlegungspflichten werden spätestens bei der Aushändigung, aber bereits durch die *solicitation*, falls sie vorausgeht, ausgelöst.

Zehn Tage vor Beginn der *solicitation* sind die vorläufigen Ausfertigungen der Werbedokumente bei der SEC zwecks vorbeugender Überprüfung einzureichen (*preliminary filing*)[90]. Nach Ablauf der 10-tägigen Frist darf die Kampagne anfangen. Bevor jeder Aktionär angesprochen wird, sind ihm die endgültigen Informationsdokumente und das Vollmachtformular auszuhändigen und diese mit sonstigen Werbungsunterlagen bei der SEC und bei der Börse endgültig einzureichen (*definitive filing*).

In bestimmten Fällen darf die *solicitation* beginnen, bevor alle vorangehenden Pflichten erfüllt worden sind[91]. *Solange dem umworbenen Aktionär kein Vollmachtformular ausgehändigt worden ist*[92], darf die *solicitation* nicht beginnen, bevor ein endgültiger, von der SEC bereits überprüfter Informationsbericht den Aktionären ausgehändigt und der SEC eingereicht worden ist. Dem Empfänger und der SEC sind nur ein vorläufiges (*preliminary*), noch nicht überprüftes Informationsdokument sowie alle Werbeunterlagen auszuhändigen bzw. einzureichen[93]. Unter der zusätzlichen Bedingung, dass die *solicitation ausschließlich* zur Opposition gegen eine bereits begonnene *solicitation* gerichtet ist, darf der Opponent seine eigene *solicitation* beginnen, selbst wenn kein (auch vorläufiges) In-

---

88 SEA Rule 14a-5, Schedule 14A; RUOFF (1999) 221 ff.

89 SEA Rule 14a-1(l).

90 SEA Rule 14a-3(a).

91 RUOFF (1999) 239 ff.

92 SEA Rule 14a-4(f).

93 SEA Rule 14a-3(a).

formationsdokument vorhanden ist[94]. Dafür muss er aber dem Empfänger seine Identität offen legen, alle eingesetzten Kampagneunterlagen bei der SEC einreichen und möglichst schnell ein endgültiges Informationsdokument vorbereiten. In beiden Fällen darf die Aushändigung des Vollmachtformulars und des endgültigen Informationsdokuments erst nach Einhaltung sämtlicher Einreichungs- und Offenlegungspflichten stattfinden.

c. Kosten-Nutzen-Analyse

Obwohl der *Proxy Fight* den institutionellen Anlegern *theoretisch* die Möglichkeit bietet, ineffiziente Manager abzulösen und sonstigen Einfluss auf den Entscheidungsprozess zu nehmen, ist seine *praktische* Bedeutung eher untergeordnet. *Henry Manne* war nicht weit von der Wahrheit entfernt, als er anmerkte:

> *"The most dramatic and publicized of the takeover devices is the proxy fight; it is also the most expensive, the most uncertain, and the least used."*[95]

Dies liegt daran, dass sich der *Proxy Fight* im Hinblick auf eine Kosten-Nutzen- Abwägung in der Regel nicht lohnt.

a) Zunächst einmal erfordert die Durchführung eines *Proxy Fight* einen erheblichen **Kostenaufwand**. Der Herausforderer muss allen angesprochenen Aktionären Informationsdokumente und Vollmachtformulare zuschicken. Bei einer börsennotierten Gesellschaft mit Streubesitz kann dies erhebliche Kosten verursachen[96]. Dazu muss man auch die unentbehrliche Werbekampagne rechnen, die Zeitungsanzeige, Einsatz von Werbungsagenten (*proxy solicitors*) und Rückfragen bei den Aktionären einschließt. Auch Prozesskosten fallen wahrscheinlich an, weil der Opponent mit Klagen des Managements zu rechnen hat.

In Bezug auf die Kosten wird das amtierende Management gegenüber dem Opponenten von der **Rechtslage** begünstigt[97]. Die Frage der Kostenerstattung richtet sich nach dem Recht der Bundesstaaten, ist allerdings nicht ausdrücklich gesetzlich geregelt. Der Rechtsprechung sind folgende Grundsätze zu entnehmen. Das *amtierende Management* darf zwar grundsätzlich seine Kampagne aufgrund eines Beschlusses des *Board of Directors* von der Gesellschaft erstatten lassen, jedoch nicht uneingeschränkt. Zum einen darf die Kampagne nicht ausschließlich darauf abzielen, dem amtierenden Management die Machterhaltung sicherzustellen, sondern es muss sich um eine Auseinandersetzung um die Unternehmenspolitik handeln. Allein die Wiederwahl des amtierenden Managements schließt eine

---

94 SEA Rule 14a-11, 14a-12.

95 MANNE (1965) 110, 114.

96 BRIGGS (1994) 99, 103.

97 BEBCHUK/KAHAN (1990) 107 ff.; BAINBRIDGE (1992) 1071, 1078; EISENBERG (1976) 121 ff.; STACH (1991) 745, 776; RUOFF (1999) 281.

allgemein wichtige Frage nicht von vornherein aus. Zum anderen müssen die Kosten verhältnismäßig bzw. angemessen sein und dem Informationsbedürfnis der Aktionäre entsprechen. Jedoch werden diese Grundsätze nicht streng angewendet, so dass man von einem erheblichen Ermessenspielraum des amtierenden Managements ausgehen muss[98].

Der *Opponent* hat auf der anderen Seite keinen Anspruch auf Kostenerstattung. Nur im Siegesfall kann er die Gesellschaft durch entsprechenden Beschluss des *Board of Directors* zur Kostenübernahme bewegen[99]. Hat er aber den Kampf verloren, kann er mit keiner Erstattung rechnen, es sei denn, die Gesellschaft beschließt die Kostenerstattung freiwillig[100]. Es versteht sich von selbst, dass eine erhebliche Waffenungleichkeit zu Gunsten des amtierenden Managements aus dieser unterschiedlichen Behandlung entsteht. Aufgrund dessen wird die Regelung entsprechend kritisiert und der Gesetzgeber aufgefordert, eine Gleichheit herzustellen[101].

b) Der aus einem *Proxy Fight* erwartete **Nutzen** setzt sich aus zwei Bestandteilen zusammen. Zum einen aus der gesamten Erhöhung des Unternehmenswertes, die aufgrund des durch den *Proxy Fight* durchgesetzten Hauptversammlungsbeschlusses zustande kommt. Angesichts der Tatsache, dass die Kostenfunktion des *Proxy Fight* in Bezug auf dessen Gegenstand inelastisch ist, muss man allerdings darauf schließen, dass sich der *Proxy Fight* nur für Änderungen mit großem Werterhöhungspotential eignet, nicht aber für geringere Änderungen bzw. Korrekturen[102]. Zum anderen ist für den Opponenten der auf ihn entfallende Nutzen entscheidend, der wiederum von der Höhe seiner Beteiligung abhängt. Angesichts des hohen Kostenaufwandes erscheint der *Proxy Fight* nur dann sinnvoll, wenn der Opponent über eine hohe Beteiligung verfügt, die ihm eine ausreichende, den Kostenaufwand deckende Teilhabe am gesamten Nutzen ermöglicht.

c) Der erwartete Nutzen muss daraufhin um die **Siegeswahrscheinlichkeit** diskontiert werden, die wiederum im Fall des *Proxy Fight* sehr gering ist. Denn das amtierende Management verfügt über mehrere strategische Vorteile gegenüber dem Opponenten [103].

---

98 Nur ein Urteil beanstandete die Kostenerstattung zugunsten des amtierendes Managements: *Lawyers Advertising Co. v. Consolidated Lighting Refrigerating*, 187 N.Y. 395 (1907).

99 *Steinberg v. Adams*, 90 F.Supp. 604.

100 *Philips v. United Corp.*, 5 SEC Judicial Pec. 758, *Royal Bus. Group Inc v. Realist Inc.*, 751 F.Supp. 311 (1990).

101 EISENBERG (1976) 121.

102 STACH (1991) 745, 752.

103 Ausführlich siehe BAINBRIDGE (1992) 1071, 1075 ff.; RUOFF (1999) 278.

Zum einen wird das amtierende Management von der **Rechtslage** wesentlich begünstigt.

Zunächst verfügt es über direkten Zugang zu den Aktionären, während sich der Opponent mit einer indirekten Kommunikation begnügen muss. Selbstverständliche Voraussetzung für den Erfolg eines *Proxy Fight* ist, dass der Opponent die Aktionäre erreichen kann. Die Aktionärsidentität ist allerdings nur der Gesellschaft und deren Management bekannt, weil die Aktien nach dem amerikanischem Recht auf Namen lauten und die Aktionärsidentität sowie die Anschrift in das Aktienbuch eingetragen sind. Inwieweit ein Dritter Einsicht in das Aktienbuch nehmen darf, ist Sache des Rechts des Bundesstaates, in dem die Gesellschaft niedergelassen ist. Im allgemeinen muss der Dritte eine überzeugende Begründung dafür dartun, dass er Einsicht in die Aktionärsliste erlangt. Die Absicht, einen *Proxy Fight* durchführen zu wollen, genügt grundsätzlich der gesetzlichen Anforderung. Der Opponent hat aber mit dem Widerstand des amtierenden Managements und schließlich mit einem kostspieligen und langwierigen gerichtlichen Prozess zu rechnen[104]. Im Hinblick darauf erlegte die SEC dem Emittenten eine alternative Pflicht[105]: entweder Einsicht in das Aktienbuch zu gewähren oder die Vollmachtformulare an die Aktionäre auf Kosten des Opponenten weiterzuleiten[106]. Die eventuell ausgehändigte Aktionärsliste enthält allerdings nur die eingetragenen (*record*), nicht aber die eigentlichen Stimmrechtsberechtigten. Der Aktionär kann zwar bei den eingetragenen Aktionären nach den eigentlichen Stimmrechtsberechtigten fragen, die Wertpapiervermittler sind jedoch nicht verpflichtet, dieser Anfrage nachzukommen. Nur wenn die Gesellschaft eine Liste auch der eigentlichen Aktionäre bereits erlangt hat oder erlangen wird, muss sie auch diese Liste liefern[107]. Von der Gesellschaft wird jedoch stets die zweite Möglichkeit bevorzugt. Die Gewährung eines Einblicks in das Aktienbuch hätte nämlich zur Folge, dass der oppositionelle Aktionär gezielt Schwerpunkte in seiner Werbekampagne setzen könnte und damit in der Lage wäre, Kosten einzusparen. Er könnte beispielweise seine Kontaktsuche auf diejenigen Aktionäre beschränken, die über einen beträchtlichen Aktienbesitz verfügen. Überdies könnte der Opponent die Aktionäre vor dem amtierenden Management erreichen[108]. Werden dagegen die Unterlagen des Opponenten lediglich weitergeleitet, sind nicht nur diese Kosteneinsparungen ausgeschlossen, sondern das Management kann auch seine eigenen Vorschläge unter Kenntnis der Argumentation des Opponenten besser gestalten. Insofern verleiht auch die diesbezügliche Regelung

---

[104] STACH (1991) 745, 766.

[105] SEA Rule 14a-7.

[106] SEA Rule 14a-7, 14d-5.

[107] SEA Rule 14a-7(a)(2)(ii).

[108] GOTSCHLICH (1996) 282.

dem amtierenden Management einen wesentlichen Vorteil gegenüber dem Opponenten[109].

Ferner kann das amtierende Management verschiedene **Abwehrmaßnahmen** einsetzen, um den Wahlprozess zu seinen Gunsten zu beeinflussen[110]. Es kann etwa den zeitlichen Verlauf der Hauptversammlung verschieben, beschleunigen usw. oder die Größe des *Board of Directors* manipulieren. Es kann ein gestaffeltes *Board of Directors* errichten, um die Ablösung des gesamten *Boards* auf einer einzigen Hauptversammlung unmöglich zu machen. Auch die Giftpille ist beim *Proxy Fight* wirkungsvoll, sofern der Erwerb einer hohen Beteiligung und die Kooperation zwischen den Aktionären erschwert wird[111].

Die **Rechtsprechung** unterwarf diese Maßnahmen ursprünglich einer strengen Überprüfung, die sich nicht nach der *business judgement rule*, sondern nach einem viel strengeren Maßstab (*heightened scrutinity*) richtete[112]. Nach dem wegweisenden *Blasius* -Fall ist jeder Eingriff in die freie Stimmrechtsausübung unzulässig, sofern der Wahlprozess ungerecht (*inequitable*) und mit dem einzigen Ziel (*primary purpose*) gestört wird, die Machterhaltung für das amtierende Management sicherzustellen[113]. Eine Ausnahme gilt nur, wenn eine überzeugende Begründung (*compelling justification*) nachgewiesen werden kann. Dieser Anforderung genüge allerdings nicht allein die Behauptung, dass die Aktionäre uninformiert seien und deswegen möglicherweise für einen ungeeigneten Opponenten abstimmen würden.

Die spätere Entwicklung milderte allerdings die Strenge des *Blasius*-Maßstabs wesentlich und näherte sich mehr den *Unocal*-und *Paramount*-Kriterien an. Der *Blasius*-Maßstab sei z.B. nicht anwendbar, wenn der Hauptversammlungstermin noch nicht festgelegt sei, obwohl die Opponenten bereits mit dem *Proxy Fight* angefangen haben und das Management darauf reagiert hat[114]. Vielmehr sind die Abwehrmaßnahmen nach dem für das amtierende Management viel günstigeren *Unocal*- und *Unitrin*-Maßstab zu beurteilen, wenn der *Proxy Fight* mit einer feindlichen Übernahme verbunden ist[115]. Die Rechtsprechung beanstandete auch die Giftpille im Rahmen eines *Proxy Fight*. Es wird zwar anerkannt, dass eine

---

109 LOSS/SELIGMAN (1988) 1986.

110 NEURWITH (1996) 423, 442 ff.

111 Zur Auswirkung der *poison pill* auf die Erfolgswahrscheinlichkeit eines *proxy fights* siehe THOMAS/MARTIN (1994) 327 ff.

112 Zur Rechtsprechung siehe NEURWITH (1996) 423, 448 ff.; KLEIN (1991) 132 ff.; GILSON/BLACK (1995) 1409 ff.; MASSEY (1992) 683, 734 ff.; WARREN/ABRAMS (1992) 647 ff.; OLSON (1992) 1011, 1015 ff.

113 *Blasius Industries v. Atlas Corp.*, 564 A.2d 651 (Del.Ch. 1988).

114 *Stahl v. Apple Bancorp*, 579 A.2d 1115 (Del.Ch. 1990).

115 *Unocal*, 493 A.2d 955; *Paramount Inc. v. QVC Network, Inc.*, 637 A.2d 34.

Giftpille die Siegeswahrscheinlichkeit eines Opponenten *indirekt* verringert. Sofern aber der Eingriff nicht direkt sei und die Durchführung des *Proxy Fight* möglich bleibe, sei die Zulässigkeit nicht bestreitbar[116]. Schließlich wurden *by-law*-Vorschriften bestätigt, obwohl sie dem Management das Recht einräumten, unerwünschte Kandidaten nach Belieben abzulehnen[117]. Ebenso locker war die Stellung der Rechtsprechung gegenüber Aktionen, in deren Zuge das Management die Kontrolle über außenstehende Aktien durch Errichtung etwa eines Pensionsfonds (ESOP) oder durch Erwerb eigener Aktien erhält. Die Rechtsprechung missbilligte solche Maßnahmen nicht, obwohl sie anlässlich eines *Proxy Fight* durchgeführt wurden und seine Erfolgswahrscheinlichkeit wesentlich verringerten[118]. Auch die Gesetzgeber mehrerer Bundesstaaten verabschiedeten gesetzliche Vorschriften, die das Managementermessen erweiterten[119]. Alles in allem verfügt das Management auch im Rahmen des *Proxy Fight* über weitgehende Abwehrmöglichkeiten, was die Aufnahme einer Opposition abhält[120].

Auf der anderen Seite profitiert das amtierende Management von der **rationalen Passivität der Aktionäre**. Die Kleinaktionäre haben nämlich nur geringe Anreize dazu, sich über die Verdienste der Kandidaten zu informieren. Der erwartete Nutzen ist für sie wegen ihrer geringen Beteiligung so gering, dass sich der Kostenaufwand für Informationssammlung und -bearbeitung nicht lohnt. Aufgrund dessen verlassen sich die Aktionäre auf Signale, die ihnen Kosteneinsparungen ermöglichen. Eine derartige Funktion hat u.a. auch die Tatsache, dass ein Kandidat bereits im Amt ist, was seine Qualität und Überlegenheit gegenüber den Opponenten nahe legen soll. Aus all diesen Gründen neigen die Kleinaktionäre stets dazu, für die amtierenden Kandidaten unabhängig von ihren Verdiensten abzustimmen[121].

Angesichts der vorgenannten Tatsachen kann nicht verwundern, dass die Anzahl der *Proxy Fights* immer sehr gering geblieben ist [122] und die Opponenten nur in Ausnahmefällen die Kontrolle gewinnen[123].

---

[116] *Stahl v. Apple Banccorp (Stahl II)* Fed.Sec.L.Rep. (CCH) § 95,412; *Moran v. Household Int.*, Inc. 500 A.2d 1346.; *Moore Corp. Ltd. v. Wallace Computer Services, Inc*, 907 F.Supp. 1545, 1562 (D.Del. 1995).

[117] *Stroud v. Grace*, 606 A.2d 75 (Del. 1992).

[118] *Shamrock Holdings, Inc v. Polaroid Corp.*, 559 A.2d 257 (Del.Ch. 1989);*Unitrin, Inc. v. American General Corp.*, 651 A.2d 1361 (Del. 1995;)

[119] BAINBRIDGE (1992) 1071, 1090 ff.

[120] GILSON/BLACK (1995) 1470.

[121] In der Tat belegen empirische Untersuchungen eine negative Korrelation zwischen Aktionärsanzahl und Siegeswahrscheinlichkeit des Opponenten: siehe POUND (1988) 237, 242, 258.

[122] Von 1950 bis 1980 werden durchschnittlich 20 *Proxy Fights*, von 1962 bis 1983 141 *Proxy Fights* pro Jahr durchgeführt: siehe DEANGELO/DEANGELO (1989) 29, 31; GILSON/BLACK (1995) 1400.

d. Nutzung durch die institutionellen Anleger

Die Erscheinung der institutionellen Anleger verspricht eine Belebung der *Proxy Fights* aufgrund der Kostenverringerung und der Erhöhung der Siegeschancen. Dies soll unabhängig davon gelten, ob der *Proxy Fight* von institutionellen Anlegern oder von Dritten durchgeführt wird[124].

a) Ist die Beteiligungsstruktur wegen der Anwesenheit institutioneller Anleger konzentriert, braucht der Opponent nicht mit allen Aktionären Kontakt aufzunehmen[125]. Er kann sich auf so viele Aktionäre beschränken, dass ihre Unterstützung zum Sieg ausreicht. Im Hinblick darauf, dass die Aktienmehrheit in immer mehr Gesellschaften von institutionellen Anlegern gehalten wird[126], braucht der Opponent wesentlich **weniger Kosten** aufzuwenden, als wenn nur Streubesitzaktionäre existierten.

Sodann haben die institutionellen Anleger andere Anreize zum Sichinformieren im Vergleich mit dem kleinen Streubesitzaktionär. Aufgrund von Beteiligungshöhe und -wert sind sie motivierter, sich über die Kandidaten zu **informieren**. Kurzum, sie werden sich nicht automatisch für die amtierenden Kandidaten entscheiden, sondern alle nach ihren Verdiensten beurteilen[127]. Darüber hinaus ermöglicht die Institutionalisierung des Aktienbesitzes die Vermittlung komplizierter Informationen und Meinungen, weil die institutionellen Anleger aufgrund ihrer erhöhten Sachkunde und Erfahrung in der Lage sind, komplexe Sachverhalte zu verarbeiten[128]. Der Opponent kann daher seine Abstimmungsvorschläge mit überzeugenderen Argumenten versehen, als wenn er ausschließlich mit individuellen Aktionären kommunizierte[129]. Alles in allem sind die Siegeschancen bei Anwesenheit institutioneller Anleger wesentlich höher als bei Streubesitzaktionären, was sich positiv auf die Anreize des potentiellen Opponenten rückwirkt.

Der zweite Umstand, der dem *Proxy Fight* eine neue Aktualität verliehen hat, ist der Rückgang der feindlichen Übernahmen. Infolge des von der Rechtsprechung anerkannten Ermessens des amtierenden Managements, Abwehrmaßnahmen gegen eine feindliche Übernahme nach Belieben einzusetzen, bleibt als

123 DODD/WARNER (1983) 401, 409 geben an, dass *Proxy Fights* für eine mehrheitliche Teilnahme am *Board of Directors* nur um 25,4% im Vergleich zu um 44% für eine Minderheitsteilnahme erfolgreich sind.

124 NEURWITH (1996) 423, 432; BAINBRIDGE (1992) 1071, 1088; STACH (1991) 745; RUOFF (1999) 274.

125 GILSON/BLACK (1995) 1401. Zu *Proxy Fights*, bei denen der Opponent die Unterstützung der institutionellen Anleger aktiv aufsuchte: siehe PAEFGEN (1992) 327, 331 ff.

126 Siehe oben § 3.II.B.

127 BEBCHUK/KAHAN (1990) 1071, 1082.

128 POUND (1993) 1003, 1048.

129 Vgl. DEANGELO/DEANGELO (1989) 29, 35.

einzige Möglichkeit des feindlichen Kontrollerwerbs der *Proxy Fight* übrig[130]. Der Bieter verbindet hierbei den *Proxy Fight* mit einer feindlichen Übernahme. Zunächst wird das amtierende *Board of Directors* im Zuge eines *Proxy Fight* oder einer *action by written consent* abgelöst, anschließend werden die Abwehrmaßnahmen vom neu gewählten *Board* aufgehoben und schließlich wird das Übernahmeangebot ungestört unterbreitet[131]. Durch diese Technik werden die Informationskosten wesentlich verringert, sofern der Aktionär den Sinn des *Proxy Fight* nicht nach der Geschäftsführungsqualität des Opponenten, sondern nur nach der Preisangemessenheit des kommenden Angebots zu beurteilen hat. Aufgrund dieser Umstände ist in der Tat eine Belebung der *Proxy Fights* zu verzeichnen[132].

b) Indessen stehen die institutionellen Anleger nach wie vor eher **negativ zum *Proxy Fight***[133]. Weder führen sie einen eigenen *Proxy Fight* durch, noch unterstützen sie in der Regel die von anderen durchgeführten *Proxy Fights*. Empirische Untersuchungen ergeben sogar, dass sowohl der Beginn als auch die Siegeswahrscheinlichkeit eines *Proxy Fight* mit der Beteiligung institutioneller Anleger negativ zusammenhängen[134]. Diese Haltung mag insofern überraschen, als die institutionellen Anleger auf eine engere Managementdisziplinierung bedacht sind und der *Proxy Fight* diese Funktion *prima facie* erfüllen kann. Aufgrund dessen wird ihnen vorgeworfen, dass sie ihre treuhänderischen Pflichten durch diese auf Interessenkonflikte zurückzuführende Passivität verletzen. Diese Erklärung greift allerdings im Lichte der folgenden Gründe eher zu kurz.

In Bezug auf die Stellung der institutionellen Anleger gegenüber den **von anderen durchgeführten *Proxy Fights*** ist folgendes anzumerken.

---

130 GILSON/BLACK (1995) 1402; POUND (1988) 259, 244; STACH (1991) 745, 749; RUOFF (1999) 274; MAHLE (1990) 721, 736; KLAUSNER/ELFENBEIN (1999) 353, 354. Vgl. jedoch die skeptischere Ansicht von OLSON (1992) 1011, 1018.

131 Zur Bedeutung des *proxy fight* als Ergänzung der feindlichen Übernahme trug auch die Rechtsprechung bei, die das sog. *dead hand poison pill* beanstandete: siehe *Mentor Graphics v. Quickturn Design Sys.*, 728 A.2d 25 (Del.Ch. 1998) bestätigt von *Quickturn Design Systems, Inc. v. Shapiro,* 721 A.2d 1281 (Del.Supr.). Diese Giftpille durfte nur von den Direktoren aufgehoben werden, die sie eingeführt hatten. Infolgedessen konnte selbst ein erfolgreiches *proxy fight* die darauferfolgende Durchführung einer Übernahme nicht ermöglichen.

132 Angaben zu *Proxy Fights* in 1995 siehe in 27 Annual Institute Securities Regulation 711 ff.

133 SOMMER (1990) 356, 367; POZEN (1994) 140, 146; LIVINGSTON (1958) 155 Vgl. aber den Fall von TIAA-CREF, einem privaten Pensionsfonds, der einen *Proxy Fight* zur Ablösung des Managements von *Furr's- CREF* durchführte und die Unterstützung von 80% der Aktionäre gewann: siehe KOPPES (1998) S.4. Ebenso förderten die öffentlichen Pensionsfonds CalPERS und *Pennsylvania Public School Employees' Retirement System* den von individuellen Aktionären durchgeführten *Proxy Fight* gegen Beschlussvorschläge des amtierenden Managements von *Honeywell* mit: siehe VAN NUYS (1996) 101.

134 POUND (1988) 237, 253, 255, 259.

Zunächst können sie sich nicht darauf verlassen, dass der Opponent das Unternehmen besser als das amtierende Management führen wird. Aufgrund der Informationsasymmetrie ist es immerhin schwierig zu wissen, ob der Opponent tatsächlich besser als das amtierende Management ist. Dabei besteht also die Gefahr, dass die Kontrolle auf eine ineffiziente Managermannschaft übergeht[135]. Zum anderen schafft der *Proxy Fight* den Interessenkonflikt nicht endgültig ab, weil auch der Opponent die Auswirkungen seiner Geschäftsführung wegen einer geringen, wenn überhaupt einer Aktienbeteiligung nicht völlig internalisiert. Darüber hinaus weist die Tatsache, dass der Opponent den *Proxy Fight* der feindlichen Übernahme als Kontrollerlangungsmittel vorgezogen hat, darauf hin, dass er selbst hinsichtlich seiner Fähigkeiten nicht absolut sicher ist[136].

Des weiteren fallen die Auswirkungen eines *Proxy Fight* auf den **Unternehmenswert** nicht immer eindeutig positiv aus[137]. Untersuchungen ergaben den Befund, dass die *Proxy Fights* den Unternehmenswert, am Börsenkurs gemessen, nicht unbedingt positiv beeinflussen. Positive Ergebnisse werden zwar für die Zeit gleich vor der offiziellen Bekanntmachung des *Proxy Fight* angegeben, wenn die Absicht des Opponenten vom Markt bereits bemerkt und verarbeitet worden ist[138]. Innerhalb der Periode aber zwischen Ankündigung und Ergebnisverkündung sowie wenn dem Opponenten die Kontrollerlangung gelingt, entwickelt sich der Börsenkurs negativ[139]. Angesichts dieser Ergebnisse erscheint es weder sinnvoll, einen *Proxy Fight* durchzuführen, noch den Opponenten dabei zu unterstützen. Sinnvoller wäre es für die institutionellen Anleger, einen *Proxy Fight* zur Erlangung einer lediglich minoritären Vertretung zu unterstützen[140]. Dadurch würde

---

135 DEANGELO/DEANGELO (1989) 29, 51; POUND (1993) 1003, 1047.

136 POUND (1988) 239, 244; MAHLE (1990) 721, 736.

137 Überblick siehe in GILSON/BLACK (1995) 1403 ff.; WESTON/CHUNG/SIU (1998) 403 ff.

138 DEANGELO/DEANGELO (1989) 29, 42; BORSTADT/ZWIRLEIN (1992): Stichprobe von 142 an NYSE und AMEX notierten Unternehmen; positiver abnormaler Ertrag von 11,4% im Laufe der gesamten Durchführungsdauer.

139 DODD/WARNER (1983) 401, 415; IKENBERY/LAKONISHOK (1993): -48% abnormaler Ertrag bei Kontrollerlangung, -32,4% bei Erreichung minoritärer Vertretung ; POUND (1988) 239, 251: die *Proxy Fights* zur minoritären Vertretung weisen eine Erfolgsquote von 77,3 % im Vergleich zu nur 40,4% für mehrheitliche Kontrolle auf. Dies steht mit der jüngeren Tendenz im Einklang, *Proxy Fights* für minoritäre Vertretung durchzuführen: siehe POUND (1993) 1003, 1047; WSJE 2.6.1999, "*More Holders in the U.S. Aim for Board Role, Not Control*". Im Hinblick auf diese Tendenz und die Erwartungen der institutionellen Anleger erleichterte die SEC die Kampagne zur minoritären Vertretung im Rahmen der Novellierung von 1992. Die sog. *bona fide* Regel wurde revidiert, so dass der Opponent auch Kandidaten des amtierenden Managements in seine Kandidatenliste teilweise aufnehmen darf, selbst wenn sie damit nicht einverstanden sind: zur Problematik der entsprechenden Regelung siehe eingehend GILSON/GORDON/POUND (1991) 38 ff.

140 POUND (1993) 1003, 1047.

zwar eine gewisse Disziplinierung des amtierenden Managements erreicht, ohne aber die Geschäftsführung vollständig einem Opponenten zu überlassen.

Betreffs der Frage, warum die institutionellen Anleger **keine eigenen *Proxy Fight*** durchführen, sind folgende Erklärungen zu berücksichtigen.

Zunächst mag die geringe **Erfolgswahrscheinlichkeit** eines *Proxy Fight* abschreckend wirken. Es trifft zwar zu, dass es immer noch schwierig ist, sich gegen das amtierende Management durchzusetzen. Allerdings ist der Sieg nicht immer die Voraussetzung für positive Ergebnisse. Allein die Durchführung eines gescheiterten *Proxy Fight* dient als Auslöser weiterer Ereignisse, die sich positiv auf die Aktienbeteiligung auswirken[141]. Es wird eine positive Korrelation zwischen der Durchführung eines *Proxy Fight* und einer darauf folgenden Übernahme, Entlassung des amtierenden Managements und im allgemeinen einer Restrukturierung des Unternehmens herausgefunden, die den Unternehmenswert positiv beeinflussen[142]. Insofern kann sich ein *Proxy Fight* auch dann lohnen, wenn er nicht zum Erfolg führt.

Darüber hinaus könnte die Durchführung eines eigenen *Proxy Fight* die institutionellen Anleger der Aufmerksamkeit der öffentlichen Meinung aussetzen und möglicherweise negative politische Reaktionen auslösen[143]. Der *Proxy Fight* ist nämlich das aggressivste Oppositionsmittel, das sich der feindlichen Übernahme annähert und insofern ähnliche Gegenreaktionen auf sich ziehen könnte[144].

Plausibler erscheint jedoch die Erklärung, dass sich der *Proxy Fight* mit der **Beteiligungsstruktur** der institutionellen Anleger nicht verträgt. Er ist nämlich ein sehr firmenspezifisches Einsatzmittel und setzt daher eine ständige Verfolgung der Unternehmensereignisse voraus. Dies scheidet aber aufgrund der weitgehenden Diversifizierung aus. Darüber hinaus erfordert die eigene Durchführung von *Proxy Fights*, dass die institutionellen Anleger entweder die Geschäftsführung selbst übernehmen, oder mindestens geeignete Manager herausfinden und anstellen können. Einem so kostspieligen Einsatz[145] ziehen sie eine strukturelle

---

141 STACH (1991) 745, 747.

142 DEANGELO/DEANGELO (1989) 29, 43, geben an, dass 17 (28,3%) von 60 Unternehmen, die von *Proxy Fights* betroffen wurden, verkauft und die Spitzenmanager in 20 von 39 (51,3%) Unternehmen abgelöst wurden. DENIS/SERRANO (1996) 239 ff. berichten, dass 37% der Unternehmen, die von einem mißglückten *Proxy Fight* bzw. feindlicher Übernahme betroffen wurden, eine Änderung der Führungszusammensetzung innerhalb von 2 Jahren erlebten. Nach DEANGELO/DEANGELO ((1989) 29 ff.) weisen die Unternehmen, die infolge eines *Proxy Fights* sämtliche Restrukturierungen erlebt haben, positiven abnormalen Ertrag von 15,16% auf, im Vergleich zu nur 2,90% bei den Unternehmen, die keiner Restrukturierung unterzogen wurden.

143 VANNUYS (1996) 101, 114.

144 SOMMER (1990) 356, 369.

145 POZEN (1994) 140, 146; SOMMER (1990) 356, 369.

Verbesserung der Auswahlmechanismen vor. Wenn ein *ad-hoc*-Einsatz unentbehrlich ist, wird ein indirekter Einsatz durch informellen Druck auf das *Board of Directors* bevorzugt. Die bloße Möglichkeit eines *Proxy Fights* dient allerdings als Verhandlungsmittel, falls das *Board of Directors* den Erwartungen der institutionellen Anleger freiwillig nicht nachkommt.

3. Aktionärsanträge (*Shareholder Proposals*)

a. Anwendungsbereich

Gem. Rule 14a-8 SEA[146] können die institutionellen Anleger von der Gesellschaft unter bestimmten Bedingungen verlangen, ihre eigenen Anträge in das Vollmachtformular des amtierenden Managements aufzunehmen und sie den Aktionären auf Kosten der Gesellschaft mitzuteilen[147]. Ist dem Aktionärsantrag mit der erforderlichen Mehrheit zugestimmt worden, ist das Unternehmen zur Umsetzung verpflichtet, es sei denn, der Vorschlag war nicht verbindlich (*mandatory*), sondern lediglich empfehlend (*precatory*). Im letzten Fall liegt die Umsetzung im von der *business judgement Rule* definierten Ermessen des Managements[148].

Die Aktionärsanträge weisen im Vergleich zum *Proxy Fight* den erheblichen Vorteil auf, dass alle Aktionäre, und zwar kostenlos, erreicht und zur Abstimmung veranlasst werden können. Zwei Bedingungen begrenzen jedoch wesentlich den Anwendungsbereich im Vergleich zum *Proxy Fight*. Der Antrag darf sich nicht auf die Wahl von Mitgliedern des *Board of Directors* beziehen. Somit ist es ausgeschlossen, einen *Proxy Fight* zur Ablösung des *Board of Directors* im Wege von Rule 14a-8 durch Ernennung eigener Kandidaten indirekt durchzuführen. Weiter sind Gegenanträge unzulässig, die nur auf die Ablehnung eines Managementvorschlags abzielen[149]. In beiden Fällen ist der Opponent auf einen *Proxy Fight* verwiesen. Im Ergebnis beschränkt sich der Anwendungsbereich der Aktionärsanträge auf eigene materielle Beschlussvorschläge.

---

[146] KINDLER/GERSTENHABER (1992) 9, 15 ff. Zu jüngeren Entwicklungen siehe BLOOMENTHAL/WOLFF (1999b) 1047 ff. Zur geschichtlichen Entwicklung und zum Regelungsgrund siehe PALMITER (1994) 879,893.

[147] Wegen der geringen praktischen Bedeutung werden die sog. *on the floor proposals* ausgeklammert, die erst auf der Hauptversammlung vorgelegt werden.

[148] *Aures v. Dressel*, 118 N.E.2d 590 (N.Y. 1954); *Spiegel v. Buntrock*, 571 A.2d 767, 772-73 (Del. 1990).

[149] EISENBERG (1976) 135.

b. Rechtlicher Rahmen

Die Mitteilung von Aktionärsanträgen unterliegt mehreren Voraussetzung[150]. Im folgenden werden die prozessualen und sonstigen Voraussetzungen ausgeklammert, und die Darstellung wird auf jene Voraussetzungen beschränkt, die den zulässigen Antragsgegenstand bestimmen. Diese Voraussetzungen sind für die vorliegende Arbeit von Bedeutung, weil sie den Umfang der Fragen bestimmen, innerhalb dessen die institutionellen Anleger Einfluss auf den Beschlussfassungsprozess durch den Mechanismus der Rule 14a-8 nehmen können.

Im allgemeinen gilt, dass der Gegenstand des Aktionärsantrags nicht gegen die gesetzlich festgelegte **Kompetenzverteilung** zwischen Aktionären und Managern verstoßen darf. Aufgrund dessen sind Beschlüsse unzulässig, die nach dem Recht des Bundesstaates, in dem die Gesellschaft ansässig ist, nicht in die Entscheidungsbefugnis der Aktionärsversammlung fällt (*proper subject rule*)[151]. Ebenso darf sich der Aktionärsantrag nicht mit Routineangelegenheiten der Geschäftsleitung befassen (*ordinary course of business*). Und schließlich muss der Vorschlag einen wesentlichen Bezug zum Unternehmensgeschäft aufweisen, der zumindest 5% sämtlicher Aktiva oder Gewinne bzw. Verluste beträgt, es sei denn, er ist in anderer Weise für das Unternehmen wichtig (*otherwise significantly related*).

Diese Voraussetzungen scheinen den Antragsgegenstand insofern wesentlich zu beschränken, als die Geschäftsführung gesetzlich den größten Teil der Unternehmenstätigkeit umfasst, während die Aktionäre nur in begrenzten, eng definierten Fällen eingeschaltet werden müssen bzw. dürfen. Allerdings ist die Anwendung über die ausdrücklichen Aktionärszuständigkeiten hinaus ausgedehnt worden. Zum einen dürfen Beschlussvorschläge auch zu jenen Fragen unterbreitet werden, die zwar nicht in die Aktionärszuständigkeiten fallen, aber nur die Form einer unverbindlichen Empfehlung haben (*precatory proposals*)[152]. Zum anderen sind auch jene Anträge zuzulassen, die zwar mit der Geschäftsführung (*business operation*) zu tun haben, jedoch Fragen grundlegender Bedeutung betreffen, die über die tägliche Geschäftsführung hinaus gehen[153]. Auszuschließen sind jedenfalls die Routineangelegenheiten, nämlich Fragen, die entweder unentbehrlich für die ordentliche Erfüllung der Geschäftsführung, oder so komplizierter Natur sind, dass die Aktionäre darüber keine informierte Entscheidung zu treffen vermögen[154].

---

150 Siehe PALMITER (1994) 879, 886 ff.

151 SEA Rule 14a-8(i)(1).

152 Note zu SEA Rule 14a-8(i)(1).

153 1976 Interpretive Release, 41 Federal Regulation 52,994, 52,998 (1976): "..... *of such magnitude,....that have major implications,....substantial policy or other considerations...*".

154 SEC Ex.Act Rel. 40,018 67 SEC Dock. 373 (1998) S.377.

Die Konkretisierung der vorangehenden Grundsätze wird von zwei Instanzen vorgenommen. Falls die Gesellschaft den Antrag als gesetzwidrig ablehnt, muss sie die SEC darüber benachrichtigen. Stimmt die SEC der Ablehnung zu, erteilt sie dem Unternehmen ein sog. *No-Action Letter*, wodurch sie sich verpflichtet, kein gerichtliches Verfahren gegen das Unternehmen einzuleiten. Teilt dagegen die SEC die Meinung des Managements nicht, hat das Unternehmen mit einer Klage seitens der SEC oder des Aktionärs zu rechnen[155]. Weil aber die Gesellschaft der Antwort der SEC in der Regel freiwillig nachkommt, spielen die Antworten der SEC eine bedeutende Rolle bei der Anwendung der Rule 14a-8[156].

Wegweisend für die vorliegende Problematik ist das Urteil zum Fall *Medical Committee for Human Rights v. SEC*[157]. Der streitige Aktionärsantrag forderte das Management auf, die Herstellung von Waffen (Napalm) einzustellen, die beim Vietnamkrieg eingesetzt wurden. Das Gericht räumte zwar ein, dass die Entscheidung über die herzustellenden Produkte grundsätzlich dem Management obliege, dies aber die Zulässigkeit der Aktionärsanträge nicht ausschließe, wenn grundlegende politische und moralische Fragen auf dem Spiel stünden.

Ebenso ist auch die Kontroverse um den sog. *Craker Barell letter* ausgefallen[158]. Der Aktionärsantrag forderte das Management auf, Diskriminierungen zu Lasten von homosexuellen Arbeitnehmern zu unterlassen. Ständige Praxis der SEC war es vor 1992, Anträge zu den Arbeitsverhältnissen je nach den Umständen des Einzelfalles zu überprüfen und zuzulassen, wenn weit reichende soziale Fragen auf dem Spiel standen. 1992 redivierte aber die SEC ihre Haltung dahin, dass jeder Vorschlag über die Arbeitsverhältnisse ausnahmslos als Frage der gewöhnlichen Geschäftsführung abzulehnen sei[159]. Diese Kursänderung stieß auf heftige Reaktionen der institutionellen Anleger, weil sie die Arbeitnehmerpolitik angesichts der weit reichenden ökonomischen Auswirkungen kontrollieren wollten. Die im *Craker Barell*-Schreiben enthaltene Stellungnahme wurde aber schließlich 1998 aufgegeben[160]. Seitdem gilt die Rechtslage vor 1992, d.h. die

---

155 BLOOMENTHAL/HOLME/OWENS (1998) 1439; KINDLER/GERSTENHABER (1992) 9, 17; *Roosvelt v.E.I. DuPont de Nemours & Co.*, 958 F.2d 416 (D.C. Cir. 1992) bestätigte das Recht des Aktionärs, die Gesellschaft zur Aufnahme des Antrages zu verklagen.

156 Kritisch zur Auslegung der Anwendungsvoraussetzungen durch die SEC siehe PALMITER (1994) 879, 905 ff.

157 432 F.2d 659 (D.C. Cir. 1970).

158 LOSS/SELIGMAN, Supplement (1999) 111 ff.; BLOOMENTHAL/HOLME/OWENS (1999) 1445; MCCANN (1998) 965, 976.

159 *Craker Barell* No-Action Letter (1992-93 Transfer Binder) Fed. Sec. L. Rep. (CCH) 77, 284-5; Diese Stellung wurde vom Urteil *New York City Employees' Retirement System v. SEC*, (1994) (45 F.3d 14) bestätigt: siehe ADLER (1996) 133, 140 ff.

160 Siehe Adopting Release Nr. 34-40018, Abschnitt III, Seite 4 ff.

Zulässigkeit des sich auf die Arbeitnehmerpolitik beziehenden Beschlussvorschlages wird anhand einer *case-by-case* Überprüfung beurteilt.

Nach den *Medical-Committee* und *Craker-Barell*-Urteilen lässt sich eine Tendenz hin zur Erweiterung des Anwendungsbereichs verzeichnen[161]. Im Ergebnis sind die institutionellen Anleger berechtigt, für fast alle Fragen, die für sie von Interesse sind, entsprechende Aktionärsanträge zu stellen[162]. Dies gilt sowohl für strukturelle (etwa Verbesserung der internen Kontrollstrukturen, Zusammensetzung des *Board of Directors*, Vergütung der Spitzenmanager, Aufhebung von Abwehrmaßnahmen gegen feindliche Übernahmen usw.)[163] als auch für wichtige soziale Fragen.

c. Nutzung durch die institutionellen Anleger

Die institutionellen Anleger gebrauchen den Mechanismus der Rule 14a-8 sehr intensiv[164], was sich durch die geringen Kosten erklärt[165] und dem Mechanismus der Aktionärsanträge eine neue Legitimität verleiht. Da der Antrag auf Kosten der Gesellschaft mitgeteilt wird, haben die institutionellen Anleger nur Informationskosten aufzuwenden, um die problematische Situation aufzudecken und den entsprechenden Antrag zu erstellen. Auch die Werbungskosten sind infolge der Novellierung der *Proxy*-Regelung wesentlich verringert worden[166]. Der Initiator kann nämlich bei den Aktionären um Abstimmung für den Antrag werben, ohne dabei unter den Anwendungsbereich der *Proxy*-Regelung zu fallen und die entsprechenden Kosten zu tragen[167]. Infolgedessen erhöht sich der Informationsfluss hin zu den Aktionären und somit die Wahrscheinlichkeit, dass der Aktionärsantrag eine

---

161 SOMMER (1990) 356, 370; KINDLER/GERSTENHABER (1992) 9, 38 ff., 62 ff. Mittlerweile wurden Anträge u.a. zu Managerentlohnung, Aktionärsbeirat, *golden parachutes* als zulässig angenommen. Vgl. auch den Vorschlag von PALMITER (1994) 879, 918 ff., die Zulässigkeit der Mitteilung von Aktionärsanträgen vom Gegenstand des Antrages unabhängig zu machen.

162 Vgl. *Amalgamated Clothing & Textile Workers Union v. Wall-Mart Stores, Inc.*, 821 F.Supp. 877 (S.D.N.Y. 1993): Einhaltung des Gesetztes über gleiche Chancen für Arbeitnehmer.

163 LOSS/SELIGMAN, Supplement (1999) 115; LOSS/SELIGMAN (1988) 2047 Fn. 341; BLOOMENTHAL/ WOLFF/OWEN (1998) 773; PALMITER (1994) 879, 914. *Dow Chem. Co.* No-Action Letter (1991): Zusammensetzung des *Board of Directors* aus Mehrheit von unabhängigen Direktoren.

164 BLACK (1998) 459 ff. Die Anzahl von Aktionärsanträgen nahm infolge des Einsatzes der institutionellen Anleger erheblich zu: siehe MONKS/MINOW (1995) 148 ff.; UKROPINA (1996) 16-5: 520; RYAN (1998) 97, 158 ff.; BLACK (1990) 520, 585; PALMITER (1994) 879, 883.

165 Nach Angaben von POZEN ((1994) 140, 146) belaufen sich die Kosten auf $10.000. Zur Kostenverringerungswirkung siehe PALMITER (1994) 879, 895.

166 Siehe oben § 5.II.B.

167 UKROPINA (1996) 16-3; BRIGGS (1994) 99, 141.

hohe Zustimmung gewinnt[168]. Im Vergleich zum individuellen Aktionär sind die institutionellen Anleger außerdem in der Lage, die Kosten durch Skaleneinsparungen weiter zu verringern. Da sie an mehreren Unternehmen beteiligt sind und denselben Aktionärsantrag mehrfach unterbreiten können, sind die Kosten je Unternehmen und Vorschlag geringer, als wenn der Vorschlag nur in einem Unternehmen unterbreitet würde[169]. Kosteneinsparnisse kommen auch den institutionellen Anlegern als Empfängern eines Antrages zugute. Sofern sie mit demselben Vorschlag in mehreren Unternehmen konfrontiert sind, können sie ihn kostengünstiger abwägen[170].

Auf der anderen Seite führt das Anstreben von Skaleneinsparungen allerdings zum eher negativen Ergebnis, dass mehr **allgemeine** als firmenspezifische **Themen** und jene sogar ohne Rücksicht auf die firmenspezifischen Umstände durch die Beschlussvorschläge angesprochen werden. Es handelt sich dabei um immer wiederkehrende, allgemeine Themengruppen, wie Aufhebung von Übernahmeabwehrmaßnahmen und Verbesserung der Entscheidungs- und Kontrollstrukturen[171]. Unternehmensspezifische Fragen werden kaum, auch nicht im vom Gesetz zugelassenen Umfang behandelt.

Es stellt sich nun die Frage, wie viel die institutionellen Anleger durch die Aktionärsanträge erreicht haben. Aktionärsanträge gewinnen zwar eine immer höhere Unterstützung dank der Beteiligung der institutionellen Anleger[172]. Die Er-

---

[168] Die Studie von CHOI ((2000) 231 ff.) untersucht den Einfluss der Novellierung der *Proxy*-Regelung auf die Wirkung der Aktionärsanträge. Für die Verstärkung der Wirkung spricht der Befund, dass auch jene Unternehmen von kritischen Aktionärsanträgen nach der Novellierung getroffen wurden, die zuvor wegen der Kontrolle eines hohen Stimmenanteils durch die Manager nicht ausgewählt wurden. Andererseits lässt sich ein Rückgang der Zustimmung für die Aktionärsanträge verzeichnen (von 27,2% auf 22,8%). Dies erklärt sich jedoch zum einen dadurch, dass viele Anträge in größerem Umfang nach der Novellierung von jenen Aktionären (wie z.B. religiösen Vereinen, Gewerkschaften usw.) unterbreitet werden, die nicht so sehr an den Aktionärsinteressen ausgerichtet sind, was sich negativ auf die Zustimmung zu diesen Anträgen durch die anderen Aktionäre auswirkt. Zum anderen sollen mehr Anträge wegen der infolge der Novellierung verstärkten Verhandlungsmacht der Aktionäre vom Management freiwillig bereits vor der Abstimmung angenommen werden. Diese Annahme bestätigt die Studie von CHIDAMBARAN/WOIDTKE (1999), die ebenso eine Steigerung der zurückgezogenen Vorschläge nach der Novellierung von 1992 bestätigt, was für die Verstärkung der Verhandlungsmacht der Aktionäre spricht. Alles in allem beeinflusste die Novellierung, wenn überhaupt, dann positiv die Wirkung der Aktionärsanträge.

[169] BLACK (1990) 520, 580.

[170] BLACK (1990) 520, 589.

[171] UKROPINA (1996) 16-5. Die einzelnen Themen werden im § 7 ausführlich thematisiert.

[172] DELGUERCIO/HAWKINS (1999) 293, 296: Das durchschnittliche Abstimmungsergebnis für 266 Beschlussvorschläge im Zeitraum 1987-1994 beläuft sich auf 34% im Vergleich zu nur 10% für Vorschläge vor 1987; FLEISCHER (1997) § 10.06 S.10-40: Die durchschnittliche Abstimmung für Beschlussvorschläge ist zwischen 1992 und 1994 von 37,8% auf 40,6 % für Geheim-

folgsquote hängt jedoch vom Antragsgegenstand[173] und der Identität des Initiatoren – des institutionellen Anlegers -[174] ab und eine mehrheitliche Abstimmung bleibt in der Regel aus[175]. Und wenn falls eine Mehrheit gewonnen ist, bleibt das Management immerhin in der Umsetzung frei, soweit die Anträge als unverbindliche Empfehlungen, wie in der Regel der Fall, vorgelegt werden[176].

Daraus könnte man schließen, dass eigentlich nicht so viel erreicht worden ist[177]. Diese Schlussfolgerung greift allerdings im Hinblick auf die **indirekten Auswirkungen** der Aktionärsanträge zu kurz. Zunächst einmal werden viele Aktionärsanträge gar nicht vorgelegt, weil das Management sich zu deren Umsetzung bereits vor der Hauptversammlung zur Vermeidung eventueller Niederlagen bereit erklärt[178]. Selbst wenn keine Mehrheit erreicht wird und der Vorschlag lediglich unverbindlich ist, werden wichtige Disziplinierungseffekte ausgelöst[179]. Durch die Abstimmung über Beschlussvorschläge erhalten die Aktionäre die Möglichkeit, ihre Unzufriedenheit mit dem amtierenden Management zu demonstrieren und Vertrauensverlust zu attestieren. Dies kann zum einen die Manager veranlassen, die Aktionärsinteressen freiwillig besser wahrzunehmen, um weiteren Vertrauenseinbussen vorzubeugen[180]. Zum anderen werden weitere

---

abstimmung, von 43,1% auf 54,8% für Aufhebung von Abwehrmaßnahmen, von 32,1% auf 35,7% für Aufhebung des gestaffelten *Board of Directors* gestiegen.

173 Die stärkste Unterstützung gewinnen Anträge zur Aufhebung von Abwehrmaßnahmen gegen feindliche Übernahmen (und insbesondere Giftpillen: je nach Zeitraum von 40,7% bis auf 53,7% der Stimmen); Wahlergebnisse zu einzelnen Gegenständen siehe in GILLAN/STARKS (2000) 375, 292; CARY/EISENBERG (1995) 249; SOMMER (1990) 356, 371; 27 Annual Institute Securities Regulation (1995) 755.

174 Die stärkste Unterstützung (durchschnittlich 41,3%) gewinnen die von CalPERS vorgelegten Anträge: siehe GILLAN/STARKS (2000) 375, 290.

175 Der Anteil von Anträgen, die eine mehrheitliche Zustimmung gewonnen haben, ist von 2,5% im Zeitraum 1986-1990 auf nur 16% 1993 gestiegen: BIZJAK/MARQUETTE (1996) 6, 19: FLEISCHER (1997) § 10.06 S.10-40: KARPOFF/MALATESTA/WALKING (1996) 365, 368.

176 Die institutionellen Anleger fordern jedoch das Management auf, den Vorschlägen, die eine Stimmenmehrheit erhalten haben, Rechnung zu tragen: siehe CII *General principles* B(3), (4).

177 So etwa LOEWENSTEIN (1994) 783, 798.

178 GOODMAN/OLSON (1996) 15-25; UKROPINA (1996) 16-14.

179 CalPERS, *Why corporate governance*, Nr.III, S.1; SOMMER (1990) 356, 372.

180 Nach Angaben von BIZJAK/MARQUETTE (1996) 22 ff. seien Abwehrmaßnahmen wahrscheinlicher vom Management freiwillig zu verändern, wenn ein entsprechender Beschlussvorschlag vorgelegt worden sei. Nach einer Studie von GILLAN und STARKS waren 72,5% der freiwillig zurückgezogenen Vorschläge von institutionellen Anlegern vorgelegt worden, was die Bereitschaft des Managements näher legt, mit den Aktionären bei vorheriger Vorlage eines Antrages zu verhandeln: siehe GILLAN/STARKS (2000) 375, 297; ebenso CHIDAMBARAN/WOIDTKE (1999) 8. Vgl. MACINTOSH (1994) 371, 411: "*While the prospects of success may be poor in an individual case, shareholder proposals nonetheless serve an educational function by putting is-*

Kontrollmechanismen in Gang gesetzt. Einerseits werden die internen Kontrollgremien (insb. das *Board of Directors*) auf die Unzufriedenheit der Aktionäre und mögliche Führungsprobleme aufmerksam gemacht, was sie zur näheren Überwachung veranlasst[181]. Andererseits bereiten außenstehende Aktionäre aggressivere Disziplinierungsmaßnahmen vor. Aufgrund dessen erleben Unternehmen, die von Aktionärsanträgen betroffen wurden, häufiger verschiedene Ereignisse, wie Personalwechsel des CEO, feindliche Übernahme, Aktionärsklage usw., als vergleichbare Unternehmen[182].

Trotz dieser positiven Ergebnisse wird der Mechanismus der Aktionärsanträge durch die institutionellen Anleger auch angegriffen. Man weist insbesondere darauf hin, dass die von den institutionellen Anlegern vorgelegten Anträge keine erheblich positiven und manchmal sogar negative Auswirkungen auf den Unternehmenswert auslösen, so dass das Gesamtergebnis (inklusive der Kosten) schließlich negativ sei. Dieses Phänomen wird darauf zurückgeführt, dass die von Aktionärsanträgen angesprochenen Themen mit der Unternehmensperformance nicht immer positiv zusammen hängen. Aus diesen Feststellungen wird die normative Schlussfolgerung gezogen, die Voraussetzungen für die Vorlage von Aktionärsanträgen zu verschärfen und/ oder die Kostengünstigkeit zu begrenzen, indem man die Beteiligung des Antragstellers an den Kosten vom Anteil der positiven Stimmen abhängig macht. Ziel dieser Vorschläge ist, die institutionellen Anleger dazu zu zwingen, Aktionärsanträge nur dann zu unterbreiten, wenn sie die Wirkungen auf den Unternehmenswert gründlich überlegt haben[183].

4. Aktionärsantrag auf Änderung der *Bylaws*

a. Rechtlicher Rahmen

Die Mitteilung von Aktionärsanträgen gem. Rule 14a-8 ermöglicht zwar, indirekt Einfluss auf die Beschlussfassung zu nehmen, weist jedoch zwei Nachteile auf. Zum einen ist die Wirkung zumindest der unverbindlichen Anträge begrenzt, weil das Management in der Umsetzung schließlich frei bleibt. Zum anderen beziehen sich die entsprechenden Beschlüsse auf den gegebenen Antrag, und das Manage-

---

sues of concern to institutional investors on the public (and the managerial) agenda. This can have the salutary effect of creating pressure on corporate managers not to adopt wealth-reducing measures."

181 Vgl. zum Bereich der Managerentlohnung THOMAS/MARTIN (1999) 1021, 1065.

182 DEL GUERCIO/HAWKINS (1999) 293, 307 ff., 318 (Table 4): Innerhalb von 3 Jahren nach Unterbreitung eines Aktionärsantrages erleben 16% der betroffenen Unternehmen eine feindliche Übernahme im Vergleich zu 6,3% einer vergleichbaren Stichprobe. Die Wahrscheinlichkeit eines Kontrollereignisses hängt weiter mit der Initiatorsidentität (48% der Zielunternehmen waren von CalPERS angegriffen) und mit dem Vorschlagsgegenstand (74% der Zielunternehmen hatten Beschlussvorschläge zur Aufhebung von Abwehrmaßnahmen bekommen) zusammen.

183 ROMANO (2000) 99 ff.

ment wird daran nicht ständig gebunden. Aufgrund dessen sind die institutionellen Anleger allmählich dazu übergegangen, verbindliche Anträge auf Satzungsänderung vorzulegen.

Hierbei werden zwei Methoden kombiniert. Es wird ein Antrag gem. Rule 14a-8 mitgeteilt, dessen Gegenstand die Änderung der *bylaws* ist.

Dadurch werden zum einen die Werbungskosten durch die Aufnahme des Antrags in das Gesellschaftsvollmachtsformular eingespart und wird zum anderen eine ständige Änderung durch die Verankerung des Vorschlaginhalts in den *bylaws* erreicht. Bei den *bylaws* handelt es sich um eine Satzungsart, die unter den *articles of incorporation* steht und die Einzelheiten der gesellschaftsinternen Angelegenheiten festlege[184].

Die Aufnahme eines Aktionärsantrages in das Vollmachtformular gem. Rule 14a-8 SEA hängt von den bereits erläuterten Bedingungen ab[185]. Für das vorliegende Thema ist die Bedingung hervorzuheben, dass der Antragsgegenstand von den Aktionären nach dem Recht des entsprechenden Bundesstaates entschieden werden können muss (*a proper subject for action by security holders*)[186]. Diese Bedingung wird zwar gelockert, wenn der Antrag lediglich unverbindlich ist, muss aber streng eingehalten werden, wenn ein zwingendes Ergebnis angestrebt wird. Entscheidend ist aufgrund dessen, ob die Aktionäre die Zuständigkeit überhaupt und wenn ja, in welchem Umfang sie die Zuständigkeit besitzen, die *bylaws* einseitig zu ändern.

Nachdem die Einlagen aufgebracht worden sind, dürfen die Aktionäre grundsätzlich gem. § 109(a) DGCL die *bylaws* einseitig (d.h. ohne Zustimmung durch das *Board of Directors*) ändern[187]. Die gleiche Möglichkeit steht jedoch auch dem *Board of Directors* gem. § 109(a) DGCL zu, was die Frage aufwirft, ob die von den Aktionären eingeführten *bylaws*-Vorschriften vom *Board of Directors* aufgehoben werden können. Diese Frage hat die Rechtsprechung von *Delaware* noch nicht beschäftigt. Nur *in dictum* deutete das Urteil im Fall *American Int'L Rent-a-Car, Inc. v. Cross* an, dass die Aktionäre dem *Board of Directors* verbieten könnten, die von ihnen eingeführten *bylaws*-Vorschriften abzuschaffen[188]. Es wird

---

184 BALLOTI/FINKELSTEIN (1996) § 1.12.

185 Siehe oben S.243 ff.

186 SEA Rule 14a-8(c)(1).

187 BALLOTI/FINKELSTEIN , Supp. 1996 S.1-32; *Frantz Manufacturing Co. v. EAC Industries, Inc.*, 501 A.2d 401 (Del.1985).

188 1984 WL 8204 (Berger, V.C.). So auch *Model Business Corporation Act*, § 10.20(b): "*A corporation's Board of Directors may amend or repeal the corporation's bylaws, unless ... (2) the shareholders in amending, repealing, or adopting a bylaw expressely provide that the Board of Directors may not amend, repeal, or reinstate that bylaw*" (abgedrückt in 54 Business Lawyer 727). Vgl auch frühere Urteile: *SEC v. Transamerica*, 163 F.2d 511 (3d Circ. 1947);

auch die Meinung vertreten, dass die Direktoren nicht berechtigt seien, die von Aktionären eingeführten *bylaws* zu verändern[189]. Spätere Urteile wie auch die SEC[190] lehnten aber diese Auslegung ab[191]. Nach vermittelnder Ansicht dürften die Aktionäre zwar den Direktoren die *bylaws*-Änderung nicht völlig verbieten, sie aber besonderen Voraussetzungen unterwerfen[192].

Die Aktionärszuständigkeit für Änderung der *bylaws* ist jedoch nicht uneingeschränkt. Der *bylaws*-Inhalt muss gem. § 109(b) DGCL mit dem Gesetz und den *Articles of Incorporation* im Einklang stehen[193]. Zu beachten ist hierbei besonders § 141 DGCL, wonach die **Geschäftsführung** (*management of the business*) ausschließlich dem *Board of Directors* obliegt, es sei denn, das Gesetz sieht anderes vor[194]. Das Verhältnis zwischen beiden Vorschriften (§§ 141 und 109(b) DGCL) ist gerade wegen der in § 141 DGCL enthaltenen Vorbehaltsklausel umstritten. Nach einer Ansicht verweisen beide Vorschriften aufeinander, so dass kein Schluss auf ihr gegenseitiges Verhältnis gezogen werden kann[195]. Nach der Gegenansicht sei die Vorschrift von § 109(b) DGCL spezieller, so dass jeder *bylaws*-Inhalt zulässig sei, selbst wenn er die Geschäftsführungszuständigkeit des *Board of Directors* einschränkt[196]. Richtiger scheint aber zu sein, dass § 109(b) DGCL auf die Vorschrift von § 141 DGCL verweist, so dass sich die *bylaws* in die Geschäftsführung nicht einmischen dürfen. Die Vorbehaltsklausel von § 141 (*except as otherwise provided*) lässt nämlich nur die vom Gesetz, nicht die von den *bylaws* eingeführten Abweichungen zu[197]. Unabhängig vom Verhältnis zwi-

---

Rogers v. Hill (289 U.S. 582 (1933), welche die grundsätzliche Berechtigung der Aktionäre zur Änderung der *bylaws* anerkennen und gegensätzliche Regelungen beanstanden.

[189] BALLOTI/FINKELSTEIN (1996) § 1.13, S.1-30.

[190] In Action Letter zum *Pennzoil Corp.*: siehe RICHARDS/FOSTER (1993) 1510, 1518.

[191] *Centaur*, 582 A.2d 923 (Del. 1990). Vgl. a.A. BLOOMENTHAL/WOLFF (1999b) 1111 ff.

[192] COFFEE (1997b) 605, 618. Mit Bedenken HAMERMESH (1999) 409, 469 ff.

[193] FOLK/WELCH/TUREZYN (1996) 39; BALLOTI/FINKELSTEIN, Supp. 1996 S.1-27.

[194] *Aronson v. Lewis*, 473 A.2d 805, 811 (Del. 1984); *Quickturn Design Sys., Inc v. Shapiro*, No. 511 (Del.Dec. 31, 1998); *Abercrombie v. Davies*, 123 A.2d 893 (Del.Ch. 1956), *rev'd on other grounds*, 130 A.2d 338 (Del. 1957) :"*...(T)he directors rather than the stockholders are granted the power by the state to deal with questions of management policy...*"; *Maldonando v. Flynn*, 413 A.2d 1251 (Del.Ch. 1980) :"*The Board of Directors of a corporation, as the repository of the power of Corporate Governance is empowered to make the business decisions of the corporation*".

[195] GORDON (1997b) 511, 542.

[196] GARMS (1999) 435, 443.

[197] HAMERMESH (1999) 409, 428; RICHARDS/STEARN (1999) 607, 612, 625. Vgl. FOLK/WELCH/TUREZYN (1996) 35; *Abercormbie*, 123 A.2d 898, 899-900 : "*...In certain areas the directors rather than the stockholders or others are granted the power by the state to deal with questions of management policy. This means that our corporation law does not permit actions or agreements by stockholders which would take all power from the board to handle matters of substantial management policy...The stockholders cannot under the present law commit the di-*

schen §§ 109 und 141 zueinander scheidet eine die Geschäftsführungsbefugnis des *Board of Directors* einschränkende *bylaws*-Änderung bereits gemäß der Rule 14a-8(c)(7) SEA aus, wonach Aktionärsanträge unzulässig sind, wenn sie sich auf die normale Geschäftsführung (*conduct of ordinary business*) beziehen[198].

Festzuhalten ist, dass entscheidende Zulässigkeitsvoraussetzung die Unantastbarkeit der **Geschäftsführungsbefugnis** ist. Dies bereitet Auslegungsschwierigkeiten, sofern der Geschäftsführungsbegriff undefiniert ist und daher so umfangreich zu sein scheint, dass fast jede Einschränkung des Managementermessens als Verstoß gegen § 141 DGCL angesehen werden kann. Es würde die Grenzen der Arbeit sprengen, wenn man den Geschäftsführungsbegriff genau definieren wollte. Hinzuweisen ist dagegen auf die bereits vorgenommenen Abgrenzungsversuche. Demnach sei der unantastbare Geschäftsführungsbereich auf einen Kern zu beschränken, der die eigenständige Bestimmung und Ausführung der Geschäftspolitik umfasse. Über diesen engen Bereich hinaus seien Eingriffe durch die Aktionäre nicht von vornherein auszuschließen, wenn bestimmte Kriterien erfüllt seien[199]. Einerseits sei auf den *Eingriffsgegenstand* abzustellen. Demnach seien *bylaws*-Änderungen anzunehmen, wenn sie nicht die Geschäftsführung, sondern grundlegende Themen der Unternehmenspolitik betreffen. Zum anderen sei die Eingriffs*art* entscheidend. Bleibt die eigenständige Entscheidungsinitiative des Managements gewährt, seien Änderungen zulässig, wenn sie sich auf lediglich prozessuale Maßnahmen bzw. Kontrollmechanismen beschränken[200]. Tatsache ist, dass die bisherige Diskussion aufgrund der unterentwickelten Rechtsprechung abstrakt und spekulativ bleibt. Eine genauere Bestimmung ist durch die Betrachtung der bisher aufgetretenen Fälle zu gewinnen.

b. Nutzung durch die institutionellen Anleger

Die institutionellen Anleger nutzen die Möglichkeit der Änderung der *bylaws* immer mehr, obwohl in geringerem Umfang als mit Hilfe regulärer Anträge. Ihre

---

rectors to procedure which might force them to vote contrary to their own best judgment..."; *Chapin v. Benwood Found, Inc.*, 402 A.2d 1205, 1210 (Del. Ch. 1979); *Harrison v. Chapin*, 415 A.2d 1068 (Del. 1980).

198 Vgl. COFFEE (1994) 837, 884; KINDLER/GERSTENHABER (1992) 9, 36.

199 COFFEE (1997b) 605, 613-4. Zustimmend GARMS (1999) 435, 444. Kritisch HAMERMESH (1999) 409, 433 ff.; Vgl. auch den ähnlichen Vorschlag von GORDON (1997b) 511, 542, der zwischen *discrete business decisions* und *governance* unterscheidet. Demnach sei maßgebliches Kriterium die Wahrscheinlichkeit, inwieweit Abstimmungspathologien aufgrund der Aktionärsinitiativen auftreten könnten.

200 RICHARDS/STEARN (1999) 607, 626 mit Verweis auf § 102(b)(1) DGCL, wonach jene Bestimmungen in die *articles of incorporation* aufgenommen werden müssen, die die Befugnisse des *Board of Directors* begrenzen bzw. regeln.

Tätigkeit in diesem Bereich beschränkt sich bisher auf zwei allgemeine Themenkreise[201].

Zunächst wollen die institutionellen Anleger **starken Interessenkonflikten** durch die *bylaws*-Änderung begegnen. Da mit einer freiwilligen Umsetzung seitens des Managements in diesem Fall kaum zu rechnen ist, wollen die institutionellen Anleger das Management zur Umsetzung ihrer Vorschläge zwingen. Ein charakteristisches Beispiel hierfür bieten Abwehrmaßnahmen gegen feindliche Übernahmen an. Hierbei ist die verbindliche Aufhebung durch die Aktionäre um so notwendiger, als dieses Ergebnis nach der Erscheinung des sog. *Dead Hand Poison Pill* selbst durch einen *Proxy Fight* schwer zu erreichen ist. Diese Giftpillenvariante lässt sich nämlich ausschließlich von denjenigen Direktoren aufheben, die sie eingeführt haben[202]. Die verbindlichen Anträge haben in diesem Fall den Gegenstand, dass die Abwehrmaßnahmen aufgehoben werden und dass ihre Einführung bestimmten Bedingungen (und insbesondere der Aktionärszustimmung) unterliegt.

Umstritten ist jedoch die Zulässigkeit solcher Anträge. Fraglich ist insbesondere, ob die Einführung von Abwehrmaßnahmen zur Geschäftsführung gehört, so dass eine entsprechende *bylaws*-Vorschrift gegen §§ 141 und 109(b) DGCL verstoßen würde und somit unzulässig wäre. Auf den ersten Blick scheint die Geschäftsführungsbefugnis des *Board of Directors* durch eine solche *bylaws*-Änderung nicht berührt zu werden. Dadurch erhält der Aktionär höchstens die Möglichkeit zurück, seine Aktien im Rahmen einer feindlichen Übernahme zu veräußern. Insofern müsste man von der Zulässigkeit des entsprechenden Antrages ausgehen, wie es der *Supreme Court von New York* bereits machte[203]. Allerdings wird bezweifelt, inwieweit die Gerichte von *Delaware* dieser Ansicht folgen werden[204]. Die Zweifel sind angesichts der ständigen Rechtsprechung von *Delaware* angebracht, wonach die Geschäftsführungsbefugnis auch die Entscheidung über das ob und wann des Unternehmensverkaufs sowie den entsprechenden Ein-

---

[201] Zu anderen Themen siehe ROCK (1994) 987, 1025: *bylaws*-Änderung, um die Ausübung eines genehmigten Kapitals (*preferred authorized stock*) besonderen Bedingungen zu unterwerfen; TOBIN (1994) 1707, 1726: *bylaws*-Änderung, um die Beteiligung des *Board of Directors* an wichtigen Entscheidungen anzuordnen; LOEWENSTEIN (1994) 783, 795: Zusammensetzung des *Board of Directors* aus unabhängigen Direktoren.

[202] Zur *dead hand poison pill* siehe LESE (1996) 2175 ff. Diese Giftpille ist jedoch inzwischen als unzulässig erklärt: siehe *Mentor Graphics v. Quickturn Design Sys.*, 728 A.2d. 25 (Del.Ch. 1998); *Quickturn Design Sys. Inc. v. Shapiro,* 721 A.2d 1281 (Del.Supr. 1998).

[203] *Bank of New York v. Irving*, 528 2d 482 (Sup.Ct. 1988). In die gleiche Richtung U.S. District Court No. 97- 6035, 1997 U.S. District LEXIS 2980; 10th Circuit No. 90-185, 1999, W.L. 35227, at *1, bestätigt von Oklahoma Supreme Court, *International Brotherhood of Teamsters v. Fleming Cos.*, No. 90185 (Okla. Jan. 26, 1999). Zustimmend GARMS (1999) 435, 445-451; GORDON (1997b) 511, 544.

[204] BLACK (1998) 459, 461; COFFEE (1997b) 605, 616; RICHARDS/STEARN (1999) 607, 631 ff.

satz von Abwehrmaßnahmen umfasst[205]. Insofern würde ein entsprechender Antrag gegen diese Grundsätze verstoßen und nach großer Wahrscheinlichkeit beanstandet werden[206].

Auf der anderen Seite bemühen sich die institutionellen Anleger durch die *bylaws*-Änderung darum, die Verwaltungsstrukturen des Unternehmens hin zur verstärkten Wahrnehmung der Aktionärsinteressen zu ändern. Beispiel hierfür ist die Errichtung eines Aktionärsbeirates (*shareholder advisory comitee*)[207]. Jedoch ist die Zulässigkeit auch dieses Antrages umstritten.

Die Errichtung eines Aktionärsbeirates scheint die Geschäftsführungstätigkeit des *Board of Directors* nicht zu begrenzen, sofern der fragliche Beirat nur Beratungsaufgaben hat und seine Weisungen nicht bindend sind[208]. Hierzu ist die Position der SEC allerdings widersprüchlich. Obwohl sie den Aktionärsantrag von *Robert Monks* in *Exxon Corp.* billigte, beanstandete sie den ähnlichen Vorschlag von CalPERS in *Pennzoil Corp.*[209]. Sie wies auf eine mögliche Verletzung der Alleinzuständigkeit des *Board of Directors* für die Verwendung der Unternehmensressourcen hin, wenn der Aktionärsbeirat frei wäre, Unternehmensressourcen ohne die Zustimmung des *Board of Directors* zu verwenden[210]. Nach dieser Meinung bleibt zwar die Errichtung eines Aktionärsbeirates immerhin zulässig, aller-

---

205 Neuerdings siehe *Quickturn Design Systems, Inc. v. Shapiro*, (No.511): " *While the delayed redemption provision limits the Board of Directors authority in only one respect, the suspension of the rights plan, it nonetheless restricts the board's power in an area of fundamental importance to the shareholders- negotiating a possible sale of the corporation*"; *Unitrin, Inc. v. American General Corp.*, 651 A.2d 1361 (Del. 1995): *"The court has recognised the prerogative of a board of directors to resist a third party's unsolicited acquisition proposal or offer..."*; *Revlon, Inc. v. MacAdrews & Forbes Holdings, Inc.*, 506 A.2d 173, 181 (Del. 1986): *"The adoption of a defensive measure, reasonable in relation to threat posed, was a propre and fully accorded with the powers, duties and responsibilities conferred upon directors under our law."*; *Moran v. Household Int'L, Inc.*, 490 A.2d 1059, 1083: *"The adoption of the Rights Plan is an appropriate exercise of managerial judgment under the business judgment rule."*; *Unocal Corp. v. Mesa Petroleum Co.*, 493 A.2d 946, 954 (Del. 1985); *Moore Corp. v. Wallace Computers Servs., Inc.*, 907 F.Supp. 1545 (D.Del. 1995); *Paramount Communications, Inc. v. Time, Inc.*, 571 A.2d 1140; *Grimes v. Donald*, 673 A.2d 1207 (Del. 1996).

206 THOMPSON (1999) 999, 1019; RICHARDS/STEARN (1999) 607, 615 ff.: *"The body of law so developed is wholly inconsistent with the concept of shareholder-dictated action regarding a rights plan"* mit Verweis auch auf § 157 DGCL, welche die Zuständigkeit für die Ausgabe von *Poison Pills* ausschließlich dem *Board of Directors* Board of Directors einräumt. A.A. aber GORDON (1997b) 511, 547 Fn. 148. Die SEC vermied bisher, Stellung zur Zulässigkeit nach dem *Delaware*-Recht zu nehmen: siehe BLOOMENTHAL/WOLFF (1999b) 1109.

207 COFFEE (1994) 837, 885 ff.; COFFEE (1997b) 605, 609.

208 COFFEE (1994) 837, 886; BLOOMENTHAL/WOLFF (1999b) 1103. Mehr zum Aktionärsbeirat siehe unten § 7.I.B.2.c.

209 Zum *Exxon*-Fall siehe KINDLER/GERSTENHABER (1992) 9, 24 ff.

210 SEC No Action Letter *Pennzoil Corp.* Nov. 1992.

dings wird seine praktische Bedeutung erheblich beeinträchtigt, sofern irgendwelchem Kostenaufwand vom *Board of Directors* zugestimmt werden muss.

5. Stimmenthaltung bzw. Gegenabstimmung

a) Ein weiteres Einsatzmittel besteht darin, dass die institutionellen Anleger ihre Stimmrechte lediglich gegen die Managementbeschlussvorschläge ausüben bzw. sich ihrer Stimmen enthalten, ohne zugleich eigene Beschlussvorschläge vorzulegen oder einen *Proxy Fight* durchzuführen[211]. Nach geltendem Recht ist es einem Aktionär möglich, das Managementvollmachtformular zwar zu unterschreiben und zurückzusenden, sich der Stimmen aber bei einzelnen Punkten der Tagesordnung oder einzelnen Kandidaten zu enthalten[212].

b) Es handelt sich dabei um ein formelles und passives Einsatzmittel, das eine bereits vom Management eingeführte Abstimmung voraussetzt. Ferner erweist es sich als besonders **kostengünstig**[213]. Außer den Informationskosten, die zur Auswahl problematischer Zielunternehmen bzw. Beschlüsse aufzuwenden sind, fallen keine erheblichen Ausübungskosten an. Insbesondere bleiben Kosten wegen Einhaltung von Offenlegungspflichten (wie es bei einem *Proxy Fight* der Fall ist) bzw. wegen des Abfassens von Beschlussvorschlägen und der damit einhergehenden Rechtsrisiken aus. Kostengünstig lässt sich auch die Werbekampagne bei den übrigen Aktionären durchführen. Da um keine Vollmacht geworben wird und keine Vollmachtsunterlagen ausgehändigt werden, sind die Offenlegungs- bzw. Einreichungspflichten der *proxy*-Regelung nicht zu beachten[214].

c) In Bezug auf den **erwarteten Nutzen** lässt sich zwischen direkten und indirekten Ergebnissen unterscheiden. Direkt kann erreicht werden, dass der umstrittene Aktionärsantrag wegen der Gegenabstimmung bzw. Stimmenthaltung die erforderliche Mehrheit bzw. das erforderliche Quorum nicht gewinnt. Dies setzt al-

---

211 Siehe ausführlich GRUNDFEST (1991) 857, *passim*; auch SCHWAB/THOMAS (1998) 1018, 1072 ff.; WAHRTON (1991) 137 ff. Zur Verwendung durch die institutionellen Anleger siehe GRUNDFEST (1991) 857, 933; 27 Annual Institute Securities Regulation 727; ADLER (1996) 133, 145; BERGER/BAGLEY/LAROSILIERE (1999) 1, 12 ff.. Sowohl CalPERS' (*Guidelines* Nr.1100) als auch TIAA-CREF (WAHRTON (1991) 137, 139) haben vor, sich ihrer Stimmen bei der Wahl von Kandidaten für das *Board of Directors* zu enthalten, falls die finanzielle Leistung des Unternehmens und die Performance des *Board of Directors* unzufriedenstellend sind.

212 SEA Rule 14a-4(b)(2).

213 Nach Angaben von GRUNDFEST ((1991) 857, 911) beläuft sich der Kostenaufwand von CalPERS für die Durchführung von Enthaltungskampagnen im Zeitraum von 1988-1991 auf $100.000 im Vergleich. zu $500.000 für die Vorlage von Aktionärsanträgen.

214 Siehe oben § 5.II.B.2.

lerdings voraus, dass die Enthaltung für die Berechnung der erforderlichen Mehrheit mitgerechnet wird[215].

Andererseits werden **indirekte Ergebnisse** ausgelöst. Insbesondere wenn die Gegenabstimmung ein großes Ausmaß erreicht, wird das Management auf die Unzufriedenheit der institutionellen Anleger aufmerksam gemacht[216]. Dies kann zur freiwilligen Unterlassung des umstrittenen Beschlusses aus mehreren Gründen führen[217]. Zunächst einmal will das Management weiteren, aggressiveren Oppositionsaktionen vorbeugen. Zweitens erlebt das Management einen Ansehensverlust, wenn der breiteren Öffentlichkeit das Abstimmungsergebnis bekannt wird[218]. Darüber hinaus können die durch die Gegenstimmung ausgelösten Signale weitere Kontrollmechanismen in Gang setzen. Die Mitglieder des *Board of Directors* werden veranlasst, die Manager enger zu kontrollieren, weil die Gegenstimmung auch ihrer Reputation schadet. Weiter werden aktive Opponenten durch den offenbarten Vertrauensverlust aufmerksam, um aggressivere Kontrollmaßnahmen durchzuführen. Insgesamt kann die Stimmenthaltung als Katalysator für die Verstärkung der Managementverantwortlichkeit und für eine Restrukturierung des Unternehmens dienen.

V. Zwischenergebnisse

In diesem ersten Abschnitt zum Disziplinierungseinsatz der institutionellen Anleger sind die Mittel und Methoden behandelt worden, die von den institutionellen Anlegern genutzt werden, um Einfluss auf das Management auszuüben.

Zunächst sind die **Kriterien** dargelegt worden, welche die institutionellen Anleger zum Aktivismus bewegen. Hieraus hat sich ergeben, dass sich die Auswahlmethoden im Laufe der Zeit gewandelt haben. Ursprünglich war es lediglich der Inhalt der vom Management vorgelegten Abstimmungsvorschläge, der die institutionellen Anleger zur Ablehnung bewegte. Allmählich ergriffen die institutionellen Anleger immer häufiger die Initiative, um problematische Situationen aufzudecken und Maßnahmen hiergegen zu treffen. Hierbei lassen sie sich vorwiegend von performancebezogenen, jüngst jedoch auch von fundamentalen Anhaltspunkten leiten.

---

[215] Gem. § 216 DGCL werden zum Quorum die auf der Hauptversammlung persönlich erschienenen oder durch Abgabe von Abstimmungsvollmacht vertretenen Aktionäre gerechnet.

[216] Die Effektivität der Stimmenthaltung setzt jedoch voraus, dass die institutionellen Anleger ihre Stimmrechte vorher ständig ausübten.

[217] SEC Study (1971) 2753; KOTZ (1978) 125.

[218] Infolge der Novellierung der Wertpapierregelung sind die Unternehmen verpflichtet, die Wahlergebnisse in den Quartalsberichten anzugeben: SEA Form 10-Q, Item 4(c).

Weiterhin wurde auf die Frage eingegangen, inwieweit die institutionellen Anleger miteinander **kooperieren**. Es ist festgestellt worden, dass direkte Kooperationen eher selten auftreten. Häufiger sind indirekte Kooperationsformen in Form der Einschaltung kollektiver Organisationen anzutreffen, die den Einsatz der institutionellen Anleger koordinieren und logistisch unterstützen.

Schließlich sind die **Mittel** untersucht worden, die von den institutionellen Anlegern genutzt werden, um das Management der Beteiligungsunternehmen im weitesten Sinne zu disziplinieren, sonstigen Problemen zu begegnen und Verbesserungen herbeizuführen. Diese Mittel lassen sich in zwei Kategorien einteilen. In großem Umfang werden informelle Mittel eingesetzt, die in der Regel auf vertraulichen Kontakten zwischen Management und institutionellen Anlegern beruhen. Diese Mittel vermögen zwar keine verbindlichen Ergebnisse herbeiführen, sind jedoch kostengünstig, und entbehren nicht jeglicher Wirksamkeit. Die allgemeine Tendenz geht dahin, dass ein ständiger und enger Kontakt zwischen Management und institutionellen Anlegern aufgebaut wird, in dessen Rahmen wichtige Unternehmensfragen besprochen werden.

Andererseits werden auch **formelle**, d.h. juristische Mittel benutzt. Die Erscheinung bzw. Beteiligung der institutionellen Anleger hat die Wirksamkeit dieser Mittel im allgemeinen verstärkt. Dies gilt selbst für den Fall, dass diese Mittel von Dritten genutzt werden. Die von den institutionellen Anlegern bevorzugten Mittel ermöglichen es ihnen, kostengünstig Einfluss auf das Management zu nehmen. Darunter fallen vor allem die Vorlage von Beschlussvorschlägen auf der Hauptversammlung, die Abstimmung gegen die vom Management vorgelegten Beschlussvorschläge bzw. die Stimmenthaltung. Dadurch werden zwar keine verbindlichen Ergebnisse erreicht, das Management wird jedoch nicht zuletzt wegen der angedrohten Reputationssanktionen unter Druck gesetzt und nicht selten zum Einlenken gebracht. Kostenintensivere Einsatzmittel werden dagegen seltener genutzt. Die institutionellen Anleger sind zwar noch nicht dazu übergegangen, das amtierende Management im Zuge eines *proxy fight* abzulösen, streben jedoch immer häufiger an, die Satzung bzw. die *bylaws* zwingend zu ändern.

§ 7. SCHWERPUNKTE DES EINSATZES DER INSTITUTIONELLEN ANLEGER

Im vorliegenden Abschnitt werden die einzelnen Themen erörtert, die Gegenstand des Einsatzes der institutionellen Anleger sind. Über die Darstellung hinaus wird auch erläutert, warum gerade diese Themen die institutionellen Anleger beschäftigen, und ermittelt, wieweit dies zur Durchsetzung ihrer Einstellungen geführt hat[1].

Als Aktionäre interessieren sich die institutionellen Anleger hauptsächlich für die risikoadjustierte Maximierung der Investmenterträge. Soweit dies nicht durch aktive Anlageverwaltung, sondern durch aktiven Auftritt bei den Beteiligungsunternehmen angestrebt wird, könnte man erwarten, dass sie an der **Geschäftsführung** aktiv teilnehmen würden. Ruft man jedoch die Eigentümlichkeiten der institutionellen Anleger und vor allem die Tatsache, dass mehrere Hunderte, sogar Tausende von Unternehmen in ihrem Portfolio enthalten sind, in Erinnerung, dann ist leicht nachvollziehbar, dass eine derart aktive Einmischung praktisch unmöglich ist. Sie ist außerdem für die Wahrnehmung der Aktionärsinteressen unnötig. Ein diversifizierter Aktionär braucht sich nicht um jede Einzelheit der Beteiligungsunternehmen zu kümmern, sondern kann sich auf grundlegende Fragen beschränken[2].

Statt sich mit der Geschäftsführung zu beschäftigen, drängen die institutionellen Anleger auf die Verbesserung der internen **Kontrollmechanismen**[3]. Dadurch soll eventuellen Problemen frühzeitig vorgebeugt werden und, falls sie trotzdem auftreten, sollen sie schnell rückgängig gemacht werden. So erzielen die institutionellen Anleger zweierlei Spareffekte. Zum einen, weil die Probleme ohne ihren Einsatz behandelt werden können. Zum anderen, weil sich die Strukturverbesserungen auf mehrere Beteiligungsunternehmen anwenden lassen und dadurch Kostendegressionen erreicht werden[4]. Ein firmenspezifischerer, auf grundlegende Fragen beschränkter Einsatz kommt daher erst dann in Frage, wenn die internen Kontrollmechanismen versagt haben.

I. Verwaltung der Aktiengesellschaft

Das größte Interesse der institutionellen Anleger ist der Unternehmensverwaltung gewidmet, nämlich jenen Organen und Personen, die für die Geschäftsführung und die Verfügung über die Unternehmensressourcen zuständig sind. Diesem Interesse liegt die grundlegende Bedeutung der Verwaltung für die Unternehmensperformance zugrunde.

---

1 Zu Australien vgl. RAMSAY et al. (2000) 110 ff.

2 MONKS (1989) 171.

3 GILSON/KRAAKMAN (1991) 863, 867; RAPPAPORT (1990) 98, 104.

4 STAPLEDON (1996) 59.

Die Verwaltung einer amerikanischen Aktiengesellschaft besteht aus zwei Organen: aus den geschäftsführenden Managern (*officers*) und aus dem *Board of Directors*[5]. Ursprünglich oblag die allgemeine Geschäftsführung dem *Board of Directors*, während sich die *officers* auf die Ausführung beschränkten. In der Zwischenzeit haben jedoch die *officers* die allgemeine Geschäftsführung übernommen, und das *Board of Directors* hat sich auf die Rolle eines Aufsichtsorgans beschränkt, das die *officers* bestellt, abberuft und im allgemeinen überwacht[6].

A. Geschäftsführende Manager

Im Hinblick auf die grundlegende Rolle der geschäftsführenden Manager und insbesondere des *chief executive officer* (CEO) würde man damit rechnen, dass sich die institutionellen Anleger intensiv mit ihnen beschäftigen würden. Dies ist allerdings nicht der Fall[7]. Zum einen findet man kaum allgemeine Grundsätze zu Rolle und erforderlichen Eigenschaften der geschäftsführenden Manager in den Strategiedokumenten der institutionellen Anleger[8]. Zum anderen ist auch der firmenspezifische Einsatz eher geringfügig. In kaum einem Fall beteiligten sie sich an der Auswahl des neuen CEO[9]. Und nur in wenigen Fällen übten sie Druck aus, um die Ablösung des CEO zu erreichen.[10] Der Grund hierfür liegt weniger in der Tatsache, dass den Aktionären unmittelbar keine juristischen Mittel zur Verfügung stehen, um Einfluss auf die Zusammensetzung der geschäftsführenden Manager auszuüben, sondern vielmehr in der Natur der Sache. Es handelt sich nämlich hierbei um eine äußerst firmenspezifische Frage, deren Behandlung hohen Informationsaufwand in Anspruch nimmt. Die institutionellen Anleger sehen sich aufgrund des Portfolioumfanges und der Beteiligungshöhe nicht in der Lage, diesen Anforderungen nachzukommen. Diese Aufgabe wird anderen, dazu

---

5 DGCL §§ 141(a), 142(a).

6 Vgl. DGCL § 142(a): "*The business and affairs of every corporation organized under this chapter shall be managed by or under the direction of a board of directors....*".

7 STEVENSON (1991) 72 ff..

8 Vgl. nur CalPERS *Principles*, Appendix A: "*The CEO is the senior executive of the Company and is responsible for: providing management of the day-to-day operations of the company; recommanding policy and strategic direction of the Company, for ultimate approval by the BoD; and acting as the spokesman of the Company.*"

9 Vgl. jedoch USEEM (1995) 154; SOMMER (1990) 356, 374: die Pensionsfonds CalPERS and NYSLRS fragten das *Board of Directors* von *General Motors* nach den Kriterien, die zur Auswahl des neuen *Chief Executive Officers* heranzuziehen sind.

10 Die Entlassungen von *Robert Stempel*, CEO von *General Motors*, in 1992 (Siehe Business Week, 20.April 1992, S.21 ff.), des CEO von *Easterman Kodak* in 1993, des CEO von *American Express* in 1993 (USEEM (1995) 22, 126, POUND (1993) 1003, 1059, MONKS/MINOW (1995) 153), des CEO von *Kmart* in 1994 (SMITH (1996c) 1038 ff.) sind von den institutionellen Anlegern angestoßen worden.

besser positionierten Organen überlassen. Ein Einsatz seitens der institutionellen Anleger kommt nur in Ausnahmefällen in Frage, wenn die internen Kontrollmechanismen versagt haben und sich nachhaltige Anzeichen ineffizienter Leistung häufen. Selbst in diesem Fall ist der Einsatz schwierig zu erkennen, da er sich auf informelle Druckausübung auf das *Board of Directors* in der Regel beschränkt. Trotz alledem führte der Einsatz der institutionellen Anleger in Bezug auf die exekutiven Manager einen Mentalitätswandel herbei. Die Manager gelten nämlich nicht mehr als unantastbar, was sowohl ihre Verantwortlichkeit verstärkt, als auch das Ziehen von Konsequenzen durch das *Board of Directors* erleichtert[11].

B. *Board of Directors*

Viel größere Aufmerksamkeit als dem CEO schenken die institutionellen Anleger dem Aufbau des BoD. Grund hierfür ist zum einen, dass das BoD besser als sie positioniert ist, die geschäftsführenden Manager zu überwachen und auf Performanceprobleme rechtzeitig zu reagieren[12]. Darüber hinaus kann das *Board of Directors* anhand allgemeiner Kriterien, die sich auf mehrere Unternehmen übertragen lassen, verbessert werden. Insofern sind Kostendegressionen erreichbar und die Einsatzkosten entsprechend zu verringern[13]. Aus all diesen Gründen kann ein zur aktiven Überwachung strukturiertes BoD positive Auswirkungen auf den Unternehmenswert entfalten. Studien belegen beispielweise, dass ein aktives BoD mit dem Ertrag und der Managementvergütung positiv zusammenhängt[14].

Im Bereich des *Board of Directors* war die Initiative von CalPERS bahnbrechend. Sie forderte die Unternehmen auf, den Prozess zu beschreiben, im Zuge dessen die Strukturen und die Funktion des BoD beurteilt werden. Dabei sollten die Unternehmen insbesondere zum als beispielhaft geltenden Prozess von *General Motors* Stellung nehmen. Daraufhin wurden die Unternehmen nach der Qualität ihrer Kontrollmechanismen eingestuft[15]. Im folgenden werden die einzelnen Gegenstände des institutionellen Einsatzes im Bereich des *Board of Directors* erörtert.

---

11 USEEM (1995) 131.

12 MILLSTEIN (1991) 113; BLACK (1992a) 811, 839.

13 GORDON (1994) 124, 133.

14 MILLSTEIN/MCAVOY ((1998) 1283, 1299): die Unternehmen mit der höchsten Qualität von *Board*-Strukturen (Gruppe A) bringen um 25% mehr Ertrag als die sonstigen ein. Der maßgebliche Ertrag (*Excessive Return*) steht für Nettogewinn abzüglich Kapitalkosten. CORE/HOLTHAUSEN/LARCKER (1999) 371 ff.: Die Personalunion von CEO und Chairman des BoD, die Größe des BoD usw. hängen positiv mit der Vergütungshöhe zusammen, was eine schwache Überwachung durch das BoD nahe legten.

15 27 Annual Institute Securities Regulation 651 ff. und 677 ff.; BERGER/BAGLEY/LAROSILIERE (1999) 11.

1. Personelle Zusammensetzung

a. Unabhängige Direktoren

a) Zentralanliegen ist die Unabhängigkeit der Direktoren gegenüber dem amtierenden Management. Die institutionellen Anleger begnügen sich nicht einfach damit, dass die Direktoren an der Geschäftsführung lediglich nicht teilnehmen (*outsiders*), sondern bestehen vielmehr darauf, dass eine wesentliche Mehrheit der Mitglieder des BoD wirklich unabhängig vom Management ist (*independents*)[16]. Allerdings ist die Teilnahme einer Minderheit von Managementmitgliedern wünschenswert, weil sie Sachkunde und Informationen mit sich bringen, und den unabhängigen Direktoren die erforderliche Entscheidungsgrundlage gewährleisten[17].

b) Das Interesse der institutionellen Anleger an der Unabhängigkeit der Direktoren lässt sich dadurch erklären, dass der Unabhängigkeitsgrad die **Überwachung** über die geschäftsführenden Manager verstärkt. Dies wird von mehreren empirischen Studien bestätigt, die einen positiven Zusammenhang zwischen der Teilnahme unabhängiger Direktoren und überwachungsorientierten Ereignissen belegen[18]. Beispielweise entlässt ein mehrheitlich aus unabhängigen Direktoren zusammengesetztes BoD die CEO frühzeitiger, wenn Anhaltspunkte ineffizienter Leistung vorliegen[19]; setzt Abwehrmaßnahmen ein, die positive Preisreaktionen auslösen; hindert die Manager, übermäßige Preise für Übernahmen anderer Unternehmen zu zahlen usw. Der positive Beitrag der unabhängigen Direktoren wird auch vom Kapitalmarkt bestätigt, da er auf die Anstellung solcher Direktoren positiv reagiert[20]. Unklar ist allerdings, ob die

---

[16] Auch die Rechtsprechung bewegt die Gesellschaften indirekt dazu, das BoD mit einer Mehrheit unabhängiger Direktoren zu besetzen: siehe LIN (1996) 898, 907 ff. Bei Besetzung des BoD durch eine Mehrheit unabhängiger Direktoren wird seinen Entscheidungen ein höheres Ermessen bei der Ablehnung von Aktionärsklagen (*Grobow v. Perot*, 539 A.2d 180; *Lewis v. Fuqua*, 502 A.2d 962 (Del.Ch. 1985)) oder beim Einsatz von Abwehrmaßnahmen gegen feindliche Übernahmen eingeräumt (u.a. *Panter v. Marshall Field & Co.*, 646 F.2d 271 (7th Circ.1981); *Polk v. Good*, 507 A.2d 531).

[17] Nach CII (1999) *Core Principles* Nr.2 müssen zumindest zwei Drittel der Direktoren unabhängig sein; CalPERS *Voting Guidelines*, Nr.1160, *Principles*, III(A)(1): wesentliche Mehrheit von unabhängigen Direktoren; EISENBERG (1976) 175; CHANDLER (1999) 1083, 1084 ff.

[18] MILLSTEIN/MCAVOY (1998) 1283, 1292, 1298; EISENBERG (1976) 174 ff. Vgl. aber die skeptischere Ansicht von ALLEN (1990) 2055 ff., der die Überwachungsbereitschaft der unabhängigen Direktoren im Hinblick auf mehrere Fälle bezweifelt. Überblick über die empirischen Studien siehe in STAPLEDON/LAWRENCE (1997) 150, 161 ff.; BHAGAT/BLACK (1998) 281, 283 ff.; LIN (1996) 898, 921 ff. und BLACK (1992b) 895, 900 ff.

[19] WEISBACH (1988) 431 ff.: ein von unabhängigen Direktoren dominiertes BoD ziehe dreifach schneller personelle Konsequenzen aus negativen Anzeichen des Kapitalmarkts.

[20] MILLSTEIN/MCAVOY (1998) 1283.

Teilnahme unabhängiger Direktoren den Unternehmenswert nachhaltig und positiv beeinflusst[21]. Insbesondere wird bezweifelt, inwieweit alle Unternehmen in gleichem Maße unabhängige Direktoren benötigen[22].

Schließlich dienen die unabhängigen Direktoren den institutionellen Anlegern als **Kontaktpartner**[23]. Die unabhängigen Direktoren sind in der Lage, zuverlässige Informationen mitzuteilen und die institutionellen Anleger können ihre Meinung bekannt machen, selbst wenn sie für die geschäftsführenden Manager unangenehm wäre.

c) Streitig ist jedoch der **Begriff** des unabhängigen Direktors. Eine Reihe von gesetzlichen und sonstigen Texten liefern eine Definition[24], die institutionellen Anleger haben aber ihr eigenes Konzept entwickelt[25]. Im allgemeinen darf der unabhängige Direktor über kein anderes Verhältnis mit dem Unternehmen als über sein Direktorenmandat verbunden sein. Dementsprechend setzt die Unabhängigkeit die Abwesenheit einer *aktuellen* oder *früheren* Angehörigkeit zum exekutiven Management oder eines sonstigen Arbeitsverhältnisses voraus, geht aber darüber hinaus. Ausgeschlossen ist nämlich auch jegliche Beziehung, aufgrund derer der Direktor von finanziellen oder sonstigen Vorteilen profitiert (*affiliated directors*). Diese Beziehung muss nach objektiver Einschätzung wesentlich (*material*) sein, so dass die Unbefangenheit des Direktors in Frage steht. Darunter fallen: die Rechtsanwälte und sonstigen Berater; die Lieferanten oder Kunden; gemeinnützige Organisationen, die von der Gesellschaft finanziert werden; Angestellte von Gesellschaften, denen die Manager der fraglichen Gesellschaft als Direktoren dienen. Die institutionellen Anleger sind sich darüber im klaren, dass der Unabhängigkeitsbegriff unterschiedlich verstanden werden

---

21 Überblick über verschiedene Studien bei STAPLEDON/LAWRENCE (1997) 150, 155 ff.; BHAGAT/BLACK (1998) 281, 289 ff.

22 Aus empirischen Studien ergibt sich, dass der ideale Anteil unabhängiger Direktoren von der Lebensphase des Unternehmens abhängt: wachsende Unternehmen brauchen Direktoren mit Geschäftserfahrung, um das Management beraten zu können; reife Unternehmen brauchen dagegen mehr unabhängige Direktoren, um das Management von der unrentablen Nutzung der Unternehmensressourcen abzuhalten: siehe BHAGAT/BLACK (1998) 281, 301. Weiter wird festgestellt, dass, obwohl der Anteil der unabhängigen Direktoren infolge niedriger Profitabilität erhöht wird, sich das Unternehmensergebnis durch die Beteiligung der unabhängigen Direktoren nicht erholt: siehe BHAGAT/BLACK (2000).

23 STAPLEDON (1996) 7; RAMSAY et al. (2000) 110, 116; USEEM (1995) 215.

24 Siehe einen umfassenden Überblick in CalPERS *Principles*, S.14; zu einzelnen Begriffbestimmungen siehe: NYSE Listed Company Manual, § 303.00, DGCL § 144; Michigan Company Law § 450.1505 (1993); Investment Company Act, 15 USC §80(a)-10(a) i.V.m. § 80(a)-2(19); Internal Revenue Code, § 1.162-27; American Law Institute, Principles of Corporate Governance, § 3A-01.

25 CalPERS *Principles*, S.13 Appendix B-1; TIAA-CREF *Proxy Guidelines*, S. 1; CII (1999) *Explanatory notes to core policies.*

kann, bieten daher lediglich eine Diskussionsgrundlage an und laden die Gesellschaften ein, sich über einen gemeinsamen Begriff zu verständigen[26].

b. Abhängigkeit von den Aktionären

Nach einer Ansicht reicht es nicht aus, wenn die Direktoren lediglich vom Management unabhängig sind. Damit sie zur aktiven Überwachung motiviert seien, müssten sie darüber hinaus von den Aktionären abhängig sein.

Denkbar wäre zunächst, dass die Direktoren aus den Reihen der institutionellen Anleger stammen und sie im BoD vertreten. Wie aber die bisherige Praxis zeigt, hat dieser Vorschlag aus mehreren juristischen und sonstigen Gründen[27] kaum Chancen, von den institutionellen Anlegern angenommen zu werden[28].

Die Abhängigkeit von den Aktionären könnte auch durch die **Professionalisierung der Direktoren** erreicht werden. Indem sich die Direktoren auf die Übernahme von Direktorenmandaten als einzige professionelle Tätigkeit beschränken[29], werden zwei wünschenswerte Ergebnisse erreicht. Zum einen verfügen sie über die erforderliche Zeit, um sich der Erfüllung ihrer Aufgaben zu widmen und spezialisierte Sachkunde und Kenntnisse zu entwickeln. Zum anderen werden sie finanziell von den Aktionären abhängig. Falls sie ihren Aufgaben als Direktoren nicht angemessen nachkommen, laufen sie Gefahr, nicht wieder gewählt zu werden und die damit einhergehenden finanziellen Vorteile zu verlieren. Dies verstärkt ihre Motivation, sich aktiv für die Aktionärsinteressen zu engagieren. Die institutionellen Anleger haben allerdings diesen Vorschlag bisher nicht angenommen und verlangen eine derartige Professionalität der Direktoren nicht.

c. Durchsetzungsmethoden

Zur Durchsetzung ihrer Forderungen benutzen die institutionellen Anleger in erster Linie die Abstimmungsrichtlinien, in denen ihre Einstellungen zu idealen Direktoren aufgestellt sind, und welche die Beteiligungsunternehmen auf ihre Präferenzen aufmerksam machen und zur freiwilligen Umsetzung veranlassen.

---

26 Vgl. die andere Ansicht von BUSINESS ROUNDTABLE (Interessenverband der Manager) (1978) 2083, 2108: Die Mehrheit müsse zwar aus außenstehenden, nicht aber unbedingt aus unabhängigen Direktoren bestehen.

27 STAPLEDON (1996) 151; SOMMER (1990) 356, 379.

28 Weder fördern sie ihre eigenen Kandidaten noch nehmen sie an der Kandidatenauswahl teil. Nur selten nominierten sie einen eigenen Kandidaten für das BoD, wenn dies ihnen vom Management angeboten wurde (so der Fall von *Texaco* 1989; siehe BRANCATO (1989) 21). Und als ihre Angestellten in das BoD bestellt wurden, veräußerten sie ihre Beteiligung: siehe KINDLER (1997) 131; RAMSAY et al. (2000) 110, 117.

29 GILSON/KRAAKMAN (1991) 863, 888 ff.

Gelingt das nicht, kommt ein firmenspezifischer Einsatz in Betracht. Er fängt mit informellen Kontakten an und mündet gegebenenfalls in einer Stimmrechtsausübung, die sich allerdings auf Ablehnung bzw. Stimmenenthaltung bezüglich der ungeeigneten Kandidaten beschränkt[30]. Fast niemals werden *proxy fights* durchgeführt. Um eine Kontrolle ausüben zu können, verlangen die institutionellen Anleger von den Unternehmen, diesbezügliche Informationen sowie auch die Kriterien offen zu legen, anhand deren die Kandidaten für das *Board of Directors* ausgewählt werden[31]. Im Ergebnis ist es sicherlich auch dem Einsatz der institutionellen Anleger zu verdanken, dass die Mehrheit der Direktoren mittlerweile vom Management unabhängig ist[32].

2. Struktur des *Board of Directors*

a. Ausschüsse

Nach ständiger Aufforderung der institutionellen Anleger müsse das BoD auch Ausschüsse errichten[33]. Darunter fallen Gremien, die aus wenigen Direktoren bestehen und für einen geringeren Entscheidungsumfang zuständig sind. Die Errichtung von Ausschüssen trägt zum einen zur effizienten Aufgabenverteilung und -erledigung bei. Weil die Mitgliederanzahl gering ist, wird die Koordination zwischen den Mitgliedern unkomplizierter. Wegen der geringen Anzahl ist auch die Verantwortlichkeit jedes Mitgliedes präziser und identifizierbarer, was zur Intensivierung der Bemühungen führt. Zum anderen eignet sich die Errichtung von ausschließlich aus unabhängigen Direktoren zusammengesetzten Ausschüssen besonders für die objektive und unabhängige Behandlung sensibler und von Interessenkonflikten geprägter Themen[34].

Von großer Bedeutung ist zunächst der Ernennungsausschuss (*nominating committee*), dem die Nominierung der Kandidaten für das BoD zusteht. Dem

---

30 Vgl. CALPERS *Voting Guidelines*, Nr.1100; TIAA-CREF *Policy Statement*, S.2.

31 CII (1999) *Core principles* Nr.3: Offenlegung der erforderlichen Informationen zur Beurteilung der Unabhängigkeit der Direktorenkandidaten, CII (1999) *General Principles* C(6): Offenlegung der Teilnahmequote der einzelnen Direktoren; WORKING GROUP (1995) Nr.4: Offenlegung der Auswahlkriterien.

32 BHAGAT/BLACK (1998) 281, 282; BLACK (1992a) 811, 841.

33 CALPERS *Principles*, III(A)(4); CII (1999) *Core principles* Nr.4. Zustimmend BUSINESS ROUNDTABLE (1990) 241, 249..

34 Die empirische Studie von KLEIN (1998) findet jedoch heraus, dass die Teilnahme von Managementdirektoren an bestimmten Ausschüssen mit positiver Unternehmensperformance und positiven Kursreaktionen zusammenhängt. Dieses Ergebnis widerlegt jedoch die Forderung der institutionellen Anleger nach Zusammensetzung der Ausschüsse aus unabhängigen Direktoren nicht, weil die gefundenen positiven Ergebnisse nur jene Ausschüsse, die sich mit hochspezifischen geschäftlichen Fragen (wie etwa die Finanz- und Investmentausschüsse) beschäftigen, betreffen.

Bilanzausschuss (*Audit*) steht die Auswertung der Prüfungsberichte des Abschlussprüfers sowie sonstige mit der Rechnungslegung zusammenhängenden Aufgaben zu. Der Vergütungsausschuss (*compensation*) bestimmt die Vergütung der Manager. Einem besonderen Ausschuss soll schließlich die Bewertung der Leistung der exekutiven Direktoren und des BoD selbst zustehen.

b. Trennung der Ämter von CEO und *Board of Directors*-Vorsitz

Der Vorsitzende des BoD (*chairman*) bestimmt die inhaltliche Tagesordnung sowie die zeitliche Planung der Sitzungen des BoD, und steuert den Informationsfluss zu den einzelnen Mitgliedern. Aufgrund dessen ist seine Rolle für die angemessene Erfüllung der Überwachungsfunktion entscheidend, was dafür spricht, dass dieses Amt nicht von einem geschäftsführenden Manager besetzt werden darf. Dem entspricht die gängige Praxis jedoch nicht. In der Regel ist der CEO zugleich auch Vorsitzender des *Board of Directors*. Zur Aufhebung dieses Missstandes wird gefordert, dass der Vorsitz des BoD nicht vom CEO, sondern von einem unabhängigen Direktor innegehabt wird.

Die institutionellen Anleger begrüßen zwar diesen Vorschlag, geben sich aber auch z.T. damit zufrieden, dass ein unabhängiger Direktor zum führenden Koordinator ernannt wird (*lead director*)[35]. Er soll die unabhängigen Direktoren koordinieren und als deren Vertreter gemeinsam mit dem jeweiligen Vorsitzenden die Verlaufsabwicklung mitbestimmen. Dadurch soll eine gewisse Objektivität bei der Leitung des BoD sichergestellt werden.

c. Aktionärsbeirat *(Shareholder Advisory Committee)*

a) Von einigen institutionellen Anlegern wird die Errichtung eines Aktionärsbeirates angestrebt[36]. Dazu werden in der Regel formelle Mittel wie verbindliche Aktionärsanträge zur Änderung der *bylaws* eingesetzt[37]. Diese Bemühungen haben allerdings bisher nur geringe Unterstützung gewonnen und zu keinem Erfolg geführt.

---

35 Allerdings nicht alle: *für* CII (1999) *Positions* C(5); CALPERS *Principles*, III(A)(3), IV(3), Appendix C; *Voting Guidelines* Nr.1700 (*case-by-case*-Überprüfung); LIPTON/LORSCH (1992) 59, 70; WORKING GROUP (1995) Nr.3; GENERAL MOTORS (1998) Nr.5; *gegen* TIAA-CREF *Policy Statement*, S.2; POZEN (1994) 140, 146; BUSINESS ROUNDTABLE (1978) 2083, 2112. Zur Funktion des unabhängigen Koordinators siehe CalPERS *Principles*, III(A)(3) und Appendix A, S.12. Vgl. TIAA-CREF *Policy Statement*, S.2.

36 Vgl. die Bemühungen von CalPERS' in *Sears, Pennzoil und Texaco, Avon Products, Occidental Petroleum, TRW, Sears*.

37 Siehe oben § 6.IV.B.4.

b) Als **Vorbild** dient der Aktionärsausschuss im Konkursfall (*bankruptcy committee*)[38]. Dessen Errichtung liegt die Vermutung zugrunde, dass das BoD den Gläubigerinteressen den Vorzug beim Konkursfall einräumen wird, um Zugeständnisse von ihnen zu gewinnen. Aufgrund dessen sollten die Aktionäre durch ein besonderes Organ vertreten werden[39]. Die Übertragung dieses Modells auf den konkursfreien Kontext wird auf ähnliche Defizite des BoD gestützt.

c) Die Beiratsmitglieder sollen von den größten Aktionären bestellt werden, soweit sie sich dazu bereit erklären. Sie sollen das Management und das BoD beraten und die Meinung der Aktionäre zu wichtigen Themen (wie etwa Restrukturierungen, Fusionen, Vergütungsbestimmung usw.) vermitteln[40] und dabei von unabhängigen Experten unterstützt werden. Ihre Meinung zur Managementperformance können sie den übrigen Aktionären über den Jahresbericht mitteilen. Denkbar ist auch die Errichtung von Spezialausschüssen, deren Zuständigkeit auf bestimmte Themen beschränkt ist[41]. Da die Beschlüsse allerdings nicht binden, wird das Bog nicht abgelöst, sondern lediglich ergänzt.

d) Umstritten ist jedoch die **Zweckmäßigkeit** eines derartigen Organs. Auf der einen Seite soll sein hauptsächlicher Vorteil darin bestehen, dass er das Problem des *Kollektivhandelns* mildern und die Kooperation zwischen den Großaktionären durch entsprechende Kostenverringerung fördern könne[42]. Zunächst einmal sollen die *Kooperationskosten* geringer ausfallen. Sofern die Großaktionäre bereits im Beirat zusammensitzen, entfallen die Kommunikationskosten (Such- und Kontaktaufnahmekosten)[43]. Sodann sind die erforderlichen Kosten von der Gesellschaft, und letztendlich von allen Aktionären entsprechend ihrer Kapitalbeteiligung zu tragen. Durch diese mittelbare Besteuerung erhöht sich die Wahrscheinlichkeit, dass die rationale Passivität überwunden wird. Darüber hinaus sind die *Informationskosten* insofern niedriger, als die institutionellen Anleger dem Management näher stehen und günstigeren Zugang zu Informationen haben[44]. Schließlich sei mit einer Verringerung der *Einsatzkosten* zu rechnen. Der regelmäßige Kontakt zwischen Aktionären und Managern im Rahmen des Beirates würde die letzteren frühzeitig auf die Einstellungen und Erwartungen der Aktionäre aufmerksam und insofern einen weiteren Einsatz womöglich unnötig machen[45].

---

[38] 11 USC § 1102(a)(2)-(3).

[39] ROCK (1993) 445, 493; BARNARD (1991) 1135, 1144.

[40] BARNARD (1991) 1135, 1166.

[41] ROCK (1993) 445, 501.

[42] MATHESON/OLSON (1994) 1443, 1477.

[43] ROCK (1993) 445, 495.

[44] BARNARD (1991) 1135, 1167.

[45] ROCK (1993) 445, 499.

Auf der anderen Seite gibt man zu bedenken, inwieweit sich die Errichtung eines solchen Beirates mit den Bemühungen um eine Verbesserung des Bog verträgt[46]. In der Tat würde ein verbessertes Bog den Aktionärsbeirat überflüssig machen. Darüber hinaus würde die Errichtung eines zweiten Überwachungsgremiums neben dem Bog eine gewisse Verwirrung über die Zuständigkeitsverteilung hervorrufen und den Entscheidungsprozess lasten.

3. Funktion des *Board of Directors*

Nach Ansicht der institutionellen Anlegern bleibt die hauptsächliche Aufgabe des BoD nach wie vor die Beurteilung der Managementleistung und die frühzeitige Reaktion auf Missstände[47]. Durch ihren Einsatz wollen sie jedoch dazu beitragen, dass diese Aufgabe objektiver und intensiver erfüllt wird.

a) Die **Intensivierung** soll durch regelmäßige Sitzungen des BoD erreicht werden. Die unabhängigen Direktoren werden aufgefordert, sich getrennt von den exekutiven Direktoren zusammenzufinden, um ihre Überwachungsaufgaben ungestört erfüllen zu können[48]. Durch freien Zugang zum exekutiven Management sollen sie sich in die Lage versetzen, sich eine eigene und sachgerechte Meinung zu bilden. Dazu müsse ihnen die Möglichkeit zur Verfügung stehen, außenstehende Experten auf Kosten der Gesellschaft in Anspruch zu nehmen.

b) Die Reaktionsfähigkeit des Bog soll durch die **Festsetzung von Leistungskriterien** unterstützt und objektiviert werden. Das BoD wird aufgefordert, Kriterien festzulegen, anhand deren die Leistung der gesellschaftlichen Organe zu beurteilen ist[49]. Dadurch soll sichergestellt werden, dass gegen diese Kriterien verstoßende Handlungen auch sanktioniert werden.

Zunächst ist die **Leistung des *Chief Executive Officer*** zu überprüfen. Die anzuwendenden Kriterien sollen objektiv sein und dem langfristigen Unternehmenserfolg im Hinblick auf die Ergebnisse vergleichbarer Unternehmen Rechnung tragen[50]. Über die vergangenen Ergebnisse hinaus ist zu überprüfen,

---

[46] BARNARD (1991) 1135, 1167, 1168. Kritisch auch GILSON/KRAAKMAN (1991) 863, 871.

[47] Ausführlich zur Bewertung der Managementleistung nach dem US-amerikanischen Recht siehe GOLLNICK (1997) 148 ff.

[48] CalPERS *Principles*, III(A)(2), IV(B)(2); CII (1999) *Positions* C(5); MILLSTEIN (1995) 1427, 1442,

[49] BRANCATO (1997) 155 ff.; WAHRTON (1991) 137, 138; MILLSTEIN (1995) 1427, 1435; WORKING GROUP (1995) Nr.1; CALPERS *Principles*, III(B); TIAA-CREF *Policy Statement*, S.2, 5.

[50] MILLSTEIN (1995) 1427, 1435. Zur Beurteilung der Managementleistung kann auch die vom Vergütungsausschuss zu veröffentlichende graphische Darstellung, welche die fünfjährige Entwicklung der Aktienrendite des betreffenden Unternehmens und eines allgemeinen Markt-

inwieweit das Unternehmen den zukünftigen Wettbewerbsherausforderungen gewachsen ist. Die Bewertung soll von unabhängigen Direktoren im Rahmen von regelmäßigen, in der Regel alljährlichen und getrennten Sitzungen durchgeführt werden[51]. Die Ergebnisse sollen das BoD bei seinen Personalentscheidungen steuern.

Sodann hat das BoD sowohl seine eigene als auch die **Leistung der einzelnen Direktoren** zu bewerten[52]. Nach festgesetzten Kriterien ist zu überprüfen, inwieweit die einzelnen Direktoren ihren Aufgaben nachkommen, indem sie etwa an den Sitzungen regelmäßig, aktiv und vorbereitet teilnehmen. Ein negatives Ergebnis muss die Ernennung des betreffenden Direktors für die nächste Wahl verhindern[53]. Beim Ausbleiben einer angemessenen Reaktion durch das BoD selbst ist mit einem gegen den betreffenden Direktor gezielten Einsatz der institutionellen Anleger zu rechnen[54].

c) Über die Bewertung der vergangenen Leistung hinaus wird die intensivere Beteiligung des BoD am **Entscheidungsprozess** und insbesondere an der strategischen Planung gefordert[55]. Zahlreiche Managementfehler werden auf die mangelnde Mitwirkung der Direktoren zurückgeführt. Ihre Beteiligung werde regelmäßig nicht bereits dann gefragt, wenn eine wichtige Entscheidung bevorsteht, sondern zu spät, wenn die Entscheidung bereits zum Misserfolg geführt habe. Mit einer Verbesserung der Entscheidungsqualität ist zu rechnen, wenn das *Board of Directors* rechtzeitig über die strategischen Entscheidungen informiert wird, seine Meinung dazu dem Management mitteilen kann und die Umsetzung dieser Entscheidungen daraufhin kontrolliert.

II. Beschlussfassungsprozess

Durch die Verbesserung der internen Kontrollstrukturen sollen eventuelle Missstände idealerweise bereits auf der Ebene des BoD behandelt werden. Es

---

und eines branchespezifischen Industrieindex gegenüberstellt, herangezogen werden: siehe GOLLNICK (1997) 185.

51 GENERAL MOTORS (1998) Nr.26; WORKING GROUP (1995) Nr.2, 3 ; CalPERS *Principles,* III(B)(4), S. 12, Apendix A; LIPTON/LORSCH (1992) 59, 72.

52 BAVLY (1999) 90; BRANCATO (1997) 161; RAMSAY et al. (2000) 110, 118; CII (1999) *Positions* A(8); CII (1999) *General principles* C(2): besondere Überprüfung der Leistung von Direktoren, gegen deren Wahl über 10% der Stimmen enthalten worden sind; CalPERS *Principles,* IV(C); TIAA-CREF *Policy Statement,* S.2. Vgl. GENERAL MOTORS (1998) Nr.15: Leistungsbewertung des gesamten BoD, nicht aber einzelner Direktoren.

53 CII (1999) *Positions* A(7).

54 CALPERS *Policy Statement,* S.4-2; *Voting Guidelines,* Nr.1100: Stimmenthaltung gegen Direktoren, die an den Sitzungen weniger als 75% teilgenommen haben.

55 TIAA-CREF *Policy Statement,* S.5-6; POUND (1995) 89 ff..; MILLSTEIN (1995) 1427, 1433; BRANCATO (1997) 143 ff.; TOBIN (1994) 1707, 1720 ff.

besteht aber immerhin die Möglichkeit, dass entweder die internen Kontrollstrukturen von der Gesellschaft selbst nicht verbessert werden, oder dass Performanceprobleme trotz der internen Kontrolle verbleiben. In diesen Fällen kommt ein Einsatz der institutionellen Anleger in Betracht und aufgrund dessen bestehen sie darauf, dass sowohl ihre Mitwirkungsrechte aufrechterhalten bleiben und erweitert werden als auch, dass der Beschlussfassungsprozess ihren Einsatz erleichtert.

A. Aktionärsrechte

1. Stimmrechtsverteilung

a) Nach ständiger Forderung der institutionellen Anleger müsse jede Aktie mit entsprechendem Stimmrecht ausgestattet sein, und die Stimmrechte müssten nach dem Kapitaleinsatz unter den Aktionären gleich verteilt werden (*one share, one vote*)[56]. Auf die Ablehnung der institutionellen Anleger stoßen nicht nur die ursprüngliche Ausgabe von stimmrechtslosen Aktien, sondern ebenso sehr die nachträgliche Aufhebung bzw. die ungleiche Umverteilung der Stimmrechte (sog. *dual class recapitalization*)[57].

b) Der Grund für diese Stellung lässt sich darin erblicken, dass sie im Gegensatz zu den übrigen Unternehmensbeteiligten auf das Stimmrecht angewiesen sind, um ihre Interessen als Residualrisikoträger zu schützen[58]. In Ermangelung des Stimmrechts käme weder der formelle noch der informelle Überwachungseinsatz in Frage. Selbst bei dessen Nichtausübung entfaltet das Stimmrecht eine indirekte Disziplinierungsfunktion, indem es einen auf feindlichen Übernahmen beruhenden Markt für Unternehmenskontrolle und die entsprechende Disziplinierungsfunktion ermöglicht. Nicht zu übersehen ist schließlich, dass die Stimmrechtssaufhebung Aktienpreissenkungen auslöst und den institutionellen Anlegern unmittelbaren finanziellen Schaden zufügt[59].

---

[56] TIAA-CREF *Policy Statement,* S.3; CALPERS *Voting Guidelines,* Nr.2800; CII *General Principles,* A(1).

[57] Vgl. GORDON (1988) 1, 45, 47: In Gesellschaften, wo Stimmrechtsumverteilungsvorschläge unterbreitet und durchgesetzt wurden, betrug der Anteil der institutionellen Anleger nur 19,9% im Vergleich zum allgemeinen Durchschnitt von 45%. Dies lässt darauf schließen, dass die fraglichen Vorschläge auf die Ablehnung der institutionellen Anleger stoßen.

[58] MACHOLD (1988b) 751 ff.; DAVIES (1993) 69, 85.

[59] MACHOLD (1988b) 751, 752; Überblick in GORDON (1988) 1, 23 ff. ; JAREL/POULSEN (1988) 129-152: negativer kumulativer Ertrag von 0,82% im Zeitraum zwischen Ankündigungs- und darauf folgendem Tag.

2. Geheime Abstimmung

Sofern die Aktionäre über das Vollmachtformular der Verwaltung abstimmen, erfährt das Management die Identität und das Abstimmungsverhalten jedes Aktionärs. Dies ist allerdings aus den folgenden Gründen problematisch[60]. Zum einen sind diejenigen institutionellen Anleger, die neben einer Aktienbeteiligung sonstige Geschäftsbeziehungen mit dem Beteiligungsunternehmen pflegen, Gegenreaktionen seitens des Managements ausgesetzt, falls sie ihre Stimmrechte kritisch gegenüber den Managementvorschlägen ausüben[61]. Das Management kann ihnen mit Sanktionen drohen, um sie von einer kritischen Stellungnahme abzuschrecken. Zum anderen genießt das Management bei einer Auseinandersetzung einen strategischen Vorteil gegenüber den institutionellen Anlegern. Im Gegensatz zu ihnen kann es die Aktionäre, die gegen seine Vorschläge gestimmt haben, wieder erreichen, um sie zur Änderung ihrer Entscheidung zu bewegen. Zur Abmilderung dieser Probleme wird die Geheimhaltung der Aktionärsidentität beitragen[62]. Jedoch darf sie nicht auch gegenüber den Begünstigten der institutionellen Anleger gelten, weil die letzteren dadurch die Kontrolle über die angemessene Erfüllung ihrer Treuepflichten entzogen würden[63].

3. Verhältniswahl *(cummulative voting)*

a) Nach dem Mehrheitswahlprinzip (*straight voting*) kann der Mehrheitsaktionär alle Direktoren wählen, weil eine getrennte Wahl für jeden einzelnen Kandidaten stattfindet. Nach dem Verhältniswahlrecht entfällt dagegen auf die jeweilige Aktie eine Anzahl von Stimmrechten, die der Zahl der Direktorensitze entspricht. Der Aktionär kann seine Stimmen nach Belieben unter den verschiedenen Kandidaten verteilen und sogar auf einen einzigen Kandidaten kumulieren. Dadurch kann selbst ein Minderheitsaktionär, dessen Beteiligung eine gewisse Höhe übersteigt, einen Kandidaten selbst gegen den Willen des Mehrheitsaktionärs wählen[64]. Nach dem geltenden Recht der Bundesstaaten ist die Einführung des Verhältniswahlrechts in der Regel fakultativ und nur in vereinzelten Fällen zwingend. In den meisten Gesellschaften ist es jedoch nicht vorgesehen[65].

b) Zur Verteidigung des Verhältniswahlrechts wird vorgebracht, dass es den Minderheitsaktionären ermögliche, sich im BoD vertreten zu lassen und somit

---

60 ROCK (1993) 445, 489.

61 Siehe oben § 4.I.A.4.b.

62 MONKS/MINOW (1995) 208; RAMSAY et al. (2000) 110, 123; CalPERS *Voting Guidelines*, Nr. 5300; *Principles*, IV(D)(7); TIAA-CREF *Policy Statement*, S.3.

63 Siehe oben § 4.III.A.3.b.

64 GORDON (1994) 124, 127 (Fn.8); STEADMAN/GIBSON (1955) 9.

65 Zur geschichtlichen Entwicklung siehe GORDON (1994) 124, 142 ff. , 165 (Table 1); BARNARD (1990) 37, 46.

ihre Interessen vor Missbrauch durch den Mehrheitsaktionär effizienter zu schützen. Zugleich werde die Effizienz des BoD gefördert, indem die Meinung nicht nur der Mehrheit gehört werde[66]. Schließlich trage das Verhältniswahlrecht auch indirekt zur Disziplinierung bei, indem es die feindlichen Übernahmen und die *proxy fights*[67] erleichtere. Diese Gründe erklären, warum das Verhältniswahlrecht den Börsenpreis positiv beeinflusst[68].

Dem wird jedoch entgegengehalten, die Teilnahme von Minderheitsvertretern würde das Funktionieren des BoD gefährden[69]. Sowohl Konflikte als auch missbräuchliche Taktiken seien wahrscheinlicher, wenn Aktionärsgruppen das Verhältniswahlrecht nutzen, um private Vorteile durch Erpressungsversuche zu gewinnen. Es sei aufgrund dessen vorzugswürdiger, darauf zu verzichten, insbesondere wenn bessere Mittel für den Minderheitsschutz vorhanden sind.

c) Das Wachstum der **institutionellen Anleger** gab dem Verhältniswahlrecht neuen Anstoß[70]. Zum einen wird die Einsatzbereitschaft der institutionellen Anleger gefördert, indem die *Einsatzkosten* verringert und die Erfolgswahrscheinlichkeit erhöht werden. Beschränkt sich das Ziel nur auf eine minoritäre Vertretung im BoD, reicht ein geringerer Beteiligungsanteil bei Geltung des Verhältniswahlrechts aus, damit ein Aktionär Teilnahme am BoD gewinnen kann. Und dazu braucht er nicht um die Unterstützung der anderen Aktionäre zu werben. Zum anderen scheinen die *Bedenken* gegen das Verhältniswahlrecht bei Anwesenheit von institutionellen Anlegern weniger schwerwiegend zu sein. Wie noch später auszuführen ist, sind die Argumente für ein mögliches opportunistisches Verhalten der institutionellen Anleger wenig überzeugend[71]. Das Verhältniswahlrecht stellt ihnen lediglich ein Verhandlungsmittel zur Verfügung, um ihre Forderung nach Verbesserung des BoD durchzusetzen.

d) Die oben genannten Gründe erklären die positive Einstellung der institutionellen Anleger gegenüber dem Verhältniswahlrecht. Sie stimmen gegen die Managementvorschläge zu seiner Abschaffung und streben dessen Einführung durch Aktionärsanträge aktiv an. Obwohl die Unterstützung für solche Vorschläge tendenziell steigt, bleibt sie im Vergleich zu anderen Themen immer noch

---

66 STEADMAN/GIBSON (1955) 9, 17.

67 DODD/WARNER (1983) 401 ff.

68 Die Abschaffung des Verhältniswahlrechts löst Preissenkungen aus: siehe BHAGAT/BRICKLEY (1994) 339 ff.

69 Bedenken gegen das Verhältniswahlrecht bei GORDON (1994) 124, 167; STEADMAN/GIBSON (1955) 9,19; AXLEY (1950) 278, 279; EASTERBROOK/ FISCHEL (1981) 395, 409.

70 GORDON (1994) 124, 170 ff., 128, 173; BLACK (1992a) 811, 844.

71 Siehe unten § 8.IV.A.2.

gering[72]. Dies deutet möglicherweise darauf hin, dass nicht alle institutionellen Anleger vom Sinn dieses Reformvorschlages überzeugt sind[73].

4. Kandidatennominierung für das *Board of Directors*

a) Nach der gängigen Praxis nominiert die Aktiengesellschaft seine Kandidaten für das *Board of Directors*. Angesichts der Aktionärspassivität und in Abwesenheit von Opposition werden die von der Gesellschaft nominierten Kandidaten ausnahmslos gewählt. Dies wiederum bedeutet: Wer die Kandidaten nominiert, bestimmt zugleich die Direktoren. Es versteht sich von selbst, dass, wenn die Kandidaten vom Management ernannt werden, kaum eine Chance besteht, dass Personen gewählt werden, die sich dem Management gegenüber kritisch stellen werden. Dieses Problem hat sich mittlerweile dadurch gemildert, dass die Kandidaten von einem ausschließlich bzw. überwiegend aus unabhängigen Direktoren zusammengesetzten Ausschuss nominiert werden. Diese Entwicklung hat jedoch nicht alle Probleme gelöst. Zum einen wird beklagt, dass der Nominierungsausschuss nicht gänzlich von Managementeinflüssen befreit worden ist[74]. Zum anderen besteht keine Sicherheit, dass die Aktionärseinstellung bei der Nominierung berücksichtigt werde. Die Aktionäre können zwar ihre Meinung dem Ernennungsausschuss mitteilen, dieser ist allerdings zur Umsetzung nicht verpflichtet. Die Aktionäre sind daher auf eine kostspielige Abstimmungsauseinandersetzung angewiesen, falls sie mit den nominierten Kandidaten nicht zufrieden sind.

b) Zur größeren Ausrichtung der Kandidatennominierung an den Aktionärsinteressen will man die Aktionäre an der Nominierung der die Gesellschaft vertretenden Kandidaten beteiligen[75]. Nach den entsprechenden **Vorschlägen** müsse die Kandidatennominierung ausschließlich bzw. teilweise den Aktionären zustehen. Die von den Aktionären nominierten Kandidaten müssen auf das Abstimmungsvollmachtsformular (*proxy*) der Gesellschaft in Anlehnung an die Rule 14a-8 SEA aufgenommen werden, so dass die Unterbreitungskosten von der

---

[72] Während die Zustimmung für die Abschaffung des Verhältniswahlrechts von 70% 1986 auf 64% 1991 sank, stieg die Unterstützung für dessen Einführung auf 22,6% 1993; GORDON (1994) 124, 175.

[73] Für: CalPERS *Voting Guidelines*, S.2. Nr.1130; Gegen: TIAA-CREF *Proxy Statement*, S.2.

[74] BARNARD (1990) 37, 48 ff.

[75] BERLE/MEANS (1933) 81-82, 86-88; CAPLIN (1953) 154; SHWARTZ (1974) 1139 ff.; EISENBERG (1976) 112: Aktionäre mit über 5% Anteil seien berechtigt, eigene Kandidaten zu nominieren; DENT (1989) 881, 907 ff.: Die Kandidatennominierung müsse einem Ausschuss zustehen, der aus den 10 bzw. 20 größten Anteilseignern zusammengesetzt sei. Zu Umsetzungseinzelheiten siehe BARNARD (1990) 37, 92 ff. Überblick in FISCH (1993) 1129, 1162 ff.

Gesellschaft übernommen werden. Im Ergebnis muss der Opponent keine eigene Abstimmungskampagne durchführen, um für die Wahl seiner eigenen Kandidaten bei den Aktionären zu werben. Jeder Aktionär würde eine einzige Wahlliste erhalten, die alle Kandidaten sowohl des amtierenden Managements als auch der eventuellen Opponenten enthalten würde.

c) Obwohl bereits längst für eine erhöhte Nutzung des Nominierungsmechanismus durch die Aktionäre plädiert wurde, erlangten diese Vorschläge eine neue Aktualität erst mit dem Wachstum der **institutionellen Anleger**[76]. Die Möglichkeit der Nutzung des Nominierungsmechanismus kann die Einsatzbereitschaft der institutionellen Anleger erheblich erhöhen, weil die Einsatzkosten entsprechend verringert werden[77]. Die institutionellen Anleger wären nämlich nicht mehr auf eine kostspielige Auseinandersetzung angewiesen, um ihre eigenen Kandidaten zu fördern. In Verbindung mit dem Verhältniswahlrecht wird die Wahrscheinlichkeit wesentlich erhöht, dass die Kandidaten der institutionellen Anleger gewählt werden.

Auch diesem Vorschlag ist mit ähnlichen Bedenken wie dem Verhältniswahlrecht begegnet worden[78]. Es wird nämlich befürchtet, dass die Möglichkeit, eigene Kandidaten zu nominieren, die für das ordentliche Funktionieren des *Board of Directors* erforderliche Homogenität gefährden und die angebliche Kurzsichtigkeit der institutionellen Anleger in das *Board of Directors* übertragen werde. Diesen Bedenken wird entgegengehalten, dass das Nominierungsrecht die Überwachungsfunktion des *Board of Directors* wesentlich verstärken, und mehr an den Aktionärsinteressen ausrichten werde. Selbst wenn die institutionellen Anleger von dieser Möglichkeit nicht Gebrauch machen, wird das Management eher auf die Aktionärserwartungen aufmerksam gemacht, um einer direkten und aktiven Beteiligung der institutionellen Anleger am Ernennungsprozess vorzubeugen[79]. Im Ergebnis werden solche Kandidaten nominiert, die den Vorstellungen der institutionellen Anleger entsprechen, und eine unabhängige und intensive Überwachung versprechen.

d) Über die Kandidatenernennung hinaus wollen die institutionellen Anleger das Managementproxyformular auch dazu nutzen dürfen, um den Wahlausgang zu beeinflussen. Sie möchten etwa ihre eigenen Kommentare zur Management-

---

[76] Allerdings unterstützen alle institutionellen Anleger diesen Vorschlag nicht: CalPERS *Voting Guidelines,* Nr.1150; vgl. BARNARD (1990) 37, 53.

[77] BARNARD (1990) 37, 89.

[78] BARNARD (1990) 37, 75 ff.

[79] COFFEE (1994) 837, 902.

performance bzw. zu einzelnen Kandidaten abgeben oder Gegenanträge unterbreiten können, ohne eigene Kandidaten ernennen zu müssen[80].

B. Abwicklung der Hauptversammlung

Weitere Vorschläge der institutionellen Anleger richten sich auf die Abwicklung der Hauptversammlung aus[81].

1. Bestimmung des Hauptversammlungstermins

a) Nach geltendem Recht steht die Bestimmung des Hauptversammlungstermins dem Management zu[82]. Die institutionellen Anleger lehnen eine solche Zuständigkeit nicht ab, fordern aber eine faire Ausübung. Wichtig ist, dass ihnen ausreichend Zeit zwischen Einberufung und Abhalten der Hauptversammlung zur Verfügung steht, so dass sie vom Tagesordnungsinhalt frühzeitig erfahren und rechtzeitig eine Opposition organisieren können[83]. Auf Ablehnung stoßen auch Manipulationen, die auf die Durchsetzung der Managementbeschlussvorschläge und auf die Verringerung der Erfolgschancen einer Opposition abzielen[84]. Dies ist der Fall, wenn die Manager den Versammlungstermin verschieben, weil Anhaltspunkte für einen Erfolg der Aktionärsopposition vorliegen.

b) Die institutionellen Anleger stehen auch dafür ein, dass die Aktionäre die Möglichkeit haben, eine außerordentliche Hauptversammlung (*special meeting*) einzuberufen. Dies ist nach dem geltenden Recht zwar möglich[85], es wird aber seitens der Manager versucht, diese Möglichkeit zu begrenzen. Die institutionellen Anleger werden gegen solche Beschlussvorschläge abstimmen[86].

Die Möglichkeit der Aktionäre und insbesondere der institutionellen Anleger, Initiative außerhalb der jährlichen, ordentlichen Hauptversammlung und unabhängig vom Willen des Managements zu ergreifen, wird auch durch den

80 CALPERS *Voting Guidelines*, Nr. 1150; TIAA-CREF *Policy Statement*, S.3; LIPTON/LORSCH (1992) 59, 74; CONARD (1988)117, 155.

81 Umfassenden Überblick über die einschlägigen Vorschriften siehe in KLAUSNER/ELFENBEIN (1999) 355 ff.

82 Gem. § 211(b) DGCL wird der Hauptversammlungstermin von den *bylaws* oder auf eine von den *bylaws* bestimmte Weise festgelegt.

83 Gem. § 222(b) DGCL müssen die Aktionäre zumindest zehn Tage vor dem Hauptversammlungstermin eingeladen werden und die Tagesordnung (*notice of the meeting*) zugeschickt bekommen.

84 BLACK (1992a) 811, 825.

85 Gem. § 211(d) DGCL wird von den *by-laws* bestimmt, wer eine außerordentliche Hauptversammlung einberufen kann.

86 CalPERS *Voting Guidelines*, Nr. 2500; CII (1999) *General principles* B(5), (6).

Mechanismus ***von action by written consent*** gefördert[87]. Im Rahmen dieses Mechanismus können die Aktionäre einen Beschluss, den eine Aktionärsversammlung fass muss bzw. darf, außerhalb einer Hauptversammlung fassen, wenn eine Mehrheit von ihnen dem entsprechenden Vorschlag mit der erforderlichen, in der Satzung oder den *bylaws* festgesetzten Mehrheit schriftlich unterschrieben hat. Diese Möglichkeit stellt einen wichtigen Vorteil dar, weil die Aktionäre schnell handeln und auf unerwartete Entwicklungen reagieren können, ohne eine außerordentliche Hauptversammlung einberufen oder die ordentliche jährliche Hauptversammlung abwarten zu müssen. Aus diesen Gründen fordern die institutionellen Anleger, dass die Möglichkeit einer Beschlussfassung durch *action by written consent* nicht im Zuge einer Satzungsänderung abgeschaffen wird[88].

c) Die institutionellen Anleger bestehen schließlich darauf, dass die Wahl des BoD regelmäßig und zwar jährlich stattfindet. Aufgrund dessen lehnen sie den gestaffelten BoD (*staggered board*) ab, nach dem nicht alle Direktorensitze zur selben Zeit zur Wahl stehen[89].

2. Bestimmung der Tagesordnung

a) In Bezug auf die Bestimmung der Tagesordnung wird gefordert, dass sie die freie Äußerung des Aktionärswillens erlaubt. Derjenige, der die Tagesordnung bestimmt, kann auch den Ausgang wesentlich beeinflussen[90]. Dies kann etwa dadurch erfolgen, dass verschiedene, *unzusammenhängende* Beschlussgegenstände miteinander verbunden und als ein einziger Beschlussvorschlag den Aktionären vorgestellt werden[91]. Ziel dieses Vorgehens ist, die Aktionärszustimmung für das gesamte Paket hierdurch zu gewinnen, selbst wenn die Aktionäre einzelnen Gegenständen nicht zustimmen würden, wenn sie allein zur Wahl stünden[92]. Weil die freie Äußerung des Aktionärswillens dadurch verhindert wird, stößt diese Praxis auf das Misstrauen der institutionellen Anleger[93].

---

87 KLAUSNER/ELFENBEIN (1999) 355, 364. Diese Art von Beschlussfassung kann aber in der Satzung abgeschafft werden: DGCL § 228(c).

88 CalPERS *Voting Guidelines*, Nr. 2510.

89 CII (1999) *Core Principles* Nr.1; CalPERS *Voting Guidelines*, Nr.I.A.; MONKS/MINOW (1995) 207.

90 LEVINE/PLOTT (1977) 561 ff.

91 GORDON (1988) 1 ff.: Vorschläge zur Abschaffung der Stimmrechte werden mit Dividendeerhöhung verbunden.

92 BLACK (1992a) 811, 825.

93 CalPERS *Voting Guidelines*, Nr. 5200; CII (1999) *General principles* A(2); TIAA-CREF *Policy Statement*, S.3.

b) Die institutionellen Anleger fordern auch die Erweiterung der zustimmungspflichtigen Entscheidungen. Die Manager werden aufgefordert, auch für jene Entscheidungen die Aktionärszustimmung einzuholen, die sich auf die Aktionärsinteressen auswirken, obwohl sie nach der geltenden Regelung nicht zustimmungspflichtig sind[94]. Darunter fallen u.a. der Verkauf eines wesentlichen Teils des gesellschaftlichen Vermögens[95], die Übernahme eines anderen Unternehmens[96], die Einführung von Abwehrmaßnahmen gegen feindliche Übernahmen[97], die Bestimmung und Veränderung performanceabhängiger Managervergütung[98].

III. Managervergütung

A. Gründe für das Interesse der institutionellen Anleger

a) Das große Interesse der institutionellen Anleger an der Managervergütung ist auf folgende Gründe zurückzuführen[99]. Erstens bietet die Vergütungsmethode sich als Mittel an, das Managerverhalten auf die Aktionärsinteressen auszurichten[100]. Diese Disziplinierungsfunktion trägt zur Erhöhung des Unternehmenswertes bei und verringert zugleich die Notwendigkeit für einen Einsatz der institutionellen Anleger. Andererseits ist aber die Vergütung eine potentielle Quelle von Interessenkonflikten[101]. Steht ihre Bestimmung allein dem Management zu und bleiben die Aktionäre passiv, kann sie so ausgestaltet werden, dass die Manager ständig von ihr nur profitieren, ohne ein Verlustrisiko zu tragen[102]. Dann erfolgt keine Anreizvermittlung, sondern lediglich eine Vermögensverschiebung von den Aktionären hin zu den Managern.

Fraglich ist jedoch, inwieweit die institutionellen Anleger gut positioniert sind, um sich im Bereich der Managerentlohnung disziplinierend einzusetzen[103]. Nach einer skeptischen Ansicht soll die Entlohnung hohe Spezifität aufweisen und erfordere daher hoch spezifische Kenntnisse und Sachkunde[104]. Aufgrund dessen

---

94 CII (1999) *Positions* A(3).

95 CII (1999) *Core Policies,* Nr.5: Verkauf von 10% des gesellschaftlichen Vermögens.

96 STAPLEDON (1996) 60.

97 CalPERS *Voting Guidelines,* Nr. 2920; CII (1999) *General principles* A(5).

98 CalPERS *Voting Guidelines,* Nr. 4110: *Repricing* von Aktienoptionen.

99 BLACK (1992b) 900, 945-6; MONKS/MINOW (1995) 238.

100 Siehe oben § 2.II.B.4. MERPHY (1995) 713, 724; GILSON (1992) 647, 660.

101 BAUMS (1996b) 10 ff.

102 Siehe oben § 2.II.B.4.

103 YABLON (1992) 1867, 1889 ff.; KREINBERG (1995) 138, 166; THOMAS/MARTIN (1999) 1021, 1033; GOLLNICK (1997) 174 ff.

104 GILSON (1992) 649, 676.

seien zumindest die weit indexierten institutionellen Anleger wenig geeignet, sich mit den spezifischen Gegebenheiten auseinander zu setzen. Ein solcher Einsatz erweise sich auch angesichts der hohen Kosten und des relativ niedrigen Nutzens als ökonomisch wenig sinnvoll. Aus diesen Gründen sollten die institutionellen Anleger die spezifische Vergütungsausgestaltung dem *Board of Directors* überlassen und sich auf die nachträgliche Aufdeckung und Bekämpfung von Missbräuchen beschränken[105].

b) Über die oben genannten effizienzorientierten Beweggründe hinaus wird den institutionellen Anlegern auch eine **politische Motivation** unterstellt[106]. Die Frage der Managervergütung hat in den USA nicht zuletzt wegen der übermäßigen Höhe zu ablehnenden Reaktionen geführt. Die institutionellen Anleger, und insbesondere jene, die politischen Einflüssen unterstehen oder deren Vertreter politische Ambitionen verfolgen, würden sich ohne Rücksicht auf Effizienzauswirkungen einsetzen, um als Verteidiger sozialer Gerechtigkeit aufzutreten und sich politische Gewinne zu verschaffen.

Im folgenden wird untersucht, in welchem Umfang den institutionellen Anlegern Informationen über die Managervergütung zur Verfügung stehen, welche Anforderungen sie an die Vergütungsausgestaltung stellen und welche Mittel sie zur Durchsetzung ihrer Einstellungen benutzen.

B. Informationsoffenlegung

Eine Kontrolle durch die institutionellen Anleger setzt Zugriff auf relevante **Informationen** voraus[107]. Diesem Bedürfnis wird von den durch die Wertpapierrechtsnovelle von 1992 eingeführten Offenlegungspflichten Rechnung getragen[108]. Demnach sind die Gesellschaften und zwar der Vergütungsausschuss verpflichtet, umfangreiche Informationen über die Vergütungspolitik mitzuteilen. Erstens sind die Vergütungshöhe und -aufschlüsselung der fünf höchstbezahlten Manager übersichtlich zusammenzufassen (*summary compensation table*). Besteht die Vergütung zumindest teilweise aus Aktienoptionen, muss der gegenwärtige, anhand mathematischer Modellen errechnete Optionswert ermittelt und

---

105 KREINBERG (1995) 138, 166; MONKS/MINOW (1995) 238.

106 MERPHY (1995) 713, 726; LEHN/KAMPUIS (1992) 280; DAVIS/THOMPSON (1994) 143, 166. Die SEC begründete 1992 die Zulassung von Aktionärsanträgen zur Managervergütung damit, dass diese Frage großes politisches Interesse gewonnen hätte: siehe KINDLER/GERSTENHABER (1992) 9, 45.

107 TIAA-CREF *Policy Statement,* S.5.

108 Siehe *Executive Compensation Disclosure, Exchange Act Release* No. 33-6962, 57 Federal Regulation 48, 126 (Oct. 21, 1992) kodifiziert in SA Regulation S-K, Item 402. Vgl. HEARD (1995) 749, 752; LANG/SMUL (1996) 3-6 ff.; MERPHY (1995) 713, 730 ff.; BAUMS (1996b) 15-16, KNOLL/MÖLLER (1999) 69 ff.; THOMAS/MARTIN (1999) 1021, 1040 ff.; GOLLNICK (1997) 161 ff.; TEGTMEIER (1998).

angegeben werden. Anschließend müssen die allgemeinen *Vergütungsgrundsätze*, die für die Vergütungsbestimmung heranzuziehen sind, erläutert werden. Besonderer Hinweis ist auf den Zusammenhang zwischen Vergütungshöhe und Unternehmensperformance zu geben. Richtet sich die Vergütungshöhe nach dem Abschneiden im Vergleich zu Wettbewerbern, muss die Vergleichsgruppe deutlich abgegrenzt werden. Offenzulegen ist darüber hinaus die nachträgliche Änderung des Ausübungspreises (*repricing*). Schließlich muss die Performance (i.S. von Aktienrendite) des Unternehmens im Vergleich zu einer Wettbewerbergruppe graphisch dargestellt werden (*performance graph*). Obwohl die Offenlegungsregeln in einigen Fällen Diskretion zu Lasten der Präzision vorziehen, erfüllen sie die Informationserwartungen der Anleger nach allgemeiner Ansicht und erleichtern insofern eine entsprechende Kontrolle[109].

C. Ausgestaltungsanforderungen

a) In Bezug auf den Vergütungsinhalt wird auf eine Kontrolle über die absolute Vergütungshöhe verzichtet[110]. Die Unternehmen werden sogar veranlasst, konkurrenzfähige Vergütungspakete anzubieten, um qualifizierte Führungskräfte gewinnen zu können[111]. Vielmehr wird darauf geachtet, dass strukturelle Vorkehrungen eine möglichst objektive und unbefangene Ausgestaltung sicherstellen[112]. Dazu müsse die Festlegung einem Unterausschuss des *Board of Directors* zustehen, der ausschließlich aus unabhängigen Direktoren zusammengesetzt ist[113].

b) Im Einklang mit der Anreizvermittlungsfunktion wird der Schwerpunkt auf die Koppelung der Vergütungshöhe an die **Unternehmensperformance** gelegt. Als maßgebliche Performancekriterien werden die leistungsorientierten Größen (Aktienrendite, Eigenkapitalrendite, *Cash Flows*) den rein bilanziellen (Gewinn je Aktie, Umsatzwachstum) vorgezogen, weil die ersteren als zuverlässiger und die Aktionärsinteressen treuer widerspiegelnd betrachtet werden[114].

---

109 HEARD (1995) 749, 752: "*The new rules enable shareholders to find out in a matter of minutes what used to take hours to determine....It makes diff icult, if not impossible to hide any legitimate form of compensation*"; MERPHY (1995) 713, 737.

110 TIAA-CREF *Policy Statement,* S.4; HEARD (1995) 749, 751, 765; a.A. MERPHY (1995) 713, 726. Vgl. aber die empirische Studie von JOHNSON/PORTER/SHACKELL (1997) 25, 34, die zum Ergebnis kommt, dass die Beteiligung der institutionellen Anleger (insbesondere von CalPERS) zur Verringerung der Vergütungshöhe und der leistungsabhängigen Vergütungskomponente führe.

111 JENSEN/MERPHY (1990) 138, 145.

112 RAMSAY et al. (2000) 110, 118.

113 TIAA-CREF, *Voting Guidelines*, Appendix, Executive Compensation, S.1; STAPLEDON (1996) 73; HEARD (1995) 749, 762.

114 RAPAPPORT (1986) 204 ff.; a.A. LEHN/KAMPUIS (1992) 284.

c) Vor diesem Hintergrund begrüßen die institutionellen Anleger die Einführung von **Aktienoptionen** (*stock options*) als Vergütungsmittel[115]. Den begünstigten Managern wird das Recht eingeräumt, unter Verzicht auf Teil des Festgehaltes Aktien zum sog. Ausübungs- oder Basispreis erwerben zu können, falls die Aktie nach Ablauf einer bestimmten Haltefrist einen von vornherein fixierten höheren Kurs erreicht hat[116]. Da der Ausgabepreis sich in der Regel nach dem Aktienkurs bei der Optionseinräumung richtet, während der Zielkurs wesentlich höher ist, gewinnt der begünstigte Manager bei Erreichen der Zielbedingungen die Differenz zwischen Basispreis und Zielkurs. Insofern ist er motiviert, die Unternehmensperformance zu verbessern, um den Zielkurs zu erreichen. Zugleich läuft er aber Gefahr, dass die Ausübungsbedingungen nicht erfüllt werden, was ihm einen endgültigen Gehaltsverzicht zufügt.

d) Trotz der allgemeinen positiven Funktion bergen die Aktienoptionen mehrere Gefahren für die Aktionärsinteressen in sich, was eine erhöhte Aufmerksamkeit seitens der institutionellen Anleger verlangt[117]. Zunächst wird darauf geachtet, dass die **Stellung der Altaktionäre** nicht übermäßig beeinträchtigt wird. Sofern die Ausgabe von Aktienoptionen in der Regel auf einer Kapitalerhöhung unter Ausschluss der Altaktionäre beruht, ist die Gefahr einer Verwässerung des Beteiligungswertes der Altaktionäre eminent. Zum einen wird der *Beteiligungsanteil* und die Kontrollposition der Altaktionäre verringert, wenn zu viele junge Aktien ausgegeben werden. Zum anderen wird der *Wert* der Altaktien verwässert, wenn die junge Aktien zu einem niedrigeren als dem tatsächlichen Preis ausgegeben werden oder wenn die Festlegung des Basispreises von den Begünstigten manipuliert werden kann[118]. Eine gewisse Verwässerung ist unvermeidbar und stellt den Preis dar, den die Aktionäre für die Motivierung der Manager bezahlen müssen. Allerdings soll sie sich in akzeptablen Grenzen halten und eine allgemeine Obergrenze von 10% in der Regel nicht überschreiten[119]. Da aber jede Industriebranche unterschiedlichem Wettbewerbsdruck ausgesetzt ist, wird eine industriespezifische Obergrenze zugrunde gelegt[120]. Zur weiteren Begrenzung des Verwässerungseffektes[121] wird darauf geachtet, dass die Aktienoptionen einer geringen Manageranzahl vorbehalten sind und dass der Ausgabe-

[115] Andere performanceabhängige Vergütungsformen siehe in BAUMS (1996b) 3.

[116] BAUMS (1996b) 1.

[117] HEARD (1995) 749, 759. ROITER (1998) (Chefsyndikus von Fidelity); MCGURN (1998) 371.

[118] BAUMS (1996b) 11.

[119] CII (1999) *General principles* A(6): Abholung der Aktionärszustimmung wenn Verwässerung über 5%.

[120] Zur Berechnung der Obergrenze siehe MCGURN (1998) 371 ff.

[121] TIAA-CREF *Voting Guidelines*, Appendix, Executive Compensation, S.2: Die jährliche Verwässerung darf 1,5% nicht überschreiten; CalPERS *Voting Guidelines*, Nr.I(D).

preis nicht weit unter dem Börsenpreis im Zuteilungszeitpunkt liegt[122]. Allerdings haben sie noch nicht darauf bestanden, dass sich der Basispreis in Verbindung mit einem branchenbezogenen Index entwickelt[123].

e) Sodann wird überprüft, inwieweit die **Ausübungsbedingungen** Anreize für eine langfristige Erhöhung des Unternehmenswertes vermitteln[124]. Dies setzt zum einen voraus, dass die Haltefrist ausreichend lang ist und zum anderen, dass die Zielbedingungen gesamtwirtschaftliche bzw. branchenbezogene Faktoren ausklammern, die sich der Kontrolle der Manager entziehen und ihren spezifischen Beitrag verwässern. Dadurch wird sichergestellt, dass die Entlohnungshöhe der tatsächlichen Managementleistung möglichst entspricht[125]. Demnach müsse die Optionsausübung daran angeknüpft werden, dass die Kursentwicklung des in Frage stehenden Unternehmens besser als eine angemessen gebildete Vergleichsgruppe bzw. ein Branchenindex abgeschnitten hat[126].

f) Schließlich wird auch großer Wert darauf gelegt, dass die Manager keine übermäßige Diskretion genießen, um die Ausübungsbedingungen nachträglich zu ihren Gunsten zu verändern. Aufgrund dessen stößt die nachträgliche Änderung (in der Regel Verringerung) des Basispreises (*repricing*) auf Ablehnung, weil sie den Managern die Verwirklichung eines Gewinnes ermöglicht, selbst wenn die Ausübungsbedingungen nicht erfüllt wurden[127]. Ebenso misstrauisch wird auch das *reload* betrachtet[128], weil es den Begünstigten die wiederholte Ausübung der Optionen erlaubt.

D. Kontrollausübung

Da die Vergütungsbestimmung aufgrund der *business judgement rule* im wesentlichen einer inhaltlichen Überprüfung durch die Gerichte entzogen ist, sind die institutionellen Anleger auf eine eigene Kontrolle durch folgende Mittel ange-

---

[122] TIAA-CREF *Voting Guidelines*, Appendix, Executive Compensation S.2: Der Ausgabepreis müsse mindestens 85% des Aktienpreises bei der Optioneneinräumung entsprechen.

[123] So CLAWSON/KLEIN (1997) 31, 46: Der Basispreis solle sich in Koppelung an einen maßgeblichen Index entwickeln. Dadurch werde sichergestellt, dass der Gewinn durch die Optionenausübung nur dem überdurchschnittlichen Teil der Unternehmensleistung entspricht.

[124] TIAA-CREF *Policy Statement*, S.4; STAPLEDON (1996) 74-5

[125] Vgl. GILSON (1992) 649, 663.

[126] BAUMS (1996b) 9; RAPAPPORT (1986) 184.

[127] TIAA-CREF *Voting Guidelines*, Appendix, Executive Compensation, S. 4; CalPERS *Voting Guidelines*, Nr. I(D), Nr. 4110; MONKS/MINOW (1995) 243; KOPPES (1998) 2.

[128] CalPERS *Voting Guidelines*, Nr. 4110; TIAA-CREF *Voting Guidelines*, Appendix, Executive Compensation, S.2; CII (1999) *General principles* D(5).

wiesen[129]. Erstens wird Einfluss durch **Stimmrechtsausübung** genommen, sofern die Vergütungsfestlegung die Zustimmung der Aktionäre benötigt. Dies ist in der Regel der Fall zumindest für die ursprüngliche Festlegung[130], obwohl sich dieses Erfordernis mittlerweile wesentlich gelockert hat[131]. Falls die Vergütungspläne den Abstimmungsrichtlinien der institutionellen Anleger nicht entsprechen, lässt sich die Opposition durch Enthaltung bzw. Ablehnung äußern[132]. Daran ist zwar die Einführung der Vergütungspläne noch nicht in großem Umfang gescheitert. Die Tatsache aber, dass der durchschnittliche Anteil der Gegenstimmen deutlich zugenommen hat[133], was auf den immer aggressiveren Einsatz der institutionellen Anleger zurückzuführen ist, zwingt die Manager dazu, die Vergütungspläne den Einstellungen der institutionellen Anleger zur Vorwegnahme eventuellen Opposition anzupassen[134].

---

[129] CLAWSON/KLEIN (1997) 31, 36 ff.; GOLLNICK (1997) 167 ff. Nach der ständigen Rechtsprechung von *Delaware* und anderen Bundesstaaten wird die inhaltliche Angemessenheit der Vergütung nicht näher überprüft, wenn sie *prima facie* objektiv (d.h. durch unabhängige Direktoren) festgelegt worden ist: siehe *Byrne v. Lord* (Del.Ch. Nov. 9, 1995, unveröf.); *Beard v. Elster*, 160 A.2d 731.

[130] Siehe BAUMS (1996b) 15; WAGNER/WAGNER (1997) 5, 11-15. Nach dem Gesellschaftsrecht der Bundesstaaten fällt die Vergütungsfestlegung als solche und die Verabschiedung von Aktienoptionen nicht immer unter die Hauptversammlungszuständigkeit, es sei denn, sie beruht auf einer Kapitalerhöhung (*für* Hauptversammlungszuständigkeit: New York Business Corporation Law § 505(d) (1996), *gegen* DGCL § 157. Für die börsennotierten *corporations* sind allerdings auch die Regeln der jeweiligen Börse maßgebend, die sich für eine Hauptversammlungszuständigkeit in der Regel aussprechen (so NYSE § 312.03(a), AMEX § 711, Nasdaq Market Rule 4460(i)(1)(A)). Auch die Steuerrechtsregelung zwingt die *corporations* indirekt dazu, die Aktionärszustimmung einzuholen: gem. § 162(m) des *Internal Revenue Code* qualifizieren für Steuerabzug nur die von den Aktionären angenommenen Aktienoptionsprogramme.

[131] Zu dieser Entwicklung siehe THOMAS/MARTIN (1999) 1021, 1050 ff. Zunächst lockerte die SEC Rule 16b-3 SEA dahingehend, dass die Ausnahme der Aktienoptionen von § 16(b) SEA (Gewinnherausgabepflicht) von der vorherigen Aktionärszustimmung nicht mehr abhängt. Weiter schaffte die NYSE das Aktionärszustimmungserfordernis für Aktienoptionsprogramme ab, die zumindest 20% des Unternehmenspersonals umfassen.

[132] HEARD (1995) 749, 759; BERGER/BAGLEY/LA ROSILIERE (1999) 11; THOMAS/MARTIN (1999) 1021, 1053; CLAWSON/KLEIN (1997) 31, 49: CalPERS stimmte gegen den Vergütungsplan von *Walt Disney Company* 1997.

[133] In 1993 ist es SWIB gelungen, Beschlussvorschläge zu *repricing* von Aktienoptionen in zwei Unternehmen zu blockieren: siehe HEARD (1995) 749, 760. In der Hauptversammlungssaison von 1995-6 wurden drei Aktienoptionspläne abgelehnt. Mehrere Pläne wurden von 20-40% der Stimmen negativ aufgenommen: siehe WAGNER/WAGNER (1997) 5, 11, Table 5 S.29: Anteil der Gegenstimmen: über 50% in 3 *corporations*, von 46%-50% in 7, von 40%-45% in 21, von 31-40% in 85, von 20-30 in 215, unten 20% in 1240.

[134] WAGNER/WAGNER (1997) 5, 11: "*While these proposals have passed, it is clear that it was not without extraordinary last minute effort, and often companies were forced to make major concesssions to investor demands. In 1996, many chairpersons and CEOs were forced to make last minute "pilgrimages" to the proxy voting departments of institutional investors to plead*

Darüber hinaus versuchen die institutionellen Anleger die Vergütungsausgestaltung durch Vorlage von **Aktionärsanträgen** aktiv zu beeinflussen[135]. Dies wurde insofern erleichtert, als die SEC ihre frühere Stellung 1992 revidierte und die Entlohnung als Antragsgegenstand zuließ[136]. Mittlerweile wurde auch die Zulässigkeit von Aktionärsanträgen zur verbindlichen Änderung der *bylaws* anerkannt[137]. Durch Aktionärsanträge werden vor allem strukturelle Fragen (wie die Festlegung durch Vergütungsausschüsse) und größere Transparenz gefördert[138]. Obwohl diese Anträge nur selten eine Stimmenmehrheit gewinnen[139], beeinflussen sie indirekt die Entlohnungsausgestaltung[140].

Schließlich gebrauchen die institutionellen Anleger auch **informelle Kontakte**. In mehreren Fällen würden die Vergütungspläne mit den institutionellen Anlegern vor der Hauptversammlung besprochen und Kompromisslösungen vereinbart, um möglichen Reaktionen frühzeitig vorzubeugen[141].

Alles in allem ist der Einfluss der institutionellen Anleger auf den Vergütungsbereich positiv zu bewerten. Sie haben erheblich dazu beigetragen, dass die

---

for a change a vote from "no" to "yes". In a number of cases, the company was forced to amend its proposal or to agree not to utilize certain objectionable plan provisions. In some extreme cases, management even elected to adjourn the annual meeting because it appeared that a plan would be voted down.". Skeptischer HEARD (1995) 749, 758.

135 THOMAS/MARTIN (1999) 1021, 1045.

136 MERPHY (1995) 713, 728; LOSS/SELIGMAN (1999) Supplement, 96; HEARD (1995) 749, 754; FISCH (1993) 1129, 1155 ff.; KINDLER/GERSTENHABER (1992) 9, 53 ff.; BLOOMENTHAL/WOLFF (1999b) 729. Allerdings wurden Vorschläge zu *repricing* nicht zugelassen: *New York City Employees Retirement System v. Securities and Exchange Commission*, 45 F.3d 7 (1995).

137 Zu diesem Einsatzmittel im allgemeinen siehe oben § 6.IV.B.4.. Die SEC ließ im Fall *GeneralDataComm Industries, Inc.* (SEC No-Action Letter (Dec. 9, 1998), 1998 WL (1990) 883796 einen Aktionärsantrag des SWIB zu, der das *repricing* der vorherigen Aktionärszustimmung unterwarf: siehe THOMAS/MARTIN (1999) 1021, 1047 ff.; BLOOMENTHAL/WOLFF (1999b) 1121.

138 HEARD (1995) 749, 761, 763; BARRIS (1992) 59, 90.

139 Die durchschnittliche Zustimmung für die Aktionärsanträge beträgt 11,3%: siehe THOMAS/MARTIN (1999) 1021, 1061.

140 THOMAS/MARTIN ((1999) 1021, 1065 ff.) kommen zum Befund, dass die Managerentlohnung in Unternehmen, die von den Aktionärsanträgen betroffen wurden, wesentlich höher als in vergleichbaren Unternehmen war. Nach der Antragsmitteilung ist der Abstand zwar geblieben, jedoch erheblich gekürzt worden. Außerdem ist eine höhere Verringerung des Optionen- im Vergleich zum Bargeldbestandteil zu verzeichnen. Diese Entwicklung entspricht tatsächlich den Aktionärsinteressen nur insofern, als die gesamte Entlohnung übermäßig war. Besorgniserregend ist jedoch die Tatsache, dass der performanceabhängige Entlohnungsbestandteil mehr betroffen wurde.

141 THOMAS/MARTIN (1999) 1021, 1043; HEARD (1995) 749, 764; BARRIS (1992) 59, 96 ff. CalPERS nahm Kontakte mit mehreren Unternehmen 1991 auf, um über die Vergütungspläne zu verhandeln.

Vergütung immer mehr performanceorientiert ausgestaltet wird, das *Board of Directors* strengere Aufsicht ausübt und krasse Missbräuche ausbleiben[142].

IV. Feindliche Übernahmen und Abwehrmaßnahmen hiergegen

A. Stellung zu feindlichen Übernahmen

a) Als **Aktionäre des Zielunternehmens** unterstützen die institutionellen Anleger vielfach feindliche Übernahmen und tragen zu ihrem Erfolg bei[143]. Als Aktionäre nehmen sie das Angebot in der Regel an; als Kapitalgeber stellen sie dem Übernehmer Kapital zur Verfügung und ermöglichen somit die Durchführung von kreditfinanzierten Übernahmen (*Leveraged Buy-Outs*)[144].

Nicht nur die Angebotsprämie, die in der Regel weit über dem gegenwärtigen Börsenkurs liegt, erklärt die positive Stellung gegenüber feindlichen Übernahmen. Derartige Transaktionen stellen eine Abwanderungsmöglichkeit zur Verfügung (die den institutionellen Anlegern mittlerweile nicht ohnehin gegeben ist) und erhöhen insofern ihre Liquidität[145]. Nicht zuletzt spielt auch die Disziplinierungsfunktion der feindlichen Übernahmen eine wichtige Rolle. Sie verstärken die Überwachung durch den Markt für Unternehmenskontrolle und machen den direkten Einsatz der institutionellen Anleger weniger nötig[146]. Sie erhöhen weiter das Einflusspotential der institutionellen Anleger, weil das Management auf ihre Unterstützung zur Abwendung einer feindlichen Übernahme angewiesen, und daher bereit ist, den Forderungen der institutionellen Anleger nachzukommen, um

---

142 HEARD (1995) 749, 765 ff.; USEEM (1996) 252: 1995 bestand die Vergütung zu 70% aus performanceabhängigen Komponenten , 1982 nur zu 41%. Die Sensibilität zwischen Aktionärsertrag und Managementvergütung ist von $ 2,59/1000 auf $ 7,48/1000 gestiegen. Ebenso findet die Studie von HARTZELL/STARKS (2000) heraus, dass die konzentrierte Beteiligung der institutionellen Anleger mit der absoluten Vergütungshöhe negativ, mit der Performancesensibilität jedoch positiv zusammenhängt. Vgl. CLAWSON/KLEIN (1997) 31, 50: "*...Pressure from institutional investors is probably the only force that can ensure the presence of rational executive compensation.*"; BARRIS (1992) 59, 99: "*There is no single answer to controlling overcompensation... Self-control is an ideal-but idealistic solution....Resort to the courts is possible, but presently impractical and ineffectual...The legislation currently proposed will do little to actually control compensation...The most hope for real change seems to lie at the doorstep of the instiutional investors*".

143 SEC Study (1971) 2771 ff., 2828. Nach DRUCKER ((1991) 106, 108) wären die feindlichen Übernahmen ohne die Beteiligung der institutionellen Anleger nicht möglich.

144 GARTEN (1992) 585, 633.

145 ROCK (1993) 445, 484; DRUCKER (1991) 106, 108; BUXBAUM (1991b) 1, 17 ff. Die SEC Study ((1971) 2773, 2778) weist auf einen Übernahmefall hin, der von institutionellen Anlegern instrumentalisiert wurde, weil sie ihre hohe Beteiligung anders nicht veräußern konnten.

146 WINGERSON/DORN (1992) 201, 208; GILSON/KRAAKMAN (1991) 863, 870; GILSON (1982) 775, 821.

ihre Unterstützung zu gewinnen[147]. Überdies sind auch die treuhänderischen Pflichten von Bedeutung. Da die Treuhänder zur Wahrnehmung ausschließlich des Begünstigteninteresses im Sinne der Vermögensmaximierung verpflichtet sind, ist der Verlust der Angebotsprämie aus haftungsrechtlicher Sicht bedenklich[148]. Schließlich sind die institutionellen Anleger als äußerst diversifizierte Aktionäre daran interessiert, dass Umstrukturierungstransaktionen zwischen Portfoliounternehmen mit den geringsten Transaktionskosten erfolgen[149].

Auf der anderen Seite wird die Zustimmung der institutionellen Anleger zu den feindlichen Übernahmen auf weniger unbedenkliche Beweggründe zurückgeführt. Es werden Fälle berichtet, in denen kurzfristige Gewinne durch Ausnutzung von Insiderkenntnissen, Ausweitung ihrer Geschäftsbeziehungen als Gegenleistung für ihre Unterstützung, besondere Bedingungen für den Verkauf ihrer Aktien an den Bieter die institutionellen Anleger zur Übernahmeunterstützung bewogen haben sollen[150]. In anderen Fällen nahmen die institutionellen Anleger eilig ein Angebot an, obwohl ein anderer Interessent einen höheren Preis anbieten wollte[151].

Obgleich die Stellung der institutionellen Anleger zu feindlichen Übernahmen größtenteils positiv ist, werden nicht alle Angebote ausnahmslos von ihnen angenommen[152]. Sie sind sich darüber im klaren, dass nicht jede Übernahme tatsächlich den Aktionären zugute kommt. Ihre Handlungsfreiheit wurde erheblich durch die 1989 veröffentlichte Auslegung von ERISA erweitert, wonach die Nichtannahme eines Angebotes nicht ohne weiteres die fiduziarische Haftung auslöst, selbst wenn die Angebotsprämie über dem gegenwärtigen Börsenpreis liegt[153]. Daraufhin haben sie das amtierende Management in mehreren Fällen unterstützt und feindliche Angebote abgelehnt[154]. Hervorzuheben ist der Fall von *Chrysler Corp.* aus dem Jahre 1995. Das feindliche Angebot wurde von ihnen nicht unterstützt, weil sie vom langfristigen Unternehmenserfolg, nicht aber von der Angemessenheit der Angebotsbedingungen überzeugt waren. Dieser Fall wird als eine Art Paradigmenwechsel in der Stellung der institutionellen Anleger gegenüber den Übernahmen betrachtet, wonach die Übernahmeangebote nicht

---

[147] BRATTON/MCCAHER (1995) 1861, 1922.

[148] Siehe oben § 5.III.A.3.d.i.

[149] WINGERSON/DORN (1992) 201, 218.

[150] SEC Study (1971) 2832, 2835, 2773.

[151] CHANDLER (1999) 1083, 1093 ff.

[152] WILLIAMS (1988) 281, 294.

[153] BRANCATO (1997) 108. Siehe auch oben § 5.III.A.3.d.i..

[154] Dies war der Fall bei dem Übernahmengebot von *Trump* auf *American Airlines*, wie auch von *Seagrame* auf *Time-Warner*: siehe BRANCATO (1997) 116.

automatisch, sondern erst nach kritischer Abwägung von Vor- und Nachteilen angenommen werden[155].

b) Aus der Sicht der **Bietergesellschaft** müssen die institutionellen Anleger auf ihre Interessen als Aktionäre achten und den entsprechenden Risiken entgegenwirken. Sie sind zwar infolge der weitgehenden Diversifizierung in der Regel sowohl am Bieter als auch am Zielunternehmen beteiligt. Daraus könnte man schließen, dass sich ihr Verhalten am Gesamtergebnis unabhängig davon ausrichtet, ob die Auswirkungen auf den Bieter negativ sind[156]. Allerdings liegt es nahe, dass, wenn sich die Übernahme für den Bieter nicht lohnt, auch das Gesamtergebnis schließlich negativ ausfallen wird[157]. Aufgrund dessen haben die institutionellen Anleger großes Interesse daran, zwischen guten und schlechten Übernahmen auch aus der Sicht des Bieters zu unterscheiden[158]. Hierbei bestehen zwei Gefahren. Zum einen, dass der Bieter zu viel für das Zielunternehmen zahlt, so dass der Beteiligungswert seiner Aktionäre verwässert wird[159]. Zum anderen, dass die Übernahme keinen unternehmerischen Sinn hat, etwa weil sie zur ineffizienten Diversifizierung führt oder keine Synergieeffekte aus dem Zusammenschluss entstehen, sondern lediglich *empire bulding* angestrebt wird. Auch empirische Untersuchungen belegen die Vermutung, dass die Bieteraktionäre nicht selten Verluste infolge einer Übernahme hinnehmen müssen[160]. Im Hinblick darauf haben die institutionellen Anleger auch hierbei eine wichtige Rolle zu spielen, die sie nach den empirischen Feststellungen erfolgreich erfüllen. Es wurde nämlich festgestellt, dass, je mehr institutionelle Anleger als Aktionäre am Bieterunternehmen beteiligt sind, dieses nach einer Übernahme desto besser abschneidet[161].

B. Stellung zu Abwehrmaßnahmen gegen feindliche Übernahmen

a) Angesichts der vorwiegend positiven Haltung der institutionellen Anleger gegenüber feindlichen Übernahmen ist leicht zu verstehen, warum sie Abwehr-

---

155 BRANCATO (1997) 6 ff.

156 GILSON/KRAAKMAN (1991) 863, 869.

157 BLACK (1992b) 895, 908.

158 Beispiel hierfür bietet das 1999-2000 durchgeführte Übernahmeangebot von *Vodafone AirTouch* auf *Mannesmannn AG* an. Mehrere institutionelle Anleger waren an beiden Unternehmen beteiligt. Zur Beurteilung des in Aktien von *Vodafone AirTouch* angebotenen Preises wurden auch die Interessen der Aktionäre des Zielunternehmens in Betracht gezogen und jener Angebotspreis angenommen, der möglichst hoch war, ohne den Aktienwert des Bieters unangemessen zu verwässern: siehe Financial Times, 18.11.1999, S.28.

159 BLACK (1989) 597 ff..

160 Überblick in BLACK (1992b) 895, 907.

161 COSH et al. (1989). Mit Einschränkung: DUGGAL/MILLARD (1999)103 ff.

maßnahmen zumindest anfänglich unterschiedslos ablehnten[162]. Hinzu kam auch die Tatsache, dass die Einführung von Abwehrmaßnahmen negative Reaktionen auf den Börsenpreis auslöste[163].

Allmählich wurde ihnen aber bewusst, dass sich die Abwehrmaßnahmen nicht unbedingt negativ, sondern auch positiv auf den Unternehmenswert auswirken und die Aktionärsinteressen unter Umständen fördern können[164]. Wird eine übermäßige Immunisierung des Managements ausgeschlossen, dann können sie eine Lösung für das Gefangenendilemma liefern und es dem Management ermöglichen, als Vertreter aller Aktionäre mit dem Bieter zu verhandeln[165].

Die **Institutionalisierung des Aktienbesitzes** macht zwar die Abwehrmaßnahmen weniger notwendig, allerdings nicht überflüssig. Die institutionellen Anleger sind in der Lage, die Angemessenheit des Angebotspreises selber zu beurteilen und auf eine Verbesserung zu drängen. Darüber hinaus können sie das Gefangenendilemma eher überwinden, indem sie sich miteinander in Kontakt setzen und auf eine gemeinsame Haltung einigen[166]. Im Ergebnis sind sie weniger auf Abwehrmaßnahmen angewiesen, um zwischen schlechten und guten Übernahmen zu unterscheiden[167]. Da aber zum einen die Abwehrmaßnahmen weniger an eigenem Einsatz erfordern und ihnen infolgedessen Kosten einsparen, und zum anderen das Management in der Regel besser positioniert ist, einen höheren Übernahmepreis zu erreichen[168], werden die Abwehrmaßnahmen nicht von vornherein abgelehnt, sondern nach ihrer konkreten Ausgestaltung und möglichen

---

162 Nach einer Umfrage des *Investor Responsibility Research Center* in 1989 waren 58-64% der gefragten institutionellen Anleger gegen die verschiedenen Abwehrmaßnahmen. 1994 wollten 62% der Gefragten für Beschlussvorschläge abstimmen, welche die Unterwerfung der Abwehrmaßnahmen der Aktionärsabstimmung auffordern: siehe FLEISCHER (1997) § 10.06, S.10-39. Schon früher siehe GILSON (1982) 775, 825 ff. Jüngst siehe Joseph B. Treaster, "*Shareholders Turn Hostile to Use of "Poison Pill" as a Takeover Defense*", International Herald Tribune 10.5.1999, S.12. Zu Kanada siehe DANIELS/MACINTOSH (1991) 864, 912 ff.

163 Obwohl nicht alle Abwehrmaßnahmen den Börsenwert in gleicher Weise beeinflussen, belegen die empirischen Studien im allgemeinen ein negatives Ergebnis. Siehe u.a. SEC, Office of the Chief Economist, The Effects of Poison Pills on the Wealth of Target Shareholders (1986); RYNGAERT (1989); DEANGELO/RICE (1983) 329, 331 ff.; RUBACK (1989) 137 ff.; MALATESTA/WALKING (1988) 347 ff. (negative Reaktionen zur Ankündigung der Einführung von Giftpillen). Vgl. jedoch LINN/MCCONNELL (1983) 361 ff: positive Reaktionen zur Ankündigung der Einführung von Abwehrmaßnahmen im Zuge einer Satzungsänderung.

164 BRANCATO (1997) 113; WINGERSON/DORN (1992) 201, 215 m.H. auf empirische Untersuchung von *Georgeson & Co.* (1988) Poison Pill Impact Study I, II, die belegt, dass Zielunternehmen mit Giftpille höhere Angebotsprämien erhalten (52,7% über Börsenpreis im Vergleich zu 31,3% für die Gesellschaften ohne Giftpille).

165 WINGERSON/DORN (1992) 201, 214; DE ANGELO/RICE (1983) 329, 335, 341 ff.

166 WINGERSON/DORN (1992) 201, 218; DENT (1989) 881, 913.

167 BLACK (1992b) 900, 906 ff.

168 CHANDLER (1999) 1083, 1095.

Auswirkungen im einzelnen Fall überprüft. Besonders folgende Anforderungen sind zu beachten[169]:

Wichtig ist zunächst, dass die Einführung der Abwehrmaßnahmen wenn nicht den Aktionären, so doch zumindest dem *Board of Directors* vorgelegt wird[170]. Selbst wenn dies nicht gesetzlich zwingend ist, werden die Manager aufgefordert, die Abwehrmaßnahmen freiwillig der Aktionärsabstimmung zu unterwerfen, damit die institutionellen Anleger eine entsprechende Kontrollmöglichkeit erhalten. Sodann dürfen die Abwehrmaßnahmen keine übermäßige Immunisierung des Managements bewirken[171]. Ihre Geltungsdauer müsse begrenzt und kurz sein, und ihre Fortsetzung von der Aktionärszustimmung abhängen. Die Abwehrmaßnahmen müssten schließlich eine Selektion zwischen schlechten und guten Übernahmeangeboten ermöglichen. Bei Erklärung eines unbedenklichen Angebots (wie etwa eines, das allen Aktionären offen bleibt und dessen Preis in bar zu zahlen ist) müssten sie ausgesetzt werden (sog. *chewable*) oder zumindest müsse ihre Fortgeltung von der Aktionärszustimmung abhängen.

b) Um diese Anforderungen durchzusetzen, sind die institutionellen Anleger auf eine eigene Kontrolle angewiesen, sofern die Rechtsprechung dem Management weitgehendes Ermessen beim Einsatz von Abwehrmaßnahmen einräumt[172]. Zur Kontrolle kommt zunächst die Stimmrechtsausübung in Betracht, wenn die Einführung der Abwehrmaßnahmen die Zustimmung der Aktionäre erfordert[173]. Seltener werden auch Abstimmungsauseinandersetzungen durch-

---

[169] Vgl. CalPERS *Voting Guidelines,* Nr. 2910: "*Because of both their positive and negative effects, we believe that shareholder proposals to redeem a company's poison pill should be examined on a case-by-case basis.*"; BRANCATO (1997) 113, 117-8; KOPPES (1998) 3; 27 ANNUAL INSTITUTE SECURITIES REGULATION (1995) 741 ff. geben mehrere Fälle an, in denen die Abwehrmaßnahmen von den institutionellen Anlegern positiv aufgenommen wurden. Zur Entwicklung in Kanada siehe ANISMAN (2000) 1, 4 ff.

[170] CalPERS *Voting Guidelines,* Nr. 2920; TIAA-CREF *Policy Statement,* S.3.

[171] CalPERS *Voting Guidelines,* Nr. 2910.

[172] Siehe oben § 2.I.B und LÜTTMANN (1992) 109 ff.

[173] Dies ist nur dann der Fall, wenn eine Satzungsänderung erforderlich ist. Das meist verbreitete und wirksamste Abwehrmittel, nämlich die Giftpille (*poison pill*), kann allerdings durch *bylaws*- Änderung vom *Board of Directors* einseitig eingeführt werden. Die institutionellen Anleger nehmen an der Abstimmung häufiger teil als die individuellen Aktionäre: siehe BRICKLEY/ LEASE/SMITH (1988) 267, 274. Zu Stimmen gegen Abwehrmaßnahmen siehe FLEISCHER (1997) § 10.06(A), S.10-40:

Vorschlagsinhalt (Durchschnitt)	Nr.	1992 Gegenstimmen	Nr.	1994 Gegenstimmen
Gestaffeltes BoD	35	32,1%	37	35,7%
Golden Parachutes	18	29,2	3	36
Poison Pills	23	43,1	11	54,8

geführt, um einen vom Management vorgelegten Beschlussvorschlag zum Scheitern zu bringen[174]. Häufiger ist dagegen die Vorlage von Aktionärsanträgen, die das Management auffordern, die Abwehrmaßnahmen entweder selber abzuschaffen oder deren Einführung an die Aktionärszustimmung anzuknüpfen[175]. Dasselbe Ergebnis wird seit neuerem durch die verbindliche Änderung der *bylaws* angestrebt[176]. Nicht zuletzt werden auch informelle Mittel eingesetzt[177].

Die Bemühungen der institutionellen Anleger haben Früchte gezeitigt. Immer schwieriger ist es für das Management, Abwehrmittel einzusetzen, ohne dabei auf den Widerstand der institutionellen Anleger zu stoßen[178]. Gelingt dies dem Management trotzdem, sind die Abwehrmittel aufgrund des Einflusses der institutionellen Anleger mehr auf die Aktionärsinteressen ausgerichtet[179]. Aus empirischen Untersuchungen geht hervor, dass ein positives Verhältnis zwischen der Höhe des institutionellen Aktienbesitzes und den positiven Auswirkungen auf den Börsenpreis infolge der Einführung von Abwehrmaßnahmen besteht, und dass die institutionellen Anleger gegen übermäßig strenge Abwehrmaßnahmen stimmen[180]. Dies legt nahe, dass sie tatsächlich eine Kontrollfunktion erfüllen.

---

174 Vgl. den Fall von *Honeywell Corp.*, in dem zwei öffentliche Pensionsfonds einen *proxy fight* gegen Abwehrmittel erfolgreich durchführten: siehe VAN NUYS (1993) 101 ff.

175 Die Abstimmung für Beschlussvorschläge gegen Abwehrmittel hat erheblich zugenommen. Vgl. ROCK (1993) 445, 487; RYAN (1988) 97, 158 ff. (Durchschnittliche Abstimmung für Beschlussvorschläge gegen Abwehrmaßnahmen ist von 29,4% in 1987 auf 38,7% in 1988 gestiegen; MEYERSON/ALPUCHE (1996) 82.

176 Zu diesem Einsatzmittel und dessen Zulässigkeit siehe oben § 6.IV.B.4.

177 Mehrere institutionelle Anleger drängten darauf, dass Gesellschaften aus dem Geltungsbereich übernahmefeindlicher Gesetze (wie z.B. dem Recht von *Pensylvannia*) abwandern: siehe FLEISCHER (1997) § 10.06, S.10-38

178 BLACK ((1998) 459, 464) teilt diese optimistische Ansicht allerdings nicht und sieht die Grenzen des Aktionärsaktivismus geradezu darin, dass es den institutionellen Anlegern nicht gelungen sei, die Einführung von Abwehrmaßnahmen zu verhindern. So auch COFFEE (1997) 1970, 1979.

179 GOODMAN/OLSON (1996) 15-26 ff. Zu Kanada siehe ANISMAN (2000) 1, 12.

180 AGRAWAL/MANDELKER (1990) 143, 157; JAREL/POULSEN (1987) 127, 155; DUGGAL/MILLAR (1994) 387, 297; BRICKLEY/LEASE/SMITH (1988) 267, 279 ff.: Je negativer die infolge der Einführung von Abwehrmaßnahmen ausgelösten Kursreaktionen sind, desto intensiver ist die Gegenabstimmung durch die institutionellen Anleger. Diesem Ergebnis widerspricht der Befund von BHAGAT/JEFFERIS (1991) 193 ff. nicht, wonach die Präsenz institutioneller Anleger die Wahrscheinlichkeit erhöht, dass die Manager die Einführung von Abwehrmaßnahmen anstreben werden. Dies legt dagegen nahe, dass sich die Manager wegen der Präsenz der institutionellen Anleger und deren Bereitschaft zur Angebotsannahme einer Übernahme mehr ausgesetzt fühlen und daher durch die Abwehrmaßnahmen schützen wollen.

V. Geschäftsführungs- und Investmentpolitik

A. Die normale Geschäftsführung

"We recognize that we have no intent to micromanage corporations..... We are not interested in that....I would rather have directors who can provide some constructive tension between the management and the board"[181]. Wie dem vorangehenden Zitat von *Dale Hanson,* dem damaligen Vorsitzenden von CalPERS, zu entnehmen ist, wird die normale Geschäftsführungspolitik von den institutionellen Anlegern in der Regel nicht angesprochen. Dafür sind hauptsächlich zwei Gründe verantwortlich. Zum einen sehen sich die institutionellen Anleger dieser Aufgabe nicht gewachsen, weil sie weder über die erforderlichen Kenntnisse bzw. Fähigkeiten noch über die benötigte Zeit verfügen. Die Führung eines Unternehmens erfordert spezialisierte Sachkunde, die nur durch die intensive Beschäftigung mit ihm erworben wird. Die institutionellen Anleger können aber diese Sachkunde nicht erlangen, weil sie sich nur mit Investmententscheidungen beschäftigen und sich aufgrund der Größe ihres Investmentportfolios nicht mit jedem einzelnen Unternehmen intensiv befassen können. Zum anderen entfalten die normalen Geschäftsführungsentscheidungen keinen erheblichen Einfluss auf den Unternehmenswert. Im Ergebnis würde sich ein firmenspezifischer Einsatz aus einer Nutzen-Kosten-Perspektive nicht lohnen.

Demgegenüber interessieren sich die institutionellen Anleger für grundlegende Entscheidungen, die den Unternehmenswert erheblich zu beeinflussen vermögen und deren Auswirkungen die institutionellen Anleger aufgrund ihrer Investmenterfahrung beurteilen können. Hierunter fallen die strategische Investmentpolitik und grundlegende Kapitaltransaktionen.

B. Strategische Anlagepolitik

a) Als Aktionäre und gemäß dem *shareholder value*-Ansatz erwarten die institutionellen Anleger vom Management, dass nur jene Investitionen getätigt werden, die einen zumindest den risikoadjustierten Kapitalkosten entsprechenden Ertrag versprechen[182]. Jedoch beschäftigen sie sich nicht mit jeder einzelnen Investition, sondern unterziehen nur jene einer näheren Überprüfung, in deren Zuge das Unternehmen in von seinem Kerngeschäft erheblich abweichenden Geschäftsbereichen tätig wird. Das Ergebnis solcher Investitionen ist der Aufbau eines Konglomerates bzw. Mischkonzerns, nämlich eines Unternehmens, das in mehreren, einander fremden Bereichen tätig ist. Die institutionellen Anleger

---

[181] MILLSTEIN (1991b) 89, 98; BLACK (1992a) 811, 834.

[182] Siehe oben § 1.I.B.

stehen derartigen Investitionen eher misstrauisch gegenüber, was auf folgende Gründe zurückzuführen ist[183].

Zunächst besteht die Gefahr, dass das Unternehmensrisiko sich infolge der Übernahme unerwartet verändert, so dass die der ursprünglichen Investmententscheidung zugrunde liegenden Erwartungen enttäuscht und die Strategiestabilität gefährdet werden[184]. Sodann ist bei Diversifizierungsinvestitionen aufgrund der erheblichen Unterschiede zwischen den übernommenen Aktivitäten mit Synergieeffekten und einer daraus resultierenden Werterhöhung eher nicht zu rechnen. Ganz im Gegenteil liegt es nahe, dass die Diversifizierung zur Verschlechterung des Unternehmenswertes führen wird. Dies liegt womöglich an der Schwierigkeit, unterschiedliche Geschäftsbereiche effizient gemeinsam zu führen. Nicht zuletzt besteht die Gefahr, dass die Klarheit der Kapitalmarktsignale und der Performancebewertung verloren gehen[185]. Trotz alledem neigen die Manager aufgrund der Risiko- und Ausgabenasymmetrie zur Diversifizierung[186].

b) Aus all diesen Gründen ist für institutionelle Anleger bei der Beurteilung von Übernahme- und sonstigen grundlegenden Investitionsentscheidungen erhöhte Alarmbereitschaft geboten. Die entsprechende Kontrolle erfolgt in erster Linie **präventiv**, um zweifelhaften Entscheidungen rechtzeitig vorzubeugen.

Sofern die Übernahme durch **Verschmelzung** erfolgt, kann eine Kontrolle durch entsprechende Stimmrechtsausübung vorgenommen werden[187]. Dadurch soll nicht nur unerwünschten Diversifizierungseffekten, sondern auch sonstigen Gefahren für die Aktionärsinteressen vorgebeugt werden, insbesondere was die Angemessenheit des Umtauschverhältnisses, sowie was die Stichhaltigkeit des Zusammenschlusses betrifft[188].

---

[183] DENT (1986) 777 ff.; BLACK (1989) 597 ff.; COFFEE (1984) 1145, 1167 ff., 1224 ff.

[184] Vgl. USEEM (1996) 151.

[185] USEEM (1996) 141.

[186] Siehe oben § 1.II.A.3. Überblick über die entsprechende Literatur siehe BLACK (1992b) 895, 903 ff.; WESTON/CHUNG/SIU (1998) 234 ff.

[187] DGCL § 251(c).

[188] In mehreren Fällen ist es den institutionellen Anlegern gelungen, eine Verschmelzung zu stoppen, von deren Stichhaltigkeit sie nicht überzeugt wurden. Vgl. früher den Fall von *Brunswick-Unjon Tank* (SEC Study (1971) 2775), und neuerdings die gescheiterte Fusion von *Volvo* mit *Renault SA* (BRUNER (1999) 125 ff.). Letzterer Fall fand zwar nicht in den USA, sondern in Schweden statt, ist freilich aber auch unter amerikanischen Verhältnissen vorstellbar. Die institutionellen Anleger besaßen etwa 65 % des stimmberechtigten Kapitals, und führten die Verschmelzung durch ihre Opposition zum Scheitern. Zur Kontrolle der Angemessenheit des Umtauschverhältnisses siehe die Abstimmungsanweisungen von *Institutional Investor Services* in MCGURN (1998) 371.

Eine Diversifizierungsstrategie kann allerdings verfolgt werden, **ohne die Aktionärszustimmung** einholen zu müssen[189]. Erstens fallen nicht alle Verschmelzungsarten unter die Hauptversammlungszuständigkeit[190]. Sodann kann die Diversifizierung mittels einer Übernahme durch öffentliches Angebot oder einfachen Beteiligungserwerb stattfinden. Nicht zuletzt kann die Diversifizierung intern erfolgen, wenn das Unternehmen selbst die neuen Aktivitäten entwickelt. In diesen Fällen können die Aktionäre höchstens durch Vorlage unverbindlicher Aktionärsantrage Druck ausüben. In der Regel sind sie jedoch auf sonstige Kontrollmittel und vor allem auf die Kontrolle über die Verschaffung des benötigten Kapitals angewiesen.

Sofern das benötigte Kapital durch **Kapitalerhöhung** beschafft werden soll und eine Aktionärsentscheidung dafür erforderlich ist, kann eine Kontrolle durch entsprechende Stimmrechtsausübung stattfinden[191]. Ist aber ein genehmigtes Kapital (*authorized capital*) vorgesehen, wird die Kapitalerhöhung vom *Board of Directors* allein ohne Hauptversammlungsmitwirkung beschlossen. Soweit allerdings die dazu benötigte Genehmigung durch eine ursprüngliche oder nachträgliche Satzungsvorschrift erteilt werden muss, steht immerhin eine Kontrollmöglichkeit zur Verfügung[192]. Die institutionellen Anleger bestehen darauf, dass die Genehmigungsbedingungen auf die tatsächlichen Finanzbedürfnisse des Unternehmens für die kommenden 12 Monate beschränkt sind. Dadurch soll sichergestellt werden, dass keine Finanzierung für gewichtige Übernahmen und Diversifizierungsstrategien ohne die Aktionärszustimmung erfolgt[193].

Die Kontrolle über die **interne Finanzierung** durch Gewinneinbehaltung ist insofern eingeschränkt, als die Gewinnverwendung ausschließlich dem *Board of Directors* obliegt[194]. Dabei besteht die Gefahr, dass das Management die einbehaltenen Kapitalmittel für eine ineffiziente Diversifizierung oder für sonstige unproduktive Investitionen verwendet[195]. Die institutionellen Anleger möchten deshalb die Unternehmen dazu veranlassen, die überflüssigen Kapitalmittel (sog. *free cash flow*) durch Dividendeausschüttung oder Erwerb eigener Aktien den Aktionären auszuschütten, damit diese Mittel wieder produktiv eingesetzt werden[196]. Entsprechender Einfluss könnte durch die Vorlage von Aktionärsanträgen ausgeübt werden. Dadurch könnten die institutionellen Anleger ihre

---

189 Dazu rechtsvergleichend siehe KOCH (2000).

190 Siehe oben § 2.I.B.

191 DGCL § 242(a)(3), (b)(1).

192 DGCL § 102(a)(4).

193 CalPERS *Voting Guidelines*, Nr.I(B).

194 DGCL § 170(a).

195 So die sog. *free cash flows*-Theorie; siehe JENSEN (1986).

196 BLACK (1992b) 895, 915; BAUDRU/KECHIDI (1998) 93, 103.

Meinung zur angebotenen Ausschüttungshöhe äußern und das Management auffordern, die Kapitalmittel, die vom Unternehmen nicht produktiv verwendet werden können (sog. *excessive cash flow*), auszuschütten[197]. Nach geltendem Recht ist allerdings eine derartige Möglichkeit eingeschränkt, da Aktionärsanträge über die Dividendenausschüttung nur dann zulässig sind, wenn sie sich auf allgemeine Grundsätze beschränken[198].

c) Aus den gleichen Gründen, nämlich dass ein Unternehmenswachstum über das wirtschaftlich sinnvolle Maß hinaus unerwünscht ist, nehmen die institutionellen Anleger die **Rückgängigmachung einer ineffizienten Diversifizierung** und die Ausrichtung auf den Kernbereich positiv auf und verfolgen sogar aktiv dieses Ziel. Die Verschlankung der Unternehmensstrukturen wurde in den 1980er Jahren durch die sog. *bust-up takeovers* vollzogen. Gerade weil diese Übernahmen nicht mehr stattfinden, sehen sich die institutionellen Anleger gezwungen, sich selbst durch informelle Druckausübung dafür einzusetzen[199].

Das hierzu benutzte Mittel ist das **spin-off**, wodurch ein Unternehmensbereich auf eine Tochtergesellschaft ausgegliedert und die Anteile an die Aktionäre der Muttergesellschaft im Zuge einer Dividendenausschüttung verteilt werden. Mehrere Gründe sprechen für solche Transaktionen[200]. Zunächst einmal wird versteckter Wert aufgedeckt, vor allem, wenn Geschäftsbereiche, die unterschiedliche Kapitalkosten bzw. Wachstumsraten aufweisen, voneinander getrennt werden. Dadurch wird sowohl die Performance jedes Geschäftsbereiches den Anlegern ersichtlicher, als auch das Management in die Lage versetzt, das Wachstumspotential jedes Unternehmens klarer zu erkennen und auszuschöpfen. Die Beschränkung auf den Kernbereich erhöht weiter die Verantwortlichkeit des Managements gegenüber den Aktionären. Das Management ist nämlich nicht mehr in der Lage, die negativen Ergebnisse eines Geschäftsbereichs mit den

---

[197] MADDEN (1992) 33 ff.

[198] SEA Rule 14a8(c)(13); BLOOMENTHAL/WOLFF (1999b) 771.

[199] USEEM (1996) 150; BRATTON (1997) 409, 461-463. Vgl. den Fall *USC Corp.*, einem ursprünglich im Stahlbereich tätigen Unternehmen, das aber allmählich in die Ölindsutrie überging, was sich negativ auf den Unternehmenswert auswirkte. *Calr Icahn*, unterstützt von institutionellen Anlegern, forderte die Refokussierung auf den Kernbereich durch Ausgliederung der neu übernommenen Aktivitätsbereichen, was ihm teilweise gelang: siehe POUND (1992) 83 ff. Vgl. auch den Fall von *K-Mart*, einem Handelsunternehmen, das durch verfehlte Diversifizierung in Schwierigkeiten geraten war. Den institutionellen Anlegern ist nicht nur die Ablösung des für die verfehlte Investitionsstrategie verantwortlichen CEO, sondern auch die Veräußerung der fremden Aktivitäten gelungen: siehe SMITH (1996c) 1038 ff. Siehe auch den Fall von *Sears, Roebuck & Co.*: das Handelsunternehmen diversifizierte sich im Finanzgeschäft mit schlechten Ergebnissen. Die institutionellen Anleger forderten und erreichten den Verkauf der unzusammenhängenden Aktivitäten: siehe GILLAN et al. (2000) 137 ff.

[200] ADAMS/MUKHARJI (1999) 15, 43 ff.; BUCKLEY (1991) 805, 811 ff., 825 ff. m.w.H.

positiven eines anderen zu verschleiern und die Anleger dadurch zu täuschen, und Bilanzgewinne über das Maß der vorhandenen positiven Investitionsmöglichkeiten hinaus einzubehalten. Aufgrund der gewachsenen Transparenz stehen die Manager unter höherem Druck, die Unternehmensressourcen den Aktionärsinteressen entsprechend zu verwenden. Durch die Ausgliederung eines unprofitablen Geschäfts wird schließlich das Unternehmen entlastet und seine Ertragsstärke verbessert[201].

C. Kapitaltransaktionen

a) Eine **Kapitalerhöhung** birgt bekanntlich die Gefahr in sich, dass sowohl die Mitwirkungs- als auch die Vermögensrechte des Aktionärs verwässert werden. Die finanzielle Verwässerung entsteht dadurch, dass der Preis der jungen Aktien womöglich unter dem tatsächlichen Aktienwert liegt, so dass die Altaktionäre eine Vermögensminderung zu Gunsten der Neuaktionäre hinnehmen müssen. Ein gewisser Schutz wird insoweit durch die Einräumung von Bezugsrechten (*preemptive rights*) gewährleistet, wodurch die Zeichnung der jungen Aktien den Altaktionären vorbehalten bleibt. Nach dem Recht der Bundesstaaten ist allerdings die Einräumung von Bezugsrechten nicht zwingend, sondern kann lediglich durch die Satzung vorgesehen werden[202]. Ursprünglich festgesetzte Bezugsrechte können jedoch im Zuge einer Satzungsänderung nachträglich abgeschafft werden. Die institutionellen Anleger stehen für die Einräumung von Bezugsrechten und gegen ihre Abschaffung, es sei denn, die Kapitalerhöhung übersteigt 5% des gesamten Eigenkapitals nicht, weil der Verwässerungseffekt dann wesentlich geringer ist[203].

b) Soweit eine entsprechende Satzungsvorschrift vorliegt, ist das *Board of Directors* berechtigt, sowohl Stamm- (*common*) als auch Vorzugsaktien (*preferred*) auszugeben und dabei sowohl die Ausgabebedingungen als auch die Erwerbsperson nach eigenem Gutdünken zu bestimmen[204]. Diese Kapitaltransaktionen bergen aber mehrere Gefahren. Wie bei jeder Kapitalerhöhung kann es vorkommen, dass die Ausgabebedingungen und vor allem der Ausgabepreis für den Erwerber zu günstig sind, was den Beteiligungswert der Altaktionäre negativ beeinflusst[205]. Hinzu kommt die Gefahr, dass die Zeichnung der jungen Aktien

---

201 Überblick über empirische Untersuchungen zu positiven Auswirkungen der Desinvestitionen (*divestitures*) siehe AMIHUD/LEV (1981) 605 ff.; BLACK (1989) 597, 624 ff.

202 DGCL § 102(b)(3).

203 CalPERS *Voting Guidelines,* Nr.I(B), Nr.3120; DAVIES (1993) 69, 86. Vgl. auch die empirische Studie von BHAGAT (1983: 289 ff.), wonach die Abschaffung der Bezugsrechten negative Börsenkursreaktionen auslöst.

204 DGCL § 161.

205 ROCK (1994) 987, 990 ff.

einem Investor vorbehalten wird, der sich zur Unterstützung des Managements gegen eine feindliche Übernahme verpflichtet, wodurch eine unzulässige Immunisierung erfolgt. Aus diesen Gründen und weil die gerichtliche Kontrolle locker ist,[206] bemühen sich die institutionellen Anleger darum, eine eigene Kontrolle auszuüben. Durch ihren Einsatz brachten die institutionellen Anleger das Management dazu, dass die Ausübung des genehmigten Kapitals der vorherigen Aktionärszustimmung unterworfen ist, wenn die auszugebenden Aktien eine bestimmte Schwelle überschreiten, und dass keine Übernahmeabwehr erfolgen kann[207].

a) Im Zuge eines ***Management Buyouts*** wird die Aktienmehrheit einer Publikumsgesellschaft vom amtierenden Management durch ein in der Regel kreditfinanziertes Angebot erworben. Diese Transaktion birgt erhebliches Interessenkonfliktspotential in sich, denn die Manager werden zur Förderung ihrer eigenen Interessen zu Lasten der Aktionäre neigen. Aufgrund dessen bestehen die institutionellen Anleger auf Einhaltung von Sicherheitsvorkehrungen. Zunächst muss der Übernahme seitens der unabhängigen Direktoren zugestimmt werden[208]. Weiter darf die Übernahmemöglichkeit nicht nur dem amtierenden Management, sondern muss sie auch eventuellen außenstehenden Anbietern im Rahmen eines gleichberechtigten Wettbewerbs offen stehen. Dementsprechend muss die Übernahmeabsicht öffentlich bekannt gegeben und den außenstehenden Interessenten die Möglichkeit gegeben werden, das Unternehmen zu bewerten. Schließlich darf das Management keine Blockadenmittel einsetzen, und, falls es bereits über eine kontrollierende Beteiligung verfügt, muss es bereit sein, entweder sein eigenes Angebot zu überbieten, oder dem außenstehenden Anbieter seine Beteiligung zu verkaufen[209].

VI. Soziale Themen

a) Als Aktionäre sind die institutionellen Anleger vorwiegend an der Maximierung der Investitionserträge interessiert. Insofern werden sie sich für

---

[206] Sofern die Vertragspartner (nämlich das *Board of Directors* und der Erwerber) einander fremd sind, und Anhaltspunkte für gleichberechtigte Verhandlungen (*arm's length*) vorliegen, werden die Angemessenheit der Ausgabebedingungen, die Zweckmäßigkeit bzw. die Folgen der Aktienausgabe nicht weiter überprüft: siehe ROCK (1994) 987, 1007 ff.

[207] CalPERS *Voting Guidelines,* Nr. 3300; Insbesondere TIAA-CREF, dessen Anträge mittlerweile eine beachtliche Zustimmung (über 40%) gewinnen, ist in diesem Bereich tätig: TIAA-CREF *Policy Statement,* S.3; siehe ROCK (1994) 987, 1024; GOODMAN/OLSON (1996) 15-26. Vgl. auch den Einsatz der institutionellen Anleger bei *Kmart*, wo ihnen die Blockierung der Ausübung des genehmigten Kapitals durch private Platzierung gelang: siehe SMITH (1996c) 1038 ff.

[208] STAPLEDON (1996) 61.

[209] CalPERS *Voting Guidelines,* Nr.I(B).

soziale Fragen, welche die Unternehmensperformance negativ beeinflussen könnten, in der Regel nicht einsetzen, besonders wenn die diesbezüglichen Fragen hinreichend gesetzlich reguliert sind, so dass man sich auf die staatliche Aufsicht verlassen kann[210]. Die Unternehmen werden lediglich aufgefordert, mit solchen Themen verantwortungsbewusst umzugehen und ein Minimum sozialer Verantwortlichkeit wahrzunehmen, vorausgesetzt, dass dies nicht mit erheblichen finanziellen Einbussen verbunden ist[211].

Auf der anderen Seite wurde den institutionellen Anlegern allmählich bewusst, dass gewisse Unternehmensfragen, die sich traditionell dem Bereich der sozialen Verantwortlichkeit zuordnen lassen, erhebliche Auswirkungen auf die Unternehmensperformance entfalten können[212]. Dies gilt aus zwei Gründen. Zum einen, weil mit der Einhaltung gesetzlicher, sozial geprägter Pflichten erhebliche Haftungsrisiken verbunden sind[213]. Zum anderen, weil die sozialen Fragen mit der Unternehmensperformance zusammenhängen und ihre Behandlung Rückschlüsse auf die Geschäftsführungsqualität liefert. Vor diesem Hintergrund ist ein wachsendes Interesse selbst der performanceorientierten institutionellen Anleger an verschiedenen sozialen Fragen zu verzeichnen. In diesem Rahmen werden die Unternehmen zunächst aufgefordert, umfangreiche Informationen über ihre Stellung zu den entscheidenden sozialen Fragen zu übermitteln[214]. Zur weiteren Einflussnahme werden unverbindliche Aktionärsanträge eingesetzt[215]. Der Einsatz der institutionellen Anleger hat insbesondere folgende soziale Fragen zum Gegenstand.

b) Die Gleichbehandlung der Arbeitnehmer erscheint zwar auf den ersten Blick als eine rein soziale Frage, sie kann allerdings die Unternehmensleistung zweierlei beeinflussen. Zum einen, wenn das Unternehmen wegen Gesetzverstoßes zu hohem Schadensersatz verurteilt wird, was erhebliche Aktienkurseinbrüche auslösen kann[216]. Zum anderen, wenn wertvolles Humankapital aufgrund der Diskriminierung nicht ausreichend genutzt wird[217]. Aufgrund dessen setzen sich die institutionellen Anleger zunehmend für die Gleichbehandlung der Arbeit-

---

210 CURZAN/PELESH (1980) 670 ff.

211 CalPERS *Voting Guidelines,* § II und Nr.8000; TIAA-CREF *Policy Statement,* 7.

212 WILLIAMS (1999) 1197, 1264, 1278, 1284: "*Because today's social issue is tomorrow's financial issue.*".

213 WILLIAMS (1999) 1197, 1278.

214 WILLIAMS (1999) 1197 *passim:* Aufruf an die SEC, die Offenlegungspflichten auf soziale Fragen auszudehnen. Vgl. CalPERS *Voting Guidelines,* Nr.8000(b).

215 CalPERS *Voting Guidelines,* Nr.8000: Richtlinien über die Abstimmung zu Aktionärsanträgen.

216 Ausführlich dazu MCCANN (1998) 965, 984.

217 WRIGHT/FERRIS/HILLER/KROLL (1995) Competitiveness Through Management of Diversity: Effects on Stock Price Valuation, Academy Management Journal Bd.38, S.272 ff.

nehmer ein. Kennzeichnend hierfür ist der Fall von *Cracker Barell*, einem Unternehmen, das zu Lasten von Homosexuellen diskriminierte, was auf heftige Reaktionen der institutionellen Anleger stieß.

Anschließend erlangten die Institutionellen Interesse am Arbeitnehmerhumankapital, nachdem sie durch empirische Untersuchungen auf den Zusammenhang zwischen der Qualität der Arbeitsplatzbedingungen und der Arbeitnehmerausbildung (*work force*) und der Unternehmensproduktivität aufmerksam gemacht worden waren[218]. Ähnliches gilt für die Umweltschutzpolitik, soweit empirische Untersuchungen einen positiven Zusammenhang zwischen der Verfolgung einer verantwortungsbewussten Umweltschutzpolitik und dem Unternehmenswert belegen[219]. Das Interesse daran erklärt sich auch durch die erheblichen Haftungsrisiken, welche Umweltunfälle mit sich bringen. Aus diesem Grund werden die Gesellschaften aufgefordert, bestimmte Umweltstandards zu beachten (wie z.B. die sog. *Valdez*-Regeln)[220].

VII. Zwischenergebnisse

In diesem Abschnitt sind die Bereiche erörtert worden, welche die institutionellen Anleger durch ihren Einsatz fördern wollen. Die institutionellen Anleger beschäftigen sich vorwiegend mit der **Verwaltungsstruktur** und insbesondere mit den Überwachungsorganen. Sie setzen sich dafür ein, dass das *Board of Directors* überwiegend aus vom amtierenden Management unabhängigen Mitgliedern besteht, und dass die gesamte Struktur des *Board of Directors* eine unbefangene und intensive Überwachung der geschäftsführenden Manager sicherstellt. Damit bezwecken sie, ihren eigenen Einsatz unnötig zu machen, indem die Probleme frühzeitig von den Überwachungsorganen erkannt und gelöst werden. Sie bestehen jedoch darauf, dass ihre Mitwirkungsmöglichkeiten bei der Beschlussfassung verstärkt werden, damit sie Defiziten der Überwachungsorgane durch eigenen Einsatz notfalls wirksam begegnen können.

Über die Strukturfragen hinaus sind die institutionellen Anleger in weiteren spezifischen Bereichen aktiv, die eine indirekte Disziplinierungswirkung oder erheblichen Einfluss auf den Unternehmenswert haben können. Gerade wegen

---

218 BRANCATO (1997) 125: TIAA-CREF und CalPERS kündigten an, die Arbeitnehmerpolitik und die Arbeitsplatzbedingungen näher zu kontrollieren. Siehe oben § 6.II.A.2. Vgl. allerdings die Kritik von SMITH (1997) 1, 34, wonach die allgemeine Förderung gleichförmiger Arbeitsplatzbedingungen die Unterschiede zwischen einzelnen Unternehmen und insofern die Portfolio-Diversifizierungseffekte verringern werde.

219 WILLIAMS (1999) 1197, 1285 Fn. 438: Nach Untersuchungsergebnissen weisen Unternehmen mit umweltfreundlicher Politik ein geringeres *Beta*-Risiko auf und führt die Verbesserung der Umweltpolitik zur Erhöhung bis auf 5% des Aktienkurses.

220 STEVENSON (1991) 69.

ihrer Verhaltenssteuerungsfunktion wird großer Wert auf die Managerentlohnung gelegt. Sie soll unbefangen und objektiv ausgestaltet werden, und ihr Inhalt und ihre Struktur sollen den Managern Anreize zur Maximierung des Unternehmenswertes geben. Aktiv beteiligen sich die institutionellen Anleger auch bei Unternehmensübernahmen. Als Aktionäre des übernommenen Unternehmens sorgen sie gegenüber dem Übernehmer dafür, dass Übernahmebedingungen und -ablauf gerecht sind, und gegenüber dem Management des übernommenen Unternehmens passen sie darauf auf, dass keine missbräuchlichen Abwehrmaßnahmen eingeführt werden, die den Übernahmeerfolg unmöglich machen. Als Aktionäre des Übernehmers kümmern sie sich darum, dass die Übernahme den Aktionärsinteressen entspricht, ihren Beteiligungswert nicht übermäßig verwässert und unternehmerischen Sinn hat. In Bezug auf die Investmentpolitik halten sie sich vom alltäglichen Geschäft fern und beschränken sich auf grundlegende Investmentfragen. Hier unten fallen die grundsätzliche Unternehmensausrichtung und die Verwendung des verfügbaren Kapitals. Sie setzen sich dafür ein, dass das Unternehmen sein verfügbares Kapital produktiv benutzt und keine Investitionen tätigt, die die grundlegende Unternehmensstrategie unerwartet verändern werden bzw. einen Konglomerataufbau zugunsten der Manager ermöglichen. Schließlich zeigen die institutionellen Anleger allmählich auch Interesse an wichtigen sozialen Fragen, die auf die Unternehmensperformance langfristig Einfluss haben könnten. Den institutionellen Anlegern ist es im allgemeinen gelungen, dass das Management ihren Forderungen in großem Umfang nachkommt.

Rückblickend auf die vorangehenden Ausführungen lassen sich folgende Schlussfolgerungen ziehen: Die eingangs aufgeworfene Frage, ob die institutionellen Anleger überhaupt eine Kontrolle über die Beteiligungsunternehmen ausüben, ist bejahend zu beantworten. Der tatsächliche Einsatz mag zwar einer idealen Kontrolle nicht entsprechen, steht aber mit den im vorausgehenden Abschnitt geschilderten Gegebenheiten im Einklang. Dies lässt sich sowohl hinsichtlich der führenden "Aktivisten" als auch an den Auswahlkriterien und Einsatzmitteln feststellen. Aktiv werden vor allem öffentliche Pensionsfonds, was auf ihre Unabhängigkeit von den Beteiligungsunternehmen und auf die politische Motivation ihrer Leiter zurückzuführen ist. Der Einsatzentscheidung liegt allerdings keine ständige Beschäftigung mit den Beteiligungsunternehmen, sondern eine Stichwahl zugrunde. Dies steht mit der Tatsache im Einklang, dass indexierte und daher stark diversifizierte Investoren nur gelegentlich auf firmenspezifische problematische Situationen aufmerksam werden. Das Ergebnis ist weit von einer ständigen und engen Überwachung entfernt, es nähert sich eher einem sporadischen und stichpunktartigen Einsatz an.

Aus den zwei voranstehenden Abschnitt lässt sich die allgemeine Schlussfolgerung ziehen, dass der Einsatz der institutionellen Anleger effizienzorientiert und ökonomisch bewusst ist. Dies zeigt sich sowohl an den Einsatzmitteln als auch an den von Eingriffen betroffenen Bereichen. Zum einen sind die am häufigsten genutzten Einsatzmittel kostengünstig und bezwecken nicht so sehr, das Management verbindlich zu steuern, sondern vielmehr, die Einstellungen der institutionellen Anleger zu übermitteln, auch die anderen Aktionäre zu mobilisieren und das Management durch Öffentlichkeitseffekte und Androhung von Reputationsverlusten zum Einlenken zu bringen.

Zum anderen sind die geförderten Themen entweder allgemein, so dass sie sich auf verschiedene Unternehmen übertragen lassen und dadurch Ersparnisse infolge von Skalenerträgen erreicht werden können; oder es handelt sich zwar um firmenspezifische Fragen, die aber einen eindeutigen und erheblichen Einfluss auf den Unternehmenswert ausüben können, so dass sich ein Einsatz lohnt. Dies entspricht den bereits aufgestellten Annahmen und den Rechtstatsachen: Die institutionellen Anleger besitzen hohe Aktienbeteiligungen, die aber nicht auf einzelne Unternehmen konzentriert, sondern auf mehrere verstreut sind. Aufgrund dessen sind sie gut positioniert, um unternehmensübergreifende, nicht aber, firmenspezifische Probleme zu verfolgen.

Schließlich ist der Einsatz kein abgeschlossenes, sondern ein sich wandelndes und entwickelndes Phänomen, wobei auch viel experimentiert wird. Dies hat sich beispielweise im Verhältnis zwischen formellen und informellen Mitteln als auch in der Verwendung neuer Einsatzformen (wie etwa der Vorlage von verbindlichen Vorschlägen zur Änderung der *bylaws*) gezeigt. Aufgrund dessen sind die auf den gegenwärtigen Tatsachen basierenden Feststellungen auf die künftige Entwicklung nur mit Vorsicht zu übertragen. Ebenso wie die institutionellen Anleger von totaler Passivität zu einer gewissen Aktivität übergegangen sind, ebenso mögen sie in Zukunft mehr oder weniger oder anders handeln.

§ 8. BEWERTUNG DER TÄTIGKEIT DER INSTITUTIONELLEN ANLEGER

Gegenstand dieses Abschnittes ist, die Tätigkeit der institutionellen Anleger darauf zu überprüfen, inwieweit ihr Auftreten eine Verbesserung im Vergleich zu den früheren Verhältnissen, in denen nur individuelle Aktionäre vorhanden waren, mit sich gebracht hat[1]. Als Bewertungsmaßstäbe wurden jene Bereiche ausgewählt, auf sich die der Einsatz der institutionellen Anleger auszuwirken scheint.

I. Verstärkung der Disziplinierungsmechanismen

Die hauptsächlich erwartete Folge aus dem Einsatz der institutionellen Anleger besteht in der Verstärkung der Managementdisziplinierung, die dadurch erfolgt, dass die institutionellen Anleger die Wirksamkeit der bereits vorhandenen Mechanismen verstärken[2]. Die so erreichte Verringerung des Managementopportunismus ist ohnehin positiv zu bewerten, weil dadurch das Vertrauen der Aktionäre und somit ihre Bereitschaft zu investieren verstärkt werden[3].

A. Kontrolle durch die Stimmrechtsausübung

a) Eine auf der Stimmrechtsausübung basierende Kontrolle durch die individuellen Aktionäre erweist sich wegen des Problems des Kollektivhandelns in der Regel als ineffektiv. Wegen der rationalen Apathie bleiben die individuellen Aktionäre passiv und uninformiert. Im Ergebnis verfügen die Manager über Freiraum, für die Aktionärsinteressen schädliche Beschlüsse durchzusetzen[4].

b) Das Auftreten der institutionellen Anleger hat die Kontrolle durch die Stimmrechtsausübung wesentlich verstärkt. Wie *Bernard Black* anmerkte:

> Institutionals are more likely than other shareholders to vote at all, more likely to vote against manager proposals, and more likely to vote for proposals by other shareholders[5].

Ebenso sah der ehemalige Richter *William Allen* zutreffend voraus:

> It has for a long time been conventional to dismiss the stockholder vote as a vestige or ritual of little practical importance. It may be that we are now witnessing the emergence of new

---

[1] GARTEN (1992) 585, 640. Vgl. pessimistische Ansichten: BLAIR (1995) 182: *"It is not at all clear that most institutional investors have anything of value to contribute to the governance of most companies"*.

[2] MATHESON/OLSON (1992) 1313, 1386.

[3] STAPLEDON (1996) 108; BLACK (1992a) 811, 833.

[4] Siehe oben § 2.II.B.

[5] BLACK (1992b) 895, 926.

> institutional voices and arrangements that will make the stockholder vote a less predictable affair than it has been[6].

Die Gründe dieser Entwicklung bestehen in den unterschiedlichen Anreizen, welche die institutionellen Anleger zur aktiven Überwachung aufweisen[7]. Festzuhalten ist jedenfalls, dass es keinesfalls mehr wie früher selbstverständlich ist, dass Managementvorschläge unterschiedslos und unabhängig von ihren Auswirkungen auf die Aktionärsinteressen angenommen werden[8]. Wie bereits gezeigt, scheitern diverse Vorschläge an der Aktionärsopposition oder werden im Hinblick auf die hohe Ablehnungswahrscheinlichkeit kaum vorgelegt[9]. Außerdem beeinflussen die institutionellen Anleger auch aktiv die Unternehmensführung, indem sie formelle bzw. informelle Initiativen ergreifen.[10]

B. Kontrolle durch die feindlichen Übernahmen

1. Die institutionellen Anleger als Ersatz der feindlichen Übernahme

Die institutionellen Anleger und die feindliche Übernahme erfüllen eine ähnliche Funktion: Beide treffen auf Unternehmen mit Performanceproblemen und streben durch unterschiedliche Mittel eine Lösung hierfür an[11]. Im folgenden gilt es theoretisch und empirisch zu untersuchen, welcher von beiden Mechanismen die Disziplinierungsfunktion besser erfüllt.

a. Theoretischer Vergleich

a) Das Disziplinierungsmodell der institutionellen Anleger wird zunächst als **kostengünstiger** als eine feindliche Übernahme betrachtet[12]. Im Gegensatz zur letzteren ist es nicht nötig, die Aktienmehrheit zu erwerben, eine Angebotsprämie zu bezahlen und sonstige Transaktionskosten aufzuwenden. Aufgrund dessen werden feindliche Übernahmen nur in extremen Fällen von Management-ineffizienz eingesetzt, da der erwartete Nutzen hinreichend groß sein muss, um die notwendigen Kosten zu decken. Der Einsatz der institutionellen Anleger

---

6 *Blasius Industries v. Atlas Corp.*, 564 A.2d 651 (Del.Ch. 1988) abgedrückt in GILSON/BLACK (1995) 1416.

7 AYRES/CRAMTON (1994) 1033, 1044. Siehe auch oben § 4 I.

8 BRICKLEY/LEASE/SMITH (1994) 5 ff.: Der institutionelle Aktienbesitz hängt positiv mit der Abstimmung gegen Managementbeschlussvorschläge zusammen.

9 Siehe oben §§ 6, 7.

10 Siehe oben § 6.IV.B.2.

11 PAEFGEN (1992) 327, 348; ROE (1994) 226.; zur ähnlichen Rolle der japanischen Banken vgl. GILSON/ROE (1993) 871, 896.

12 Ausführlich siehe POUND (1993) 1003, 1021, 1022, 1029; BAUMS (1993) 178; BLACK (1992a) 811, 832.

erfordert hingegen keinen so hohen Kostenaufwand, so dass er auch in Fällen eingreifen kann, in denen der erwartete Nutzen zwar nicht sehr hoch, allerdings ausreichend ist, um die Einsatzkosten zu übersteigen. Im Ergebnis ist die so geleistete Kontrolle stetiger und regelmäßiger als diejenige, die durch eine feindliche Übernahme bewirkt wird[13].

b) Sodann ist das institutionelle Modell **präziser** als die feindliche Übernahme. Während die letztere nur eine Art und Weise (nämlich den Erwerb der Aktienmehrheit und die darauf folgende Managementablösung) kennt, um dem Managementopportunismus zu begegnen, kann das institutionelle Modell auf konkrete Probleme zugeschnitten werden. Liegt das Problem etwa in einer *ad hoc* Transaktion, können die institutionellen Anleger ihm begegnen, ohne die gesamte Aktionärsstruktur verändern zu müssen.

Die institutionellen Anleger können Problemen begegnen, die durch die feindliche Übernahme nicht behandelt werden können. Dies ist der Fall der ständigen Überwachung über das Managementverhalten und der Festsetzung langfristiger Anreize für die Manager. Da die institutionellen Anleger wiederholte Spieler sind, haben sie Anreize dazu, die Manager ständig zu überwachen und ihnen langfristige Anreize zu setzen[14].

c) Aus demselben Grund ist die Wirkung des institutionellen Modells **weniger konfliktbeladen** als die feindliche Übernahme. Es zielt nicht unbedingt auf die Ablösung des amtierenden Managements ab, sondern beruht auf gegenseitigem Dialog, in dessen Rahmen die institutionellen Anleger ihre Einstellung zum Ausdruck bringen. Die Manager können sich mit den Aktionärsinteressen auseinandersetzen, ohne den Verlust ihrer Stellung befürchten zu müssen, soweit die Aktionärsforderungen angemessen berücksichtigt und mit schlüssigen Argumenten beantwortet werden. Im Ergebnis wird weder das Unternehmensleben übermäßig gestört, noch das Sicherheitsgefühl der Manager wesentlich untergraben[15].

d) Die durch die institutionellen Anleger sichergestellte Kontinuität ermöglicht weiter den Managern, eine **langfristige Politik** zu verfolgen. Im Gegensatz zu den feindlichen Übernahmen sind die institutionellen Anleger geduldiger und haben es nicht eilig, das Management wegen vorübergehend negativer Ergebnisse gleich zu bestrafen[16]. Dies ermöglicht wiederum die Einhaltung von langfristigen Beziehungen mit verschiedenen Unternehmensbeteiligten, was sich positiv auf den Unternehmenswert auswirkt.

---

[13] Vgl. AYRES/CRAMTON (1994) 1033, 1049; a.A. MACEY (1998) 903, 915.

[14] AYRES/CRAMTON (1994) 1033, 1052.

[15] BAUMS (1993) 179; CONLEY/O'BARR (1992) 823, 845.

[16] BAUMS (1993) 182; AYRES/CRAMTON (1994) 1033, 1042.

e) Schließlich ist das institutionelle Modell **politischen Gegenreaktionen** weniger ausgesetzt[17]. Feindliche Übernahmen haben negative politische Reaktionen ausgelöst, da sie zu schnell zu Änderungen ohne Rücksicht auf verschiedene Unternehmensbeteiligte (insbesondere der Manager und der Arbeitnehmer) führten. Das institutionelle Modell hat mehr Chancen, ähnliche Reaktionen zu überstehen. Es ist zwar mit Bemühungen der Manager zu rechnen, die politischen Entscheidungsträger gegen die institutionellen Anleger zu beeinflussen. Da aber die institutionellen Anleger auf weniger konfliktuelle Mittel zurückgreifen, die mit den allgemeinen demokratischen Grundsätzen im Einklang stehen, sind sie politisch legitimierter, und haben mehr Chancen, sich auf Dauer zu bewähren. Aus all den obigen Gründen erweist sich die Kontrolle durch die institutionellen Anleger feindlichen Übernahmen als überlegen[18].

b. Empirischer Vergleich

Es fragt sich weiter, ob die Disziplinierung durch die institutionellen Anleger ebenso wirksam ist wie die durch eine feindliche Übernahme.

a) Nach empirischen Angaben war die **Wahrscheinlichkeit von Disziplinierungsereignissen** (wie Managerablösung usw.) infolge schlechter Unternehmensergebnisse in jenem Zeitraum niedriger, in dem weniger feindliche Übernahmen stattfanden (1989-1992 im Vergleich zu 1985-1988). Dies soll ein Anhaltspunkt dafür sein, dass alternative Disziplinierungsmechanismen (darunter auch die Kontrolle durch die institutionellen Anleger) weniger wirkungsvoll sind als die feindliche Übernahme[19]. Dem wird jedoch entgegengehalten, dass die alternativen Disziplinierungsmechanismen ebenfalls zu Restrukturierungstransaktionen führen[20]. Selbst wenn die institutionellen Anleger nicht genauso wirksam sind wie die feindliche Übernahme, bieten sie die zweitbeste Lösung an, wenn die feindliche Übernahme, aus welchen Gründen auch immer, nicht mehr zur Verfügung steht.

b) Nach anderen empirischen Angaben wird die Wahl zwischen feindlicher Übernahme und institutionellen Anlegern exogen, nämlich von der **Natur des zu behandelnden Problems** her bestimmt. Aus einer Untersuchung geht hervor, dass die Ingangsetzung von internen statt externen Disziplinierungsmechanismen

---

[17] POUND (1993) 1003, 1026, 1035; GORDON (1991a) 1931 ff.; RUFNNER (1995) 233, 261; ROE (1994) 152 ff.. Vgl.. allerdings ROE (1994) *passim*, der einen politischen Misstrauen gegenüber den institutionellen Anleger dokumentiert. Wie aber GORDON (1994) 124, 139 zutreffend anmerkt, hängte die politische Stellung von der konkreten Vorgehensweise der institutionellen Anleger ab.

[18] RUFNNER (1995) 233, 236.

[19] MIKKELSON/PARTCH (1997).

[20] DENIS/KRUSE (1998).

beim Vorliegen von firmenspezifischen Problemen wahrscheinlicher ist[21]. Die feindliche Übernahme tritt dagegen bei industrieweiten Problemen ein. Sofern die industrieweite Restrukturierung durch die Übernahmewelle der 80iger Jahre vollzogen wurde, bleiben nun firmenspezifische Probleme übrig, die durch Einsatz des *Board of Directors* bzw. der institutionellen Anleger besser in Griff genommen werden könnten. Insofern ist die Ablösung der feindliche Übernahme durch die institutionellen Anleger in den 90iger Jahren nicht auf die Überlegenheit der letzteren, sondern auf konjunkturelle Umstände zurückzuführen[22].

2. Die institutionellen Anleger als Optimierungsfaktor der feindlichen Übernahme

a) In Bezug auf das **Bieterunternehmen** besteht die Gefahr, dass die Übernahme nicht den Aktionärsinteressen entspricht, sondern nur dem Konglomeratenaufbau folgt. Die institutionellen Anleger betreiben mit Hilfe der bereits angeführten Mittel eine Selektion und drängen darauf, dass ineffiziente Übernahmen nicht geschehen[23].

b) Als Aktionäre des **Zielunternehmens** können die institutionellen Anleger die Funktion der feindlichen Übernahme in vielerlei Hinsicht verbessern. Sie können zunächst die Durchführung einer Übernahme überhaupt ermöglichen bzw. erleichtern, indem sie auf die Aufhebung von Abwehrmaßnahmen drängen[24]. Sie können darüber hinaus das Wertpotential einer Übernahme erkennen und das Management zu einer freiwilligen Angebotsannahme bewegen[25]. Dadurch werden die Transaktionskosten verringert, sofern der Bieter mit geringerem Widerstand seitens des Zielunternehmens zu rechnen hat[26]. Anschließend sorgen sie für die angemessene Übernahmeabwicklung. Hierbei bestehen zwei Risiken. Zunächst, dass die Angebotsbedingungen unangemessen sind oder dass die Übernahme lediglich auf opportunistische Gewinne abzielt. Die individuellen Aktionäre neigen allerdings wegen des Problems des Kollektivhandelns und des Gefangenendilemmas dazu, das Angebot trotzdem anzunehmen[27]. Demgegenüber sind die

---

[21] MORCK/SCHLEIFER/VISHNY (1989) 842 ff.

[22] GILSON (1992) 647, 659.

[23] CONARD (1988) 117, 165.

[24] PAEFGEN (1992) 327, 359; BLOMMESTEIN (1998) 41, 59; MACEY (1998) 903, 916.

[25] CONARD (1988) 117, 164; PAEFGEN (1992) 327, 359; AYRES/CRAMTON (1994) 1033, 1042, 1049.

[26] Vgl. jedoch die Ansicht von LETSOU (1992: 755, 799), nach das Auftreten der institutionellen Anleger den Markt für Unternehmenskontrolle verteuere. Dies sei zum einen darauf zurückzuführen, dass die institutionellen Anleger eine besondere, höhere Prämie für die durch ihren aktiven Kontrolleinsatz erworbenen Vorteile verlangen würden. Zum anderen wäre der Bieter gezwungen, mit jedem einzelnen bedeutenden institutionellen Anleger zu verhandeln.

[27] Zum Gefangenendilemma siehe oben § 2.II.A.2.b.

institutionellen Anleger in der Lage, über die Angebotsbedingungen mit dem Bieter zu verhandeln und die Übernahme zum Scheitern zu bringen, falls sie von der Angemessenheit der Bedingungen nicht überzeugt worden sind[28].

Die institutionellen Anleger können schließlich den Erfolg effizienter Übernahmen sicherstellen. Wegen des Trittbrettfahrerproblems besteht die Gefahr, dass einzelne Aktionäre das Angebot nicht annehmen, sich den Übernahmeerfolg allerdings wünschen, um von der Verbesserung der Unternehmensperformance unter der neuen Führung zu profitieren[29]. Dies bringt wiederum den Bieter dazu, sog. gestaffelte Angebote durchzuführen, indem er die verbliebenen Aktionäre implizit mit Missbrauch droht, um eine Angebotsannahme zu erzwingen[30]. Die institutionellen Anleger können zur Abmilderung dieses Problems beitragen, weil sie sich weniger opportunistisch als die Kleinaktionäre verhalten können. Sie sind sich darüber im Klaren, dass, wenn sie selbst das Angebot nicht annehmen, sein Erfolg wegen ihrer Beteiligungshöhe fraglich ist[31]. Überdies sind sie wiederholte Spieler und unterliegen einer gegenseitigen Kontrolle, so dass sie mit Sanktionen wegen des opportunistischen Verhaltens zu rechnen haben.

C. Kontrolle durch die Aktionärsklage

a) Die institutionellen Anleger können zunächst die **Notwendigkeit einer Aktionärsklage** begrenzen. Dies ist insofern positiv, als Aktionärsklagen kostspielig und langwierig sind, und das Unternehmensleben stören. Die Begrenzung erfolgt auf zweifache Weise. Funktionieren zum einen die internen Kontrollen

---

28 BRATTON/MCCAHERY (1995) 1861, 1921; AYRES/CRAMTON (1994) 1033, 1060-1; ROCK (1993) 445, 469. Ein Beispiel dafür, dass die institutionellen Anleger die Angebotsbedingungen strengster Prüfung unterziehen und sich nicht mit der sofortigen Annahme beeilen, bietet der Fall der feindlichen Übernahme von *Pfizer* durch *Warner-Lamber* in 1999 an. Mehrere institutionelle Anleger äußerten Bedenken gegen sowohl die Preisangemessenheit als auch die unternehmerische Stichhaltigkeit des Angebotes: siehe WSJE 7.11.1999, S.3. Vgl. jedoch a.A. CHANDLER (1999) 1083, 1091: wegen der Informationsasymmetrie sei das *Board of Directors* besser als die institutionellen Anleger positioniert, die Preisangemessenheit zu beurteilen.

29 GROSSMAN/HART (1988) 175-202.

30 Soweit dies juristisch möglich ist: ein Teilübernahmeangebot ist zwar zulässig (*arg. ex* Rule 14d-10 SEA), die Aktionäre der Zielgesellschaft müssen jedoch vom Bieter gleich behandelt werden (Rule 14-d(8)). Überdies sorgen sowohl die Rechtsprechung (siehe insbesondere den Leiturteil *Weinberger v. UOP, Inc.*, 457 A.2d 701, 715 (Del. 1983), als auch Gesetze der einzelnen Bundesstaaten (*business combination statutes, fair price statutes*) dafür, dass die verbliebenen Minderheitsaktionäre nach der Übernahme nicht missbraucht und nicht unterhalb des beim Kontrollerwerb gezahlten Preises aus der Gesellschaft gedrungen werden: siehe LÜTTMANN (1992) 115 ff.

31 AYRES/CRAMTON (1994) 1033, 1048 mit Verweis auf HOLMSTRÖM/NALEBUFF, To the Raider Goes the Surplus? A Reexamination of the Free Rider Problem, 1 J.Econ. & Mgmt. Strategy 37 (1992).

dank des intensiven Einsatzes der institutionellen Anleger wirksamer, wird den von der Aktionärsklage erfassten Fällen präventiv vorgebeugt[32]. Zum anderen sind die Gerichte weniger bereit, die Managerentscheidungen in Frage zu stellen, wenn die internen Kontrollen (insbesondere infolge der erhöhter Beteiligung von unabhängigen Direktoren) verbessert worden sind[33].

b) Weiterhin kann die Kontrolle durch die institutionellen Anleger diese durch die Aktionärsklage **ergänzen**. Die letztere könnte zwar den Managementopportunismus bekämpfen, indem die Gerichte konfliktträchtige Managerentscheidungen überprüften und sanktionierten. Allerdings sind viele Entscheidungen von der gerichtlichen Kontrolle gemäß der ***business judgement rule*** zu Recht ausgenommen. Den Gerichten fehlen nämlich die erforderlichen Informationen sowie Anreize, die Managemententscheidungen angemessen beurteilen zu können. Im Ergebnis beschränkt sich die gerichtliche Kontrolle auf krasse Managementfehler und -missbräuche[34]. Die institutionellen Anleger sind gewissermaßen gezwungen, diese Kontrolle zu ergänzen, indem sie sich mit den von der gerichtlichen Kontrolle ausgenommenen Entscheidungen auseinandersetzen[35]. Folgende Fälle der ergänzenden Kontrolle sind denkbar.

Die vom Management unterbreiteten Abstimmungsvorschläge werden in der Regel gerichtlich nicht überprüft. Dem liegt die Annahme zugrunde, dass die Aktionäre diesen Beschlussvorschlägen nicht zugestimmt hätten, wenn sie ihren Interessen nicht entsprochen hätten. Allenfalls wird nur die angemessene Informationsvermittlung kontrolliert. Diese Kontrolle ist aber unzulänglich, weil die Aktionäre wegen der rationalen Passivität auch aktionärsschädlichen Vorschlägen zustimmen können. Sofern die institutionellen Anleger solchen Vorschlägen entgegentreten, ergänzen sie die gerichtliche Kontrolle. Dasselbe erfolgt im Bereich der Abwehrmaßnahmen gegen feindliche Übernahmen, deren Einführung weitgehende juristische Immunität genießt. Indem sich die institutionellen Anleger in diesem Bereich disziplinierend einsetzen, betreiben sie eine Selektion zwischen aktionärsschädlichen und freundlichen Abwehrmaßnahmen[36]. Dasselbe ist der Fall bei der Managementvergütung. Auch hierbei besteht die Gefahr, dass das Management seine Interessen durch die eigenständige Vergütungsfestsetzung fördert, die ihm durch die lockere gerichtliche Kontrolle

---

[32] CONARD (1988) 117, 166.

[33] CONARD (1988) 117, 176.

[34] Siehe oben § 2.II.B.3.

[35] KAMAR ((1998) 1908, 1953) bemerkt, dass je umfangreicher die gerichtliche Kontrolle sei, desto weniger notwendig werde desto weniger notwendig der Einsatz der institutionellen Anleger sei.

[36] Siehe oben § 7.IV.B.

erlaubt wird. Der Einsatz der institutionellen Anleger wird als die einzige Hoffnung für eine Missbrauchseindämmung angesehen[37].

c) Die institutionellen Anleger könnten schließlich zur **Verbesserung der Gerichtsurteile** beitragen. Haben die Gerichte über die Auswirkungen von Maßnahmen auf die Aktionärsinteressen zu entscheiden, könnten sie die Meinung der Betroffenen einholen. Bei Anwesenheit von nur individuellen Aktionären ist das aber nicht möglich. Sind jedoch institutionelle Anleger anwesend, könnten die Gerichte sich auf die Einstellungen der institutionellen Anleger verlassen, um gesellschaftliche Konflikte im Sinne der Aktionärsinteressen zu schlichten. Dies setzt jedoch voraus, dass die Gerichte von der Richtigkeit, Langfristigkeit und Unparteilichkeit der Stellung der institutionellen Anleger überzeugt sind, was noch nicht der Fall ist[38].

D. Kontrolle durch das *Board of Directors*

a) Die institutionellen Anleger haben die Kontrolle durch interne Organe in mehreren Fällen *ad hoc* **ersetzt bzw. in Gang gesetzt**. Sie wurden aktiv, wenn die internen Organe passiv blieben. Weiterhin wurden diese Organe unter Druck gesetzt, damit sie aktiv werden[39].

b) Zum anderen tragen die institutionellen Anleger zur **Verstärkung der Kontrollwirkung** der internen Organe bei[40]. Indem sie sich sowohl für personelle (wie etwa die Ernennung von unabhängigen Direktoren) als auch strukturelle Verbesserungen (wie etwa die Errichtung von Ausschüssen usw.) einsetzen, tragen sie dazu bei, dass die internen Organe ihre Disziplinierungsaufgabe wirkungsvoller erfüllen[41]. Dies ist auch deswegen der Fall, weil der Einsatz der institutionellen Anleger die sozial akzeptablen Normen über das Funktionieren der Kontrollorgane verändert und eine kritischere Haltung der Direktoren gegenüber dem Management legimitiert bzw. anregt. Im allgemeinen ist infolge der Beteiligung der institutionellen Anleger mit einer Intensivierung der internen

---

[37] CONARD (1988) 117, 166; BARRIS (1992) 59, 99.

[38] Der Vorsitzende des *Delaware Court of Chancery* CHANDLER wirft die Frage auf, inwieweit sich ein Richter auf die Stellung der institutionellen Anleger zu einer feindlichen Übernahme verlassen könnte, um über die Zulässigkeit von Abwehrmaßnahmen zu entscheiden. Mit Verweis auf Fälle, in denen die institutionellen Anleger angeblich niedrige Übernahmeangebote angenommen hatten, betrachtet er jedoch die Stellung der institutionellen Anleger als einen unzuverlässigen Anhaltspunkt: siehe CHANDLER (1999) 1083, 1091 ff.

[39] POUND (1993) 1003, 1059.

[40] CONARD (1988) 117, 164; POUND (1993) 1003, 1062; EISENBERG (1999) 1253, 1280; BLACK (1992a) 811, 841; TOBIN (1994) 1707, 1729-1735.

[41] Siehe oben § 7.I.

Mechanismen zu rechnen, sofern das Versagen auch der internen Kontrollmechanismen auf die Aktionärspassivität zurückzuführen ist.

E. Kontrolle durch den Preismechanismus

a) Wie bereits erwähnt, wirkt der Preismechanismus sowohl eigenständig als auch in Verbindung mit anderen Schutzmechanismen disziplinierend[42]. Sollten die institutionellen Anleger zur Erhöhung der Preiseffizienz beitragen, ist ihre Beteiligung auch im Hinblick auf die Disziplinierungsfunktion des Preismechanismus positiv zu bewerten.

Die Preiseffizienz hängt entscheidend davon ab, wie schnell die neuen Informationen ein kritisches Maß von Marktteilnehmern erreichen, die daraufhin auf der Grundlage dieser Informationen Transaktionen tätigen und somit den Preis zu einem neuen, den neuen Informationen entsprechenden Gleichgewicht führen[43]. Im Hinblick auf diese Prämissen spricht vieles dafür, dass die institutionellen Anleger zur Verbesserung der Preiseffizienz beitragen. Zum einen sind sie aufgrund ihrer Spezialisierung und ständiger Beschäftigung mit Investmententscheidungen besser als die individuellen Aktionäre dazu positioniert, neue Informationen sowohl zu erlangen als auch zu verarbeiten und ihre Transaktionen auf sie auszurichten. Sie sind weiterhin wegen ihrer Kontakte mit dem Management in der Lage, sogenannte weiche Informationen herauszufinden und zusammenzustellen. Zum anderen betreiben sie mehr Transaktionen als die individuellen Aktionäre, und können daher schneller auf neue Ereignisse reagieren[44].

Die Preiseffizienz des **Primärmarktes,** d.h. der Neuemission von Aktien (*initial public offering*), kann von den institutionellen Anlegern ebenfalls positiv beeinflusst werden[45]. Die Preisbestimmung ist hierbei insofern problematisch, als die Aktien noch nicht gehandelt werden, und der Markpreismechanismus insofern entfällt. Die Anwesenheit institutioneller Anleger bietet jedoch dem *underwriter* die Möglichkeit, sich mit sachkundigen Marktteilnehmern in Verbindung zu setzen, um sich nach ihrer Meinung zum angebotenen Preis zu erkundigen. Gerade weil die institutionellen Anleger wiederholte Spieler sind, muss der *underwriter* ihrer Ansicht Rechnung tragen, um sein Reputationskapital zu wahren. Die Beteiligung der institutionellen Anleger kann auch dem Problem von *underpricing* begegnen, bei dem die emittierten Aktien um einen hohen Preisabschlag angeboten werden. Beteiligen sich die institutionellen Anleger an der

---

42 Siehe oben § 2.I.A.

43 GILSON/KRAAKMAN (1984) 549 ff.

44 MACINTOSCH (1993) 371, 438; RAMSAY/BLAIR (1993) 153, 180.

45 DANIELS/MACINTOSH (1991) 864, 869 ff.

Preisbestimmung und erhalten vom *underwriter* ausreichende Informationen, können sie sich überzeugen lassen, dass selbst ein höherer Preis angemessen ist[46].

b) Bedenken gegen den Beitrag der institutionellen Anleger zur Preiseffizienz wurden im Hinblick auf die zunehmende **Indexierung** geäußert. Sofern die institutionellen Anleger, die ihre Beteiligungen indexieren, sowohl auf Informationssammlung als auch auf aktives Anlageverhalten verzichten, sollen sie nicht nur die Preiseffizienz, sondern auch die Marktliquidität eher untergraben[47]. Tatsache ist aber, dass nicht alle institutionellen Anleger indexieren, sondern ein Teil davon seine Beteiligungen nach wie vor aktiv verwaltet[48]. Im Ergebnis funktioniert der Preisanpassungsmechanismus immer noch, während die Marktliquidität erhöht und die Angebots- und Nachfragespannen dank der institutionellen Anleger verringert werden, was sich positiv auf die Kapitalkosten auswirkt[49].

c) Die institutionellen Anleger könnten schließlich die Disziplinierungsfunktion des Kapitalmarktes dadurch in Gang setzen, indem sie sich zur Abwanderung statt zum aktiven Einsatz entschließen. Im allgemeinen wird die Abwanderung durch Beteiligungsveräußerung als eine passive Reaktion auf Managementprobleme betrachtet. Wird jedoch die Abwanderung von den institutionellen Anlegern genutzt, kann sie trotzdem zum Managementdisziplinierung führen. Dies liegt daran, dass die Beteiligungsveräußerung durch große Aktionäre, wie die institutionellen Anleger, den Aktienpreis heftiger unter Druck setzt. Dies lässt nicht nur auf das Angebot-Nachfrage-Verhältnis zurückführen, sondern auch auf die Signalwirkung, die von der Veräußerung durch einen bedeutenden Investoren ausgelöst wird. Im Ergebnis wird das Management sein Verhalten auf die Präferenzen der institutionellen Anleger ausrichten, um ihrer Abwanderung vorzubeugen[50].

F. Zwischenergebnis

Trotz des geschilderten positiven Beitrages der institutionellen Anleger zur Verstärkung der verschiedenen Disziplinierungsmechanismen bedauern mehrere Kommentatoren, dass sie noch nicht genug zur Disziplinierung der Manager geleistet haben und die letzteren so nach wie vor frei bleiben, ihre eigenen Interessen zu Lasten der Aktionäre durchzusetzen[51]. Diese Meinung mag zwar

---

46 MACINTOSCH (1993) 371, 451.

47 PAEFGEN (1992) 327, 361.

48 Siehe oben § 4.I.B.

49 MACINTOSCH (1993) 371, 440 ff.

50 HARTZELL/STARKS (2000) 7, 8.

51 Vgl. BLACK (1998) 459, 464. COFFE (1997) 1970, 1979

insofern zutreffen, als der Managementopportunismus noch nicht vollständig eliminiert worden ist. Tatsache ist aber, dass das Managerermessen eingeschränkter ist, als wenn es keine institutionellen Anleger gäbe[52]. Dies ist jedenfalls als Verbesserung im Vergleich zum vorherigen Stand anzusehen.

II. Einfluss auf Investmenthorizonte

Häufig werden Bedenken gegen die zunehmende Beteiligung der institutionellen Anleger in Bezug auf ihren Einfluss auf die Investmenthorizonte geäußert. Es wird befürchtet, die institutionellen Anleger würden die Tendenz zur Kurzsichtigkeit schaffen bzw. verstärken[53].

a) Ein rationaler Anleger zieht gegenwärtige Auszahlungen künftigen Zahlungen mit gleichem nominalem Wert vor, weil die Kapitalnutzung wertvoll ist. Der vorläufige Verzicht auf Kapitalnutzung muss deswegen durch einen angemessenen, den Kapitalkosten entsprechenden Risiko- und Zeitzuschlag kompensiert werden[54]. Unter Kurzsichtigkeit versteht man die Neigung, Investitionsprojekte mit kürzerem Zeithorizont gegenüber solchen mit längeren Laufzeiten bevorzuzugen, selbst wenn die letzteren einen höheren, entsprechend diskontierten Gesamtertrag einbringen[55]. Dies bedeutet wiederum, dass der kurzsichtige Anleger einen höheren Diskontierungssatz heranzieht, als es für die Kompensierung der Kapitalkosten notwendig ist.

Es liegt auf der Hand, dass sich die Kurzsichtigkeit **negativ auf den Unternehmenswert** auswirkt[56]. Dem Unternehmen werden dadurch Investitionen mit höherem Ertragswert nur deswegen vorenthalten, weil ihre Auszahlungen zeitlich später durchgeführt werden. Dadurch muss mit einer Senkung von Investitionen in Forschung und Entwicklung neuer Produkte sowie im Bereich der Ausbildung der Arbeitnehmer gerechnet werden. Im Hinblick darauf wäre die Beteiligung der institutionellen Anleger tatsächlich unerwünscht, wenn sie zur Kurzsichtigkeit führte. Dies ist allerdings nicht selbstverständlich. Wie bereits erwähnt, verhält sich ein rationaler Anleger nicht kurzsichtig. Die angebliche Kurzsichtigkeitsneigung der institutionellen Anleger muss daher entweder auf ihre Irrationalität oder auf sonstige Faktoren gestützt werden. Es bestehen jedoch keine Anhaltspunkte darüber, weshalb institutionelle Anleger irrational und somit kurzsichtig sein sollten. Ganz im Gegenteil muss man von ihrer Rationalität aus-

---

52 Vgl. JOHNSON/MILLON (1993) 1203, 1197: "*The gap between shareholders and management maybe closed once and for all*".

53 CONLEY/O'BARR (1992) 823, 837; PORTER (1990) 110 ff., 729 ff.; FERRAR/ZIRLIN (1992) 341, 357; ROSENBLUM (1991) 185, 205; ROSENBAUM (1991) 163, 179 ff.

54 Siehe oben § 1.I.B.

55 Zum Begriff und Folgen den Kurzsichtigkeit siehe RUFNNER (1995) 233, 250 ff.

56 ESTREICHER (1993) 514, 547 ff.

gehen, da sie über eine höhere Sachkunde im Vergleich zum individuellen Aktionär verfügen. Zuweilen wird die Kurzsichtigkeit allerdings auf sonstige Faktoren zurückgeführt[57].

A. Argumente für die Kurzsichtigkeit der institutionellen Anleger

1. Theoretische Argumente

a) Einerseits werden **exogene Faktoren** zur Begründung der Kurzsichtigkeit der institutionellen Anleger herangezogen. Demnach seien die institutionellen Anleger zwar an sich nicht kurzsichtig, sie verlassen sich aber übermäßig auf unzuverlässige Maßstäbe, wie u.a. den Aktienkurs bzw. gegenwärtige Gewinnergebnisse, um die Unternehmensperformance zu beurteilen; sie übersehen dabei andere, zuverlässigere Maßstäbe[58]. Diese Tendenz wird durch die kulturelle Mentalität der institutionellen Anleger verstärkt. Sofern sie sich als reine Händler verstehen, vernachlässigen sie die grundlegenden Investitionsmerkmale (*fundamentals*) und beschränken sich ausschließlich auf die vom Kapitalmarkt gebildeten Preise. Erkennt aber der Börsenmarkt die langfristigen Unternehmensperspektiven nicht richtig, sind die dadurch vermittelten Signale und die darauf basierenden Schlussfolgerungen unzutreffend. Im Ergebnis tragen die institutionellen Anleger unabsichtlich zur Kurzsichtigkeit bei, wenn sie ihre Überwachungstätigkeit auf die Kapitalmarktsignale ausrichten.

Die Kurzsichtigkeit könnte auch Ergebnis des Wettbewerbdrucks und der **Reaktionen der anderen Anleger** sein. Wird nämlich damit gerechnet, dass die anderen Anleger auf eine Unternehmensnachricht negativ reagieren werden, dann wird der institutionelle Anleger entsprechend und trotz einer eventuell anderen, auf Fundamentalanalyse basierenden Meinung handeln, um einem Zurückbleiben gegenüber den Wettbewerbern zu begegnen.

b) Andererseits sollen auch endogene Faktoren für die Kurzsichtigkeitsneigung der institutionellen Anleger verantwortlich sein. Zunächst wird ihnen vorgeworfen, dass sie **kurzsichtige Investmenthorizonte** hätten. Dies sei wiederum auf ihre Verbindlichkeitsstruktur zurückzuführen. Um ihren Verbindlichkeiten nachkommen zu können, seien sie auf kurzsichtige Einzahlungen angewiesen. Insofern sollen sie die Beteiligungsunternehmen dazu drängen, Investmentprojekte mit sofortigen statt langfristigeren Auszahlungen zu ver-

---

[57] Siehe ausführlichen Überblick über die verschiedenen Argumente in STAPLEDON (1996) 212 ff.

[58] COFFEE (1992) 73; DAVIES (1993) 69, 78 ff.; LIPTON/ROSENBLUM (1991) 187, 206; AYRES/CRAMTON (1994) 1033, 1057; CONLEY/O'BARR (1992) 823, 841; STEIN/FROOT/PERLOD (1992) 42, 57; SIGLER (1989) 94 ff.

folgen, so dass ihnen liquide Mittel durch entsprechende Dividendenausschüttung zufließen können[59].

Darüber hinaus soll auch die **Verwaltungsstruktur** zur Kurzsichtigkeit beitragen[60]. Die institutionellen Anleger mögen zwar nicht kurzsichtig sein, wohl aber seien dies ihre externe Investmentmanager. Dies liege wiederum daran, dass die Leistung der Investmentverwalter in kurzsichtigen (halbjährlichen bzw. vierteljährlichen) Zeitabständen bewertet wird. Damit diese Bewertung positiv ausfällt, werden Investitionen bevorzugt, die vom Kapitalmarkt in kurzer Sicht positiv aufgenommen werden.

Schließlich werden **Kommunikationslücken und Informationsasymmetrie** verantwortlich gemacht[61]. Sie bestünden zum einen darin, dass die Manager nicht alle für die angemessene Bewertung eines Investmentprojekts notwendigen Informationen vermitteln könnten. Aufgrund dessen seien die institutionellen Anleger nicht in der Lage, die langfristigen Projekte richtig zu bewerten. Zum anderen führe die lückenhafte Kommunikation zu einem Missverständnis. Obwohl die institutionellen Anleger nicht systematisch kurzsichtig seien, unterstellten die Manager ihnen eine Kurzsichtigkeit, und richteten ihr Verhalten darauf aus.

2. Empirische Anhaltspunkte

Zur Begründung des Kurzsichtigkeitsvorwurfes wird zunächst auf die hohe **Umschichtungsrate** (*turnover*) der institutionellen Anleger hingewiesen[62]. In der Tat ist eine Erhöhung des Aktienhandelsumfanges parallel zum Wachstum der institutionellen Anleger zu verzeichnen[63]. Der hohe Umsatz wird zunächst als Zeichen dafür angesehen, dass ohne Rücksicht auf die langfristigen Unternehmensperspektiven eilig reagiert werde. Sodann soll die Erhöhung des Handelsvolumens die Volatilität verstärken, nämlich das Ausmaß, in dem die Preise nicht durch rationale Assimilierung neuer Informationen, sondern durch irrationale Reaktionen bewegt werden. Die Volatilitätsverschärfung erhöht wiederum das Aktienrisiko und die entsprechenden Kapitalkosten und führt die Investoren dazu, eine höhere Anlageverzinsung zu verlangen. Im Ergebnis müssen die Manager einen höheren Diskontierungssatz bei der Investmentbeurteilung heranziehen, so

---

59 SCHNEIDER (1990) 317, 323; MITCHELL (1992) 1263, 1290; ESTREICHER (1993) 514, 543, 589.

60 STAPLEDON (1996) 221; LIPTON/ROSENBLUM (1991) 187, 206; WAHRTON (1991) 137; STEIN/FROOT/PERLOD (1992) 42, 52.

61 STEIN/FROOT/PERLOD (1992) 42, 55; RAPPAPORT (1995) 174; BLACK (1992a) 811, 865; LIPTON/ROSENBLUM (1991) 187, 210.

62 STAPLEDON (1996) 219; HAZEN (1991) 137, 178; STEIN/FROOT/PERLOD (1992) 42, 43, 50, 56.

63 Siehe oben § 4.I.B. Nicht auszuschließen ist, dass die institutionellen Anleger durch die hohe Umschlagshäufigkeit hohe Gebühren kassieren wollen

dass weniger Investitionen verwirklicht werden dürfen, als wenn die Volatilität geringer bliebe. Überdies soll die hohe Umschichtungsrate die Kurzsichtigkeit auch deswegen verstärken, weil sie die Manager auf die Berücksichtigung der kurzsichtigen Kursschwankungen ausrichtet. Ist die Preiseffizienz des Aktienmarktes aus welchen Gründen auch immer nicht vollständig, werden die Preise neuen Informationen spät angepasst. Die Verfolgung langfristiger Investmentprojekte führt insofern zur Verteuerung der Kapitalkosten, wenn die einflussreichsten Aktionäre eine kurzsichtige Beteiligungsdauer aufweisen. Schließlich soll die aus der hohen Umschichtungsrate resultierende kurze Beteiligungsdauer die Verringerung der Informationslücke verhindern. Denn schnell handelnde Aktionäre sind wenig bereit, die Auswirkungen langfristigerer Investmentprojekte zu ermitteln.

Ferner wird die **Dividendenausschüttungsrate** herangezogen[64]. In jenen Ländern, in denen die Beteiligung der institutionellen Anleger stark ist, soll die Ausschüttungsrate höher als in anderen Ländern sein. Daraus wird die Schlussfolgerung gezogen, dass die institutionellen Anleger eine sofortige Auszahlung bevorzugen, selbst wenn die Fähigkeit des Unternehmens dadurch in Frage gestellt werde, langfristige Investmentprojekte zu finanzieren.

Nicht zuletzt wird auch die Stellung der institutionellen Anleger gegenüber den **feindlichen Übernahmen** als Anhaltspunkt ihrer Kurzsichtigkeit zugrundegelegt[65]. Indem sie bereit seien, jedes über dem gegenwärtigen Börsenkurs liegende Angebot anzunehmen, selbst wenn der innere und langfristige Unternehmenswert höher sei, würden die Manager gezwungen, kurzsichtige Gewinne anzustreben, weil sie vom Kapitalmarkt besser aufgenommen werden und die Wahrscheinlichkeit eines feindlichen Angebots dadurch verringern. Auf die Kurzsichtigkeit wird auch die Eile zur Angebotsannahme zurückgeführt, selbst wenn ein anderer Bieter einen höheren Übernahmepreis anzubieten bereit wäre.

B. Argumente gegen Kurzsichtigkeit der institutionellen Anleger

Trotz der Intensität, mit der der Kurzsichtigkeitsvorwurf immer wieder geäußert wird, vermag er nicht zu überzeugen[66].

a) Zunächst einmal ist es durchaus fraglich, ob der **Kapitalmarkt** als Preismechanismus überhaupt kurzsichtig ist. Eine derartige Annahme würde

---

64 SCHNEIDER (1990) 317, 323; STAPLEDON (1996) 222; KARMEL (1991) 55, 70.

65 CONARD (1988) 117, 167; STAPLEDON (1996) 216; HAZEN (1991) 137, 183; LIPTON/ROSENBLUM (1991) 187, 213; STEIN/FROOT/PERLOD (1992) 42, 53; CHANDLER (1999) 1083, 1093 ff.

66 DAVIES (1993) 69, 78 ff.; CONARD (1988) 117, 167 ff.; MATHESON/OLSON (1992) 1313, 1370; MULHERIN/POULSEN (1991) 125, 136; STAPLEDON (1996) 236; USEEM (1996) 79-91; DENT (1989) 881, 919 ff.

bedeuten, dass er ineffizient wäre, weil er die künftigen Einzahlungen entweder nicht erkennen oder nicht richtig bewerten kann. Theoretische als auch empirische Untersuchungen sprechen jedoch eher für seine Effizienz[67]. Sind die erforderlichen Informationen bereits vermittelt, schlagen sie sich im Börsenpreis fast automatisch nieder. Selbst aber in Ermangelung einer vollständigen Informationsvermittlung führen die Preismechanismen des Kapitalmarktes tendenziell zur Assimilierung der neuen Informationen im Börsenpreis. Noch nicht assimilierte Informationen stellen nämlich Gewinnchancen dar, die von einzelnen Händlern erkannt werden und die Preise zum Gleichgewicht führen. Selbst wenn langfristige Investmentprojekte vom Kapitalmarkt tatsächlich systematisch unterbewertet werden, ist dies nicht unbedingt eine Kurzsichtigkeit, sondern eine normale Reaktion, wenn weniger Informationen über langfristige Projekte vorliegen und die Erfolgsunsicherheit größer ist, so dass ein entsprechend hoher Risikosatz angebracht ist[68].

Weiterhin vermag der Hinweis auf **die kurzfristige Beteiligungsdauer** der institutionellen Anleger als Argument nicht zu überzeugen. Zum einen sind ihre Investmenthorizonte nicht immer kurzfristig. Viele davon (zumindest die öffentlichen Pensionsfonds, die zu meist als Aktionäre aktiv sind) haben langfristige Beteiligungshorizonte[69]. Darüber hinaus haben alle ein starkes Interesse daran, dass die Unternehmen eine gesunde Investmentpolitik verfolgen. Da sie darauf angewiesen sind, immer wieder in Aktien zu investieren, würde eine ständige Kurzfristigkeitstendenz ihre Investmentmöglichkeiten beeinträchtigen. Solche institutionelle Anleger entsprechen dem Idealtypus eines langfristigen Großaktionärs, der nicht nur zur wirksamen Managementüberwachung, sondern auch zur optimalen Kapitalallokation beiträgt[70]. Zum anderen erweist sich der Kurzsichtigkeitsvorwurf im Hinblick auf die Kapitalmarkteffizienz auch dann als ungerechtfertigt, wenn die Beteiligungsdauer tatsächlich kurz ist. Sofern selbst die künftigen Auszahlungen im Börsenpreis entsprechend diskontiert widerspiegelt werden, profitiert der Investor über den Börsenpreis davon, selbst wenn er seine Beteiligung vor dem Früchten des Investmentprojektes veräußert[71].

Die Unschlüssigkeit des Kurzsichtigkeitsvorwurfes zeigt sich schließlich darin, dass sich die institutionellen Anleger mit dem Einsatz gegen das amtierende

---

67 Grundlegend BREALEY/MYERS (1996) 329 ff. m.w.H. Aus der juristischen Literatur siehe GILSON/KRAAKMAN (1984).

68 REPETTI (1992) 971, 998.

69 Siehe oben § 4.I.B. Siehe auch die Ergebnisse der Studie von SHERMAN ET AL. (1998), wonach die Beteiligung verschiedener Typen von institutionellen Anlegern mit der Langfristigkeit der Unternehmensinvestitionen anders zusammenhängt: während der Einfluss der Beteiligung von Pensionsfonds positiv, dieser der KAG negativ ist.

70 MONKS/MINOW (1995) 166; KNOBLING (1996) 177.

71 REPETTI (1992) 971, 994, 997.

Management nicht beeilen, selbst wenn die Unternehmensergebnisse vorübergehend nicht zufriedenstellend sind. Erst nach Ablauf eines langen Zeitraums, der sich durchschnittlich bis auf 5 Jahre beläuft, entschließt man sich zu einem Einsatz. Dies ist eine ausreichende Frist, um die Verfolgung langfristiger Investmentprojekte zu ermöglichen. Schließlich beziehen die institutionellen Anleger zunehmend auch nichtfinanzielle Kriterien in ihre Einsatztätigkeit ein, die den langfristigen Unternehmenserfolg wiederspiegeln sollen.

Ganz im Gegenteil wird die Beteiligung der institutionellen Anleger als **eine Chance** angesehen, um die informationelle Transparenz und Effizienz des Kapitalmarktes zu verbessern[72]. Der Kurzsichtigkeitsdruck wird auch auf die Schwierigkeit des Kapitalmarktes zurückgeführt, komplexe Sachverhalte zu verstehen und durch den Preismechanismus zu assimilieren. Bei Anwesenheit institutioneller Anleger steht den Managern die Möglichkeit zur Verfügung, die erforderlichen Informationen bereitzustellen und zu erklären, damit die Investoren eine fundierte Prognose vornehmen können. Dank ihrer großen Sachkunde sind die institutionellen Anleger in der Lage, die so vermittelten Informationen zu verarbeiten, und zugleich bereit, dem Management beizustehen, wenn die Reaktionen des Kapitalmarkts vorübergehend negativ sind[73]. Das Management kann gerade jene institutionellen Anleger, die eine langfristige Investitionsstrategie verfolgen, durch verschiedene Methoden in die Beteiligungsstruktur einbeziehen[74].

b) Auch der **empirische Beweis** spricht für die langfristigkeitsfördernde Wirkung der institutionellen Anleger. Wären sie nämlich tatsächlich kurzsichtig, müssten die Unternehmen, an denen sie beteiligt sind, auf langfristige Investmentprojekte verzichten. Jedoch lässt sich das Gegenteil feststellen. Gerade diese Unternehmen investieren intensiver in langfristigen, wie z.B. in Forschungs- und Entwicklungsprojekten, als andere Unternehmen[75]. Darüber hinaus hängt die Beteiligung der institutionellen Anleger positiv damit zusammen, dass die langfristigen Auszahlungen mehr als die kurzsichtigen Gewinne zur Preisbildung

---

[72] COFFEE (1994) 837, 874; (1991) 73-5; ROE (1994) 240-2, 259; BLACK (1992a) 811, 833, 864; AYRES/ CRAMTON (1994) 1033, 1060; CONARD (1988) 117, 176; STAPLEDON (1996) 210-1; BUXBAUM (1991) 1, 40; ESTREICHER (1993) 514, 537; RAPPAPORT (1995) 175; PERLMAN (1993) 35 ff.

[73] KNOBLING (1996) 178.

[74] BRANCATO (1997) 177 ff.

[75] Office of Economic Analysis, SEC, Institutional Ownership, Tender Offer and Long Term Investments (1985) 8-10 (zitiert von BLACK (1992a) 811, 862); WAHAL/MCCONNELL (1997); SHILER (1992) 64

beitragen[76]. Schließlich sind die Manager weniger bereit, die Gewinne zu manipulieren, wenn die Beteiligung der institutionellen Anleger hoch ist[77].

III. Einfluss auf die Entscheidungsstrukturen

Die Beteiligung der institutionellen Anleger entfaltet ferner erhebliche Auswirkungen auf die Entscheidungsstrukturen des Unternehmens, in deren Rahmen die verschiedenen Unternehmensbeteiligten miteinander interagieren und Entscheidungen getroffen werden.

A. Positive Fortentwicklung der Entscheidungsstrukturen

1. Neuverhandlung des Unternehmensvertrages

a) Nach der **Vertragstheorie** wird die Gesellschaftssatzung als ein Vertrag zwischen den Managern und den Aktionären-Anlegern angesehen[78]. Dieser Vertrag wird von den Managern entworfen und den Investoren zur Annahme vorgelegt. Die letzteren haben allerdings nicht die Möglichkeit, über die Vertragsbedingungen zu verhandeln, sondern ihre Wahl beschränkt sich ausschließlich auf die Annahme oder Nichtannahme des Vertrages. Es besteht daher das Risiko, dass die Manager den Vertragsinhalt nach ihren eigenen Interessen ausgestalten. Diese Gefahr ist in Bezug auf nachträgliche Satzungsänderungen noch größer. Hierbei können die Manager die Kollektivhandelnsanomalien der Aktionäre ausnutzen, um nachträglich negative Änderungen durchzusetzen[79].

b) Für den Anlegerschutz gibt es zwei Mechanismen. Zunächst sorgt der **Kapitalmarkt** dafür, dass der Satzungsinhalt in Bezug auf seine Auswirkungen auf die Aktionärsinteressen bewertet wird. Beeinflussen die Vertragsbedingungen die Anlegerinteressen negativ, schlägt sich dies nach der Kapitalmarkteffizienz entsprechend im Börsenpreis nieder. Die Manager sind im Ergebnis motiviert, die Aktionärsinteressen stärker wahrzunehmen, um mehr Kapital anziehen zu können[80]. Die Schutzfunktion des Kapitalmarktes ist allerdings bei der Neuemission insofern eingeschränkt, als die Aktien noch nicht im Markt gehandelt werden, und die Satzungsbestimmungen keinem Bewertungsmechanismus unterworfen sind.

c) Sodann soll auch die **Gesetzgebung** für die Anlegerinteressen sorgen. Die Gesetzgeber der Bundesstaaten haben ein Interesse daran, ein investoren-

76 BUSHEE (1999); RAIJGOPAL/VERKATACHALAM/ JIAMBALVO (1999).

77 RAIJGOPAL/VERKATACHALAM/JIAMBALVO (1999).

78 EASTERBROOK/FISCHEL (1991) 14.

79 GORDON (1988) 1, 42 ff.

80 Siehe oben § 2.I.A.

freundliches Gesellschaftsrecht zu entwerfen, um Gesellschaften und Anleger anzuziehen. Beim Vorliegen starker Interessenkonflikte besteht allerdings die Gefahr, dass die Gesetzgeber den Managementforderungen zu Lasten der Aktionäre nachkommen, wie es bei den Abwehrmaßnahmen gegen feindliche Übernahmen der Fall war[81].

d) Die **institutionellen Anleger** sind als eine zusätzliche Macht anzusehen, die zur Entwicklung aktionärsfreundlichen Rechtes beitragen kann[82]. Sie sind in der Lage, sowohl schädlichen Änderungen der Unternehmenssatzung entgegenzuwirken als auch auf eine Entwicklung und Verbesserung der Kontroll- und Entscheidungsunternehmensstrukturen zu drängen, ohne auf staatliche Regulierung angewiesen zu sein (sog. *self enforced regulation*) [83]. Sie können ferner Druck auf die Gesetzgeber der Bundesstaaten ausüben, damit diese ein ihren Bedürfnissen anpassendes Recht entwickeln. Um ihre Einstellungen wirksamer durchsetzen zu können, sollten die Aktionäre auch über die Möglichkeit verfügen, das maßgebliche Recht durch Sitzverlegung im Zuge einer Satzungsänderung wechseln zu können[84].

2. Engere Interaktion zwischen institutionellen Anlegern und Management

Die erhöhte Beteiligung der institutionellen Anleger führt darüber hinaus zu einer **Machtverschiebung** innerhalb des Unternehmens. Die Manager bleiben zwar die eigentlichen Entscheidungsträger, sind aber immer mehr gezwungen, der Ansicht der institutionellen Anleger Rechnung zu tragen. Dies kann den Entscheidungsprozess in zweierlei Hinsicht positiv beeinflussen.

Einerseits ermöglicht der engere Kontakt zwischen Management und institutionellen Anlegern ein **besseres gegenseitiges Verständnis**[85], das der Vorbeugung von Konflikten und Spannungen dienen kann. Andererseits kann die Beteiligung der institutionellen Anleger zur **Verbesserung der Entscheidungsqualität** führen[86]. In jeder zentral strukturierten Organisation besteht die Gefahr,

---

81 Siehe oben § 2.I.B.

82 BRATTON/MCCAHERY (1995) 1861, 1867 ff.

83 Beispielweise verlässt sich der Cadbury-Ausschuss in Großbritannien auf die Bemühungen der institutionellen Anleger, die Gesellschaften zur Umsetzung der von ihm aufgestellten Reformvorschläge zu zwingen; siehe CADBURY Report (1992) Nr. 6.16.

84 BRATTON/MCCAHERY (1995) 1861, 1939.

85 POUND (1995) 89, 94; CONARD (1988) 117, 176; ROSENBLUM (1991) 185, 209; BRATTON/MCCAHERY (1995) 1861, 1921; PAEFGEN (1992) 327, 349.

86 Grundlegend: ARROW (1974) 63 ff., 73 ff. Vgl. MATHESON/OLSON (1992) 1313, 1390, 1386; MATHESON/ OLSON (1994) 1443, 1483; POUND (1995) 89, 94; ROE (1994) 235-9; BARCA (1998) 3, 14; PERLMAN (1993) 35; USEEM (1995) 142, 193; CONLEY/O'BARR (1992) 823, 845.

dass die zentrale Macht vermeidbare Fehler (*unnecessary errors*) begeht. Diese Fehler könnten vermieden werden, wenn der Entscheidungsträger Informationen besäße, die ihm von anderen Beteiligten zur Verfügung gestellt würden. In dem Maße, in dem die institutionellen Anleger über solche Informationen verfügen oder allgemein bekannte Informationen besser verarbeiten, können sie zur Vermeidung von unnötigen Fehlern beitragen, indem sie dem Management ihre Ansicht zu strategischen Unternehmensentscheidungen vermitteln, und dieses der Meinung zumindest der großen und langfristig orientierten institutionellen Anleger Rechnung trägt[87].

Auf der anderen Seite wird jedoch bezweifelt, wieweit die institutionellen Anleger angesichts ihrer Beteiligungsstruktur diese Korrekturfunktion tatsächlich erfüllen können. Da ihre Beteiligungen an den einzelnen Beteiligungsunternehmen noch nicht hinreichend hoch sind, um eine ständige Überwachung zu rechtfertigen, hätten sie keine starken Anreize dazu, sich mit den unternehmensspezifischen Besonderheiten vertraut zu machen[88]. Insofern vermögen sie auch nicht, Fehlentscheidungen des Managements zu erkennen und auf deren Korrektur zu drängen.

3. Neue Produktionsstrukturen

Die Beteiligung der institutionellen Anleger kann auch die Entwicklung neuer Unternehmensstrukturen bewirken. Als Vorbild hierfür dient Japan[89]. Dort halten Banken Beteiligungen an mehreren Unternehmen, die miteinander in produktiver Kooperation stehen. Die Bank spielt hierbei die Rolle, auf die ordnungsgemäße Abwicklung der Beziehungen zwischen den Industrieunternehmen aufzupassen und eventuellen Fällen opportunistischen Verhaltens vorzubeugen. Die Aktienbeteiligung spielt hierbei die Rolle einer Absicherung gegen den Opportunismus, die sowohl den vertraglichen als auch den strukturellen Schutz ergänzt. Im Ergebnis werden die einzelnen Produktionspartner veranlasst, firmenspezifische Investitionen zu betätigen[90]. In den USA haben die institutionellen Anleger eine solche Rolle jedoch noch nicht übernommen.

B. Negative Auswirkungen auf die Unternehmensstrukturen

Auf der anderen Seite wird befürchtet, dass die erhöhte Beteiligung der institutionellen Anleger am Entscheidungsprozess negative Folgen mit sich bringen werde.

---

[87] BRANCATO (1997) 19.

[88] BLAIR (1995) 183.

[89] Die Bewunderung der U.S.-amerikanischen Beobachter für das japanische System sollte jetzt nach der Krise der letzten Jahre einer gewissen Zurückhaltung gewichen sein.

[90] GILSON/ROE (1993) 871, *passim*, insb. 885 ff.; ROE (1994) 248 ff.

1. Gefährdung des zentralisierten Entscheidungsmodells

a) Die Aktiengesellschaft basiert auf einer zentralisierten Entscheidungsstruktur, deren Mittelpunkt das Management ist. Nach der Zuständigkeitsverteilung steht dem Management die allgemeine Geschäftsführung zu, während die Aktionäre nur in eingeschränktem Umfang eingeschaltet werden dürfen. Die zunehmende Stimmrechtskraft der institutionellen Anleger stellt dieses Modell in Frage. Als Aktionäre dürften sie zwar immerhin nur die begrenzten Aktionärszuständigkeiten geltend machen; sofern sie aber über ein starkes informelles Einflusspotential verfügten, können sie Einfluss über die gesetzlichen Zuständigkeitsgrenzen hinaus nehmen. Gegen diese Entwicklung werden unterschiedliche Einwände ins Feld geführt[91].

b) Zunächst soll die erhöhte Beteiligung der institutionellen Anleger die **Spezialisierungsvorteile**, die aus dem zentralisierten Zuständigkeitsmodell entstehen, vernichten[92]. Einer der wichtigsten Vorteile der Aktiengesellschaft besteht darin, dass sich die verschiedenen Unternehmensbeteiligten auf klar abgegrenzte Funktionen beschränken, was wegen der Aufgabenspezialisierung zur Effizienzerhöhung beiträgt. Diese Vorteile würden rückgängig gemacht werden, wenn sich die institutionellen Anleger in die Geschäftsführung einmischen würden.

c) Ein weiterer Einwand bezieht sich auf das ideale **Gleichgewicht** zwischen zentraler Entscheidungsmacht (*authority*) und entsprechender Kontrolle (*responsibility*). Jede zentrale Macht benötige zwar eine Gegenkontrolle zwecks Fehlervorbeugung. Das Kontrollorgan dürfe allerdings höchstens periodisch und nur ausnahmsweise eingreifen[93]. Im Gegenfall müsse Einstimmigkeit zwischen kontrolliertem und kontrollierendem Organ erreicht werden. Dies ist allerdings höchst problematisch, wenn die verschiedenen Beteiligten unterschiedliche Präferenzen aufweisen und unterschiedliche Informationen haben. In diesem Fall würde der Entscheidungsprozess langsamer und kostspieliger, als wenn das Führungsorgan über eine gewisse Unabhängigkeit verfügte. Es wird befürchtet[94], dass eine erhöhte Beteiligung der institutionellen Anleger dieses ideale Gleichgewicht stören würde, wenn sie sich durch ihren informellen Einsatz über die gesetzlich abgegrenzten Zuständigkeiten hinaus in die Geschäftsführung einmischen und jede Managemententscheidung hinterfragen würden.

d) Es wird schließlich befürchtet, dass durch die zunehmende Einmischung der institutionellen Anleger in den Entscheidungsprozess weitere Transaktionskosten

---

91 VANECKO (1992) 376, 417.

92 SMITH (1996c) 1038, 1122.

93 ARROW (1974) 69, 78.

94 BAINBRIDGE (1995) 671, 717 ff.; SMITH (1996c) 1038, 1122.

anfallen werden[95]. Dies liege an **Abstimmungsanomalien**, wie dem sog. *cycling*. Darunter wird das Phänomen verstanden, bei dem jedes Abstimmungsergebnis dem früheren widerspricht. Voraussetzung dafür sei, dass die Aktionäre unterschiedliche Präferenzen haben und jeder von ihnen aufeinanderfolgend seine eigenen Vorschläge durchsetzt. Im Ergebnis werden keine schlüssige Entscheidungen getroffen, sondern nur hohe Transaktionskosten aufgewendet. Das geltende Recht wolle solchem Missstand gerade dadurch vorbeugen, dass es den Aktionären jede Initiativmöglichkeit über Geschäftsführungsfragen verbiete und eine fast absolute Delegationsregel zu Gunsten des Managements vorsehe. Die institutionellen Anleger könnten aber die juristischen Hindernisse durch ihren informellen Einsatz überspringen und somit Abstimmungsanomalien herbeiführen.

e) Die zuvor aufgeführten Bedenken mögen zwar theoretisch zutreffen, überzeugen aber im Hinblick auf die Realität nicht. Es liegen kaum Anhaltspunkte dafür vor, dass sich die institutionellen Anleger übermäßig in die Geschäftsführung einmischen. Auch der informelle Einsatz beschränkt sich auf grundlegende Fragen der Unternehmenspolitik[96].

2. Erhöhtes Fehlerrisiko

a) Darüber hinaus wird befürchtet, die erhöhte Beteiligung der institutionellen Anleger werde zu falschen Entscheidungen führen.

In Bezug auf den firmenspezifischen Aktivismus wird bezweifelt, ob die institutionellen Anleger über die erforderlichen **Fähigkeiten und Sachkunde** verfügen, um bessere Entscheidungen als die Manager zu treffen[97]. Einerseits profitieren die letzteren wegen der ständigen Beschäftigung mit den Unternehmensangelegenheiten vom *informationellen Vorsprung*. Insofern sollten ihre Entscheidungen zutreffender sein als die der institutionellen Anleger, die sich nur gelegentlich mit der Unternehmenspolitik befassen[98]. Überdies haben die institutionellen Anleger keine Erfahrungen mit der Geschäftsführung, da sich ihre Tätigkeit auf Finanztransaktionen beschränkt. Dieses Ergebnis verschärft sich

---

95 Im allgemeinen GORDON (1991b) 347, 359 ff.

96 Siehe oben § 7.V.

97 FISCH (1994) 1009, 1037; GORDON (1994) 124, 138; GORDON (1991b) 347, 353; BARNARD (1991) 1135, 1165; FERRAR/ZIRLIN (1992) 341, 357; ROSENBAUM (1991) 163, 181-2; USEEM (1996) 92-98; CONFERENCE (1967) 669, 681; VANECKO (1992) 376, 406; GARTEN (1992) 585, 629; BAINBRIDGE (1995) 671, 720.

98 Im Hinblick auf den informationellen Vorsprung des Managements und seine Fähigkeit, einen höheren Übernahmepreis zu erreichen, kritisiert CHANDLER ((1999) 1083, 1095) die Forderung der institutionellen Anleger nach Abschaffung der Abwehrmaßnahmen gegen feindliche Übernahmen.

auch insofern, als die institutionellen Anleger ihre Beteiligungen indexieren statt aktiv zu handeln, so dass sie keine firmenspezifischen Informationen erwerben. Es besteht daher die Gefahr, dass sie zu einfache Kriterien zur Bewertung der Beteiligungsunternehmen heranziehen und dass sie nicht immer erkennen können, ob Performanceprobleme auf das Management oder auf andere Gründe zurückzuführen seien[99]. Andererseits sollen die Manager *bessere Anreize* haben, so dass ihre Entscheidungen in der Regel richtiger als die der institutionellen Anleger sind. Denn die Manager gehen mehr Risiken ein, da ein größerer Teil ihres Human- und Geldvermögens mit dem Unternehmen verbunden ist, als es bei den institutionellen Anlegern der Fall ist.

In Bezug auf den unternehmensweiten Aktivismus verschärfe sich das Fehlerrisiko noch weiter, wenn die institutionellen Anleger die **gleichen Lösungen auf mehrere Unternehmen** anwenden wollen. Zum einen bestehe dabei die Gefahr, dass die Besonderheiten der einzelnen Unternehmen nicht berücksichtigt werden[100]. In diesem Fall sei die Gefahr groß, dass sich die falschen Lösungen wegen ihrer allgemeinen Anwendung schnell verbreiten und

---

[99] BLAIR (1995)184. Vgl. SMITH (1997) 1, 38, der die Aufdeckung firmenspezifischer Probleme mit der Beurteilung der Richtigkeit des Aktienpreises vergleicht. Sofern die institutionellen Anleger keine besondere Fähigkeit hierfür aufweisen, was im Hinblick auf das negative Abschneiden der aktiv handelnden institutionellen Anlegern als erwiesen gelte, sollten sie ebensowenig in der Lage sein, firmenspezifischen Problemen zu begegnen. Vgl. zur Managerentlohnung THOMAS/MARTIN (1999) 1021, 1033

[100] Vgl. BARNARD (1991) 1135, 1164; GORDON (1994) 124, 135, 136. Als Beispiel hierfür wird die Forderung der institutionellen Anleger angeführt, dass das *Board of Directors* mehrheitlich aus unabhängigen Direktoren besteht. Obwohl die unabhängigen Direktoren im allgemeinen einen positiven Beitrag leisten können, sind sie nicht in allen Fällen nützlich. Insbesondere wachsende Unternehmen brauchen Direktoren, die mit dem Unternehmensgeschäft vertraut sind. Insofern kann die undifferenzierte Forderung nach einer mehrheitlichen Teilnahme unabhängiger Direktoren am *Board of Directors* diesen Unternehmen schaden: siehe BHAGAT/BLACK (1998) 281, 301. Diese Bedenken mögen zwar zutreffen, sind aber insofern zu relativieren, als die wachsenden Unternehmen vom Einsatz der institutionellen Anleger in der Regel nicht betroffen werden. Ähnliche Bedenken gegen den Einsatz der institutionellen Anleger äußert auch KLEIN (1998: 275, 301) im Hinblick auf den empirischen Befund, dass die Teilnahme von Managementdirektoren an bestimmten Ausschüssen mit positiver Unternehmensperformance und positiven Kursreaktionen zusammenhängt. Dieses Ergebnis soll die Richtigkeit der Forderung der institutionellen Anleger nach Zusammensetzung der Ausschüsse ausschließlich aus unabhängigen Direktoren in Frage stellen. Dem ist jedoch entgegenzuhalten, dass die institutionellen Anleger ihre Forderung nur auf jene Ausschüsse beschränken, die eine Überwachungsaufgabe haben, und nicht auf jene erstrecken, die hochspezifische geschäftliche Zuständigkeiten haben und welche die Ergebnisse der Studie von KLEIN betreffen. Ebenso kritisch in Bezug auf den Einsatz der institutionellen Anleger Romano, nachdem sie im Hinblick auf die empirische finanzwirtschaftliche Literatur feststellt, dass die Auswirkungen der von den institutionellen Anlegern geförderten Themen auf den Unternehmenswert bestenfalls nicht eindeutig und häufig negativ sind: siehe ROMANO (2000) 19-90.

zu systematischem Versagen führen (sog. *common mode failure*). Insofern es von einem systematischen Aktivismus abzuraten, es sei denn, dass absolute Sicherheit über die Richtigkeit des fraglichen Vorschlages bestehe. Zum anderen würden durch einen *systematischen* Aktivismus die Unterschiede zwischen den verschiedenen Unternehmen verringert. Dies wirke sich wiederum negativ auf die Diversifikationseffekte aus, die aus der Bildung eines Unternehmensportfolios entstehen sollten. Im Ergebnis soll das gesamte Portfoliorisiko erhöht werden, so dass sich besonders jene institutionellen Anleger, deren Kunden an möglichst hoher Sicherheit interessiert seien, gezwungen sähen, dieses zusätzliche Risiko durch entsprechende Versicherung auszugleichen[101].

b) Die vorangehenden Bedenken scheinen jedoch übertrieben zu sein. Zunächst trifft das Argument nicht zu, dass die notwendige **Sachkunde und Kenntnisse** den institutionellen Anlegern vollständig fehlen[102]. Aufgrund ihrer ständigen Beschäftigung mit Investmententscheidungen können sie die Unternehmens-performance beurteilen. Auch schließt die erhöhte Diversifikation und Indexierung die erforderliche Sachkunde nicht aus. Im Gegenteil sind die institutionellen Anleger aufgrund der Beteiligungen an mehreren Unternehmen in der Lage, verschiedene Erfahrungen zu sammeln und zu ermitteln, welche Ergebnisse eine Lösung mit sich bringt. Aber selbst wenn ihre Sachkunde noch nicht ausreicht, ist mit deren Erlangung zu rechnen. Die Fähigkeiten werden *endogen*, nämlich unter Einfluss entsprechender Anreize entwickelt. Sofern die institutionellen Anleger die geeigneten Anreize aufweisen, weil ihre Interessen von der Unternehmensperformance abhängig sind, ist mit einer solchen Entwicklung zu rechnen[103].

Selbst wenn die erforderlichen Kenntnisse und Sachkunde fehlen, ist nicht unbedingt mit falschen Lösungen aus dem Überwachungseinsatz der institutionellen Anleger zu rechnen. Zunächst beschäftigen sie sich nicht mit der täglichen Geschäftsführung, bei der ihre Sachkunde tatsächlich begrenzt ist, sondern nur mit allgemeinen Fragen der Unternehmenspolitik, mit denen sie mehr vertraut sind. Überdies brauchen sie nicht die Probleme selbst zu lösen, sondern nur das Management auf sie aufmerksam zu machen und sicherzustellen, dass sich die zuständigen Organe mit diesen Problemen ausreichend befassen[104]. Ferner sind sie konservativ und fördern nur solche Vorschläge, von deren Stichhaltigkeit sie durch theoretische und empirische Beweise hinreichend überzeugt sind. Schließlich ist keiner von ihnen in der Lage, seine Vorschläge allein durchzu-

---

[101] SMITH (1997) 1, 33 ff.

[102] STAPLDEON (1996) 247; NOTE (1969) 69, 82; BLACK (1992a) 811, 853; MATHESON/OLSON (1992) 1313, 1388; CARY/EISENBERG (1995) 252.

[103] MATHESON/OLSON (1992) 1313, 1388.

[104] MONKS/MINOW (1995) 164.

setzen, sondern auf die Unterstützung der anderen angewiesen. Sind seine Vorschläge zweifelhaft, kann er die Unterstützung der anderen kaum gewinnen. Dies ist tatsächlich der Fall, bedenkt man, dass besonders neue und noch nicht geprüfte Vorschläge generell nur auf sehr geringe Zustimmung stoßen[105].

IV. Einfluss auf sonstige Unternehmensbeteiligte

A. Auswirkungen auf individuelle Aktionäre

Inwieweit die individuellen Aktionäre von der Tätigkeit der institutionellen Anleger profitieren, hängt davon ab, inwiefern ihre Interessen zusammenfallen und die Ergebnisse aus der Tätigkeit der institutionellen Anleger kollektive Güter sind.

1. Positive Externalitäten

a) Die individuellen Aktionäre profitieren von der Tätigkeit der institutionellen Anleger in vielerlei Hinsicht. Sie sind zunächst **Trittbrettfahrer bezüglich der Überwachungsbemühungen** der institutionellen Anleger[106]. Der Disziplinierungseinsatz ist ein kollektives Gut, denn die individuellen Anleger können davon nicht ausgeschlossen werden, selbst wenn sie zum Kostenaufwand gar nichts beigetragen haben. Dieses Phänomen wird als "die Ausnutzung des Großen durch den Kleinen"[107] bezeichnet und soll zur Verstärkung der Anlagebereitschaft der individuellen Aktionäre beitragen. Besonders hilfreich für die individuellen Aktionäre ist der Beitrag der institutionellen Anleger zur Bekämpfung von Missbräuchen seitens der Mehrheitsaktionäre[108].

b) Die individuellen Aktionäre profitieren weiter von der **Handelstätigkeit** der institutionellen Anleger. Da die letzteren eine höhere Sachkunde und bessere Fähigkeit haben, Informationen zu verarbeiten und auf deren Grundlage ihre Beteiligungen zu handeln, tragen sie zur Verbesserung der informationellen Effizienz des Kapitalmarktes und zur schnellen Preisanpassung bei neuen Informationen bei. Infolgedessen funktioniert der Preismechanismus effizienter,

---

[105] BLACK (1992a) 811, 866; COFFEE (1994) 837, 850.

[106] NOTE (1969) 69, 77; BLACK (1992a) 811, 871.

[107] OLSON (1971) 29.

[108] MACINTOSH (1995-6) 145, 171; MACINTOSH (1993) 371, 386; ROUSSEAU (1996) 305, 339; KAMAR (1995) 636, 643. Ein neueres Beispiel hierfür bietet der Fall von *Telecom Italia SpA* (TI). *Olivetti SpA* hatte als Mehrheitsaktionär von TI vor, die profitable Tochtergesellschaft *Telecom Italia Mobile SpA* (TIM) von TI auf die Tochtergesellschaft von Olivetti zu übertragen und die Minderheitsaktionäre von TI mit einem angeblich unzulänglichen Preis zu kompensieren. Der heftige Widerstand der institutionellen Anleger zwang *Olivetti* zur Aufgabe dieses Vorhabens. Dazu trug entscheidend die Tatsache bei, dass Vertreter von (auch U.S.-amerikanischen) institutionellen Anlegern am *Board of Directors* von TI teilnahmen: siehe WSJE 22.11.1999, S.(15).

so dass die individuellen Aktionäre sich darauf verlassen können, ohne eigene Kosten aufwenden zu müssen[109].

2. Negative Externalitäten

Auf der anderen Seite ist zu bedenken, dass die individuellen Aktionäre von negativen Externalitäten aus der Tätigkeit der institutionellen Anleger betroffen werden können.

a. Sondervorteile

Zunächst einmal könnten die institutionellen Anleger ihre Macht dazu einsetzen, sich Sondervorteile zu Lasten der individuellen Aktionäre anzueignen[110].

a) Zunächst sollen die institutionellen Anleger mit Sonderinformationen, die den Kleinaktionären verweigert werden, bedient werden, wenn sie Auskünfte außerhalb der Hauptversammlung und anlässlich engerer Kontakte mit dem Management erhalten. Die institutionellen Anleger würden diesen **informationellen Vorsprung** gebrauchen, um Transaktionen zu Lasten der individuellen Aktionäre zu betätigen[111].

Obwohl diese Möglichkeit tatsächlich nicht zu leugnen ist, wird sie durch verschiedene Mechanismen begrenzt[112]. Zunächst einmal vermeiden die institutionellen Anleger selbst den Erwerb vertraulicher Informationen, sofern sie auf Liquidität angewiesen sind und ihnen das Gesetz verbietet, ihre Transaktionen auf der Grundlage solcher Informationen durchzuführen. Überdies ist der Zugang zu vertraulichen Informationen eingeschränkt, denn die Vertreter der institutionellen Anleger nehmen kaum am *Board of Directors* der Beteiligungsunternehmen teil. Sie könnten zwar die Manager mit der Drohung eines aggressiven Aktivismus unter Druck setzen, um die Übermittlung vertraulicher Informationen zu erzwingen. Einzelne institutionelle Anleger sind aber nicht in der Lage, solche Drohungen durchzusetzen. Und die anderen würden diesen Bemühungen entgegenwirken, um keine Wettbewerbsbenachteiligung hinzunehmen.

---

[109] BLACK (1992a) 811, 872; CONARD (1988) 117, 172.

[110] FISCH (1994) 1009, 1039; YALDEN (1995-6) 87 ff.; VANECKO (1992) 376 414 ff.

[111] CONARD (1988) 117, 171; SOLOMON (1974) 761, 786; FARRAR/RUSSELL (1985) 107, 111; NOTE (1969) 69, 78. Vgl. den im Bericht des *Standing Senate Committee on Banking Trade and Commerce* (Kanada) erwähnten Fall von *Northern Telecom Ltd.* Infolge der vorzugsweise Offenlegung von negativen Informationen sank der Aktienpreis von $ 62,00 auf $ 48,00, bevor die individuellen Anleger dieselben Informationen erhielten.

[112] BLACK (1992a) 811, 868; DENT (1989) 881, 916; zu Lösungsansätzen nach dem Recht Großbritanniens siehe BOROS (1995) 56 ff.

b) Darüber hinaus wird befürchtet, dass sich die institutionellen Anleger **private Vorteile** zu Lasten der individuellen Aktionäre aneignen könnten. Dies kann folgende Formen annehmen.

Einerseits könnten die institutionellen Anleger das Management durch ihr Stimmrechtspotential zur Sonderbehandlung zwingen. Dies sei vor allem dann der Fall, wenn **Geschäftsbeziehungen** zwischen dem Beteiligungsunternehmen und dem institutionellen Anleger bestehen. Die Sonderbehandlung soll darin bestehen, den institutionellen Anleger gegenüber seinen Wettbewerbern zu bevorzugen und besonders günstige, nicht wettbewerbsmäßige Bedingungen anzubieten[113].

Umgekehrt können die Manager den institutionellen Anlegern private Vorteile anbieten, um ihre **Unterstützung gegen feindliche Übernahmen** zu gewinnen[114]. Das Management bietet dem institutionellen Anleger eine hohe Aktienbeteiligung im Zuge einer privaten Platzierung und zu besonders günstigen Bedingungen an (sog. *sweet heart preferred stock*). Es bestehen auch Anhaltspunkte dafür, dass die institutionellen Anleger bei der Zeichnung einer Aktienemission begünstigt werden[115]. Als Gegenleistung dafür verpflichten sie sich dazu, das Management gegen eine feindliche Übernahme zu unterstützen und seine Aktionärsrechte gegen das amtierende Management nicht geltend zu machen.

Die **individuellen Aktionäre** werden durch diese Transaktionen vielfach geschädigt. Sie nehmen Verluste durch die Verringerung des Unternehmenswertes wegen Abschlusses von Geschäftsbeziehungen zu ungünstigen Bedingungen hin. Sodann verlieren sie die Schutzfunktion der feindlichen Übernahme, sofern die Manager durch die Kooperation mit den institutionellen Anlegern immunisiert werden[116]. Schließlich wird ihr Beteiligungswert wegen der Ausgabe von Aktien zu günstigen Bedingungen verwässert.

Die vorgenannten Befürchtungen sind nicht völlig grundlos. In der Tat lässt sich feststellen, dass die institutionellen Anleger besondere Geschäftsbeziehungen mit den Beteiligungsunternehmen halten[117]. Allerdings verfügt nur ein kleiner Teil

---

113 COFFEE (1993) 78; ROCK (1994) 987, 995 ff.; KOTZ (1978) 139 ff. weist auf die Möglichkeit hin, dass die Banken die Beteiligungsunternehmen dazu drängen, Kredit in größerem Umfang als es tatsächlich benötigt von ihnen aufzunehmen.

114 GORDON (1991b) 347, 381; CONARD (1988) 117, 170; zu Einzelheiten und Beispielen siehe ROCK (1994) 987, 990.

115 STOUGHTON/ZECHNER (1998).

116 ROCK (1994) 987, 1003; CONARD (1988) 117, 170; GORDON (1994) 381 ff.

117 Aus der Untersuchung von FARRAR/GIRTON ((1981) 369, 375) ergibt sich, dass die Beteiligungshöhe von Banken mit der Anwesenheit von Geschäftsbeziehungen mit den Beteiligungsunternehmen positiv zusammenhängt. Dieser Befund könnte so erklärt werden, dass die Banken die Unternehmen zum Abschluss von Geschäftsbeziehungen mit ihnen durch ihre Aktienbeteiligung zwingen.

von ihnen über solche Beziehungen, und insbesondere nicht jene, die am meisten disziplinierend tätig sind, so dass das Missbrauchsrisiko eher gering sein soll[118]. Auf der anderen Seite tragen verschiedene Mittel zur Minimierung des Missbrauchsrisikos bei[119]. Insbesondere wird auf die Tatsache hingewiesen, dass ein einziger institutioneller Anleger in der Regel nicht in der Lage ist, seine eigenen Interessen durchzusetzen. Da jeder auf die Unterstützung der anderen angewiesen ist, findet eine gegenseitige Kontrolle statt. Es stimmt zwar, dass Missbräuche auch von Koalitionen zwischen mehreren institutionellen Anlegern begangen werden können. Angesichts der gegenwärtig vorherrschenden Beteiligungsstruktur ist allerdings die Bildung stabiler und dauernder Koalitionen eher unwahrscheinlich. Darüber hinaus wirkt auch die Drohung politischer Gegenreaktionen abschreckend. Die institutionellen Anleger behalten immer in Erinnerung, dass restriktive Regelungen auf Missbräuche zurückzuführen sind. Sie werden daher eher zurückhaltend agieren, um derartige Gegenreaktionen zu vermeiden.

Selbst wenn aber die institutionellen Anleger gelegentlich Vorteile gegenüber den individuellen Aktionären genießen, muss dies nicht pauschal abgetan werden. Man sollte eher diese Kosten mit dem Nutzen vergleichen, der den individuellen Aktionären dank der Beteiligung der institutionellen Anleger entsteht. Ist das Nettoergebnis positiv, müssten die individuellen Aktionäre die Beteiligung der institutionellen Anleger trotz der gelegentlichen Nachteile positiv aufnehmen[120].

b. Divergierende Interessen

Weitere Bedenken richten sich gegen mögliche Divergenzen zwischen den Interessen der institutionellen Anleger und denen der individuellen Aktionäre[121]. Sofern ein derartiges Auseinanderfallen tatsächlich vorliegt, ist damit zu rechnen, dass die institutionellen Anleger ihre eigenen Interessen zu Lasten der individuellen Aktionäre fördern werden.

a) Der unterschiedliche **Diversifikationsumfang** zwischen institutionellen und individuellen Aktionären kann eine Quelle von Interessengegensätzen und sogar von zwei gegensätzlichen Richtungen sein[122].

---

118 COFFEE (1994) 837, 872; BLACK (1992a) 811, 859; DENT (1989) 881, 916.

119 BLACK (1992a) 811, 855, 857, 858; GORDON (1991b) 347, 376; COFFEE (1994) 837, 873; ROE (1994) 246.

120 FISCH (1994) 1009, 1045. Vgl. GILSON/ROE (1993) 871, 900 für das Verhältnis zwischen individuellen und institutionellen Anlegern in Japan.

121 COFFEE (1993) 78; FERRAR/ZIRLIN (1992) 341, 352.

122 STIGLITZ (1985) 133, 134.

Zunächst wird den institutionellen Anlegern unterstellt, dass sie wegen der größeren Beteiligungshöhe weniger diversifiziert sind als die individuellen Aktionäre[123]. Aufgrund ihrer größeren Exposition in Bezug auf firmenspezifische Risiken sollen sie risikoscheuer sein und Investmentprojekte ablehnen, die den Interessen von diversifizierten individuellen Aktionären entsprächen. Die stärkere Risikoscheu kann auch an der Tatsache liegen, dass der institutionelle Anleger möglicherweise auch Interessen als Kreditgeber am Beteiligungsunternehmen innehat. Bekanntlich sind Gläubiger tendenziell risikoscheuer als reine Aktionäre, da sie zuerst an der Solvenz des Kreditnehmers interessiert sind[124]. Überwiegen die Gläubiger- die Aktionärsinteressen, würden die institutionellen Anleger die Beteiligungsunternehmen zur risikoscheuen und aktionärsschädlichen Investmentpolitik führen[125].

Die institutionellen Anleger halten zwar höhere Beteiligungen als die individuellen Aktionäre, sind aber keinesfalls als Großaktionäre mit einer höheren Risikoscheu einzustufen. Insbesondere diejenigen, die aktiv bei der Managementüberwachung tätig sind, haben ihre Beteiligungen derart diversifiziert, dass sie das firmenspezifische Risiko praktisch eliminiert haben[126]. Insofern ist kaum zu erwarten, dass sie die Beteiligungsunternehmen zu risikoscheuen Investmentprojekten zwingen werden[127]. Zum anderen weist nur ein kleiner Teil davon Gläubigerinteressen auf. Insbesondere die Banken, die sich auch als Kreditgeber beteiligen können, dürfen Aktienbeteiligungen nur in sehr eingeschränktem Umfang erwerben[128].

Wahrscheinlicher scheint dagegen der umgekehrte Interessengegensatz, der auf die **umfangreichere Diversifizierung** der institutionellen im Vergleich zu den individuellen Aktionären zurückgeführt werden kann[129]. Da die institutionellen Anleger über ein viel größeres Vermögen als die individuellen Aktionäre verfügen, sind sie in der Lage, eine viel größere Anzahl von Unternehmen in ihr Portfolio einzuschließen und daher ein höheres Diversifizierungsmaß zu erreichen. Diese Tatsache wird für folgende Interessengegensätze verantwortlich gemacht. Zum einen müssen die institutionellen Anleger aufgrund der umfangreichen Diversifizierung stärkere Risikoneigung aufweisen. Da sie dem firmenspezifischen Risiko weniger ausgesetzt sind, werden sie das Management zu risikoreicheren Projekten bewegen, als es den Interessen undiversifizierter

---

123 GARTEN (1992) 585, 668; RUFNNER (1995) 233, 256.

124 JENSEN/MECKLING (1976) 305, 334; STIGLITZ (1985) 133, 135.

125 BAUMS (1993) 175; BARNARD (1991) 1135, 1158; KOTZ (1978) 140 ff..

126 Siehe oben § 4.I.A.1.

127 BLACK (1992a) 811, 872; STAPLEDON (1996) 249.

128 Siehe oben § 3.I.D.1.b.

129 CASSING (1996).

individueller Aktionären entspricht[130]. Zum anderen werden sie selbst solchen Transaktionen zustimmen, welche die nicht diversifizierten, nur an einem von den betroffenen Unternehmen beteiligten Aktionäre benachteiligen. Dies zeigt sich etwa an Übernahmeangeboten, bei denen dieselben institutionellen Anleger sowohl am Übernehmer als auch am übernommenen Unternehmen beteiligt sind. Sie werden die gesamten Auswirkungen auf beide Unternehmen in Betracht ziehen, und das Angebot nur dann unterstützen, wenn das gesamte Ergebnis ungeachtet von eventuellen negativen Auswirkungen auf einzelne Transaktionspartner positiv ist[131]. Dies steht mit den Interessen undiversifizierter individueller Aktionäre in Konflikt, die an den Auswirkungen ausschließlich auf eines von beiden Unternehmen interessiert sind[132].

Die genannten Interessengegensätze sind zwar denkbar, können aber nicht als Argument gegen die Rolle der institutionellen Anleger angeführt werden. Zum einen sind die individuellen Aktionäre selbst an der unzulänglichen Diversifizierung schuld, sofern günstige Diversifikationsmöglichkeiten gegeben sind und die Diversifikation offensichtliche Vorteile aufweist[133]. Zum anderen legt die umfangreiche Diversifizierung der institutionellen Anleger nahe, dass i.S. des Kaldor-Hicks-Kriteriums effiziente Transaktionen zwischen den Unternehmen stattfinden, da die institutionellen Anleger die Auswirkungen auf die verschiedenen Transaktionspartner internalisieren und sich nach dem Gesamtergebnis richten.

b) Darüber hinaus wird befürchtet, dass die institutionellen Anleger **aktionärsfremde** Interessen verfolgen könnten. Zwei Konstellationen kommen hierbei in Betracht.

Einige institutionelle Anleger sind aufgrund besonderer Beziehungen zu politischen Entscheidungsträgern entsprechenden Einflüssen ausgesetzt, die sie möglicherweise zur Wahrnehmung **politischer Interessen** bringen können[134]. Dies ist insbesondere bei den öffentlichen Pensionsfonds der Fall, an deren Verwaltung auch politische Vertreter teilnehmen. Aufgrund dieser Verflechtung sei zu befürchten, dass die institutionellen Anleger die Beteiligungsunternehmen dazu zwingen würden, politische Interessen zu Lasten der Aktionärsinteressen zu fördern (wie sog. soziale Investitionen zu tätigen, die ökonomisch nicht vertretbar

---

130 COFFEE (1986) 1, 67; ROCK (1993) 445, 470; GREENWOOD (1996) 1021, 1072.

131 Vgl. das Übernahmeangebot von *Vodafon AirTouch* auf *Mannesmann AG*, bei dem mehrere institutionellen Anleger an beiden Unternehmen beteiligt waren: siehe Financial Times, 18.11.1999, S.28.

132 WINGERSON/DORN (1992) 201, 222.

133 Vgl. BOOTH (1999) 429, 461.

134 ROMANO (1993) 795 ff.; FISCH (1994) 1009, 1044; ROSENBAUM (1991) 163, 176, 178; COFFEE (1993) 79; VANECKO (1992) 376, 412 ff.

sind, aber den Politikern zur Bewältigung politischer Probleme verhelfen)[135]. Allerdings lässt sich feststellen, dass sich die teilweise Einbeziehung politischer bzw. sozialer Kriterien auf die eigenen Anlageentscheidungen beschränkt, und die Einflussnahme auf die Beteiligungsunternehmen nicht betrifft[136].

Anschließend wird befürchtet, dass einige institutionelle Anleger ihre Macht als Aktionäre dazu nutzen könnten, um **Arbeitnehmerinteressen** zu fördern. Dies sollte insbesondere bei jenen institutionellen Anlegern der Fall sein, die (zumindest teilweise) von Arbeitnehmervertretern kontrolliert werden (wie vor allem den sog. *Taft-Hartley* Pensionsfonds)[137]. Diese institutionellen Anleger sollen sich bei ihren Anlage- und Abstimmungsentscheidungen nicht ausschließlich von den Aktionärs-, sondern auch von den Arbeitnehmerinteressen zu Lasten der individuellen Aktionäre leiten lassen[138]. Diese Bedenken sind allerdings nicht gerechtfertigt. Zunächst besteht die neue Tendenz der Arbeitnehmerpolitik darin, nicht einfach höhere Vorteile zu Lasten anderer Unternehmensbeteiligten zu erreichen, sondern den gesamten Unternehmenswert zu erhöhen, um davon indirekt zu profitieren (sog. *value added unionism*). Darüber hinaus werden selbst die Gewerkschaften die Interessen der Arbeitnehmer als Begünstigter von Pensionsleistungen und daher als Aktionäre zunehmend wahrnehmen, je mehr die Bevölkerung altert. Sodann sind die Arbeitnehmer in bestimmten Fällen besser imstande als die Aktionäre, das Management effektiv zu überwachen. Sie haben stärkere Anreize, weil ihr gesamtes Humankapital auf dem Spiel steht, und haben Zugang zu mehr Informationen aufgrund der täglichen Beschäftigung mit dem Unternehmen[139]. Schließlich verhindern mehrere Mechanismen ein eventuelles opportunistisches Verhalten der Gewerkschaften[140]. Die Treuepflichten gebieten den Pensionsfondsverwaltern, die Interessen der Begünstigten als Aktionäre und nicht als Arbeitnehmer wahrzunehmen[141]. Überdies sind die Pensionsfonds auf die Unterstützung der anderen Aktionäre und institutionellen Anleger angewiesen, so

135 Ähnliche Bedenken werden dem Vorschlag entgegengebracht, dass auch die Mittel der staatlichen Alterssicherung in Aktien investiert werden sollten: siehe Carola Caps, "Rente aus Kapital", FAZ 9.2.1999, S.17; MONKS/MINOW (1995) 139 ff.

136 Selbst ROMANO ((1993) 795, 839), die den Wert der Überwachungstätigkeit der institutionellen Anleger überhaupt stark bezweifelt, räumt in Anbetracht der vorliegenden Daten ein, dass politische Interessen in das Abstimmungsverhalten der öffentlichen Pensionsfonds nicht eingedrungen sind.

137 Zur Corporate Governance-Tätigkeit der Gewerkschaftspensionsfonds und die Reaktion der Beteiligungsunternehmen siehe BRANCATO (1997) 119-125 und SCHWAB/THOMAS (1998) 1018 ff.

138 CHANDLER (1999) 1083, 1092.

139 STIGLITZ (1985) 135, 149.

140 SCHWAB/THOMAS (1998) 1018, 1074 ff.

141 Labor Management Relations Act of 1947, 29 U.S.C. § 186(c).

dass ein eventuelles opportunistisches Verhalten auf Widerstand stoßen würde[142]. Im Ergebnis lässt sich feststellen, dass, wenn die von den Arbeitnehmern kontrollierten institutionellen Anleger bzw. die Gewerkschaften als Aktionäre tätig werden, sie keine arbeitnehmerbezogene Themen fördern, sondern eine normale Überwachungstätigkeit leisten[143].

B. Auswirkungen auf Arbeitnehmerinteressen

Kritisch wird die Beteiligung der institutionellen Anleger auch in Bezug auf die Interessen anderer Unternehmensbeteiligter und insbesondere der Arbeitnehmer betrachtet.

1. Die Vernachlässigung der Arbeitnehmerinteressen als eventuelle Folge

a) Es wird angeführt, dass die erhöhte Beteiligung der institutionellen Anleger das Gleichgewicht zwischen den mehreren Unternehmensbeteiligten in Frage stelle und die Manager ausschließlich auf die Aktionärsinteressen und die Wahrnehmung der sog. *shareholder value* ausrichte[144]. Diese Entwicklung sei jedoch aus den folgenden Gründen zu bedauern.

b) Die ausschließliche Ausrichtung auf die Aktionärsinteressen würde möglicherweise zur Verschlechterung der Arbeitsbedingungen und zum **Bruch impliziter Verträge** führen. Seien die institutionellen Anleger kurzsichtig, wie es ihnen vorgeworfen wird, würden sie auf den Bruch der impliziten Versprechen zwischen Unternehmen und Arbeitnehmern drängen, um die kurzfristige Rentabilität zu erhöhen[145]. Dazu würde auch die Intensivierung des Marktes für Unternehmenskontrolle infolge der Beteiligung der institutionellen Anleger führen[146]. Indem die institutionellen Anleger die Transaktionskosten der feindlichen Übernahmen verringern, verstärken sie die Neigung des Marktes, das

---

142 COFFEE (1994) 837, 849; Nach der Untersuchung von THOMAS/MARTIN (1998) 41, 67 ff., gewinnen die von Gewerkschaftspensionsfonds vorgelegten Aktionärsanträge mehr Stimmen als die von anderen institutionellen Anlegern unterbreiteten Anträge. Angesichts dessen sollen die von Arbeitnehmern kontrollierten institutionellen Anleger keine aktionärsschädlichen Interessen verfolgen.

143 Vgl. jedoch DANIELS Arne, *Arbeitermacht per Aktie*, Die Zeit, 24.2.2000, S.34: Während der Übernahmeschlacht zwischen *Mannesmann* und *Vodafone* hatte der amerikanische Gewerkschaftsdachverband die von ihm kontrollierten Pensionsfonds bedrängt, ihr *Mannesmann*-Paket nicht zu verkaufen, weil es nicht im Sinne der Beschäftigten sei.

144 DAVIS (1995) 176; PAILLUSSEAU (1999) 157, 165 ff.; SCHNEIDER (1990)317, 322; KNOBLING (1996) 85.

145 COFFEE (1993) 77.

146 BOYER (1993) 977, 984, 1039.

Unternehmen in seinen Einzelteilen zu bewerten und seine Zerschlagung jedes Mal zu verlangen, wenn die Einzelteile einen größeren Wert als das Ganze besitzen. Dies werde aber den anderen Unternehmensbeteiligten schaden, die für die Amortisation ihrer Beteiligung auf das Überleben des Unternehmens angewiesen sind.

c) Dasselbe Ergebnis würde sich aus dem Druck der institutionellen Anleger auf **risikoreiche Investmentprojekte** ergeben[147]. Es besteht bekanntlich eine Risikoasymmetrie zwischen Arbeitnehmern (deren Humankapital mit dem Unternehmen verbunden ist) und Aktionären, deren Investitionen diversifiziert sind. Insofern berücksichtigen die letzteren nur das systematische, während die ersten auch vom firmenspezifischen Risiko betroffen sind. Unter normalen Umständen bemühen sich die Manager um eine ausgewogene Investmentpolitik, welche den Interessen beider Beteiligtengruppen entspricht. Die erhöhte Einflussnahme der institutionellen Anleger würde dagegen dieses Gleichgewicht in Frage stellen und die Manager dazu führen, ausschließlich das systematische Risiko in Betracht zu ziehen und aus der Sicht der Arbeitnehmer zu risikoreiche Investitionen zu verfolgen.

d) Dass die institutionellen Anleger ungeachtet der Auswirkungen auf sonstige Unternehmensbeteiligte auf die Umsetzung des *shareholder value* drängen werden, liegt auch am unterschiedlichen Ausmaß, mit dem sie an den finanziellen Unternehmensergebnissen im Vergleich zu individuellen Aktionären interessiert sind. Auch die „normalen" Aktionäre streben die Maximierung des Aktienertrages an, übersehen dabei aber die Auswirkungen auf soziale Belange nicht, sofern sie im Rahmen des alltäglichen Lebens internalisiert werden. Insofern wünschen sie sich die Umsetzung des *shareholder value* Ansatzes nicht über das sozial erträgliche Maß hinaus. Sofern die institutionellen Anleger vom normalen, "menschlichen" Aktionärstypus abweichen, sind sie dagegen ausschließlich an finanziellen Ergebnissen interessiert und tragen sonstigen Interessen kaum Rechnung. Im Ergebnis werden die Unternehmen unter dem Einfluss der institutionellen Anleger die Aktionärsinteressen zu Lasten sonstiger Belange noch stärker fördern, als wenn es nur individuelle Aktionäre gäbe[148]. Dies sei zu bedauern, wenn man von der multidimensionalen Unternehmenszielkonzeption ausgehe, wonach das Unternehmen nicht nur den Aktionären, sondern auch sonstigen Beteiligten verpflichtet ist[149].

---

147 COFFEE (1993) 76; HU (1990) 277, 300; BLAIR (1995) 188.

148 GREENWOOD (1996) 1021, 1077: "*The portfolio shareholder has radically different notions of risk from both ordinary people and corporate law shareholders....The portfolio shareholder will not include these social costs in calculating the relative return of market and adminstrative organization.*".

149 KARMEL (1993) 1156 ff.; JOHNSON/MILLON (1993) 1177, 1203 ff.; RODINGER (1995) 105, 114 *passim*; PAILLUSSEAU (1999) 157 ff.; DAVIES (1993) 69, 78 ff.; CONARD (1988) 117, 172;

e) Die vorgenannten Bedenken treffen zwar insofern zu, als die institutionellen Anleger tatsächlich nach dem *shareholder value* Ansatz verfahren. Allerdings wird seine Durchsetzung nicht so streng wie befürchtet von ihnen angestrebt. Sie forderten bisher ausdrücklich weder die Entlassung von Arbeitnehmern noch sonstige arbeitnehmerschädliche Maßnahmen[150]. Ihre Tätigkeit kann zwar indirekt zur Gefährdung der Arbeitnehmerinteressen führen, wenn sie die Beteiligungsunternehmen zur Restrukturierung und sonstigen Rationalisierungsmaßnahmen auffordern. Weil aber die institutionellen Anleger in die gesamte Wirtschaft investieren und die Kosten einer Verschlechterung der Arbeitnehmermoral tragen, vollzieht sich der unternehmerische Wandel viel geschmeidiger durch ihren Einsatz als etwa durch feindliche Übernahmen[151]. Dies zeigt sich daran, dass die institutionellen Anleger (und vor allem die aktivsten, nämlich die öffentlichen Pensionsfonds) auch die Arbeitnehmerinteressen bei ihrem Überwachungseinsatz in Betracht ziehen. CalPERS und TIAA-CREF z.B. legen Wert auf die Arbeits- und Ausbildungsbedingungen als Maßstab für den langfristigen Unternehmenserfolg[152]. Außerdem wirkt auch die Furcht vor politischen Gegenreaktionen von einem übermäßigen Beharren auf dem *shareholder value* Ansatz mäßigend[153].

2. Die Förderung der Arbeitnehmerinteressen als Legitimationsbedingung

Die Vertretung der Arbeitnehmerinteressen ist nach einer Ansicht eine Bedingung dafür, damit die institutionellen Anleger (und insbesondere die Pensionsfonds) überhaupt legimitiert sind, Einfluss auf die Unternehmenspolitik geltend zu machen[154]. Eine derartige pluralistische Interessenvertretung trage zur Internalisierung der sozialen Kosten der Unternehmenspolitik bei und verstärke die

---

ALLEN (1992) 468, 480. Vgl. BLAIR/STOUT (1999) 247, 325 :"*(T)he rise in 1980s of institutional shareholders .....has tipped the political balance of power toward shareholders by reducing obstacles to collective investor action...... The net result is that shareholders as a class have acquired additional political power that allows them to capture a larger share of the rents from the corporate enterprise, and thus have grown richer, while employees as a class have lost political power, and have thus grown relatively poorer.*" Die Verfasser lehnen dieses Ergebnis trotz ihres Eintretens für ein Gleichgewicht zwischen den Interessen aller Unternehmensbeteiligten nicht ab, betrachten es vielmehr als eine effiziente Reaktion auf veränderte ökonomische Umstände. Sie warnen allerdings davor, dass die zunehmende Macht der institutionellen Anleger die Unabhängigkeit der Manager, die für die angemessene und ausgeglichene Berücksichtigung der Interessen aller Unternehmensbeteiligten erforderlich sei, in Frage stellen könnte.

150 CONARD (1988) 117, 172.

151 RUFNNER (1995) 233, 261; HAWLEY (1997) 131 ff.

152 Siehe oben § 6.II.A.2., § 6.VI.

153 DAVIES (1993) 69, 80.

154 BUXBAUM (1991) 1, 28 ff.

Langfristigkeit der Investmentpolitik. Zu diesem Zweck sei allerdings erforderlich, dass die Arbeitnehmer ihre Ansichten den Pensionsfondsverwaltern, etwa durch die Einholung von Stimmrechtsanweisungen (*vote passing through*)[155] oder die Einschaltung von Arbeitnehmerverbänden, übermitteln können. Diese Meinung überzeugt allerdings nicht[156]. Zum einen unterstellt sie verfehlt, dass die institutionellen Anleger als Aktionäre neben der reinen Risikotragung einer zusätzlichen Legitimation benötigen. Zum anderen wird dabei verkannt, dass Pensionsfonds nicht allgemeine Arbeitnehmerinteressen, sondern nur die Interessen an einer sicheren und ertragsreichen Altersvorsorge verfolgen dürfen. Eine Verpflichtung, auch sonstige soziale Interessen zu beachten, würde das Alterssicherungsziel in Frage stellen.

V. Einfluss auf den Unternehmenswert

Schließlich ist zu ermitteln, inwieweit der Einsatz der institutionellen Anleger den Unternehmenswert positiv beeinflusst. Mit dieser Frage haben sich die nachfolgend aufgeführten empirischen Studien auseinandergesetzt[157].

A. Zusammenhang zwischen institutionellem Aktienbesitz und einzelnen Transaktionen

Ein Teil der empirischen Studien befasst sich mit dem Einfluss der institutionellen Anleger auf die Wertauswirkungen verschiedener Transaktionen. Hierdurch können indirekte Schlüsse auf ihre Rolle gezogen werden. Die Tatsache, dass die Beteiligung der institutionellen Anleger mit *positiven* Auswirkungen auf die untersuchten Transaktionen verbunden ist, ist ein Anhaltspunkt für ihre positive Kontrollfunktion.

Zum einen hat sich ergeben, dass bei größerer Beteiligung der institutionellen Anleger die Auswirkungen der **Einführung von Abwehrmaßnahmen** gegen feindliche Übernahmen positiver ausfallen[158]. Dieses Ergebnis belegt die Annahme , dass die institutionellen Anleger zwischen aktionärsfreundlichen und -schädlichen Abwehrmaßnahmen unterscheiden können und entsprechenden Einfluss geltend machen[159].

---

155 Vgl. GREENWOOD (1996) 1022, 1066.

156 Vgl. auch ROCK (1996) 367, 382 ff.

157 Siehe Überblick in FISCH (1994) 1009, 1034 ff.; BLACK (1998) 459, 462 ff.; KARPOFF JONATHAN M (1998) The Impact of Shareholder Activism on Target Companies: A Survey of Empirical Studies, unveröf. Arbeitspapier, Seattle 8.9.1998; HUDSON/JENSEN, Shareholder Wealth Effects of CalPERS Activism, 7 Financial Services Review No. 1.

158 AGRAWAL/MANDELKER (1990) 143 ff.

159 Siehe oben § 6.IV.B.

Zum anderen ist festgestellt worden, dass die Beteiligung der institutionellen Anleger mit den Ergebnissen von Fusionen und sonstigen **Konzentrationstransaktionen** positiv zusammenhängt. Es stellt sich heraus, dass, je mehr die institutionellen Anleger am Bieterunternehmen beteiligt sind, die nachträgliche Performance desto besser ausfällt[160]. Dadurch wird die Annahme bestätigt, dass die institutionellen Anleger bei der Auswahl der Zielunternehmen eine positive Rolle spielen.

B. Zusammenhang zwischen institutionellem Aktienbesitz und Unternehmenswert

Eine weitere Untersuchungsreihe hat den Zusammenhang zwischen der institutionellen Beteiligung und dem Unternehmenswert zum Gegenstand. Darin wird untersucht, inwieweit sich die Beteiligung der institutionellen Anleger auf den Unternehmenswert auswirkt. Zum einen wird der Unternehmenswert am *Tobin's Q*-Faktor gemessen[161]. Dieser Faktor steht für das Verhältnis zwischen dem Veräußerungswert der einzelnen Unternehmensbestandteile und dem Marktwert des gesamten Unternehmens. Je höher der Wert des Unternehmens als Ganze im Verhältnis zum Wert der einzelnen Bestandteile ist, desto naheliegender ist es, dass das Unternehmen effizient geleitet wird. Es stellt sich heraus, dass die Beteiligung der institutionellen Anleger tatsächlich positiv mit dem *Tobin's Q*-Faktor zusammenhängt, was eine indirekte Bestätigung für die positive Auswirkung der institutionellen Anleger auf den Unternehmenswert ist. Ähnliche Ergebnisse sind auch in Bezug auf *sonstige Wertmaßstäbe* (wie etwa Ertrag auf Vermögen, Eigenkapitalertrag , Preis-Gewinn-Verhältnis, Gesamtaktienkursrendite) ermittelt worden[162]. Andere Untersuchungen ergeben zwar keinen direkten Zusammenhang zwischen institutioneller Beteiligung und Unternehmenswert, geraten aber zur Feststellung, dass die Beteiligung der institutionellen Anleger das positive Verhältnis zwischen dem Unternehmenswert und sonstigen Faktoren (wie etwa dem Aktienbesitz der Manager) verstärkt[163]. Obwohl diese Studien einen positiven Einfluss der institutionellen Anleger belegen[164], bleibt das

---

160 COSH et al. (1989) 73-100.

161 MCCONNELL/SERVAES (1990) 595 ff. vgl. jedoch andere Ergebnisse in FACCIO/LASFER (2000) 71 ff. in Bezug auf die Preisauswirkungen der Pensionsfonds in Großbritannien: Unternehmen, in denen einzelne Pensionsfonds große Beteiligungen halten, weisen ein niedrigeres Tobin's Q Verhältnis als vergleichbare Unternehmen.

162 CHAGANTI/DAMANPOUR (1991) 479 ff.

163 SHORT/KEASEY (1996) 40 ff.

164 Vgl. aber die von BLACK ((1998) 462)) zitierten Studien, die einen negativen Zusammenhang zwischen institutionellem Besitz und Unternehmensperformance angeben: CARVELL/STREBEL (1987) Is there a neglected Firm Effect ? 14 Journal of Business Finance and Accounting, S.279-90; EDELMAN/BAKER (1987) The Dynamics of Neglect and Return, 14 Journal of Portfolio Management, S.52-5. Diese Ergebnisse wurden aber von jüngeren Studien widerlegt:

kausale Verhältnis unklar: Fraglich ist nämlich, ob die Verbesserung der Unternehmensperformance von den institutionellen Anlegern ausgelöst wird, oder ob die letzteren Unternehmen mit bereits guter Performance auswählen[165].

C. Wertauswirkungen einzelner Disziplinierungsaktionen

Weitere Studien untersuchen die Wertauswirkung einzelner Disziplinierungsaktionen der institutionellen Anleger. Daraus ergibt sich, dass der Einsatz die Rolle eines Katalysators spielt, der einen Umbruch der Unternehmensperformance auslöst. Dies zeigt sich insbesondere daran, dass, während die Zielunternehmen vor dem Einsatz schlechter als ein maßgeblicher Index abschneiden, ihre **Aktienkursperformance** sich nachher verbessert und sogar den Vergleichsindex überholt[166]. Die Disziplinierungsaktionen lösen auch positive Reaktionen des Börsenmarktes aus[167]. Dies ereignet sich allerdings nicht ohne weiteres und nicht immer, sondern hängt von verschiedenen Faktoren ab[168]. Entscheidend scheinen Einsatzart[169], -erfolg[170], -gegenstand[171] sowie -auswahlkriterien zu sein. Auf der

---

BEARD/SIAS (1997) Is there a neglected-firm effect ? 1997 Financial Analysts Journal S.19-23; BRENNAN/ CHORDIA/SUBRAMANYAM (1997) Cross Sectional Determinants of Expected Returns, unveröf. Arbeitspapier, University of California, Los Angeles.

165 BLACK (1998) 459, 462.

166 STRICKLAND/WILLES/ZENNER (1996) 319 ff.: Negative Abweichung sowohl der marktbezogenen (*market adjusted returns*) um 8% als auch der industriebezogenen Performance um 10%; Erholung nach dem Einsatz; WAHAL (1996) 1 ff.: Negative Abweichung vom entsprechenden Industriedurchschnitt im Zeitraum von 2 Jahren vor dem Einsatz, unwesentliche Erholung im Jahr nach dem Einsatz; NESBITT (1994) 75 ff.: Negative Abweichung vom Index S & P 500 *vor* dem Einsatz, Erholung in den 5 Jahren nach dem Einsatz und Überholen des S & P 500 Index um 5 %; kumulativer Gesamtüberertrag von 41,3 %, was einem jährlichen Ertrag von 7,1 % entspricht; OPLER/SOKOBIN (1995): Ständige Abweichung vom S & P 500 Index *vor* dem Einsatz, Überholung des S & P 500 Index in jedem nachfolgenden Jahr um 10 %, was einem durchschnittlichen Ertrag von 11,6 % und einer absoluten Werterhöhung von $ 39,7 Mio. entspricht. GILLAN et al. (2000) 137, 126 ff.: Die langfristige Kursperformance von *Sears, Roebuck & Co.* erholte sich und schnitt besser als industrievergleichbarer Index nach dem Einsatz von CalPERS ab.

167 STRICKLAND/WILLES/ZENNER (1996) 319: Erhöhung des Börsenpreises um 0,9% infolge der Ankündigung von Vereinbarungen zwischen *United Shareholder Association* und den Zielunternehmen.

168 DEL GUERCIO/HAWKINS (1999) 293, 325; KARPOFF/MALATESTA/WALKING (1996) 365, 383: Unerhebliche Auswirkungen aus der Unterbreitung von Aktionärsanträge durch öffentliche Pensionsfonds; GILLAN/STARKS (2000) 275, 297 ff.: negative Börsenwertauswirkungen aus der Vorlage von Aktionärsanträgen durch institutionellen Anleger; Überblick über die verschiedenen Studien zur Wertauswirkung der Aktionärsanträge siehe in ROMANO (2000) 20-25.

169 WAHAL (1996): Positive Börsenkursauswirkungen nur aus den informellen Verhandlungen.

170 SMITH (1996) 1: Positive Börsenwertauswirkungen nur, wenn die Disziplinierungsaktionen tatsächlich zur Verbesserung bzw. Veränderung der Kontrollstrukturen führen (plus 1,06% im

anderen Seite bleiben die **Bilanzergebnisse** vom institutionellen Einsatz in der Regel unberührt[172]. Dies weist darauf hin, dass die positiven Reaktionen des Kapitalmarktes lediglich Erwartungen für eine künftige, noch nicht kristallisierte Verbesserung zum Ausdruck bringen.

Aus den empirischen Studien ist festzuhalten, dass sich der Einsatz der institutionellen Anleger auf den Unternehmenswert in der Regel zwar positiv, jedoch in nur geringem Umfang auswirkt. Dafür sind möglicherweise folgende Umstände verantwortlich. Einerseits ist der Einsatzumfang eher begrenzt, da er sich auf allgemeine Lösungen, deren Wert nicht eindeutig bewiesen ist, beschränkt, und keinen konkreten Performanceproblemen begegnet[173]. Überdies dauert der Einsatz lange, so dass der Börsenmarkt die positiven erwarteten Auswirkungen wegen der hohen Erfolgsunsicherheit stark diskontiert[174]. Sodann vermögen die empirischen Studien die gesamten Auswirkungen des institutionellen Einsatzes nur eingeschränkt zu ermitteln[175], wenn der Einsatz informell oder nur ein von mehreren Faktoren ist, die zum positiven Ergebnis geführt haben[176]. Zum anderen seien die Einsatzfolgen nicht leicht ersichtlich, weil sie sich nicht direkt auf die Unternehmensperformance beziehen. Beispielweise drängen die institutionellen Anleger auf die Verbesserung der Zusammensetzung und Funktion des *Board of Directors*, was wiederum zu weiteren, den Unternehmenswert positiv beeinflussenden Ereignissen führen kann. Da aber das kausale Verhältnis indirekt ist, vermögen die empirischen Studien den genauen Zusammenhang zwischen dem Unternehmenswert und dem Einsatz der institutionellen Anleger nicht zu erfassen[177]. Schließlich führen kritische Stimmen

---

Zeitraum von zwei Tagen vor Ankündigung des Einsatzes, plus 2,84%, im Zeitraum vor Ankündigung des Einsatzes bis auf Bekanntmachung des Verhandlungsausganges).

171 CARLETON/NELSON/WEISBACH (1998) 1335: Positive Reaktionen nur aus Einsatz gegen Übernahmeabwehrmaßnahmen, negative aus dem Einsatz für Förderung der vielfältigen Zusammensetzung des *Board of Directors*.

172 SMITH (1996) (S.244-8): Keine Verbesserung der Performancemaßstäbe (*operating performance*, wie Einkommens-, Kapitalausgaben, cash-flow-Ausschüttungsrate; WAHAL (1996) Verbesserung der Bilanzmaßstäbe, jedoch keine Überholung des Marktindex; CARLETON/NELSON/WEISBACH (1998) 1335: Übersehbare Auswirkungen auf bilanzielle Performancemaßstäbe

173 RAMSAY et al. (2000) 110, 114. Ein Beispiel für das Werterhöhungspotential des problemspezifischen Aktivismus bietet der von CalPERS und PenPERS durchgeführte *proxy fight* in *Honeywell Corp.*, wobei der kumulative Überertrag im 4-monatigen Zeitraum 14% betrug: siehe VAN NUYS (1993) 101-132.

174 GILLAN et al. (2000) 137, 124.

175 POUND (1993) 1003, 1034; BLACK (1998) 462-3; DELGUERCIO/HAWKINS (1999) 299, 325. Zu verschiedenen Schwierigkeiten, die Auswirkungen des Einsatzes der institutionellen Anleger durch empirische ökonometrische Studien zu erfassen siehe HAMILTON (2000) 349, 366.

176 RAMSAY et al. (2000) 110, 113; GILLAN et al. (2000) 137, 143; POZEN (1994) 140, 143.

177 POZEN (1994) 140, 142.

das geringe Ausmaß der Auswirkungen darauf, dass die dem Einsatz der institutionellen Anleger zugrunde liegenden Schwerpunkte keinen eindeutig positiven, sondern häufig einen negativen Einfluss auf den Unternehmenswert haben[178].

VI. Zwischenergebnisse

In diesem Abschnitt ist versucht worden, die Tätigkeit der institutionellen Anleger zu bewerten. Nach Betrachtung der einzelnen kritischen Fragen ist der Beitrag der institutionellen Anleger *insgesamt* positiv zu bewerten[179]. In erster Linie tragen sie zur Verstärkung der verschiedenen Disziplinierungsmechanismen bei. Dies gilt nicht nur für den Abstimmungsmechanismus, sondern auch für die internen Überwachungsorgane, für die Zivilhaftung, die Disziplinierungsrolle des Marktes für Unternehmenskontrolle und des Kapitalmarktes. Die verstärkte Disziplinierung führt zur Verringerung des Managementopportunismus, wodurch die Finanzierungskosten der Unternehmen verringert werden. Sodann tragen die institutionellen Anleger zur Fortentwicklung der Entscheidungsstrukturen hin zu höherer Kooperation zwischen den verschiedenen Unternehmensbeteiligten bei, wodurch die Qualität und Effizienz des Entscheidungsprozesses positiv beeinflusst werden. Wenig überzeugend erscheinen andererseits die Bedenken, die gegen die Beteiligung der institutionellen Anleger vorgebracht wurden: Die institutionellen Anleger scheinen nicht etwa kurzsichtig zu sein; im Gegenteil bieten sie die Möglichkeit zur Verbesserung der informationellen Transparenz und Effizienz des Kapitalmarktes. Sofern sie sich mit Themen beschäftigen, in denen sie sich gut auskennen und die keine firmenspezifischen Kenntnisse erfordern, überzeugt der Vorwurf nicht, dass sie wegen mangelnder Sachkunde und Kenntnisse die Unternehmen zu falschen Entscheidungen führen würden. Schließlich scheinen andere Unternehmensbeteiligte unter der Beteiligung der institutionellen Anleger nicht zu leiden. Missbrauchsrisiken sind zwar nicht auszuschließen, bisher haben jedoch die institutionellen Anleger ihre Macht nicht dahingehend ausgenutzt. Im Gegenteil profitieren sowohl die individuellen Aktionäre vom Überwachungseinsatz als auch die Arbeitnehmer von den sozialgeprägten Einstellungen der institutionellen Anleger. Diese Ergebnisse gelten allerdings nur unter dem Vorbehalt, dass sich der Einsatz der institutionellen Anleger künftig nicht wesentlich verändert. In einem solchen Fall könnten auch die Auswirkungen auf das Unternehmensleben anders ausfallen.

---

[178] ROMANO (2000) 19-70.

[179] CONARD (1988) 117, 175: "*The activation of institutional investors appears to offer the best hope of restoring to private enterprise the vigor that is inherent in the design of capitalism.*"; RAPAPORT (1990) 98, 103 :"*The institutional investors are the driving force of change in the Corporate Governance which will save the public corporation*".

SCHLUSSWORT

Die gesellschaftsrechtliche Theorie befasste sich bisher kaum mit den Eigenschaften des typischen Aktionärs. Die **Aktionärseigenschaften** wurden als irrelevant betrachtet, und die rechtlichen Regelungen ließen sich von dieser Abstraktion leiten. Es wurde lediglich berücksichtigt, dass der Aktionär ein Anleger ist, der sein Kapital der Gesellschaft zur Verfügung stellt und daher auf einen gewissen Schutz angewiesen ist. Auf die Frage aber, wer der Aktionär ist, welche seine Fähigkeiten, Ziele und Eigenmerkmale sind, wurde nicht eingegangen. Es wurde höchstens zwischen normalen Aktionären und Unternehmensaktionären unterschieden: Letztere waren von Bedeutung, wenn sie durch den Beteiligungserwerb oder sonstige Mittel den Aufbau eines Konzerns anstrebten und die Interessen der Minderheitsaktionäre dadurch in Frage stellten.

Nur wenige Arbeiten befassten sich mit den **soziologischen Eigenschaften** des Aktionärs[1]. Sie kamen zu dem Ergebnis, dass die typischen Aktionäre lediglich Anleger seien, die sich ausschließlich für die finanziellen Ergebnisse, nicht aber für die mit dem Aktionärsstatus zusammenhängenden Kontrollbefugnisse interessieren. Es handele sich um einen unverantwortlichen und höchst eigennützigen Menschentypus, der sich nur für eines interessiert: die wirtschaftlichen Erträge aus seiner Anlage[2]. Alles, was damit nichts unmittelbar zu tun habe, sei für ihn nutzlos. Außerdem fehle dem typischen Aktionär infolge der Erweiterung des Aktionärskreises und der Gewinnung weiterer Bevölkerungsschichten als Aktionäre die erforderliche Sachkunde, um die Kontrollmöglichkeiten sachgerecht wahrnehmen zu können[3]. Im Ergebnis sei die Passivität vornehmlich auf die soziologischen Umstände zurückzuführen.

Wegen der Passivität und Indifferenz wurde dem individuellen Aktionär vorgeworfen, dass er seine ordnungspolitische Rolle in einer Marktwirtschaft, die Streuung des Eigentums an Produktionsmitteln zu gewährleisten, die produktive Verwendung des Kapitals zu kontrollieren und die Wettbewerbsfunktion des Aktienrechts zu verwirklichen, nicht erfülle[4]. Aufgrund dessen wurde seine Legitimation, an der Gestaltung des Unternehmenslebens mitzuwirken, bestritten. Es wurde auch beklagt, dass die juristische Regelung der Realität nicht entspreche, wenn sie den Aktionären Mitgliedschaftsrechte einräume, die sie weder willens noch fähig wahrzunehmen seien. Die daraus gezogene **normative Schlussfolgerung** ging dahin, die Aktionärsrechte (und besonders das Stimmrecht) zu verkürzen, die Aktionäre in die Stellung eines *quasi*-Gläubigers zu

---

1 ROTH (1972); ROTH (1973).

2 ROTH (1972) 208; SCHWARK (1979) 153; MANNING (1958) 1477, 1492.

3 ROTH (1972) 178.

4 LUTTER (1973) 25; SCHWARK (1979) 121. IMMENGA (1971) 7.

versetzen, um die rechtliche Regelung so der Realität anzupassen[5]. Die wichtigen Entscheidungen über das Unternehmensleben (darunter auch die Entscheidung über die Annahme eines Übernahmeangebotes) sollten vom Management eigenständig getroffen werden[6]. Der Schutz der Aktionärsinteressen sollte von anderen Rechtsinstituten, welche die Aktionärsmitwirkung nicht voraussetzen, übernommen werden[7].

Das Aufkommen **institutioneller Anleger** stellt diese Diskussion auf eine neue Grundlage, insofern diese Anleger die Struktur der Beziehungen zwischen Kapitalgebern und -nutzern verändern. Die Industrieunternehmen bleiben nach wie vor die Kapitalnutzer: Sie finden die Produktionsmöglichkeiten heraus und nutzen das Kapital, um diese Möglichkeiten auszuschöpfen. Dabei erzeugen sie Ein- und Auszahlungsströme. Sie verwandeln das aufgebrachte Kapital in Produktionsmöglichkeiten, erzeugen dabei Einkommen durch den Verkauf von Produkten bzw. Leistungen und schütten den Kapitalgebern einen Teil der Gewinne zur Vergütung des aufgebrachten Kapitals aus. Neu in dieser Struktur ist die Einschaltung der institutionellen Anleger. Während das Kapital dem Unternehmen früher von den individuellen Anlegern unmittelbar zugeführt wurde, treten die institutionellen Anleger gegenüber der Gesellschaft zunehmend an die Stelle der individuellen Aktionäre und bewirken insofern einen Paradigmenwechsel in Bezug auf die Aktionärseigenschaften. Diese Entwicklung hat eine doppelte Bedeutung für die gesellschafts- bzw. kapitalmarktrechtliche Theorie.

In Bezug auf die Stellung der Aktionäre als **Anleger am Kapitalmarkt** bewirkt die Erscheinung der institutionellen Anleger eine Verstärkung der Anlegerstellung. Aufgrund ihrer stärkeren Sachkunde sind die institutionellen Anleger in der Lage, Anlageentscheidungen zu treffen, ohne auf den Schutz rechtlicher Regelungen angewiesen zu sein. Im Hinblick darauf erscheinen Vorschriften, die den Anlegerschutz durch Offenlegungs- und Prospektpflichten anstreben, bei den institutionellen Anlegern wenig sinnvoll. Dies führt tendenziell zur Zweiteilung des Kapitalmarktrechts. Ein Teil will die individuellen Aktionäre durch Publizitätspflichten schützen, der andere betrifft die institutionellen Anleger und ist weniger streng[8].

---

5 MANNING (1958) 1477, 1490; ROTH (1972) 207 ff.

6 GORDON (1988) 11-12.

7 Es wurden u.a. vorgeschlagen: die Gründung einer Delegiertenversammlung, die Übernahme der Aktionärsrechte durch ein staatliches Aktienwesen: siehe ROTH (1972) 229, 233; SCHWARK (1979) 153, 161-3; LUTTER (1973) 25.

8 Vgl. CHOI (2000) 279 ff. Noch radikalere Stimmen vertreten die völlige Aufgabe der zwingenden Publizität im Hinblick darauf, dass die institutionellen Anleger auf die zwingende Offenlegung nicht angewiesen seien, während die individuellen Aktionäre von den Offenlegungen kaum Gebrauch machen und ihre Rolle für das Funktionieren des Kapitalmarktes übersehbar sei: siehe RAMSAY/BLAIR (1993) 153, 186; EASTERBROOK/FISCHEL (1991) 297.

In Bezug auf ihre Stellung als **Aktionär** bringen die institutionellen Anleger eine Verstärkung der Legitimation des Aktionärs als Ordnungsfaktors der Aktiengesellschaft mit sich[9]: Es kann nicht mehr geltend gemacht werden, dass die Aktionäre an den Gesellschaftsentscheidungen nicht zu beteiligen seien, weil sie die Mitgliedschaftsrechte nicht wahrnehmen wollen bzw. können. Die Erscheinung der institutionellen Anleger erfordert vielmehr die Verstärkung der Aktionärsrechte. Gerade weil die institutionellen Anleger im Gegensatz zu individuellen Aktionären einen höheren Anreiz und erhöhte Fähigkeiten haben, eine stärkere Kontrolle auszuüben, nutzen sie die vorhandenen Möglichkeiten intensiver und fordern ihre Ausweitung. Kennzeichnendes Beispiel hierfür ist die den Aktionären eingeräumte Möglichkeit, Aktionärsanträge zu unterbreiten[10]. Obwohl diese Möglichkeit längst zur Verfügung stand, wurde sie wenig genutzt. Und wenn sie überhaupt genutzt wurde, wurden häufig andere Ziele als die Aktionärsinteressen dadurch verfolgt. Das Auftreten der institutionellen Anleger verlieh dieser Möglichkeit eine ganz neue Dynamik und Bedeutung. Sie wurde nämlich zu einem Mittel, um die Aktionärsinteressen zu übermitteln und das Management zu beeinflussen. Die institutionellen Anleger fordern weiter eine Verstärkung und Ausweitung ähnlicher Möglichkeiten, um die Aktionärsinteressen wirksamer geltend zu machen. Dadurch wollen sie keine Kontrolle übernehmen, sondern lediglich die Möglichkeit erhalten, die Geschäftsführung durch wirksame und kostengünstige Mitteilung ihrer Einstellungen zu beeinflussen[11]. Das Auftreten der institutionellen Anleger vermag schließlich die Methode für den Schutz der Aktionärsinteressen zu ändern. Wegen der Aktionärspassivität waren zwingende Vorschriften erforderlich, um die konfliktträchtigen Managementhandlungen restriktiv zu regulieren. Dadurch sollte zwar Flexibilität geopfert werden, jedoch Sicherheit in Bezug auf das Schutzausmaß gewonnen werden. Die Bereitschaft der institutionellen Anleger, sich aktiver einzusetzen und ihre Kontrollmöglichkeiten intensiver wahrzunehmen, erlaubt, die zwingende Regelung zu lockern und mehr Platz für eine flexible Ausgestaltung der Unternehmensstrukturen einzuräumen[12].

Muss der Gesetzgeber den Aktionärsforderungen nach Ausweitung der Aktionärsrechte nachkommen?[13] Die gesetzgeberische Reaktion muss sich an den Beweggründen ausrichten, der für die Ausgestaltung der Aktionärsinteressen verantwortlich war. Ist die Beschränkung der Aktionärsrechte auf die Aktionärspassivität zurückzuführen, dann sollte eine entsprechende Ausweitung im Hinblick auf die stärkere Wahrnehmung der Aktionärsrechte durch die

9 IMMENGA (1971) 24 ff.

10 SEA Rule 14a-8.

11 KAMAR (1995) 636, 670.

13 GORDON (1991b) 347, 385 Fn.72.

institutionellen Anleger erfolgen, vorausgesetzt jedoch, dass man vom positiven Rolle der institutionellen Anleger überzeugt ist[14]. War dagegen die Struktur der Aktionärsrechte von anderen Gründen beeinflusst worden, etwa um einen Ausgleich zwischen den verschiedenen Unternehmensbeteiligten sicherzustellen, dann ist die Ausweitung der Aktionärsrechte nicht erforderlich, weil der ursprüngliche Grund bleibt.

Das Aufkommen institutioneller Anleger fordert schließlich den Gesellschaftsrechtler heraus, einen Blick auf die **soziologische und wirtschaftliche Umgebung** zu werfen, um ein besseres und zuverlässigeres Verständnis über die Funktion und Entwicklung einer Institution wie der Aktiengesellschaft zu gewinnen. Gerade wie *Berle* und *Means* die Aktionärstruktur der *corporations* in Betracht ziehen mussten, um die Diskrepanz zwischen Gesetzwortlaut (*die Aktionäre haben die Kontrolle inne*) und Realität (*die Manager haben die Kontrolle inne*) aufzudecken, so muss man heute das Verhalten der institutionellen Anleger berücksichtigen, um neue, die älteren Schlussfolgerungen mindestens teilweise revidierende Feststellungen zu treffen. Und das ist gut so. Denn die Aktiengesellschaft ist nicht nur ein rechtliches Institut; sie ist vielmehr ein wirtschaftliches Phänomen, das juristisch geformt wurde und ständig von externen Impulsen, die ihm eine neue Dynamik verleihen, beeinflusst wird. Sie bildet nur einen von mehreren Bestandteilen, aus denen das gesamte System der Kapitalbildung, -nutzung und -vermittlung besteht. Ohne auch die anderen Bestandteile zu betrachten, kann man den Prozess nicht begreifen, durch den sich die Praxis und Entwicklung der Aktiengesellschaft vollziehen. Diese Arbeit wollte gerade über die rechtlichen Regelungen hinausschauen und mitwirkende Phänomene in Betracht ziehen. Ihr eigentliches Ergebnis sollte daher lauten, dass eine verständnisvolle Befassung mit der aktienrechtlichen Theorie und Praxis die wirtschaftliche Umgebung (darunter auch die Beteiligung der institutionellen Anleger) nicht außer Acht lassen darf.

---

[14] Auch im Hinblick auf das Auftreten der institutionellen Anleger verstärkte der italienische Gesetzgeber mit dem *decreto legislativo* Nr. 58 vom 1.7.1998 (*Testo unico delle disposizioni in materia di indermediazione finanziaria*) die Rechte der Minderheitsaktionäre: siehe MARCHETTI et al. (1999) 155. Vgl. jedoch die Bedenken von Romano, die für die Verkürzung bestimmter Aktionärsrechte im Hinblick auf die zweifelhaften Auswirkungen der Tätigkeit der institutionellen Anleger plädiert: siehe ROMANO (2000) 90 ff.

Literaturverzeichnis

Adams M., 1991, Eigentum, Kontrolle und beschränkte Haftung, Baden-Baden.

Adams E.S., Mukherji A., 1999, Spin-Offs, fiduciary duty, and the law, 68 Fordham L.R. 15-55.

Adler H.B., 1996, The emerging role of activist shareholders and destabilizers, in Cohen H.R., Nathan C.N., The new aggressive era in financial institutions mergers and acquisitions, Practicing Law Institute, New York 133-153.

Admati A. R., Pfleiderer P., Zechner J., 1994, Large shareholder activism, risk sharing and financial market equilibrium, 102 Journal of Political Economy 1097-1130.

Agrawal A., Mendelker G.N., 1990, Large shareholders and the monitoring of managers: the case of antitakeover charter amendments, 25 Journal of Financial and Quantitative Analysis 143-161.

Alchian A.A., Demsetz H., 1972, Production, information costs and economic organization, 62 American Economic Review 777-795.

Allen W. T., 1990, Independent directors in MBO transactions, 45 Business Lawyer 2055-2063.

Allen W.T., 1992, Our schizophrenic conception of the business corporation, in: Monks/Minow (1995) 468-486.

Allen W.T., 1998, The corporate director's fiduciary duty of care and the business judgment rule under the U.S. corporate law, in: Hopt et al. (1998) 307-331.

American Bar Association, 1971, ERISA and the investment management and brokerage industries: Five years later, 35 Business Lawyer 189-294.

American Law Institute, 1994, Principles of Corporate Governance: Analysis and Recommendations, Philadelphia.

Amihud Y., Lev B., 1981, Risk reduction as a managerial motive for conglomerate mergers, 12 Bell Journal of Economics 605-639.

Anderson A.G., 1978, Conflicts of interest: Efficiency, fairness and corporate structure, 25 University of California Los Angeles L.R. 738-795.

Anderson M., Hertig T. (Hrsg.), 1992, Institutional investors in Switzerland: Their behavior and influence on financial markets and public companies, Zürich.

André T.J., 1998, Cultural hegemony: The exportation of Anglo-Saxon corporate governance ideologies to Germany, 73 Tulane L.R. 69-172.

Anisman P., 2000, Poison pills: The Canadian experience, in: Baums et al. (Hrsg.) 1-12.

Appleman J. A., 1945, Insurance law and practice, St. Paul Minnesota, Supplement 1999.

Aranow E.R., Einhorn H. A., 1957, Proxy contests for corporate control, 1.Aufl. New York.

Arbeitskreis "Betriebliche Pensionsfonds", 1998, Bericht des Arbeitskreises "Betriebliche Pensionsfonds" im Auftrag des "Forum Finanzplatz beim Bundesministerium der Finanzen", Schriftenreihe des Bundesministeriums der Finanzen, Heft 64, Bonn.

Arnold C., 1999, Voting abroad: Practical experiences, in: Baums/Wymeersch (Hrsg.),1999, 391-399.

Arrow K.J., 1974, The limits of organization, New York.

Axelrod R., 1987, Die Evolution der Kooperation, München.

Axley R.E., 1959, The case against cumulative voting, 1950 Wisconsin L.R. 278-287.

Ayres I., Cramton P., 1994, Relational investing and agency theory, 15 Cardozo L.R. 1033-1066.

Baetge D., Wöbke J., 1999, Die Class Action im US-amerikanischen Börsenrecht, in: Hopt K.J., Basedow J., Kötz H., Baetge D. (Hrsg.), 1999, Die Bündelung gleichberechtigter Interessen im Prozess, Tübingen, 363-378.

Bainbridge S. M., 1992, Redirecting state takeover laws at proxy contests, 1992 Wisconsin L.R. 1071-1145.

Bainbridge S.M., 1995, The politics of corporate governance, 18 Harvard Journal of Law and Public Policy 671-734.

Baird D.G., Gertrner R.H., Picker R.C., 1995, Game theory and the law, Cambridge Massachusetts.

Ball C.D., 1991, Regulations 14A and 13D: Impediments to pension fund participation in corporate governance, 1991 Wisconsin L.R. 175-201.

Balotti R.F., Finkelstein J.A., 1994, The Delaware law of corporations and business organizations, Prentice Hall.

Banking Law, 1981, Matthew Bender.

Barca F., 1998, Some views on U.S. corporate governance, 1998 Columbia Business L.R. 3-26.

Barnard J.W., 1990, Shareholder access to the proxy revisited, 40 Catholic University L.R. 37-105.

Barnard J.W., 1991, Institutional investors and the new corporate governance, 69 North Carolina L.R. 1135 -1187.

Barris L. J., 1992, The overcompensation problem: A collective approach to controlling executive pay, 68 Indiana L.J. 59-100.

Baudru D., Kechidi M., 1998, Les investisseurs institutionnels étrangers: Vers la fin du capitalisme à la francaise ?, 48 Revue d'économie financière 93-105.

Baum D.J., Stiles N.B., 1965, Investment trusts and investment companies. The silent partners. Institutional investors and corporate control, Syracuse University Press.

Baumol W.J., 1967, Business behavior, value and growth, New York.

Baums T., 1992a, Verbindungen von Banken und Unternehmen im amerikanischen Wirtschaftsrecht, Tübingen.

Baums T., 1992b, Should banks own industrial firms? Remarks from the German perspective, Arbeitspapier, Universität Osnabrück.

Baums T., 1993, Takeovers versus institutions in corporate governance, in Prentice/Holland (1993) 165-173.

Baums T., 1995, Der Aufsichtsamt- Aufgaben und Reformfragen, 1995 ZIP 11-18.

Baums T., 1996a, Corporate governance systems in Europe, Crafoord Lecture: Differences and tendencies of convergence, Crafoord Lecture Lund Sweden.

Baums T., 1996b, Aktienoptionen für Vorstandsmitglieder, Arbeitspapier, Osnabrück.

Baums T., 1998, Shareholder representation and proxy voting in the European Union, in Hopt et al. (1998) 545-564.

Baums T., Buxbaum R., Hopt K.J. (Hrsg.), 1994, Institutional investors and corporate governance, New York.

Baums T., Fraune C., 1995, Institutionelle Anleger und Publikumsgesellschaft. Eine empirische Untersuchung, 40 Aktiengesellschaft 98-111.

Baums T., König M., 1997, Investmentfonds im Universalbankkonzern: Rechtstatsachen und aktuelle Reformfragen, in: Festschrift für Kropff, 3-36.

Baums T., Wymeersch E. (Hrsg.), 1999, Shareholder voting rights and practices in Europe and the United States, The Hague-London-Boston.

Baums T., 1999a, Shareholder voting rights and practices in Europe and the

United States. Germany, in: Baums/Wymeersch (Hrsg.), 109-129.

Baums T., 1999b, Corporate contracting around defective regulations: The Daimler-Chrysler case, 155 Journal for Institutional and Theoretical Economics.

Baums T., Hopt K.J., Horn N. (Hrsg.), 2000, Corporations, capital markets and business in the law, Liber Amicorum Richard M. Buxbaum, London, The Hague, Boston.

Bavly D.A., 1999, Corporate governance and accountability: what role for the regulators, director, and auditor?, Connecticut.

Baysinger B.D., Butler H.N., 1985, The role of corporate law in the theory of the firm, 28 Journal of Law and Economics 179-191.

Bebchuk L.A., 1985, Toward undistorted choice and equal treatment in corporate takeovers, 98 Harvard L.R. 1693-1808.

Bebchuk L.A., Ferrell A., 1999, Federalism and corporate law: The race to protect managers from takeovers, 99 Columbia L.R. 1168-1199.

Bebchuk L.A., Kahan M., 1990, A framework for analysing legal policy towards proxy contests, 78 California L.R. 1071-1135.

Berenbeim R.E., 1995, Les relations des sociétés avec les investisseurs institutionels, 1995 Revue d'économie financière, tiré à part.

Berger D.J., Bagley C.E., LaRosiliere M., 1999, The future of proxy contests: Some strategic and legal considerations, unveröff. Aufsatz.

Berle A.A., Means G.C., 1932, The modern corporation and private property, New York.

Berlinski M.R., Western S.R.A., 1998, Perspectives on the U.S. asset management business, in: Blommestein (1997) 109-131.

Bethel J.E., Gillan S.L., 2000, Corporate voting and the proxy process: managerial control versus shareholder oversight, unveröff. Arbeitspapier abgerufen von http://papers.ssrn.com/

Bhagat S., Black B.S., 2000, Board independence and long-term firm performance, unveröff. Arbeitspapier abgerufen von http://papers.ssrn.com/ paper.taf?abstract_id= 133808.

Bhagat S., Black B.S., 1998, The relationship between board composition and firm performance, in: Hopt et al. (1998) 281-305.

Bhagat S., Brickley J.A., 1994, Cumulative voting: The value of minority shareholder voting rights, 27 Journal of Law and Economics 339-365.

Bhagat S., Jefferis R.H., 1991, Voting power in the proxy process: The case of antitakeover charter amendments, 30 Journal of Financial Economics 193-225.

Bhagat S., 1983, The effect of pre-emptive right amendments on shareholder wealth, 12 Journal of Finance 289-310.

Bianchi M., Enriques L., 1999, Corporate governance after the 1998 reform: What role for institutional investors? unveröff. Arbeitspapier abgerufen von http://www.ssrn.com.papers.com

Bines E.H., 1976, Modern portfolio theory and investment management law. Refinement of legal doctrine, 76 Columbia L.R. 721-798.

Bissara P., 1998, Les véritables enjeux du débat sur "le gouvernement de l'entreprise", 1998 Revue de Sociétés 5-20.

Bizjak J.M., Marquette C.J., 1996, Shareholder proposals to rescind poison pills: All bark and no bite? unveröff. Arbeitspapier abgerufen von http://www.ssrn.com.papers.

Black B.S, Coffee J.C., 1990, Hail Britannia? Institutional investor behavior under limited regulation, 92 Michigan L.R. 1997-2087.

Black B.S., 1989, Bidder overpayment in takeovers, 41 Stanford L.R. 597-660.

Black B.S., 1990, Shareholder passivity reexamined, 89 Michigan L.R. 520-608.

Black B.S., 1991, Disclosure, not censorship: The case of proxy reform, 17 Journal of Corporate Law 49-86.

Black B.S., 1992a, Agents watching agents: The promise of institutional investor voice, 39 University of California, Los Angeles L.R. 811- 893.

Black B.S., 1992b, The value of institutional investor monitoring: The empirical evidence, 39 University of California, Los Angeles L.R. 895-939.

Black B.S., 1992d, Next steps in proxy reform, 18 Journal of Corporate Law 1-54.

Black B.S., 1992c, Next steps in corporate governance reform: 13(D) rules and control-person liability, in: Lehn/Kamphuis (1992) 225-237.

Black B.S., 1998, Shareholder activism and corporate governance, in: Newman (1998) 459-465.

Blackiston H. C, Rappaport L. E., Pasini L. A., 1989, ESOPs: What they are and how they work, 45 Business Lawyer 85-143.

Blair M.M., 1995, Ownership and control: Rethinking corporate governance for the 21th century, Washington, D.C.

Blair M.M., Stout L.A., 1999, Team production theory of corporate law, 85 Virginia L.R. 247-328.

Blair R.D., Heggestad A.A., 1978, The prudent man rule and preservation of trust principal, 1978 University of Illinois L.R. 79-101.

Blakinger C.B., 1975, Fiduciary standards under the employee retirement income security act of 1974, 63 Georgetown L.J. 1109-1141.

Blommestein H.J., 1997, Institutional investors in the new financial landscape, in: Blommestein (1997) 1-68.

Blommestein H.J., 1998, The new financial landscape and its impact on corporate governance in: Balling et al. (1998) 41-70.

Blommestein H.S. (Hrsg.), 1997, Institutional investors in the new financial landscape, Paris.

Bloomenthal H.S., Holme R. & Owen, 1998, Securities law handbook: 1999 Edition, Illinois.

Bloomenthal H.S., Wolff S., 1999a, Securities and federal corporate law, 2.Aufl., St. Paul, Minnesota.

Bloomenthal H.S., Wolff S., 1999b, Emerging trends in securities law. 1999-2000 Edition, St.Paul Minnesota.

Bogert G.G., Bogert G.T., 1980, The law of trusts and trustees, 2. Aufl., St.Paul Minnesota.

Bohnet I., 1997, Kooperation und Kommunikation, Tübingen.

Booth R.A., 1998, Stockholders, stakeholders, and bagholders (or how investor diversification affects fiduciary duty), 53 Business Lawyer 429-478.

Borstadt, L.F., Zwirlein T.J., 1992, The efficient monitoring of proxy contests: An empirical analysis of post-contest control changes and firm performance, 21 Journal of Financial Management 22-34.

Boyer A.D., 1993, Activist shareholders, corporate directors and institutional investment: Some lessons from Roberr Barons, 50 Washington and Lee L.R. 977-1042.

Brancato C.K., 1989, Institutional investors and corporate America: Conflicts and resolutions. An overview of the role of institutional investors in capital markets and corporate America, in U.S.A. Congress (1989) 6-69

Brancato C.K., 1997, Institutional investors and corporate governance: Best practices for increasing corporate value, New York.

Bratton W.W., McCahery J.A., 1995, Regulatory competition, regulatory capture and corporate self regulation, 73 North Carolina L.R. 1861-1948.

Brealey R.A., Myers S.C, 1996, Principles of corporate finance, 5.Auflage.

Brickley J.A, Lease R.C, Smith C.W., 1988, Ownership structure and voting on antitakeover amendments, 20 Journal of Financial Economics 267-291.

Brickley J.A., Lease R.C., Smith C.W., 1994, Corporate voting: Evidence from charter amendment proposals, 1 Journal of Corporate Finance 5-32.

Briggs T.W., 1994, Shareholder activism and insurgency under the new proxy rules, 50 Business Lawyer 99-149.

Brown R.J., 1988, The shareholder communication rules and the SEC: An exercise in regulatory utility or futility?, 13 Journal of Corporate Law 683-792.

Brudney V., 1980, Dividends, discretion and disclosure, 66 Virginia L.R. 85-129.

Brudney V., 1985, Corporate governance, agency costs and the rhetoric of contract, 85 Columbia L.R. 1403-1444.

Bruner R.F., 1999, An analysis of value destruction and recovery in the alliance and proposed merger of Volvo and Renault, 51 Journal of Financial Economics 125-166.

Buckley F.H., 1991, The divestiture decisions, 16 Journal of Corporate Law 805-859.

Bushee B.J., 1999, Do institutional investors prefer near-term earnings over long run value?, unveröff. Arbeitspapier herunterladen von <http://www.ssrn.com.papers>

Business Roundtable, 1978, The role and composition of the board of directors of the large publicly owned corporations, 33 Business Lawyer 2083-2113.

Business Roundtable, 1990, Statement: Corporate governance and America's competitiveness, 46 Business Lawyer 241-252.

Busse von Colbe W., 1998, Was ist und was bedeutet *shareholder value* aus betriebswirtschaftlicher Sicht? 1997 Zeitschrift für Gesellschaftsrecht 271-290.

Buxbaum R., 1991a, Institutional owners and corporate managers: A comparative perspective, 57 Brooklyn L.R. 1-53.

Buxbaum R.M., 1991b, Institutional ownership and the restructuring of corporation, Festschrift für Steindorf, Berlin, 1-29.

Cadbury Committee, 1992, Report of the committee on the financial aspects of corporate governance, London.

CalPERS, 1995, Why corporate governance today? A policy statement. (Zitiert :

Why Corporate Governance) abgerufen von <www.calpers-governance.org/ forumhome.asp>

CalPERS, 1999, Domestic proxy voting guidelines, (Zitiert: Guidelines) abgerufen von <www.calpers-governance.org/principles/domestic/voting>

CalPERS, 1999, U.S. corporate governance principles. Corporate governance principles and guidelines, (Zitiert: Principles), abgerufen von <www.calpers-governance.org/principles/domestic/us>

Caplin M.M., 1953, Shareholder nominations of directors: A program for fair corporate suffrage, 39 Virginia L.R. 141-161.

Cappuccio F.M., 1982, The duties of employee benefit plan trustees under ERISA in hostile tender offers, 82 Columbia L.R. 1692-1719.

Carleton W.T., Nelson J.M., Weisbach M.S., 1998, The influence of institutions on corporate governance through private negotiations: Evidence from TIAA-CREF, 53 Journal of Finance 1335-1362.

Cary W., 1974, Federalism and corporate law. Reflections on Delaware, 83 Yale L.J. 663-705.

Cary W., Eisenberg M.A., 1995, Cases and materials on corporations, New York.

Cassing J., 1996, Protectionist mutual funds, 12 European Journal of Political Economy 1-34.

Chaganti R., Damanpour F., 1991, Institutional ownership, capital structure and firm performance, 12 Strategic Management Journal 479-491.

Chandler W.B., 1999, On the instructiveness of insiders, independents, and institutional investors, 67 University of Cincinnati L.R. 1083-1097.

Charkham J.P., 1994, Keeping good company, Oxford.

Charkham J.P., Simpson A., 1999, Fair shares. The future of shareholder power and responsibility, New York.

Chidambaran N.K., Woidtke T., 1999, The role of negotiations in corporate governance: evidence from withdrawn shareholder-initiated proposals, New York University, Center for Law and Business, Working Paper #CLB-99-012, herunterladen von http://papers.ssrn.com/paper.taf?abstract_id=209808

Choi S., 2000, Proxy issue proposals: Impact of the SEC proxy reforms, 16 Journal of Law, Economics and Organizations 231-265.

Choi S., 2000, Regulating investors not issuers. A market based proposal, 88 California L.R. 279-334.

Clark R.C., 1975, The federal income taxation of financial intermediaries, 84 Yale L.J. 1603-1682.

Clark R.C., 1976, The soundness of financial intermediaries, 86 Yale L.J. 1-102.

Clark R.C., 1979, The regulation of financial holding companies, 92 Harvard L.R. 787-863.

Clark R.C., 1981, The four stages of capitalism, 94 Harvard L.R. 561-582.

Clark R.C., 1985, Agency costs versus fiduciary duties, in: Pratt/Zeckhauser 55-79.

Clark R.C., 1986, Corporate Law, Boston.

Clawson M.A., Klein T., 1997, Indexed stock options: A proposal for compensation commensurate with performance, 3 Stanford Journal of Law, Business and Finance 31-50.

Coase R., 1937, The theory of the firm, in The firm the market and the law, R.H.Coase (Hrsg.) Chicago and London, 1988, 33-55.

Coffee J.C, 1994, The SEC and the institutional investor: A Half-Time report, 15 Cardozo L.R. 837-907.

Coffee J.C., 1984, Regulating the market for corporate control, 84 Columbia L.R. 1145-1294.

Coffee J.C., 1986, Shareholders versus Managers: The strain in the corporate web, 85 Michigan L.R. 1-109.

Coffee J.C., 1990, Unstable coalitions: Corporate governance as a multi-player game, 78 Georgetown L.J. 1495-1549.

Coffee J.C., 1993, Institutional investors as corporate monitors: Are takeovers obsolete? in: Farrar J. (Hrsg.) Takeovers, institutional investors and the modernization of corporate law, Auckland Oxford, 12-104.

Coffee J.C., 1997, The folklore of investor capitalism, 95 Michigan L.R. 1970-1989.

Coffee J.C., 1997b, The by-law battlefield: Can institutions change the outcome of corporate control contests?, 51 Miami L.R. 605-621.

Coffee J.C., 1999, The future as history: The prospects for global convergence in corporate governance and its implications, 93 Northwestern L.R.641-707.

Comment, 1971, Section 13(d) and disclosure of corporate equity ownership, 119 University of Pennsylvania L.R. 853-877.

Committee of Conference on ERISA, 1986, Joint Explanatory Statement, in

ERISA. Selected Legislative History 1974-1986, Washington, D.C.

Conard A.F., 1988, Beyond managerialism: Investor capitalism?, 22 University of Michigan Journal of Law Reform 117-178.

Conard A.F., 1992, Control, responsibility, and abdication: A dilemma of securities regulation, 17 Journal of Corporate Law 539-578.

Conference, 1967, Mutual funds as investors of large pools of money, 115 University of Pennsylvania L.R. 659-854.

Conison J., 1993, Employee benefit plans, St.Paul, Minnesota.

Conley J.M., O'Barr W.M., 1991, The culture of capital: An anthropological investigation of institutional investment, 70 North Carolina L.R. 823-847

Core E.J., Holthausen R.W., Larcker D.F., 1999, Corporate governance, chief executive officer compensation and firm performance, 51 Journal of Financial Economics 371-406.

Cosh A.D., Hughes A., Lee K., Singh A., 1989, Institutional investment, mergers and the market for corporate control, 73 International Journal of Industrial Organization 73-100.

Council of Institutional Investors, 2000, Corporate governance policies, abgerufen von <www.cii.org/corp-governance.htm>

Cox J.D., 1993, The ALI, institutionalization, and disclosure: The quest for the outside director's spine, 61 George Washington L.R. 1233-1273.

Crête R., Rousseau S., 1997, De la passivité à l'activisme des investisseurs institutionnels au sein des corporations: le reflet de la diversité des facteurs d'influence, 42 McGill L.J. 863-960.

Curzan M.P., Pelesh M.L, 1980, Revitalizing corporate democracy: Control of investment managers' voting on social responsibility proxy issues, 93 Harvard L.R. 670-700.

Daines R., 2000, Does Delaware law improve firm value ? unveröff. Arbeitspapier herunterladen von http://papers.ssrn.com/paper.taf? abstract_id=195109.

Daniels R., 1993, Stakeholders and takeovers: Can contractarianism be compassionate? 43 University of Toronto L.J. 315-351.

Daniels R.J., MacIntosh J.G., 1991, Toward a distinctive Canadian corporate law regime, 29 Osgoode Hall L.J. 864-933.

Daniels R.J., Waitzer E.J., 1994, Challenges to a citadel: A brief overview of recent trends in Canadian corporate governance, 23 Canadian Business L.J. 23-

44.

Davies P.L., 1993, Institutional investors in the UK, in:Prentice/Holland (1993) 69-96.

Davies P.L., 1999, Shareholder voting rights and practices: The United Kingdom, in: Baums/Wymeersch (Hrsg., 1999), 331-352.

Davis G.F., Thompson T.A., 1994, A social movement perspective on corporate control, 39 Administrative Science Quarterly 143-173.

Davis P.E., 1995, Pension funds. Retirement-Income security, and capital markets. An international perspective, Oxford.

Davis S.M., 1999, Bridging the accountability gap: An agenda for global share voting reform, in: Baums/Wymeersch (Hrsg.), 1999, 383-389.

Davis S., Lannoo K., 1997, Shareholder voting in Europe, in: Pezard/Thiveaud (1997) 139-165.

DeAngelo H., DeAngelo L., 1989, Proxy contests and the governance of publicly held corporations, 23 Journal of Financial Economics 29-59.

DeAngelo H., Rice E.M., 1983, Antitakeover charter amendments and stockholder wealth, 11 Journal of Financial Economics 329-360.

DelGuercio D., 1996, The distorting effect of the prudent man laws on institutional equity investment, 40 Journal of Financial Economics 31-62.

DelGuercio D., Jennifer H., 1999, The motivation and impact of pension fund activism, 52 Journal of Financial Economics 293-340.

Demsetz H., 1983, The structure of ownership and the theory of the firm, 26 Journal of Law and Economics 375-393.

Denis D.J., Kruse T.A., 1998, Managerial discipline and corporate restructuring. Following performance declines, unveröff. Arbeitspapier abgerufen von <http://www.ssrn.com.papers>.

Denis D.J., Serrano J.M., 1996, Active investors and management turnover following unsuccessful control contests, 40 Journal of Financial Economics 239-266.

Dent G.W., 1986, Unprofitable mergers: Toward a market based legal response, 80 Northwestern University L.R. 777-806.

Dent G.W., 1989, Toward unifying ownership and control in the public corporation, 1989 Wisconsin L.R. 881-924.

Dodd P., Warner J.B., 1983, On corporate governance: A study of proxy contests, 11 Journal of Financial Economics 401-438.

Dodd P., Leftwich R., 1980, The market for corporate charters "Unhealthy competition vs federal regulation", 53 Journal of Business 259-287.

Doetsch P., 1986, Die betriebliche Altersvorsorge in den Vereinigten Staaten von Amerika und der Bundesrepublik Deutschland, Bergisch Gladbach.

Doralt P., 1998, Strong voices for change: How international portfolio investment can affect managerial attitudes, unveröff. Diplomarbeit, London School of Economics.

Downs A., 1957, An economic theory of democracy, New York.

Drucker P., 1991, Reckoning with the pension fund revolution, 1991 Harvard Business Review Mar.-Apr. 106-114.

Drucker P.F., 1976, Die unsichtbare Revolution: Die Mitarbeiter-Gesellschaft und ihre Probleme, Düsseldorf.

Duggal R., Millar J.A., 1994, Institutional investors, antitakeovers defenses and success of hostile takeovers, 34 Quarterly Review of Economics and Finance 387-402.

Duggal R., Millar J.A., 1999, Institutional ownership and firm performance: The case of bidder returns, 5 Journal of Corporate Finance 103-117.

Easterbrook F.H., Fischel D.R., 1983, Voting in corporate law, 20 Journal of Law and Economics 395-427.

Easterbrook F.H., Fischel D.R., 1991, The economic structure of corporate law, Cambridge Massachusetts.

Easterbrook F.H., 1984a, Two agency explanations of dividend policy, 74 American Economic Review 650-659.

Easterbrook F.H., 1984b, Managers′ discretion and investors' welfare, 9 Delaware Journal of Corporation Law 540-571.

Eisenberg M.A., 1976, The structure of corporation: A legal analysis, Toronto et al..

Eisenberg M.A., 1989, The structure of corporate law, 89 Columbia L.R. 1461-1525.

Eisenberg M.A., 1999, Corporate law and social norms, 99 Columbia L.R. 1253-1292.

Enstam R.A., Kamen H.P., 1968, Control and institutional investors, 23 Business Lawyer 289-325.

Erway R.E., 1963, New York law relating to investments of life insurance companies, in: Dowling E.J., Erway R.E., The life insurance law of New York,

665 ff.

Escher-Weingart C., 1999, The development of corporate governance in Germany, 5 Columbia Journal of European Law 243-248.

Estreicher A.G., 1993, Beyond agency costs: Managing the corporation for the long term, 45 Rutgers L.R. 514-614.

Evans J.L., Archer S.H., 1968, Diversification and the reduction of dispersion, 23 Journal of Finance 761-767.

Fama E., 1980, Agency problems and the theory of the firm, 80 Journal of Political Economy 288-307.

Fanto J.A., 1995, The Transformation of French Corporate Governance and U.S. Institutional Investors, 21 Brooklyn Journal of International Law 1-47.

Fanto J.A., 1998, The role of corporate law in the adaptation of French enterprises, 1998 Columbia Business L.R. 97-120.

Farrar D.E., Girton L., 1981, Institutional investors and concentration of financial powers: Berle and Means revisited, 26 Journal of Finance 369-381.

Farrar J., Russell M., 1985, The impact of institutional investment on company law, 5 Company Lawyer 107-116.

Felsenfeld C., 1996, Banking regulation in the United States, Ohne Ortsangabe.

Ferrara R.C., Zirlin H., 1992, The institutional investor and corporate ownership, 19 Securities Regulation L.J. 341-365.

Fisch J.E., 1993, From legitimacy to logic: Reconstructing proxy regulation, 46 Vanderbilt L.R. 1129-1199.

Fisch J.E., 1994, Relationship investing: Will it happen? Will it work?, 55 Ohio State L.J 1009-1048.

Fischel D.R., 1982, The corporate governance movement, 35 Vanderbilt L.R. 1259-1292.

Fischel D.R., Bradley M., 1986, The role of liability rules and the derivative suit in corporate law: A theoretical and empirical analysis, 71 Cornell L.R. 261-297.

Fischel D.R., Langbein J., 1988, ERISA's fundamental contradiction: The exclusive benefit rule, 55 University of Chicago L.R. 1105-1160.

Fleischer A., Sussman A.R., 1997, Takeover defense, 5.Aufl., NY.

Frankel T., 1984, The regulation of money managers, Boston et al.

Frankel T., 1984b, Corporate director's duty of care. The ALI's project on corporate governance, 52 George Washington L.R. 705-718.

Fraune C., 1996, Der Einfluss institutioneller Anleger in der Hauptversammlung, Köln.

Frenchman R.S., 1993, The recent revisions to federal proxy regulations: Lifting the ban on shareholder communications, 68 Tulane L.R. 161-194.

Garms M.R., 1999, Shareholders by-law amendments and the poison pill: The market for corporate control and economic efficiency, 24 Journal of Corporate Law 435-451.

Garten H., 1992, Institutional investors and the new financial order, 44 Rutgers L.R. 585-632.

General Motors, 1998, Guidelines on significant corporate governance issues, abgerufen von <www.gm.com/company/investors/stockholders/ guidelines.html>

Gibbs C.F., 1997, Corporate fiduciaries, diversification and the prudent-person rule, 114 Banking L.J. 905-922.

Gillan S.L., Kensinger J.W., Martin J.D., 2000, Value Creation and Corporate Diversification: The Case of Sears & Co., 55 Journal of Financial Economics 103-137.

Gillan S.L., Starks L.T., 2000, Corporate governance proposals and shareholder activism: the role of institutional investors, 57 Journal of Financial Economics 275-305.

Gilson R.J., 1982, The case against shark repellent amendments: Structural limitation on the enabling concept, 34 Stanford L.R. 775-836.

Gilson R.J., 1992, Executive compensation and corporate governance: An academic perspective, 24(1) Annual Institute on Securities Regulation 647-679.

Gilson R.J., Black B.S., 1995, The law and finance of corporate acquisitions, New York.

Gilson R.J., Gordon L.A., Pound J., 1991, How the proxy rules discourage constructive engagement: Regulatory barriers to electing a minority of directors, 17 Journal of Corporate Law 29-47.

Gilson R.J., Kraakman R., 1984, The mechanisms of market efficiency, 70 Virginia L.R. 549-644.

Gilson R.J., Kraakman R., 1991, Reinventing the outside director: An agenda for institutional investors, 43 Stanford L.R. 863-910.

Gilson R.J., Kraakman R., 1993, Investment companies as guardian shareholders: The place of the MSIC in the corporate governance debate, 45 Stanford

L.R. 985-1010.

Gilson R.J., Roe M., 1993, Understanding the japanese keiretsu: Overlaps between corporate governance and industrial organization, 102 Yale L.J. 871-906.

Goetz C.J., Scott R.E., 1981, Principles of relational contracting, 67 Virginia L.R. 1089-1150.

Gollnick J., 1997, Die Beurteilung der Vorstandsleistung durch den Aufsichtsrat, Frankfurt a.M. et al., zugl. Diss. Universität Osnabrück.

Gompers P.A, Metrick A., 1998, How are large institutions different from other investors? Why do these differences matter? unveröff. Arbeitspapier abgerufen von <http://www.ssrn.com.papers>.

Goodman A.L., Olson J.F., 1996, A practical guide to SEC proxy and compensation rules, 2.Aufl., New Jersey.

Gordon J.N., 1987, The puzzling persistence of the constrained prudent man rule, 62 New York University L.R. 52-114.

Gordon J.N., 1988, Ties that bond. Dual class common stock and the problem of shareholder choice, 76 California L.R. 1-85.

Gordon J.N., 1991a, Corporations, markets and courts, 91 Columbia L.R. 1931-1988.

Gordon J.N., 1991b, Shareholder initiative: A social choice and game theoretic approach to corporate law, 60 University of Cincinnati L.R. 347-385.

Gordon J.N., 1994, Institutions as relational investors: A new look at cumulative voting, 94 Columbia L.R. 124 -192.

Gordon J.N., 1997a, Employees, pension funds and the new economic order, 97 Columbia L.R. 1519-1566.

Gordon J.N., 1997b, Just say never? Poison pills, deadhand pills and shareholder adopted Bylaws, 19 Cardozo L.R. 511-547.

Gordon J.N., 1998c, Deutsche Telekom, German corporate governance, and the transition costs of capitalism, 1998 Columbia Business L.R. 185-202.

Gordon J.N., 1999, Pathways to corporate convergence? Two steps on the road to shareholder capitalism in Germany, 5 Columbia Journal of European Law 219-241.

Gordon R.A., 1961, Business leadership in the large corporation, Berkeley Los Angeles.

Gottlisch K.J., 1996, Die Eigentümerkontrolle in der modernen Publikumsgesellschaft, Freiburg, Schweiz.

Greenwood D.J.H., 1996, Fictional shareholders: For whom are corporate managers trustees, revisited, 69 South California L.R. 1021-1098.

Grossman S.J., Hart O.D., 1980, Take over bids, the free rider problem and the theory of corporation, 11 Bell Journal of Economics 42-64.

Grossman S.J., Hart O.D., 1988, One share one vote and the market for corporate control, 20 Journal of Financial Economics 175-202.

Grundfest J.A., 1990, Subordination of American capital, 27 Journal of Financial Economics 89-114.

Grundfest J.A., 1991, Just say no: A minimalist strategy for barbarians out of gate, 45 Stanford L.R. 857-936.

Guyon Y., 1997, Aspects juridiques des fonds d'epargne retraite, 1997 Les Petites Affiches 14-18.

Hallbach E.C., 1992, Trust investment law in the Third Restatement, 77 Iowa L.R. 1151-1185.

Hamermesh L.A., 1998, Corporate democracy and stockholder adopted by-laws: Taking back the street?, 73 Tulane L.R. 409-495.

Hansmann H., 1996, The ownership of the firm enterprise, Cambridge Massachusetts.

Harbrecht P., 1964, Pensionsfonds, eine wirtschaftliche Macht, Frankfurt a.M.

Hart O., 1989, An economist's perspective on the theory of the firm, 89 Columbia L.R. 1757-1774.

Hartzell J.C., Starks L.J., 2000, Institutional investors and executive compensation, unveröff. Arbeitspapier abgerufen von <http://www.ssrn.com. papers>.

Haskell P.G., 1990, The prudent man rule for trustee investment and modern portfolio theory, 69 North Carolina L.R. 87-111.

Hausmaninger C., 1997, Insider Trading. Eine systemvergleichende Untersuchung amerikanischer, europäischer und österreicher Regelungen, Wien.

Hawley J.P., 1995, Political voice, fiduciary activism, and the institutional ownership of U.S. corporations: The role of public and noncorporate pension funds, 38 Sociological Perspectives 415-431.

Hawley J.P., 1997, Beyond the financial model of the firm as workable corporate governance: U.S. Governance as a work in progress and the emergence of institutional investors as universal "owners", in: Pezard/Thiveaud 131-138.

Hawley J.P., Williams A.T., Miller J.U., 1994, Getting the herd to run: Shareholder activism at the California Public Employees' Retirement System, 6 Business and the Contemporary World 26-48.

Hazen T.L., 1991, The short-term/long-term dichotomy and investment theory: Implications for securities market regulation and for corporate Law, 70 North Carolina L.R. 137-207.

Heard J.E., 1995, Executive compensation: Perspective of the institutional investor, 63 University of Cincinnati L.R. 749-767.

Balling M., Hennessy E., O'Brien R. (Hrsg.), 1998, Corporate governance, financial markets and global convergence, Dordrecht et al.

Hertig G., 2000, Western Europe's corporate governance dilemma, in: Baums et al. (Hrsg.), 265-282.

Herzel L., Colling D.E., 1978, The Chinese Wall and conflict of interest in banks, 34 Business Lawyer 72-115.

Hirschman A.O., 1974, Abwanderung und Widerspruch: Reaktionen auf Leistungsabfall bei Unternehmungen, Organisationen und Staaten, Tübingen.

Hopt K.J., Wymeersch E. (Hrsg.), 1997, Comparative corporate governance: essays and materials, Berlin.

Hopt K.J., Wymeersch E., Roe M., Prigge S. (Hrsg.), 1998, Comparative Corporate governance, Oxford.

Hornstein J.A., 1993, Proxy solicitation redefined: The SEC takes an incremental step toward effective corporate governance, 71 Washington University Law Quarterly 1129-1163.

Hu H.T.C., 1990, Risk, time and fiduciary principles in corporate investment, 38 University of California Los Angeles L.R. 277-389.

Hu H.T.C., 1991, New financial products, the modern process of financial innovation, and the puzzle of shareholder welfare, 69 Texas L.R. 1273-1317.

Hutchinson J.D., Cole C.G., 1980, Legal standards governing investment of pension assets for social and political goals, 128 University of Pennsylvania L.R. 1340-1388.

Ikenberry D., Lakonishok J., 1993, Corporate governance through the proxy contest: Evidence and implications, 66 Journal of Business 404-435.

Immenga U., 1971, Aktiengesellschaft, Aktionärsinteressen und institutionelle Anleger, Tübingen.

Isaksson M., Skog R. (Hrsg.), 1994, Aspects of corporate governance, Stockholm.

Jarell G.A, Poulsen A.B., 1987, Shark repellents and stock prices: The effects of antitakeover amendments, 19 Journal of Financial Economics 127-168.

Jarell G.A, Poulsen A.B., 1988, Dual class common recapitalizations as antitakeover mechanisms: The recent evidence, 20 Journal of Financial Economics 129-152.

Jarrow R.A., Leach J.C., 1991, The relevance of fiduciary conflict-of-interests in control versus issue proxy contests, 26 Journal of Financial and Quantitative Analysis 533-547.

Jeffers E., 1998, La place financière de Paris face aux investisseurs américains ,a l'heure de l'euro, 48 Revue d'économie financiere 107-124.

Jennings R.W, Marsh H., Coffee J.C., 1992, Securities regulation: cases and materials, 7.Aufl., Westbury, New York.

Jensen M.C., 1986, Agency costs of free cash flow, corporate finance and takeovers, 76 American Economic Review, paper and proceedings 323-329.

Jensen M.C., 1988, Takeovers: their causes and consequences, 1988 Journal of Economic Perspectives 21-48.

Jensen M.C., 1993, The modern industrial revolution, exit and the failure of internal control systems, 68 Journal of Finance 831-881.

Jensen M.C., Fama E.F., 1983, Agency problems and residual claims, 26 Journal of Law and Economics 327-349.

Jensen M.C., Fama E.F., 1983, Separation of ownership and control, 26 Journal of Law and Economics 301-325.

Jensen M.C., Meckling W.H., 1976, Theory of the firm: Managerial behavior, agency costs and capital structure, 3 Journal of Financial Economics 305-360

Jensen M.C., Merphy K.J., 1990, CEO incentives- It's not how much you pay, but how, 1990 Harvard Business Review, Mai-June 138-163.

Jensen M.J., 1989, Eclipse of the public corporation, 1989 Harvard Business Review, Sept.-Oct., 61-74.

Johnson L., Millon D., 1993, Corporate takeovers and corporate law: Who's in control, 61 George Washington L.R. 1177-1211.

Johnson M.F., Porter S., Shackell M.B., 1997, Stakeholder pressure and the structure of executive compensation, unveröff. Arbeitspapier abgerufen von <http://www.ssrn.com.papers>.

Kahn C., Winton A., 1998, Ownership structure, speculation and shareholder intervention, 53 Journal of Finance 99-129.

Kaiser J., 1990, Banken und institutionelle Investoren, St Gallen et al.

Kallfass H., 1988, The American corporation and the institutional investors. Are there lessons from abroad?, 1988 Columbia Business L.R. 775-791.

Kamar E., 1995, Institutional investors as corporate monitors in Israel, 29 Israel L.R. 636-676.

Kamar E., 1998, A regulatory competition theory of indeterminacy in corporate law, 98 Columbia L.R. 1908-1959.

Kamen H.P., Toppeta W.J., 1991, The life insurance law of New York, New York et al.

Karmel R.S., 1991, Is it time for a federal corporation law?, 57 Brooklyn L.R. 55-95.

Karmel R.S., 1993, Implications of the stakeholder model, 61 George Washington L.R. 1156-1176.

Karpoff J., Malatesta P.H., Walkling R.A., 1996, Corporate governance and shareholder initiatives: Empirical evidence, 365-395.

Keasey K., Wright M., 1997, Corporate governance, responsibilities, risks and remuneration, Chichester Wiley.

Kindler R.A., Gerstenhaber Rachel R., 1992, Shareholder Initiatives, Institutional Investors and the SEC: 14a-8 proposals and the new proxy rules, 24(2) Annual Institute on Securities Regulation 9-95.

Klausner M., Elfenbein J., 1999, The United States, in: Baums/Wymeersch (Hrsg.), 2000, 353-366.

Klein A., 1998, Firm performance and board committee structure, 31 Journal of Law and Economics 275-303.

Klein M.S., 1997, Rule 14b-2: Does it actually lead to the prompt forwarding of communications to beneficial owners of securities?, 23 Journal of Corporate Law 155-177.

Klein R.J., 1991, The case for heightened scrutiny defense of the shareholder franchise right, 44 Stanford L.J. 129-177.

Klein W.A., 1982, The modern business organization: Bargaining under constraints, 91 Yale L.J. 1521-1564.

Klevan M., 1988, Fiduciary duty and proxy voting, 1988 Annual Review of Banking Law 229-236.

Knobling P., 1996, Die Interdependenz von Unternehmensverfassung und Unternehmensfinanzierung bei börsennotierten AG, Franfkurt a.M.

Knoll L., Möller H-P, 1999, Die Entscheidung der Aktionäre über Aktien-Optionspläne: Notwendigkeit der Vermittlung relevanter Informationen, 11 ZBB 69-72.

Koch M., 2000, Diversifizierung und Vorstandskompetenzen, juristische Dissertation, Osnabrück.

Koppes R.H., 1998, Corporate Governance, The National Law Journal, July 6, 1998, S.B06.

Kotz D.M., 1978, Bank control of large corporations in the US, Berkeley et al.

Kreinberg J.A., 1995, Reaching beyond performance. Compensation in attempt to own the corporate executive, 45 Duke L.J. 138-182.

Kübler F.K., 1991, Institutional owners and corporate managers: A German dilemma, 57 Brooklyn L.R. 97-111.

Kühnberger M., Keßler J., 1999, Stock Options Incentives- betriebswirtschaftliche und rechtliche Probleme eines anreizkompatiblen Vergütungssystems, 1999 Aktiengesellschaft 453-464.

Lang R.T., Robert, Smul S.G., 1996, Executive compensation and corporate governance, in: Goodman/Olson (1996) § 3.

Langbein J.A., Posner R.A., 1980, Social investing and the law of trusts, 79 Michigan L.J. 72-112.

Langbein J.H., Posner R., 1976, Market funds and trust investment law, 1976 American Bar Foundation Research Journal 1-34.

Lanoff I.D., 1980, The social investment of private pension plan assets. May it be done lawfully under ERISA?, 31 Labor L.J. 387-392.

LaPorta R., Lopez-de-Silanes F., Shleifer A., Vishny R.W., 1998, Law and finance, 106 Journal of Political Economy 1113-1155.

LaPorta R., Lopez-de-Silanes F., Shleifer A., Vishny R.W., 1997, Legal determinants of external finance, 52 Journal of Finance 1131-1150.

LaPorta R., Lopez-de-Silanes F., Shleifer A., 1999, Corporate ownership around the world, 54 Journal of Finance 471-517.

Lee D-H, 1996, Comparative corporate governance, (Masch.-schr.) Diss. Wisconsin.

Lehn K., Kamphuis R.W. (Hrsg.), 1992, Modernizing U.S. securities regulation: Economic and legal perspectives, New York.

Lese S.C., 1996, Preventing control from the grave: a proposal for judicial treatment of dead hand provisions in poison pills, 96 Columbia L.R. 2175-2212.

Letsou P.V., 1992, Shareholder voice and the market for corporate control, 70 Washington University Law Quarterly 755-792.

Levi H., 1982, Economic evaluation of voting power of common stock, 38 Journal of Finance 79-93.

Levine D.M., Pritchard A.C., 1998, The securities litigation uniform standards Act of 1998: The sun sets on California's Blue Sky, 54 Business Lawyer 1-54.

Levine M.E., Plott C.R., 1977, Agenda influence and its implications, 63 Virginia L.R. 561-604.

Li A.J., 1997, The meaning of Item Four of Schedule 13D of SEA of 1934: A new framework and analysis, 52 Business Lawyer 851-884.

Lin L., 1996, The effectiveness of outside directors as corporate governance mechanism. Theories and evidence, 90 Northwestern University L.R. 898-975

Lipton M., Lorsch J., 1992, A modest proposal for improved corporate governance, 48 Business Lawyer 59-77.

Lipton M., Rosenblum S.A., 1991, A new system of corporate governance: The quinquennial election of directors, 58 University of Chicago L.R. 187-253.

Livingston S.A., 1958, The American stockholder, Philadelphia.

Loewenstein M.J., 1994, The SEC and the future of corporate governance, 45 Alabama L.R. 783-817.

Longstreth B., 1986, Modern investment manager and the prudent man rule, New York.

Loss L., 1988, Fundamentals of securities regulation, Boston.

Loss L., Seligman J., 1988, Securities Regulation, Boston.

Lowenfels L.D., Bromberg A.D., 1997, Controlling person liability under section 20(a) of the Securities Exchange Act and section 15 of The Securities Act, 53 Business Lawyer 1-33.

Lowenstein L., 1983, Pruning deadwood in hostile takeovers: A proposal for legislation, 83 Columbia L.R. 244-334.

Lowenstein L., 1991, Why managers should (and should not) have respect for their shareholders?, 17 Journal of Corporate Law 1-27.

Lowenstein L., 1994, A short and not altogether happy history of corporate governance in the U.S., in: Skog/Isaksson (1994) S.17-30

Lowenstein L., 1998, Corporate governance and the voice of paparazzi, Arbeitspapier abgerufen von <http://www.law.columbia.edu/law-

economicstudies/papers/wp132-pdf#132>

Lutter L., 1995, Defizite für eine effiziente Aufsichtsratstätigkeit und gesetzliche Möglichkeiten der Verbesserung., 1995 Zeitschrift für das gesamte Handelsrecht 1995, 287-309.

Lutter M., 1973, Der Aktionär in der Marktwirtschaft, Berlin.

Lüttmann R., 1992, Kontrollwechsel in Kapitalgesellschaften: eine vergleichende Untersuchung des englischen, US-amerikanischen und deutschen Rechts, Baden-Baden, zugl. juristische Dissertation, Universität Osnabrück.

Lybecker M.E., 1973, Regulation of bank trust department investment activities, 82 Yale L.J. 977-1002.

Lynch G.G., Spector S.P., McG. Sullivan K. (Hrsg.), 1998, Corporate Governance Institute: Blueprint for good corporate governance in the 1990s, Practising Law Institute, New York.

Macaulay S.J., 1990, The aggregation of equity investments by banks and bank holding companies, 107 Banking L.J. 510-546.

Macey J.R, Netter J.M., 1987, Regulation 13D and the regulatory process, 65 Washington University Law Quarterly 131-153.

Macey J.R., 1998, Institutional investors and corporate monitoring. A demand side perspective in a comparative view, in: Hopt et al. (1998) 903-917.

Macey J.R., Miller G.P., 1995, Corporate governance and commercial banking: A comparative examination of Germany, Japan and the U.S., 48 Stanford L.R. 73-105.

Machold R., 1988b, The American corporation and the institutional investor: Are there lessons from abroad? 1988 Columbia Business L.R. 751-758.

MacIntosh J.G., 1993, Designing an efficient fiduciary rule, 43 University of Toronto L.R. 425-473.

MacIntosh J.G., 1993, The role of institutional and retail shareholders in Canadian capital markets, 31 Osgoode Hall L.J. 371-472.

MacIntosh J.G., 1995-6, Institutional shareholders and corporate governance in Canada, 26 Canadian Business L.J. 145-179.

Madden B.J., 1992, The SEER mechanism. A proposal for shareholder voting on reinvestment of corporate cash flow, 5 Journal of Applied Corporate Finance, Heft 3, 33-45.

Mahle S., 1990, Proxy contests, agency costs and third generation state antitakeover statues, 15 Journal of Corporate Law 721-761.

Malatesta P.H., Walkling R.A., 1988, Poison pill securities. Stockholder wealth, profitability, and ownership structure, 20 Journal of Financial Economics 347-376.

Mallin C., 1998, The role of institutional investors in the corporate governance of financial institutions, in: Balling et al. 217-233.

Maloney E., 1988, Proxy voting responsibility under ERISA, 1988 Annual Review of Banking L. 259-263

Manne H.G., 1962, The "higher criticism" of the modern corporation, 62 Columbia L.R. 399-432.

Manne H.G., 1964, Some theoretical aspects of share voting. An essay in honor of Adolf A.Berle, 64 Columbia L.R. 1427-1445.

Manne H.G., 1965, Mergers and the market for corporate control, 73 Journal of Political Economy 110-120.

Manne H.G., 1967, Our two corporation systems: Law and economics, 53 Virginia L.R. 259-285.

Manning B., 1958, Review of Livingston "The American Stockholder", 67 Yale L.J. 1477-1496.

Marchetti P., Carcano G., Ghezzi F., 1999, Shareholder voting rights and practices in Europe and the United States. Italy, in: Baums/Wymeersch (Hrsg.), 1999, 155-182.

Marris R., 1964, The economic theory of "managerial" capitalism, London.

Massey S.J., 1992, Chancellor's Allen Jurisprudence and the Theory of Corporate Law, 17 Delaware Journal of Corporate Law 683-783.

Matheson J.H., Olson B.A., 1992, Corporate law and the long term shareholder model of corporate governance, 76 Minnesota L.R. 1313-1391.

Matheson J.H., Olson B.A., 1994, Corporate cooperation, relationship management and the trialogical imperative for corporate law, 78 Minnesota L.R. 1443-1491.

Mathis P.J., 1992, Mechanismen zur Kontrolle von Managern in großen Kapitalgesellschaften, Dissertation, Saarbruecken.

Maug E., 1998, Large shareholders as monitors: Is there a trade off between liquidity and control?, 53 Journal of Finance 65-98.

McCann M., 1998, Shareholder proposal rule: Cracker Barrel in light of Texaco, 39 Boston L.R. 965-991.

McConnell J.J., Services H., 1990, Additional evidence on equity ownership and corporate ownership, 27 Journal of Financial Economics 595-612.

McDaniel M.W., 1988, Bondholders and stockholders, 13 Journal of Corporate Law 205-315.

McGurn P., 1998, Setting the bar for executive pay: A summary of ISS'S compensation guidelines, in: Lynch et al. (1998) 371-373.

Merkt H., 1991, US-Amerikanisches Gesellschaftsrecht, Heidelberg.

Merphy K.J., 1995, Politics, economics and executive compensation, 63 University of Cincinnati L.R. 713-748.

Meyerson L., Alpuche M., 1996, Structural defenses to unsolicited takeover offers and bids in the banking industry, in Cohen/ Nathan (Hrsg.) The new aggressive era in financial institutions, mergers and acquisitions 77-130.

Mikkelson W.H., Partch M.M., 1997, The decline of takeovers and disciplinary managerial turnover, 44 Journal of Financial Economics 205-228.

Millstein I.M, MacAvoy P.W., 1998, The active board of directors and performance of the large publicly traded corporation, 1998 Columbia L.R. 1283-1321.

Millstein I.M., 1991b, Implications of institutional investors activism, 22 Annual Institute on Securities Regulation 89-107.

Millstein I.M., 1993, The evolution of the certifying board, 48 Business Lawyer 1485-1497.

Millstein I.M., 1995, The professional board, 50 Business Lawyer 1427-1447.

Monks R.A.G., Minow N., 1995, Corporate Governance, Cambridge Massachusetts.

Montgomery K.E., 1996, Market Shift - The role of institutional investors in corporate governance, 26 Canadian Business L.J. 189-201.

Moore E.W., 1981, Section 13(d) of the Securities Exchange Act after Touche Ross and Transamerica, Does an issuing corporation have an implied private cause of action for injunctive relief, 31 Case Western Reserve L.R. 532-579.

Morck R., Shleifer A., Vishny R., 1989, Alternative mechanisms for corporate control, 79 American Economic Review 842-852.

Morck R., Shleifer A., Vishny R., 1990, Do managerial objectives drive bad acquisitions?, 65 Journal of Finance 31-48.

Mülbert P., 1995, Aktiengesellschaft, Unternehmensgruppe und Kapitalmarkt, München.

Mülbert P., 1997, Shareholder Value aus rechtlicher Sicht, 1997 Zeitschrift für

Gesellschaftsrecht 129-172.

Mülbert P., 1998, Bank equity holdings in non-financial firms and corporate governance, in: Hopt et al. (1998) 445-497.

Mulherim H.J., Poulsen A.B., 1991-2, Proxy reform as a single norm?, 17 Journal of Corporate Law 125-140.

Myers A.V., 1997, The revised proxy rules: An unfinished effort to improve shareholder communication, 27(2) Annual Institute on Securities Regulation 753-789.

Nesbitt S.L., 1994, Rewards from shareholder activism: A study of the CalPERS effect, 6 Journal of Applied Corporate Finance, Winter, 75-80.

Neuwirth M.N., 1996, Shareholder franchise- no compromise. Why the Delaware courts must prescribe all managerial interference with corporate voting?, 145 University of Pensylvania L.R. 423-494.

Newman P. (Hrsg.), 1998, The new Palgrave dictionary of economics and the law, London.

Norton J.J., Whitley S.C., 1983, Banking law manual. Legal guide to commercial banks, thrift institutions, credit unions, New York.

Note, 1969, Mutual funds, portfolio company and the small investor: The role of institutional investment, 5 Columbia Journal of Law and Social Policy 69-87.

Note, 1970, The regulation of risky investments, 83 Harvard L.R. 603-625.

Note, 1972, Trust fund Investments in New York. The prudent man rule and diversification of investments, 47 New York University L.R. 527-544.

Note, 1975, Fiduciary standards and the prudent man rule under ERISA of 1974, 88 Harvard L.R. 960- 979.

Note, 1979, The conflict of interests between managers and shareholders in diversifying acquisitions, 89 Yale L.J. 1238-1253.

Nürk B., 1998, Institutional investors and their implications for financial markets in Germany, in: Blommestein (1997) 179-195.

Nutt W.J., 1971, A study of mutual fund independent directors, 120 University of Pensylvania L.R. 181-270.

o.V., 1996, Institutional activism, in: Goodman/Olson (1993) § 15.

OECD, 1998, Corporate governance, Verbesserung der Wettbewerbsfähigkeit und der Kapitalbeschaffung auf globalen Märkten, Paris.

Olson J.M., 1992, The fiduciary duty of insurgents boards, 47 Business Lawyer

1011-1029.

Olson M., 1971, The logic of collective action: Public goods and the theory of the groups, New York.

Opler T.C., Sokobin J., 1995, Does coordinated institutional activism work?, unveröff. Arbeitspapier abgerufen von <http://www.ssrn.com.papers>.

Organization for Economic Cooperation and Development, 1999 Febr., Financial Market Trends, Nr.72.

Paefgen T.C., 1992, Institutional investors ante Portas: A comparative analysis of an emergent force in corporate America and Germany, 26 International Lawyer 322-365.

Pailluesseau J., 1999, Entreprise, société, actionnaires, salariés, quels rapports?, 1999 Recueil Dalloz, Chronique 157-166.

Palmiter A.R., 1994, The shareholder proposal rule: A failed experiment in merit regulation, 45 Alabama L.R. 879-927.

Parkinson J.E., 1994, Corporate power and responsibility. Issues in the theory of corporate law, Oxford.

Payne T.H., Millar J.A., Glezen G.W., 1996, Fiduciary responsibility and bank-firm relationships: An analysis of shareholder voting by banks, 3 Journal of Corporate Finance 75-87.

Perlman L., 1993, A perspective on the new shareholder activism, 1993 Journal of Applied Corporate Finance, Summer 35-38.

Perna R., 1998, Public company e democrazia societaria: Voto per delega e governo delle imprese nel capitalismo statunitense, Il Mulion- Ricerca.

Pezard A., Thiveaud J.M. (Hrsg.), 1997, Corporate governance. Les perspectives internationales, Paris.

Pistor K., 2000, Eigentumsreform mittels institutioneller Investoren: eine rechtsökonomische Analyse der Massenprivatisierung in Russland und der Tschechischen Republik, Berlin.

Pollard A.M., Ellis K.H., Daly J.P., 1992, Banking law in the United States, Butterworth Legal Publishers.

Ponchero Sanchez A., 1999, Los Investores Institucionales y el Denominado "Gobierno Corporativo", in, Gandencio Esteban Velasco (Coordinador) (1999) El goberno de las societades cotizadas, Colleccion Garignes Andersen, Madrid et al., 665 ff.

Porter M., 1990, The competitive advantage of nations, London.

Posner R.A., 1986, Economic analysis of law, Boston et al.

Poterba J.M., Samwick A.A., 1995, Stock ownership patterns, stock market fluctuations, and consumption, 1995 Brooking Papers on Economic Activity, 295 ff.

Pound J., 1988, Proxy contests and the efficiency of shareholder oversight, 20 Journal of Financial Economics 237-265.

Pound J., 1991, Proxy voting and the SEC, 29 Journal of Financial Economics 241-285.

Pound J., 1992, Beyond takeovers: Politics comes to corporate control, 1992 Harvard Business Review, Mar.-Apr. 83-93.

Pound J., 1993, The rise of the political model of corporate governance and corporate control, 69 New York University L.R. 1003-1071.

Pound J., 1995, The governed corporation, 1995 Harvard Business Review Mar.-Apr., 89-98.

Pound J., Skorowski W., 1993, Building relationships with major shareholders, 6 Journal of Applied Corporate Finance 39-47.

Pozen J., 1994, Institutional investors: The reluctant activists, 1994 Harvard Business Review Jan.-Feb., 140-149.

Prentice D.D., Holland P.R. (Hrsg.), 1993, Contemporary issues in corporate governance, Oxford.

Prigge S., 1999, Corporate Governance, 59 DBW 148-151.

Prigge S., Steenbock A., 1999, Altersicherung über Aktien- Folgen für Aktionärs-aktivismus und Corporate Governance in Deutschland, unveröff. Arbeitspapier.

Prowse S.D., 1990, Institutional investment patterns and corporate financial behavior in the US and Japan, 27 Journal of Financial Economics 43-66.

Raijgopal S., Verkatachalam M., Jiambalvo J., 1999, Is institutional ownership associated with earnings management and the extent to which stock prices reflect future earnings?, unveröff. Arbeitspapier abgerufen von <http://www.ssrn.com.papers>.

Ramsay I., Stapledon G.P., Fong K., 2000, Corporate Governance: The perspective of australian institutional shareholders, 2000 Company and Securities L.J. 110-142.

Rappaport A., 1990, The staying power of the public corporation, 1990 Harvard Business Review, Jan.-Febr. 97-104.

Rappaport A., 1995, Shareholder Value: Wertsteigerung als Maßstab für die Unternehmensführung, Stuttgart.

Ravikoff R.B., Curzan M.P., 1980, Social responsibility in investment policy and the prudent man rule, 68 California L.R. 518-546.

Rehnert G.S., 1985, The executive compensation contract: Creating incentives to reduce agency costs, 37 Stanford L.R. 1147-1180.

Reilly M.L., Koppes R.H., 1995, An ounce of prevention: Meeting the fiduciary duty to monitor an index fund through relationship investing, 20 Journal of Corporate Law 413-449.

Reinholz S., 1997, Aktive Beteiligungsgesellschaften: Investmentsvehikel zur Reduktion der Corporate Governance Problematik, Dissertation, St.Gallen.

Repetti J.R., 1992, Corporate governance and stockholder abdication: missing factors in tax policy analysis, 67 Notre Dame L.R. 971-1035.

Richards C.F, Foster A.C., 1993, Exxon revisited: The SEC allows Pennzoil to exclude both mandatory and precatory proposals seeking to create a shareholder advisory committee, 48 Business Lawyer 1509-1519

Richards C.F., Stearn R.J., 1999, Shareholder by-laws requiring boards of directors to dismantle rights plans are unlikely to survive scrutiny under Delaware law, 54 Business Lawyer 607-635.

Ridder-Aab C-M., 1980, Die moderne Aktiengesellschaft im Licht der Theorie der Eigentumsrechte, Frankfurt a.M.

Rock E.B., 1993, The logic and (uncertain) significance of institutional shareholder activism, 79 Georgetown L.J. 445-506.

Rock E.B., 1994, Controlling the dark side of relational investing, 15 Cardozo L.R. 987-1031.

Rock E.B., 1996, America's shifting fascination with comparative corporate governance, 74 Washington U.L. 367-389.

Rodinger A., 1995, Zur Bedeutung der institutionellen Investoren für die zunehmende Indentität von Aktionärsinteressen und öffentlichem Interesse, 1995 JFB 105-116.

Roe M.J., 1993, Some differences in corporate structure in Germany, Japan and USA, 102 Yale L.J. 1927-1997.

Roe M.J., 1994, Strong managers, weak owners, Princeton New Jersey.

Roiter E.D., 1999, The CEO, the board of directors and the shareholders, in: Lynch et al. (1998).

Romano R., 1985, Law as a product: Some Pieces of the incorporation puzzle, 1 Journal of Law, Economics and Organizations 225-283.

Romano R., 1990, A guide to takeovers: Theory, evidence and regulation, in: Hopt/Wymeersch (Hrsg.) European Takeovers Law and Practice, 1-50.

Romano R., 1993, Public pension fund activism in corporate governance reconsidered, 93 Columbia L.R. 795 853.

Romano R., 2000, Less is more: Making shareholder activism a valued program for mechanism of corporate governance, unveröff. Arbeitspapier, Yale Law School, Studies in Law, Economics, and Public Policy, Yale International Center for Finance, abgerufen von http//papers.ssrn.com/paper.taf? abstract_id=218650

Rosen von Rüdiger, Seifert W.G. (Hrsg.), 1998, Zugang zum US-Kapitalmarkt für deutsche Aktiengesellschaften, Frankfurt a.M.

Rosenbaum R.D., 1991, Foundations of Sand: The weak premises underlying the current push for proxy rule changes, 17 Journal of Corporate Law 163-183.

Rosenblum S.A., 1991, Proxy reform, takeovers, and corporate control. The need for a new orientation, 17 Journal of Corporate Law 185-213.

Rosenblum S.A., 1996, The new shareholder communication rules and their practical effect on shareholder activism and proxy contest, in: Goodman/Olson (1996) § 13.

Roth G.H., 1972, Das Treuhandmodell des Investmentrechts. Eine Alternative zum Aktienrecht, Frankfurt a.M.

Roth G.H., 1973, Die Herrschaft der Aktionäre in der Publikum-Aktiengesellschaft, Festschrift für Heinz Paulick, 81-100.

Rousseau S., 1996, L'influence des investisseurs institutionnels sur la régie d'entreprise en Canada, 37 Cahiers de Droit 305-374.

Ruback R.S., 1989, Do target shareholders lose in unsuccessful control contests?, in: Auerbach A. J. (Hrsg.), 1989, Corporate takeovers: causes and consequences, Chicago.

Ruffner M., 1995, Aktive Großaktionäre: Neue Herausforderungen für das Aktienrecht? in: Aktuelle Fragen zum Wirtschaftsrecht. Zur Emeritierung von W.R. Schluep (Hrsg. Kellerhals A.) 233-286.

Rumpf B.-M., 1994, Die Mehrung des Shareholder Value als Aufgabe des betrieblichen Finanzwesens unter besonderer Berücksichtigung des Wandels auf den Produkt-, Finanz-, und Unternehmenskontrollmärkten, Dissertation St.Gallen.

Ruoff C., 1999, Stimmrechtsvertretung, Stimmrechtsermächtigung und Proxy-System: Stimmrechtsausübung durch Intermediäre in Aktionärsversammlungen; Deutschland, Schweiz und USA im Rechtsvergleich, München.

Ryan P.J., 1988, Rule 14a-8, institutional shareholder proposals and corporate democracy, 23 Georgia L.R. 97-158

Ryngaert, 1989, The effect of poison pill securities on shareholder wealth, 20 Journal of Financial Economics 377-417.

Sacher S.J., 1988, Duty of loyalty and proxy voting, 1988 Annual Review of Banking Law 281-288.

Sametz A.W., 1995, An expanded role for private pensions in U.S. corporate governance, 8 Journal of Applied Corporate Finance 97-110.

Schneider U.H., 1990, Auf dem Weg in den Pensionskassenkorporatismus, 1990 Aktiengesellschaft 317-326.

Schneider U.H., Strenger C., 2000, Die "Corporate Governance-Grundsätze" der Grundsatzkommission Corporate Governance (German Panel on Corporate Governance), 2000 Aktiengesellschaft 108-113.

Schwab S.J., Thomas R.S., 1998, Realigning corporate governance: Shareholder activism by labor unions, 96 Michigan L. R. 1018-1091.

Schwark E., 1979, Anlegerschutz durch Wirtschaftsrecht, München.

Scott K.E., 1983, Corporation law and the ALI corporate governance project, 36 Stanford L.R. 927-948.

Scott K.E., 1998, Agency costs and corporate governance, in: Newman (1998) 26-30.

Securities and Exchange Commission, 1971, Institutional Investor Study Report, Washington (Zitiert: SEC Study).

Sharara N.M., Hoke-Witherspoon A.E., 1993, The evolution of 92 shareholder communication proxy rules and their impact on corporate governance, 49 Business Lawyer 327-358.

Sherman H., Beldona S., Joshi M.P., 1998, Institutional investor heterogeneity: implications for strategic decisions, 6 Corporate Governance. An international review 166-173.

Shleifer A., Vishny R.W., 1997, A survey of corporate governance, 52 Journal of Finance 737-783.

Short H., Keasy K., 1997, Institutional investors and corporate governance, in: Keasy/Wright (1997) 23-61.

Shwartz R., 1974, A proposal for the designation of shareholder nominees for director in the corporate proxy statement, 74 Columbia L.R. 1139-1174.

Skott A.W., Fratcher W.F., 1988, The law of trusts, 4.Aufl. Toronto et al.

Smerdon R., 1998, A practical guide to corporate governance, London.

Smith A., 1776, The wealth of nations, New York.

Smith Douglas G., 1996b, A comparative analysis of the proxy machinery in Germany, Japan and the U.S.: Implications for the political theory of American corporate finance, 58 University of Pittburg L.R. 145-224.

Smith D.Gordon., 1996c, Corporate governance and managerial incompetence: Lessons from Kmart, 74 North Carolina L.R. 1037-1139.

Smith M.P., 1996a, Shareholder activism by institutional investors: Evidence from Calpers, 51 Journal of Finance 227-252.

Smith T.A., 1997, Institutions and entrepreneurs in American corporate finance, 85 California L.R. 1-78.

Sneed E., 1960, The stockholder may vote as he pleases: Theory and fact, 22 University of Pittburg L.R. 23-54.

Solomon L.D., 1974, Institutional investors: Stock market impact and corporate control, 42 George Washington L.R. 761-797.

Sommer A.A., 1966, Who's "in Control"? - S.E.C., 21 Business Lawyer 559-593.

Sommer A.A., 1990, Corporate governance in the nineties: Managers versus Institutional investors, 58 University of Cincinnati L.R. 356-383.

Stabile S.J., 1998, Pension plan investments in employer securities: More is not always better, 15 Yale Journal on Regulation 62-116.

Stach M.A., 1991, An overview of legal and tactical considerations in proxy contests: The primary means of effecting fundamental corporate change in the 1990's, 13 George Mason L.R. 745-778.

Standing Senate Committee on Banking Trade and Commerce, 1998, Report: The governance practices of institutional investors, abgerufen von <www.parl.gc.ca/36/1/ parlbus/combus/ sena...ep16nov.98-e-htm>.

Stapledon G.P., Lawrence J., 1997, Board composition, structures and independence in Australia's largest listed companies, 21 Melbourne University L.R. 151-186.

Stapledon G.P., 1996, Institutional investors and corporate governance, Oxford.

Stapledon G.P., 1998, The duties of Australian institutional investors in relation to corporate governance, 26 Australian Business L.R. 331-357.

Statman M., 1987, How many stocks make a diversified portfolio?, 22 Journal of Financial and Quantitative Analysis 353-363.

Steadman C.W., Gibson G.D., 1955, Should cumulative voting be mandatory? A debate, 11 Business Lawyer 9-30.

Steenbock A., 1999, Private Alterssicherung über den Kapitalmarkt. Anregungen aus dem Ausland und aus agencytheorethischen Analysen, Dissertation Hamburg.

Stein J., Froot K.A., Perlod A.F., 1992, Shareholder trading practices and corporate investment horizonts, 5 Journal of Applied Corporate Finance 42-58.

Stevenson K., 1991, The increasing militancy of the institutional investor, 22 Annual Institute on Security Regulation 63-76.

Stiglitz J., 1985, Credit markets and the control of capital, 17 Journal of Money, Credit, Banking 133-152.

Stone E.G., 1994, Must we teach abstinence? Pensions' relationship investment and the lessons of fiduciary duty, 94 Columbia L.R. 2222-2266.

Stone K., Van Wezel, 1993, Policing employment within the nexus of contracts firm, 43 University of Toronto L.J. 353-378.

Stoughton N.M., Zechner J., 1998, I.P.O.-Mechanisms, monitoring and ownership structure, 49 Journal of Financial Economics 45-77.

Stout L.A., 1988, The unimportance of being efficient: An economic analysis of stock market pricing and securities regulation, 87 Michigan L.R. 613-709.

Strickland D., Willes K.W., Zenner M., 1996, A requiem for the USA: Is small shareholder monitoring effective?, 40 Journal of Financial Economics 319-338.

Tapia A.J., 1999, Shareholder voting rights and practices in Europe and the United States. Spain, in: Baums/Wymeersch (Hrsg.), 1999, 257-288.

Taylor M., 1987, The possibility of cooperation, Cambridge.

Teachers Insurance and Annuity Association- College Retirement Equity Fund (TIAA-CREF), 2000, Guidelines for voting proxies on executive compensation, abgerufen von <www4.tiaa-cref.org/libra/governance/index.html>.

Teachers Insurance and Annuity Association- College Retirement Equity Fund (TIAA-CREF), 2000, TIAA-CREF Policy statement on corporate governance, abgerufen von <www4.tiaa-cref.org/libra/governance/index.html> (zitiert: Policy Statement).

Tegtmeier S., 1998, Die Vertgütung von Vorstandsmitgliedern in Publikumsgesellschaften. Eine rechtsvergleichende Untersuchung zum deutschen, englischen und U.S.-amerikanischen Recht, Frankfurt.

Thomas R., Martin K.J., 1998, Should labor be allowed to make shareholder proposals?, 73 Washington L.R. 41-71.

Thomas R.S., 1996, Improving shareholder monitoring and corporate management by expanding statutory access to information, 38 Arizona L.R. 331-371.

Thomas R.S., Martin K., 1994, The impact of rights plans on proxy contests: Reevaluating Moran v. Household, 14 International Review of Law and Economics 327-339.

Thomas R.S., Martin K., 1999, The effect of shareholder proposals on executive compensation, 67 University of Cincinnati L.R. 1021-1081.

Thompson R.B., 1999, Shareholders as grown-ups: Voting, selling, and limits on the Board's power to "just say no", 67 University of Cincinnati L.R. 999-1020.

Tobin J.M., 1994, The squeeze on directors-inside is out, 49 Business Lawyer 1707-1760.

U.S.A. Congress, 1989, The impact of institutional investors on corporate governance, takeovers and the capital markets, Washington.

Ukropina J.R., 1996, The SEC's approach to shareholder proposals, in: Goodman/Olson (1996) § 16.

Ulmer P., 1999, Aktionärsklage zur Kontrolle des Vorstands- und Aufsichtsratshandelns, 163 Zeitschrift für das gesamte Handelsrecht 290-342.

Useem M., 1996, Investor capitalism: How money managers are changing the face of corporate America, New York.

Utset M.A., 1995, Disciplining managers: Shareholder cooperation in the shadow of shareholder competition, 44 Emory L.J. 72-115.

Vagts D., 1983, Challenges to executive compensation: For the markets or the courts?, 8 Journal of Corporate Law 231-276.

Van Horne J.C., 1995, Financial management and policy, 9.Aufl. New Jersey.

Van Nuys K., 1993, Corporate governance through the proxy process: Institutional voting patterns in the 1989 Honeywell proxy solicitations, 34 Journal of Financial Economics 101-132.

Vanecko R.G., 1992, Regulation 14A and 13D and the role of institutional investors in corporate governance, 87 Northwestern University L.R. 376-421.

Vittas D., 1997, Investment rules and state guarantees for mandatory private pension funds, in: Blommestein (1997) 401-418.

Wagner R.H., Wagner C.G., 1997, Recent developments in executive, director, and employee stock compensation plans, 3 Stanford Journal of Law, Business and Finance 5-29.

Wahal S., 1996, Pension funds activism and firm performance, 31 Journal of Financial and Quantitative Analysis 1-23.

Wahal S., Mc Connell J.J., 1997, Do institutional investors exacerbate managerial myopia? Arbeitspapier abgerufen von http://www.ssrn.com.papers, zugl. 6 (2000) Journal of Corporate Finance 307-329.

Wahrton C.R., 1991, Just Vote No, 1991 Harvard Business Review Nov.-Dec. 137-139.

Wald M., Kenty D., 1991, ERISA: A Comprehensive Guide, New York et al.

Warren I.H., Abrams K.G., 1992, Evolving standards of judicial review of procedural defenses in proxy contests, 47 Business Lawyer 647-670.

Weisbach M.S., 1988, Outside directors and CEO turnovers, 20 Journal of Financial Economics 431-460.

Weiss E.J., Beckerman J.S., 1995, Let the money do the monitoring: How institutional investors can reduce agency costs in securities class actions, 104 Yale L.J. 2053-2127.

Weiss E.J., White L.J., 1987, Of econometrics and indeterminacy: A study of investor´s reactions to "Changes" in corporate law, 75 California L.R 551-607.

Welch E.P., Turezyn A.J., 1996, Folk on the Delaware General Corporation Law. Fundamentals, Boston.

Wenger E., Knoll L., 1999, Aktiengebundene Management- Anreize: Erkenntnisse der Theorie und Defizite der Praxis, 1999 Betriebswirtschaftliche Forschung und Praxis 565-591.

Werder v., A., 1998, Shareholder Ansatz als (einzige) Richtsnur des Vorstandshandelns?, 1998 Zeitschrift für Gesellschaftsrecht 69-91.

Weston J.F., Chung K.S., Siu J.A., 1998, Takeovers, restructuring and corporate governance, 2.Aufl., Prentice Hall.

Williams C.A., 1999, The S.E.C. and corporate social transparency, 112 Harvard L.R. 1197-1312.

Williams D.R., 1988, Proxy voting in the banking community, 1988 Annual Review of banking law 289-296.

Williamson O.E., 1964, The economics of discretionary behavior: Managerial objectives in a theory of the firm, New Jersey.

Williamson O.E., 1990, Die ökonomischen Institutionen des Kapitalismus, Tübingen.

Wingerson M.R., Dorn C.H., 1992, Institutional investors in the U.S. and the repeal of poison pills: A practitioner's perspective, Baums et al. (1994) 201-223.

Winter R.K., 1977, State law, shareholders protection and the theory of the corporation, 6 Journal of Legal Studies 251-292.

Working Group on Corporate Governance (1995) A new compact for owners and directors, in: Monks/Minow (1995) 532-536.

Wymeersch E., 1999, Shareholder voting rights and practices in Europe and the United States. Belgium, in: Baums/Wymeersch (Hrsg.), 1999, 21-56.

Yablon C.M., 1992, Overcompensation: The corporate lawyer and executive pay, 92 Columbia L.R. 1867-1906.

Yalden R., 1995-6, Concentrated control, institutional investors and shareholder responsibilities, 26 Canadian Business L.J. 87-92.

Frankfurter wirtschaftsrechtliche Studien

Herausgegeben von
Theodor Baums, Friedrich Kübler, Hans-Joachim Mertens,
Eckard Rehbinder, Gunther Teubner

Band 1 Tomas Brinkmann: Unternehmensinteresse und Unternehmensrechtsstruktur. Aufgaben und Grenzen eines normativen Regulativs unternehmenspolitischer Prozesse. 1983.

Band 2 Rüdiger Hahn: Behinderungsmißbräuche marktbeherrschender Unternehmen. Eine Untersuchung der Beeinträchtigung von Wettbewerb und Marktstruktur durch horizontalen Nichtleistungswettbewerb als Gegenstand der Mißbrauchaufsicht nach § 22 Abs. 4 S. 2 Nr. 1 GWB. 1984.

Band 3 Peter Buchmann: Registerpublizität und Gläubigerschutz bei der Einmann-Gesellschaft. 1984.

Band 4 Christian Joerges/Eugen Hiller/Knut Holzscheck/Hans-W. Micklitz: Vertriebspraktiken im Automobilersatzteilsektor. Ihre Auswirkungen auf die Interessen der Verbraucher. 1985.

Band 5 Annette Boerner: Die Haftung des herrschenden Kommanditisten. 1985.

Band 6 Dirk H. Mahler: Rechtsmißbrauch und einstweiliger Rechtsschutz bei Dokumentenakkreditiven und "Akkreditiven auf erstes Anfordern": Eine rechtsvergleichende Untersuchung. 1986.

Band 7 Brigitte Kratz: Ausländische Eingriffsnorm und inländischer Privatrechtsvertrag. 1986.

Band 8 Dimitris Tsibanoulis: Die genossenschaftliche Gründungsprüfung. 1987.

Band 9 Jürgen Braun: Rechtsfragen des Transport-Unfall-Informations- und Hilfeleistungs-Systems der deutschen chemischen Industrie. 1987.

Band 10 Thomas Pfeiffer: Die Bedeutung des privatrechtlichen Immissionsschutzes. Eine Untersuchung zu §§ 1004, 906 BGB. 1987.

Band 11 Michael Bothe/Josef Brink/Christian Kirchner/Albrecht Stockmayer: Rechtsfragen der internationalen Verschuldungskrise. Voraussetzungen, Formen und Verfahren internationaler Umschuldungsmaßnahmen und Umschuldungsvereinbarungen. 1988.

Band 12 Felix Dörr: Die fehlerhafte GmbH. 1989.

Band 13 Rolf Trittmann: Anwendungsprobleme des Haager Beweisübereinkommens im Rechtshilfeverkehr zwischen der Bundesrepublik und den Vereinigten Staaten von Amerika. Exklusive Regelung zur Überbrückung der Unterschiede zwischen dem kontinental-europäischen und anglo-amerikanischen Zivilprozeßrechtssystem? 1989.

Band 14 Margaretha Sudhof: Dreieckige Rechtsverhältnisse im Wirtschaftsverwaltungsrecht - Am Beispiel von Konkurrentenklagen. 1989.

Band 15 Michael Weigel: Schriftformklauseln in Allgemeinen Geschäftsbedingungen. 1989.

Band 16 Hans-Peter Schröder: Der sichere Weg bei der Vertragsgestaltung. 1990.

Band 17 Matthias Haas: Haftungsfreizeichnungsklauseln in Allgemeinen Geschäftsbedingungen. Eine rechtsdogmatische und ökonomische Analyse. 1991.

Band 18 Andreas Hahn: Instandhaltungsverträge. Begriffe, Einordnung, Rechtsfolgenbestimmung, Auswirkung auf die Kautelarpraxis. 1991.

Band 19 Jürgen Götz: Der Entherrschungsvertrag im Aktienrecht. 1991.

Band 20 Friedrich Wächtershäuser: Das Gesellschaftsrecht des internationalen Joint Ventures. 1992.

Band 21 Christina Escher-Weingart: Nutzungsausfall als Schaden und sein Ersatz. 1993.

Band 22 Jean-Claude Zerey: Rechtliche Probleme der Finanzierung von *Leveraged Buyouts* und *Tender Offers* durch Banken in den USA und in der Bundesrepublik Deutschland. Eine rechtsvergleichende Studie über die Rolle der Banken bei Unternehmenskontrolltransaktionen in den USA und in der Bundesrepublik Deutschland. 1994.

Band 23 Markus Bauer: Gläubigerschutz durch eine formelle Nennkapitalziffer - Kapitalgesellschaftsrechtliche Notwendigkeit oder überholtes Konzept? Eine rechtsvergleichende Untersuchung der Gläubigerschutzkonzepte des amerikanischen und deutschen Kapitalgesellschaftsrechts. 1995.

Band 24 Marion Vollmann: Minderheitenschutz im aktienrechtlichen Beschlußmängelrecht. Eine Bestandsaufnahme und Vorschläge zu einer rechtspolitischen Reform. 1997.

Band 25 Lydia Klose-Mokroß: Gläubigerschutz im Kapitalgesellschaftsrecht am Beispiel der Lehre von der verdeckten Sacheinlage. 1997.

Band 26 Stephan Aubel: Der vereinfachte Bezugsrechtsausschluß. Aktionärs- und Gesellschaftsinteressen beim vereinfachten Bezugsrechtsausschluß nach Maßgabe des § 186 Absatz 3 Satz 4 AktG. 1998.

Band 27 Kurt Peter Dittrich: Die Privatplazierung im deutschen Kapitalmarktrecht. Eine Untersuchung der Vorschriften des Auslandinvestmentgesetzes, des Wertpapier-Verkaufsprospektgesetzes und des Gesetzes über Kapitalanlage-Gesellschaften unter Berücksichtigung des Rechts der Vereinigten Staaten von Amerika und des Vereinigten Königreichs. 1998.

Band 28 Viola Sailer: Aktienrechtliche Minderheitskompetenzen zwischen Mißbrauch und unternehmerischer Entscheidungsfreiheit. 1999.

Band 29 Marc Zimmerling: Kapitalerhaltung und Konzernfinanzierung. Eine Untersuchung der kapitalerhaltungsrechtlichen Problematik aufsteigender Sicherheiten im Konzern. 1998.

Band 30 Joachim Wichert: Die Finanzen der Kommanditgesellschaft auf Aktien. 1999.

Band 31 Kerstin Andrea Müller: Produktverantwortung und ihre Durchsetzung. Eine kartellrechtliche Beurteilung von Selbstverpflichtungen im Umweltrecht aus deutscher und europäischer Sicht unter besonderer Berücksichtigung der Altautoentsorgung. 1999.

Band 32 Bettina Friedrich: Konvergenzen im Gesellschaftsrecht. Recht-Fertigung durch Status- und Befundsicherung. 2000.

Band 33 Rudolf Lemke: Haftungsrechtliche Fragen des Ratingwesens – ein Regelungsproblem? 2000.

Band 34 Klaus R. Roller: Die Vergütung des Aufsichtsrats in Abhängigkeit vom Aktienkurs. 2000.

Band 35 Bettina Bokelmann: Personelle Verflechtungen über Aufsichtsräte. Aufsichtsratsmitglieder mit hauptberuflicher Vorstandsfunktion. 2000.

Band 36 Kai-Uwe Steck: Regulierung von US-amerikanischen Investmentgesellschaften (Investment Companies). Unter besonderer Berücksichtigung des National Securities

Markets Improvement Act of 1996 (NSMIA) und anderer aktueller Rechtsanpassungen. 2000.

Band 37 Kristofer Bott: Wissenszurechnung bei Organisationen. 2000.

Band 38 Ursula Lenzen: Unerlaubte Eingriffe in die Börsenkursbildung. 2000.

Band 39 Martin Schulz: Verfassungsrechtliche Vorgaben für das Kollisionsrecht in einem Gemeinsamen Markt. Eine rechtsvergleichende Untersuchung zu den Grenzen einzelstaatlicher Anknüpfungsmethoden im internationalen Vertrags-, Delikts- und Gesellschaftsrecht am Beispiel der Vereinigten Staaten von Amerika. 2000.

Band 40 Maximilian Koch: Diversifizierung und Vorstandskompetenzen. 2001.

Band 41 Corrado Wohlwend: Die Hauptversammlung im Wandel der Kommunikationsformen. 2001.

Band 42 Michael Rozijn: Der Unternehmensmaklervertrag. Zur Anwendung des allgemeinen Maklervertragsrechts auf Mergers & Acquisitions-Dienstleistungen. 2001.

Band 43 Konstantinos N. Kyriakakis: Die Überwachung einer US-amerikanischen Aktiengesellschaft durch institutionelle Anleger. 2002.